法律学の森

不法行為法 I
〔第2版〕

潮見佳男

著

第2版へのはしがき

　本書初版を1999年に公表してから，10年あまりが経過した。不法行為法におけるこの10年間の動きは，教科書レベルでは「静」（ただし，法科大学院制度発足の影響からか，多くの「教科書」が刊行されたという意味では「動」），研究レベルでは「動」ともいうべきものであった。さらに，この10年間の社会の変動と学問の進展にともない，不法行為法が対象とする領域の多様化が進むとともに，多様化した先にあっては極度に専門化・特殊領域化するという傾向が顕著になった。そのようななかで，不法行為法の制度目的を探求する基礎法学的・先端的理論研究と，不法行為臨床実務との対話は，いまや，ますます困難になりつつある。しかも，同種の対話困難という状況は，民法研究者の間でも，垣間みることができる（1990年代に，契約法学で現代的契約法理論が登場したときとよく似た乖離現象が，今日，不法行為法の世界でもみられるようになっている）。今日の状況は，もはや，「不法行為法学の混迷」ならぬ，「不法行為法学の危機」（いうまでもなく，かつてのアメリカで語られたのとは違う意味においてである）といってもよい状況である。

　このような状況を目の当たりにして，初版の改訂にあたっては，出版社のご厚意で少し紙数を多めに頂戴したこともあり，不法行為法全体の「体系」を意識しつつ，わが国の不法行為法学の理論的到達点を書き留めておくことにした（それでも，少しでも厚さをおさえるために，脚注方式を採用することへと変更した。もっとも，焼け石に水である）。今から3年あまり前に改訂に着手したものの，諸般の事情で遅々として進まなかったところ，ようやく，一般不法行為責任の要件のところまでたどり着いたことから，一区切りの意味をこめて，一応の完成をみるに至った部分を『不法行為法Ⅰ』として公表することにした次第である。とはいえ，身辺の多忙をきわめるなか，残りの部分は手もつけられない状況で，今のところ，まったく完成の目途が立っていない。

　本書が，初版と同様，多くの読者に受け入れられれば，著者としては，これ以上にありがたいことはない。渡辺左近氏，木村太紀氏ほか信山社のスタ

ッフの各位には，今回もまた，ひとかたならぬお世話になった。記して御礼申し上げる。

 2009年5月
    民法（債権法）改正検討委員会シンポジウムを終えて

                潮 見 佳 男

初版　はしがき

　ここに，不法行為法に関する体系書を上梓する機会を得た。不法行為法の混迷が叫ばれ，伝統的不法行為法の再構成が説かれた1970年代後半に一法学部学生として不法行為法の講義に接し（3年次に前田達明教授の講義を拝聴する機会を得た），研究者としての道を歩み始めて以降も理論・実務の動きに大きな刺激を受けた世代の一人として，不法行為法の分野に関する自身のいくつかの個別研究を踏まえ，不法行為法理論への体系的視点を示し，あわせて個別問題への応接を試みたのが，本書である。

　その意味で，本書は，教科書ではないし，注釈書でもない。まして，不法行為法実務への指針を直接に示すものでもない。学術書として最低限のレベルは保ちつつ，先学による貴重な理論的蓄積をもとに，私なりに不法行為法の全体像を提示したにとどまる（文献の引用も，この観点からのものである。また，最高裁判決ほか裁判例については，おおよそ1999年1月末までに接し得たものを基礎としている）。通説・判例の立場から現在の到達点を客観的に明らかにする作業は，とくに不法行為法の領域については，私としてはきわめて重要な作業であると考えているが，こうした観点に出た多くの類書に面して，本書ではこれを直接の目的としていない。また，教科書としての観点から教育的配慮（とくに，段階的学習の初期レベルに対応する配慮）を施した不法行為法関連の書物としては，（「債権各論」の形で著されているものを中心として）最近になってすぐれたものが続けて登場しており，これに屋上屋を重ねる書物を出す必要は——少なくとも私個人としては——現時点でほとんどないものと考えている。これらを前置きとして本書の中身を見ていただければ，本書のめざすところも，おのずから明らかになるものと思う。

　本書が成るに当たっては，かつての私法学会シンポジウム「人身損害における損害賠償法の理論と現実」をめぐっての準備研究会，人格権・人格的利益侵害に関する研究会（民法フォーラム），ならびに，損害論に関する弁護士諸氏との研究会等でご教示を得た事柄や，大阪大学法学部における債権各論の講義および演習の場での学生諸氏との議論の中で感得した事柄等が，糧となっている。本書執筆の過程では，同僚からも，個々にさまざまなご教示をいただき，また，ときには貴重な資料も見せていただいた。もっとも，それ

らの機会に拝聴したご高見の中で，（分析の視点も含め）プライオリティに配慮する必要があると感じた点については，本書の叙述に組み込むことを差し控えた部分がある。さらに，単独著書としてのデメリットとも言えようものであるが，研究不足から十分な追試をなしえなかった部分（ただし，wrongful birth に関する問題のように，学会全体でこれから取り組むべき萌芽的問題について，意図的に組み込むのを避けた部分はある）や，内容的に不十分な叙述に終わった部分（ただし，医療過誤法や製造物責任法，交通事故賠償法のように，内容を詳論することがかえって不法行為の体系的把握を見えにくくすると考えたことにより，意図的に簡略な叙述に抑えた部分はある）については，読者のご海容を乞うほかない。

　本書については，姉妹書である『債権総論』と同様，信山社の渡辺左近氏には格別お世話になった。また，本書の作業段階では，大阪大学大学院法学研究科の西村正喜君と冷水登紀代さんにお手伝いをいただいた。ここに記して御礼申し上げる。

　私一身にとってみれば，本書は，待兼山の研究室で執筆する最後の研究論稿となった。転任にあたり，14年間の大阪大学法学部での研究生活の締めくくりとして本書を世に送り出すことは，ある意味で，私の中での一つの区切りとなるものである。多くの先輩，同僚，OB に囲まれ，そして数々の優秀な学生に恵まれ，20代後半から30代を過ごすことができた幸運に，感謝の言葉も見つからない。数々の思い出を込め，あわせて今後の研究への礎とする意を込めて，本書の序文を括る次第である。

　　　1999 年 2 月

　　　　　　　　　　　　　　　　　　　　　　　　　　　潮　見　佳　男

目　次

第1部　不法行為制度

第1章　不法行為制度の意義──権利保障の体系から……2
- Ⅰ　不法行為の意義 ……2
- Ⅱ　他人の権利に対する侵害──被害者の権利保護 ……3
- Ⅲ　禁止規範・命令規範に対する違反行為 ……4
- Ⅳ　侵害された権利に対する救済 ……8
- Ⅴ　本書が基礎とする「権利」の理解──概要 ……9

第2章　不法行為制度の目的……13

第1節　出発点
──被害者の権利の価値の回復と，行為者の行動自由の保障 ……13

第2節　発想の転回
──社会本位の思想のもとでの損害の公平妥当な分配 ……14
- Ⅰ　損害の公平妥当な分配──配分的正義の観点 ……14
- Ⅱ　損害賠償をめぐる思想的基盤の転換
──「個人主義的権利本位から社会本位の法律思想へ」……15

第3節　「過失責任の原則」から「損失の塡補・調整」へ
──損害補償制度としての体系化 ……17

第4節　不法行為制度の組み替えと総合救済システム論 ……17
- Ⅰ　損失補償システムの構築に向けた萌芽的主張 ……17
- Ⅱ　不法行為制度の限界 ……18
- Ⅲ　不法行為制度と他の諸制度との関連づけの試み ……20
- Ⅳ　不法行為制度の廃棄・後退と「総合救済システム」の構築の試み ……21

第5節　不法行為制度の再評価──正義の基盤のうえでの再評価 ……22
- Ⅰ　緒論──正義の思考様式 ……22
- Ⅱ　不法行為制度と共同体的正義 ……23
- Ⅲ　不法行為訴訟における正義の思考様式 ……24

第6節　「個人の権利」の保護を目的とした不法行為制度
──権利論の再生 ……25

　　　　Ⅰ　緒　　論 …………………………………………………………25
　　　　Ⅱ　権利保障の体系──「個人の権利」保護 ………………………26
　　　　Ⅲ　権利間の衡量 ……………………………………………………31
　　第7節　「個人の権利」の保護の限界 …………………………………37
　　　　Ⅰ　秩序違反の視点のもとでの不法行為法体系の再構築 …………37
　　　　Ⅱ　「個人の権利」（「私権」）と公共的権利・利益
　　　　　　──「権利（・利益）」の多様性 ………………………………40
　　　　Ⅲ　「個人の権利」保護から社会的効用（厚生）へ
　　　　　　──私法の原理的基盤の変容の模索 ……………………………45
　　第8節　不法行為の制度目的としての「加害行為の抑止・制裁」……47
　　　　Ⅰ　損害塡補から加害行為の抑止へ ………………………………47
　　　　Ⅱ　損害塡補から制裁へ ……………………………………………50

第2部　不法行為に基づく損害賠償──損害賠償責任の成立要件

第1章　総　　論 ……………………………………………………………58
　　　Ⅰ　一般的な理解 ………………………………………………………58
　　　Ⅱ　本書の立場 …………………………………………………………58

第2章　権利・法益侵害──総論 …………………………………………60
　　第1節　緒　　論 …………………………………………………………60
　　第2節　明治民法──「権利」侵害要件の創設 ………………………60
　　第3節　権利侵害から違法性へ …………………………………………61
　　　　Ⅰ　権利概念の厳格な理解 …………………………………………61
　　　　Ⅱ　判例の転回
　　　　　　──「法律上保護される利益」への拡大（大学湯事件）………62
　　　　Ⅲ　学説の転回──権利侵害から違法性へ ………………………66
　　第4節　「違法性」理論に対する批判──違法性要件不要論…………70
　　　　Ⅰ　権利侵害概念の拡大（権利拡大説） …………………………70
　　　　Ⅱ　故意・過失要件による一元的処理（過失一元論） ……………71
　　　　Ⅲ　新受忍限度論 ……………………………………………………71
　　第5節　「違法性」理論の補強・修正 …………………………………72
　　　　Ⅰ　緒　　論 …………………………………………………………72
　　　　Ⅱ　違法性二元論 ……………………………………………………72

　　　　Ⅲ　違法性一元論 …………………………………………………… 75
第6節　権利侵害要件の再評価——権利論の再生 ……………………………… 75
第7節　2004年（平成16年）改正による文言変更
　　　　——「権利」または「法律上保護される利益」の侵害 …………… 76
　　Ⅰ　先行する動き ………………………………………………………… 76
　　Ⅱ　民法典の現代語化と709条の変更 ………………………………… 77
　　Ⅲ　現代語化後の709条と民法学説 …………………………………… 79

第3章　権利・法益侵害——各論 …………………………………………… 83

第1節　所有権ほか物権に対する侵害 …………………………………………… 83
　第1項　所有権の侵害 ………………………………………………………… 83
　第2項　占有権の侵害 ………………………………………………………… 83
　第3項　物的担保の侵害 ……………………………………………………… 85
　　　Ⅰ　緒　　論 ……………………………………………………………… 85
　　　Ⅱ　抵当権の侵害 ………………………………………………………… 85
　　　Ⅲ　代理受領権の侵害 …………………………………………………… 89
第2節　知的財産権に対する侵害 ………………………………………………… 90
　　　Ⅰ　絶対権としての知的財産権 ………………………………………… 90
　　　Ⅱ　知的財産法上の特別の不法行為構成要件と民法709条 ………… 91
第3節　営業権（ないし営業利益）に対する侵害 …………………………… 94
　第1項　基本権としての営業の自由 ………………………………………… 94
　第2項　営業権・営業利益（「営業上の利益」）と，他者の権利・利益 …… 95
　第3項　競業者間での営業権侵害 …………………………………………… 97
　　　Ⅰ　営業権の保護と競争秩序 …………………………………………… 97
　　　Ⅱ　取引先行者の権利保護と取引後行者の権利保護 ………………… 97
　　　Ⅲ　不正競争行為と営業権侵害を理由とする損害賠償 …………… 100
　　　Ⅳ　独占禁止法違反行為と競業者の損害賠償請求
　　　　　——独占禁止法25条と民法709条 ………………………………… 105
　第4項　関連問題——不正競争行為・競争制限行為による消費者の
　　　　　権利・利益の侵害 ………………………………………………… 106
　第5項　競業者以外の者による営業権侵害 ……………………………… 108
第4節　契約上の地位に対する侵害（契約侵害） ………………………… 109

　　　　　Ⅰ　総　　論 ……………………………………………………109
　　　　　Ⅱ　不動産二重譲渡における「買主の地位」の侵害 ………111
　第5節　契約締結の際の自己決定権その他の権利・利益の侵害 ………116
　　第1項　総　　論 …………………………………………………………116
　　第2項　契約交渉破棄と「先行行為に対する信頼」・「契約成立への正当な
　　　　　期待」の保護 ……………………………………………………117
　　　　　Ⅰ　緒　　論 ……………………………………………………117
　　　　　Ⅱ　問題処理のための枠組み——伝統的立場 ………………117
　　　　　Ⅲ　伝統的立場の問題点 ………………………………………118
　　　　　Ⅳ　交渉破棄事例における行為義務の正当化
　　　　　　　——熟度論とその展開 ……………………………………118
　　　　　Ⅴ　信義則に基づく責任 ………………………………………127
　　　　　Ⅵ　小　　括 ……………………………………………………130
　　　　　Ⅶ　信義則上の義務と交渉相手方の保護法益 ………………131
　　　　　Ⅷ　義務違反の法的性質 ………………………………………135
　　　　　Ⅸ　損害賠償の内容 ……………………………………………136
　　第3項　契約締結における説明義務・情報提供義務違反と自己決定権侵害
　　　　　 ………………………………………………………………………139
　　　　　Ⅰ　緒　　論 ……………………………………………………139
　　　　　Ⅱ　説明義務・情報提供義務をめぐる初期の学説 …………140
　　　　　Ⅲ　福祉国家の観点に出た説明義務・情報提供義務の正当化 ……143
　　　　　Ⅳ　自己決定権と説明義務・情報提供義務 …………………144
　　　　　Ⅴ　自己決定権保護の目的を超えた行為義務（顧客の利益顧慮を
　　　　　　　目的とした助言義務）………………………………………155
　　　　　Ⅵ　説明義務・情報提供義務違反を理由とする損害賠償請求権の
　　　　　　　法的性質 ……………………………………………………157
　　第4項　適合性の原則に対する違反と損害賠償責任 ………………161
　　　　　Ⅰ　適合性の原則の意義 ………………………………………161
　　　　　Ⅱ　適合性の原則と民事責任論——最高裁平成17年判決 …162
　　　　　Ⅲ　適合性の原則をめぐるその後の展開 ……………………165
　第6節　生命・身体・健康に対する侵害（人身侵害）…………………172
　第7節　名誉毀損 ……………………………………………………………172
　　第1項　総　　論——人格権としての名誉権 ………………………172

第2項 名　　誉 …………………………………………………173
　　Ⅰ　人の人格的価値についての社会的評価 ………………173
　　Ⅱ　法人の名誉 ………………………………………………173
第3項 名誉毀損 …………………………………………………173
　　Ⅰ　社会的評価の低下 ………………………………………173
　　Ⅱ　「事実の摘示」による社会的評価の低下 ……………175
　　Ⅲ　「虚名」の要保護性 ……………………………………175
　　Ⅳ　社会的評価の低下の有無の判断基準 …………………176
　　Ⅴ　摘示された事実が何かについての判断基準 …………176
　　Ⅵ　名誉毀損の成立時期 ……………………………………177
第4項 名誉毀損の免責法理──判例法理 …………………178
　　Ⅰ　真実の事実の摘示による免責（名誉毀損行為の正当化） ……178
　　Ⅱ　意見・論評による名誉毀損 ……………………………184
第5項 死者の名誉毀損 …………………………………………187
　　Ⅰ　問題の所在 ………………………………………………187
　　Ⅱ　直接保護説 ………………………………………………188
　　Ⅲ　間接保護説 ………………………………………………189
第6項 不当提訴・懲戒請求等による名誉毀損（・人格権侵害）……190
　　Ⅰ　不 当 提 訴 ………………………………………………190
　　Ⅱ　弁護士会への不当な懲戒処分の申立て ………………192

第8節 人格権・プライバシーの侵害 ……………………………194
第1項 一般的人格権 ……………………………………………194
第2項 人格権・プライバシーの諸相 …………………………196
　　Ⅰ　平穏生活権としての人格権・プライバシー …………196
　　Ⅱ　情報コントロール権としての人格権・プライバシー …200
　　Ⅲ　自己決定権としての人格権・プライバシー …………206
第3項 パブリシティの権利 ……………………………………209
　　Ⅰ　パブリシティの権利の意義 ……………………………209
　　Ⅱ　パブリシティの権利の法的性質 ………………………213
第4項 人格権・プライバシー侵害と責任阻却
　　　　──名誉毀損の場合との対比 …………………………216
第5項 著作者人格権 ……………………………………………217

　　　　I　緒　　論 …………………………………………………………… 217
　　　　II　著作者人格権の内容 ………………………………………………… 218
　　　　III　著作者人格権と「著作者の人格権」との関係
　　　　　　──著作者人格権の完結性 ……………………………………… 220
　　　　IV　著作者人格権と民法の人格権との同質性 ………………………… 222
　第9節　家族関係上の地位の侵害 ……………………………………………… 224
　　第1項　夫婦間の不法行為 …………………………………………………… 224
　　　　I　人身侵害・人格権侵害 …………………………………………… 224
　　　　II　配偶者としての地位の侵害 ……………………………………… 224
　　　　III　離婚による家族関係上の地位の侵害 …………………………… 224
　　第2項　不貞行為と第三者の不法行為責任 ………………………………… 225
　　　　I　他方配偶者に対する責任 ………………………………………… 225
　　　　II　不貞の相手方の未成年子に対する責任 ………………………… 229
　　第3項　婚約上の地位の侵害 ………………………………………………… 231
　　第4項　内縁・事実婚の不当破棄 …………………………………………… 232
　第10節　生活妨害・環境破壊 …………………………………………………… 234
　　第1項　緒　　論 ……………………………………………………………… 234
　　第2項　生活妨害・環境破壊による権利・法益侵害 ……………………… 235
　　　　I　所有権侵害としての処理──財産的価値への着目 …………… 235
　　　　II　人格権侵害としての処理──人格的価値への着目 …………… 235
　　　　III　環境権としての把握 ……………………………………………… 236
　　　　IV　環境権・環境利益の再定式化 …………………………………… 240
　　第3項　生活妨害・環境破壊による権利・法益侵害──各論 …………… 243
　　　　I　生活妨害・環境破壊の各種 ……………………………………… 243
　　　　II　騒音・振動 ………………………………………………………… 243
　　　　III　日照・通風妨害 …………………………………………………… 244
　　　　IV　眺望侵害 …………………………………………………………… 245
　　　　V　景観破壊 …………………………………………………………… 246
　　　　VI　暴力団事務所の存在と近隣生活妨害（平穏生活権） ………… 251

第4章　故意・過失 ………………………………………………………………… 253
　第1節　過失責任の原則──帰責事由としての故意・過失 ………………… 253
　　　　I　帰責事由の意義 …………………………………………………… 253

　　　　Ⅱ　帰責事由の各種 ……………………………………………253
　　　　Ⅲ　過失責任の原則の意義——行動の自由の保障 …………254
　　　　Ⅳ　客観的帰責（客観的帰属）と主観的帰責（主観的帰属）……255
　　　　Ⅴ　第1次侵害の帰責事由と後続侵害の帰責事由 ……………256
　　　　Ⅵ　過失責任の原則と失火責任法の特別規定 …………………257
　第2節　故　　意 ………………………………………………………259
　　　　Ⅰ　故意の意義 …………………………………………………259
　　　　Ⅱ　意思責任としての故意責任 ………………………………262
　　　　Ⅲ　故意と過失の違い …………………………………………263
　　　　Ⅳ　故意の種別 …………………………………………………264
　第3節　過　　失——総論 ……………………………………………266
　　第1項　問題の所在 ……………………………………………………266
　　第2項　過失論の変遷 …………………………………………………267
　　　　Ⅰ　起草段階の議論から通説の形成まで ……………………267
　　　　Ⅱ　過失の規範化・客観化への道 ……………………………268
　　　　Ⅲ　大阪アルカリ事件判決 ……………………………………269
　　　　Ⅳ　行為義務違反（結果回避義務違反）としての過失理解へ
　　　　　　——客観的過失論の定着 …………………………………273
　　　　Ⅴ　予見可能性不要の過失論の登場——新受忍限度論 ……274
　　　　Ⅵ　過失の行為義務化に対して抑制的な立場の登場 ………274
　　第3項　心理的責任論と規範的責任論 ………………………………275
　　第4項　主観的過失と客観的過失
　　　　　　——不注意な心理状態と，適切な行動パターンからの逸脱 ………276
　　　　Ⅰ　客観的過失論の骨子——「外的注意」としての過失 …276
　　　　Ⅱ　客観的過失論の問題点——「外的注意」への限定 ……277
　　　　Ⅲ　本書の立場
　　　　　　——「内的注意」と「外的注意」の総合体としての行為 ……278
　　第5項　過失判断の規準時——行為時 ………………………………280
　　第6項　過失判断の標準となる人——合理人 ………………………280
　　　　Ⅰ　緒　論——抽象的過失と具体的過失 ……………………280
　　　　Ⅱ　合理人の類型化 ……………………………………………282
　　　　Ⅲ　合理人の能力・特性を超えた行為者の場合 ……………284
　　第7項　過失判断に際しての事前的判断と事後的判断……………284

第8項　過失（行為義務違反）の判断規準 …………………………………286
　　Ⅰ　緒　　論 …………………………………………………………286
　　Ⅱ　ハンドの公式 ……………………………………………………287
　　Ⅲ　ハンドの公式に対する批判 ……………………………………288
　　Ⅳ　ハンドの公式の修正・転換 ……………………………………291
第9項　結果発生の予見可能性 ……………………………………………293
　　Ⅰ　予見可能性の要否 ………………………………………………293
　　Ⅱ　予見の対象・回避の対象としての「結果」 …………………295
　　Ⅲ　予見可能性の前提——行為者の事理弁識能力 ………………296
　　Ⅳ　予見可能性の規範化 ……………………………………………296
　　Ⅴ　予見義務の「行為義務」（結果回避義務）化
　　　　——「事前の思慮」への拡張 …………………………………297
第10項　保護法規違反と過失 ……………………………………………299
　　Ⅰ　保 護 法 規 …………………………………………………………299
　　Ⅱ　保護法規違反と過失 ……………………………………………302
第11項　重　過　失 ………………………………………………………304
　　Ⅰ　緒　　論 …………………………………………………………304
　　Ⅱ　初期の議論 ………………………………………………………304
　　Ⅲ　議論の転回 ………………………………………………………305
　　Ⅳ　近時の理論状況 …………………………………………………306
　　Ⅴ　小　括——重過失概念の多様性 ………………………………307
第12項　過失の主体をめぐる問題 …………………………………………309
　　Ⅰ　法人の直接侵害行為と民法709条に基づく損害賠償責任 …309
　　Ⅱ　組織過失（システム構築義務違反および監視義務・監督
　　　　義務違反） ………………………………………………………313
第13項　過失の主張・立証責任 …………………………………………316
　　Ⅰ　規範的要件としての過失 ………………………………………316
　　Ⅱ　主張・立証責任の負担者としての被害者 ……………………316
　　Ⅲ　過失責任の原則の動揺と，過失の主張・立証面への影響 …318
第4節　過　失——各論（人身侵害について） ……………………………324
　第1項　緒　論——とりあつかう対象の限定とその理由………………324
　第2項　交 通 事 故 …………………………………………………………325
　　Ⅰ　前　注——運行供用者責任と民法709条の損害賠償責任 ……325

　　　　　Ⅱ　交通事故における過失責任 …………………………………326
　第3項　公害・薬害 ……………………………………………………329
　　　　　Ⅰ　「相当の設備」論とその意義 ………………………………329
　　　　　Ⅱ　予見可能性判断の緩和――予見義務（調査研究義務・情報
　　　　　　　収集義務）を介した予見可能性判断 …………………………330
　　　　　Ⅲ　過失の対象となる行為の拡張
　　　　　　　――究極的損害回避義務としての結果回避義務 ……………331
　第4項　医療過誤 ………………………………………………………331
　　　　　Ⅰ　診療上の過失 …………………………………………………331
　　　　　Ⅱ　転送義務・転送指示義務 ……………………………………335
　　　　　Ⅲ　説明義務 ………………………………………………………336

第5章　責任設定の因果関係（故意・過失行為と権利・法益侵害との間の因果関係） …………………………………337

　第1節　責任設定の因果関係と賠償範囲の因果関係
　　　　　――因果関係をめぐる1個説と2個説 ……………………337
　　　　　Ⅰ　緒　　論 ………………………………………………………337
　　　　　Ⅱ　因果関係1個説 ………………………………………………337
　　　　　Ⅲ　因果関係2個説 ………………………………………………338
　　　　　Ⅳ　因果関係要件の規律内容 ……………………………………338
　第2節　因果関係の起点としての「行為」 ………………………………340
　　第1項　伝統的立場 ……………………………………………………340
　　　　　Ⅰ　因果関係＝自然科学的意味または社会的意味における因果
　　　　　　　系列 ………………………………………………………………340
　　　　　Ⅱ　不作為不法行為における因果関係 …………………………340
　　第2項　伝統的立場に対する批判 ……………………………………342
　　　　　Ⅰ　不作為の「行為」性の否定――目的的行為論 ……………342
　　　　　Ⅱ　不作為不法行為における因果関係理解への疑問
　　　　　　　――作為不法行為と不作為不法行為の異質性 ………………342
　　　　　Ⅲ　因果関係＝自然科学的意味または社会的意味における因果
　　　　　　　系列とみることへの疑問――作為不法行為と不作為不法行
　　　　　　　為の同質性 ……………………………………………………343
　　第3項　小　　括 ………………………………………………………346

Ⅰ　因果関係の起点——規範違反の行為：法的無価値（反価値）
　　　　　評価を経た「不作為」・「作為」……………………………………346
　　　Ⅱ　不作為不法行為における作為義務
　　　　　——過失における行為義務（結果回避義務）との同質性 ……347
　　　Ⅲ　因果関係判断における作為不法行為と不作為不法行為の同質性
　　　　　——因果関係判断に対する過失判断の先行 …………………347
　第3節　「行為」と結果との因果関係（その1）：伝統的立場
　　　　——相当因果関係………………………………………………348
　　第1項　総　　論………………………………………………………348
　　第2項　条件関係………………………………………………………348
　　　Ⅰ　不可欠条件公式 ……………………………………………………348
　　　Ⅱ　不可欠条件公式に対する批判と合法則的条件公式 ……………349
　　　Ⅲ　条件関係における法則性
　　　　　——「自然的因果関係」との異同 ……………………………351
　　第3項　因果関係の「相当性」………………………………………351
　　　Ⅰ　法的因果関係としての相当因果関係 ……………………………351
　　　Ⅱ　法的相当性の内実
　　　　　——結果の「異常性」か，法的価値判断か？ ………………352
　　　Ⅲ　責任限定のための「相当性」判断 ………………………………353
　　　Ⅳ　責任拡張のための「相当性」判断 ………………………………355
　　　Ⅴ　相当性判断の規準 …………………………………………………356
　第4節　「行為」と結果との因果関係（その2）：相当因果関係説批判
　　　　——事実的因果関係説…………………………………………356
　　　Ⅰ　事実的因果関係の理論
　　　　　——過去に生じた事実の復元としての因果関係判断 …………356
　　　Ⅱ　賠償範囲の確定問題の位置づけ
　　　　　——因果関係と帰責判断との分離 ……………………………357
　　　Ⅲ　客観的帰属論との共通性 …………………………………………358
　第5節　事実的因果関係説批判——因果関係のなかの評価的要素………359
　　　Ⅰ　緒　　論……………………………………………………………359
　　　Ⅱ　アメリカと日本の裁判制度・訴訟手続の相違からみた事実的
　　　　　因果関係説批判 ……………………………………………………359
　　　Ⅲ　事実的因果関係を先行判断することに対する批判 ……………360

　　　　Ⅳ　「事実」と「規範的評価」(「政策」)との区分に対する批判
　　　　　　──因果関係概念の規範的・評価的性質 …………………361
第6節　本書の立場 ………………………………………………………362
　　　　Ⅰ　承　前──事実的因果関係と相当因果関係における「因果関係」
　　　　　　概念の異同 …………………………………………………362
　　　　Ⅱ　因果関係判断における評価的要素──「危険の現実化」に対
　　　　　　する評価と，「帰責」を内容とする法的評価の異質性 ………362
　　　　Ⅲ　合法則的条件公式による因果関係判断 ……………………364
第7節　因果関係の判断規準時および判断対象 ………………………364
　　　　Ⅰ　事実審口頭弁論終結時説──事後的・回顧的観点での特定の
　　　　　　行為と特定の結果の連結 …………………………………364
　　　　Ⅱ　行為時説
　　　　　　──事前的観点での類型的行為と類型的結果との連結 ……365
第8節　原因競合と因果関係 ……………………………………………366
　　　　Ⅰ　緒　論 ………………………………………………………366
　　　　Ⅱ　必要的競合 …………………………………………………366
　　　　Ⅲ　重畳的競合 …………………………………………………366
　　　　Ⅳ　択一的競合 …………………………………………………368
　　　　Ⅴ　関連問題──自然力の関与と因果関係 ……………………369
第9節　因果関係の立証責任 ……………………………………………371
　第1項　高度の蓋然性 …………………………………………………371
　第2項　因果関係の立証責任の緩和・軽減 …………………………372
　　　　Ⅰ　緒　論 ………………………………………………………372
　　　　Ⅱ　蓋然性説 ……………………………………………………372
　　　　Ⅲ　確率的心証の理論 …………………………………………373
　　　　Ⅳ　因果関係の立証責任の転換 ………………………………374
　　　　Ⅴ　因果関係についての事実上の推定（間接反証説）………375
　　　　Ⅵ　疫学的因果関係 ……………………………………………377
　第3項　医療における延命利益と因果関係
　　　　　　──権利・法益の拡張と因果関係の証明度の軽減 …………381
　　　　Ⅰ　議論の出発点──権利・法益侵害と因果関係 ……………381
　　　　Ⅱ　判例の展開──独自の法益としての「延命利益」…………382

第6章 規範の保護目的
　　　　──権利・法益侵害と故意・過失行為との関連づけ …………386
第1節 規範の保護目的説──基本的考え方 ……………………………386
　　Ⅰ 基本的な考え方 …………………………………………………386
　　Ⅱ 規範の保護目的の対象 …………………………………………387
　　Ⅲ 規範の保護目的論と相当因果関係論 …………………………388
第2節 権利・法益侵害と規範の保護目的 ………………………………390
　　Ⅰ 第1次侵害の対象となった権利・法益と規範の保護目的
　　　 ──故意・過失からの義務射程 ………………………………390
　　Ⅱ 後続侵害の対象となった権利・法益と規範の保護目的
　　　 ──危険性関連 …………………………………………………392

第3部 不法行為による損害賠償
　　　 ──責任障害要件（および関連する制度）

第1章 責任能力 ……………………………………………………………396
第1節 責任能力制度 …………………………………………………………396
　　Ⅰ 制度全体の鳥瞰 …………………………………………………396
　　Ⅱ 責任能力制度と責任無能力者の不法行為・行為適格 ………396
第2節 責任能力の意義 ………………………………………………………397
　　Ⅰ 立法当初の理解 …………………………………………………397
　　Ⅱ 「行為の責任を弁識するに足りる知能」の意義 ……………398
　　Ⅲ 過失要件との関係 ………………………………………………399
　　Ⅳ 責任能力の判断方法 ……………………………………………402
　　Ⅴ 責任能力と主張・立証責任 ……………………………………403
　　Ⅵ 責任能力制度の限界 ……………………………………………403
第3節 責任能力のない者 ……………………………………………………405
　　Ⅰ 未成年者の責任能力 ……………………………………………405
　　Ⅱ 精神上の障害により行為をした者の責任能力 ………………406
第4節 監督義務者および代理監督者の責任 ……………………………407
第1項 監督義務者の責任の性質 ……………………………………407
　　Ⅰ 支配的立場──自己責任説 ……………………………………407
　　Ⅱ 代位責任構成 ……………………………………………………410

第2項　監督義務者の責任の成立要件………………………………413
　　　　Ⅰ　加害者の不法行為……………………………………………413
　　　　Ⅱ　行為当時に，加害者に責任能力がなかったこと…………415
　　　　Ⅲ　行為者の監督義務者…………………………………………415
　　　　Ⅳ　民法709条訴訟と民法714条訴訟の関係
　　　　　　──同時審判申出共同訴訟………………………………415
　　第3項　免責立証（監督義務者の場合）……………………………417
　　　　Ⅰ　監督義務者が「義務」を怠らなかったことによる免責…417
　　　　Ⅱ　因果関係不存在による免責…………………………………419
　　第4項　責任負担者──監督義務者・代理監督者…………………419
　　　　Ⅰ　「責任無能力者を監督する法定の義務を負う者」（法定の
　　　　　　監督義務者）………………………………………………419
　　　　Ⅱ　代理監督者……………………………………………………424
　　第5項　失火責任法と監督義務者の損害賠償責任
　　　　　　──「重過失」の対象となる者…………………………426
　第5節　責任能力者の行為と監督義務者の不法行為責任………………428
　　第1項　問題の所在……………………………………………………428
　　第2項　監督義務違反を理由とする未成年者の監督義務者の損害賠償
　　　　　責任……………………………………………………………429
　　　　Ⅰ　学説と判例の状況
　　　　　　──民法709条による処理（監督義務違反〔監督過失〕）……429
　　　　Ⅱ　責任能力者の監督義務者の責任と民法709条……………430
　　　　Ⅲ　責任能力者の監督義務者の責任の限界……………………432
　　　　Ⅳ　主張・立証責任………………………………………………434
　　第3項　監督義務違反を理由とする精神障害者等の監督義務者の
　　　　　損害賠償責任…………………………………………………434

第2章　被害者による権利の処分……………………………………………435
　第1節　危険の自己招致（自己の危険に基づく行為）…………………435
　　　　Ⅰ　危険の自己招致（自己の危険に基づく行為）の意義……435
　　　　Ⅱ　危険の自己招致（自己の危険に基づく行為）の体系的位置…437
　第2節　被害者の承諾………………………………………………………438
　　第1項　責任阻却事由としての被害者の承諾………………………438

第2項　自己決定権の行使としての同意——「自己決定権」侵害という
　　　　　　観点からみた被害者の同意・承諾 ……………………………………438
　　　　Ⅰ　問題の所在——責任阻却事由（違法性阻却事由）としての
　　　　　　承諾から，自己決定権行使としての承諾へ ………………………438
　　　　Ⅱ　医療における患者の自己決定権と医師の説明義務 ………………439

第3章　防衛目的での不法行為 …………………………………………………451
第1節　正当防衛 ……………………………………………………………451
第2節　緊急避難（対物防衛） ……………………………………………453
第3節　自力救済 ……………………………………………………………454

第4章　法令または正当業務に基づく行為と責任阻却 ……………456

　事　項　索　引
　判　例　索　引

凡　例

I　体系書（およびこれに準じるもの）の略語

幾代＝徳本	幾代通（徳本伸一補訂）『不法行為法』（有斐閣，1993年）
内田	内田貴『民法II　債権各論（第2版）』（東京大学出版会，2007年）
梅	梅謙次郎『民法要義　巻之三　債権編』（有斐閣書房，1912年）
近江	近江幸治『民法講義VI　事務管理・不当利得・不法行為（第2版）』（成文堂，2007年）
加藤〔一〕	加藤一郎『不法行為（増補版）』（有斐閣，1974年）
加藤〔雅〕	加藤雅信『新民法大系V　事務管理・不当利得・不法行為（第2版）』（有斐閣，2005年）
北川	北川善太郎『民法講要IV　債権各論（第2版）』（有斐閣，1995年）
窪田	窪田充見『不法行為法』（有斐閣，2007年）
澤井	澤井裕『テキストブック　事務管理・不当利得・不法行為（第3版）』（有斐閣，2001年）
四宮	四宮和夫『不法行為』（青林書院，1987年）
末弘	末弘厳太郎『債権各論』（有斐閣，1918年）
鈴木	鈴木禄弥『債権法講義（4訂版）』（創文社，2001年）
鳩山	鳩山秀夫『増訂日本債権法各論　下巻』（岩波書店，1924年）
平井	平井宜雄『債権各論II　不法行為』（弘文堂，1992年）
平野	平野裕之『民法総合(6)　不法行為法』（信山社，2007年）
広中	広中俊雄『債権各論講義（第6版）』（有斐閣，1994年）
前田	前田達明『民法VI 2（不法行為法）』（青林書院，1980年）
森島	森島昭夫『不法行為法講義』（有斐閣，1987年）
吉村	吉村良一『不法行為法（第3版）』（有斐閣，2005年）
我妻	我妻栄『事務管理・不当利得・不法行為』（日本評論社，1937年）

II　判決・雑誌は，慣例により，たとえば次のように表示する。

最判平成○年○月○日民集○巻○号○頁

判時（判例時報），判タ（判例タイムズ），金法（金融法務事情），金判（金融・商事判例）など。

第1部　不法行為制度

第1章

不法行為制度の意義——権利保障の体系から

I　不法行為の意義

　不法行為とは，私的生活関係において他人の権利を侵害する行為であって，法秩序がその権利を保護するために，行為者の権利にも配慮しつつ設定した禁止・命令規範に違反すると評価されるものをいう[1]。

　ここでは，①法秩序によって保護された個人の権利を侵害する行為であること（被害者が有する権利の侵害），②その侵害行為が法秩序の禁止・命令に違反する態様のものであること（禁止・命令規範に対する違反行為），そして，③その禁止・命令規範が侵害された権利を保護するという目的を有しているものであること（権利侵害が禁止・命令規範の保護目的内にあること）が重要である。そして，このとき，④権利を侵害された者（被害者）には，権利侵害により生じた不利益についての救済を侵害行為者から受けるための手段が与えられる。

　もっとも，①から④のそれぞれについていかなる内容を盛りこむか，いかなる場合にその例外を認めるかという点に関しては，不法行為制度を採用している諸国において相違がみられる[2]。わが国の不法行為法は，次のような特徴をもつ（それぞれの詳細については，以下の各部・各章において解説することとし，ここでは概要のみを示す）。

---

[1] 人の「行為」を理由としてではなく，個人の権利を侵害した「物」の客観的「状態」を理由として，損害賠償責任が発生する場合がある。民法717条の工作物責任，民法718条の動物占有者の責任，製造物責任法3条の欠陥責任，国家賠償法2条の営造物責任が，その例である。これらは，厳密には不法「行為」責任とはいえないが，以下では，わが国の慣用例にしたがい，これらについても不法行為責任の範疇で扱うこととする。これらの責任のもつ損害帰責の枠組みの特徴については，それぞれの箇所で触れる。

II　他人の権利に対する侵害——被害者の権利保護

　他人の権利に対する侵害について，諸外国では，ドイツのように，権利を「絶対権・絶対的利益」に限定することから出発する立法主義を採用する国もある（ドイツ民法 823 条 1 項[3]）。しかし，わが国の民法は，709 条（当初の規定[4]）において「権利」の侵害を要求し，比較的広汎な権利概念を採用した[5]。その後，判例・学説は，厳格な意味での権利でなくても，およそ法的に保護に値する利益であればよいというように，「権利侵害」にあたる場面の外延を拡張した。こうした流れを受けて，2004 年（平成 16 年）の民法の現代語化に際しては，民法 709 条に「権利」と並べて「法律上保護される利益」（以下では，「法益」と略記する）が書き加えられた。

　本書初版（1999 年）で，この不法行為法での権利保護を，憲法が採用する基本権保護のもとに位置づける方向性を示して以降，不法行為法学において「権利論への回帰」・「権利論による再構成」に照準を合わせた検討が活発になった。他方，権利論とは異なる視点から不法行為制度を説明する立場も有力に主張されている。これらの動きについては，あとでまとめて扱うことにする。

---

[2]　ヨーロッパでは，近時，不法行為法の現代化の動きが活発に展開されている。この一端を語る邦語文献としては，クリスチャン・フォン・バール（窪田充見編訳）『ヨーロッパ不法行為法(1)(2)』（弘文堂，1998 年），ヘルムート・コツィオル（若林三奈訳）「『ヨーロッパ不法行為法グループ』による『ヨーロッパ不法行為法原則』」川角由和＝中田邦博＝潮見佳男＝松岡久和編『ヨーロッパ私法の展開と課題』（日本評論社，2008 年）85 頁がある。

[3]　ドイツ民法 823 条 1 項は，「故意または過失により，他人の生命，身体，健康，自由，所有権その他の権利を違法に（widerrechtlich）侵害した者は，その他人に対し，これによって生じた損害を賠償する義務を負う。」と定めている。

[4]　2004 年（平成 16 年）の現代語化前の 709 条は，「故意又ハ過失ニ因リテ他人ノ権利ヲ侵害シタル者ハ之ニ因リテ生シタル損害ヲ賠償スル責ニ任ス」というものであった。

[5]　もっとも，起草者が権利侵害を要件として掲げたのは，絶対権ほど狭いものではないにせよ，「権利」を厳格に解することで不法行為による救済が認められる場面を限定する意図に出たものであった。これについては，後述する。

III 禁止規範・命令規範に対する違反行為

1 過失責任の原則——行為者の行動自由の保障

　ある人の行為が不法行為と評価されるためには，その行為が法秩序の禁止・命令に違反したものでなければならない。わが国の民法典は，709条において——ヨーロッパ大陸不法行為法の流れを受け——「過失なければ，責任なし」との過失責任の原則（Verschuldensprinzip）を採用し，不法行為責任が課されるためには故意または過失ある行為がされたことを原則としている[6]。近代民法が，不法行為責任において過失責任の原則を採用したのは，合理的（理性的）な行為に対しては行為者の責任を問わない（不合理な行為に対してのみ，行為者の責任を問う）とすることで，個人の行動の自由を保障しようとしたためである[7]。

　過失責任原則のもとで，法秩序の禁止・命令違反が向けられる評価の対象は，人の「行為」である（禁止規範に対する違反としての作為不法行為，命令規範に対する違反としての不作為不法行為）。その際，わが国では，人の「行

---

[6] ヨーロッパ大陸法における過失責任の原則については，潮見佳男『民事過失の帰責構造』（信山社，1995年）109頁を参照せよ。イェーリング（Jhering, Das Schuldmoment im römischen Privatrecht, 1867）ほかが説くように，ローマ古法やゲルマン古法においては，原因を惹起した者に結果も負担させるという「原因主義」の考え方が支配していた。違法性（injuris）とか過失（culpa）が帰責原理として登場するのは，近代不法行為法の起源といわれる紀元前286年のアクイリア法（lex Aquilia）の登場とその解釈の進展を待たねばならなかった。アメリカ法での過失責任原則・自己責任原則の意義については，樋口範雄『アメリカ不法行為法』（弘文堂，2009年）3頁・12頁に要を得た説明がある。

[7] 近代以前のヨーロッパでは，過失責任は，客観的な社会関係のありかたとしての正義を人間の主体的卓越性としての徳が支配しているとのギリシャ＝ヘレニズム哲学に端を発する正義観や，当事者の道徳的品性に関心を向けたキリスト教的道徳観・倫理観に結びつけられて正当化されることもあった。また，近代における行動自由の保障も，仔細にみれば，これが説かれる文脈にはニュアンスがあって，①啓蒙期自然法＝理性法思想における人間像を想定したうえで，「自由な主体として理性の要求するところに従って行動する主体のした自律的決定（そして，その結果としての行動）は，法秩序によって尊重されるべきである」との理由から正当化される場合と，②自由主義市場経済の視点のもと，「行動自由の保障は，個人の経済的取引の自由，企業活動の自由をも意味するのであって，それは資本主義経済社会の進歩を支援するものである」との理由から正当化される場合がある。さらに，今日では，③行動自由の保障が憲法の定める基本権と結びつけられることもある。

為」がなぜ不法と評価されるのかを正当化するにつき，故意不法行為の帰責原理と過失不法行為の帰責原理が異なるのではないかという点が強調されている[8]。しかし，本書は，これに与するものではない。

なお，ここにいう行動自由の保障には，外部的にあらわれた行動について不合理な（理性に反する）ものでなければ責任を問われないという意味のほかに，内面的な選択の自由および決定の自由，すなわち，人がおこなった選択・決定について不合理な（理性に反する）ものでなければ責任を問われないという意味も含まれる（以下，本書において行動自由の保障というときには，この理解が基礎にある）。内的側面と外的側面の統合体としての「行為」の意味については，過失を扱う箇所で――「内的注意」・「外的注意」に関連づけ

8　前者を意思責任の原理，後者を信頼責任の原理で説明する（前田達明『不法行為帰責論』〔創文社，1978年〕185頁・206頁・212頁，森島178頁）のが，有力な潮流である。しかし，このような説明は，問題もはらんでいる。
① 故意不法行為の帰責を意思責任の原理（規範に従ってみずからを動機づけることができたのに，違法な行為をしたという有責性非難に責任の根拠を求める考え方）で説明することは，過失による行為が免責される場面では説得力をもつが，わが国の不法行為法は故意の場合も過失の場合もともに行為者に帰責するという立場を基本にすえており，それゆえに故意責任の帰責原理を特に強調する理由に乏しい（加藤〔雅〕137頁）。のみならず，意思責任とはいうものの，行為に対する客観的無価値評価が前提となっており，むしろ帰責の本質は後者にあるのではないかと考えられるし（窪田43頁），さらに「意思責任」というときの「意思」の対象が多義的であるうえに（権利侵害についての故意なのか，損害惹起についての故意なのかが明らかでない），意思責任としての故意が語られる場面ごとに「故意」・「意思」の意味するところが異なるのではないかという疑問もないではない。
② 過失不法行為の帰責を信頼責任の原理（共同体社会の構成員が他者の行為に対して与える信頼〔他者が社会生活上必要な注意を尽くして行為することへの信頼〕）に反する行為をした点に責任の根拠を求める考え方で説明することについても，このような説明でよいのかという疑問がわく。というのも，不法行為制度においてはこうした共同体社会のなかでの信頼そのものが保護されているというのではなく，信頼をした個々人が有している権利・法益そのものを保護の対象として設定された行為規範への違反行為に着目し，行為者への帰責が正当化されるのではないか――そして，この場合の行為規範は，行為者の行動自由の保障も担っている――と考えられるからである（潮見佳男『基本講義　債権各論II　不法行為法（第2版）』〔新世社，2009年〕21頁。窪田48頁の説くところも，同旨と思われる）。
　このようにみれば，現在の有力な見解とは異なり，意思責任の原理に基礎づけられた故意不法行為と信頼責任の原理に基礎づけられた過失不法行為という面を強調することには，躊躇をおぼえる。

て——触れるところを参照せよ。

2　過失責任とは異なる原理に基づく責任

わが国では，例外的に，「他人」の行為から生じた権利・法益侵害（たとえば，民法715条の使用者責任）や，そもそも人の「行為」ではなく「物」から生じた権利・法益侵害（たとえば，民法717条の「工作物」の瑕疵を理由とする責任や，製造物責任法3条での「製造物」の欠陥を理由とする責任）について，被害者に生じた権利・法益侵害の結果を帰責するために，ある者に対し，過失責任の原理とは異なる原理のもとで責任を負担させる制度を導入している場合がある。そこでは，法秩序の禁止・命令に対する違反を理由とする責任という発想になじまない責任が，民法典上の特別規定や，特別法上の損害賠償責任の場面で具体化しているのである。そして，これらの場面での帰責を正当化するために，危険責任の原理や，報償責任の原理が説かれている[9]。

①　危険責任の原理とは，危険源を創造したり，危険源を管理したりしている者は，その危険源から生じた損害について，責任を負担しなければならないとの考え方である[10]。原子力発電所の事故による損害賠償責任（原子力損害の賠償に関する法律3条1項[11]）が典型例であるが，そのほかにも，民法

---

[9]　その他，後述するように，民法714条1項本文に基づく責任無能力者の監督義務者の責任を代位責任として捉えるときには，「家族関係の特殊性」に着目し，「教育・監護・善行をする重い義務」が課されている監督義務者に課された「一種の保証責任」であるという観点から，監督義務者の責任を正当化することも考えられる（この責任を自己責任と捉える場合には，この点は，監督義務者が包括的監護義務を負う根拠として語られることになる）。もとより，この責任を危険責任の枠組みで捉える見方も有力である（詳細については，第3部第1章第4節第1項を参照せよ）。

[10]　「危険責任」とはいえ，そこでの帰責にあたり問われているのは，権利の「危殆化」（Gefährdung）であって，客観的に「危険」（Gefahr）が存在しているという状態そのものではない。単にその者のもとに危険が存在しているということのみをもって責任が問われるのではなく，「危険源の創造」・「危険源の管理」といった意思的な要素が重要なのである。この点に関しては，錦織成史「不可抗力と避けることのできない外的事実——危険責任の免責事由に関する一考察」法学論叢110巻4＝5＝6号199頁（1982年）。危険責任全般に関しては，ドイツ法に関するものであるが，浦川道太郎「ドイツにおける危険責任の発展(1)～(3)」民商法雑誌70巻3号458頁，4号601頁，5号773頁（1974年），増田栄作「ドイツにおける民事責任体系論の展開——危険責任論の検討を中心にして(1)～(3)」立命館法学237号136頁，239号97頁，240号187頁（1995年）。

717条1項後段の定める所有者の責任，製造物責任法3条に基づく欠陥商品の製造者の責任，自動車損害賠償保障法3条に基づく運行供用者の責任などが，この例である。民法715条の定める使用者の責任も，この原理に基礎を置くものといえる[12]。

② 報償責任の原理とは，みずからの活動から利益をあげている者は，その活動の結果として生じた損害について，責任を負担しなければならないとの考え方である。「利益の帰属するところに，損失も帰属すべきである」との考え方といってもよい。不公正な取引方法を用いた事業者が被害者に対し独占禁止法25条に基づいて負担する損害賠償責任が，その例である。民法715条の使用者の責任も，（危険責任の原理とともに）報償責任の原理に基礎を置くものといわれている[13]。

3 「契約上の義務」と不法行為法上の注意義務

契約に基づいて債務者が債務を負担している場合には，債務者は，契約によりなすべきことを義務づけられている。ここでは，契約を締結した債務者には，行動の自由の保障などない。したがって，債務の履行がされなかったときに，債務者が損害賠償責任を負うかどうかを考えるうえで，責任を基礎づける思想として過失責任の原則に依拠することはできない。過失責任の原則とは，人の行動自由の保障を目的としたものであり，契約によりなすべきことを義務づけられた債務者には，このような帰責の思想を基礎に据えることは妥当しないからである。そうなると，契約上で義務づけられたことをしなかった債務者が損害賠償責任を負わなければならないかを考えるうえでの

---

11 原子力損害の賠償に関する法律3条1項「原子炉の運転等の際，当該原子炉の運転等により原子力損害を与えたときは，当該原子炉の運転等に係る原子力事業者がその損害を賠償する責めに任ずる。ただし，その損害が異常に巨大な天災地変又は社会的動乱によって生じたものであるときは，この限りでない」。ちなみに，「原子力損害」とは，「核燃料物質の原子核分裂の過程の作用又は核燃料物質等の放射線の作用若しくは毒性的作用（これらを摂取し，又は吸入することにより人体に中毒及びその続発症を及ぼすものをいう。）により生じた損害」のことをいう（同法2条2項）。

12 わが国では，川島武宜「判例批評」判例民事法昭和11年度62事件を嚆矢とするが，今日では，使用者責任を——報償責任の原理とともに——危険責任により基礎づけるものが多い。前田141頁，四宮681頁など。

13 最判昭和63年7月1日民集42巻6号451頁，我妻162頁，加藤〔一〕223頁，幾代=徳本195頁。

思想的基礎となるのは何かといえば、それは「契約の拘束力」に求めるべきである。

このとき、契約上の債務を履行しなかった債務者の行為に対しては、債務不履行としての評価が加えられるほか、当該債務者の行為が不法行為と評価されるかどうかも問題となりうる。

「契約上の義務」の内容として、当該契約の本旨に従い債務者として合理的な行動をとることが義務づけられていたとき（手段債務、誠意債務、最善努力義務などといわれるもの）には、その義務の違反は、不法行為法上の注意義務、したがって過失判断をも基礎づける。ここでは、「契約上の義務」が不法行為法上の注意義務へとスライドすることになる。すなわち、債務不履行責任と競合する不法行為責任は、契約の内容および趣旨に照らした合理的行動という性質決定を踏まえたうえでの過失責任の原則のもとで捉えられるべきことになる（このとき、過失判断における標準が合理人だということの意味は、当該契約の内容および趣旨に照らせば債務者に合理的に期待できる行為は何かという問いへと転換されることになる）。

これに対して、「契約上の義務」の内容として、特定の結果が実現することが契約によって保証されていたとき（結果債務といわれるもの）には、その義務の違反は、直ちには不法行為責任を基礎づけない。この種の義務は契約による結果実現保証（保証責任）に基礎を置くものであり、過失責任の原則に基礎を置く不法行為法上の注意義務、したがって過失判断にはスライドしないからである。

IV 侵害された権利に対する救済

1 原 則——金銭による損害賠償

わが国の民法は、不法行為に対する救済として、金銭による損害賠償を原則とし、例外的に民法723条で名誉毀損の場合に原状回復を許容するという態度をとっている（諸外国では、ドイツ民法249条[14]のように、原状回復——原物賠償〔自然的原状回復 Naturalersatz〕の意味での原状回復——を原則とする

---

[14] ドイツ民法249条第1文「損害賠償義務を負う者は、賠償を義務づけることとなった事情が存在しなかったとしてならばあるであろう状態を回復（herstellen）しなければならない」。

との立法主義を採用しているところもある[15]）。

　この金銭賠償に関して，わが国では，権利・法益侵害を受けた被害者が不法行為により現実に被った損害を金銭で賠償すべきであるとの考え方（実費主義・実損主義）を基礎にすえるのが支配的な見解であり，実務である。これに対しては，近時，不法行為制度の目的を実損の塡補だけでなく権利・法益侵害の一般予防や侵害行為の抑止に求めたり，侵害のし得を許すべきではないという制裁の考え方をもちだしたりすることにより，異なる観点からの金銭評価を意識的に主張するものもみられるようになっている（懲罰的損害賠償の理論，抽象的損害計算の原則化論〔損害賠償制度のもつ権利追求機能の重視〕，利益吐き出し型損害賠償の理論など。これについては，後述する）。

2　不法行為を理由とする差止請求の可否

　わが国の学説は，不法行為を理由とする差止めを認めることには消極的である。むしろ，判例・学説により，人格権の侵害を理由とする差止請求が――不法行為を理由とする救済とは別次元で――物権的請求権のアナロジーとして認められている。しかし，最近では，不法行為法を権利救済法と捉え，権利・法益を保持している状態を原状に回復させるため，不法行為に基づく差止めも認められるべきであるとの見解[16]も唱えられている。著者はこの見解が妥当であると考えるが，これについても後述する。

V　本書が基礎とする「権利」の理解――概要

　本章の「権利保障の体系」という見出しからもうかがえるように，著者は，被害者と加害者双方の権利の保護とその限界（制約）という観点から不法行為法を捉えている。もっとも，私法の領域では，権利（私権）をどのように

15　もっとも，例外的に，鉱業法 111 条 2 項は，「損害の賠償は，金銭をもってする。但し，賠償金額に比して著しく多額の費用を要しないで原状の回復をすることができるときは，被害者は，原状の回復を請求することができる」とし，同条 3 項は，「賠償義務者の申立があった場合において，裁判所が適当であると認めるときは，前項の規定にかかわらず，金銭をもってする賠償に代えて原状の回復を命ずることができる」としている。

16　大塚直「生活妨害の差止に関する基礎的考察(8)」法学協会雑誌 107 巻 4 号 517 頁（1990 年），平井 107 頁など。

捉えるのかについて諸説がある。それゆえ，本書における権利の捉え方について，あらかじめ一言だけ触れておく（権利・権利侵害論の展開についての詳細は，後述する）。

① 著者が基礎としているところによれば，権利とは，憲法のもとで国家により個人への帰属が承認され，保護されている地位をいう。個人に権利として何を割り当て，帰属させるかは，国民の選択した憲法（わが国の場合には，日本国憲法）がいかなる個人・社会を理念型とするか次第である。憲法以前の自然権的意味での「権利」は，憲法が個人の権利を承認し，保護するための基盤（論者によれば，「背景的権利」[17]）になりうるとしても，法的な意味での「権利」ではない。

② このような個人の権利は，憲法の定める基本権として位置づけられるものであり，その権利性は，憲法により正当化される（憲法基底的重層論ともいわれる立場を基礎としたものである）。そして，基本権に自由権・平等権・社会権（生存権など）があるように，不法行為法上で保護される個人の権利にも自由権・平等権の性質をもつものと社会権の性質をもつものとがある。このような個人の権利が他者により侵害され，または侵害される危険にさらされている場合には，その権利が自由権・平等権・社会権のいずれに属するものであれ，その権利性が憲法により個人に保障されている以上，その個人（被害者）は，国家に対し保護を求めることができる。他方で，国家は，個人（被害者）の保護を考えるにあたっては，この者の権利を保護することによって制約を受けることによる他者（加害者ほか）の権利にも配慮をしなければならない（平等原則からの当然の帰結である）。このように，不法行為法は，個人間の権利が衝突する私的生活関係の局面において，一権利者の権利が侵害され，または侵害されるおそれがあるときに，国家が個人の権利の保護と権利の制約を実現することを目的として設けた制度のひとつである。もっとも，こう述べたところで，問題はこれで終わりなのではなく，上記のような理解からは，自由主義的な国家観と社会国家・福祉国家的な国家観を権利論の平面でどのように調整していくかという視点を入れつつ，憲法のもとで承認された各種の権利の内実の確定と，同質または異質の権利相互間で

---

[17] 佐藤幸治『憲法（第3版）』（青林書院，1995年）393頁。それぞれの時代の人間存在にかかわる要請に応じて種々主張されるもので，「法的権利」としての人権を生み出す母体として機能するという。

の衝突の調整を──不法行為が問題となるさまざまな局面での具体的な解釈論の提示をも試みながら──実践していく必要がある（永遠の課題である）。

　③　上記のように，権利には，自由権，平等権のみならず生存権その他の社会権のすべて──憲法により基本権として承認され，保護されているもの（手続的権利も含む）──が含まれる。この意味で，権利中心の体系を構想する点では通じるところがあるとはいえ，近時有力に主張されているリベラリズムのもとでの一元的な権利観（とりわけ，基本権保護義務論とリベラリズムの思想とを結びつけ，極限まで展開させた「決定権的権利観」）とは異なる。憲法のもとで国家により個人に割り当てられた権利，したがって，その権利の主体が有する地位には各種のものがある。権利のなかには，私的自治・自己決定の保障につながる選択権・決定権を中核とする権利（このなかにも，精神的自由に関係する選択権・決定権もあれば，経済的自由に関係する選択権・決定権もある）があれば，人身の自由の保護・不可侵を中核とする権利や，人格的生存の保障を中核とする権利，また，私有財産制・財産権の保障につながる財産的価値の帰属・支配（このなかには，所有権のように，権利主体への排他的な支配・帰属が認められるものもある）を中核とする権利などもある。これらを一義的にどれかの枠に押し込めるのは，適切と思われない。

　④　わが国の民法709条は，「権利」と「法律上保護される利益」とを分けて規定しているが，このような区別は，上記の理解に照らせば，適切なものとはいえない。「法律上保護される利益」もまた，「権利」としての性質を有するものである。同様に，（権利意思説に立つのであれ，権利利益説に立つのであれ）排他的割当領域をもつ絶対的権利──古典的権利とも称されることもある──のみを「権利」と捉える立場があるが，これも，上記の権利観からすると，狭すぎる。「権利」＝「絶対権」という認識のもとで，排他的割当領域を有する「絶対的権利」（絶対権）のみについて「権利」としての特性を強調する点にも問題がある。「権利として生成中のもの」を──このような地位を「権利」と称することができないとの理由から──「法律上保護される利益」として不法行為法による保護の対象とすることには，現在の実務の現状を前にしたとき，そのような解釈論上の処理のもつ戦略的・政策的価値は認められようが，（保護に値するとの判断に至った過程に重点が置かれるべきことはもとより）保護に値するものとされた結果としてその主体に帰属するものとされた地位を「権利」と称することに躊躇すべきではない。

⑤　②で述べたように，不法行為法は，私的生活関係のなかで個人の権利と個人の権利（被害者の「権利」と，加害者の「権利」〔行動の自由ほか〕）とが衝突する場面で，被害者の権利の回復のために，加害者の権利をどこまで制約することが正当化されるか（過失責任の原則のもとでの禁止規範・命令規範の議論は，ここに対応する），また被害者の権利や加害者の権利をどこまで保護することが正当化されるかという問題を扱う法である。そのために，権利侵害，過失，責任能力などといった各種の要件が機能する。著者は，ここでの権利の意味を上記のような観点のもとで捉えているが，被害者と加害者の権利相互間の衡量にあたっては，両者の権利がいずれも憲法により保障された権利であることから，比例原則にしたがった衡量がおこなわれることになる（過剰介入の禁止，過小保護の禁止）。なお，公共性・公益性にあらわれる公共的価値がこの衡量過程にどのように組み込まれるか，それが差止めと損害賠償の場合とで異なるかについては，差止請求を扱う箇所（続刊）で一括して触れる予定である。

第 2 章

不法行為制度の目的

第 1 節　出発点──被害者の権利の価値の回復と，行為者の行動自由の保障

　わが国の民法が採用した不法行為責任の制度は，故意・過失ある行為による権利・法益侵害を理由として被害者の損害賠償請求を認めるとの考えに出たものであるが，この制度は，被害者の権利を保護する機能をもち，これが侵害されたことにより生じた損害の賠償を得させることにより，被害者の権利を金銭的に回復することを目的とするとともに，「過失なければ，責任なし」との過失責任主義を基礎にすえることで，行為者の権利（行動の自由）を保障する機能も有するものとなっている[1]。

　この意味で，わが国の不法行為制度の中核をなしているのは，①被害者の権利の価値を回復させる（金銭により権利の価値を実現する）ことによる保護と，②行為者（加害者）の行動自由の保障である[2]。立法時点でも，この種の考え方が基礎にすえられていた。

---

[1]　法務大臣官房司法法制調査部監修『法典調査会民法議事速記録 5』（商事法務研究会，1984 年）297 頁〔穂積陳重発言〕，加藤〔一〕7 頁。

[2]　矯正的正義の実現という観点が，その基礎にある。権利侵害行為の抑止という一般予防機能は，これらの派生物として捉えられることになる。

第2節　発想の転回——社会本位の思想のもとでの損害の公平妥当な分配

I　損害の公平妥当な分配——配分的正義の観点

　立法時点でのこうした見方は，やがて，過失責任主義の射程を限定するという議論のなかで，変容を開始した。そこでは，「個人の自由活動の最少限度の制限たる思想から，人類社会に於ける損失の公平妥当なる分配の思想へ」という「不法行為制度の指導原理の推移」が強調され，責任成立要件の内包の変容とともに，過失責任原則に基礎づけられた賠償責任と異なる損失分配の構想が意識されるようになる。このような理解から，我妻栄は，不法行為における損害賠償制度の指導原理を個人の自由の保障に求め，過失責任を個人の行動自由の保護に結びつけて捉えたうえで，これに代わる指導原理として，社会共同生活の全体的向上を掲げ，「社会に生ずる損害の公平妥当な負担分配」をはかる制度として不法行為制度を位置づける構想を提示した[3]。

　そして，これが加藤一郎の見解へとつながった。そこでは，特に危険性の高い企業——交通機関と危険な企業施設——につき，個人の自由活動・競争自由を保障する過失責任原則では不十分だとして，「非難性という責任の根拠はある程度まで無視して」被害者の受けた損害の公平・妥当な分担をはかるべきことが提唱された（「損害賠償の醇化」）。そこでは，無過失損害賠償責任制度の導入と関連づけられて議論が組み立てられている点に注意を要する。すなわち，①「過失責任＝非難性に基づく責任＝賠償制度」，②「無過失責任＝損害の公平・妥当な分配を目的とした制度＝補償制度」という複線的構想が示されたのである。

　さらに，このことの副産物として，①過失責任の思想が「警告的機能」ないし「予防的機能」を有していた点があらためて自覚される——そして，無過失責任においても損害発生防止機能が果たされ得るという点が指摘される——とともに，②「補償」という面から捉えた場合に保険との結びつきを考えることの必要性（損害の塡補とその保険化）が強調されるようになった[4]。

　こうした複線的な損害塡補制度の構想のなかでの「損害の公平・妥当な分

3　我妻95頁。

担」を目的とした不法行為制度という理解は，1939年（昭和14年）の鉱業法の改正による鉱害賠償制度の導入，1947年（昭和22年）の独占禁止法25条での無過失損害賠償責任制度の導入，1955年（昭和30年）の自動車損害賠償保障法3条による人身損害についての事実上の無過失責任の導入といった一連の立法政策を受けて，さらに各種社会保障・事故補償制度の登場と責任保険を中心とする私保険制度の充実をみながら，戦後不法行為法学における支配的地位を確立していった。

II 損害賠償をめぐる思想的基盤の転換
―― 「個人主義的権利本位から社会本位の法律思想へ」

Iに示した考え方のもとでは，それまでに不法行為制度の主軸を形成していた個人の行動自由の保障の思想が後退し，これに代わるものとして，社会本位の思想が前面に出てきている。

このような考え方は，当初，牧野英一の見解のなかで明確に示された。そこでは，不法行為の本質を「権利侵害」にみることに代えて「法規違反」にみる鳩山秀夫の見解を受けて，責任に関して「個人主義的」立場を捨てて，「社会連帯的立場」に立つべきこと，「権利本位の法律論を捨てて，其の反対命題たる『公の秩序善良の風俗』の思想の上に，法律の全体系を改造」すべきこと，「法規に違反する」とは他人の権利を侵害することではなくて，公の秩序・善良の風俗に反して行動することであること，権利は，社会の各員がその共同生活において「責務の自己のわけ前」を全うするについての手段ないし機会に他ならないことが強調された[5]。牧野によれば，「権利といふ観念は，其の発展の沿革上おのづから――権利といふ観念は，近世の啓蒙思想の所産であり，19世紀の個人主義的雰囲気の裡に発展したものである――個人主義的色彩を持って居る。第1に，権利は其の権利者をして其の権利の形式の範囲に於て無限に活動せしめる傾向を持つものである。此の故に，権利は自由競争の原理と相表裏し相援引して19世紀の文明を大成したのであ

---

[4] 加藤〔一〕27頁・40頁。これは，危険の社会的分散，損害賠償責任の社会化という面も，あわせもつ。

[5] 牧野英一「権利の観念の転回――鳩山博士の日本債権法新版を読む」同『法律に於ける具体的妥当性』（有斐閣，1925年）328頁・349頁・359頁。

った。しかし，権利の斯くの如き性質は，おのづから，権利が公の秩序善良の風俗に反して活躍することを妨げることができなかった。そこに権利本位の文明の禍根がある。斯くして権利の濫用なる思想が考へ出され，権利はその反対思想としての公の秩序善良の風俗なる原理によって制約されねばならぬものになった」[6]。

　この牧野の見解が，我妻栄に引き継がれることになる。そこでは，「個人主義的権利本位から社会本位の法律思想へ」[7]の転回を企図して，次のような指摘がされている。「法律の指導原理が個人の自由を保障することをもって最高の理想となさず，社会協同生活の全体的向上をもって理想となすに及んでは，不法行為は社会に生ずる損害の公平妥当なる負担分配を図る制度と考へられるやうになる。人類の社会協同生活は相互に利益を与へる共同関係であるが，同時に，相互に必然的に損害を加へ合ふ共同関係でもある。のみならず，天災地異は不断に我々の生活に損害を加へる。我々はこの損害に屈せず，これと戦ひ，これを塡補して，より完全な社会利益を建設することに努めてのみ，よくその文化の発達を企画し得る。然らば，この損害を何人に塡補せしむることが最もこの目的に適するであらうか。被害者自身にか，故意過失ある加害者のみにか，損害の原因たる事実によって利益を受ける者にか，その原因を与へたるものにか，将た又社会の全体にか。固より民法の不法行為制度はこの問題を単独に解決し得るものではあるまい。然し，不法行為制度をこの社会生活に於ける損失の公平妥当なる分担を定むる一制度と考へることに，不法行為制度の新らしい指導原理が求められつつあるのである。／要するに，個人の自由活動の最少限度の制限たる思想から，人類社会に於ける損失の公平妥当なる分配の思想へ。ここに不法行為制度の指導原理の推移を見る」[8]。

6　牧野・前掲書347頁。
7　このスローガンは，大判大正8年3月3日民録25輯356頁（信玄公旗掛松事件）に関する論評のなかで説かれたものである。我妻145頁。
8　我妻95頁。

第3節 「過失責任の原則」から「損失の塡補・調整」へ——損害補償制度としての体系化

　不法行為の制度目的を論じる際に個人の活動自由の保障（個人の活動に対する非難可能性）を後退させ，損害の公平な分配（損失の塡補・補償）を前面に出してくる方向は，その後，「個人主義」・「権利本位」の法律論から「社会連帯的」・「社会本位」の法律論へという思想面での転換を強調することを後退させつつ，「過失責任原則も，損害の公平な分配に資するための一方法である」——「加害者に過失があることを要件として，損失転嫁が行われる」[9]——と捉えて，後者の観点に組み込んでいく可能性を開いた。

　さらに，損失の塡補・補償という面からの不法行為制度の把握は，損失の補償を目的としたその他の被害者救済制度との比較のなかで不法行為制度を位置づけるのが有用であるとの視点を生み出した。後者の視点からのアプローチは，森島昭夫の分析に明快である。そこでは，損害補償制度の理念型として，①「不法行為システム」（損失負担者は損失発生の原因者であるが，その者に帰責要件がなければ損失転嫁が生じない。私保険〔責任保険〕と結びつきうる），②「災害保険システム」（労働者災害補償制度，公害健康被害補償制度，医薬品副作用被害救済基金制度などといった災害保険型の被害者救済制度），③「社会保障システム」（生活保護制度や各種健康保険制度といった社会保障型の被害者救済制度）が立てられ，被害者救済制度を考えるうえでの出発点とされている[10]。

第4節　不法行為制度の組み替えと総合救済システム論

I　損失補償システムの構築に向けた萌芽的主張

　不法行為責任について，「個人の利益保護・行為者に対する責任非難から，損害の公平な分配（損失の塡補・補償）へ」という目的・機能面でのシフトを強調するとき，次に，こうした目的達成にとって不法行為法が適切な制度

9　森島452頁。
10　森島454頁・460頁，同「人身損害補償システムの基礎理論」ジュリスト691号13頁（1979年）。

であるのかどうかが問われることとなるのは，いわば自然の流れでもあった。

　この方向での議論は，1970年代後半から，一方で，不法行為責任要件の組み替え，とりわけ過失の判断構造の再構成という点において具体化するとともに，他方で，上述した他の各種の損失補償制度との関連づけのなかで不法行為制度の存在意義を問題視するという点において具体化し，ともにわが国の不法行為法学（および隣接法〔学〕分野）に急速に展開していった。

　特に，後者の観点からの議論が，主に人身損害の賠償・填補に関して，はなばなしい展開をみた。その際，そこでの議論は，アメリカ法学における「法と経済学」の影響，同じアメリカにおいて「不法行為危機」・「責任保険危機」が主張されるなかでみられた不法行為法学の展開の影響，さらに1972年（昭和47年）のニュージーランド事故補償法の制定とそれをめぐる議論[11]の影響を受けて，わが国におけるそれまでの伝統的な損失補償システム，したがってまた不法行為制度の組み替えをめざした点に，大きな特徴がある。

　わが国において，この方向からの議論の萌芽的主張は，一方で，「補償」の原点に立ちかえれば，事故原因や帰責原因のいかんによって救済の有無や程度に差を設けることが問題ではないかという点の指摘となってあらわれた。「同じ程度の被害者には同じ程度の救済の手を差しのべるべきであり，救済のニーズが同一である以上，同一の救済を与えるのが公平である。にもかかわらず，原因いかんにより救済したり救済しなかったり，また加害者側の有責性の有無により救済の範囲に差を設けることは，被害者の公平な救済という正義の原則に反することであり，このような差別を十分に正当化するわけにはいかない」[12]と考えられたのである。

II　不法行為制度の限界

　他方で，この方向からの議論は，諸外国での不法行為理論の展開がインセ

11　当時のものとして，浅井尚子「ニュージーランド事故補償法——その運用実態と改革の方向」私法53号260頁（1991年），最近のものとしては，佐野誠「ニュージーランドにおける事故補償制度の最近の動向」交通法研究28号76頁（2000年），浅井尚子「ニュージーランド事故補償制度の30年」判タ1102号59頁（2002年）。

12　西島梅治「損害と保険」『岩波講座・基本法学5　責任』（岩波書店，1984年）344頁。

第 2 章　不法行為制度の目的

ンティブとなり，損失補償・損害塡補制度としての不法行為制度の限界を突く指摘となってあらわれた。このコンテクストにおいて，森島昭夫や加藤雅信らの分析を経て明らかにされていったのは，現行の不法行為制度および被害救済制度のもつ次のような問題点である[13]。

　第 1 に，不法行為制度においては，①民法 709 条で加害者の過失が要求されているところ，それでは被害者救済の取扱いにおいて妥当でない場合があるし，②因果関係の立証困難が賠償請求にとっての障害となるばかりか，③裁判で決着をつけようとすれば費用と時間がかかるうえに，④仮に損害賠償請求権が認められても，賠償義務者が無資力である場合には実効性がないという点で，問題をかかえている。

　第 2 に，多様なシステムの複合体によっておこなわれている現行の被害救済は，その実効性という点で問題を残す。すなわち，特別の制度化がされていない分野において救済がおこなわれないだけでなく，そうした制度化がされている場合にも，救済としての実をあげていない。

　第 3 に，不法行為責任追及による救済範囲が広がるようになると，潜在的責任主体の消極的な行動（萎縮診療，新薬・製品開発の停滞等の防衛的態度にみられる「社会的な負の対応」）が目立ちはじめる（「不法行為危機」）。他方，このような「社会的な負の対応」をおそれて裁判官が損害賠償請求を認めないようになると，被害者救済の理念が損なわれてしまう。

　第 4 に，複数のシステムが併存することから，各制度間での補償額の格差という問題が生じ，また，制度間調整にも費用がかかるという事態を招く。

　第 5 に，現行の損害賠償制度の主流である一時金賠償は，被害者の生活確保・実態に即した賠償という点で問題がある。

　このような問題点を提示する論者らにあっては，「不法行為法の第 1 の目的・機能が損害を塡補することにあるとしても，不法行為制度は，損害塡補制度としてさまざまな制約をもっている」[14]ことを認識する点では共通するものの，その先の対応では，論者間で違った見解が示されている。

13　森島 454 頁，加藤雅信「不法行為法の将来構想」同編『損害賠償から社会保障へ』（三省堂，1989 年）21 頁。
14　森島 454 頁。

III　不法行為制度と他の諸制度との関連づけの試み

　一方で，現行制度体系を基本的に維持したうえで，上記のような問題点（の一部）を受けとめて，各種制度の相互連関をはかり，あるいは各制度内部での改良をおこなうことへと向かうものがある[15]。

　この観点から不法行為制度をとり扱った者の一人が，四宮和夫である。四宮は，損害賠償は，「因果関係という帰責要素」が存するものに損害塡補の責任を負わせるものであるのに対して，補償は，不法行為法的帰責の原理から解放されたところで損害の塡補をはかろうとするものであると区別したうえで，次のように説く。「人身事故を大量に惹起する危険性のある活動（補償制度は主としてそれらに関して作られており，そして作られるべきである）における損害惹起者は，伝統的な不法行為的帰責の観念を離れて実質的に考えれば，直接の惹起者にかぎられるのではない。通常は，その背後に，危険な活動からの便益を享受している潜在的原因者群（可能的原因者集団）があり，さらに，その奥には，そのような危険な活動を許容し，そして，そこから文明と繁栄を享受している社会（国民や政府を含めて）が，ある（損害惹起の重層的構造）。そして，『補償』は，そのような『潜在的原因者群』または『社会』が負担するところの一種の無過失責任である，といえないこともない。その意味では，無過失責任による損害賠償制度と損害補償制度とは，連続しているのである」。「災害補償型も社会福祉型も，被害者救済システムとしては，『拡散によって稀薄化された不法行為制度』とでもいうべき側面を有している」のであって，「もし不法行為制度を本来の意味に限定するならば，その他の被害者救済システムは，本来の不法行為制度の限界を克服するために，その上にまたその周辺に登場して，不法行為制度を補完するものである」と考えるのである[16]。

---

[15]　四宮253頁，森島451頁，石原治『不法行為改革』（勁草書房，1996年）255頁，大塚直「政策実現の法的手段——民事的救済と政策」『岩波講座・現代の法4　政策と法』（岩波書店，1998年）177頁。

[16]　四宮253頁・272頁。

IV 不法行為制度の廃棄・後退と「総合救済システム」の構築の試み

　他方では，原因を問わずに全被害者に補償をおこなう「総合救済システム」を構築したうえで，不法行為訴訟を原則として廃止するという方向に進むものがある。

　この観点から主張されたものとしては，1980年前後にあらわれた，「一方で被害者の迅速確実な救済の要請，他方で財源負担者の負担能力の限界を同時に考慮した上で，最もバランスの取れた効率的な救済方法」，「しかるべき人が，しかるべき拠出をして形成された救済基金と，しかるべき人がしかるべき額だけ分配されるという正義の総合システム」を形成すべしと説く西島梅治の見解と，「人身被害についての不法行為訴権を廃止し，個別の不法行為訴訟と，各種責任保険制度，各種自衛的保険制度を，拡充，統合した『総合救済システム』という，社会保障的な救済制度」を提案する加藤雅信の見解が重要である[17]。

　とりわけ，加藤雅信の構想は，損失の塡補・補償という目的ないし機能を強調していった場合に救済システムが行き着く1つのモデルを示したものであり，その後の議論のたたき台としての役割を果たすこととなった。その論じるところの人身被害にかかる「総合救済システム」──もっとも，ここでとりあげるのは，当初提唱されたものである──は，次のような特徴をそなえたものであった。

　① 「総合救済システム」は，危険行為課徴金（責任保険料に対応）・基金求償（損害賠償の支払いに対応）・自衛的保険料（社会保険料に対応）を原資とする救済基金から，人身被害を受けた被害者に対して，その原因を問わずに被害の補償をおこなうものであり，これにより支払いの平準化が達成される。

　② 被害者に支払いをした基金は，危険行為課徴金を支払っていない者が危険行為により人身被害を惹起した場合と，故意による人身被害惹起の場合には，加害者に対して求償をすることができる（基金求償）。

　③ 不法行為を理由とする損害賠償請求訴訟は，故意の不法行為の場合を除き，原則として廃止される。その結果，被害者は，原則として，加害者に対して直接請求をすることができない。基金による補償を上回る損害額につ

17　加藤雅信・不法行為法の将来構想1頁，同「現行の不法行為被害者救済システムとその問題」ジュリスト691号52頁（1979年），加藤〔雅〕400頁。

いても，不法行為訴訟を提起することができない（自衛的私保険に加入せよということになる）[18]。

この種の議論は，さらなる議論を生み出しながら，同様の問題意識に出た諸外国の事故補償法制および不法行為法理論の紹介が続いたこともあり[19]，1990年代前半にかけて，次第にひとつの大きな潮流を形成していった[20]。

第5節　不法行為制度の再評価
——正義の基盤のうえでの再評価

I　緒　論——正義の思考様式

1990年代に入ると，不法行為制度の正統性を再評価する動きが登場してきた。そこでは，発想の基盤において，次の点に共通性が認められる。

第1に，不法行為制度の目的を「損失の塡補」ないし「損害の公平な分配」に集約して捉える見方に対し，懐疑的立場を示している。とりわけ，功利主義的に不法行為制度を捉える「法と経済学」の立場をベースにして，社会における損害の公平な分配・事故補償制度の構築を説く見解，なかでも「総合救済システム」という観点から損失の塡補を捉える見解に対して，不法行為制度が追求しようとしている目的のなかに，こうした視点では捉えられない正義の視点が存在しているのではないかという点が強調される。もっとも，正義の基盤のうえにどのような不法行為制度を構想するかという点に関しては，以下でみるように，論者間に相違がある。

18　加藤雅信・不法行為法の将来構想5頁。これに部分的修正を加えたものとして，加藤雅信「損害賠償制度の将来構想」山田卓生編集代表『新・現代損害賠償法講座1　総論』（日本評論社，1997年）310頁。こうした見解に対する疑問・批判を述べるものとして，吉村良一「不法行為法と『市民法』論」法の科学12号44頁（1984年），宇佐見大司「『総合救済システム』論」法律時報65巻10号92頁（1994年）。

19　当時のものとして，とりわけ，平井宜雄『現代不法行為理論の一展望』（一粒社，1980年）が大きな意味をもつ。

20　この時期には，わが国の不法行為法学の到達点として，「被害者・加害者相互間での責任分配理念から，社会的な危険の配分へ」という「責任原理枠組の根本的変革」・「新規パラダイムの構築」の必要性に関する認識が共有されつつあるかの説明をするものもあらわれている。手嶋豊「損害賠償責任と責任保険・補償制度の理論と現実(1)」NBL 500号66頁（1992年）。

第2に，不法行為制度の正統性を再評価しようとする立場は，現代社会における不法行為責任の役割を重視するのであって，これと反対の立場から「総合救済システム」的な構想を立てて不法行為制度の原則廃止を説く立場や，求償権が問題となる局面でのみ不法行為責任に注目する立場と，真っ向から対決する。これは，単に，「総合救済システム」のようなものを基礎にすえたうえで例外的に損害塡補にとって最適の手段である場合に不法行為責任の追及を認めるという立場とは一線を画するものであり，責任の社会化という観点からの政策的制度設計に対し，不法行為制度がその正統性に照らして異質の存在であるとの前提に出たものである。

　この時期に登場した批判説のなかで，とりわけ重要なのは，共同体的正義の視点から新たな視点を提供しようとした棚瀬孝雄と，吉田邦彦の立場である。

II　不法行為制度と共同体的正義

　棚瀬は，「総合救済システム」によって効率的に被害救済をはかっていこうという動きに対して，不法行為法の射程が拡大するなかで，いまや被害の救済という目標自体につき自明性が失われており，一元的な救済システムの実効性自体に反省がせまられていると指摘する。そして，不法行為法を正義の視点から擁護し，不法行為責任を，「当該社会関係のなかで，人々に『不法』として了解されるもの」に基礎づけようとする。その際，日常的な生活空間はさまざまな接触を通じてさまざまな関係を取り結んでいく「濃密な生活世界」であるという点からスタートして，不法行為法にとって「関係性」を評価することの意義を説き，「当事者がお互い1個の人間として向き合う関係を大切にする」という視角から，不法行為法を捉えなおす。そして，この意味で，不法行為法のもつ「道徳的な含意」に注目した分析を展開するのである。

　棚瀬は，①「個人的正義」（「他者の自由，すなわち身体，財産に対する排他的な権利を不法に侵害した者は，そのかぎりで，その侵害に対し賠償の責任を負う」とするもの。行為者が自由に行為できる領域を確保することに向けられたものであり，自由の論理が支配する）や，②「全体的正義」（不法行為を社会全体の高みから管理し，被害を等質化することで被害救済の谷間を埋めていくことに

向けられたものであり，保障〔救済普遍化〕の論理が支配する）に基礎づけられた不法行為法に，新たに，③「コミュニタリアンな連帯の論理」に基礎づけられた「共同体的正義」(communitarian justice)観をも付与していこうとする。そして，「相互行為的に積み上げられてきた具体的な関係」のもとで，相手方への配慮と，人格の尊重と，人間的共感をもってしての了解可能性の指標により確定されるものとして共同体的正義を捉え，その内容を反映した不法行為制度を構想すべしとの提言に至る。そのうえで，この意味での「不法」からの回帰のプロセスとして，裁判制度自体あるいは裁判外の調停制度といったものも見直し，あるいは改良していく努力が必要であるとする[21]。

III 不法行為訴訟における正義の思考様式

これに対して，「訴訟」に即した「正義」（個別的正義）および「規範」を強調し，そこに不法行為「訴訟」制度の存在意義を積極的に見出そうとしたのが，吉田邦彦である。吉田は，事前的・政策的思考様式に支配された法政策学とは異なり，「法的思考」の基本的特色は，「紛争当事者に『場面』を限定しての事後的・回顧的判断である」点に見出されるとする。そして，ここでは，目的＝手段思考様式に出た功利主義的な効率性の基準が背後に退き，紛争当事者の利益・価値が前面に出てくるものとする。したがって，「両者の利益調整のための『正義』論――なかんずく『個別的正義』『矯正的正義』（『分配的正義』），『手続的正義』――がクローズアップされてくる」。このような正義の思考様式は，訴訟における個別的事案との関連であらわれる「裁判官の思考様式」のなかに認められることになる。

この立場は，「訴訟」のなかでの訴訟当事者としての個人と個人をとりあげて，両者を事後的に比較し，両者の直接的関係を規範的にとりあつかう点において，「総合救済システム」の視点から補償制度を政策的に構築していく方向を指向する立場とは決定的に態度を分かつものであり，不法行為「訴訟」制度，したがってまた「損害」賠償「訴訟」制度の存在意義を最大限に評価する立場である。

もっとも，このような方向をとるとしても，問題となるのは，法的関係に

---

[21] 棚瀬孝雄「不法行為法の道徳的基礎」同編著『現代の不法行為法』（有斐閣，1994年）3頁。

内在する規範・原理が何であるか，何をもって個別的・矯正的正義や手続的正義の内容を説明するかにある。吉田にあっては，一方で，プラグマティックな方法論にいろどられて，「『正義』的価値」が言明化されることにより言語活動に注入されるという観点から，「日常的・常識的な言語用法」と正義・規範との結びつきを重視する方向が示されている。そこから，不法行為「訴訟」の場では，裁判の「実践」を重視し，その蓄積としての原理ないし先例に実践的な「合理性」が与えられるということになると考えられている。他方で，個人の権利を基底とした権利論的思考様式・原理論法にも，共感が示されている[22]。

第6節　「個人の権利」の保護を目的とした不法行為制度——権利論の再生

I　緒　論

　不法行為制度には，元来，損失の公平な分配・補償，事故の抑止という——これだけならば，必ずしも不法行為制度をもって最適に達成しうるものではない——意義と並ぶものとして，個人の権利・自由の保障という意義が存在していた。この最後にあげた不法行為制度の意義が，過失責任原則への疑問に巻き込まれてしまったため，ごく最近に至るまでの不法行為理論の表舞台から姿を消してしまった。正義論の視点からの議論は，不法行為制度が保護しようとする個人の権利の価値的側面に再び光をあてた点で，評価すべきところが少なくない[23]。

　しかも，不法行為制度にあっては，個別の事件に関する事後的・回顧的判

---

[22] 吉田邦彦「法的思考・実践的推論と不法行為『訴訟』」同『民法解釈と揺れ動く所有論』（有斐閣，2000年〔初出は，1996年〕）197頁。浅野有紀「不法行為法と矯正的正義(1)(2)」法学論叢136巻1号32頁，137巻4号42頁（1994年・1995年）も参照。

[23] このとき，「損害」自体の把握にあたっても，侵害された本来の権利・利益（生命・身体的利益，物質的利益，財産的利益，人格的利益等）の価値を金銭的に評価して追及するという観点——損害賠償請求権の権利追及機能——が前面に出てくることとなるし，「損害」賠償範囲確定に際しての保護範囲ないし相当因果関係判断にあたっても，矯正的正義の視点が中心に置かれることとなる。

断がおこなわれる不法行為「訴訟」において個別的正義（矯正的正義）に導かれ言明された法命題が，判断因子の抽出・解明と事案の類型化の作業を通して，普遍的なパースペクティブと一般的妥当性を獲得するということがある。それが，間接的・反射的であるにせよ，判決の予測可能性にもつながり，個別具体的な訴訟という場を超えて，不法行為（事故）の抑止力をも不法行為制度に与えることとなる[24]。さらに，訴訟における正義の実現には，個々人の権利保護の限界および個人間における権利衝突の調整という判断が内在している。こうした不法行為訴訟における実践は，個別的権利の体系，各個別的権利の基礎をなす価値相互の序列・優劣関係を明らかにするという意義を有している。

最近の民法学では，不法行為制度の基礎に個人の権利・自由の保障が置かれるべきである点が強調されようになってきている。そこでは，論者によりニュアンスがあるものの，以下のような考え方が示されている。

II 権利保障の体系――「個人の権利」保護

1 憲法により保障された個人の権利（基本権）との関連づけ

不法行為法は，個人の権利を基点とし，その保護を目的とした体系（権利保障の体系）として把握されるべきである。その際，憲法により保障された個人の権利が何かを基点として，民法709条にいう「権利」（ないし「法律上保護される利益」）としての保護の内包と外延を決定していくべきである。

もっとも，不法行為制度を個人の権利保障（権利保護）を目的とした制度として捉え，その権利保護の正当性を憲法に求めるという場合でも，民法と憲法の関連づけを説くにあたり，民法学のなかで，ニュアンスのある考え方

---

[24] 不法行為制度の目的のひとつとして，損害の塡補とともに，将来の違法行為の抑止を掲げる見解は，増加しつつある。澤井84頁，森島489頁，内田307頁（ただし，経済的効率性の観点をも容れ，「潜在的加害者が合理的に行動する限り，賠償責任が課せられることを考慮して，注意深く行動したり，危険な行為を控えると考えられる」から，「加害行為を回避するインセンティブを大きくするために，被害者への賠償のコストは分散せずに加害者に集中するのがよいということになろう」という。なお，同305頁の指摘も参照）。さらに，不法行為の抑止の観点を強調するものとして，窪田充見「不法行為法と制裁」石田喜久夫先生古稀記念『民法学の課題と展望』（成文堂，2000年）667頁，窪田19頁。

が示されている[25]。①憲法と民法の関係を階層秩序として捉える立場（しかも憲法を基点とする）から正当化を試みるものと，②基本権保護請求権（国家の基本権保護義務）の観点から正当化を試みるものである[26]。

　両者は，その基本的思考方法において，質的な違いを示す。すなわち，前者（①）は，わが国の不法行為制度が権利保障の体系として捉えられるのは日本国憲法が個人の基本権の保護を中核にすえた秩序を採用しているからだと理解する。これに対して，後者（②）は，個人の権利を国家が保護する点に他の社会的な目標の実現に優先する価値を見出すべきであるというものであり，この観点から権利の保護とその調整をおこなうものとして不法行為制度を理解すべきであるというのものである[27]。

2　憲法と民法の関係を階層秩序として捉える立場（憲法の照射的効力論）からの正当化

　前者（①）は，憲法と民法とを関連づける際に，憲法を最上位規範として捉えたうえでその基本的価値が民法を統御するとみる立場である（階層秩序としての把握。憲法の照射的効力）。

---

[25] この対立の構図そのものは，ドイツ憲法学に由来するものである。

[26] 山本敬三「憲法・民法関係論の展開とその意義——民法学の視角から(1)(2)完」法学セミナー646号17頁，647号44頁（2008年）は，①を「規範階層的重層論」，②を「憲法基底的階層論」と呼ぶ。

[27] 敷衍すれば，前者（①）の思考方法は，日本国憲法のもとでの法秩序（法秩序全体の階層構造）において基本権保護の考え方が採用されている点（国家による基本権の承認）を重視するもので，客観的法が主観的権利を規定し正当化する点で，「秩序論に基づく権利観」（後掲・山本論文の表現による）を基礎としている。すなわち，現行憲法下での法秩序は個人の権利を基本権として保障するものであるゆえに（現行憲法下での法秩序を支配する理念＝個人の権利の保障），現行憲法下での法秩序のもとでは秩序思考と権利論とが対立しないものとみる。これに対して，後者（②）の思考方法は，秩序思考（法の目的を秩序の形成と維持に求め，秩序に反する行為や事態を是正するところに法の目的があるとする考え方）が権利・自由を制約するものであるとしてこれを排し，リベラリズムの考え方を徹底する——捉え方しだいでは憲法に先立つ存在として尊重されるべき価値として，個人の権利・自由の保障を置く——ものである（「あくまでも権利・自由を秩序には還元されない独自のものとして尊重するという立場，つまり権利論を採用した上で，そのようにして尊重されるべき基本権として何を認め，それを誰にどのように割り当てるかが問われている」〔山本敬三・後掲論文413頁〕という）。この対立点については，山本敬三「民法における公序良俗論の現況と課題」民商法雑誌133巻3号410頁（2005年）。

この立場は，民法も国家規範のひとつであることと，憲法は国家法の最高法規であり，民法を含む私法規範の意味内容は憲法に即して決まってくる（したがって，憲法の定める基本権保護に関する規範や制度・組織のあり方に関する規範が目的とする価値が私法規範の解釈・適用にあたっても考慮されなければならない）ことを基礎とするものである。いいかえれば，民法の問題全般にわたり憲法的価値を考慮に入れて解釈と構成をおこなうべきである（民法の解釈と構成は，常に憲法秩序による正当性の検証にさらされる）という点を重視するものである[28]。個々の個別的権利とそれらの基礎をなす価値相互の序列・優劣関係は，憲法により秩序づけられ，その保障の範囲と限界を画されることになる。

　この立場は，憲法により保障された個人の権利，とりわけ自由権的基本権を私的生活関係のなかで保護するための制度として不法行為制度を捉える立場を基礎としたものである。しかし，それと同時に，自由権の保護とは別に，現行憲法が所有権絶対の原則を採用し，あわせて資本主義市場経済体制を選択していることから，資本主義市場経済秩序の維持ないし健全な展開のための支援を目的とした介入の意味での規範定立および違法性判断の可能性が存在することを認める。市場が機能するための競争秩序の存在と対等市民間の自由な決定可能性という状況が確保されていない場面では，権利保護の基盤を確保し，資本主義市場経済秩序の維持ないし健全な展開のための支援をするべく，各種の行為規範（命令規範・禁止規範）の定立へと進むことになる（たとえば，投資取引・消費者取引における情報提供義務）。さらに，生存権を保護し，福祉国家としての政策を実現するために必要な後見的介入を行う際の規範定立および「不法」判断の可能性が存在することも認める（消費者保護を目的とした企業に対する行為義務，生存に必要な最低限度の生活環境を確保すべき義務が，これにあたる）。デュープロセスの問題も同様である。こうした権利（自由権のみならず，平等権，生存権ほかの社会権も属し，さらに手続的権

28　藤岡康宏『損害賠償法の構造』（成文堂，2002年）9頁・11頁，同「不法行為と権利論――権利の二元的構成に対する一考察」早稲田法学80巻3号159頁（2005年）。ただし，その一方で，「社会構成原理としてなにが重要であるのか」という視点から法益保護のあり方を組み立てることも必要となるであろうとしている（同論文184頁）点では，憲法との関連づけが希薄化している。本書初版のほか，潮見佳男『民法総則講義』（有斐閣，2005年）5頁。本書第2版でも，この立場を維持している。

利も含まれる）のすべてが憲法に基づく保護要請のもとに置かれる（憲法のもとで秩序づけられる）。

　このような理解は，「基本権保護要請＝リベラリズム＝自己決定権の保障」という図式（次にみる「決定権的権利観」といわれるもの）をとらない点に，留意が必要である。ここでは，共同体的正義の観点や，公共性の観点も，憲法のもとで考慮されている限りで，こうした基本権保護の内包と外延を画するプロセスに組み入れられ，個人の権利をいつどの程度保護するかという点を決定する因子として考慮されることが否定されないことになる（現代的な価値であるとされるコミュニティーの探究，共同体的関係における共感・共同体的正義の問題も，これらが不法行為制度として捉えられる場合には，この個人的正義に抱えこまれて判断されるべきこととなるし，その意味で，個人の権利が至上価値とされる点に異を唱えるべきではない）。

3　基本権保護請求権（国家の基本権保護義務）の観点からの正当化

　後者（②）は，個人の国家に対する基本権保護請求権（国家の基本権保護義務）の観点から個人の個人に対する損害賠償請求権を正当化していくものである。山本敬三の見解が，これである。

　この立場は，憲法の定める基本権が国家に対する侵害禁止・国家からの侵害に対する防禦権としての機能に加えて，国家への保護要請の機能をも有している点を重視する。それによれば，国家は，基本権に表現された価値および法益を侵害から保護することへと義務づけられている。その際，問題となる侵害は国家からの侵害に限られないのであって（これについては，防禦権で対処可能），他の市民による侵害も問題となる。そして，後者の侵害場面では，憲法に基づいて必要な保護措置を創設すべく義務づけられている規範名宛人たる立法者（法の具体化および法の継続形成が問題となる場合には，裁判官）は，基本権の保護機能に基づいて，市民を，他の市民から保護しなければならない（国家は，個人の基本権を他人による侵害から保護する義務を負う）。国家は，この義務を果たすために私法を定立し，解釈しなければならないのであって，不法行為制度とて同じである。不法行為制度も国家が基本権保護義務を果たすための手段として位置づけられるものであると説く[29]。

　そのうえで，山本は，ここで問題となる「権利」の意味に言及して，リベラリズムの観点から，自己決定権を「もっとも基底的な権利」として位置づ

け,「決定権的権利観」を展開する。そして,このような権利観を憲法13条に基礎づけて,正当化する（「基本権的権利観」）。それによれば,もともと憲法上の基本権は,自由——することもしないことも法的に禁止も命令もされないこと——を保障するためのものであり,するかしないかを妨げないことを求める権利,つまり防禦権を中核とするものとして構想されている。主体がするかしないかを決める可能性が保障されているところに,「権利」を認める主張である。この権利観によると,何よりもまず,すべての人は決定主体としての地位が認められなければならないところ,これは,憲法13条前段で「すべて国民は,個人として尊重される」と定められたことから導かれる。「一人一人の人間はそれぞれ個性をもった存在として尊重されねばならず,そのような個人の決定があれば,それを承認することが出発点にすえられなければならない」と考えられるからである。こうして,この「主体が自己のあり方を決める権利」が,「もっとも基底的な権利」として認められる。このような決定権には,身体的な自己の決定権や精神的な自己の決定権のほか,社会的な自己の決定権（社会における自己のあり方を決める権利。名誉・プライバシー,家族ほか他者との関係での自己のあり方を決める権利)[30]も含まれる。

　この立場からは,上記の意味での「権利」が憲法上の基本権に基礎を置く以上,その侵害に対して少なくとも最低限の保護を与えることと,そのような保護によって相手方の「権利」に対して過剰に介入することの禁止が,国家に対して要請される。この意味で,「個人が実際にどこまで決定できるかは,このような双方の『権利』の衡量によって決められることになる」[31]。

---

[29] 山本敬三「現代におけるリベラリズムと私的自治——私法関係における憲法原理の衝突(1)(2)」法学論叢133巻4号1頁,5号1頁（1993年。以下では,「山本敬三・現代におけるリベラリズムと私的自治」で引用),同「不法行為法学の再検討と新たな展望——権利論の視点から」法学論叢154巻4＝5＝6号292頁（2004年）。

[30] 山本敬三「基本権の保護と不法行為法の役割」民法研究5号127頁（2008年。以下では,「山本敬三・基本権の保護と不法行為法の役割」で引用)。「個人は主観的権利（基本権）を有している」ということが個人の尊厳という根本的な原理に支えられており,この主観的権利を客観的法が無視した場合には客観的法の拘束力が否認されるという枠組みが,この背景にある。

[31] 山本敬三・基本権の保護と不法行為法の役割129頁。

III 権利間の衡量

1 権利の濃淡——「権利」と「法的保護に値する利益」の二分論の当否

　憲法のもとで権利主体である個人に帰属することが保障された権利にも，濃淡さまざまなものがある。すなわち，①一方で，所有権のように，権利主体に帰属するものとして権利に割り当てられた内容と権利の外延が類型的に確立しているものもあれば，②他方では，各種の人格権や営業権のように，その権利の領域に影響を与えているか，または与えるおそれのある行為（潜在的侵害行為群）および行為者（潜在的侵害行為者群）を想定し，この潜在的行為者がもつ権利（「行動の自由」・「思想・表現・信条の自由」など），場合によっては公益的・公共的価値との相関的な衡量を経てはじめて，権利に割り当てられた内容と権利の外延——したがって，権利としての要保護性——が確定されるというものもある[32]。さらには，③後者（②）のなかでも，そもそも相関的衡量をおこなう際の因子（規準）すら確立しておらず，個別具体的な事案ごとに被害者の地位の要保護性が確定されるものもある（「生成途上の権利」などと称されるものは，このタイプにあたる）。

　わが国においては，今日なお，「権利」の意味を個人への排他的帰属あるいは割当内容の明確性と結びつけ，（ときには，古典的権利と称することによって）狭く解するものがある[33]。また，加害行為の態様と被侵害利益を相関関係的に衡量してはじめてその地位の要保護性が肯定されるもの（前記②・③にあたるもの）について，「権利」の範疇からはずすものがある[34]。そのうえで，これらの見解では，狭められた意味での「権利」に該当しないものの，法的保護の対象とするに適したものと認めた被害者の地位ないし利益を，「法的に保護される利益」と称して，不法行為法による保護の対象とすることが少なくない。判例にもこのような傾向があり，後述するように，それが2004年（平成16年）の民法改正により採用された「権利」と「法律上保護される利益」を並べた709条の新条文へと結実した。

　しかしながら，「権利」を，個人への排他的帰属が認められ，あるいは割当内容の明確なもののみに限る必要はなく（まして，「古典的権利」に限定する必要もなく），権利に割り当てられた内容と権利の外延が類型的に確立して

32　山本敬三・現代におけるリベラリズムと私的自治で示されている視点が参考になる。
33　たとえば，吉田克己『現代市民社会と民法学』（日本評論社，1999年）272頁。

いるもの（①）であれ，潜在的行為者がもつ権利その他の価値との相関的衡量を経てはじめて要保護性を獲得するもの（②・③）であれ，わが国の実定法秩序のもとで国家による法的保護に値する地位として承認されたものであれば，これを「権利」と呼んで差支えがない[35]。それが，Ⅱの2ないし3にあげた考え方とも合致する[36]。

2 権利の制約と，権利の拡張

Ⅱで述べた2の立場をとるにせよ，3の立場をとるにせよ，個人の権利を基点とし，その保護を目的とした体系として不法行為制度を捉える際には，社会生活をおくるなかで対等の地位に置かれている個人の権利相互の衝突が生じる場合が出てくるのであって，その場合には権利の序列・優劣関係を明らかにする必要がある。権利と権利が衝突する場面で，①他者との関係で権利の制約（他者の権利による介入）がどこまで認められるのか，②他者との関係での権利の拡張（他者の権利への介入）がどこまで認められるのかという点を明らかにしなければならない。ここにおいて，権利平等原則のもとで

---

[34] たとえば，大塚直「保護法益としての人身と人格」ジュリスト1126号39頁（1998年）。同種の問題意識は，とりわけドイツ法の議論に示唆を得た営業権・営業利益侵害理論に関する帰責構造分析のなかでも示されていた。わが国で営業権・営業利益侵害の構造分析に向かうものとして，錦織成史「ドイツにおける営業保護の法発展──判例に見る民事不法二元論の一局面(上)(下)」判タ352号2頁，353号11頁（1978年），中村哲也「『営業利益』とドイツ不法行為法──営業権概念と社会生活上の義務論をめぐって」法政理論24巻2号1頁（1991年）。最近では，藤岡康宏「不法行為と権利論──権利論の二元的構成に関する一考察」早稲田法学80巻3号184頁（2005年）が，不法行為で伝統的に目安とされてきたのは「絶対権」と「その他の法益」という区別であるが，その基礎にあるのが「基本的なものとそうでないもの」という概念であるとし，「基本的なもの」か否かの探求にあたり社会構成原理として基本となるべきものは何かという視点を重視すべきである旨を説く。樫見由美子「権利保護と損害賠償制度について」平井宜雄先生古稀記念『民法学における法と政策』（有斐閣，2007年）535頁も，「権利侵害」要件の有用性を再評価するコンテクストにおいてであるが，「『権利侵害』要件は，不法行為法上の法的保護を必要とする紛争において，被害者をその侵害から保護すべき新たな『法益』の創設が妥当であるかどうか，そしてそれを認めることによって得られる『法規範』の実効性の確保が当該紛争において必要であるかどうかを判断するための枠組としての存在価値を有するものである。さらに，不法行為責任を認めることによってそこに新たな『法益』が認められた場合は，それにふさわしい損害賠償額を認めるための実質的衡量を形成するプロセスである」と説く。

35　もとより，潜在的行為者がもつ権利その他の価値との相関的衡量の結果として，被害者の主張する地位が，そもそも法的保護に値する地位とはいえないとして，民事上の救済が否定されることはある（「事実上の利益」にすぎないとか，「反射的利益」だといわれることもある）。権利か否かを考えるうえでは，憲法を頂点とする実体法にその基礎を有すること，権利者の範囲が明確であること（権利帰属主体の明確性），権利の客体・内容が明確であること（他者の権利との衡量の結果，国家が個人に保障した権利の内包と外延を表現できる程度のものというのが正確であろう）が分岐点となろう。権利・法益性が否定された最高裁判決には，次のようなものがある。

①　考古学上重要な史跡についての「文化財享有権」——県民や国民が史跡等の文化財の保存・活用から受ける利益——（最判平成元年6月20日判時1334号201頁）。

②　「静謐な宗教的環境の下で信仰生活を送るべき利益」（最大判昭和63年6月1日民集42巻5号277頁〔自衛官合祀事件〕）。「自己の信仰生活の静謐を他者の宗教上の行為によって害されたとし，そのことに不快の感情を持ち，そのようなことがないよう望むことのあるのは，その心情として当然であるとしても，かかる宗教上の感情を被侵害利益として，直ちに損害賠償を請求し，又は差止めを請求するなどの法的救済を求めることができない」とされた（伊藤正己裁判官の反対意見がある）。

③　政見放送において身体障害者に対するいわゆる差別用語を使用した発言部分がそのまま放送される利益（最判平成2年4月17日民集44巻3号547頁）。このような利益は，法的保護に値する利益とはいえないとされた。

④　被害者により任意提出された犯罪の証拠物について被害者が有する利益（最判平成17年4月21日判時1898号57頁）。そこでは，犯罪被害者が受ける利益は，公益目的でおこなわれる捜査により反射的にもたらされる事実上の利益にすぎず，法律上保護される利益でないから，被害者により任意提出された証拠物の廃棄処分が単に適正を欠くということだけでは国家賠償法の規定に基づく損害賠償を請求することはできないとされた。

⑤　みずからに対する取材で得られた素材が一定の内容，方法で当該番組においてとりあげられることについての期待ないし信頼。Xが中心となって開催した従軍慰安婦問題を裁く国際的な民衆法廷を取材対象としたNHKらが，この民衆法廷をとりあげた番組を制作・放送したところ，NHKらが当初説明した番組の趣旨とは異なる趣旨の番組を制作・放送したために，Xが，民衆法廷の内容をつぶさに紹介する趣旨の放送がされるとの信頼（期待）が侵害されたとして，NHKらに対し，不法行為または債務不履行に基づく損害賠償を求めた事件において，最判平成20年6月12日民集62巻6号1656頁（女性国際戦犯法廷テレビ報道訴訟）は，「放送事業者がどのように番組の編集をするかは，放送事業者の自律的判断にゆだねられており，番組の編集段階における検討により最終的な放送の内容が当初企画されたものとは異なるものになったり，企画された番組自体放送に至らない可能性があることも当然のことと認識されているものと考えられることからすれば，放送事業者又は制作業者から素材収集のための取材を受けた取材対象者が，取材担当者の言動等によって，当該取材で得られた素材が一定の内容，方法により放送に使用されるものと期待し，あるいは信頼したとしても，その期待や信頼は原則として法的保護の対象とはならないというべきで

の権利間の衡量が重要となる。

　その際，原則として，被害者と加害者の権利のいずれも他方のために完全に犠牲にされてはならないのであって，できる限り権利の制約と介入を最小限にとどめるべく，不法行為規範の適用範囲を画し，ないしは保持すべきである。そして，不法行為制度のもとでの権利保護をIIで述べたように憲法により保障された個人の権利（基本権）と関連づけて捉えるときには，権利間の衡量につき妥当する準則は，次のような命題の形で示される。

　① 権利（基本権）に対する保護は，憲法上要請される最小限の保護に劣るものであってはならない（過小保護の禁止）　ここでは，とりわけ，現行憲法が自由権と市民間の平等の保障のみならず，市民の生存権をも保障している点に注目する必要がある。市民に対する国家の社会的責任という観点から，個々の市民に対してその時々の社会的状況に相応した生存の機会を保障しなければならない。

ある」とした。放送法が表現の自由の保障のもとで番組編集の自律性を規定していることを考慮し，放送事業者および番組制作者の番組編成の自由権（決定権）の保護を第一義的なものとして認めたことによるものと目される（鈴木秀美「判例批評」法学教室338号132頁〔2008年〕。なお，原判決に対するものとしての宍戸常寿「いわゆる『期待権』と編集の自律」法学教室321号8頁〔2007年〕も参照）。もっとも，同判決は，さらに続けて，「当該取材に応ずることにより必然的に取材対象者に格段の負担が生ずる場合において，取材担当者が，そのことを認識した上で，取材対象者に対し，取材で得た素材について，必ず一定の内容，方法により番組中で取り上げる旨説明し，その説明が客観的に見ても取材対象者に取材に応ずるという意思決定をさせる原因となるようなものであったときは，取材対象者が同人に対する取材で得られた素材が上記一定の内容，方法で当該番組において取り上げられるものと期待し，信頼したことが法律上保護される利益となり得るものというべきである。そして，そのような場合に，結果として放送された番組の内容が取材担当者の説明と異なるものとなった場合には，当該番組の種類，性質やその後の事情の変化等の諸般の事情により，当該番組において上記素材が上記説明のとおりに取り上げられなかったこともやむを得ないといえるようなときは別として，取材対象者の上記期待，信頼を不当に損なうものとして，放送事業者や制作業者に不法行為責任が認められる余地があるものというべきである」とした。後者は，契約交渉過程での誤信惹起後の誤解是正義務に通じるものである。

36　もっとも，権利利益説の観点に立つか，決定権的権利観に立つかの違いがある。前者の立場からは，法秩序が被害者に割り当てた利益と他者（潜在的行為者）に割り当てた利益，場合によっては公共的・公益的価値との衡量を経て，後者の立場からは，被害者の決定権と他者の決定権との衡量を経て，権利に割り当てられた内容と外延が確定されることになる。

② 被害者の権利（基本権）に対する保護は，必要性と比例性の要求するところを超えて，相手方たる行為者の基本権へと介入してはならない（過剰介入の禁止） わが国でも既に説かれているように[37]，このことは，さらに，(i)「加害者の基本権に対する制約の程度が大きければ大きいほど，被害者の基本権を保護することの重要性が大きくなければならない」との原則（均衡性の原則），(ii)「その行為義務を加害者に課すことが，被害者の基本権の保護に役立たなければならない」との原則（適合性の原則），(iii)「その行為義務を加害者に課すことが，被害者の基本権の保護にとって必要不可欠でなければならない」との原則（必要性の原則）に具体化され，それぞれの状況下での行為の違法・適法を判断する際に作用する[38]。

3　「個人の権利」の保護と公共性・公益性

上記の権利保障の体系のもとで，権利保護の射程と限界を画するにあたり，公共性・公益性といった要素を考慮するべきか。考慮する場合には，どのような形で考慮するべきか。

個人の権利も，憲法が想定している共同体社会のコンテクストで，その意味が捉えられる。その際に，権利主体に帰属するものとして当該権利に割り当てられた内容と権利の外延を画する作業のなかで，公共性・公益性が考慮されることがある。そして，民法1条1項もまた，公共の利益，すなわち共同体社会の共通の利益との関係で個人の権利の内容が制約されることを予定している。

もっとも，憲法が個人主義を基軸としている以上，ここで考慮される公共性・公益性も，個人を離れた国家・社会秩序の維持のために個人の権利が制約されることが許されるという意味で捉えられるべきではなく，共同体社会のなかで生活をいとなむ他の構成員らの共通の権利・自由を保障するために個人の権利自体にはおのずから制約がある——しかし，あくまでも前述した過小保護の禁止・過剰介入の禁止の視点のもとにおいてである——という意味で捉えられるべきものである（共同体的正義の観点からの制約）[39]。「1条1

37　山本敬三『公序良俗論の再構成』（有斐閣，2000年）209頁。
38　表現の自由とプライバシー保護および名誉毀損の関係が論じられる局面や，侵害行為の差止めが問題となる局面，さらには公平の観点からする損害賠償額の減額が説かれる局面を想起せよ。

項のいう『公共の福祉』は，地域住民に一定の生活利益を供する環境あるいは公正な競争の存在によって関係事業者ないし一般消費者に競争利益を供する環境からの各個の（且つ）共同の利益享受のなかに見いだされるものにほかならず，その意味において——もちろん『個人の尊厳……を旨として』の民法解釈（2条の指針に従った1条1項の解釈）からも同じ結論になるが——『私益』に対する『公益』の優先あるいは『各個を超越した全体』（国家とか『民族協同体』とか）の利益を説いた団体主義・全体主義とはまったく無縁のものである」[40]とも説かれるゆえんである[41]。

　もっとも，公共性・公益性を上記のように解したとき，公共性・公益性を理由として権利が制約されるのは，当該権利主張の正当性が共同体社会を構成している構成員集団の共通の利益との関係で否定される場面，具体的にいえば，当該権利行使の差止めが問題となる場面に限られるべきである。これに対して，具体的被害者が具体的加害者（またはこの者に代わって責任を負う者）に対して損害賠償請求をする場面では，具体的被害者個人の権利・利益と具体的加害者個人の権利・利益との調整が問題となっているのであるから，上記意味での公共性・公益性は考慮されるべきではない[42]。

39　この点に関しては，河上正二『民法総則講義』（日本評論社，2007年）13頁。

40　広中俊雄『新版民法綱要　第1巻総論』（創文社，2006年〔初版は，1989年〕。以下では，広中・綱要で引用）137頁。同書では，このことは，外郭秩序を構成する生活利益法・競争利益法の分野の法理を表現した命題として示されているが，同書の採用する体系を離れてもなお妥当するものである。

41　裁判例でも，空港騒音に関して，侵害行為の違法性を判断する際に，「侵害行為の態様と侵害の程度，被侵害利益の性質と内容，侵害行為のもつ公共性ないし公益上の必要性の内容と程度等を比較検討するほか，侵害行為の開始とその後の継続の経過及び状況，その間にとられた被害の防止に関する措置の有無及びその内容，効果等の事情をも考慮し，これらを総合的に考察してこれを決すべきものである」としたものがある。最大判昭和56年12月16日民集35巻10号1369頁（大阪空港公害訴訟最高裁判決），最判平成6年1月20日判時1502号98頁（福岡空港公害訴訟最高裁判決）。

42　この点は，過失におけるハンドの公式をいかに評価するか（社会的有用性や公共の利益を過失判断において考慮するか否か）という点にも関係する。後述するところ（第2部第4章第8項）を参照せよ。

第7節 「個人の権利」の保護の限界

I　秩序違反の視点のもとでの不法行為法体系の再構築

1　権利の古典的理解と「権利論の限界」

　不法行為制度における権利論の重要性，したがってまた権利侵害要件の重要性を強調する考え方は，最近の権利論に先立ち，「権利侵害から違法性へ」[43]という流れが通説化した時期にも，違法性要件のもとでの利益衡量論を批判するなかで，唱えられてきた。しかしながら，そこでの議論の特徴は，一方で「権利論の再生」を説くとともに，権利を「古典的意味での権利」と限定的に捉えることで，「権利論の限界」をも説くのであった。そして，古典的な権利概念を維持しつつ，「権利論の限界」を埋めるべく，権利とは異なる観点からの不法行為制度の体系化をはかる一群の見解がある。

　たとえば，原島重義は，「権利」（古典的意味での権利）を，「市民個人に帰属し（zuweisen, zuordnen），他の者はその個人の同意なくしては侵入・処分することのできない支配領域・自由領域」と捉え（固有の割当内容をもった支配権としての権利），この意味での「権利」が侵害された場合（＝個人に割り当てられた支配領域への介入がされた場合）には，その侵害が違法になる点を強調しつつ，他方で，環境権論で問題となったように，このような意味での古典的な中味では捉えきれない状況が生じてきており，そこでは，「権利」とはいえないものであってもその侵害が違法となる場合があり，このことは「社会法的原理により市民法的原理を修正する理論」をもって解決すべきである旨を説く。そして，このことが問題となる例として，営業侵害・不正競争と環境破壊の例をとりあげ，営業侵害・不正競争の場面における被害者の個人的利益——したがって権利論の射程距離——を超えた「競争秩序」の維持という「法の目的」，環境破壊の場面における環境という「社会的共用財産」を利用する秩序（「環境利用秩序」）の維持・回復という目的——市民の個々の具体的な私的利益に対する侵害の排除と損害の回復を超えている——のもとで，違法性が判断される旨を説く[44]。

43　これについては，第2部第2章第3節で触れる。
44　原島重義「わが国における権利論の推移」法の科学4号55頁・98頁（1986年）。

ここには，不法行為制度に特化していえば，①「古典的権利」の保護を目的とした領分と，②「競争秩序」・「環境利用秩序」の維持を目的とした領分から不法行為制度を体系的に整理する構想を認めることができる[45]。

2　市民社会の諸秩序の体系的整序と不法行為制度の役割
　　——秩序違反に対する法的サンクション

　秩序違反という視点を前面に立てて法体系全体を捉えようとする構想から，市民社会に成立する諸秩序への違反に対する法的サンクションのひとつとして不法行為責任を捉える方向が示されることがある。広中俊雄の立場が，これである。そこでは，不法行為責任を捉える場合にも，市民社会に成立する秩序に対する違反であることが決定的な意味をもつものとなり，市民社会の諸秩序の体系的な整序を通じて，そのなかに不法行為制度を位置づける方向が示される。不法行為制度の位置づけに必要な限りで要約すれば，その構想は，大要，次のようなものである。

　①　市民社会の存在理由にかかわる根本的秩序とでもいうべき「根幹秩序」として，「財貨秩序」と「人格秩序」がある[46]。

　②　「財貨秩序」は，市民社会における個別主体への財貨の帰属に関するしくみ（財貨帰属秩序）および帰属主体の意思に基づく財貨の移転に関するしくみ（財貨移転秩序）である。そして，市民社会において，財貨の獲得に関する競争は，通常，財貨の帰属主体に財貨移転の意思を形成させることをめぐる競争としておこなわれるものであるから，この意味において，「競争秩序」が「財貨秩序」の「外郭秩序」を構成する（根幹秩序としての「財貨秩序」と，外郭秩序としての「競争秩序」）[47]。

---

[45]　原島重義「民法理論の古典的体系とその限界——ひとつの覚え書き」山中康雄教授還暦記念『近代法と現代法』（法律文化社，1973年）136頁では，「法秩序は，その構成要素たる主観的権利の体系のほかに，法制度（Rechtsinstitut）をあわせふくむ」と説かれている。この構想の基礎には，「個人人格の自律的展開を保証し，その意味でチャンスの平等を原理としたはずの主観的権利は，いまやチャンスの平等を規制する独占的な力の根源となる」（同論文137頁）ことに警鐘を鳴らし，「今日の変化した社会・経済的関係の下での，古典理論その者の歴史的意味の限定ないし機能限定」（128頁）という問題を自覚的に展開することが置かれている（「主観的権利を法秩序における法的地位へ還元して，義務を確認する」という点も，みることができる。136頁）。

[46]　広中・綱要95頁・121頁。

③　「人格秩序」は，市民社会において個々の人間がすべて人格的利益（生命，身体，自由・名誉など）の帰属主体として扱われるしくみである。ここでは，人格的利益の帰属が侵害されないことのなかに「秩序」が観念される。そして，市民社会において，人間が生活をいとなむ場としての環境からの生活利益を共同のものとして享受する対象とすべきであるとの社会的意識が生成されてくるところ，このような社会的意識に結実した環境からの生活利益の享受のしくみである「生活利益秩序」が「人格秩序」の「外郭秩序」を構成する（根幹秩序としての「人格秩序」と，外郭秩序としての「生活利益秩序」）[48]。

④　こうした諸秩序に対する違反が不法行為制度のもとで捉えられるとき，市民社会の根本的秩序における権利（地位的権利。「財貨秩序」および「人格秩序」における個別主体の地位に照応する）に対する侵害行為（これも秩序違反である）は，特別の自由がない限り違法であり，民法 709 条にいう「権利」侵害として捉えられる[49]。他方，「競争秩序」・「生活利益秩序」に対する違反において問題となる「競争利益」の保護および「生活利益」の保護については，「利益侵害」を違法と判断する基準（「公共の利益に反しての競争の実質的制限」，「受忍限度」など）が「権利侵害」の場合と異なる[50]。

広中によって示された構想は，その後，原島の権利論で示された権利観（権利＝「利益の特定人への排他的帰属」とみる考え方）とも統合され，現代市民社会の構造を民法学の新規パラダイムの構築に活かすという観点から，吉田克己によって展開されている。

そこでは，古典的な「権利」概念は利益の特定人への「排他的な『帰属』」を意味するものであるとの前提理解のもとで，現代社会においては，公共的利益にかかわる外部秩序から個々の市民に割り当てられる利益，たとえば，競争秩序により市民に割り当てられる競争利益（商品の質と価格に関する一定の利益）や，生活環境秩序の維持から市民が受ける生活利益（良好な生活環

47　広中・綱要 3 頁。
48　広中・綱要 15 頁。
49　広中・綱要 93 頁・123 頁。権利とは，「社会構成員一般の観念する規範的行動様式によって支えられており且つ個人の利益に奉仕する形で発動される種類の法的サンクションを通じて保護されうる利益享受資格」であるとされる（119 頁）。
50　広中・綱要 88 頁・137 頁。

境の享受）といったような，古典的意味での「権利」概念を語る余地がない「利益」が存在することを認め，「権利に至らない利益保護が問題になる外部秩序においては，侵害行為の態様をも含めた総合的判断が違法評価のために必要となる」との見方が示されている[51]。

II 「個人の権利」（「私権」）と公共的権利・利益
―――「権利（・利益）」の多様性

1 緒　論

　不法行為法学で「権利」というとき，そこでは，自由な人格としての個人を権利主体として捉えたうえで，権利の意義として，(a)権利意思説に基礎を置く支配権としての「権利」理解（個人に割り当てられた領域を支配することのできる個人の権利，法によって与えられた意思の力ないし支配としての権利），(b)権利利益説に基礎を置く「権利」理解（個人に割り当てられた利益を保持することのできる個人の権利，法によって保護された利益としての権利）が主張され，さらに，(c)選択権・決定権としての「権利」理解（法的に保障された個人の選択権・決定権としての権利）も主張された。

　これに対して，こうした権利観とは異なる視点から「権利」概念にアプローチをするものがみられる。個人的権利とともに，そこから区別される公共的・共同体的権利ないし公共的利益，集団的権利を説くものが，それである。

2 公共的性質をもつ共同体的権利

　今日，自由を中核とする個人の権利の保護とは別の観点から「権利」を捉え，その保護を正当化する試みがされることがある。そこでは，現代市民社会の構造を民法学の新規パラダイムの構築に活かすという観点から公共的利益についての権利を観念する考え方が示されている。

　このような考え方は，主として，環境法学の領域で展開をみせている。この領域では，環境権論が登場した当初，環境権を環境支配権と捉えたうえで，「環境に対する支配の権能は，これと係わりのある地域住民の共有に属するもの」であり，地域住民の「誰もが自由にかつ平等に利用しうるもの」であ

51　吉田克己『現代市民社会と民法学』（日本評論社，1999年）272頁。

るとして，共有の法理に載せて処理をする見解[52]や，環境権を「環境共同利用権」として理解し，環境権が他の多数の人々と共同で一定の利益を享受できるという公共的な性質をもつ共同利用権である点で「古典的な権利」とは異なるとする見解[53]があらわれていたが，これらはいずれも個人的権利を基礎としての理論構築を企図したものであった。

これに対して，近時，アメリカ法学の影響を受けて，所有概念の再構築をねらい，そのなかで，環境権を，環境問題適合的な共同体的所有権として捉える見解が，吉田邦彦により主張されている（公共的・共同体的所有論）。論者によれば，「自然的資源の利用に関する個人的・私的権利（所有権）に対する公共的・共同体的コントロールを強化して，その規制に服せしめる」。「所有者には，共同体（エコロジカルなそれも含めて）の現在・将来の構成員からの信託を受けて，他の生命の種に対する信認義務（fiduciary duty）として，生態系を害するような土地利用（開発）の制限が課せられ，そのような土地のエコロジカルな公共性ゆえに，環境保護のための公共的規制の基礎・根拠が与えられる」。そして，「土地の自然的エコ・システムを低下させ，害する権利は否定され，これに違反すれば不法行為となる」とされる（厳格責任の採用）[54]。

3　被侵害利益の「公共化」——「外郭秩序」論との接合

他方，民法学における公私の再構成（公私の協働）を扱うなかで，不法行為法学における被侵害利益の公共化の意義を積極的にとりあげる見解も，とりわけ，吉田克己により主張されている。

それによれば，伝統的な不法行為法学が扱ってきたのは，「個人に排他的に帰属する私的な法益の侵害」である。これに対して，近時，「公共的性格を持った法益」の侵害に対して民事救済を求めるという動向があらわれている。こうした被侵害利益の「公共化」という現象があらわれる領域は，「外

52　大阪弁護士会環境権研究会編『環境権』（日本評論社，1973年）22頁・54頁。
53　中山充『環境共同利用権』（成文堂，2006年〔初出は，1990年〕）103頁・111頁。
54　吉田邦彦「環境権と所有理論の新展開——環境法学の基礎理論序説」同『民法解釈と揺れ動く所有論』（有斐閣，2000年）427頁・443頁・444頁。もとより，個人的権利をすべて公共的・共同体的権利にとって代えることが意図されているわけではない。現代社会における権利のなかには公共的・共同体的性質のものとして捉えるべきものがあり，これを個人的権利へと捉えることの問題性を突く指摘である。

郭秩序」[55]（競争秩序と生活利益秩序）に属する問題領域，すなわち，競争の領域（競争秩序）と生活環境の領域（生活利益秩序）に限定される。というのも，外郭秩序は公共領域であり，外郭秩序によって確保される利益は公共的利益であるため，排他的に独占することが認められていない（このように，外郭秩序が確保している利益は，公共的利益である）。他方で，しかしながら，外郭秩序における利益侵害は「公共的利益侵害であると同時に，私的利益の侵害でもある」。その意味では，「外郭秩序は，個人に私的利益を——古典的な絶対的権利という形式においてではないが——割り当てている」。この領域においては，公共的な利益侵害が同時に私的利益侵害になる[56]。

このように，吉田克己は，外郭秩序により確保される利益が公共的利益であるとともに私的利益でもあるとして利益の「二重性」を認めるわけだが，ここでの利益侵害に対する民事救済を「私的利益」侵害面での救済に限定しない点に，この見解の特徴がある。すなわち，この見解は，①公共的利益確保のために（あるいは，公共的利益侵害の抑止のために）行動することへのインセンティブを個人に与えるとの観点から，公共的利益確保の「奨励策」として，実損塡補を超えた「公共的利益」に対する侵害を理由とする民事損害賠償請求の可能性を肯定し，また，②被侵害利益が公共的性格を有している場面における「法秩序違反を理由とする差止め」の有効活用を提言するものである[57]。

4 「集合的権利」・「集合的損害賠償請求権」の考え方

権利帰属主体を個人ではなく集団と捉える考え方は，消費者利益の保護を目的とした集団的な紛争処理の議論のなかでも，脚光を浴びている。既に，消費者契約法は，適用場面を消費者契約法に違反する不当勧誘行為と不当条項に限定してではあるが，2006 年（平成 18 年）の改正により，適格消費者団体に実体的な差止請求権を与えている（消費者契約法 12 条 1 項）。この差止請求権は，個々の消費者の個人的権利とは異質な——適格消費者団体に固有の——「集合的権利」（collective right）として構想されている。

55　この意味については，第 7 節 I 2。
56　吉田克己「民法学と公私の再構成」早稲田大学比較法研究所編『比較と歴史のなかの日本法学』（成文堂，2008 年）419 頁。
57　吉田克己・前掲論文 425 頁・431 頁。

今日では，このような「集合的権利」の着想を，さらに，他の消費者問題の領域にも及ぼそうとする動きがある。消費者被害事例で集合的損害賠償請求訴訟や不当利益剝奪訴訟を積極的に推進すべきであるとの問題意識から，一定の団体ないし集団を原告とする訴訟提起を許容するにあたり，訴訟物として「集合的権利」（集合的損害賠償請求権，利益吐出し請求権）を捉えようとする考え方が，これである[58]。

もっとも，そこでの議論において指摘されているように，こうした「集合的権利」が消費者問題の領域で語られる際には，「集合的権利」といっても，2つのカテゴリーを識別することができる。

第1は，権利主体（個々の自然人・法人）に個別的に帰属するのではなく，個人を超えた集団に不可分に帰属する権利としての「集合的権利」である。この意味での「集合的権利」は，違法行為や被害の発生・拡大を抑止するという効果，あるいはより広く社会全体の公共的利益を実現するということを目的とした権利としての性質を有するものである[59]。上述した適格消費者団体に帰属する差止請求権や，利益吐出し請求権は，この種の「集合的権利」である。論者によれば，「拡散的権利」ともいわれる[60]。なお，後者については，私的生活関係における個人間紛争処理のためにこのような利益吐出し請求権を認めることができるにしても，事業者から剝奪した利益をどこにどのように帰属させるのか（政府の財政に組み入れるのか，公的基金のようなものを創設してそこに帰属させるのか，被害者に分配するのか──そこにいう被害者とは誰を指すのか，また，どのような内容・手続きで分配するのか──）とい

---

[58] 三木浩一「多数当事者紛争の処理」ジュリスト1317号44頁（2006年），同「集合的権利保護制度の構築と比較法制度研究の意義──アメリカのクラスアクションを中心として」NBL882号110頁（2008年），同「消費者利益の保護と集合的訴訟制度」現代消費者法1号87頁（2008年）。論者もいうように，この議論は，消費者問題に尽きず，環境問題や人権問題にも射程が及ぶものである。さらに，日本弁護士連合会・民事裁判手続に関する委員会試案「集合的金銭請求訴訟制度について」（2008年）の指摘も参照。

[59] 総合研究開発機構＝高橋宏志編『差止請求権の基本構造』（商事法務研究会，2001年）111頁〔森田修〕，133頁〔高田昌宏〕，鹿野菜穂子「消費者団体訴訟の立法的課題──団体訴権の内容を中心に」NBL790号59頁（2004年），大村敦志「実体法から見た消費者団体訴訟制度」ジュリスト1320号52頁（2006年），町村泰貴「消費者団体訴訟に関する訴訟手続上の問題点」現代消費者法1号28頁（2008年）。

[60] 三木・前掲諸論文。

った問題が残る。

　第 2 は，「集合的権利」といっても，本来的には個々の権利主体に帰属する権利が，現実には個別的訴訟によって実現をはかることが困難であるため，共通の事実上または法律上の原因から生じた同種の権利として捉え，集合的な救済に結びつけられたものである。多数の消費者個々人に少額の被害が生じているような事件類型において想定されている集合的損害賠償請求権が，その例である。論者によれば，「同種個別的権利」ともいわれる[61]。この種の事件類型は，従前，民事訴訟法学において，クラスアクション，団体訴訟などと結びつけられ，論じられてきたものである。これに対して，学説および実務家の一部では，ここでも，一定の私的団体に損害賠償請求権を与え，当該団体が原告となり，この請求権を訴訟物として事業者に対する責任追及を認める可能性を模索する動きが生じている。ただし，ここでも，原告適格をどのように考えるのかという問題をはじめとして，訴訟物としての集合的損害賠償請求権と被害者個々人の損害賠償請求権の関係をどのように捉えるのか，仮に集団訴訟において勝訴判決を得たときに原告が被告から得た賠償金がどのように個々の被害者に配分されるのか（オプト・アウト，オプト・インの問題）といった問題が残る。これらは，個々の被害者自身に帰属している損害賠償請求権の行使・処分に関する個々人の自己決定権とも抵触しうる問題であるため，いくら被害救済を目的とするとはいえ，自己決定権行使の機会を保障しない手続・内容で制度を設計することは回避されるべきである[62]。

61　三木・前掲諸論文。
62　これに対して，日弁連民事裁判シンポジウムのプロジェクトチームは，事業者による違法行為の抑止をめざした利益の吐き出し集合的損害賠償訴訟の目的としているようである（日本弁護士連合会第 3 回民事裁判シンポジウム「パネルディスカッションIII」NBL 905 号 76 頁〔2009 年〕）。しかし，そうであれば，集合的損害賠償訴訟制度を消費者個々人の権利の価値の金銭的回復と結びつけない以上，損害賠償という枠組みとは別の枠組みで——むしろ，独自の違法利益剝奪訴訟の形態を導入する方向で——制度設計することに向けた検討をすべきである。

III 「個人の権利」保護から社会的効用(厚生)へ
──私法の原理的基盤の変容の模索

　IIで述べた状況は,「個人の権利」(「私権」)の保護を中核にすえた不法行為制度理解(権利論)に対し,公共的領域を担う社会秩序のもとでの社会的・公共的利益の保護・実現という観点から不法行為制度の再構築をめざすものであった(「公」と「私」の協働という問題意識にも支えられている動きであった)。

　他方,こうした立場と問題状況に関する認識を共有しつつ,別の角度から権利論に基礎づけられた不法行為制度理解に対して疑問を呈する立場が登場している。山本顕治の見解が,これである。ひとくちに「権利論」といっても,不法行為法において権利を強調することは「個人的自由を中心とする個人的権利の保護」や「個別的・矯正的正義」を直ちに意味するものではないとして,「自由を中核とする個人的権利の保護」とは異なった観点から権利の正当化根拠を探るものである。

　論者は,プライバシー,人格権,環境権,知的財産権,サイバースペース上生成しつつある権利といった不法行為法的保護の要請される現代的な諸権利にあっては,「個人的自由を中心とする個人的権利の保護」や「個別的・矯正的正義」を説く権利論者の描くところとは異なった「権利」の「正当化」の根拠があるのではないか[63]との問題意識から,既存の法体系からのリーガリスティックな演繹的正当化によるのではなく,「社会全体の福利増進」という観点から排他的な私有財産権(property)の正当化をはかる考え方を通して,「不法行為法の基礎となるはずの権利自体,実は社会的厚生(必ずしも,社会全体という意味ではなく,目的に応じてその都度設定された範囲で定義される社会という意味も含む)に基づく正当化が試みられている」ことを──次の①・②の分析を通して──指摘する[64]。

　①　誰もが自由に利用できる財の利用を個人的合理性にまかせておけば,個人はみずからの利潤の最大化をはかって行動する結果,社会に有用な財が枯渇し,社会全体の非効率が生じる(コモンズの悲劇。財の過剰利用において

---

[63]　山本顕治「現代不法行為法学における『厚生』対『権利』──不法行為法の目的論のために」民商法雑誌133巻6号880頁(2006年)。

[64]　山本顕治・前掲論文898・901頁。

均衡が成立しているがゆえの悲劇)。このような財の社会レベルでの効率的利用の阻害を回避し，効率的利用を達成するための一手段として，排他的な私的財産権の設定が正当化される[65]。

② 財の効率的利用を実現するための手段としての私有財産権の強調は，逆に，複数の者が排他的な財産権をもつときに，取引費用が高くつくこと，各権利者が異なった利害関心をもっているために同意を取りつけることが困難であること，各権利者が自己の権利の重要性を過大に評価するとの認知上のバイアスのために対価を過大に要求してしまうこと等の結果として，財の過小利用，したがって社会全体の非効率が生じる（アンチ・コモンズの悲劇。財の過小利用において均衡が成立しているがゆえの悲劇)。このような財の社会レベルでの効率的利用の阻害を回避し，効率的利用を達成するための一手段として，排他的な私的財産権の制約が正当化される[66]。

論者は，ここから，「現代不法行為法学において現れつつある『権利論』の持つ意義のひとつは，個人の権利の犠牲において社会的厚生を最大化するいわば功利主義的な法的思考が，実は個々の解釈論の基礎にみえ隠れすること」を明るみに出すことにあると指摘し，「リベラルな正義原理に基づいた私法の原理的・解釈論的再構築」をめざし[67]，不法行為において「個人の権利」の保護を優先させることに価値を認めつつ，しかし，その前提たる権利自体が「社会の集団的目標に照らして創設される」点，また，権利自体の創設において「社会の集団的目標」が考慮されるという点を強調する[68]。

山本顕治の立場は，不法行為法学における個人の私権を基盤とした私法秩序観（「権利論的私法秩序観」）と「社会的厚生」の極大化を目的とする私法秩序観（「目的論的私法秩序観」）の対峙の構図を「権利 対 厚生」の対峙として示し，①個人の権利（「私権」）の侵害に還元できない「社会的公共的利益」を説くことは後者（「社会的厚生」）の発想に出たものであり，「権利」を

---

[65] 山本顕治・前掲論文902頁。

[66] 山本顕治・前掲論文903頁・904頁。

[67] 山本顕治・前掲論文922頁。

[68] 山本顕治・前掲論文892頁。なお，同論文は，「社会的厚生の最大化」を目標とする財産権論の検討を促すという意味で，民法学界に対する問題提起に主眼を置いた主張である。論者自身，慎重に述べているように（923頁)，「社会的厚生の最大化」という観点からの「権利の正当化」が権利の性質を問わずに妥当するものかについては，論者の提示する枠組みに乗ったとしても，なお検討が必要である。

もに，②「私権」といわれるもの自体も実は「社会的厚生の最大化」という法的思考および「社会の集団的目標」の実現という観点から付与・創設されるものである――「社会の集合的目的」を実現するという観点から，私権が配分され，制約される――と説くことにより，「個人の権利」を基盤とする不法行為制度とは対極にある新たな不法行為制度を展望するものである（その結果，不法行為を理由とする損害賠償の制度も，「社会の集合的目的」の侵害による「社会的厚生」の損失に対する補償という観点から捉えられることになる）[69]。

第8節　不法行為の制度目的としての「加害行為の抑止・制裁」

I　損害塡補から加害行為の抑止へ

　最近では，従来の民法学が損害塡補を主たる目的とした制度として不法行為制度を捉えている点に対して疑義を示す見解があらわれている。森田果＝小塚荘一郎の見解がそれである[70]。
　この見解[71]は，損害塡補から不法行為制度を説明する不法行為学説と最高裁判決[72]に対し，現行不法行為法の規定が被害者の損害塡補という理由によっては説明不可能な構造を多く採用していること（損害塡補が目的とされるのならば無過失責任が原則とされるべきはずのところ，過失責任の原則が維持され

69　この点に関しては，山本顕治「競争秩序と契約法――『厚生　対　権利』の一局面」神戸法学雑誌56巻3号272頁（2006年）でも繰り返し，指摘されている。

70　かつて総合救済システムが説かれた際には，不法行為制度が損害塡補を目的とする制度であるとの理解から，損害塡補の役割を不法行為制度に第一義的に担わせる点の問題性が指摘されて，不法行為制度の限界が説かれ，不法行為制度の枠組みを超えた被害救済制度を展開するべきであるとの方向が示されていた（前述第4節）。これに対して，ここでとりあげる見解は，不法行為制度を損害塡補を主要な目的とした制度として捉える点を批判し，不法行為制度の主要目的は加害行為の抑止にあると説くものである。この意味で，この見解からは，損害塡補は，不法行為以外の制度（私的保険制度・社会保障制度）に第一義的に担わせるのが適切であるということになる。

71　森田果＝小塚荘一郎「不法行為法の目的――『損害塡補』は主要な制度目的か」NBL874号10頁（2008年）。抑止の視点の重要性については，吉田邦彦・前掲書454頁や佐伯仁志『制裁論』（有斐閣，2009年）250頁・253頁でも力説されている。

ていること，過失相殺の制度を採用していること等），被害者の損害塡補を目的とするのならば，不法行為法が不要であること（私的保険メカニズムや社会保障法が存在していれば足りるし，これらの制度のほうが損害塡補の目的を実現する点において，迅速性，塡補の実現可能性，コスト面で不法行為法よりも優れていること）をあげ，被害者の損害塡補を不法行為法の主要な目的とみるべきではないとする。そのうえで，不法行為法の主要な目的を，違法行為の「最適な抑止」（被害者を含めた行為者に対して社会的にもっとも望ましい行動を惹起するための適切なインセンティブを設定すること。ここには，加害者の行動を適切な水準にコントロールすることのみならず，被害者の行動を適切な水準にコントロールすることも含まれる）に求めるべきであるとする[73]。損害塡補は，抑止という目的を実現する過程で付随的に出てくる結果として——加害行為の抑止という目的を実現するために加害者から徴収した損害賠償金を被害者に与えるものとして——位置づけられることになる。

　不法行為制度には損害塡補のほかに抑止・一般予防という目的も存在しているということは，民法学において既に一部で主張されてきたところである。このようななかで，上記の見解は，従来はせいぜい第2次的に——しかも，

---

[72] 最判平成9年7月11日民集51巻6号2573頁（万世工業事件。アメリカでの懲罰的損害賠償のわが国での承認・執行が問題となった事案である）。そこでは，次のような説示がされた。「我が国の不法行為に基づく損害賠償制度は，被害者に生じた現実の損害を金銭的に評価し，加害者にこれを賠償させることにより，被害者が被った不利益を補てんして，不法行為がなかったときの状態に回復させることを目的とするものであり（最高裁昭和63年(オ)第1749号平成5年3月24日大法廷判決・民集47巻4号3039頁参照），加害者に対する制裁や，将来における同様の行為の抑止，すなわち一般予防を目的とするものではない。もっとも，加害者に対して損害賠償義務を課することによって，結果的に加害者に対する制裁ないし一般予防の効果を生ずることがあるとしても，それは被害者が被った不利益を回復するために加害者に対し損害賠償義務を負わせたことの反射的，副次的な効果にすぎず，加害者に対する制裁及び一般予防を本来的な目的とする懲罰的損害賠償の制度とは本質的に異なるというべきである。我が国においては，加害者に対して制裁を科し，将来の同様の行為を抑止することは，刑事上又は行政上の制裁にゆだねられているのである。そうしてみると，不法行為の当事者間において，被害者が加害者から，実際に生じた損害の賠償に加えて，制裁及び一般予防を目的とする賠償金の支払を受け得るとすることは，右に見た我が国における不法行為に基づく損害賠償制度の基本原則ないし基本理念と相いれないものであると認められる」。

[73] このようなコンテクストのもとで，過失責任ルールから無過失責任ルールへの移行や，他人の行為に対する不法行為責任を説明することを推奨する。

「予防」・「抑止」と「応報」との区別すらつけられずに——捉えられてきた加害行為の抑止に不法行為制度の第 1 次的目的を見出した点で，大きな特徴がある。この点は，大いに評価できるところである。問題は，(i)不法行為法の目的を加害行為の抑止と捉えるときに，「望ましい行動」・「望ましくない行動」が何により規定され，正当化されるのか（権利侵害によって生じた被害者の地位の〔金銭的〕回復という観点は，もはや不可欠ではないということになるのか）という点と，(ii)抑止効果を実現するのに最適な手段をいかにして構築するかという点にある。前者(i)に関しては，社会的効用を最大にし，社会的コストを最小にとどめるのが「望ましい行動」であるともいえるし[74]，被害者の権利の金銭的回復という目的を第一義的なものとして捉え，前述した権利スキーマのもとでの衡量の結果として「望ましい行動」が決定されるともいえる（私の立場)[75]。また，後者(ii)に関しては，損害賠償制度の枠内では損害賠償の内容を実損害の塡補にとどめる必然性はないことになるし[76]，さらに，行為の抑止を目的とした制度が他に存在する状況下では，最適な抑止効果を生むために，不法行為制度と，同様ないし類似した抑止効果をもつ他の制度（たとえば，刑法）との分業と協働のありかたを探求する必要があるということになる。

---

[74] 藤田友敬「サンクションと抑止の法と経済学」ジュリスト 1228 号 25 頁（2002 年）。
[75] ここでは，むしろ，権利の保護こそが不法行為法の第 1 次的目的であり，行為抑止は，損害塡補と並ぶそのための手段であるということになる。森田＝小塚・前掲論文では，権利保障の体系として不法行為制度を構想する考え方との比較対照は，検討対象外とされているが，民法が私権の保護（権利の実現保障）を目的としたものである以上，権利侵害行為を理由とする救済は，差止請求に端的にみられるように，損害の塡補を目的としたものに限られる必要はない。不法な侵害から権利を保護するため，権利侵害を避けるための一般予防・抑止の視点を入れた民事救済制度を国家が立てることは，日本国憲法を頂点とするわが国の実定法秩序に反するものではない。その際，たとえ，一般予防・抑止の視点に出た救済制度が損害賠償という形で構築された場合でも，わが国の私法秩序のなかでの救済制度として妥当性が認められよう。不法行為損害賠償制度の枠内で，抑止へのインセンティブとなる制度を，現行の制度と並べて置くことの必要性を探求する作業には，意味がある。
[76] 利益吐き出し型損害賠償を指向する立場（後述Ⅱ2）や，「償い」の視点を入れた損害賠償制度の構築を指向する立場（たとえば，吉田邦彦「日韓補償問題と民法(2)」書斎の窓 576 号 22 頁〔2008 年〕）に顕著である。

II 損害塡補から制裁へ

1 懲罰目的での損害賠償をめぐる議論

わが国の民法学においては，損害賠償が懲罰目的をも有するのではないかという観点からの議論が，百年を超える民法学の歴史のなかで一度も通説の地位を獲得することこそなかったものの，英米法の影響を受けて比較的早くからおこなわれてきた[77]。もっとも，損害賠償制度が懲罰をも目的としたものである（もしくは，懲罰の機能をも有する）ということが語られるとき，そこには，比較的最近に至るまで，2つのタイプのアプローチがみられる。

第1は，慰謝料の制裁的機能（懲罰的機能）からのアプローチである。慰謝料には精神的損害の塡補とともに財産的損害を補完する機能があるほか，さらに制裁的機能もあるという捉え方である[78]。慰謝料が裁判官の裁量的評価により算定される際に，他の要素とともに加害者の主観的態様も斟酌可能な一要素とされている点[79]が，このような慰謝料の制裁的機能を主張する論者にとっての，よりどころとされている。第2は，英米法的な「懲罰的損害賠償」からのアプローチである[80]。

しかし，このような慰謝料の制裁的機能や懲罰的損害賠償の考え方は，裁判実務では，かつてクロロキン薬害訴訟東京高裁判決[81]で否定されていた。また，「万世工業事件」最高裁判決[82]により，最上級審レベルでも明確に否定されるに至った。同判決によれば，「我が国の不法行為に基づく損害賠償

---

[77] 初期の代表的研究としては，戒能通孝「不法行為に於ける無形損害の賠償請求権(1)(2)完」法学協会雑誌50巻2号210頁，3号498頁（1932年），三島宗彦「慰謝料の本質」金沢法学5巻1号1頁（1959年），同「損害賠償と制裁的機能」立命館法学105＝106号666頁（1972年）。比較的新しいものとしては，樋口範雄「アメリカの懲罰賠償と日本法」落合誠一編『論文から見た現代社会と法』（有斐閣，1995年）69頁がある。

[78] 吉村良一「慰謝料請求権」星野英一編集代表『民法講座6　事務管理・不当利得・不法行為』（有斐閣，1985年）429頁・434頁。

[79] 最判昭和47年6月22日判時673号41頁。

[80] 代表的な論稿として，田中英夫＝竹内昭夫『法の実現における私人の役割』（東京大学出版会，1987年）133頁・156頁〔初出は，1972年〕，後藤孝典『現代損害賠償論』（日本評論社，1982年）255頁，樋口範雄「制裁の慰謝料論について」ジュリスト911号19頁（1988年），丹羽重博「懲罰的損害賠償の可能性」日本法学65巻4号375頁（2000年），同「懲罰的損害賠償の必要性」日本法学74巻2号787頁（2008年），佐伯・前掲書229頁。

制度は，被害者に生じた現実の損害を金銭的に評価し，加害者にこれを賠償させることにより，被害者が被った不利益を補てんして，不法行為がなかったときの状態に回復させることを目的とするものであり，加害者に対する制裁や，将来における同様の行為の抑止，すなわち一般予防を目的とするものではない。……我が国においては，加害者に対して制裁を科し，将来の同様の行為を抑止することは，刑事上又は行政上の制裁にゆだねられているのである。そうしてみると，不法行為の当事者間において，被害者が加害者から，実際に生じた損害の賠償に加えて，制裁及び一般予防を目的とする賠償金の支払いを受け得るとすることは，右に見た我が国における不法行為に基づく損害賠償制度の基本原則ないし基本理念と相いれないものであると認められる」。

このように，「万世工業事件」最高裁判決は，学説の支配的見解が懲罰的損害賠償を否定する際に論拠としている民刑峻別論に依拠して，懲罰的損害賠償を否定したものである。しかも，判決では，「見せしめと制裁のために……懲罰的損害賠償としての金員の支払を命じた部分は，我が国の公の秩序に反する」とされた。

ひるがえって，わが国の学説をみれば，懲罰目的での損害賠償制度の利用については，たしかに一時期，活発に議論され，損害賠償制度の目的のひとつとしてあげられることもあった。しかし，懲罰の意味として何を理解するかの問題はあるにせよ，懲罰目的での損害賠償制度の利用については消極的なのが，今日の民法学の傾向である[83]。

そもそも，わが国の民法学における懲罰的損害賠償の議論では，これまで，「損害の塡補に制約されない賠償制度を構築する」という姿勢は示されていたものの，「懲罰的賠償を語ることによって，何を目的とするのか」という点があいまいなまま残され，今日に至っている。解釈論のレベルで現在主張されている懲罰的損害賠償論のなかには，(a)加害者に対する応報処罰（応報

---

81 東京高判昭和63年3月11日判時1271号3頁。もっとも，この事件では加害者側の故意が否定されたことから，そもそも懲罰的損害賠償の対象外とされざるを得なかったものである。

82 最判平成9年7月11日民集51巻6号2573頁。

83 比較的最近の議論を含めたものとしては，齋藤修「慰謝料に関する諸問題」山田卓生編集代表『新・損害賠償法講座6 損害と保険』（日本評論社，1998年），松川実「損害賠償論における制裁的機能(1)」高岡法学11巻2号（2000年）。

刑）を目的として懲罰的損害賠償を語るもの，(b)違法行為の抑止（一般的抑止）を目的として懲罰的損害賠償を語るもの，(c)加害者が得た利益の吐き出しを目的として懲罰的損害賠償を語るものがある（これらのいくつかを併せて説くもの——さらに，区別の自覚すらないもの——もある）。他方，懲罰的損害賠償に対して否定的立場をとる通説が批判の対象として想定しているのは，主として，(a)と(c)の目的論である。

　もとより，懲罰的損害賠償の目的として上記いずれの立場をとるにしても，被害者のもとに生じた損害を超える利益を，不法行為を理由として加害者から被害者へ移転させることがなぜ正当化されるのか——さらに，民事レベルで処理をするにしても，なぜ「不法行為責任」という枠組みに依拠しなければならないのか——という点の説明が求められる。

　このうち，(b)の目的については，前述したように，社会的厚生の観点または権利の価値の金銭による実現という観点から——この説明に乗る限りで——正当化できないことはない。また，(c)の目的については，すぐ後で述べるように，民事レベルでは不法行為とは異なる法技術を用いた処理のほうが望ましい。いずれにせよ，(b)(c)の目的は，民事法のレベルで対処が可能である。

　これに対して，(a)の目的については，加害者に対する応報処罰（応報刑）そのものを民事不法行為制度の目的にすえることには，なお躊躇をおぼえる。しかし，だからといって，通説が説くのとは異なり，「応報」という観点が不法行為損害賠償制度の目的として意味をなさないとみるべきではない。わが国で慰謝料の制裁的機能が語られる際に照準が合わせられているのは，応報目的に出た加害者処罰それ自体ではなく，応報目的で加害者に制裁を加える（被害者への償いをさせる）ことによる被害者の「満足」（ドイツ法圏では，Genugtuungといわれる。溜飲を下げるという意味）である（応報感情の満足）。

　したがって，ここでは，(a)の目的ではなく，(d)「被害者が加害者から償いを受けることによる満足感情の実現」こそ，不法行為損害賠償制度の目的のひとつとして前面に出すべきである（その意味では，「懲罰」という用語は，あまり適切とはいえない）。ただし，この目的は，あくまでも，加害者・被害者間の個別具体的事情を考慮しつつ，慰謝料制度のなかで実現されるべきである（慰謝料の満足的機能）。十分な理論的検証（さらには，「わが国における」立法的実現可能性の検証）なしに，安易に2倍額・3倍額の賠償などといった定

量的制度への転換を語るべきではない。

2 「利益吐き出し型損害賠償」をめぐる議論

　懲罰的損害賠償の問題とは対照的に，損害論をめぐる最近のわが国の不法行為法学において脚光を浴びているテーマのひとつが，「利益吐き出し型損害賠償」である。これまでわが国で展開されてきた損害論は，懲罰的損害賠償論を除けば，被害者に「損害」が生じていることを前提とした損害論であり，損害算定論であった。これに対して，被害者に「損害」が生じていないにもかかわらず，侵害者が保持している利益（ここでの利益とは，知的財産法制でいうところの侵害者利益，つまり侵害者が当該権利を権限なく利用することにより獲得した利益を意味する）を被害者に「損害賠償」として引き渡すことを認めるのが，「利益吐き出し型損害賠償」の理論である[84]。

　比較法的には，現代民法典の代表例とされるオランダ民法が，「不法行為または債務を履行する際の義務違反により他人に対し責任を負う者がこの不法行為または義務違反により利益を得た場合には，裁判所は，その他人の申立てを受けて，この利益の全部または一部の額で損害を測定することができる。」との規定を設けている（同法6編104条）。わが国の民法学説の一部では，「利益吐き出し型損害賠償」は，特許権侵害や人格権侵害の領域で展開された議論を参考にして，英米法的な懲罰的損害賠償とは距離を置きつつ，「損害なき損害賠償」（損害塡補機能とは異質の目的に出た損害賠償）の一場合として，検討の俎上に載せられている[85]。もっとも，そこでの議論は，特許権侵害や人格権侵害といった個別領域で提唱された「利益吐き出し型損害賠償」の考え方のなかに，不法行為の一般法理に昇格しうるものを見出そうという式の議論である。また，この方法での損害賠償を支持する見解のなかでも，「利益の吐き出し」を正当化する際の根拠を何に求めるかという点において，必ずしも一致をみていない。わが国の民法学説の多数も，今なおこう

---

[84] 窪田充見「不法行為法と制裁」石田喜久夫先生古稀記念『民法学の課題と展開』（成文堂，2000年）685頁。知的財産権侵害に関しては，鎌田薫「知的財産訴訟における損害賠償法理」特許研究17号10頁（1994年），加藤雅信「知的所有権侵害と規範的損害論」判タ1074号77頁（2002年），田村善之『知的財産権と損害賠償（新版）』（弘文堂，2004年）120頁，佐伯・前掲書253頁。

[85] 窪田・前掲論文687頁。

した「利益吐き出し型損害賠償」を肯定するのに慎重な姿勢を崩していない。

そもそも、ここでは、侵害者のところで生じた「利益」（侵害者利益）が被害者（権利主体）の有する「権利の価値」といえるのか、疑問がある[86]。「利益吐き出し型損害賠償」といわれているものは、本来の意味での「損害」を問題とするものではないし、権利主体に帰属する「権利の価値」をあらわすものでもない以上、損害賠償制度として構想するのには問題がある。しかしながら、他方で、「利益の吐き出し」が一般予防・抑止の目的にとって有効であることは否定できない[87]。そうであれば、利益吐き出しの問題は、損害賠償とは別個の制度として構想すべきである[88]。

付言すれば、「利益吐き出し型損害賠償」が説かれる際には、①他人の権利ないし財貨を用いて利益を獲得した者には、その利益（侵害者利益）の帰属を正当化することができないという考慮（違法利得という発想）と、②こうして帰属が正当化されない利益（侵害者利益）を侵害者から当該権利ないし財貨の帰属主体に移転させるべきであるとの考慮（効果転帰という発想）とがはたらいている。このうち、侵害の一般予防・抑止という観点からは、①については正当化ができるが、②については正当化ができない。なぜ問題の行為を抑止するために侵害者利益を当該権利ないし財貨の帰属主体に移転させるべきなのかについての十分な説明ができないからである。そこで、侵害の一般予防・抑止という面も活かしつつ、①のみならず、②までも含めて

---

[86] 損害を規範的に捉えるという場合でも、被害者の視点から、被害者に生じた不利益をもって損害と捉える場合には、被害者に生じていない不利益（権利利得の場面での表現によるならば、権利主体である被害者に割り当てられていない価値）をもって「損害」ということには無理がある。裏返せば、このようなパラダイムを破壊して、侵害者側の利益の観点から「損害」を捉えるべしというのが、この趣旨で「利益吐き出し型損害賠償」を説く論者の基本的なスタンスである。

[87] 懲罰（応報）と異なる意味で、抑止の観点から——フランスの議論を中心に——この問題を扱うことを示唆するものとして、後藤巻則「損害賠償と制裁」法律時報78巻8号54頁（2006年）。フランスの議論については、廣峰正子「民事責任における抑止と制裁——フランスにおける民事罰概念の生成と展開をてがかりに」立命館法学297号1223頁、299号270頁（2004、05年）。もっとも、後者の論稿では、「制裁」と「懲罰」とが区別されることなく扱われている弱みがある。

[88] 潮見佳男「著作権侵害を理由とする損害賠償・利得返還と民法法理」法学論叢156巻5＝6号233頁（2005年）。沖野眞已「損害賠償額の算定」法学教室219号63頁（1998年）も、「利益吐き出し型損害賠償」に否定的である。

正当化をおこなおうとすれば,「他人の事務を管理したのであるから,そこから得た利益はその他人に帰属させるべきである」との観点,すなわち,「自己のためにする意思で他人の事務の管理をした者がいるときには,その他人（事務本人）は,自分自身による事務管理の可能・不可能に関係なく,当該管理行為を自己のためにされたものとみなし,管理行為の効果を自己に帰属させることができる」という擬制信託的な観点（伝来的表現では,準事務管理の観点）によることが考えられる。しかし,このような目的と結びつけられた制度を有用と考えるのであれば,（必要ならば,この種の制度が妥当するべき事件類型を限ったうえで）不法行為損害賠償制度とは別個の制度として提案するのが適切である（あるいは,侵害利得制度にとりこんで処理をする可能性のほうが,不法行為損害賠償制度の再構成よりは現実的であるように思われる）。

第2部　不法行為に基づく損害賠償
　　　——損害賠償責任の成立要件

第1章

総　論

I　一般的な理解

　一般的に説かれているところによれば，被害者が加害者に対して，民法709条に基づいて損害賠償請求をするためには，次の要件が充たされなければならない[1]。

　　I-①　被害者の権利または法律上保護される利益（法益）が侵害されたこと
　　I-②　加害者に故意または過失があったこと
　　I-③　侵害された被害者の権利・法益と加害者の故意・過失行為との間に因果関係があること
　　I-④　被害者のもとで損害が発生したこと
　　I-⑤　被害者の権利・法益侵害と損害との間に因果関係があること

II　本書の立場

　本書の立場（追って，順次明らかにする）からは，民法709条に基づいて損害賠償請求をするための要件は，次のようになる[2]。

　　II-①　被害者の権利（または法律上保護される利益〔法益〕）が侵害され

---

[1] 因果関係を1個と捉える立場からは，I-③とI-⑤とがひとつにまとめられ，損害と加害者の故意・過失行為との間に因果関係があることというようになる。因果関係を1個と捉えるか，2個と捉えるかについては，第3章で触れる。

[2] IとIIの違いのうち，因果関係に関する点（I-③とII-③・④）については，第4章で触れる。また，I-⑤の要件がIIではあがってこない――II-⑤に吸収される――点については，損害の問題を扱う箇所（続刊）で触れる。

たこと
II-②　加害者に故意または過失があったこと
II-③　侵害された被害者の権利・法益と加害者の故意・過失行為との間に因果関係があること
II-④　侵害された被害者の権利・法益の保護が故意規範または過失規範（命令規範・禁止規範）の目的とされていたこと
II-⑤　被害者のもとで損害が発生したこと

第2章

権利・法益侵害——総論

第1節 緒　論

　現在の民法709条（2004年〔平成16年〕に改正され，2005年〔平成17年〕4月1日より施行されたもの）は，不法行為責任の成立要件のひとつとして，他人の「権利」または「法律上保護される利益」の侵害を要求している。それより前の民法709条では，「他人ノ権利ヲ侵害シタル者」という文言になっていたのを，後述する判例・学説の流れを受けて，「権利」と並べて新たに「法律上保護される利益」を加えたものである。

　民法（旧）709条にいう「権利」および「権利侵害」をどのように理解するかをめぐっては，民法典制定以降，いくたびかの変遷があった[1]。

第2節　明治民法——「権利」侵害要件の創設

　かつての民法709条は，「故意又ハ過失ニ因リテ他人ノ権利ヲ侵害シタル者ハ之ニ因リテ生シタル損害ヲ賠償スル責ニ任ス」と定めていた。これは，「他人に損害を生じさせる人の行為は，いかなるものであっても，フォート

---

[1]　判例・学説史の詳細については，錦織成史「違法性と過失」星野英一編集代表『民法講座6　事務管理・不当利得・不法行為』（有斐閣，1985年）133頁，瀬川信久「民法709条（不法行為の一般的成立要件）」広中俊雄＝星野英一編『民法典の百年Ⅲ』（有斐閣，1998年）559頁，大河純夫「民法709条『権利侵害』再考——法規解釈方法との関連において」原島重義先生傘寿『市民法学の歴史的・思想的展開』（信山社，2006年）525頁，前田陽一「不法行為における権利侵害・違法性論の系譜と判例理論の展開に関する覚書」平井宜雄先生古稀記念『民法学における法と政策』（有斐閣，2007年）445頁。

（faute）によって惹起した者に，その損害を賠償する義務を負わせる」と定めているフランス民法1382条を受けて，「過失」または「懈怠」によって他人に「損害ヲ加ヘタル」者が賠償責任を負担するとしていた旧民法財産編370条1項（「過失又ハ懈怠ニ因リテ他人ニ損害ヲ加ヘタル者ハ其賠償ヲ為ス責ニ任ス」）の規定を改め，「権利」の侵害という要件を入れたものであった。

このように規定の体裁を改め，「権利」侵害という要件を入れた趣旨は，故意または過失によって他人に直接・間接に損害を生じさせることがあっても，権利を侵害する程度に至らないときは，損害賠償請求権を発生させるべきではないという点にあった。あわせて，そこでは，不法行為法は既存の「権利」を保護する法であって，故意または過失によって他人に損害を生じさせただけで損害賠償請求権を発生させたのでは，これまで認めていない権利までも「創設」することになり，不法行為の範囲が不明瞭になる点も指摘されていた。そこには，「権利」の範囲を限定的に解する考え方があらわれている[2]。

第3節　権利侵害から違法性へ

I　権利概念の厳格な理解

民法典制定当初は，起草趣旨に忠実に，侵害対象となる権利の意味を厳格に解する立場が支配的であった。この立場は，既存の法律体系において権利と認められたものを侵害したのでなければ不法行為は成立しないという考え方に立脚するものであった。そして，厳密な意味で権利といえないものに対して709条の保護を拒絶する考え方は，判例においても採用された[3]。

そればかりか，明治末期から大正時代にかけてのいわゆる学説継受を通し

---

[2] 法務大臣官房司法法制調査部監修『法典調査会民法議事速記録5』（商事法務研究会，1984年）249頁・314頁。文言自体は，起草過程で比較法の資料のひとつとされたドイツ民法第2草案746条1項──「故意または過失によって違法に他人の権利を侵害した者は，その者に対して，これにより生じた損害の賠償をする義務を負う」──に，類似する。もっとも，「権利」を絶対権に限定するという現行ドイツ民法823条1項のような意図はなかった。709条の「権利」概念は，フランス民法の流れをくむものであり，絶対権への限定を想定していなかったものである。法典調査会民法議事速記録5・304頁。

て，709条にいう「権利」はドイツ民法823条1項にいう「権利」が意味する「絶対権」（および絶対的利益）と同様のものであると解され，相対権としての「債権」への侵害を709条の射程からはずすという結論まで導かれることすらあった[4]。

II　判例の転回――「法律上保護される利益」への拡大（大学湯事件）

1　事件の概要

これに対して，「権利侵害」に対する考え方の転換――内容の緩和と，709条の意味の読み替え――に至る契機となったのが，大学湯事件と称される大審院判決である[5]。この事件では，「大学湯」という名の銭湯を開業していたYが，Xに銭湯の建物を賃貸するとともに，「大学湯」という「老舗」を売却した。やがて，同建物の賃貸借契約が合意解除された後に，Yは，同建物をDに賃貸し，Dに「大学湯」の名で営業をさせた。そこで，XがY・Dに対して損害賠償を請求したというものである。

3　浪曲レコードの複製に関する大判大正3年7月4日刑録20輯1360頁（雲右衛門事件）。桃中軒雲右衛門がみずから演述した浪花節を蓄音器の蠟盤に吹き込み，著作権をXに譲渡した。Xがそのレコードを販売したところ，これを購入したYらが購入したレコードから原盤を作成し，無断で複製し，販売した。そこで，XがYらを刑事告訴するとともに，附帯私訴として複製レコードの販売の差止めと損害賠償を請求したという事件である）。即興的・瞬間的創作にすぎず定型的旋律をなさない浪曲に著作権は認められないとしたうえで，他に「取締法」もない今日では不法行為にならないと結論づけた。この判決の同時代的意義については，斉藤博「『雲右衛門事件』判決と著作権法制」小野昌延先生古稀記念『知的財産法の系譜』（青林書院，2002年）447頁，能見善久「桃中軒雲右衛門事件と明治・大正の不法行為理論」学習院大学法学会雑誌44巻2号183頁（2009年）〔この事件が刑事裁判の附帯私訴として提起されたことが損害賠償請求訴訟自体にも影響を与えていたのではないかという点についても言及がある〕。

なお，同時期に類似の判断を下したものとして，蓄音機の音譜の無断複写・製造販売に関する大判大正7年9月18日民録24輯1710頁がある。

4　この間の事情は，吉田邦彦『債権侵害論再考』（有斐閣，1991年）34頁に詳しい。
5　大判大正14年11月28日民集4巻670頁（破棄差戻し）。この判決に関して背景事情とともに考察したものとして，川井健「大学湯事件判決について――不法行為法の体系と課題」加藤一郎先生古稀記念『現代社会と民法学の動向　上』（有斐閣，1992年）99頁。

2 「権利」内容の実質的緩和──「法律上保護される利益」

大学湯事件では，銭湯の「老舗」の価値またはその売却によってXが得ることができた利益が不法行為の保護の対象になるかどうかが争われた。原審では「老舗」は「権利」でないとしてXの請求を斥けたが，大審院では，所有権・地上権・債権・無体財産権・名誉権等の「具体的権利」だけではなく，これと同一程度の厳密な意味においてはいまだ「権利」といえないものであっても，「法律上保護セラルル一ノ利益」であればよいとの判断が示された[6]。そして，「法律上保護セラルル一ノ利益」を，「吾人ノ法律観念上其ノ侵害ニ対シ不法行為ニ基ク救済ヲ与フルコトヲ必要トスト思惟スル一ノ利益」であると述べている。

このような「権利侵害」に対する考え方の転換は，権利侵害要件を置くことで不法行為責任の拡張を防ぐという意図を有していた当初の考え方が，その後の社会情勢の変化に伴い不法行為的保護を与えられるべき社会的利益が増加するにつれ，それらの利益を権利として構成する方向へと変化を遂げたものとして捉えることができる[7]。ここでは，権利内容の緩和という点に，判例による法形成の主眼が置かれていたことを看過すべきではない。

3 709条の意味の読み替え──「法規違反の行為」

大審院は，大学湯事件判決のなかで，わざわざ，当時の709条は，「故意又ハ過失ニ因リテ法規違反ノ行為ニ出テ以テ他人ヲ侵害シタル者ハ之ニ因リテ生シタル損害ヲ賠償スル責ニ任ス」という広汎な意味を有するにほかならないとも述べた。ここに，後述する違法性論への展開の兆しがみられる。

4 709条の規律命題との関係

このように，大学湯事件判決は，大審院が，民法709条が厳密な意味での

---

[6] なお，大審院も，侵害の対象を「老舗」ではなく，「老舗」売却による得べかりし利益とみている点に注意せよ。

[7] 林良平「不法行為法における相関関係理論の位置づけ」同『近代法における物権と債権の交錯』(有信堂，1989年) 267頁。四宮396頁は，「権利」概念の拡大という。前田達明「権利侵害と違法性」山田卓生編集代表『新・現代損害賠償法講座2　権利侵害と被侵害利益』(日本評論社，1998年) 4頁も，「この動きの実質的なねらいは保護法益の拡大ということであり，いわゆる『結果違法論』にとどまるものであった」という。

「権利」が侵害された場合を規律対象としていることを前提としたうえで，「権利」といえない「法律上保護される利益」に対する侵害も不法行為による保護を与えるべきであると述べたものである[8]。大審院が不法行為を「法規違反の行為」と捉えているところからは，「権利」に対する侵害行為と，「法律上保護される利益」に対する侵害行為とを「法規違反の行為」という統合された観点のもとで把握しようとする姿勢がみられる。そして，この枠組みは，①「権利」概念そのものについては厳格な理解を維持しつつ，②不法行為を「法規違反の行為」と捉えたときには民法709条の「権利侵害」行為に関する規律だけでは規律の欠缺が存在するから，これを「法律上保護された利益」に対する侵害行為に関する規律を立てることで補充したという意味をもつ[9]。

　もっとも，大学湯事件判決は，「法規違反の行為」がなにゆえに不法行為制度の中核に置かれるべきなのか，行為が「法規違反」とされる際の判断構造はどのようなものかという点よりも，むしろ，「権利」それ自体の厳格な把握を維持しつつ，権利概念の外延を拡張する点に傾注した。それゆえに，同判決は，被侵害利益面で，①具体的「権利」（厳密な意味における「権利」）に加えて，②「法律上保護される利益」を不法行為法の保護対象として認めたもの，したがって，①・②をあわせた全体として権利・法益概念を拡張したものと理解すべきものである。

5　侵害行為の態様に着目した一群の裁判例——権利濫用構成

　大学湯事件判決は，権利概念の外延を拡張すること（「権利」内容の緩和）に照準を合わせたものであり，「法律上保護される利益」をも不法行為損害賠償法の保護対象とするための準則を形成したものであった。

　他方で，大審院裁判例のなかには，行為者の行為がその者の有している権利の行使にあたる場合に，侵害行為の態様を重視して，権利の行使であるに

---

[8] もっとも，差戻し後の控訴審判決では，老舗を有する賃借人が賃貸人と賃貸借契約を合意解除して，賃借建物を賃貸人に返還した場合には，賃借人の有していた老舗は消滅し，賃貸人は返還を受けた建物を第三者に賃貸して，前賃借人と同一または類似の営業をさせることができるとして，（差戻し前の原審とは別の理由づけによりながらも）Xの請求を棄却した。これについては，川井・前掲論文を参照。

[9] ②の点に関しては，広中俊雄『民法解釈方法に関する12講』（有斐閣，1997年）12頁。

もかかわらず，他人においてそれを忍容することが社会観念上相当であると認められる程度を逸脱したときには，不法行為が成立することを認めた一群のものがある[10]。大審院は，当初，権利の行使の結果として他人に損害を与えても不法行為が成立しないとの判断を示していたが[11]，やがて——大学湯事件判決に先立ち——，「権利ノ行使ハ法律ニ於テ認ムル範囲内ニ於テ適当ノ方法ヲ以テスヘキコト勿論ナレハ権利行使ノ場合ト雖モ故意又ハ過失ニ因リ其範囲ヲ超過シ失当ナル方法ヲ行ヒタルカ為メニ他人ノ権利ヲ侵害シタルトキハ侵害ノ程度ニ於テ不法行為タルモノト為ササル可カラス」との判断を下す判決が登場した[12]。さらに，信玄公旗掛松事件と称される判決でも，上記判決を引用しながら，「社会的共同生活」をする者の間では一人の行為が他人に不利益を及ぼすのは免れえないから，その他人は共同生活の必要上これを認容しなければならないが，「其行為カ社会観念上被害者ニ於テ認容スヘカラサルモノト一般ニ認メラルル程度ヲ越ヘタルトキハ権利行使ノ適当ナル範囲ニアルモノト云フコトヲ得サルヲ以テ不法行為ト為ルモノト解スルヲ相当トス」とした[13]。さらに，大学湯事件判決後も，信玄公旗掛松事件判決を引用しつつ，「土地ノ所有者ハ他人ノ権利ヲ侵害セサル限度内ニ於テノミ其ノ所有地ヲ掘鑿シテ地下水ヲ利用シ得ヘキ権利ヲ有スルモ其ノ権利ノ行使カ社会観念上他人ニ於テ之カ認容スルヲ相当トスル程度ヲ逸脱スルトキハ権利ノ濫用即チ不法行為者トシテ之カ為メ他人ノ被リタル損害ニ付賠償ノ責ニ

---

10 大審院裁判例におけるこの傾向に着目するのは，前田陽一・前掲論文 447 頁。
11 大判明治 35 年 5 月 16 日民録 8 輯 5 巻 69 頁（浅野セメント降灰事件）。
12 大判大正 6 年 1 月 22 日民録 23 輯 14 頁。土地明渡請求の確定判決の執行としておこなった家屋取払行為の際に，その方法が乱暴であったため，家屋の材料を著しく毀損して，再築の用にたえないものとした事案である。
13 大判大正 8 年 3 月 3 日民録 25 輯 356 頁。鉄道停車場付近にある松の木（武田信玄が旗をかけたとの伝承のある木）が蒸気機関車の煤煙によって枯れてしまった事案である。この松の木が鉄道沿線に散在する他の樹木よりも蒸気機関車の出す煤煙の害を被るべき位置にあり，かつ，その害を予防すべき方法があるにもかかわらず，鉄道業者（国）が煤煙予防の方法をほどこさず，煙害が生じるにまかせて枯死させたのは，社会観念上，一般に認容すべきものと認められる範囲を超えたものであって，権利行使に関する適当な方法をおこなったものではないとされた。この事件に関しては，川井健「信玄公旗掛松事件」同『民法判例と時代思潮』（日本評論社，1981 年）241 頁〔初出は，1978 年〕，東孝行「裁判過程における権利濫用論の展開——信玄公旗掛松事件の諸判決を中心として」判タ 357 号 4 頁（1978 年）に詳しい。最近のものとしては，大村敦志「信玄公旗掛松事件(1)」法学教室 347 号 41 頁（2009 年）。

任セサルヘカラス」とし，「上告人ノ前示地下水ノ独占利用行為ハ正シク権利行使ノ限度ヲ超越セルモノ即チ権利ノ濫用トシテ之カ為メ被上告人ノ被リタル損害ヲ賠償セサルヘカラサルヤ論ヲ俟タス」とする判決が続いた[14]。

これを受けて，学説では，それまでは，権利侵害を理由とする損害賠償請求に対して当該行為が権利の行使であったことが違法性を阻却する（権利の行使であれば，不法行為とならない）というように捉える傾向にあったのが[15]，むしろ，権利の行使が被害者の忍容の限度を超え，濫用と評価されるときはその行為は公序良俗に違反し，不法行為となるとの見解が有力化した[16]。この考え方は，次に述べる「権利侵害から違法性へ」の流れのなか，違法性の相関的考慮事由の一方である侵害行為の態様をめぐる議論へと組み込まれ，違法論の中核を構成するに至った[17]。

III 学説の転回——権利侵害から違法性へ

1 緒　論

上記のように，大学湯事件判決では，「権利」それ自体の厳格な把握を維持しつつ，権利概念の外延を拡張すること（「権利」内容の緩和）に視線が向けられていただけである。それにもかかわらず，学説では，判例の転回を受けて，「権利侵害から違法性へ」という動きが加速する。この動きに大きな影響を与えたのは，末川博の見解と我妻栄の見解である。

2 不法行為＝法律秩序への違反行為（違法性徴表説）

末川博は，実定的な法律全体によって与えられている「法律秩序」に対する違反，すなわち「違法行為」により被った損害の賠償にこそ不法行為責任

14　大判昭和13年6月28日法律新聞4301号12頁。被害者が井戸水を利用して料理店を営業していたことを知りながら，多数の井戸を掘って地下水の利用を独占し，被害者の井戸水の利用を侵害した事案である。

15　たとえば，末弘1051頁。

16　松本烝治「煤煙＝因ル相隣者間ノ権利侵害」法学志林15巻8号80頁（1913年），鳩山882頁，末川博『権利侵害と権利濫用』（岩波書店，1970年）134頁。このような転回を指摘するものとして，我妻146頁。

17　この点に関しては，川井・前掲論文276頁。さらに，鈴木禄弥「財産法における『権利濫用』理論の機能」法律時報30巻10号10頁（1958年）の指摘も参照。

の本質があるとみることで，不法行為の客観的要件に加害行為の「違法性」をすえ，「権利侵害」は「違法性」の1つの徴表にすぎない旨を説いた[18]。違法性徴表説と呼ばれる立場である。その主張内容の概要は，以下のとおりである[19]。

① ローマ法以来の諸国の法制においては，違法に損害を加えることをもって不法行為としているのが普通であり，権利侵害を絶対の要件であるかのように規定しているものはない（200頁）。「法律秩序」を破ること自体が不法行為制度の本質であって，「権利」は，その「法律秩序」が部分的に主観的に発現したものにすぎない。たしかに，近代の「法律秩序」は，第1次的には，「人の容態を許容し，権利を与える」という観点から，社会における共同生活を規律している（許容的法規。250頁）。許容的法規は，主観化された形態において「権利」としてあらわれる。ここで，「権利を侵害する」ということは，直ちに「法律秩序を破る」ということを意味し，法律の是認しないものであり，「それ自体違法」である。しかし，行為が違法であると評価されるのは，権利侵害があるときに限られない。「許容的法規」のみが違法という評価の基準を与えるものではない。実定法規は，「許容的法規」としてのみならず，「命令的法規」，すなわち作為・不作為を命じる形をもって顕現することもある（349頁以下）[20]。この場合には，命令的法規が独自に違法という評価の基準となる。また，こうした「顕現的法規」（「法律秩序」が顕現した法規）が欠けている場合には，公序良俗に反するということで違法と評価されることもある（360頁）。

② このように，民法が不法行為制度を設けて被害者に損害賠償請求権を与えているのは，「故意又は過失に基く違法の行為によって損害を被った者はひとしくこれを保護する」という趣旨に出たものである。709条が権利侵害を要件としているのは，「法律が是認することを得ないような行為即ち法律秩序を破るの故を以て違法と評価さるべき行為を表わす」ためであり，

---

18 ただし，次に示す我妻の見解とは異なり，「権利侵害」類型を違法類型の中心にすえている。この点に関しては，原島重義「わが国における権利論の推移」法の科学4号55頁・98頁（1986年）の指摘も参照。

19 末川博『権利侵害論』（弘文堂書房，1930年）。引用箇所は，現代語表記に改めている。

20 この部分が，のちの澤井，錦織，吉村らの違法性二元論へとつながっていく。

「ここに権利侵害というのは違法の行為の徴表たるにとどまる」（361頁～362頁）。

③　民法がこのような徴表を選んだのは，権利侵害という形をもって違法性を徴表するのが「権利本位の基調に立っている今日の私法制度」のもとにあっては，もっとも適当と考えたからであろう。しかし，それは単に，違法性を認識するための手がかりとして，権利侵害という形態が標識とされているのにすぎない。民法709条は「権利侵害自体を本質的な要件としているのではなくて，むしろそれを通じて認識されるところの行為の違法性を本質的な要件としている」（363頁。結局，不法行為には，権利侵害を伴うものと，伴わないものがあるということになる。377頁）。

3　違法性の衡量枠組み——相関関係説と，「権利侵害」要件の放棄

「違法性」の構成因子を分析して，違法性の衡量過程と判断規準を明らかにしたのが，我妻栄である。我妻は，「違法性」は被侵害利益の種類と侵害行為の態様との相関関係により決せられると説いた。相関関係説と呼ばれる立場である。

そこでは，①被侵害利益の種類として，(i)物権その他の「支配的財産権」，(ii)人格権その他人格的利益，(iii)債権などが観念され，また，②侵害行為の態様として，(i)刑罰法規違反，(ii)禁止法規または取締法規違反，(iii)公序良俗違反，(iv)権利濫用などが観念されている[21]。この見解にあっては，相関関係的衡量の衣をまとって，ドイツ不法行為法が採用している不法行為の3つの一般的構成要件——違法な絶対権侵害（ドイツ民法823条1項），保護法規違反（同823条2項），故意による良俗違反（同826条）の3構成要件——がとりこまれている点が注意をひく[22]。また，我妻の見解の背後に「個人主義的権利本位から社会本位の法律思想へ」という企図があったことについては，本書第1部を参照せよ[23]。

21　我妻144頁。権利濫用については，それが公序良俗に反するが故に違法であるとの考え方（権利濫用行為は，公序良俗違反行為の特殊の例であるとの理解）と結びつけられている。なお，我妻の示した相関関係的考慮の発想は，既に，鳩山秀夫「工業会社の営業行為に基く損害賠償請求権と不作為の請求権」同『債権法における信義誠実の原則』（有斐閣，1955年）441頁〔初出は，1917年〕における「侵害行為の性質と侵害せらるる権利の性質とを比較して合理的判断を下すべきのみ」とする主張にあらわれていた。この点を指摘するものとして，原島・前掲論文69頁。

いずれにせよ，このように，不法行為による損害賠償責任の成立要件として権利侵害要件，故意・過失要件と並べ，または権利侵害に代わる要件として，違法性要件をあげる見解，とりわけ，相関関係説は，わが国の裁判実務の支持を得て，1970年代前半あたりまでは，学説でほぼ異論をみないような状況であった[24]。

4　受忍限度論

相関関係説の登場後，「違法性」要件を維持しつつも，衡量事由・判断規準の面から修正を加える方向が提示されることがあった。受忍限度論と呼ばれる立場がこれである。

受忍限度論は，主にニューサンスを念頭において展開された立場であるが，通説が「違法性」要件のもとで被侵害利益の種類と侵害行為の態様という2因子の相関的衡量をおこなっている点を批判し，むしろ，①被侵害利益の性質および程度，②地域性，③被害者があらかじめ有した知識，④土地利用の先後関係，⑤最善の実際的方法または相当な防止措置，⑥その他の社会的価値および必要性，⑦被害者側の特殊事情，⑧官庁の許認可，⑨法令で定められた基準の遵守といったさまざまな事由が「違法性」判断にあたって考慮さ

22　澤井100頁，吉村32頁。既に，末川・権利侵害論にもあらわれていた点である。隠れた学説継受ということができる。しかし，厳密にいえば，末川の構想がドイツ不法行為法と同様に「3つの」構成要件として違法類型を把握していたのに対して（ein System von drei kleinen Generalklauseln），我妻の理解するところは，ひとつの構成要件のなかでの「3つの」態様の考慮（eine dreiteilige Generalklausel）である。

23　この点を示したものとして，山本敬三「不法行為法学の再検討と新たな展望——権利論の視点から」法学論叢154巻4 = 5 = 6号292頁（2004年）。

24　加藤〔一〕106頁，幾代 = 徳本62頁。1947年（昭和22年）に成立した国家賠償法1条1項が「権利侵害」といわずに「違法」といっているのも，こうした通説の影響を受けたものといえる（加藤〔一〕38頁）。田中二郎『行政上の損害賠償及び損失補償』（酒井書店，1954年）155頁は，ここにいう「違法」とは，「厳密な法規違反を指すものでなく，むしろ，民法の『権利侵害』より広く，公序良俗違反とか不正とかを含め，その行為が客観的に正当性をもたないこと」と述べている。もっとも，使用者責任の箇所で触れるように，同法にいう「違法性」には，今日，行政法の理論と実務により，より積極的な意味が与えられている。また，1960年に施行された韓国民法750条が，「故意または過失による違法行為により他人に損害を加えた者は，その損害を賠償する責任を負う。」としたのも，この時代の日本民法学の影響を受けたものと目される。鄭鍾休『韓国民法典の比較法的研究』（創文社，1989年）228頁。

れるべきであると説いた。

第4節　「違法性」理論に対する批判——違法性要件不要論

I　権利侵害概念の拡大（権利拡大説）

　相関関係説を基調とする「違法性」理論は，1970年代後半あたりから，激しい批判にさらされた。

　まず，「権利侵害」を「法律上保護される利益の侵害」へと拡張するだけのことであれば，「法律上保護される利益」が709条にいう「権利」であるといえばよいのであって，この限りではわざわざ「違法性」などという民法にない要件を立てる必要はないという角度からの批判が出された。権利拡大説とも呼ばれる立場である。

　権利拡大説の立場は，709条の「権利」は社会の発達に伴い発展しうる概念であって，必要なのは「社会類型的に保護されるべきほどに達した利益」を保護することであるとの理解から，709条の「権利侵害」を「不法な利益侵害」の意味で捉え，この概念のもとで「権利侵害の類型化」をはかり，これに基づく「権利侵害」の枠内での「諸種の利益衡量」をおこなうべき旨を提唱したものである[25]。

　権利拡大説は，違法性要件への置き換えを不要とする見解という点で当時注目されたが，現在の眼でみれば，そのことよりも，①「権利」概念を拡張しつつ，その内実を希薄化するのではなく，むしろ，「権利」概念・「権利侵害」概念に積極的意義を見出した点と，②「権利侵害」要件のなかでの衡量という面に着目していた点で，今日の権利概念の再評価にもつながる重要な指摘をしていたものと評価することができる。

25　来栖三郎『債権各論（全）』（東京大学出版会，1953年）276頁，五十嵐清「違法性」柚木馨ほか編『〔増補版〕判例演習　債権法2』（有斐閣，1973年）198頁。かつて「違法性」への置換論がはじめて登場したときにも，同種の見解は存在していた。鳩山844頁。

II 故意・過失要件による一元的処理（過失一元論）

　権利拡大説の主張内容は，他方で，「権利侵害」要件の希薄化という方向への議論を呼んだ。すなわち，「権利侵害」に該当する場合を拡張して，「権利侵害」を「法律上保護される利益への侵害」の意味で非常に広汎なものとして捉えるとき，その内容は希薄化し，その結果として，不法行為責任の成立を限定するうえで「権利侵害」要件の果たす機能が乏しくなる。それゆえ，損害帰責にとって決定的なのは，（因果関係要件を別とすれば）故意・過失要件だということになる。

　このような「権利侵害」要件の希薄化を論じる立場は，それとともに，「権利侵害」要件を違法性要件へと置き換える相関関係論に対して，激しい批判を加えた。そこでは，相関関係論が問題としている被侵害利益面と侵害行為の態様面との衡量や不法行為に対する無価値判断は「故意または過失」という帰責事由の要件でおこなうのが相当であるとの指摘がされた。

　この立場をとるときには，通説のいう「違法性」要件になっていたものは，「権利侵害」（ただし，希薄化されている）と「故意・過失」の2要件で十分に捕捉されるのであって，「違法性」要件はまったく不要であるということになる[26]。

III 新受忍限度論

　当初，故意・過失要件から区別されたものとしての「違法性」要件を要求する考え方のもとで提示された受忍限度論は，やがて，IとIIの流れのなか

26　平井宜雄『損害賠償法の理論』（東京大学出版会，1971年）382頁・402頁，平井24頁，星野英一「故意・過失，権利侵害，違法性」同『民法論集6』（有斐閣，1986年）317頁，同「権利侵害（日本不法行為法リステイトメント）」ジュリスト882号71頁（1987年）。なお，大塚直「民法709条の現代語化と権利侵害論に関する覚書」判タ1186号17頁（2005年）は，「この見解については，我妻説における『侵害行為の態様』が真に故意過失の問題とイコールなのか，結果回避義務は『侵害行為の態様』と同じ問題なのか，ここにいわれている『侵害行為の態様』とは行為不法と結果不法のどちらなのか，それとも双方を含むのか，行為不法であれば過失と類似しているが，結果不法であれば過失とは性質が異なるのではないかなどの問題が内在していたと思われる」と指摘する。

で「違法性」要件を不要とする立場——「権利侵害」要件と「故意・過失」要件で十分であるとする立場——へと展開をみせ，受忍限度を判断する際の上記諸事情を「過失」要件のもとでの行為義務違反判断の衡量事由として捉える立場へと発展していった[27]。この立場は，新受忍限度論と呼ばれる。新受忍限度論も，故意・過失要件による一元的処理をめざすものであった[28]。

第5節 「違法性」理論の補強・修正

I 緒 論

相関関係的考え方を基調とした「違法性」理論を基本的に維持しつつ，通説を補強ないし修正することで「違法性」のもつ積極的意義を強調する動き，とりわけ，「権利侵害と故意・過失」という批判理論の体系では十分な説得力をもって説明できない面を「違法性」において語らせる動きも，活発である。この修正・補強された「違法性」理論は，大局的に捉えれば，次の2つの異質な主張に分かつことができる。

II 違法性二元論

1 緒 論

第1の方向は，相関関係論がになった役割のひとつである「違法な実体（不法）を構成要件的に類型化する」[29]試みを推進するものである。違法の複線的構造とか，行為不法と結果不法の併存ということもできる。「『法規違反の行為による侵害』，『違法な侵害』をもって709条にいう『権利侵害』に置き換えることは，709条についての狭義の解釈としては文理的に困難であり，判例はむしろ，不法行為の成立を『権利侵害』にかからせた日本の民法典に

---

[27] 野村好弘「故意・過失および違法性」加藤一郎編『公害法の生成と展開』（岩波書店, 1968年）387頁，淡路剛久『公害賠償の理論（増補版）』（有斐閣, 1978年）95頁。

[28] なお，新受忍限度論は，後述するように，結果発生の予見可能性が過失にとっての前提とならないとしている。

[29] 林・前掲論文272頁。

は欠缺があるという見地に立って709条に解釈上──その規定の類推による欠缺補充をする形で──『故意又ハ過失ニ因リテ違法ニ他人ノ利益ヲ侵害シタル者亦同シ』という後段を附加し,『権利侵害』と『違法な利益侵害』とを『法規違反の行為による侵害』,『違法な侵害』という言葉で総称しようとした」と理解すべきだとの指摘[30]が,この方向からの議論の特徴を明らかにしている。

もっとも,この立場は,不法類型の二元的構成をめざす点では共通するものの,細部において微妙な違いをみせる。しかし,いずれも,末川が示した違法論の延長線上にある。また,いずれも,ドイツ不法行為法学の強い影響下にある[31]。

2　絶対権侵害類型とその他の法益侵害類型

一方で,「違法性」を「行為の客観的秩序違反性」と捉えたうえで,違法性が問題となる場面を,①「絶対権侵害と」②「その他の法益侵害」とに分

---

[30] 広中445頁。「根幹秩序」と「外郭秩序」のもとでの「財貨秩序」と「競争秩序」,「人格秩序」と「生活利益秩序」という観点からの体系化との関係については,本書第1部を参照せよ。

[31] ドイツ不法行為法の基本的な枠組みは,次のようなものである。

　(1)　まず,民法823条1項で列挙されている「生命,身体,健康,自由〔注:身体的拘束からの自由という意味である〕,所有権その他の権利」といった「権利」について,その権利侵害が違法・有責に惹起された場合の損害賠償責任を規律する。ここで限定列挙された諸権利は,いずれも絶対的・排他的性質を有するものである。ここでの「権利」侵害には,①違法阻却事由がない限り,侵害行為に対する評価を経ることなく,違法と評価される場合と(結果不法〔結果反価値〕が妥当する局面。「直接侵害」とも呼ばれる),②権利が侵害されたという結果が発生しただけでは侵害行為は違法と評価されず(したがって,「許された危険」が存在する),結果発生の危険を回避するために行為者に課された命令・禁止規範に対する違反(危険回避義務違反)と評価されるがゆえに,違法と評価される場合(行為不法〔行為反価値〕が妥当する局面。「間接侵害」とも呼ばれる)とがある。この②の場面は,民法823条1項の保護法規違反の不法行為に関する規定,民法826条の故意の良俗違反の不法行為に関する規定のもとで処理されるほか,学説・判例により創造された「社会生活上の義務(Verkehrspflicht)」違反類型に該当する不法行為として処理される。

　(2)　民法823条1項の「権利」にあたらない利益については,民法823条1項の保護法規違反の不法行為に関する規定,民法826条の故意の良俗違反の不法行為に関する規定のもとで処理されるほか,学説・判例により創造された「社会生活上の義務(Verkehrspflicht)」違反類型に該当する不法行為として処理される余地がある。

けるものがある。

　この立場は、①「絶対権侵害」については、「これ〔絶対権〕を侵害してはならないという一般的規範」から、違法性阻却事由がない限り当然に違法となるのに対して、②「その他の法益侵害」については、「個別注意義務違反への違反」によって違法になるとする。後者にあっては、生じた結果から遡及的かつ客観的・一般的に「とるべきであった作為・不作為」の容態を考え、この作為・不作為の容態を被告がとらなかったこと（社会的に是認しえない態様での侵害であったこと）が違法であると説く[32]。

3　結果不法（直接侵害）類型と行態不法（間接侵害）類型

　別の立場は、①「古典的市民社会と同様の社会関係における侵害形態」を対象とした「伝統的不法行為」と、②「現代社会における、他人の権利ないし法益を危殆化する活動に際して、行われた行態」を対象とする「現代型不法行為」とは、「基礎にある異なった社会秩序の要請に相応して、独自の不法の構造を持つ」として区別する。そして、①直接侵害の場合のように、結果不法（侵害行為の形を問わずに、権利・法益を保護することが正当化される）が妥当する場面——「一般的不可侵義務」の世界——と、②「社会生活保安の義務」の違反の場合のように、侵害行為そのものに対する法秩序による規範的評価を必要とする間接侵害の場合の「行態不法」（結果発生即違法と評価されるのではなく、行為の命令・禁止規範違反性に関する積極的評価も必要とする）が妥当する場面とを分ける[33]。

32　澤井裕「不法行為法学の混迷と展望」法学セミナー 296 号 72 頁・90 頁（1979 年）、澤井 138 頁、藤岡康宏＝磯村保＝浦川道太郎＝松本恒雄『民法Ⅳ（第 3 版補訂）』（有斐閣、2009 年）237・244 頁〔藤岡〕、吉村 35 頁、加藤〔雅〕183 頁・227 頁。さらに、北川 246 頁の「違法性の類型」も参照。山本敬三「不法行為法学の再検討と新たな展望——権利論の視点から」法学論叢 154 巻 4＝5＝6 号 292 頁（2004 年）は、このような理解の背後（とりわけ、本文②の点）に、秩序思考の一端をみる。

33　錦織成史「民事不法の二元性(1)〜(3)」法学論叢 98 巻 1 号 25 頁、3 号 25 頁、4 号 68 頁（1976 年）。同方向にあるものとして、林・前掲論文 281 頁、四宮 351 頁、四宮和夫「『相関関係論』に関する一考察」『四宮和夫民法論集』（弘文堂、1990 年）235 頁。

III 違法性一元論

　わが国では，IIで示したのとはまったく別の観点から，違法性要件を再評価する立場が示されている。この立場は，新違法性説とか違法性一元論などといわれることがあるが，「過失」を行為義務違反，「権利侵害」を「不法行為法的保護を与えるにふさわしい利益の侵害」の意味で捉え，「（故意）過失によって権利を侵害し損害を発生させること」を「違法性」の要件が扱う問題として把握する。不法行為が損害の公平な分配を目的とした制度であるところ，被害者の事情と加害者の事情とを比較衡量して賠償の有無，範囲，額を定めなければならないが，加害者側の主たる事情（「故意・過失」要件で考慮される）と被害者側の主たる事情（「権利侵害」要件で考慮される）を同一次元で衡量する場が必要であり，それが「違法性」要件であるとするのである[34]。

　なお，この立場は，不法行為責任の成立要件としての「違法性」を，民法第3編第5章の「不法行為」という題号から導くことができるとしている。というのは，現行民法の「不法行為」という題号は，旧民法財産編第2部第1章第3節の「不正ノ損害即チ犯罪及ヒ準犯罪」をプロイセン，ザクセン等の法典を参考にして改めたものであるところ，そこでは，法の許さない行為，すなわち違法な行為を「不法行為」と解したからである[35]。

第6節　権利侵害要件の再評価——権利論の再生

　不法行為責任の成立要件を「権利侵害」と「故意・過失」で考えるという最近の有力説に対して，従前は，前述したように，「違法性」論または「過失」論を中心に，「違法性と過失」という観点から議論がいどまれてきた。その反面，「権利侵害」については，「法的保護に値する利益」への「権利」概念の拡張が受け入れられていることから，少なくとも不法行為法の一般理論レベルでは，議論の主題を形成してこなかった。このことは，「権利」概

---

[34] 前田122頁，前田達明『不法行為帰責論』（創文社，1978年）218頁。この立場が主観的違法・客観的責任論を基礎としている点にも注意せよ。前田達明『不法行為法理論の展開』（成文堂，1984年）193頁。

[35] 前田・不法行為帰責論195頁。

念の拡張の結果として，いまや「権利侵害」要件には不法行為責任が成立する場合を限定する機能が認められないとの認識にも影響されている（権利侵害要件の希薄化）。

ところが，最近，こうした傾向に，変化のきざしがみられる。「権利」論・「権利侵害」要件を再評価する動きである。もっとも，そこには，①「権利」には還元されない「法的利益」に対して不法行為法による保護を積極的に与えていくという観点から「権利」・「権利侵害」要件を再評価するという立場からの議論と，②「権利」と「法的利益」を二分するのではなく，不法行為法で保護される「権利」を憲法上で保障された権利に結びつけて捉えたうえで，そのような「権利」に対する不法行為法上の保護の可能性と限界を，被害者・加害者それぞれの「権利」の制約と拡張を権利間の衡量（論者によれば，その余の価値をも含めた衡量）という枠組みで処理する立場からの議論とが存在している。

この点に関する問題の整理と評価については，既に述べたところ（第1部第2章第6節）を参照せよ。

第7節　2004年（平成16年）改正による文言変更
——「権利」または「法律上保護される利益」の侵害

I　先行する動き

1　不法行為法研究会「不法行為リステイトメント」

不法行為法の現代化をめぐる動きは，最近に始まったものではない。既に，1978年（昭和53年）に発足した「不法行為法研究会」（加藤一郎座長）が，1987年（昭和62年）に，わが国の不法行為法の沿革と現状を検討し，現在の判例の到達点を条文の形に書きあらわし，必要な説明を加えるという成果を公表した。そこでは，民法709条として，次のようなリステイトの方向が示された。

「行為をする者が，その種類の行為をする者に通常期待される予見義務または結果回避の義務に違反したことにより，法律上保護されるべき他人の利益を侵害した場合には，その損害を賠償する責任を負う。」

ここでは，①「権利の侵害」から「法律上保護されるべき他人の利益の侵

害」へという方向，②「違法性」要件の不採用（「権利侵害」に代えて「違法性」の概念を用いることもしないし，「権利侵害」の要件に「違法性」の要件を加えることもしない）という方向が示されている。上述した「権利拡大説（法益侵害への転換）」＋「過失一元論」の立場の採用が示唆されたものである[36]。

2　民法典現代語化研究会「民法典現代語化案」

その後，わが国では，1990 年代後半に，法務省レベルで民法の現代語化の気運が高まり，1991 年（平成 3 年）7 月に，法務省民事局内に「民法典現代語化研究会」が組織された。同研究会は，1996 年（平成 8 年）6 月に，「民法典現代語化案」をとりまとめ，民事局長に対して報告をおこなった。そこでは，民法 709 条について，以下のような規定案が提示されていた[37]。

「故意又は過失によって他人の保護されるべき利益を侵害した者は，これによって生じた損害を賠償する責任を負う。」

この案は，①権利侵害から違法性への流れを受けた「違法性」を要件とする立場を採用していない（法益侵害と故意・過失の要件で対処している）点と，②「権利」を「保護されるべき利益」に置き換えることにより，権利拡大説の主張内容をとりいれている点で，当時の学説における支配的見解に親しむものであり，かつ，大学湯事件以来の判例の考え方とも親和性を有するものであった[38]。

II　民法典の現代語化と 709 条の変更

2004 年（平成 16 年）改正の際に，民法 709 条の「権利」侵害が，「権利」または「法律上保護される利益」の侵害という文言に改まった。これは，①権利侵害から違法性への流れを受けた「違法性」を要件とする立場を採用していない（法益侵害と故意・過失の要件で対処している）点では，民法典現代語化研究会の民法典現代語化案と共通するが，②「権利」と「法律上保護される利益」とを併存的に掲げた点で，これとは異なる立場を採用したもので

36　星野英一「権利侵害（日本不法行為法リステイトメント）」ジュリスト 882 号 71 頁（1987 年）。

37　この研究会案については，別冊 NBL 99 号『現代語化民法新旧対照条文』（商事法務，2005 年）に掲載されている。

ある。とりわけ，後者については，大学湯事件以降の判例の考え方——「法律上保護される利益」への不法行為法による保護を認めつつも，「権利」概念を維持している——を反映したものになっている[39]。

立案担当者は，この改正を，「確立された判例・通説との整合を図るための条文の改正」と位置づけている[40]。立案担当者は，ここでの文言変更の意味を，次の点に認めている。

「『法律上保護される利益』と条文に明示する場合には，『法律上保護される利益』と『権利』との論理的関係が問題となる。研究会案では，『権利』の語を用いず『法律上保護されるべき利益』の語のみを掲げており，前者を包摂する概念として後者を用いている趣旨と理解できる。しかし，今回の改正では，こうした整理とは異なり，『権利』と『法律上保護される利益』とを併記して規定している。類似の内容を規定した立法例等も参考にしつつ，旧法の文言との連続性にも配慮した表現を採用したものということができる。

38　大塚直「民法709条の現代語化と権利侵害論に関する覚書」判タ1186号18頁（2005年）。なお，同18頁では，「さらに，元来，明治期における民法典の起草者は，権利侵害の『権利』を広く解していた点に着目し，起草者の立法趣旨を（表現を変えつつ）取り入れようとしたものであった」とも述べている。もっとも，この点に関しては，注意が必要である。というのは，前述したように，起草者は，(i)「権利侵害」要件を入れることにより，不法行為の成立範囲を限定しようとし，権利・法益レベルでの広汎な理解を想定していなかったが，(ii)その一方で，ドイツ法と異なり，「権利」を絶対権の意味で捉え，債権をそこからはずし，また，人格的利益をはずす立場を明確に回避した。このような理解に上記コメントを結びつければ，民法典現代語化研究会案に対する上記コメントにいう「立法趣旨」が(ii)を指すものであることは，明らかである。そして，その後の法務省における民法の現代語化の作業がこのような理解のもとに進行し，そのなかで「権利侵害」要件が「法益侵害」要件と並べられる形で残されて維持された（現代語化研究会案との関係では復活した）のだとすれば，立案担当者の想定する「権利」とは，ドイツにいう「絶対権」と同義か，それに近いものであるということになる（しかし，こうしたドイツ法的理解を基礎とするような転換は，立案段階で企図されていなかったものと目される。また，そもそも，「権利」をめぐる今日の学説の状況がどこまで理解されて立案されたのかも不明である）。

39　2004年（平成16年）8月のパブリックコメント案では，「故意又は過失によって他人の権利又は保護される利益を侵害した者は，これによって生じた損害を賠償する責めに任ずる。」となっていた。現行民法709条とは，字句の表現が若干異なるのみである。

40　もとより，後述するいずれの立場からも，現行の文言下での説明は可能であるが，改正文言の当否という点では——とりわけ後述するIII6の立場からは——批判的な評価がされることになる。

/ところで，不法行為の成立要件に関しては，前記『大学湯事件』等を受けて，様々な解釈論が展開されている。その代表的なものは『違法な行為により他人に損害を加えたこと』を不法行為の要件と捉え，本条は違法行為の典型的な場合として『他人の権利を侵害した場合』を掲げているにすぎないと論じるものであるが，こうした解釈論を条文に反映させようとすると，不法行為の成立要件を根幹から改めることになって，今回の現代語化の趣旨を超えることになると考えられる。他方で，これまでの条文に何ら改変を加えず，単純な現代語化への言い換えに徹した場合には，『厳格な意味で権利といえないようなものの侵害でも不法行為が成り立ち得る』という判例上繰り返し確認されてきた実質的規範が条文に反映されない結果となり，これまた，今回の現代語化の趣旨に照らして問題が残るように思われる。こうした考慮に基づき，今回の改正では，被侵害利益を成立要件のひとつに掲げている旧法第709条の基本構造を改めることなく，実質的規範を条文に反映させるという目的の下，『法律上保護される利益』という文言を加えたものである」[41]。

III 現代語化後の709条と民法学説

1 緒 論

上述したように，現代語化に伴う民法709条の改正は，立案担当者によれば，「確立された判例・通説との整合を図るための条文の改正」であるとのことである。しかし，そういいながらも，「権利」侵害要件と並べて「法律上保護される利益」の侵害要件を置いたことにより，この改正が民法学説に対してもつ意味を——「通説」（ただし，これが何を意味するのかは明らかでない）にとっての意味も含め——整理する必要が生じる[42]。

従来の学説が争点としていた点との関係で捉えたとき，①改正後の709条が「違法性」要件を採用していない点をどのように評価するか，②改正後の709条が「権利」侵害要件を残した点をどのように評価するか，③改正後の709条が「法律上保護される利益」（以下では，「法益」と略記する）の侵害要件を——「権利」侵害要件と並べて——置いた点をどのように評価するかが重要となる。

---

41 吉田徹＝筒井健夫編著『改正民法の解説』（商事法務，2005年）116頁。
42 道垣内弘人「民法709条の現代語化と要件論」法学教室291号57頁（2004年）。

以下では，これまでにあらわれた代表的立場から，2004年（平成16年）の改正がどのように捉えられるのかを一瞥する。結果的には，それぞれの立場からは不満が残るにせよ，どの学説からも，（多少の無理をする必要がある部分もあるものの）なんらかの意味では説明ができないわけではない条文構造となっている。

2　違法性＝相関関係説の立場からの改正後の709条に対する評価の可能性

権利侵害要件は違法性要件へと置き換えるべきであるから，今回の改正が「違法性」要件を導入しなかったこと，「権利」・「法益」侵害の要件を残したことは不適切であった。

しかし，違法性要件を残していないにせよ，旧規定下でも違法性＝相関関係説は理論として成り立ち，有力な支持を得ていたのであるし，むしろ，今回の改正で，「権利」とならべて「法益」も条文上に書かれたことにより，相関的考慮の際の一方の因子である「被侵害利益」の幅が明確に示されたことで，旧規定よりも，相関的考慮のスキーマが明確となったものとみることができる。それゆえに，今回の改正によって違法性＝相関関係説の立場が否定されたとはいえない。

3　権利拡大説＋過失一元論の立場からの改正後の709条に対する評価の可能性

規定改正をするのならば，1996年（平成8年）の「民法典現代語化案」のように「法益」侵害に一本化すべきであった。それにもかかわらず，今回の改正が「権利」侵害と「法益」侵害と分けて規定をしたことは不適切であった。他方，「違法性」要件を掲げなかったことは評価できる。

しかし，大学湯事件以降の「権利」要件の緩和をとりこむにあたり，「権利」概念を維持したうえで「法益」概念を追加することで処理するか，「法益」概念に「権利」概念を吸収するかは立法技術上の差異にすぎず，いずれにせよ「法益」侵害に該当すれば足りるのであるから，今回の改正によって権利拡大説＋過失一元論の立場が否定されたとはいえない。

4　違法性二元論の立場からの改正後の709条に対する評価の可能性

今回の規定改正によって，「権利」と「法益」の異質性（強く保護される利

益侵害の場合と，侵害行為の側面をも考慮しなければならない弱い法益侵害）が明文に規定され[43]，これにより，それぞれについて別個の観点から違法評価がされるべきことが明確となった点は，評価できる。

しかし，今回の改正では，「違法性」要件を採用しなかったために，「権利」侵害類型では権利侵害から違法性が推定されるから問題がないにしても，「法益」侵害類型では行為の違法性を評価する場が条文上で要件として明確化されなかった点で，不適切である。もっとも，旧法下でも，「法益」侵害にあたる場面での行為に対する違法評価は——違法性要件が明示されていなかったにせよ——理論として成り立ってきたのであるから，今回の改正によって違法性二元論の立場が否定されたとはいえない。むしろ，「権利」侵害類型と「法益侵害」類型の二元的構成が条文上で承認された点こそ，積極的に評価されるべきである。

5 違法性一元論の立場からの改正後の709条に対する評価の可能性

違法性一元論は，「権利侵害」要件のもとで被侵害利益の要保護性（結果無価値の評価）を，「故意・過失」要件のもとで行為に対する評価（行為無価値の評価）を，それぞれおこない，両者の評価を総合考慮して違法か否かを決定する場として「違法性」要件を立てるものであった。この立場からは，今回の改正は，結果無価値の評価の場である「権利侵害」要件を「権利・法益侵害」要件と書き改めただけであり，結果無価値の評価でおこなわれるべき考慮が「被侵害利益」の要保護性であることを明確にした点で，評価できる。

もっとも，今回の改正が「権利」侵害と「法益」侵害と分けて規定をした点に対しては，「法益」侵害に一本化してもよかったものの，この点は立法技術面での考慮による結果として受け入れればよい。また，「違法性」要件が必要なことは，現行法と同様，「不法行為」という章のタイトルにも示されている制度の基本構造から帰結されるのであり，今回の改正で709条に「違法性」要件が掲げられなかったからといって，違法性一元論の立場が否

---

43 この方向での709条の現代語化の理解をするものとして，大塚・前掲論文のほか，藤岡康宏『損害賠償法の構造』（成文堂，2002年）237頁，吉村良一「不法行為法における権利侵害要件の『再生』」立命館法学321＝322号600頁（2009年），藤岡＝磯村＝浦川＝松本・前掲書242頁〔藤岡〕。

定されたとはいえない。

6 権利＝「個人の権利」（かつ基本権）と捉える立場からの改正後の709条に対する評価の可能性

　今回の改正は，「権利」の意味を特段に論じることなく（「権利」および「権利」侵害のもつ意味についての検討をすることなく），「権利」侵害のほかに，「権利」侵害ではない「法益」侵害があるという考え方を基礎にすえて立法をした点では，不適切であった。これだと，「権利」と「法律上保護される利益」とが異質なものであるということ，さらにいえば，「権利」および「権利」侵害のもつ意味についての検討を経ていないにもかかわらず，「権利」と「法益」を二分することの基礎にある「権利」観が「確立された判例」として採用されているのだからこれを受け入れるべきだと学説にせまることとなる危険もある。

　しかし，今回の改正では，「権利」についての学説・実務の理解が多様であるから，どのような権利観に立ったとしても，条文の文言が根拠となって結論に差異をもたらすことのないように「権利」侵害とならべて「法益」侵害を置いたとみれば，立法としての当否は問題であるが，今回の改正で「権利」への一元化が否定されたわけではない。

第3章

権利・法益侵害――各論

第1節　所有権ほか物権に対する侵害

第1項　所有権の侵害

　所有権が民法709条の「権利」にあたることについては，問題がない。所有権は，所有権者に割り当てられる内容と外延とが明確に画された絶対的・排他的権利の典型である（権利としての所有権の意味に関しては，物権法の体系書・教科書を参照せよ）。なお，不動産の二重譲渡と契約侵害については，後述する。

第2項　占有権の侵害

　占有権が侵害された場合またはそのおそれがある場合，占有者は，民法198条以下の規定により，占有訴権を有する。そして，そこでは，占有者は相手方に対して占有の保持・回収・保全のための措置を請求することができるとともに，損害賠償請求をすることもできるとされている。前者の請求権は物権的請求権の一種であるのに対して，後者の損害賠償請求権は，不法行為を理由とする損害賠償請求権である[1]。

　占有権侵害の不法行為を理由とする損害賠償請求権は，709条に基づく一般の損害賠償請求権とは，1年という期間制限（民法201条）がある点で異なる。しかし，不法行為を理由とする損害賠償請求ゆえ，198条以下の条文

---

[1] 通説。かつては，鳩山865頁のように，占有侵害に対して迅速な保護を与えるために不法行為とは別に認められた請求権であるとする見解があった。

には明記されていないが，故意・過失その他709条の要件は充たさなければならない[2]。損害賠償請求をする占有者の善意・悪意は問わない[3]。

　もっとも，民法198条以下の規定があるにもかかわらず，通説は，①本権を有する占有者はまず本権に対する侵害を理由に709条に基づいて損害賠償請求をすることができるのだから，そうすべきであり，②本権を有しない占有者については，189条1項により果実取得権のある占有者を除いて，占有権それ自体の侵害による損害賠償請求を認める必要はないとする[4]。(i)本権を有する占有者の場合における訴訟遂行面での二度手間の回避，(ii)本権を有しない占有者については，二重払いの危険から侵害者を保護するべきでもあるということ，(iii)198条以下に基づく損害賠償請求にいう損害とは占有物の使用収益を害されたことによる損害であるところ，用益価値は被害者に与えられるべきではなく，最終的に本権を有する者に与えられるべきであることが，その理由としてあげられる。

　ただし，通説としてまとめられる見解には，ⓐ本権の侵害に基づく請求権が立つときには善意占有者の場合を除き占有権の侵害に基づく請求権が否定されるという理解を基礎とするもの[5]——上記(i)・(ii)の理由づけに対応する——と，ⓑ本権の侵害に基づく請求権は占有権の侵害に基づく請求権を排除するものではないが，後者については善意占有者の場合を除き損害の要件を充たさないために請求が否定されるという理解を基礎とするもの[6]——上記(iii)の理由づけに対応する——が混在している[7]。

---

[2]　大判昭和9年10月19日民集13巻1940頁。

[3]　大判大正13年5月22日民集3巻224頁（小丸船事件）。盗まれた船舶の転買主（原告）である占有者に対して，被告（盗難被害者）が自力救済的な占有回復措置をとったケースである。ただし，この判決自体は，「占有回収ノ訴ヲ以テ占有侵奪者ニ対シ占有ノ侵奪ニ因リテ生ジタル損害ノ賠償ヲ請求スルコト」ができるとしており，不法行為責任構成をとったというよりは，200条に基づく損害賠償請求権の成立を認めたというようにも読める。

[4]　加藤〔一〕110頁，幾代＝徳本66頁，四宮317頁，平井43頁。前田79頁は，基本的にこの立場を支持しつつも，自力救済との関係で考慮すべき余地があるとしている。

[5]　加藤〔一〕110頁，幾代＝徳本66頁，前田79頁。

[6]　平井43頁。

[7]　この点を指摘するものとして，中田裕康「占有訴権——小丸船事件」民法判例百選Ⅰ〔第5版補正版〕147頁（2005年）。

第3項　物的担保の侵害

I　緒　論

　物的担保の侵害には，留置権，先取特権，質権，譲渡担保権その他さまざまな権利の侵害局面が考えられる。また，物的担保といえるかどうかは微妙であるものの，代理受領・振込指定に基づく受領権者の地位の侵害も，同質である。以下では，裁判実務上で特に問題となっている抵当権侵害と代理受領権の侵害の場合をとりあげる[8]。

II　抵当権の侵害

1　要件面での諸問題

　抵当権侵害については，不法行為責任の成立要件面で，次のような議論が展開されている。
　①　抵当不動産を無権原で利用しても，抵当不動産自体を損壊して価値を減少させるおそれがない限り，抵当権侵害にはならない[9]。
　②　抵当権侵害には，抵当不動産を損壊したり，競売手続の妨害[10]をしたりするなどしての価値を減少させる行為と，抵当権の対抗要件（登記）を消失させたり，抵当権の存続を危うくしたりする行為がある。
　②-1　抵当不動産の価値を減少させる行為については，これを不法行為責任の問題とするかどうかで，立場が分かれている。
　ⓐ　一方で，第三者は所有者のみならず抵当権者に対しても損害賠償責任を負うという見解がある[11]。

---

　[8]　問題がこの2領域に尽きるというわけではない。本書で触れきれなかった物的担保侵害の問題については，加藤雅信「担保権侵害とその救済」加藤一郎先生古稀記念『現代社会と民法学の動向　上』（有斐閣，1992年）70頁，道垣内弘人「担保の侵害」山田卓生編集代表『新・現代損害賠償法講座2　権利侵害と被侵害利益』（日本評論社，1998年）285頁。
　[9]　大判昭和9年6月15日民集13巻1164頁。四宮319頁。
　[10]　大判昭和11年4月13日民集15巻630頁。
　[11]　かつての多数説。我妻386頁，加藤〔一〕110頁。

ⓑ これに対し、抵当権設定者が侵害者に対して損害賠償請求権を取得する場合には、抵当権者は設定者が侵害者に対して有する損害賠償請求権に物上代位することができる（民法372条による304条の準用）点に着目することで、物上代位権を有する抵当権者の直接の損害賠償請求権を認めるべきではないとするのが、近時の多数説である[12]。もっとも、その理由は、さまざまである。(i)抵当権者は所有者に帰属している価値のうちの一部を支配するものであるにすぎず、所有者が侵害者に対して損害賠償請求権を取得する場合に抵当権者にも損害賠償請求権を認めたならば、損害賠償責任が並行することにより、また物上代位との関係を含め、きわめて錯綜した問題が惹起されるというもの[13]、(ii)抵当権者の直接の損害賠償請求権を否定すると解しなければ、物上代位の制度が損害賠償請求権について無意味になる（抵当権者は設定者の損害賠償請求権への差押えを要することなく、侵害者に対して賠償請求できることになる）というもの[14]、(iii)物上代位権を有する限りで損害の発生を欠くという理由をあげるもの[15]がある。

他方、近時の多数説のうちのいくつかの見解は、例外的に、抵当権者が侵害者に対して直接の損害賠償請求権を有する場合を認めている。もっとも、ここでも、どのような場合が例外となるのかについて、さまざまな理由が示されている。そこでは、(i)目的物の所有者自身が過失ある加害者である場合、および所有者自身と第三者の双方の行為が加功して損害を惹起した場合（所有者には過失が、第三者には故意が必要）については、例外的に、抵当権侵害による直接の請求権を認めるべきであるとするものがある[16]。これに対して、(ii)物上代位権にもかかわらず予定した被担保債権の満足を受けられなくなる限りで、例外的に、抵当権侵害による直接の請求権を認めるべきであるとするものもある[17]。

---

[12] 幾代＝徳本75頁、前田79頁、四宮319頁・442頁、高木多喜男『担保物権法（第4版）』（有斐閣、2005年）166頁、道垣内弘人『担保物権法（第3版）』（有斐閣、2008年）184頁。

[13] 幾代＝徳本75頁。

[14] 幾代＝徳本75頁、道垣内・前掲書184頁。

[15] 四宮319頁。

[16] 幾代＝徳本75頁、前田80頁。共同加功の場合には物上代位の不成立を理由とし、また第三者の故意加害の場合は第三者による債権侵害のアナロジーで考えているのであろう。後者の場合について、窪田99頁。

しかし，最近では，近時の多数説に対し，かつての多数説と同様の立場から，物上代位による場合には払渡しまたは引渡し前に差押えをするという煩雑な手続を踏まなければならず，かえって一般的救済手段としての不法行為の意義を無意味にするという批判がある。この立場からは，損害の金銭的評価にあたって物上代位による損害塡補の可能性を顧慮すれば足りるということになる[18]。

②-2 抵当権の対抗要件を消失させたり，抵当権の存続を危うくしたりする行為については，(i)抵当権登記の不法抹消とか，不法な登記手続による侵奪の場合には，物権侵害に準じ，過失で足りるとされている。他方，(ii)占有侵奪の場合には，債権侵害に準じ，故意を必要とするとするものが多い[19]。

2 効果面での諸問題

抵当権侵害の効果としての損害賠償では，そもそも何が損害かが議論されている[20]。この点に関する判例法理は，こうである[21]。

① 抵当権侵害による損害は，被担保債権が完済されなかった場合においてのみ生じる。被担保債権が究極において満足を受けたときは，不法行為による損害がない[22]。この①は，抵当権者がいつ損害賠償請求権を行使できる

---

17 四宮319頁。請求権を原則として否定する際の(ii)の理由づけにより，直接の請求権を否定することからの帰結といえる。
18 平井44頁。なお，以上は，抵当権者の救済を不法行為損害賠償制度で処理することを前提とした議論であるが，学説のなかには，この問題に対して，代担保提供請求権を抵当権者に付与することによって対処すべきであると説くものもある。加藤〔雅〕294頁。代担保提供請求権を付与したうえで，代担保を提供しない場合には，侵害により下落した担保価値に相当する金額の供託を請求できるという構成が考えられている。論者は，これにより，不法行為の成立範囲・損害賠償請求権の行使時期をめぐる問題点を回避できるとする。
19 幾代＝徳本76頁，前田80頁。
20 なお，この問題として，抵当権侵害の結果として「債権回収ができなくて企業活動が停止した」ことによる損害を問題とする見解もあるが（前田80頁），これは，後述する後続侵害としての経済的損失の問題であることから，ここではとりあげないでおく。
21 大判昭和3年8月1日民集7巻671頁（抵当目的物である山林を設定者が伐採し，売却した事件。抵当権実行後の損害賠償請求），大判昭和7年5月27日民集11巻1289頁（抵当目的物である山林の立木を設定者が売却し，伐採・搬出させた事件。抵当権実行前の損害賠償請求）。

かに関するものである。

② 不法行為による現実の損害の賠償範囲を定めるについては，不法行為により他人の所有物を滅失・損傷した場合と異なり，不法行為の当時を標準とすることなく，抵当権実行の時または被担保債権の弁済期後抵当権実行前における賠償請求権行使の時（訴訟における損害賠償請求権行使の場合には，事実審口頭弁論終結時）を標準とすべきである[23]。この②は，抵当権侵害を理由とする損害賠償請求権における損害の算定規準時に関するものである。

学説では，いつの時点で損害賠償請求をすることができるかという①の問題について，②の算定規準時の問題と関連づけながら，議論されている。これについては，大別すると3つの立場がある[24]。

第1は，侵害行為時点（＝不法行為時点）から損害賠償請求権が行使可能であるとするものである。抵当権侵害によって被担保債権が担保されなくなった限度で損害が現実に発生してさえいれば，弁済期到来前でも損害賠償請求ができるとする[25]。この考え方に対しては，侵害後に債務者が被担保債権全額を弁済した場合の処理に窮すること，抵当不動産に残存価値がある場合には抵当権実行後に弁済不足額が確定した段階ではじめて損害額が確定するため，損害賠償請求された結果として認容された金額と後に現実化した損害額との食い違いが生じることが批判されている[26]。これに対しては，抵当権者は抵当不動産を一体のものとして把握し，抵当不動産のどの部分からでも被担保債権の全額を回収する権利を有しているのであり，その権利の侵害による損害は，抵当不動産の価値の減少分を不法行為時点で評価することによって決定されることを理由として，弁済期到来前の損害賠償請求を可能とすること[27]，抵当権実行後の現実の損害額とのずれは配当の段階またはその後に調整が可能であること[28]が，再反論として出されている。

第2は，抵当権が実行された時点で損害賠償請求権が行使可能となるとするものである[29]。この考え方に対しては，抵当権侵害の不法行為があったに

---

22 前掲大判昭和3年8月1日。
23 前掲大判昭和7年5月27日。
24 加藤〔一〕149頁，加藤〔雅〕293頁の整理による。
25 加藤〔一〕150頁，高木・前掲書166頁，道垣内・前掲書186頁。
26 加藤〔雅〕293頁。
27 道垣内・前掲書186頁。
28 高木・前掲書166頁。

もかかわらず，抵当権実行までの間は抵当権者が不法行為法上の保護を受けられなくなることが批判されている[30]。

　第3は，被担保債権が弁済された時点で損害賠償請求権が行使可能となるとするものである[31]。この考え方に対しては，侵害行為時点を規準としないことから早期救済の可能性が後退し，また，抵当権実行時を規準とするわけではないから損害額の確実性にも欠けるとの批判がある[32]。

　しかし，この問題については，（債務不履行を理由とする損害賠償に関する議論の際におこなわれているように）損害賠償請求権の成立時点と損害額の規準時とは，分けて考えるべきである[33]。権利・法益侵害一般におけるのと同様，損害賠償請求権自体は抵当権侵害の時点で発生するとみたうえで——①の問題——，抵当権侵害による不利益をいつの時点で評価するかについては，これとは別に多元的な評価を許せばよい——②の問題——。

Ⅲ　代理受領権の侵害

　債権者が給付受領権限を第三者に与え，第三者が債務者から給付を受領するというのが，代理受領である。代理受領権者＝金融機関，債権者＝請負業者，債務者＝注文者であることが多い。この場合には，請負業者が金融機関から融資を受けるときに，①金融機関は直接注文者から取り立て，受領すること，②請負業者は注文者から直接取り立てないこと，③請負業者は金融機関との代理受領契約を一方的に解除できないことが合意される。ここでは，受領権限を有していることが，金融機関の請負業者に対する貸付金の担保となっているのである。

　このとき，注文者が請負業者に支払い，請負業者が受領すればどうなるかが問題となる。ここでの問題は，次の4点において存在する。(ⅰ)代理受領権者は，注文者に対して，直接の請負代金支払請求権を有するか。(ⅱ)注文者は，代理受領権者に対して，直接に請負代金支払義務を負うか。(ⅲ)注文者が債権

29　川島武宜「判例批評」判例民事法昭和7年度348頁。
30　加藤〔雅〕293頁。
31　我妻栄『新訂担保物権法』（岩波書店，1968年）386頁，前田355頁。
32　加藤〔雅〕293頁。
33　道垣内・前掲書186頁の記述も，このような理解を前提としていると目される。

者に請負代金を支払った場合に，代理受領権者は，注文者に対して，担保毀滅の不法行為を理由として，損害賠償を請求することができるか。(iv)この場合において，他に人的・物的担保があった場合に，代理受領権者に損害がないといえるか。

本書に直接に関係するのは，このうちの(iii)と(iv)である[34]。この点に関する判例法理は，こうである。担保の目的物が債務者または第三者の行為により全部滅失し，またはその効用を失うに至った場合には，他に保証人等の人的担保があってこれを実行することにより債権の満足を得ることが可能であるとしても，債権者としては，特段の事情のない限り，どの担保権から債権の満足を得ることも自由であるから，そのうちの1個の担保が失われたことによりその担保権から債権の満足を受けられなくなったこと自体を損害として把握することができ，他に保証人等の人的担保が設定され，債権者がその履行請求権を有することは，損害発生の妨げとなるものではない[35]。学説においても，（契約責任とするか，不法行為責任とするかの議論はあるものの）ほぼ異論をみない。

第2節　知的財産権に対する侵害

I　絶対権としての知的財産権

特許権，実用新案権，意匠権，商標権といった産業財産権（工業所有権）ならびに著作権・著作隣接権は，絶対権として保護され，それぞれを扱う法律のもとで責任要件・効果に関する一般不法行為法の特則が設けられている。

知的財産権の性質に関しては，特許権・著作権を中心として，今日，前国家的な自然権の法理（principles of natural right）に依拠して，知的創造活動（創作行為・発明行為）の成果は当該知的創作活動をおこなった者に帰属すべきだと考える自然権論（しかも，所有権のアナロジーとしての排他的帰属・支配を認める）と，これらの権利は知的創造活動（創作行為・発明行為）へのインセンティブを人工的に付与するために創設されたものであって，その内容も

---

[34] 本書で扱わない(i)・(ii)に関しては，潮見佳男『債権総論II（第3版）』（信山社，2005年）236頁。
[35] 最判昭和61年11月20日判時1219号63頁。

インセンティブの付与に必要な限りで認められるべきであるとするインセンティブ論の激しい対立があり，また最近では，憲法の基本権に基礎づける見解も登場して，帰一するところを知らない。権利制限規定の問題もある。しかし，本書はこうした知的財産権の権利性の問題を扱うには紙幅が足りないため，それぞれの権利の具体的内容を含め，各領域を扱う知的財産権法の体系書・注釈書・教科書等にすべてをゆだねることとする。

II　知的財産法上の特別の不法行為構成要件と民法709条

1　基本的考え方

　こうした知的財産権に関する不法行為責任が責任成立要件面で一般民法の理論上問題となるのは，各種の特別法で特許「権」・著作「権」といったような知的財産権としての権利性を承認されておらず，または，知的財産権法上の不法行為責任（特別不法行為）の構成要件に該当しない行為について，一般不法行為責任（民法709条）を介して不法行為責任の成立を認めるべきかどうかという点に関してである。

　この問題は，「規律の欠缺」問題として扱い，一般不法行為法による「補充」をすることができるという処理になじむものではない。というのも，特別法において，何が不法行為構成要件を構成する行為かという態度決定をするにあたり，特別法上の規律対象とする分野で，不法行為となる行為類型と，不法行為とならない行為類型とを，利害関係のある当事者各層の権利・利益および公共の利益等をも考慮に入れて判断をしているからである。

　著作権の場合を例にとって図式的に表現するならば，著作権法上で，被害者とされる者の有する利益のうち，Aという利益を「法的保護に値するもの」，すなわち「権利」として承認するか否かを判断するにあたっては，社会における個々人の利益（ここには，他者の行動の自由・表現の自由等も当然に含まれる）との衡量，さらには公共の利益との衡量がされ，このAという利益の権利性が承認される。同様の処理は，B・C……という各種の利益についてもおこなわれる。その結果として，わが国の著作権法は，「著作物」についての「著作者」の権利が何かを画定し，法律上で列挙した。したがって，そこで権利性を承認されなかったもの（たとえば，著作権法に記載されなかったRという利益）については，もはや不法行為法上の保護が与えられな

い。次に，権利性を承認されたＡほかの権利について，これを侵害する他者の行為が不法行為と評価されるかどうかが，判断される。そして，不法行為と評価するに値するかどうかも，これまた社会における個々人の利益（ここには，他者の行動の自由・表現の自由等も当然に含まれる）との衡量，さらには公共の利益との衡量を経て画定され，著作権法上で，$\alpha \cdot \beta \cdot \gamma$……といった侵害「行為類型」として掲げられる。したがって，そこで侵害「行為類型」に挙げられなかった行為（たとえば，著作権法に記載されなかったδという行為）については，受け皿的な包括的行為類型により捕捉されなければ，もはや不法行為としての評価がされない。

　この意味で，著作権法上で不法行為の特別構成要件が設定されているときには，著作権法が対象としている領域で生じた不法行為ないし権利・法益侵害に関しては，法秩序として完結的な選択・決定がされている。ここには，「規律の欠缺」が存在しない。したがって，民法上の一般不法行為責任に関する規律によって「補充」される余地はない。さもなければ，特別法上で不法行為責任の成否を判断した結果と矛盾する結果が，民法上の一般不法行為責任に関する規律によって招来され，特別法による規整目的が換骨奪胎されることになる。要するに，特別法のもとで不法行為類型の完結的な選択・決定がされている以上，そこに「規律の欠缺」はなく，したがって，この選択・決定と矛盾する一般不法行為法による「補充」は認められない。これが原則である。

2　一般不法行為法による介入が正当化される場合

　このように，知的財産権を扱う特別法上での完結的な規律にもかかわらず，一定の場合には，民法上の一般不法行為責任に関する規律が妥当する場合がある。

　第1は，別途の観点から権利・法益を観念することができる場合である。とりわけ，営業上ないし事業活動上の利益という観点から，被害者とされる者の置かれた地位が一般不法行為法上の保護の対象となることはある。伝統的に，営業権・営業利益の侵害として扱われてきた問題である（営業権・営業利益侵害については，後述）。わが国の下級審裁判例でも，この観点から，一般不法行為法による保護を認めたものがある[36]。そして，そこでは，①他人が労力や費用をかけて開発した成果を，②当該他人がこの成果を用いて経

済活動をおこなっているにもかかわらず，③なんら新しい価値を付加することなく利用し，④当該他人の経済的利益を損なった場合に，⑤こうした行為を禁止しなければ社会的に有用な成果の開発へのインセンティブが損なわれる一方で，⑥禁止によって表現の自由や営業活動の自由を過度に制約することにならないという条件を満たすのであれば，損害賠償に限った救済を認めるという傾向が指摘されている[37]。

　この枠組みは，営業上の利益ないし経済活動上の利益（経済的利益）を民法709条にいう「法律上保護される利益」と捉えることで，知的財産法とは別の観点から，当該営業上の利益ないし経済活動上の利益（経済的利益）を侵害する行為を不法行為とみて，これにより利益主体に生じた損害（なお，事の性質上，財産的損害に尽きると解すべきである）を賠償の対象とするというものである。そして，この枠組み自体は，知的財産法による権利の保護体系と両立するものである。しかし，この枠組みによるのであれば，保護に値する営業上の利益ないし経済活動上の利益（経済的利益）を当該事件において被害者と主張する者が有していたのかどうかを個別に探求する必要があるし，その利益が権利ないし法律上保護に値する利益であったとしても，個々の知的財産法制のように損害の推定規定が存在しないわけであるから，被害者としては，これにより自己に生じた「損害」（実損害）は何かを主張・立証しなければならないほか，さらに，行為者の「行為」とその「損害」との間に因果関係が認められるのかも個別に判断していかなければならない。

　第2は，当該特別法秩序が形成された時点では想定していなかった事態がその後に登場したため，当該特別法秩序において当該事態に対する「規律の欠缺」が存在するに至ったという場合である。この場合には，当該特別法の改正で対処するのが適切であるが，さまざまな理由から改正がされない段階で，しかし「規律の欠缺」による保護の欠缺を回避する必要があるために，民法上の一般不法行為責任に関する規律による「補充」が不可避となる[38]。

36　たとえば，東京高判平成13年12月17日知的裁集23巻3号808頁，東京地中間判平成3年5月25日判時1774号132頁，東京地判平成14年3月28日判時1793号133頁。

37　井上由里子「競走馬の名称と『パブリシティの権利』」ジュリスト平成16年度重要判例解説273頁。田村善之『不正競争法概説（第2版）』（有斐閣，2003年）492頁の指摘も参照。

ここでは,「補充」が求められるものの,これを実践するにあたっては,当該特別法秩序の基本思想と矛盾する補充は許されるべきではない。当該特別法秩序の基本思想そのものは否定されていないからである。

第3は,当該特別法秩序が形成された際には問題の事態が意識されていて,特別法上で評価の対象とされたのであるが,その後に社会・経済事情の変化や市民の意識の変化等が生じ,新たな権利・法益保護の枠組みが必要とされたときに,旧来の特別法秩序を実質的に変更するために,民法による規範形成がおこなわれる場合である（いわば,特別法を換骨奪胎することが積極的に承認される場面である）。この場合には,当該特別法を支える基本思想自体の変更が要請されているわけであるから,民法上の一般不法行為責任に関する規律による保護を正当化するだけの社会・経済事情の変化や市民の意識の変化等が論証されなければならない。

しかし,一般不法行為法による介入が正当化されるのは,上記の場合に尽きる。さもなければ,特別法秩序と一般法秩序の評価矛盾,したがって,特別法秩序の崩壊がもたらされてしまうことになる。

第3節　営業権（ないし営業利益）に対する侵害

第1項　基本権としての営業の自由

日本国憲法22条1項は,職業選択の自由を保障しており,そのなかには,広く一般に,営利を目的とする自主的活動の自由である営業の自由（営業活動の自由）も含まれる。営業活動の自由には,開業の自由[39],営業の維持・継続および廃業の自由と,個々の営業活動の自由（何をいくらで誰に売るか,誰から仕入れるか,営業時間を何時から何時までにするかなど）とが含まれる[40]。

こうした意味での営業の自由が,個人間の関係で他者により侵害されることがある。その際,侵害主体が被害者と競争関係にある者（競業者）である

38　最判平成16年2月13日民集58巻2号311頁（ギャロップレーサー事件）や,知財高判平成17年10月6日最高裁HP（ヨミウリ・オンライン見出し事件。WEBサイト掲載のニュース記事見出しをデッドコピーして配信した行為の不法行為性が——同記事見出しの著作物性とともに——問われた事件）で問題となったのは,このタイプの権利・利益であった。潮見「判例批評」コピライト538号51頁（2006年）。

場合と，それ以外の第三者である場合とがある。

第2項　営業権・営業利益（「営業上の利益」）と，他者の権利・利益

　わが国では，営業の自由の侵害が問題となる局面で，営業権を狭く捉え，「営業上の利益」として処理するものが少なくない。これは，後述するように，不正競争を理由とする損害賠償を定める不正競争防止法4条において「営業権」ではなく「営業上の利益」という要件が用いられていることから，「権利」としての営業権にこだわる必要がないうえに，営業の自由を「権利」として捉えたところで，この権利は外延が固定した権利ではなく，他者の利益や，論者によっては公共の利益（共同体構成員個々人の利益）との衡量をへてはじめて「権利」ないし「法益」としての保護の可否と内容が決定される点が影響しているものと思われる。さらにまた，不正競争が問題となる局面では，社会の進展に伴い，次々と新たな利益が保護対象として言及されるよ

---

[39]　最判平成19年3月20日判時1968号124頁は，開業の自由に対する侵害（開業そのものの妨害行為）を扱ったものである。そこでは，パチンコ業者が風俗営業法上の規制を利用して，競業する業者による出店予定地での営業許可を受けられなくする意図で，当該土地に近接する所有地を児童遊園として社会福祉法人に寄付した行為（および社会福祉法人による同土地の取得行為）が不法行為にあたるかどうかが争われた。この事件では，被害者の事業計画は，既に実行段階に入っていた。最高裁は，「本件寄附は，上告人の事業計画が，本件売買契約の締結により実行段階に入った時点で行われたものというべきであり，しかも，〔風俗営業〕法4条2項2号の規制は，都道府県の条例で定める地域内において良好な風俗環境を保全しようとする趣旨で設けられたものであるところ，被上告人事業者等は，その趣旨とは関係のない自らの営業利益の確保のために，上記規制を利用し，競業者である上告人が本件パチンコ店を開業することを妨害したものというべきであるから，本件寄附は，許される自由競争の範囲を逸脱し，上告人の営業の自由を侵害するものとして，違法性を有し，不法行為を構成するものと解すべきである」とした。

[40]　佐藤幸治『憲法（第3版）』（青林書院，1995年）557頁ほか通説。最大判昭和47年11月22日刑集26巻9号586頁（小売市場許可制合憲判決）。なお，これに対しては，個人の営業活動の自由のなかに，自己の能力を発揮する場の自由な選択という側面と，財産権行使の自由の側面とがあることを認め，前者では営業をすること（開業，営業の維持・継続，廃業）の自由のみが保障され，個々の営業活動の自由は憲法29条によって保障されている――後者については高度の規制をかけることが可能である――とするものがある。浦部法穂『憲法学教室（全訂第2版）』（日本評論社，2006年）220頁。

うになり，そこでは，個々の事案の集積を経てはじめて法的保護に値する類型的地位としての評価を獲得するというのが典型的であることから，こうした「生成中の権利」に対しては「権利」という地位を与えず，「法的保護に値するか否か」について個別具体的衡量をするのが有益であると考えているようにも思われる[41]。

しかし，このようにして法的保護に値する地位として承認されたものについては，その主体は，他者からの侵害に対する保護を国家に対して要求することが正当化できるものであり，このようなものを「権利」（したがって，営業権）と呼ぶことに躊躇すべきではない。

重要なのは，上記のように，「営業権」あるいは「営業上の利益」と呼ばれるものが，所有権などと違い，外延が固定した絶対的・排他的性質をもつ権利といえない点である。ここでは，主体の地位の権利性それ自体——したがって，「権利・法益侵害」の存否それ自体——が，他者の権利（論者によれば，さらに公共の利益）との衡量を経た後に確定される[42]。被害者とされる者のもつ営業上のさまざまな利益の営業権・営業利益としての要保護性は，加害者とされる者（競業者の場合もあれば，そうでない場合もある）のさまざまな権利，すなわち，この者の営業の自由，職業活動の自由，表現の自由（ボイコット・不買運動などの例）[43]，各種の労働基本権（労働争議などの例）などとの衡量を経て，はじめて確定されることになるのである。

---

41 ドイツでは，営業権を権利として承認しつつも，外延が固定した絶対的・排他的性質をもつ権利といえないことから，絶対権の体系に載らない「枠の権利」(Rahmenrecht)として——この点では共通する一般的人格権とともに——捉える見解（フィケンチャーらの見解）もある。論者によれば，「枠の権利」とは，特定人に割り当てられた権利領域に属するが，絶対権のような固定的・明確な輪郭がないため，すべての侵害行為に対する排他性を有するものとはいえず，個別的な行為規範に対する違反を待ってはじめて侵害行為が違法とされ，その法的地位が保護されるものをいう。ドイツにおける営業権と絶対権との間の違法の判断構造の相違については，錦織成史「ドイツにおける営業保護の法発展——判例に見る民事不法二元論の一局面(上)(下)」判タ352号4頁，353号11頁 (1977年)，和田真一「ドイツの不法行為法における権利論の発展——判例法上の営業権を中心として(1)～(3)完」立命館法学 204号178頁，207号593頁，280号719頁 (1989年)。

42 ここでは，権利・法益侵害要件を充足するか否かを判断するにあたって，対立あるいは矛盾するもろもろの価値および原理の間での衡量をほどこさなければならない。そして，そのなかで，行為者の行為態様への評価が——故意・過失要件を待たずに——組み込まれることがある。

第 3 項　競業者間での営業権侵害

I　営業権の保護と競争秩序

　日本国憲法のもとでのわが国の法秩序は，自由主義市場経済を基調とし，市場における参加者の行動の自由を保障している。営業の自由の保障も，この一環をなすものである。そのうえで，自由で公正な競争を実現するために，市場参加者の不正な手段を用いた競争行為や，営業その他の行動の自由を濫用する競争制限行為に対して，競争秩序を維持するとともに，他の市場参加者の営業の自由その他の権利・自由を保護するために，規制を加え，各種の法的サンクションを課している。不正競争行為や競争制限行為により営業権その他の権利・自由を侵害された者に対して，不法行為を理由として損害賠償請求をすることを認めることも，そうしたサンクションのひとつである。ここでは，競争秩序に違反する行為が法的に無価値なものと評価されることにより，行為者の営業の自由（営業権），職業選択の自由その他の権利が制約されるとともに，他の者の営業の自由（営業権）が保護されているのである。

　もっとも，ここでは，被害者の営業の自由（営業権）と加害者の営業の自由（営業権）・職業選択の自由その他の権利とが衝突しているところ，前述したように，被害者とされる者のもつ営業上のさまざまな利益の権利・法益としての要保護性は，加害者とされる競業者の営業の自由（営業権）・職業選択の自由その他の権利との衡量を経て，はじめて確定されることになる[44]。その結果，被害者の営業の自由（営業権）の侵害（権利・法益侵害要件）の有無が確定されると同時に，加害者側の営業活動が「許される自由競争の範囲を逸脱した」違法な行為か否か（故意・過失要件）が確定されることになる[45]。

II　取引先行者の権利保護と取引後行者の権利保護

　従前の議論の多くは，既にある営業活動や取引関係を後発の第三者の事実

---

[43]　表現の自由その他の精神的自由権との衡量にあたっては，憲法学上の「二重の基準」論および表現の自由の「優越的地位」に対する評価が連動する。

44 職業選択の自由との衡量が特に問題となるのは，労働者・従業員の引抜きによる競業，雇用契約終了後の競業が問題となる局面においてである。ここでは，被害者側の営業上の利益として，一時的に被害者の営業活動が阻害されたことによる営業活動の停止・縮小に伴う損失，顧客奪取による営業利益の喪失，営業秘密の不当利用による営業利益の喪失といったものが問題となるところ，引き抜かれた旧使用者の事業規模・業種，元労働者・従業員らの地位，これらの者がした侵害行為の目的・態様を考慮すると，上記の諸利益を減少ないし喪失させることが不法行為と評価される場合がある。そういう場合として考えられているのは，次のような場合である（東京地判平成3年2月25日労判588号74頁〔ラクソン等事件〕，東京地判平成6年11月25日判時1524号62頁，大阪地判平成8年2月26日労判699号84頁〔池本自動車商会事件（否定）〕，東京地判平成8年8月29日判時1608号125頁〔十字屋広告社事件〕，大阪地判平成8年12月25日労判711号30頁〔日本コンベンションサービス事件〕，大阪地判平成10年3月25日労判739号126頁〔厚生会共立クリニック事件〕）。

① 旧使用者の保有する営業秘密が不正競争防止法で規定している不正取得行為，不正開示行為等に該当する場合や，退任・退職した者が，旧使用者に雇用されていた地位を利用して，その保有していた顧客，業務ノウハウ等を違法または不当な方法で奪取したものと評価すべきような場合。これに対して，退社した従業員らが多年の経験に基づいて蓄積してきたものであって，従業員らの属人的要素が強いものに関しては，企業秘密に属するものではない（東京地判平成5年8月25日判時1497号86頁〔中央総合教育研究所事件〕）。

② 旧使用者に損害を加える目的で一斉に退職し会社の組織活動等が機能しえなくなるようにした場合。移籍先との綿密な連携のもと，内密に計画を準備・遂行し，しかも予告期間もおかずに不意打ち的に一斉退社をしたというのが，その典型である。

③ もっぱら引き抜かれる側の企業を淘汰する目的でされた場合や，詐欺，強迫等の不正な手段によった場合などが問題となる。また，労働契約継続中に獲得した取引の相手方に関する知識を利用して，取引継続中の者に働きかけをして競業をおこなうことは許されない。

この種の問題に関しては，山口俊夫「労働者の競業避止義務」石井照久先生追悼論集『労働法の諸問題』（勁草書房，1974年）409頁，藤岡康宏「元講師による競合する塾の開設と民事責任」判タ757号69頁（1991年），土田道夫「労働市場の流動化をめぐる法律問題(上)」ジュリスト1040号53頁（1994年），田村善之「労働者の転職・引抜きと企業の利益(上)(下)」ジュリスト1102号75頁，1103号106頁（1996年），小畑史子「労働者の退職後の競業避止義務」日本労働研究雑誌441号25頁（1997年），川田琢之「競業避止義務」日本労働法学会編『講座21世紀の労働法4』（有斐閣，2000年）133頁，土田道夫「競業避止義務と守秘義務の関係について──労働法と知的財産法の交錯」中嶋士元也先生還暦記念『労働関係法の現代的展開』（信山社，2004年）189頁，岩村正彦「競業避止義務」角田邦重ほか編『労働法の争点（第3版）』（有斐閣，2004年）147頁，道幸哲也「競業避止義務制約の法理」知的財産法政策学研究11号205頁（2006年）など。

45 この点に関しては，前掲最判平成19年3月20日も参照。

行為または取引行為による侵害からどのような場合にどの程度保護すべきかという点であった。そこでは，競争自由の名のもとに後発の第三者による侵害を原則的に正当化し，良俗違反と評価されるような違法性の程度の高い行為のみについて例外的に損害賠償責任を認めるという伝統的な立場と，一旦成立した営業活動や取引関係およびこれに基づく当事者の地位を自由競争の名のもとに後発の第三者が侵害してはならないとする批判理論との間で，議論が繰り返されていた。しかし，それは，既に営業活動や取引関係が成立しているという状態を所与の前提としたものであり，そのうえで，「既にある営業活動や取引関係が法秩序により承認を受けたものである以上，それが第三者の侵害行為からも保護されるべきである」（まさに，不可侵性の問題）というテーゼを受け入れるかどうかという点をめぐる争いであった。

　これは，①取引後行者による侵害からの取引先行者の権利・利益保護，論者によればstaticな競争秩序の保護を目的とした議論であった。これに対して，最近では，②取引先行者による侵害からの取引後行者の権利・利益保護，論者によればdynamicな競争秩序の保護のための理論構築の必要性が説かれるようになっており，興味をひく。

　前者（①）が，一手販売権侵害等の排他的取引違反誘致，欺瞞的取引誘引，信用毀損・営業妨害・成果冒用，引抜き・不正開業・営業秘密の取得あるいは利用といった場合を扱うものであるのに対して，後者（②）は，新規参入者の取引活動・競争行為の自由を保護するものである。そして，後者（②）は，論者によれば，さらに，いかなる利益を保護対象として考慮に入れるかにより，(i)「競争者排除・妨害型」と(ii)「消費者・需要者被害型」に分かれる。このうち，(i)「競争者排除・妨害型」では，間接取引拒絶，並行輸入妨害，顧客奪取，抱き合わせ販売，不当廉売，景品つき販売，物理的手段や脅迫等の不正手段の行使といった場合が扱われるとともに，将来における競争政策上の評価あるいは社会的価値評価の変化や，それに伴う新たな評価視点ないし衡量因子の追加の可能性が示唆されている。他方，(ii)「消費者・需要者被害型」では，おとり販売・抱き合わせ販売・価格協定・再販価格指定・排他条件つき取引・優越的地位の濫用による取引拒絶といった場合が扱われるとともに，先行業者の競争減殺的シェアや，市場支配力が付加要件とされること，場合によっては公共的な利益にも配慮する必要のある場合があることが示唆されている（その例として，新聞の不当廉売の場合における世論の形成，表

現の自由があげられている)[46]。

III　不正競争行為と営業権侵害を理由とする損害賠償

1　不正競争防止法上の制度・準則

　被害者の営業の自由（営業権）が被害者と競争関係にある者の行為によって侵害されている場合には，競業者もまた営業の自由（営業権）を有していることから，競業者相互の営業の自由（営業権）をどのように調整するのかが問題となる。自由競争市場における営業の自由（営業権）をどのように保護し，調整するかという問題である。

　この点に関して，わが国では，事業者の営業上の利益を保護するとともに，公正な競争秩序を維持するために[47]，「不正競争防止法」その他の特別法（不当景品類及び不当表示防止法，食品衛生法の一部規律など）のもとで特別の規律が設けられている。そこでは，競業者の営業の自由を原則としたうえで，この自由がどのような場合に「不正競争」行為として制約されるのかという行為規制の観点から，問題処理の枠組みが立てられている。しかも，個別具体的な侵害類型をあげ，それに違反した行為に対して「不正競争」との評価を下している。そして，「不正競争」により「営業上の利益」を侵害された者――本書の立場からは「営業権」を侵害された者――が，「不正競争」と評価される行為をした者に対して，民事上のサンクション（差止め，損害賠償など）のほか，刑事・行政上のサンクションを追及できるものとされている。

　とりわけ，不正競争防止法では，以下の行為が不正競争行為としてあげら

---

[46] 吉田邦彦「不正な競争に関する一管見」同『民法解釈と揺れ動く所有論』（有斐閣，2000年）485頁。独占禁止法の採用する「不公正な取引方法」の意義を，「個別的な取引関係・競争関係において支配力の不当行使・濫用を規制して，自主的な事業主体による対等取引・競争をはかり，また，消費者の自由な取引活動を保障する」点に求め，その一環として，競争秩序内における取引当事者の保護を考えようとする――「公正な競争秩序維持のための積極的なルール」づくりを指向する――ものである。

[47] この点に関して，経済産業省知的財産政策室編著『逐条解説不正競争防止法（平成16・17年改正版）』（有斐閣，2005年）25頁は，「本法〔不正競争防止法〕の保護法益は事業者の営業上の利益という私益と，公正な競争秩序という公益である」という。もっとも，不正競争防止法が消費者保護をも目的とするものであるとの考え方があることを否定してはいない。

れている[48]。

① 周知の商品等表示[49]との混同を惹起する行為（2条1項1号）
② 著名な商品等表示を使用する行為（同項2号）
③ 商品形態を模倣する行為（同項3号）
④ 営業秘密[50]にかかる不正行為（同項4号〜9号）
⑤ 視聴等機器の技術的制限手段を無効化する行為[51]（同項10号・11号）
⑥ ドメイン名の不正取得・保有・使用行為（同項12号）
⑦ 商品の原産地・出所地の詐称，商品・役務の質量について誤認を惹起する行為（同項13号）
⑧ 営業上の信用を害する虚偽の事実を告知し，または流布する行為（同項14号）
⑨ 代理人等の商標を不正に使用する行為（同項15号）
⑩ 外国・国際機関等の記章・表示等を不正に使用する行為（16条・17条）
⑪ 外国公務員に対して不正の利益を供与する行為（18条）

不正競争防止法上のこれらの行為類型は，不正競争行為を限定列挙したものである[52]。これに対して，諸外国では，不正競争防止行為に関する一般条項を——個別類型と並べて——設けているところもあるが，わが国では，そ

---

48 不正競争とされる行為類型は，年を経るごとに追加されている（1934年の時点では6類型のみ）。それまでは民法の不法行為法による保護にゆだねられていたものが，時代の要請や国際的な要請に照らし，または同種事案の集積を受けて，類型化され，新たな不正競争類型として規律されている。
49 商品等表示とは，「人の業務に係る氏名，商号，商標，標章，商品の容器若しくは包装その他の商品又は営業を表示するもの」をいう（不正競争防止法2条1項1号）。
50 「営業秘密」であるためには，①秘密として管理されていること（秘密管理性），②事業活動に有用な技術上または営業上の情報であること（有用性），③公然と知られていないこと（非公知性）が必要である。経済産業省知的財産政策室編著・前掲書34頁。
51 この類型については，無効化行為をする者は，被害者の競業者に限られない。
52 本文に掲げた行為類型に該当したときには，損害賠償責任が生じる（4条）のみならず，差止めの対象にもなり（3条1項），侵害行為組成物の廃棄等の請求もでき（3条2項），さらに刑罰も科されることになる（21条・22条）というのが不正競争防止法の基本構想であるから，不正競争防止法により不正競争とされる行為については，おのずから制約がかかることになる。

のような主義を採用していない[53]。むしろ，わが国では，これらの限定列挙された個別行為類型に該当する行為を対象として，不正競争防止法4条本文が，「故意又は過失により不正競争を行って他人の営業上の利益を侵害した者は，これによって生じた損害を賠償する責めに任ずる」としている。

2 不正競争行為と民法709条

　不正競争防止法を扱う文献の支配的立場は，上記の行為類型に該当しない行為について，民法上で不法行為と評価し，行為者に対する損害賠償請求権を認めることを妨げるものではないとする[54]。それによれば，同一の社会的事実に該当する行為であっても，当事者が民法709条の要件に該当する事実を主張して民法上の損害賠償請求をおこなうことも，不正競争防止法4条本文の要件に該当する事実を主張して同条の損害賠償請求をおこなうことも可能である。したがって，不正競争防止法4条本文に基づく損害賠償請求権が消滅しても，当該行為が民法709条の要件に該当する場合には，民法に基づく請求ができる[55]。このように，不正競争防止法は，不法行為法との関係では，民法の特別法となる[56]。

　こうした不正競争防止法の規律と，民法の不法行為制度との関係については，今日，次の点が指摘されている[57]。

　第1に，不正競争防止法が不正競争に該当する行為につき限定列挙主義を採用しているため，上記類型に該当しない行為については，被害者は，民法の不法行為制度に依拠して損害賠償請求をすることになる。裁判例の表現を借りれば，「公正かつ自由な競争原理によって成り立つ取引社会において著しく不公正な手段を用いて他人の法的保護に値する営業活動上の利益を侵害

53　具体的に何が不正競争行為かについて社会的コンセンサスが確立していない段階での一般条項の導入は，事業活動の予測可能性を著しく害し，正当な事業活動を萎縮させることになりかねない。不正競争防止法は不法行為の一般法である民法の金銭賠償原則に対する特則として差止請求権を認めるものであるところ，ここで一般条項を導入したのでは事業活動に及ぼす影響が重大であることが，その根拠とされている。山本庸幸『要説　不正競争防止法（第4版）』（発明協会，2006年）31頁。

54　山本庸幸・前掲書267頁。

55　経済産業省知的財産政策室編著・前掲書96頁。

56　小野昌延編『新・注解　不正競争防止法』（青林書院，2000年）18頁・35頁，経済産業省知的財産政策室編著・前掲書18頁。

するもの」は不法行為を構成するわけである[58]。たとえば，不正競争防止法の範囲外の著名表示・流行表示への寄生広告や，不正競争防止法の範囲外の比較広告，契約破棄の誘引[59]などが，これにあたる。この意味で，民法の不法行為の規律は，不正競争防止法の規律を補充する役割をになっている[60]。

第2に，不正競争行為とされる類型のなかには，2条1項6号や9号（不正取得または不正開示にかかる営業秘密を善意で転得した後に，悪意に転じて使用・開示する行為）のように民法709条に基づく損害賠償請求の対象となるかどうか微妙な行為がないわけではない。このような不正競争の類型についても，不正競争防止法に基づく損害賠償の対象となる行為であることを明確にする意味をもつ[61]。

しかしながら，上記の指摘のうち，第1点については，留意が必要である。というのは，不正競争防止法上の「不正競争」概念自体が，既に，被害者の営業の自由と他者の営業の自由その他の権利・自由，さらには営業活動に対する社会的・公共的価値をも考慮に入れて，あるべき競争秩序のもとでの当事者の権利・自由の保護の範囲と限界とを，完結的に決定している。そこでは，「不正競争」に該当しない行為については法的に積極的に許容する――

---

[57] 旧709条が「権利」の侵害を規定していたのに対し，1934年（昭和9年）に成立した不正競争防止法は，大学湯事件以降の判例の展開を受け，損害賠償請求権の成立要件として，「権利」の侵害に代えて，「営業上の利益」の侵害を置いた。このように，民法の「権利侵害」構成に対し，不正競争防止法では「利益侵害」構成を採用した点に，民法の不法行為制度と異なる不正競争防止法に基づく損害賠償の意味があった。加えて，不正競争防止法に基づく損害賠償では，1950年（昭和25年）に改正されるまで，「不正ノ競争ノ目的」という主観的目的要件が加重されていて，この点にも，民法の不法行為制度と異なる特色があった。もっとも，現行法では，不正競争防止法の改正により，もはや主観的目的要件が一般的に加重されることはなくなったうえに，2004年（平成16年）の民法改正で709条の文言が「権利又は法律上保護される利益」とされたことから，この意味での不正競争防止法の独自性はなくなった。

[58] 東京高判平成3年12月17日判時1418号120頁（木目化粧紙原画事件）。

[59] 小野編・前掲書39頁。

[60] 我妻栄「不正競争防止法」法学協会雑誌52巻5号908頁（1934年），渋谷達紀「不正競争防止法――一般不法行為法による補完」民商法雑誌78巻臨時増刊号(2) 361頁（1986年）。もとより，民法の不法行為制度に依拠して処理される個別案件の集積を経て，一定の行為類型が新たな不正競争類型としてとりあげられることは，これまでにも多くおこなわれてきた。

[61] 山本庸幸・前掲書268頁。

これにより他者の権利・自由を保障し，さらには（論者しだいでは）社会的・公共的価値を実現する——との態度決定がされているのである[62]。こうした態度決定を，民法の不法行為の規律が不正競争防止法の規律を補充するという命題のもと，民法に依拠して覆すなどということは，直ちには正当化されない。このような補充は，競争に対する法体系内部での評価矛盾をきたすことになるからである。

むしろ，不正競争法秩序のもとでの態度決定が競業行為に対する価値判断としては最終的である——民法の不法行為法による補充を排除する——（排他的競合）という考えこそが，原則にすえられるべきである。

このようにみることができるならば，民法の不法行為法による保護が不正競争の場面でなお妥当する余地があるとすれば，それは，①不正競争法秩序が形成された時点では想定していなかった事態がその後に登場し，不正競争法秩序において当該事態に対する規律の欠缺が存在するために，民法による補充が不可避となる場合[63]と，②不正競争法秩序が形成された後に社会・経済事情の変化や市民の意識の変化が生じ，新たな「権利」（・「法益」）保護の枠組みが必要とされたときに，旧来の不正競争法秩序を実質的に改廃するために，民法による規範形成がおこなわれる場合に限られるべきである[64]。

---

[62] 競走馬の名称とパブリシティが問題となった最判平成16年2月13日民集58巻2号311頁（ギャロップレーサー事件）で，「競走馬の名称等の無断利用行為に関する不法行為の成否については，違法とされる行為の範囲，態様等が法令等により明確になっているとはいえない現時点において，これを肯定することはできない」とされている点も参照せよ。

[63] この場合には，不正競争法秩序のなかで採用されている権利保護の枠組みをてがかりに，権利・法益侵害要件および過失要件の充足性が判断されることになる。なお，①で述べた欠缺が生じる理由のひとつとして，不正競争防止法上の「不正競争」概念が，これに該当した場合に民事・刑事上のサンクションを課されるために，きわめて限定的に捉えられている——その結果，たとえば損害賠償のみのサンクションを課すに適したときには同法にいう「不正競争」と評価するのは適切でないことになる——点をあげることができる（著作権侵害・著作者人格権侵害におけるのと同様の状況が存在するわけである）。

[64] パブリシティと不法行為規範の関係について言及するなかでの指摘であるが，窪田充見「不法行為法学から見たパブリシティ——生成途上の権利の保護における不法行為法の役割に関する覚書」民商法雑誌133巻4＝5号737頁（2006年）にも，同様の問題意識を感じる。

IV 独占禁止法違反行為と競業者の損害賠償請求
―― 独占禁止法 25 条と民法 709 条

　他人による独占禁止法違反行為によって損害を被った者が，その他人に対して損害賠償請求をする場合に，独占禁止法 25 条に基づく損害賠償請求と，民法 709 条に基づく損害賠償請求を考えることができる。

　このうち，独占禁止法 25 条に基づく損害賠償請求は，無過失損害賠償責任を採用しているものの，対象となる行為を 3 条違反行為，19 条違反行為，6 条違反行為（ただし，不当な取引制限をし，または不公正な取引方法をみずから用いた事業者に限る），8 条 1 項違反行為に限定しているほか，公正取引委員会の審決が確定していることを要件としている（確定審決前置主義。26 条 1 項）。そのため，新たな事件の掘り起こしをすることができないこと，公正取引委員会が知りながらとりあげない事件については 25 条に基づく請求をすることができないことが弱点となっている[65]。独占禁止法 25 条は，個人間における損害賠償という私的権利保護を目的とした規律であるが，あくまでも審判制度の枠組みのもとで，競争秩序の維持という公共的・公益的目的の観点から独占禁止法違反行為を抑止するためのシステムの一環として審判制度に組み込まれ，主要な独占禁止法違反行為につき特殊の要件・効果・属性をもつ損害賠償請求権として立てられたものであって，私的独占・不当な取引制限・不公正な取引方法の禁止がされた場合における個人間での権利・利益の調整を目的とした不法行為損害賠償責任の成立範囲を 25 条の要件に該当する事件に限るという完結的な規律をしたものではない[66]。

　それゆえに，不正競争の事例とは異なり，ここでは，民法 709 条に基づく損害賠償請求を認めることに積極的な意義がある[67]。たとえば，競争者の事業活動に対して脅迫，威嚇，暴力などの手段を用いて妨害をおこなう場合，「不公正な取引方法」（昭 57・6・18 公正取引委員会告示 15 号）の定める一般指定 15 項の取引妨害等に該当しないとして独占禁止法違反とされないときでも（シェア 1% の事業者どうしの個人的確執による営業妨害行為の例）[68]，民法 709 条の要件さえ充たせば，営業権（みずからが競争に参加し利益を獲得することができる地位）に対する侵害を理由に，相手方に対して損害賠償請求を

65　白石忠志『独占禁止法』（有斐閣，2006 年）586 頁。

することが可能である。最高裁も，「違法行為によって自己の法的権利を害された者がその救済を求める手段としては，その行為が民法上の不法行為に該当するかぎり，審決の有無にかかわらず，別に損害賠償の請求をすることができる」と述べている[69]。

第4項　関連問題——不正競争行為・競争制限行為による消費者の権利・利益の侵害

元来，不正競争法・競争制限法における私法的規律は，競業者の営業権・営業利益の保護を目的とし，競争秩序に違反する行為により営業権・営業利益を侵害された競業者の救済をはかってきた。この意味で，不正競争法・競争制限法は，競争関係にある事業者のための保護法規であった。それが，近時では，消費者保護の思想がそこに組み込まれている。というのも，企業の競争は，消費者との取引の締結を目的とする。このとき，消費者は取引にお

---

[66] 鶴岡灯油事件（709条訴訟）の最高裁判決である最判平成元年12月8日民集43巻11号1259頁の法廷意見が次のように述べているのも，本文で示したものと趣旨を同じくするものと思われる。それによれば，「私的独占の禁止及び公正取引の確保に関する法律（以下「独占禁止法」という。）の定める審判制度は，もともと公益保護の立場から同法違反の状態を是正することを主眼とするものであって，違反行為による被害者の個人的利益の救済を図ることを目的とするものではなく，同法25条〔当時のもの〕が一定の独占禁止法違反行為につきいわゆる無過失損害賠償責任を定め，同法26条〔当時のもの〕において右損害賠償の請求権は所定の審決が確定した後でなければ裁判上これを主張することができないと規定しているのは，これによって個々の被害者の受けた損害の填補を容易ならしめることにより，審判において命ぜられる排除措置とあいまって同法違反の行為に対する抑止的効果を挙げようとする目的に出た附随的制度にすぎないものと解すべきである」。

[67] 独占禁止法25条は民法上の不法行為に基づく損害賠償請求権と同質の性質を有するものであり，被害者は，独占禁止法25条と民法709条のいずれによっても損害賠償請求をすることができるというのは，今日定着した学説である。根岸哲「独占禁止法違反と損害賠償」経済法学会編『独占禁止法講座(7)』（商事法務，1989年）45頁（以下では，「根岸・独占禁止法違反と損害賠償」で引用），同「独占禁止法違反と損害賠償請求」石田喜久夫・西原道雄・高木多喜男先生還暦記念論文集・中巻『損害賠償法の課題と展望』（日本評論社，1990年）271頁。

[68] 村上政博＝山田健男『独占禁止法と差止・損害賠償（第2版）』（商事法務，2005年）84頁。

[69] 最判昭和47年11月16日民集26巻9号1573頁，前掲最判平成元年12月8日（鶴岡灯油事件〔709条訴訟〕）。

ける自己決定に際して事業者の競争行為により直接に影響されるので，個々の競争事業者にとっては，自由競争市場において消費者の利益が侵害されないようにふるまうことが必須の要請である。その結果，不正競争法・競争制限法は，競争事業者のための競争の自由と市場の自由の保障に加え，市場における自由かつ公正な競争のもとでの消費者の利益の保護をも目的とすべきことになる。

このような立場のもとでは，不正競争行為や競争制限行為（私的独占，価格協定等）によって被害を受けた個々の消費者が，この種の行為をした事業者に対して，不法行為を理由とする損害賠償請求権を有することが正当化されることになる。そして，この場合における消費者の保護されるべき権利・利益（保護法益）は，自由かつ公正な競争が存在している市場において商品・役務等の獲得について自己決定できる地位というように表現できるものである[70]。

このことが正面から問題となったのは，石油製品（灯油）の最終消費者らが，石油元売業者らのおこなった違法な価格協定により損害を被ったとして，民法709条により石油元売業者らに対し損害賠償を求めた鶴岡灯油事件においてである。ここでは，競争制限行為（私的独占，価格協定等）による消費者の利益の侵害の有無が問われたところ，最高裁は，「独占禁止法違反行為（不当な取引制限）を責任原因とする不法行為訴訟においては，その損害賠償請求をすることができる者を不当な取引制限をした事業者の直接の取引の相手方に限定して解釈すべき根拠はなく，一般の例と同様，同法違反行為と損害との間に相当因果関係の存在が肯定できる限り，事業者の直接の取引の相手方であると，直接の相手方と更に取引した者等の間接的な取引の相手方であるとを問わず，損害賠償を請求することができるものというべきである」とした[71]。もとより，この判決については，賠償されるべき損害をめぐり，消費者の権利の「公共化」ないしは競争秩序維持のための公私協働が議論を

70　「最終需要者である一般消費者が公正かつ自由な競争によって形成された価格で商品を購入する利益」といわれることもある（前掲最判平成元年12月8日の控訴審判決）。当該事件が違法な価格協定であったという点を視野に入れなければならないのは承知のうえでの話であるが，この公式を一般化したのでは，消費者の権利を「正当価格論」のもとに正当化するというおそれがあり，にわかに採用しづらい。

71　前掲最判平成元年12月8日（鶴岡灯油事件〔709条訴訟〕。ただし，結論的には請求棄却。損害論については，続刊で扱う）。

呼ぶところであり，本書第 1 部で述べたように，このことが「消費者個人の権利」の保護という観点から消費者の利益保護を扱ってよいのかという点にもつながっていくのだが，この点は，損害論の場で別途に触れることとする[72]。

第 5 項　競業者以外の者による営業権侵害

　事業者の営業権・営業利益は，競争事業者以外の第三者によっても侵害されることが少なくない。たとえば，ボイコットによる顧客の減少のために事業者に営業上の損失が生じた場合や，評価機関が公表した商品テスト・格付け（レイティング）のために売上減・信用低下が生じた結果として事業者に営業上の損失が生じた場合[73]，誤情報を信じて契約をした結果，契約途中で倒産して代金を踏み倒されるとか，不良製品をつかまされたという場合[74]，違法な労働争議により，事業者に営業上の損失が生じた場合[75]などである。さらには，社会のインフラ（電気・ガス・上下水道等）が機能不全に陥ったために，事業者の営業活動が停止するなどの影響を受け，事業者に営業上の損失が生じたというような場合もある。その他，この種の事例は，枚挙にいとまがない。なお，取引交渉の際の相手方の行為義務違反により営業上の損害が生じた場面については，第 5 節で扱う。

---

[72]　この観点からの文献は多岐にわたるが，さしあたり，淡路剛久「石油カルテルと消費者の利益」ジュリスト 754 号 62 頁（1981 年），根岸・独占禁止法違反と損害賠償 267 頁，中村哲也「独禁法違反行為の不法行為責任──競争秩序の生成過程と不法行為法」山田卓生編集代表『新・現代損害賠償法講座 2　権利侵害と被侵害利益』（日本評論社，1998 年）362 頁．

[73]　商品テスト関係では，公的な消費者関係機関や民間の生活雑誌等による商品テストにより売上減，社会的信用低下等が生じたとして企業が損害賠償請求をしたものとして，東京地判平成 7 年 2 月 16 日判時 1546 号 48 頁と東京地判平成 9 年 8 月 29 日判タ 985 号 225 頁がある。いずれも，企業側からの信用毀損・名誉毀損の主張に対して，テスト記事の公共性・公益目的性を認めたうえで，真実性の抗弁を容れている。なお，ドイツでは，商品テストによる営業権侵害に関して，①テストが中立的に企画されること，②テストが客観的であること（対象商品の選択，テスト方法およびテスト結果の評価における客観性），③テストが専門的知識に基づいて（専門家により）実施されたことを要求している。この点に関しては，浦川道太郎「商品テストと民事責任」判タ 908 号 55 頁（1996 年）を参照．

第4節　契約上の地位に対する侵害（契約侵害）

I　総論

　契約関係が第三者によって侵害された場合について，従来の伝統的な立場は，第三者による「債権侵害」というレベルで抽象的に捉えたうえで，次のような説明を加えてきた[76]。

　それによれば，債権はその本質において相対権であり，債務者の給付行為を通じてその内容が実現されるものであるところ，他方で，債権も権利として法的に承認されたものである以上，第三者からの侵害に対して保護を与えられるべきものである（債権にも，不可侵性が認められる）。しかし，物権とは異なり，債権は，その本来的内容について公示されないものであるから，客観的に債権侵害の結果が発生しても，侵害行為者である第三者は当該債権の存在について不知であるという場合があり得る。また，債権が発生する重要な場面である契約の世界は，自由競争原理の上に成り立っているゆえに，自由競争の範囲内であれば，それが債権侵害の結果をもたらすこととなっても，侵害行為は正当化されるということになる。

74　東京地判平成7年2月23日判時1550号44頁は，債務超過の状況にあって倒産寸前の顧客について経営状況が安定しているとか，仕事内容に杜撰な顧客を仕事のよくできる顧客で信用できるなどという情報を提供した場合，その情報を信じて契約をした結果，契約途中で倒産して代金を踏み倒されるとか，不良製品を摑まされたというときには，誤った情報の提供と契約締結との間の因果関係，さらに発生した損失との間の因果関係が証明されれば，「誤った情報を提供したことにより，それを信じて取引を行ったものが損害を被った場合には第三者の債権侵害として損害賠償を負うということがあり得るというべきである」とした。この問題に関しては，吉田邦彦「融資者責任と債権侵害(上)(下)」NBL598号16頁，599号41頁（1996年）。

75　民事損害賠償に関するものとしては，最判平成4年10月2日労判619号8頁（タクシー業におけるストライキの際に，車庫前の座り込み戦術でタクシーの搬出を阻止し，操業不能にした事件。原判決を破棄し，労働組合委員長ほかの責任を肯定），東京地判平成4年5月6日判タ798号178頁（4か月間にわたるピケストによる書店内での書籍販売の妨害。責任肯定）など。詳細は，労働法に譲る。

76　我妻栄『新訂債権総論』（岩波書店，1964年）77頁。この間の学説史については，新美育文「第三者による債権の侵害」星野英一編集代表『民法講座4　債権総論』（有斐閣，1985年）477頁を参照。

伝統的な立場は，このような債権の特質——公示性の欠如と自由競争原理の支配——にかんがみ，第三者による債権侵害が問題となる状況に面して，民法709条の不法行為責任の一般的成立要件につき，修正を施している。すなわち，2つの命題，つまり，「債権侵害が不法行為になるのは，加害行為の違法性が強い場合に限られる」（侵害行為が違法になるのは，強行規定や公序良俗に反する場合に限定される）という命題と，「債権侵害が不法行為になるのは，加害者に故意がある場合に限られる」という命題を定立することで，不法行為責任の客観的要件と主観的要件に限定を加えているのである。その上で，伝統的な立場は，この2つの命題を債権侵害の形態——とりわけ，債権者の給付結果帰属面（利益保持）への侵害と債務者の具体的給付行為面への侵害の2態様——に即して微修正していくことで，債権侵害が問題となる局面を，①債権の帰属を侵害した場合，②給付を侵害することによって債権が消滅した場合，③給付を侵害したけれども，債務者にも損害賠償債務が残る結果，債権が消滅していない場合，④債務者の一般財産を減少させる行為というように場合を分けて論じている。

しかしながら，このような伝統的な理論に対して，1980年前後から，その思考様式そのものへの問題性が指摘されるようになった[77]。ことに，債権侵害における不法行為責任の成否につき限定的要件を導く伝統的理論の根拠は，いずれも一般的・抽象的にすぎ，論理にもやや飛躍があり，具体的な解釈論に至る判断過程も必ずしも明らかではない点，侵害態様ごとに区分される各場合の要件のギャップはきわめて大きいにもかかわらず，その根拠が解明されているとはいいがたい点が指摘されている。

こうした反省に出て，批判理論は，①「契約が当事者以外の第三者との関係で，いかなる意味（効果）を有するか」という問題の一環として債権侵害の問題を捉えるべきこと，②債権の種別に即してより具体的な場合に応じた類型的考察をする必要があること，③他方で，侵害行為の種類に即した考察も必要であること，④債権侵害の問題を扱う際には，利益衡量のプロセスを組み込んで，衡量される諸因子を分析し，また第三者に不法行為責任を負わせることによっていかなる具体的差異が生じることになるのかを場合に即して検討することが必要であることを強調している。

77　吉田邦彦『債権侵害論再考』（有斐閣，1991年）を嚆矢とする。

II　不動産二重譲渡における「買主の地位」の侵害

1　物権レベルでの所有権の対抗問題についての処理との連動

　不動産二重譲渡において，物権レベルでの対抗問題としては，民法177条では，背信的悪意者たる第2買主のみが登記欠缺を主張する正当の利益を有しない者として排除される。第2買主が単なる悪意にとどまる場合には，第2買主は移転登記を了することにより，自己の所有権取得を第1買主に対して主張することができる。従前から理解されているところによれば，あとは，第1売買について，売主の履行不能を理由とする損害賠償責任，解除，代償請求権が問題となるが，このとき，第1買主からの第2買主に対する不法行為責任の追及はどうなるか。

　この点に関して，最高裁は，不法行為が成立するには，第2買主の悪意では足りないという立場をとっている。建物の二重譲渡がされ，第2買主が取得した建物につき所有権移転登記を了した後に，これを転売し，転買主のところで所有権移転登記がされたという状況下で，第2買主の第1買主に対する不法行為の成否が──予備的請求としての損害賠償請求において──争点となった事件において，次のような判断が示されている[78]。

　「上告人は不動産のいわゆる二重売買における第2の買主であって，しかも第1の売買の事実を知りながら（悪意で）買い受けたものに外ならないけれども，一般に不動産の二重売買における第2の買主は，たとい悪意であっても，登記をなすときは完全に所有権を取得し，第1の買主はその所有権取得をもって第2の買主に対抗することができないものと解すべきであるから，本件建物の第2の買主で登記を経た上告人は，たとい悪意ではあっても，完全に右建物の所有権を取得し，第1の買主たる被上告人はその所有権取得をもって上告人および同人から更に所有権の移転を受けその登記を経たAに対抗することができないことは，当然の筋合というべきである。したがって，上告人が悪意で本件建物を買い受けその登記を経由しこれを更にAに売り渡してその登記をなしたというだけでは，たといこれがため被上告人がその所有権取得をAに対抗することができなくなったにしても，いまだもって上告人に不法行為の責任を認めるには足らないものといわなければならない」

---

[78]　最判昭和30年5月31日民集9巻6号774頁。

この判断は，主位的請求で問題とされた所有権の帰属・対抗の問題と，予備的請求で問題とされた不法行為に基づく損害賠償の問題とは次元を異にするとの前提理解のもとで，しかし，次元の違いを前提としているとはいえ，①二重譲渡事例では，悪意の第 2 買主に民法 177 条により所有権取得を対抗できない第 1 買主が，第 2 買主に対して民法 709 条により不法行為責任を追及することは，原則として否定される[79]が，②第 2 買主の行為に信義則違反その他特に違法と認めるべき格別の事情がある場合には，不法行為責任を伴うこともありうべきだとの共通の発想に出たものである。

2　通説が基礎とする考え方——自由競争の原理

現在，通説とされる見解も，判例と軌を一にする立場にある。通説の到達点は，次のように要約することができる。この立場の基礎にあるのは，自由競争原理が妥当する局面では競争相手の利益に配慮した措置をとって行動すべき義務が存在しないから，当該契約が取引競争における公正さや健全さを害するものであって公序良俗に反する無効なものと評価されるのでなければ，第 2，第 3 契約者の第 1 契約者に対する不法行為責任が否定されるとの考え方である。

3　通説批判理論——自由競争の原理を妥当させることへの批判

しかしながら，このような立場に対しては，次の批判がある。すなわち，自由競争原理が成り立つのは，同一・対等の地位が存在するとの前提のもとで，複数の者が同一債務者に対して同一内容の給付を目的とする契約を締結することにより，互いの地位の優劣が問題となる場合のみである。しかしながら，既に特定当事者間に第 1 契約が成立していて，この事実を第三者が知りまたは知ることのできた場合は，これと異なる。同一・対等の地位のもとに置かれた者どうしでの競争という自由競争原理が成り立つ前提を欠いているからである。既に特定当事者間に第 1 契約が存在している状況下で，第三者が債務者との契約により同一内容の給付を目的とする契約を締結した場合には，自由競争原理は，既に登場した第 2 契約者を保護し，この者への権利

---

[79] このような原則を定立することにより，177 条レベルでの悪意者非排除の規範的価値判断と，709 条レベルでの悪意不法行為者の損害賠償責任の成否に関する規範的価値判断の調和がはかられる。

の帰属を正当化する理由とはならない。自由競争原理として，既に成立した権利を侵害する資格を第2契約者に与えるものではないからである[80]。

4 通説批判理論の各種

もっとも，問題は，第2契約者による第1契約者の地位の侵害がどこまで許容されるか，そして，その場合の効果をどのように捉えるかにある。不動産二重譲渡紛争において，自由競争原理の全面的妥当に疑問を呈する見解の間でも，この点に対する評価と具体的な構想は，必ずしも一致しているわけではない。1980年代以降に登場した見解を中心に整理しても，次のような諸説（〔A〕～〔G〕）が入り乱れ，主張されている[81]。

〔A〕 民法177条での物権の帰属・対抗問題と，債権侵害（契約侵害）問題を峻別する。まず，物権の帰属・対抗レベルでは，民法177条にいう「第三者」から，背信的悪意者のみを排除する。他方，債権侵害（契約侵害）の不法行為としては，責任の成立範囲を「背信的悪意」に相当する主観的事情の存在する場合に限定すべきではないとして，単純悪意（および有過失）の第2買主の民法709条による損害賠償責任を肯定する[82]。

〔B〕 民法177条での物権の帰属・対抗問題と，債権侵害（契約侵害）問題を峻別する。まず，物権の帰属・対抗レベルでは，民法177条にいう「第三者」から，悪意者も排除する[83]。他方，債権侵害（契約侵害）の不法行為の成否については，単純悪意（および有過失）の第2買主の民法709条による損害賠償責任を肯定する。

〔C〕 民法177条での物権の帰属・対抗問題と，債権侵害（契約侵害）問題を同質のものとして捉える。まず，物権の帰属・対抗レベルでは，民法177条にいう「第三者」から過失者も排除する可能性を認める。そして，債権侵害（契約侵害）の不法行為としても，過失による債権侵害（契約侵害）

---

80 磯村保「二重売買と債権侵害――『自由競争』論の神話(1)～(3)」神戸法学雑誌35巻2号385頁，36巻1号25頁，3号289頁（1985年～1986年）。
81 〔B〕以下に，自由競争の原理をここにもちこむことに対する懐疑があらわれている。
82 星野127頁（ただし，一般論），澤井148頁，北川287頁。
83 広中451頁。同書の第5版では，二重契約の場合には単純故意では足りず，加害の意図をもった共謀ないし教唆が必要であるとしていたが，第6版では，第1買主を知っているという単純な故意で足りるとしている。

の不法行為を理由とする損害賠償責任追及の可能性を認める[84]。この立場からは，物権変動論と不法行為責任論との不整合は解消されるべきだということになる。すなわち，自由競争は，これから契約しようとする段階ではたらく原理であり，既に第1の買主がいることを知りながら契約するのは，自由競争ではなく，単なる横領の共犯でしかない。したがって，悪意または過失のある第2買主は所有権を取得できない。このとき，第2買主が悪意または有過失であれば，第1買主は所有権を取得できるが，第1買主が所有権の取得を断念して，不法行為による損害賠償請求を選択することも可能と解すべきである（過失による不法行為も成立する）[85]。

〔D〕民法177条での物権の帰属・対抗問題と，債権侵害（契約侵害）問題を同質のものとして捉える[86]。すなわち，177条の制度目的は取引安全の保護にあり，そこでの規律課題は本質的に不法行為の問題であって，悪意の第三者の保護にあるのではない。また，未登記の第1買主の懈怠も説かれるが，このことを理由に悪意の第2買主を勝たせることに合理的な理由はなく，第1買主の保護に欠ける。そして，判例法上背信的悪意者の法理が定着しているものの，背信性の要件の希薄化も指摘される今日では，（取引安全の見地から，登記制度の趣旨にも配慮して）「慎重な悪意の認定」という釘をさすならば，悪意者排除説をとってもそれほど大きな飛躍を含むものではない。このようにみれば，第1契約につき悪意の第2買主は，民法177条の「第三者」にあたらない。また，第2買主は，第1契約について悪意であるならば，第1買主に対して不法行為責任を負う。この場合の効果論としては，損害賠償（過失相殺が可能）と併せて原状回復的効果——すなわち，登記の抹消および第1買主への所有権の移転——まで認められるべきである。

〔E〕民法177条での物権の帰属・対抗問題と，債権侵害（契約侵害）問題を同質のものとして捉える。(i)契約当事者間において契約履行過程のいずれの時点で所有権が移転したかは必ずしも重要でないこと，(ii)帰属の確定した静的な所有権侵害の場合とは異なり，競合する契約者間の優先的な所有権

---

[84] 内田貴『民法Ⅰ（第4版）』（東京大学出版会，2008年）458頁，内田貴『民法Ⅲ（第3版）』（東京大学出版会，2005年）185頁。

[85] 二重譲渡に関して177条の「第三者」につき悪意者排除説をとれば，第2買主が善意・有過失の場合には，不法行為による損害賠償請求のみが可能となる。

[86] 吉田・前掲書575頁。

帰属の争いという動態的過程では所有権侵害と債権侵害を区別することには疑問があること，さらに，(iii)日本民法のように物権行為と債権行為の形式的峻別を否定して，売買契約ないし意思表示の効果として所有権の移転を認める法制の下では，債権の効果として移転した所有権と所有権取得に向けられた特定物債権とは，少なくとも競争関係に立つ第三者との関係においては，著しく接近しあるいは等質的といえることから，第2買主が既に第1買主の存在することを認識し，かつ第2売買が第1売買についての売主の債務不履行となることを認識・認容しつつ第2売買契約を締結する行為は，原則として違法な債権侵害となる。また，第2買主の単純な債権侵害の認識も，原則として自由競争の範囲外の行為である。そして，第2買主の行為が自由競争の範囲外とされたとき，第2買主の特定物債権も保護されない。その結果，第1買主は，物権の取得に向けられた自己の特定物債権を根拠として，第2買主の所有権取得を否認することができる[87]。

〔F〕 この問題を，不法行為責任領域内部での侵害対象の質的相違——物権侵害か，債権侵害か——に関する問題として捉える。すなわち，競合する契約者間の優先的な所有権帰属の争いを，第1売買契約の締結の有無，履行の状況を度外視して一律に「債権侵害」と評価することに疑問を呈し，「侵害されている利益が財貨帰属法によって対世的に保護される物権か，財貨移転法によって基本的には約束者に対してのみその実現を求めうる債権か」という観点から，不法行為の一般規定（民法709条）による保護の可能性と限界を画していこうとする。そして，第三者（第2買主）のうちでも当事者に準じる者以外の一般的競争者の地位にある者に関しては，第1買主のもつ権利の範疇に対応して，次のように類別する。すなわち，(i)第1買主がいまだ所有権を取得していない場合には，第2契約による「特定物債権の侵害」に対する第1買主の保護が認められるために，第2買主に故意（および違法性）が要求される。これに対して，(ii)第1買主が既に所有権を取得している場合には，第2契約による「所有権侵害」に対する第1買主の保護が認められるためには，第2買主の故意または過失が要求される（善意無過失の第2買主のみが，177条の保護を享受する）。後者に関しては，裁判例において推認さ

---

[87] 磯村・前掲論文(1) 392頁・396頁，(3) 314頁。不法行為の効果がわが国では金銭賠償であることから，民法424条の「転用」により第2売買契約を詐害行為として取り消し，第2買主の所有権取得を否定しようとする。

れている「悪意」が実質的には義務違反＝過失を含む構造になっていること，および，理論的にみてもそれが取引をおこなう者に対して行為規範を明示し，予測可能性を保障する点で望ましいとの判断が，その基礎をなしている[88]。

〔G〕 この問題を，物権の帰属・対抗問題として捉える。その際，資本主義社会の競争原理を支える契約自由の原則と，第2契約による第1買主の財産権の侵害からの保障との間での衝突をいかにして調整するかという観点から，第2売買の公序良俗違反を理由とする無効評価へと結びつけていく。それによれば，契約関係は履行の着手によってはじめて現実化し，それに応じて第1買主の法的地位はさらに強く保護されるべきものとなる。他方，現実の不動産売買においては，契約成立時に解約手付の授受があるのが通例であり，履行に着手するまでは解除が可能であるから，その段階に至るまでは第1買主を保護すべき要請はさほど強くない。第1契約が履行段階に入るまでは，第2買主がより高価な対価で契約締結を申し出たり，未履行の売主がより利益の上がる取引になびくのが禁じられているとはいえない。したがって，第1契約が履行段階に入るまでは，むしろ競争の余地を残す方向で考えて行くのが妥当である。「譲渡人の義務違反を積極的に誘導したかどうか」が決め手となり，その反面，先行契約の存在を知っているというだけでは，第2契約は公序良俗違反としては評価されないとする[89]。

第5節　契約締結の際の自己決定権その他の権利・利益の侵害

第1項　総　論

契約の交渉過程で，交渉相手方の言動を信頼し，契約が締結されるものとの考えのもとで行動したところ，交渉相手方が契約交渉を打ち切った場合や，契約は締結されたものの，相手方が交渉過程で詐欺・強迫をはたらき，また

---

[88] 松岡久和「民法177条の第三者・再論」奥田昌道先生還暦記念『民事法理論の諸問題(下)』(成文堂，1995年) 185頁。

[89] 石田剛「不動産二重売買における公序良俗」奥田昌道先生還暦記念『民事法理論の諸問題(下)』(成文堂，1995年) 129頁。

は不実の説明・情報提供等をしたという場合がある。

これらの問題に関しては，一方で，合意の瑕疵（瑕疵ある意思表示）または公序良俗違反による契約の無効の問題としてとりあげられる余地がある。他方で，上記のような相手方の行為を不法行為と捉え，損害賠償の問題としてとりあげる余地もある。

この意思表示・法律行為法による処理と不法行為法による処理との競合問題（制度間競合）をどのように考えるのかについては，多様な見解が示されている。しかし，以下では，この制度間競合問題に関する処理はひとまず措いて，不法行為法による処理の枠組みのみに言及することとする[90]。

第2項　契約交渉破棄と「先行行為に対する信頼」・「契約成立への正当な期待」の保護

I　緒　論

当事者の一方が契約交渉を理由なく打ち切り，それにより相手方の契約成立への期待を裏切り，相手方に無用の出費をさせたり，他の取引機会を失わせたり，その他事業活動の損失を生じさせたりした場合がある。

交渉破棄が問題となる場面では，契約準備交渉過程での行為義務違反を理由とする責任についていかなる論拠で正当化するかが，多くの学説で議論されている。

なお，以下での議論の前提として，ここでは，契約をめぐる実質的交渉が開始していることが必要である。それ以前のものは，自己の危険に基づく行為，または先行投資として，出捐者の負担とされる[91]。

II　問題処理のための枠組み──伝統的立場

契約交渉の破棄を理由とする交渉当事者の責任については，伝統的に，次のような枠組みで扱われてきた[92]。

---

[90] この問題に関する制度間競合についての著者の見方については，潮見『契約法理の現代化』（有斐閣，2004年）26頁。

[91] 東京地判昭和59年1月26日判時1128号58頁，東京地判昭和53年5月29日判時925号81頁。

①　交渉当事者は，契約交渉を自由にとりやめることができる。これが原則である。

②　契約交渉が中途で破棄されたとき，交渉中に当事者の一方がおこなった費用投下その他の交渉費用は，投下者の自己負担が原則である。

③　交渉の破棄について過失のある当事者は，相手方が交渉の破棄により被った損害を賠償しなければならない（契約締結上の過失）。過失の前提としての交渉当事者の注意義務は，信義則に基づいて発生する。

④　この場合の損害賠償は，信頼利益（消極的契約利益），すなわち，相手方が契約の成立を信頼したことにより被った損害の賠償である。

⑤　ただし，賠償される信頼利益（消極的契約利益）の額は，履行利益（積極的契約利益）の額を超えてはならない。さもなければ，契約が成立をしていないにもかかわらず，契約が成立したのと同様の価値的状態を相手方に実現することになってしまうからである（当時のドイツ民法の学説継受）。

⑥　なお，交渉相手方が悪意の場合や，過失のある場合にも信頼利益の賠償が認められるかどうかについては，見解の対立がある。

III　伝統的立場の問題点

このような伝統的立場に対しては，(「契約締結上の過失」という捉え方自体の当否のほか）①契約交渉の不当破棄を理由とする責任の性質は何か（契約責任か，不法行為責任か），②責任の内容としては，信頼利益の賠償と捉えてよいか（信頼利益概念の有用性の問題と，履行利益賠償の可能性の問題），③交渉当事者の注意義務は，いかなる観点から基礎づけられるべきかが問題とされている。

IV　交渉破棄事例における行為義務の正当化──熟度論とその展開

1　熟 度 論

最近の学説は，行為理論の発展，契約上の義務に関する構造分析とそれに

92　谷口知平編『注釈民法(13)』（有斐閣，1966年）54頁〔上田徹一郎〕。

伴う契約責任の再評価の動き、さらには、法律行為・意思表示論や私的自治論における契約観の深化のなか、契約準備交渉過程での行為義務が交渉破棄事例において締結されるかもしれなかった契約とどのような関連性を有しているのか、とりわけ自律的な自己決定・自己責任、契約自由の原則、契約の拘束力などと整合性をもって捉えることができるものかどうかについて、議論を進めている。

そこにおいて、交渉破棄事例に関する学説理論を進展させる原動力となったのは、鎌田薫によって提唱された「熟度論」、すなわち「熟度に応じた段階的責任」という発想である。それによれば、契約関係の実質は、ある一定の時点を境にして、それ以前はなんらの法律関係も存在せず、それ以後は両当事者が契約の鎖で固く結びつけられるというように截然と区別されるものではない。むしろ、その端緒から履行の完了に至るまで段階的に成熟していくものであって、個々の法律問題については、その成熟度に応じた法律効果を認めていかざるを得ない[93]。

熟度論は、単に社会的事実として契約が練り上げられていくという現象を把握するものでなく、法的事実としての成熟性を問題とするものである。もっとも、ある社会的事実がいかなる規範的観点により成熟度を評価されるのか、そしてそれが行為規範としてどのように結実していくのかという点については、そこにいう法的拘束力の意味の多義性ともあいまって、「熟度」といっただけでは決定的ではなく、さらに理論的な深化を必要とするものであった。そして、熟度論は、こうした観点から、いくつかの面で理論的進展を経験している。

2　中間的合意論
2-1　総　　論

契約準備交渉段階において交渉当事者間でされた合意については、1990年代に至るまで、契約締結上の過失責任の枠組みにとりこまれて議論される一方で、終局的契約成立前の合意については、法律効果の基点としての位置を与えられていなかった。他方、本契約に至るまでの合意（契約）であるところの「予約」についても、一方の予約と双方の予約、双務予約と片務予約

---

[93]　鎌田薫「不動産取引法の再検討」土地問題双書19号26頁（1983年）。

との組み合わせのもとで，独自の閉鎖的問題領域を形成してきた[94]。

　それが，最近になって，現代的契約理論の一翼を担い，意思ドグマの現代的慣用とでもいうべきような「中間的合意」論がひとつの潮流として形成されてきた。そこでは，伝統的な「契約締結上の過失」理論で捉えられていた問題領域を再構成する方向が示されており，原理面と法的構成面の両面で発想の転換がせまられている。他方，予約についても，比較法研究，母法にさかのぼっての研究，あるいは裁判実務の分析を通じて，伝統的な枠組みの見直しが提起されるようになっている。そのなかで，予約の守備範囲を契約準備交渉段階での「前契約」一般に拡張する可能性を模索したうえで，予約概念の質的変容と段階化をめざす構想が登場している。

　その結果，一方において，契約締結上の過失論から分離独立してきた「中間的合意」論と，守備範囲を質量ともに拡張させることとなった「予約」論が，「契約準備交渉段階における合意」という問題領域で遭遇する状況になっている。

2-2　「中間的合意」論の萌芽——熟度論から

　契約準備交渉過程における「中間的合意」につき，契約締結上の過失というドイツ民法的な枠組みにとらわれることなく，いち早くその法的意義の解明に着手したのが，鎌田薫であった。鎌田は，不動産売買での契約の成立時点を検討するなかで，売渡承諾書・買受証明書等の作成・交付があっただけでは売買契約・売買予約は成立しないとの裁判例を支持しつつも，こうした考え方は「結局，当事者が確定的に売買契約を成立させる意思を有していない，あるいは，契約の確定的成立を契約書作成の日まで留保する意思を有していたことを根拠にしていると解されるが，……こうした理解に従うならば，当事者は，売渡証書等を作成した後にも，何時でも，理由の如何を問わず，契約条件の変更や取引交渉の中断等を自由に申し出ることができる結果となるように思われ，これが当事者間の衡平を実現しうる解釈であるかについては疑問の余地がある」とする。そして，「むしろ，目的物・代金等については合意が成立していることを前提とし，それとは別に契約の即時の成立を妨げる合意を想定すべき」だとして，この意味での「中間的合意」の効力を検討する必要性を説いたのである[95]。

94　この点については，潮見佳男『契約各論Ⅰ』（信山社，2002年）66頁で説明するところを参照せよ。

この点に関し，鎌田は，「中間的合意」にもさまざまなものがあることを認めつつも，交渉過程の最終的局面における「中間的合意」――売渡承諾書等における当事者意思の場合――は，「それまでに合意に達した事項を単に事実上確認するだけでなく，以後はそれらの事項を蒸し返すことなく，契約書作成の際には，その内容をそのまま正式契約の内容とすることを予定している」とし，かかる「中間的合意」については，売買契約関係発生の効力を否定しつつも，「中間的合意の内容それ自体についての翻意ないしその内容に矛盾する理由をもってする契約締結の拒絶を許さないといった限度での法的拘束力を認めることが妥当であろう」とする[96]。

2-3 「中間的合意」論の発展――「交渉をするべき合意」と「未決定の条項を含む合意」

このような「中間的合意」論の発展として，「agreement to negotiate」と「agreement with open terms」を識別したファーンズワース（Farnsworth）の見解に依拠して，「交渉をするべき合意」と「未決定の条項を含む合意」とを区別する見方が示されることがある。

論者によれば，①まず，「交渉をするべき合意」においては，当事者には「誠実に交渉をすべき義務」が課される。そして，誠実に契約の交渉をしたが，最終的な合意が得られなかった場合には，両当事者はいかなる合意にも拘束されない。しかし，「誠実に交渉をすべき義務」に違反した場合には，信頼利益の賠償が認められる。②他方，「未決定の条項を含む合意」においては，「とりあえず本契約の合意をしたが，なお未決定の部分を留保しておき，その具体化を以後の契約交渉に委ねるという合意」が問題となっている（ただし，「契約の本質的な部分について未決定であれば，契約は不成立になる」）。ここでは，当事者は，未決定部分について誠実に交渉をし，未決定部分につ

---

95 鎌田薫「売渡承諾書の交付と売買契約の成否」ジュリスト857号116頁（1986年）。
96 鎌田・前掲ジュリスト論文117頁。ちなみに，鎌田は，この視点を「熟度論」（成熟度に応じた段階的責任論）のもとで基礎づけ，「契約交渉過程で取り交わされるさまざまな合意につき，それ自体の内容に即応した契約（広義の交渉契約）としての法的効果を認めようとする方向が目指されてよいであろう」としている。もっとも，鎌田は，「このような考え方をとったとしても，合意の有無は当該事案の客観的総合的な評価によって個別具体的に認定されるのであって，義務の存否の認定に関する限り信義則説とさほど大きな違いはないといってよい」とも述べている。鎌田薫「手形割引契約の準備段階における責任」金法1304号24頁（1991年）。

いての合意を得るように努力をするべき義務を負うし，最終的合意に至らなかった場合には，当事者の一方が未決定条項を含む合意から解放されるためには，解約手付と同じ機能を有する信頼利益の賠償が必要である[97]。

2-4 「意思理論の復権」と中間的合意論

1990年代にわきおこった現代的契約法理論のなかでも，「中間的合意」の考え方は，個人人格に根ざした自律性の尊重と意思の尊重という観点に基づいて契約法理論を再構成しようとする立場（「意思理論の復権」論）の一部により好意的にとりあげられ，「契約の成立に向かう交渉過程が小さな約束の積み重ねである」という点を強調することによって，契約準備交渉過程における「中間的合意」の拘束力の尊重へと結びつけられた。そして，それが，「交渉の場に進んで身を置き，相手方の期待を膨らませていく過程で相応の責任を分担していく」ことの正当化へともつながるものとされた[98]。

論者によれば，「『契約』として一括されているものの中味に，単体の約束として存在するものばかりではなく，むしろ小さな『部分的約束』の有機的な結合体とか，経過的な約束の積み重ねと見られるべきものが少なくないとすると，その限りでは交渉過程での挫折の責任の根拠（少なくともその一部）は，出来上がりつつあった小さな約束に対する違反と考えられるべき」である。そして，「それらの部分的約束や経過的約束ならびに残された交渉課題の全体に占める重要性等に応じて，交渉過程においてどの程度当事者が拘束される関係にあるかが決まってくる」[99]。

もっとも，論者は，このとき，「契約が成立していない以上，現実履行の強制や，履行に『替わる』損害賠償までは，特段の事情のない限り請求できないということになる（その意味では，契約の『熟度』に結びつけて直ちに履行利益の賠償まで認めることには慎重であるべきではなかろうか）」という。「履行義務の発生が未だ確定的でない以上，契約が成立するであろうことを期待してなされる準備行為が，原則として自己危険負担・自己責任となるため，清算されるべきものや，相手方の不実に対して制裁として要求できる損害費目が（例えば，契約締結のための共益費とか相手方の誠実交渉義務違反により被っ

　97　円谷峻『新・契約の成立と責任』（成文堂，2004年）152・299頁。

　98　河上正二「『契約の成立』をめぐって(1)(2)完」判タ655号11頁，657号14頁（1998年）。

　99　河上・前掲論文(2) 26頁。

た余分な費目など) 一定範囲に限られやすい」と考えるからである[100]。

他方,「予約」については,「融資予約」を例にとり, 次のように説かれている。すなわち,「消費貸借の予約は金銭交付のぎりぎりの段階まで借手の信用状態いかんによって効力を左右される可能性があり, また, 金銭交付 (またはそれと同等の信用供与) のない限り返還債務を発生させることは無意味であるから, 通常の売買予約のように, 一方的な予約完結権の行使によって本契約を成立させることができるような性格のものと考えることは適当でない。しかし, 予定された時期に合理的理由なしに融資の実行を拒絶することは, やはり違約行為であって, 債務不履行を構成しよう。通常は融資のタイミングが重要であろうし, かかる相手と将来にわたって与信関係を結ぶことは望まれないであろうから, 効果としては損害賠償ということになろうが, 履行の強制 (本契約の締結=融資の実行) を否定すべき理由もない」[101]。ここにおいて,「中間的合意」と「予約」との質的相違が認められている。本契約以前の「中間的合意」と本契約であるところの「予約」(その違反に対しては, 履行請求権, 履行に代わる損害賠償にまで至る余地がある) とが一線を画するという点はむしろオーソドックスな視点ともいえるが, 契約準備交渉段階における何に着目して線引きをするのかという点は示されていない。

2-5 「前契約」に基づく責任

契約成立前の「中間的合意」を基礎として, 契約準備段階の実態に即した法的責任を具体的に認める見解は,「契約準備段階において締結された前契約に基づく責任」としての契約責任による解決を指向する立場へと展開している。そこでは, 不動産取引についてのフランスにおける売買予約と終局的売買契約の関係に関する分析をもとに, わが国における解釈論として, 次のような見方が示されている。

論者によれば, ①およそ売買契約が成立したというためには,「売買契約に関する確定的合意」がされなければならず, この「確定的合意」があるかどうかは契約の成立に対して与えられる中心的効果である「履行請求権の発生」をもって判断されるべきである。いいかえれば, 売買契約は, 強制履行が許容されるにふさわしいとの評価に値するほどに「熟した」段階で「成

100　河上・前掲論文(2) 26頁。
101　河上正二「融資契約成立過程における金融機関の責任」金法1399号10頁 (1994年)。

立」したと考えられる。②他方,「両当事者が売買契約に関する合意をしてはいるが,その合意の履行を強制すべきではないと評価される場合」には,これを「双務予約」と解して,「履行に代わる損害賠償」を課すことが認められてよい場合がある。履行の強制を許すべきではないという意味で売買契約が成立しないと判断されても,損害賠償については,売買契約が成立したと評価される場合と同様の範囲で認められる場合があることを否定すべきではない(たとえば,売買契約の内容がほぼ確定し,数日後に契約書を作成して売買契約を締結する旨合意されていた場合,その合意が履行されていれば売買契約が締結されていたであろうことから,賠償すべき損害の範囲は売買契約の履行利益に及びうる)。③さらに,終局的売買契約も双務予約も成立していないときでも,当事者間に何の契約関係も存在しないということにはならず,「契約成立前の合意に基づく契約責任」が成立する領域を認めるべきである。すなわち,交渉段階において当事者が「交渉を継続する合意」や「既に合意された事項を再び蒸し返されない債務」といったような債務を負ったと判断される場合には,正当な理由なく交渉の継続を拒絶し,あるいは既に合意された事項に反する条件を提示して契約締結を拒絶した当事者に対し,相手方は債務不履行に基づく損害賠償を請求することができる[102]。

2-6 予約段階論

以上とは観点を異にし,中間的合意の問題を予約理論へととりこんで,(履行請求権の成否にも関連づけながら)予約制度を再構成する動きもある。論者によれば,①本契約が条件成就により自動的に成立する段階,②本契約が完結権行使により成立する段階,③本契約が一方的意思表示などにより成立するものではないが責任を生じる段階,最後に,④本契約の成立も責任も生じない段階である。そして,④に該当する予約についても,「確定性の程度が高い」ものについては,「意思表示に代わる裁判で履行を命ずる判決をもらい,執行名義にできる」,すなわち,効果としての履行請求権が与えられるべき可能性が問われる[103]。

---

102 横山美夏「不動産売買契約の『成立』と所有権の移転(1)(2)」早稲田法学65巻2号1頁,3号85頁(1990年),特に(2)268頁・298頁・302頁。
103 椿寿夫「予約の機能・効力と履行請求権」法律時報70巻2号89頁(1998年)。

3 中間的合意論の問題点

中間的合意を基礎として契約準備交渉段階の規律を説く一群の考え方には，次のような問題があり，直ちには賛成することができない。

① およそ「合意は遵守されるべきである　pacta sunt servanda」との原理（契約の拘束力）が説かれ，それが私的自治ないし意思自治の原則に依拠させられる際に，「自律的に決定された契約内容の実現が法秩序によって承認される」というのは，あくまでも，自律的に形成された「終局的契約」に対して拘束力と強制力が法的に承認されるということを意味するものである。ところが，「契約準備交渉段階の合意」について「中間的合意」として構成しようとする論者らは，「中間的合意の拘束力」を説く際に，意思内容の実現に焦点をあてて問題を捉えるというよりは，むしろ，「『意思』を勘案した責任制度の構築」をめざしている。「中間的合意」論者の説く「合意」も「意思」も，法律行為における効果意思とは次元の異なる事実的意思を問題としているのである。「中間的合意」の概念を立てて「意思理論の復権」を説くのならば，それは，事実的意思と法的効果意思とを混線したものといわざるをえない。

そうであるならば，契約準備交渉段階でおこなわれた各当事者の具体的行為（意思的活動）を契約準備交渉過程のなかで位置づけて，個々の具体的行為が当該交渉過程での具体的状況下においていかなる目的でされたのか（個々の具体的行為に交渉当事者がいかなる意味を付与したのか）を捉え，これをもとにして法秩序が個々の具体的状況下で交渉当事者としていかなる行為態様をとるべきであったかという評価を下すなかで，「中間的合意」にあらわれた事実的意思が考慮に入れられるというべきである（繰り返しになるが，中間的「合意」の拘束力が認められているのではない）。ここでは，「中間的合意」の事実は，契約準備交渉段階で交渉当事者がその後にとるべき態度を確定する際に重要な意味をもつことはあったとしても，それは交渉当事者間に存在する特別結合関係の具体的状況に即して交渉過程上の行為規範が設定されることの結果としてそのようになるだけであり，けっして「合意は遵守されるべきである」という意味で意思（「中間的合意」）が尊重されたからではない。

② 契約交渉破棄を理由とする責任について，「中間的合意」に依拠する規範とされているものについては，もしそのような規範が不法行為責任とは

違い「合意の法的拘束力」の観点から捉えられるべきものであるのなら、それ自体を法的意味での「契約」として捉えればよく、この「契約」としての合意に対していかなる効果を与えるべきかを契約法の論理に即して判断すれば足りる。一連の契約交渉プロセスで各種・各段階の合意があらわれる場面で、最後の「終局的な」契約のみが法的意味での「契約」であるということになるものではない[104]。

③　予約・中間的合意を強調する論者の一部が予約・中間的合意構成をとる意義としてあげている「予約・中間的合意に基づく履行請求権の付与」という点に対しても、①・②に述べたのと同じ指摘が妥当する。履行強制が認められるにふさわしい状況に至ったものについてのみ契約(終局的契約)の成立を認め、履行請求権を付与するのが、法的評価の点で一貫している。それに至らない場合に、「中間的合意」の効果として履行強制力を認めるのは、「履行請求権を付与するに値しないと評価される」がゆえに「本契約」と評価されないものに「履行請求権」を認めるという矛盾をおかしている。予約・中間的合意に基づいて履行請求権が認められる場合があることを説く立場は、本契約が「成立」していなくても終局的内容が「確定」しているのであれば予約・中間的合意に基づき履行請求権を認めるべきであるとの考え方を基礎とするものであるが、この点がまさしく問題である。履行請求権を与えてよいと評価できる場合にこそ、予約でも中間的合意でもない本契約の成立を認めればよいことである。

④　契約交渉破棄を理由とする損害賠償として履行利益の賠償が認められるべきであるという主張についても触れておく。このような主張にあっては、履行利益賠償が認められる場合として、「それまでに合意に達した事項を単に事実上確認するだけでなく、以後はそれらの事項を蒸し返すことなく、契約書作成の際には、その内容をそのまま正式契約の内容とすることを予定している」段階にまで達したような場面を想定しているようである。そうであれば、ここでも中間段階のなかでも最終局面でされた「契約」に基づいて、

104　一連の契約交渉プロセスで、法的意味での複数の「契約」が時間的に連鎖したり、発展的に拡充していったり、交渉事項のうちの一部の事項について先行して法的拘束力ある合意が成立したりするということが否定されるわけではない。企業間の協働事業化に関する基本合意における「独占交渉権条項」の効力に関する最決平成16年8月30日民集58巻6号1763頁(UFJ信託銀行経営統合交渉差止仮処分申立事件)。

それと因果関係のある（または保護範囲内にある）損害が賠償されるのだといえば足りる。あえて，法的拘束力のある「契約」に依拠しないルールとして，「契約交渉破棄を理由とする損害賠償として，履行利益の賠償を否定すべきではない」というルールを立てる必要はない。

V 信義則に基づく責任

1 緒　　論

　契約交渉の不当破棄に対する法的処理については，「当事者の意思」に基づく処理を強調して中間的合意による解決をはかる方向のほかに，信義則（民法1条2項）に基づく解決をはかる方向が見出される。ドイツおよびわが国における「契約締結上の過失」理論の展開過程をみたときには，むしろ，こちらの方向こそが多くの支持を受けていたものといえる。

　しかしながら，信義則に基づく法的処理を指向する最近の理論は，従前の理論とは異なった様相を呈している。それは，従前の議論が私的自治・契約自由に対する例外的な法理（私的自治・契約自由に対する修正理論もしくは契約責任の「拡張」理論）として信義則に基づく責任を捉えていたのに対し，最近の理論では，私的自治・契約自由と並行する法理，もしくは，私的自治・契約自由の原則が瓦解したあとに新たに構築されるべき法理として，「信義則上の責任」を捉える傾向が強くなっているということである。もとより，「信義則上の責任」をこのような方向から位置づけるといっても，その捉え方には，さまざまなものがある。

2 約束者の一方的給付約束・矛盾行為禁止の観点からの立論

　わが国において比較的に早い段階で登場したのは，「一方的給付約束に基づく責任」ないしは「矛盾行為禁止の観点に基づく責任」という観点から契約交渉の不当破棄を理由とする信義則上の責任を基礎づける方向である。

　それによれば，契約準備交渉段階での信義則上の義務は，一方当事者による先行行為に対する矛盾行為の禁止（禁反言）という視点から獲得される。この考え方は，「契約締結上の過失」理論が幅広い展開をみせているドイツでも，アメリカ法での「約束的禁反言」（promissory estoppel）からの示唆を得て，「一方的給付約束による責任」という形で先鋭化されているが[105]，こ

れと発想の基礎を共有するものである。
　しかも，わが国では，この方向での議論は，「一方的給付約束」があった場合に限定することなく，広く先行行為との関連で行為者の態様を評価しようとする観点から，具体的な展開をみせている。たしかに矛盾行為禁止の観点に基づく責任の法理が契約交渉の破棄事例において明瞭にあらわれる場合が多いが，これにとどまらない。すなわち，詐欺的言動のほか，いわゆる不実表示の事例も，これを「表示行為をなしたことについての表示者の責任」という面から捉えるならば，「何人も自己の先行する言動に矛盾した態度をとることを許されない」（誠実交渉義務）という原理が発現したものと捉えることができるとするのである。その意味で，先行行為の際の行為者の主観的態様と相手方の信頼（とりわけ，先行行為を前提とした自己の地位の変更）との相関的衡量の必要性が説かれている[106]。

3　相手方の信頼保護の観点からの立論

　契約交渉破棄を理由とする責任の問題につき相手方の信頼保護の観点から検討を加えるものがある。現代社会における信頼保護のあり方を問うべく，契約自由の原則に基づく自由な交渉と，契約交渉のなかで相手方が抱いた契約締結への期待・信頼の保護との調整をいかにしてはかるかを問う立場である。
　この観点から検討を加える論者は，交渉破棄が問題となる場面は，「誤信惹起型」と「信頼裏切り型」とがあることを指摘し，次のように説く[107]。
　「誤信惹起型」については，契約締結に関して誤信を惹起することで損害を発生させた者は，みずからそれを負担すべきであるとの法理が認められるべきである。私的自治・契約自由の原則とて誤信を惹起することを許すものではないから，この責任肯定という価値判断を否定すべき論拠にならない。このように理解することで，「誤信惹起型」について自由な交渉と信頼保護の相克という捉え方そのものを否定するわけである。

105　ハンス・シュトル（安永正昭訳）「比較法的見地から見た給付約束に対する契約外の信頼責任」神戸法学雑誌 28 巻 2 号 113 頁（1978 年）。
106　磯村保「矛盾行為禁止の原則について(1)」法律時報 61 巻 2 号 90 頁（1989 年）。
107　池田清治『契約交渉の破棄とその責任』（有斐閣，1997 年）で展開されている見方である。

他方,「信頼裏切り型」では,帰責の根拠は,みずからの約束によって惹起した信頼を裏切るのは不当であるとの観点から,交渉破棄それ自体に求められる。そして,この点で私的自治・契約自由の原則と信頼保護との相克が生じる。このとき,信頼裏切りが問題となる局面は,信頼の裏切りに帰責の根拠がある点と「自分さえ同意すれば,締約は確実である」ことについて信頼が惹起される点において,「申込みの拘束力」が問題となる局面に類似する。ところで,「申込みの拘束力」をもってかかる信頼に対して保護を与えているのが日本法である。この「申込の拘束力」について法のおこなう価値判断は,「信頼裏切り型」に対する処理についても,(申込みが締約意思を含むものである点を勘案してもなお,相手方の信頼が「事実上の信頼」である点で共通するゆえに)規範創造の指針として尊重に値する。もっとも,信頼の正当性が是認されるのは,あくまでも申込みと同程度の強度を有する約束についてだけである。そして,そういえるためには,「(主要な)契約内容の特定」と「締約の約束」が存在していなければならない。この2要素は「申込みの存否」という形で「申込みの拘束力」の存在する局面で正当性の基準とされているのであって,これらが存在するときには,信頼の裏切りに対しても,申込みの撤回に対する保護と同等の法的保護のもとに置いてよい。

4　関係契約理論からの説明

契約準備・交渉段階での規範を当事者の意思ではなく,当事者が形成した「関係」そのものに着目して捉え,これを「関係契約規範」の観点から説明する見解がある。

論者によれば,契約交渉の一方的破棄の場面についていえば,この契約交渉破棄に関する裁判例が示しているのは,相手方を信頼させ,相手方の費用支出や法的地位の変化を招いた者は,その信頼を裏切ったことによる損害を賠償すべきであるという一種の信頼責任の法理が,契約締結過程においても妥当するということである。このような責任は,当事者間に一定の「関係」が存在する場合に肯定される。ここでは,意思表示の合致による「契約の成立」前に,既に契約「関係」による拘束を肯定する規範が想定されている。「一定段階の契約交渉に入った当事者は,たとえ契約締結前であっても,誠意をもって契約交渉を継続する義務を負い,一方的な交渉の破棄によって相手方に損害を与えることのないよう配慮しなければならない」と定式化すべ

き法原理が想定されている[108]。

VI 小 括

　契約交渉過程において交渉当事者がどのような場合に一定の措置を講じるべく規範的拘束を受けるのかについて，これまでの「契約締結上の過失」およびその周辺理論を眺めたときに確認をしておく必要があるのは，「熟度」的発想の位置づけである。「熟度」という概念による説明は，契約の準備交渉が開始され，内容が煮詰められ，まさに練りあげられながら契約が成立するに至るという過程を表現するものとして有用かつ適切であるが，それが単に社会的事実としての事態の推移を意味するのではなくて，規範的評価を経て論理言語により表現された契約成立へと至る過程を意味するものであるという点を，わきまえておく必要がある。しかも，「熟度」による説明には，「終局的な契約が成立するに至っていない」との規範的評価が伴っていることを無視できない。そこには，成立した契約（終局的契約）に対して法秩序により下される評価と，契約が成立していない段階で，しかし一定程度「成熟」した事態に対して法秩序により下される評価との間に質的な相違が認められているのである。

　「中間的合意」論に対する疑問を語った際に論じたことの裏返しであるが，交渉相手方が有する「契約成立への正当な期待ないし信頼」を保護するために契約準備交渉過程で当事者に課される規範的拘束の妥当根拠は信義則に求めなければならない。しかし，このとき，信義則に基づく判断をどのような観点からおこなうのかを明らかにするのでなければ，ここでも信義則の援用は，反論可能性のない説明に終始してしまう。そうならないためには，信義則上の義務あるいは信義則上の義務違反が語られている局面に今一度立ち返り，そこでの信義則判断を支えている考え方を探ってみる必要がある。

108　内田貴「現代契約法の新たな展開と一般条項」同『契約の時代』（岩波書店，2000年）74頁。

VII 信義則上の義務と交渉相手方の保護法益

1 裁判例の傾向

このような目で，信義則上の義務に対する違反が問われた交渉破棄事例に関する裁判例を眺めよう。

そこでは，まず契約準備交渉が開始された場合において，既に，そこにおける最小限の要請として，契約準備交渉が理性的にされるべく，交渉当事者相互の交渉行為のなかで背信的行動（積極・消極の行為）をとってはならないという点がうかびあがる。この段階では，とりわけ，(i)自己の先行行為に矛盾する態度をとることは許されないとの矛盾行為禁止の視点からの行為義務[109]と，(ii)相手方が誤解に基づいて行動していることを認識できた場合に，その誤解を指摘し是正すべき義務[110]とが，信義則判断の中心を占める。この関連で，契約準備交渉過程での行為義務の存否と内容とを確定するにあたって，裁判例では，それぞれの段階における交渉ならびに具体的措置につきどちらの当事者が主導権をもっていたのかという点が重視される傾向にある。一方が主導権をもって関与し，もしくは助力の姿勢をみせている場合には，他方当事者に惹起された誤信につき，より積極的な誤認是正義務・教示義務が課されている[111]。

他方，これを超えて，契約締結のために相手方に適切な情報を提供し，説明をする義務といったような，契約締結へ向けて積極的に協力すべき義務を交渉当事者に課すことは，問題となっていない。

誤認是正義務・教示義務を超えて，契約締結へ向けて積極的に協力すべき義務，特に，契約を破棄ないし挫折させることによって相手方の利益や期待を害しないために一定の措置を講じるべき義務が交渉当事者に課されるというためには，被害者側の契約成立への期待と利益が法的保護に値するものにまで達しているのでなければならない[112]。そのうえで，当該具体的な準備交渉段階で，両交渉当事者の特別結合の形態や，それまでの交渉経緯および交渉態度を考慮に入れて，交渉当事者としてとるべき態度，相手方保護措置の内容がうかびあがる。

109　この種の事件を扱った最高裁判決は多い。たとえば，次のようなものがある。

①　最判昭和56年1月27日民集35巻1号35頁。Y村の前村長が推進した企業誘致政策に基づいてXが工場建設に着手したところ，その後の選挙で工場建設に反対の立場をとる現村長が当選し，施策変更をして工場建設に対する協力を拒否したため，工場建設が不可能となった。そこで，XがY村を相手どり，不法行為を理由とする損害賠償を請求した。判決は，次のように述べて，Yの不法行為責任を認めた。「地方公共団体のような行政主体が一定内容の将来にわたって継続すべき施策を決定した場合……右決定が，単に一定内容の継続的な施策を定めるにとどまらず，特定の者に対して右施策に適合する特定内容の活動をすることを促す個別的，具体的な勧告ないし勧誘を伴うものであり，かつ，その活動が相当長期にわたる当該施策の継続を前提としてはじめてこれに投入する資金又は労力に相応する効果を生じうる性質のものである場合には，右特定の者は，右施策が右活動の基盤として維持されるものと信頼し，これを前提として右の活動ないしその準備活動に入るのが通常である。このような状況のもとでは，……密接な交渉を持つに至った当事者間の関係を規律すべき信義衡平の原則に照らし，その施策の変更にあたってはかかる信頼に対して法的保護が与えられなければならないものというべきである。すなわち，右施策が変更されることにより，前記の勧告等に動機づけられて前記のような活動に入った者がその信頼に反して所期の活動を妨げられ，社会観念上看過することのできない程度の積極的損害を被る場合に，地方公共団体において右損害を補償するなどの代償的措置を講ずることなく施策を変更することは，それがやむをえない客観的事情によるのでない限り，当事者間に形成された信頼関係を不当に破壊するものとして違法性を帯び，地方公共団体の不法行為責任を生ぜしめるものといわなければならない。そして，前記住民自治の原則も，地方公共団体が住民の意思に基づいて行動する場合にはその行動になんらの法的責任も伴わないということを意味するものではないから，地方公共団体の施策決定の基盤をなす政治情勢の変化をもってただちに前記のやむをえない客観的事情にあたるものとし，前記のような相手方の信頼を保護しないことが許されるものと解すべきではない」。

②　最判昭和59年9月18日判時1137号51頁。Xは，分譲マンションの着工と同時に買受人の募集をはじめたところ，Yがマンションの購入希望を伝えてきた。その後に，Yは，Xに対して，スペースについての注文を出し，レイアウト図を交付し，さらには，歯科医院を営むための電気容量に関する照会もした。この照会を受けて，Xは，Yの意向を確認しないまま電気容量変更をし，これに要した出費分の代金への上乗せをYに通知したが，これについてYが特に異議を述べることもなかった。ところが，この後に，Yがマンションの買取りを断ったため，XがYに対し，電気容量変更に要した費用等の賠償を求めたものである。この事件で，原審は，「契約締結に至らない場合でも，当該契約の実現を目的とする右準備行為当事者間にすでに生じている契約類似の信頼関係に基づく信義則上の責任として，相手方が該契約が有効に成立するものと信じたことによって蒙った損害（いわゆる信頼利益）の損害賠償を認めるのが相当である」とし（ただし，過失相殺5割），最高裁も，「原審の適法に確定した事実関係のもとにおいては，Yの契約準備段階における信義則上の注意義務違反を理

2 権利・法益面からみた交渉相手方の利益の二様性と，2種の信義則上の行為義務

以上の裁判例からは，契約準備交渉過程での行為規範群に，①相手方の先行行為に対する信頼の挫折という観点からの法的評価に基づくものと，②契

由とする損害賠償責任を肯定した原審の判断は，是認することができ〔る〕」とした。
　③　最判平成18年9月4日判時1949号30頁。建築工事の施主Y，その相手方である施工業者A，この工事の下請業者Xという当事者関係が認められる局面で，Yが建築の計画をしていた建物の建具の納入等について，契約締結前にYの了承に基づいてXが準備作業を開始した後に，Yが建物建築の計画を中止したため，XがYに対して準備作業に要した費用等の損害賠償を請求した事件を扱ったものである。判決は，「Xが本件建物の施工業者との間で本件建具の納入等の下請契約を確実に締結できるものと信頼して上記準備作業を開始したものであり，Yが上記のとおりの予見をし得たものとすれば，信義衡平の原則に照らし，Xの上記信頼には法的保護が与えられなければならず，YにXとの関係で本件建物の施工業者を選定して請負契約の締結を図るべき法的義務があったとまでは認め難いとしても，上記信頼に基づく行為によってXが支出した費用を補てんするなどの代償的措置を講ずることなくYが将来の収支に不安定な要因があることを理由として本件建物の建築計画を中止することは，Xの上記信頼を不当に損なうものというべきであり，Yは，これにより生じたXの損害について不法行為による賠償責任を免れない」とした。
　④　最判平成19年2月27日判時1964号45頁。YがA社に納入する予定の商品（麻雀ゲーム機）をXが開発・製造するにあたって，Xがこの商品の開発・製造がA・Y間での売買契約の成否にかかっていることを知りながら，X・Y間で商品開発・製造契約を締結せずに開発・製造を継続することに難色を示していたため，Yは，Xに商品の開発・製造を継続させるべく，Aから商品の具体的な発注を受けていないにもかかわらず，Xに対して具体的な内容を記載した発注書等を交付した。その結果，Xは，Yとの間で商品開発・製造契約が締結されることについて強い期待を抱き，相応の費用を投じて商品の開発・製造をした（しかし，A・Y間での契約も，X・Y間の契約も，締結されずに終わった）という事件を扱ったものである。判決は，「Xは，Yの上記各行為を信頼して，相応の費用を投じて上記のような開発，製造をしたというべき」であって，Yには「契約準備段階における信義則上の注意義務違反」があり，Yは，これによりXに生じた損害を賠償すべき責任を負うとした。
110　東京地判昭和53年5月29日判タ374号126頁，大阪地判昭和59年3月26日判時1128号92頁，東京地判昭和61年4月25日判時1224号34頁，東京高判昭和61年10月14日金法767号21頁。
111　仙台高判昭和61年4月25日判タ608号78頁，大阪高判平成元年4月14日判タ704号224頁，東京地判平成4年1月27日金判902号3頁。
112　東京高判昭和54年11月7日判時951号50頁，京都地判昭和61年2月20日金判742号25頁，前掲仙台高判昭和61年4月25日，大阪地判平成10年8月31日判タ1009号193頁。

約成立への正当な期待の挫折という観点からの法的評価に結びつくものとが存在していることをみてとることができる。

このうち，①（先行行為に対する信頼の挫折）は，次のような考え方に出たものである。すなわち，契約締結前の資本投下のリスクは原則として支出者が負担すべきであるものの，一方当事者が他方の信頼を誘発する一定の態度を示し，相手方がかかる態度を信頼することにより準備行動を起こした場合，あるいは，相手方が同様の信頼のもとに借入れ等による先行投資に着手した場合には，信頼を誘発した当事者は，相手方に対し，自己の先行行為に基づき，相手方の行動を是正すべく告知・警告等をすべき義務を負うというものである。「先行行為に基づく行為義務」（告知・警告・是正義務等）ということができるが，給付がされることにより実現されるべき履行利益（積極的契約利益）への信頼の保護ではないし，この利益の侵害を理由とする損害が賠償の対象となるものではない。

もっとも，ここでは，契約交渉過程においていったん提示した条件を撤回して，これと矛盾する新たな条件を提示することは，原則として交渉当事者の自由に属するから，矛盾行為が信義則に反し許されないといえるためには，単に先行行為に矛盾があるというだけでは足りず，付加的事情が必要である。その意味で，先行投資の危険は誰が負担すべきかという観点から行為義務の成立場面が限定されたり，過失相殺による賠償額の減額が問題とされたりしやすいのも，この意味での先行行為に基づく行為義務違反のもつ特徴である。

他方，②（契約成立への正当な期待の挫折）は，次のような考え方に出たものである。すなわち，契約締結が確実である段階で，つまり，契約締結交渉が大詰めに至り，相手方が契約の成立についての期待権（契約締結の利益）を有するに至ったと評価してもよいほどに形式的詰めを残すだけになったときには，各交渉当事者は契約成立による利益取得を確実なものとして期待するものであるから，相手方の期待利益の保護をはかるべく，契約の成立へと積極的に協力すべき行為義務を負う。それにもかかわらず，正当な理由なく契約の成立を阻害する行為をしたり，契約交渉を一方的に打ち切ったりしてはならない。ここでの行為義務は，「契約成立への正当な期待を侵害しないようにすべき行為義務」ということができる。この意味での行為義務違反が認められた場合には，契約成立が挫折したことによる損害が賠償されるべきである[113]。

VIII 義務違反の法的性質

1 不法行為責任

　交渉破棄を理由とする交渉当事者の責任の性質をどのように考えるか。特別結合関係としての契約準備交渉関係（もしくは準備交渉過程）に着目したところで，「中間的合意」論に対する批判を述べた際に触れたように，この責任は交渉当事者の自律的決定に基礎づけられるものではない。契約準備交渉過程での契約成立へ向けた相互の交渉過程に注目し，交渉過程のなかでの個別の具体的行為に各当事者が付与した意味を探りながら，当該行為の交渉過程における意義を確定し，個々の状況下で遵守されるべき行為規範が他律的に形成されているのである。

　このような理解からは，ここでの行為規範（信義則上の義務）の違反を契約責任と性質決定するのは困難である。特別結合関係にある当事者間の不法行為を肯定するにつき（かつての）ドイツ法のような障害のないわが国においては，交渉破棄者の行為義務違反を不法行為と性質決定するのが相当である。「不法行為責任」とは異質な「第3の責任範疇」として「契約締結上の過失」類型を立てる意味はない。

2 契約責任への仮託の要否

　もっとも，このように契約交渉の不当破棄を不法行為責任の性質をもつものとして捉えるときでも，不法行為責任としての構成をすれば保護されないが，被害者の利益を保護すべきだとの要請が優位に立つべきだと考えられる

113　このとき，完全性利益としての財産的利益が行為義務の保護目的に入り込む場合（保護義務として捉えられる場合）には，こうした利益の塡補も認められる。ただし，「履行利益」賠償というコンテクストにおけるのではない点に注意せよ。潮見・契約法理の現代化28頁。この点に関しては，初版の説明を改めている。ほぼ同旨，高橋眞「契約締結上の過失論の現段階」ジュリスト1094号139頁・146頁（1996年）。なお，仮協定のような終局的契約と異なる「合意」が契約準備交渉過程でおこなわれている場合（前掲京都地判昭和61年2月20日）には，それが紳士協定のように法的拘束力をもたないのであれば格別，そうでなければ，その合意内容に即して交渉当事者が適切な行動をとるべき義務が課されるが，これはまさに交渉段階で締結された「契約」そのものであり（前述の「中間的合意」ではなく，「終局的契約」である），「契約」固有の法理で，しかし，後に交わされるであろう「契約」との関連を常に意識しながら，そこでの行為規範の内容を探求していけばよい。

場合がある。ここでは，契約責任と構成することによってこうした要請に応えることができるものであるならば，契約責任への仮託を考慮する価値がある。

交渉破棄を理由として契約締結上の過失に基づき損害賠償請求がされる場合に，わが国で仮託構成を検討する可能性があるのは，①消滅時効期間の長短と，②補助者の過失による本人の責任の成否に，ほぼ限られる。

このうち，①（消滅時効期間の長短）については，交渉破棄で終わった場合の処理を契約責任の長期の消滅時効にかからせる必要性に乏しい点にかんがみ，仮託の必要はない[114]。他方，②（補助者の過失による本人の責任の成否）については，使用者責任では対処できない独立的補助者が交渉当事者本人により交渉のために契約準備交渉過程に組み込まれている場合に，この者の行為を交渉当事者本人に帰責するため，履行補助者責任の法理に仮託させる意味がある。したがって，独立的補助者を取り込む点に限り，契約責任の法理に仮託させ，それ以外は不法行為責任の法理で処理する[115]のが適切である[116]。もとより，交渉過程における人的組織編成義務ないし監視義務の違反（組織過失）を理由として本人が民法709条に基づく損害賠償責任を負う可能性は，これによって否定されるものではない（組織過失に関しては，第4章第3節第12項IIで扱う）。

IX 損害賠償の内容

1 信頼利益概念の当否

交渉破棄を理由とする損害賠償の内容は，伝統的な表現に依拠するならば，信頼利益（または，消極的契約利益）の賠償である。下級審裁判実務では，基本的なフレームとして，この概念を用いているものが圧倒的多数である。

しかし，今日の学説では，①信頼利益概念の多義性[117]，②わが国の民法との異質性[118]，③賠償範囲を限定する基準としての有害性などが指摘され，信頼利益概念を用いずに，端的に相当因果関係の問題ないし保護範囲（義務射程）の問題として処理すべきだとするものが多い。

---

[114] かえって，契約責任を拡張する方向での立論のなかで，拡張部分については不法行為責任の消滅時効が妥当すべきではないかとの議論すら出ているのが，現状である。奥田昌道『債権総論（増補版）』（悠々社，1992年）168頁。

このようにみたときには、破棄当事者の義務違反を理由とする損害賠償の内容を表現する場合に、「信頼利益」(消極的契約利益) という言葉を用いないのが賢明である。むしろ、「信義誠実に反する態度」(故意・過失行為) により交渉を破棄し、これによって「先行行為に対する信頼」・「相手方の契約

115　2009年（平成21年）4月に公表された民法（債権法）改正検討委員会の試案では、次のような準則を立法することが提案されている。
　【3.1.1.11】（交渉補助者等の行為と交渉当事者の損害賠償責任）
　「当事者は、契約交渉のために使用した被用者その他の補助者、契約交渉を共同して行った者、契約締結についての媒介を委託された者、契約締結についての代理権を有する者など、自らが契約交渉または締結に関与させた者が【3.1.1.09】〔交渉を不当に破棄した者の損害賠償責任〕または【3.1.1.10】〔交渉当事者の情報提供義務・説明義務〕に掲げられた行為をしたとき、【3.1.1.09】または【3.1.1.10】の規定に従い、相手方に対して、損害賠償の責任を負う。」
　この【3.1.1.11】では、契約交渉ないし契約締結に関与した第三者の行為についての交渉当事者の責任に関して、被用者に限らず、いわゆる独立的補助者の行為についても交渉当事者が損害賠償責任を負うと考えるのが合理的であるとの立場を基礎としている。決定的なのは、交渉当事者が当該第三者を契約交渉ないし契約締結に関与させたかどうかである。そのうえで、契約に基づいて生じた債務（その内容は契約解釈等により定まる）を履行するために履行過程に投入される「履行補助」者と異なり、「交渉」補助というカテゴリーが多義的であるためにルール適用に際しての遺漏が生じることを避けるべく、また、あわせて、一般市民に対してのわかりやすさを考慮し、契約交渉のために使用した被用者その他の補助者、契約交渉を共同しておこなった者、契約の締結について媒介をすることを委託された者（媒介を受けた者からの再受託者を含む）、契約の締結について代理権を有する者（復代理人を含む）というように、現民法下での学説および実務で交渉補助者の行為を理由とする交渉当事者の損害賠償責任が認められた場合を掲げている。
116　平野裕之「いわゆる『契約締結上の過失』責任について」法律論叢61巻6号68頁・87頁（1989年）も、「契約交渉の当事者は信義に反するような行動をとり相手方に無駄な支出（財産的完全性の侵害）をさせないよう注意すべき義務（不法行為上の注意義務）を負う」として、交渉破棄の場合を不法行為責任で処理する。
117　原状回復的損害賠償の意味で用いているものもあれば、破棄当事者の言動を信頼して投下した費用その他の損失を含む意味で用いているものもある。
118　この概念自体は、ドイツ法系に特有のものである。アメリカ法でも信頼損害（reliance damages）という言葉が用いられることがあり、第2次契約法リステイトメント351条3項も、「逸失利益に対する損害賠償」とは別系統の損害賠償として「信頼によって被った損失」の賠償可能性を認めているが、その用法は、日本やドイツにおけるそれとは異なる。アメリカ法のもとでの信頼利益・信頼損害の概念に関しては、吉田邦彦「アメリカ契約法学における損害賠償利益論」同『契約法・医事法の関係的展開』（有斐閣、2003年）68頁。

成立への期待」を挫折させたとき（権利・法益侵害），破棄当事者は相手方がこの権利・法益侵害によって被った損害を賠償しなければならないという一般的なルールにとどめておくべきである。この場面で賠償されるべき損害の内容を語るにあたって重要なのは，むしろ，交渉相手方のどのような地位が法的保護に値したのかという「権利・法益」論であって，「損害」論ではない。

2 信頼利益を超えた利益の賠償

学説の一部では，契約交渉の成熟度が増し，最終的局面に至った段階で交渉破棄がされたときには，たしかに終局的契約の成立は認められないため，契約に基づく履行の強制（したがって，履行請求権）は認められるべきではないものの，履行利益の賠償は認めてやってもよいのではないかという見解が主張されている。たとえば，売買契約の内容がほぼ確定し，数日後に契約書を作成して売買契約を締結する旨合意されていた場合，その合意が履行されていれば売買契約が締結されていたであろうことから，賠償すべき損害の範囲は売買契約の履行利益に及び得るというようなものである。なお，この場合に，中間的合意の成立を認め，この効果として履行利益賠償を認めるかのようなものがあれば，他方で，信義則に基づく履行利益賠償請求権を認めるものもある。後者の考え方は，諸外国でも存在しているものである[119]。一部の下級審裁判例では，履行利益賠償が認められているものもある[120]。これらの立場は，履行請求により被害者が得る利益状態と，履行利益賠償により被害者が得る利益状態とが異質のものであることを前提としたものである。

また，学説の一部では，契約交渉破棄を理由とする履行利益賠償は否定しつつも，賠償される項目を信頼利益に該当するものに限定する必要はないという旨が説かれることがある。たとえば，銀行融資に向けた交渉が破棄されたことによる事業者の営業上の利益喪失を独立の法益ないし損害として捉え，賠償への道を開くというような場合である[121]。

---

[119] たとえば，オランダ法につき，ハイン・ケッツ（潮見佳男＝中田邦博＝松岡久和訳）『ヨーロッパ契約法 I』（法律文化社，1999年）59頁。

[120] 横浜地川崎支判平成10年11月30日判時1682号111頁では，商業施設への出店（賃貸借）を断った事業者（テナントとして入る予定であった者）に対し，6か月分の得べかりし賃料相当額の支払が命じられている。

しかし、ここでも、前述したように、「信義誠実に反する態度」（故意・過失行為）により交渉を破棄し、これによって「先行行為に対する信頼」・「相手方の契約成立への期待」を挫折させたとき（権利・法益侵害）、破棄当事者は相手方がこの権利・法益侵害によって被った損害を賠償しなければならないといっておけば足りる。繰り返しになるが、この場面で賠償されるべき損害の内容を語るにあたって重要なのは、むしろ、交渉相手方のどのような地位が法的保護に値したのかという「権利・法益」論であって、「損害」論ではない。

第3項　契約締結における説明義務・情報提供義務違反と自己決定権侵害

I　緒　論

　わが国では、投資取引や消費者契約において、一方当事者（事業者）の他方当事者（事業者・消費者）に対する交渉過程での説明義務・情報提供義務が問題とされてきた。そして、その違反に対する効果としては、主として、他方当事者に対する損害賠償責任が観念されてきた。

　わが国で投資取引において説明義務・情報提供義務が論じられてきた際、そこには、複数の異なったタイプのものが説明義務違反・情報提供義務違反という言葉にとりこまれて議論されている。最広義の幅をとるならば、次の3種のものが説明義務・情報提供義務として扱われ、その違反を理由として損害賠償責任が生じるものとされている。

　第1は、相手方の知識、経験、取引目的、資産状況（資力）に照らし不適合な商品・役務等を勧誘しない義務（不適合であることを説明・情報提供し、取引に誘引しない義務）である。これは、いわゆる適合性の原則を民事ルールのなかに取り入れたものである[122]。ここでの説明義務・情報提供義務は、

121　完全性利益の保護義務とか、（ドイツ民法流に）「純粋財産損害」（「第1次財産損害」）と表現されることもある。

122　最判平成17年7月14日民集59巻6号1323頁は、「証券会社の担当者が、顧客の意向と実情に反して、明らかに過大な危険を伴う取引を積極的に勧誘するなど、適合性の原則から著しく逸脱した証券取引の勧誘をしてこれを行わせたときは、当該行為は不法行為法上も違法となると解するのが相当である」とした。

当該取引についての耐性を欠く者を当該取引へと誘引することを禁止する（当該取引から排除する）との目的に出たもの（禁止規範）である。

　第2は，相手方にとって重要な事項を説明・情報提供する義務である。固有の意味での説明義務・情報提供義務である[123]。ここでの説明義務・情報提供義務は，私的自治・自己決定原則が妥当するための基盤（自己決定基盤）の確保を目的とし，情報格差を是正するために，一方が他方に対し当該取引につき自己決定に必要となる重要な事実を提供することを内容としたものである（狭義の説明義務・情報提供義務）。

　第3は，将来における不確実な事項について断定的判断を提供しない義務である。断定的判断の提供禁止のルールである[124]。ここでの説明義務・情報提供義務は，事実の提供ではなく，断定的な評価・意見を相手方に提供することにより相手方の意思形成・判断・意思決定の過程を統御することを禁止するとの目的に出たもの（禁止規範）である。

II　説明義務・情報提供義務をめぐる初期の学説

　取引交渉における説明義務・情報提供義務の問題がわが国で本格的に論じられるようになったのは，1960年代・1970年代頃からである。

　そこでの議論は，主として，ドイツ法の影響を受け，契約責任を契約締結前の行為に時間的に拡張することができないのかという観点から展開された。そして，取引交渉における説明義務・情報提供義務とその違反を理由とする交渉当事者の責任の問題は，いわゆる「契約締結上の過失」責任の一類型として位置づけられるようになった。その際，取引交渉における説明義務・情報提供義務とその違反を理由とする交渉当事者の責任の問題は，他の「契約締結上の過失」責任の場合と違う特徴があること，すなわち，この責任は——契約が不成立・無効または取り消された場合に交渉当事者の責任を問うのではなく——契約が有効に成立した場合に問題となる「契約締結上の過失」を理由とする責任であるという点が強調された。

　こうして取引交渉における説明義務・情報提供義務は，わが国では「契約締結上の過失」の問題として捉えられることになったのであるが，この時期の議論の特徴としては，次のような点を認めることができる。

　第1に，わが国では，ドイツの議論に示唆を得る形で，これに批判的な検

> 123 重要事項の説明義務・情報提供義務違反に関する裁判例としては，投資商品・金融商品関係のおびただしい数の下級審判決が存在しているが，最高裁判決としては，次のようなものがある。
> 　① 最判平成15年12月9日民集57巻11号1887頁。地震保険契約締結の際の説明義務・情報提供義務違反を理由とする慰謝料請求を認めた原判決を破棄するにあたり，当該事件における申込書の内容・記載方式から，顧客が地震保険にかかる重要な事項に関する情報の意味・内容を理解していた点を指摘し，かつ，顧客がさらなる情報提供を保険会社側に求める十分な機会があったことをも加味して保険会社側の行為の違法性を否定した。
> 　② 最判平成16年11月18日民集58巻8号2225頁。公団住宅の値下げ販売につき，「住宅公団は，Xらが，本件優先購入条項により，本件各譲渡契約締結の時点において，Xらに対するあっせん後未分譲住宅の一般公募が直ちに行われると認識していたことを少なくとも容易に知ることができたにもかかわらず，Xらに対し，上記一般公募を直ちにする意思がないことを全く説明せず，これによりXらがAの設定に係る分譲住宅の価格の適否について十分に検討した上で本件各譲渡契約を締結するか否かを決定する機会を奪ったものというべきであって，住宅公団が当該説明をしなかったことは信義誠実の原則に著しく違反するものであるといわざるを得ない」とした。
> 　③ 最判平成17年9月16日判時1912号8頁。マンションの販売業者Y_1から委託を受けてマンションの専有部分の販売に関する一切の事務をおこなっていた宅地建物取引業者Y_2が，そのマンションに設置されていた防火戸の操作方法について説明をしていなかったところ，買主Xの過失により出火してマンション一室が損傷したのみならず，マンション室内にあったX所有物品が損傷し，Xも死亡したという事案につき，(i)Y_2がY_1による各種不動産の販売等に関する代理業務等をおこなうためにY_1の全額出資の下に設立された会社であり，Y_1から委託を受け，その販売する不動産について，宅地建物取引業者として取引仲介業務をおこなうだけでなく，Y_1に代わり，またはY_1とともに，購入希望者に対する勧誘・説明等から引渡しに至るまで販売に関する一切の事務をおこなっていること，(ii)Y_2は，問題のマンションについても，売主であるY_1から委託を受け，本件売買契約の締結手続をしたにとどまらず，買主に対する引渡しを含めた一切の販売に関する事務をおこなったこと，(iii)本件におけるマンションの買主が上記のようなY_2の実績や専門性等を信頼し，Y_2から説明等を受けた上で，同マンションを購入したことが認められるときに，Y_2には，「上記電源スイッチの位置，操作方法等について説明すべき義務」があり，その違反について不法行為を理由とする損害賠償責任が発生するとした。
> 　④ 最判平成18年6月12日判時1941号94頁。顧客に対し，融資を受けて容積率の上限に近い建物を建築した後に，その敷地の一部を売却して返済資金を調達する計画を立案した建築会社（Y_2）の担当者の説明義務違反を認めるとともに，この担当者とともに上記計画を立案した銀行（Y_1）の担当者についても説明義務の違反を認めた。そこでは，(i)Y_1の担当者が土地の有効利用を図ることを提案して，Y_2を紹介したこと，(ii)本件土地の一部の売却により返済資金を捻出することを前提としたY_2の担当者作成の経営企画書をもとに，Y_1の担当者が投資プランを作成したこと，(iii)これらに

討を加えることなく，説明義務・情報提供義務違反の問題を契約責任ないし契約責任類似の責任として捉える考え方が，導入された。やや強いいい方をすれば，契約責任を拡張することはよいことであるという意識が前面に出され，その必要性や想定される問題点などを考慮することなく，そして，そもそも民事責任に関するドイツ法のシステムと日本法のシステムとの違いに十分な検討を加えることなく，いわばヨコのものをタテにするやりかたで，ドイツの理論を移入したのである。もっとも，この点に関しては，後日に，「契約締結上の過失」を理由とする責任が契約責任なのか，不法行為責任なのかという議論として活性化することにはなった。しかし，ここでも，交渉過程における義務違反を不法行為と捉える場合にはこの問題は「契約締結上の過失」を理由とする責任の問題ではありえないという，ドイツ法の「契約締結上の過失」責任を所与のものとした説明も——書かれたものとしては存在しないが——少なからずおこなわれていた[125]。

　第2に，わが国での当時の議論は，その多くが，ドグマーティクの観点から展開され，その反面，わが国の現実社会において登場していた問題に切り込むという観点は，消費者問題に関心をもっていた一部の学者を除き，きわめて薄弱であった。論理的な緻密で美しい体系をいかに構築するかという点が主要な関心事であったといってもよい。

　第3に，このことの裏返しになるが，当時の議論では，なぜ交渉当事者の一方が契約準備交渉段階での行動について責任を問われなければならないのか，なぜ説明義務・情報提供義務が課されなければならないのかという点，すなわち，義務および義務違反の正当化の根拠について関心が払われず，もっぱら民事責任の論理的な構造分析に照準をあわせた検討がされていた。そ

　　　基づき，Y₁の担当者がY₂の担当者とともにその内容を説明したこと，④Xがこの説明により貸付けの返済計画が実現可能と考え，貸付けを受けて建物を建築したことを認めたうえで，次のように述べた。「そして，Xは，銀行担当者が上記説明をした際，本件北側土地の売却について銀行も取引先に働き掛けてでも確実に実現させる旨述べるなど特段の事情があったと主張しているところ，これらの特段の事情が認められるのであれば，銀行担当者についても，本件敷地問題を含め本件北側土地の売却可能性を調査し，これをXに説明すべき信義則上の義務を肯認する余地があるというべきである」。
　124　最判平成8年10月28日金法1469号49頁。変額保険の募集にあたり，「運用実績が9％を下回らない」と述べた保険外務員の説明が「断定的判断の提供あるいはその疑いの強い行為」であり，私法上も違法であるとした原審の判断を維持した。

して，この点が，1990年代以降に民法学界で活性化した現代的契約法理論のなかで問われることになったのである。

III 福祉国家の観点に出た説明義務・情報提供義務の正当化

20世紀末における規制緩和のもとでの市場原理に基づく自己責任社会の創出へ向けた方向転換と，時期を同じくして生じた1990年代のバブル経済の崩壊のなか，取引交渉における説明義務・情報提供義務の考え方にも転機がおとずれた。自己決定に基づく自己責任が要請される社会において当事者の一方が相手方に対して自己決定のために必要な情報を提供しなければならないのはなぜかという観点から，原理面での情報提供義務の意義を問う動きが生じたからである。

一方で，事業者と対峙する取引相手方（とりわけ，消費者）を「社会的弱者」と捉えたうえで，消費者の生活の文化的・経済的向上をはかるべく，消費者の保護を実現するのが消費者保護であり，その責務を国家が負担するという福祉国家的観点に出た説明義務・情報提供義務の考え方がある。わが国では先ほど述べたように成熟した展開をみせなかったが，ヨーロッパにおいては1960年代・1970年代に興隆した消費者保護の理論が基礎としたものである。

そこでは，「経済的・社会的劣位に置かれた契約一方当事者の保護」（市民

---

125 付言すれば，当時のドイツ法のもとでは，「不法行為」責任が狭隘であり，体系的に欠缺があったために保護されない被害者を保護するために，「契約締結上の過失」責任が展開されていた。だから，ドイツでは，「契約締結上の過失責任は，不法行為責任としての性質をもつ」という説明は矛盾をはらむものであった。これに対して，わが国では，「不法行為」責任にドイツのような体系的欠缺がないものだから，「契約締結段階で過失があったときに，この責任を契約責任とするか，不法行為責任とするか」という点が議論として成り立つ余地がある。しかも，これへの解答として，「契約締結上の過失責任は，不法行為責任としての性質をもつ」ということも，ありえた。本文に述べた説明は，ドイツ法と日本法の表層的対比しかしなかった当時の日本民法学の脆弱性を示すものである。さらにいえば，語用論的には，「契約締結上の過失」という概念が，ドイツでは法的カテゴリーとして捉えられているのに対して，わが国では「契約締結段階で当事者が不注意な行為をした」という事象を語るためのものとして用いられているという違いがあった――今日でもそうである――にもかかわらず，この点も，あまり意識されていない。

の個別的利益保護）の観点からおこなわれる公序判断（保護的公序）を基礎にすえ，取引・生活関係における消費者の「自律性」と「自立性」を問わず，また取引・生活関係における消費者の責務を問うことなく，弱者保護の見地から問題が捉えられている。

このコンテクストにおいて，説明義務・情報提供義務の理論は，自由主義経済秩序のもたらした弊害を矯正するための積極的介入法理，したがって伝統的な私法原理を修正する機能をになうものとして捉えられることになる。「弱者」としての消費者，経済的・社会的劣位者としての消費者が「生活上の地位向上を目的として」事業者の相手方として存在しているときに，「生活実態上の弱者」である消費者の正当な利益——この利益は自己決定権とは異質の利益であり，自己決定プロセスを保障しただけでは必ずしも達成されるものでない——を法により擁護し，市民生活における福祉を増進するため，事業者に対し取引相手方の正当な利益を保護する行動を義務づけるのであって，そのひとつが説明義務・情報提供義務であるというのである[126]。

IV　自己決定権と説明義務・情報提供義務

1　緒　論

これに対して，自己決定権と結びつけて，説明義務・情報提供義務を位置づける考え方がある。今日では，説明義務・情報提供義務が当事者の自己決定権の保護を目的としたものであるということが，多数の認識するところとなっている。もっとも，自己決定権の観点から説明義務・情報提供義務を正当化する見方は，さらに，次の2つの見方に大別される。

2　市場原理との接合

2-1　新自由主義の観点に出た説明義務・情報提供義務の理論

自己決定権の観点から説明義務・情報提供義務を正当化する見方のひとつは，取引的不法行為を主として念頭において展開されたものであって，新自由主義の立場から，市場原理にのっとった自己決定（および自己決定結果に対する自己責任）に最大の価値を見出すなかで，自己決定基盤の維持に法秩

---

[126] 以上につき，長尾治助『消費者私法の原理』（有斐閣，1992年）106頁・138頁。

序を向かわせ，その一環として，市場参加者に説明義務・情報提供義務その他の行為義務を課すというものである。

　新自由主義の考え方は，福祉国家論が基礎としていた大きな政府の失敗を指摘して展開してきたものである。規制緩和のもとで市場原理を最大限活用して経済社会の活力を維持・向上させるとの観点から，国民の自由な選択を基礎とした公正かつ自由な競争がおこなわれる市場メカニズム重視型社会の実現をめざして構造改革を推進する流れは，この新自由主義の立場と親和的である。そこでは，「事前調整型行政から自己責任原則と透明なルールを機軸とした行政への転換」が叫ばれ，「政策運営の基本原則が事前規制から市場ルールの整備に移行」すべきことが力説されている[127]。この新自由主義に出た考え方は，市場取引の世界では，①「自由で自立した市民」の自由競争市場への参加を促し（規制緩和），②このような市民が自律的におこなった決定を基本的に尊重するとともに（自律的な自己決定の尊重），③決定結果への市民の責任を問い（自己決定に基づく自己責任），④国家としては自由競争市場における自己決定の障害となる市場の機能不全（健全性と公正性に対する障害）を除去して自己決定を支援する責務を分担する（国家による自立支援）というスキームを基礎とするものである。

　自己決定権を保障するための説明義務・情報提供義務は，③に直接にかかわるものである。すなわち，市場原理にのっとった自由競争のもとでの選択自由・決定自由の保障（および結果についての自己責任）という考え方は，自由競争市場が機能していることを前提として成り立つものである。これに対して，市場が十分に機能していないときには，国家は，市場の機能不全を是正し，市場における参加者の選択自由・決定自由を保障するための適切な措置を講じなければならない。また，市場が機能不全をおかした状態のもとで締結された契約について，国家は，その決定結果を決定主体に帰属させる（責任を負わせる）ことを排除しなければならない。こうした市場の機能不全が典型的にあらわれるのが，市場において十分な情報が市場参加者に提供されていないために取引当事者間に情報の格差が存在している場合と，市場において取引当事者間に交渉力の格差が存在しているために，一方の当事者

---

[127] ちなみに，消費者保護基本法から消費者基本法への移行の背後にも，こうしたパラダイムの転換をみてとることができる。潮見佳男「消費者基本法について」月報司法書士393号46頁（2004年）。

（劣位当事者）にとって自分に有利な条件を提示して交渉することが期待できない——意思の脆弱性が認められる——場合である。前者が「情報格差」，後者が「交渉力格差」という言葉で説明される局面である[128]。このような場合に，情報格差を是正し，交渉力の対等性を回復することで，市場参加者が自由に選択・決定をすることができるための基盤を確保する。その役割を与えられているもののひとつが，説明義務・情報提供義務である。そして，その義務違反に対するサンクションが，自己決定結果に対する自己責任の否定，すなわち，取引結果（契約）の効果が妥当することの国家による拒絶（契約の無効・取消し，あるいは，原状回復的損害賠償の肯定）[129]である。

2−2 説明義務・情報提供義務の正当化の視点

このような立場のもとで自己決定権の観点から説明義務・情報提供義務を正当化する見方には，次のような特徴がある。

第1は，国家による取引への介入が，市場参加者の選択・決定レベル，すなわち契約内容ないしは意思形成そのものに対しておこなわれるのではなく，競争秩序を維持すべく，市場メカニズムが機能するための基盤の確保に向けておこなわれるという特徴である。いいかえると，市場メカニズムが機能する基盤を整備するために国家はできる限りの措置を講じるべきであるが，それ以上に国家が自己決定過程そのものに介入すべきものではないという特徴である[130]。情報格差是正のための説明義務・情報提供義務も，交渉力格差

---

128 情報格差・交渉力格差という視点は，消費者契約法・消費者基本法が基礎にすえているものである。ドイツ民法理論の影響を受けてわが国で「契約の対等性」（Vertragsparität）の欠如が語られる際には，この両面での格差が想定されているのが通例である。そして，消費者私法で成長を遂げた情報格差・交渉力格差に関する法理は，いまや一般法化して民法法理へと展開しているといってよい。これは，2009年（平成21年）の民法（債権法）改正検討委員会試案の基礎にある考え方でもある。

129 1990年代後半以降に活発に論じられるようになった意思表示・法律行為法と損害賠償法との制度間競合論が扱っているのが，この問題である。

130 経済法・競争法秩序と私法秩序との分離・役割分担を説く場合には，このような方向に進むこととなる。消費者契約法に対して落合誠一『消費者契約法』（有斐閣，2001年）48頁が与える評価は，本文に述べたような考え方を基礎としたものである。そこでは，消費者契約法の背後に，「市場メカニズムをより重視する経済社会システムへの転換」という政策目標に基づく「消費者取引市場の効率化・公正化」が強調されている。さらに，同書177頁も参照せよ。また，消費者基本法も同様である。さらに，これらに影響を及ぼした消費者契約における不公正条項に関する1993年4月5日付けEU閣僚理事会指令も，同じ。

があるがゆえに優位当事者に課される行為義務も，市場メカニズムが機能する基盤を整備するため，自立支援の目的をもって，国家により一方当事者に対して課されるものである。ここでは，説明ないし情報提供がされた結果として対等の基礎の上に立つこととなった当事者が，市場において自由に選択・決定をすることができる（そして，市場での選択・決定の結果について自己責任を負う）ことが企図されている。それと同時に，こうした説明・情報提供がされなかったために対等性を欠いたままで選択・決定がされたときには，国家が説明・情報提供その他の行為をすることを義務づけられた当事者に不利に——取引結果の法的拘束力を否定するという形で——取引の私法上の効果を（事後的に）奪うことが企図されている。

　第2は，このような立場が，市場メカニズムが機能するための基盤整備のために国家がになうべき役割・使命を，市場に参加する取引当事者の一方に負担させているという特徴である。しかも，古典的自由主義に依拠して私的自治・契約自由の原則が語られるコンテクストでは，情報の収集・交渉力格差の存在は劣位当事者の負担すべきリスク（情報収集リスク・交渉力格差についての自己負担）とされていたのに対して[131]，ここでは，こうした格差是正のための説明・情報提供その他の措置が，優位当事者の負担とされる場合が出てくる。しかし，市場参加者に情報格差・交渉力格差があるのが通常であり，こうした格差があること自体から直ちに，こうした格差是正のための説明・情報提供その他の措置を優位当事者の負担とすることが正当化できるわけではない[132]。市場参加者の一方（優位当事者）へと情報・交渉力リスクを転嫁すること，あえていえば，劣位当事者が自立するための支援をおこなうべき負担を優位当事者に課すことは，市場メカニズムが機能するためには対等な市場参加者間での自由な取引の場が保障されなければならないとの説明だけでは，正当化できない。ここでは，市場参加者の市場におけるプレーヤーとしての役割，市場参加者に対する他の参加者の信頼保護の必要性，法の

---

[131] 横山美夏「契約締結過程における情報提供義務」ジュリスト1094号129頁（1996年）。

[132] 山田誠一「情報提供義務」ジュリスト1126号184頁（1997年）。なお，消費者契約に関してであるが，説明義務・情報提供義務を効率性の観点から捉えることにつき楽観的評価を与えるものとしては，落合・前掲書180頁があるが，他方で，こうした見方に対して，柳川範之「消費者契約法と経済学」ジュリスト1200号155頁（2001年）が懐疑的評価を与えている。

経済分析の観点からの市場の最適化に向けた情報リスク・交渉力リスクの効率的分配などといった視点のもとで，こうしたリスク転嫁の正当化を試みるほかない[133]。

3 自由権的基本権としての自己決定権（意思決定の自由）からの説明
3－1 民法709条の「権利」としての自己決定権と憲法13条

　説明義務・情報提供義務を自己決定権（意思決定の自由）の観点から正当化する見方は，憲法の定める自由権的基本権（幸福追求権ほか），もしくは民法709条の意味での「権利」として当事者の自己決定権を捉え，これを保護するために他方当事者に課された行為規範（禁止規範・命令規範）として説明義務・情報提供義務その他の行為義務を捉える見方としても提示されている。

　この見方は，憲法13条の幸福追求権を「人格的自律の存在として自己を主張し，そのような存在であり続ける上で必要不可欠な権利・自由を包摂する包括的な主観的権利」[134]として捉える立場を基礎とし，ここに私的生活関係における自己決定権を根拠づけることで[135]（憲法と民法との関係につきこれと異なり従前の間接適用説に立つときには，憲法13条の思想をもとに民法709条の「権利」を解釈することで自己決定権を私法上の権利として承認することで），社会生活のなかで個人が自律的人格の主体として私的な事項に関しみずから決定することのできる地位を「権利」として承認する立場において貫徹されている。そして，この意味での自己決定権を保護するために，国家が介入し，他の共同体構成メンバーに他者の自己決定を支援する措置を講じるように命じる（あるいは，他者の自己決定を害する行為をしないように禁止する）とともに，これに違反した行為に対しサンクションを課している。その結果が，説明義務・情報提供義務その他の行為義務の違反を理由とする損害賠償である。あわせて，自己決定の結果であるとは評価できないような瑕疵のある決定については，法的効果の発生を認めないとすることで，決定主体が決定結果につき自己責任を負うことを回避できるようにしている。「合意の瑕疵」の問

133　潮見・契約法理の現代化178頁。
134　佐藤幸治『憲法（第3版）』（青林書院，1995年）445頁。
135　山本敬三「契約関係における基本権の侵害と民事救済の可能性」田中成明編『現代法の展望――自己決定の諸相』（有斐閣，2004年）3頁。

第3章　権利・法益侵害——各論

題は，これに関するものである。

3-2　説明義務・情報提供義務の契機
　　　　——「自己決定に基づく自己責任」とその機能不全

　このように，憲法13条の幸福追求権（もしくは，それが反映した民法709条の「権利」としての自己決定権）と結びつけて説明義務・情報提供義務を捉える立場は，いわゆる取引的不法行為の領域でも，投資取引・金融取引・消費者取引等の領域を対象として，大きな展開をみせている。

　そこで共有されているのは，現代の取引社会において契約締結交渉の際に近代民法が予定しなかった状況が生じているとの認識である。周知のように，近代民法は，自由で対等な市民がみずからの意思と理性により合理的に選択・決定できることを所与とし，かつ，こうした市民がみずからの選択・決定にとって必要な情報を収集でき，相手方と対等に交渉できることをも所与として成り立っている。このような状況のもとで市民みずからが下した決定について，市民はその結果を引き受けなければならない。これが，「自己決定に基づく自己責任」の考え方である。契約の領域では契約自由の原則として機能する。それでも，自己決定能力を欠いた者による契約，意思による裏づけのない契約は，近代民法のもとでも，例外的に国家により契約としての効力を否定され，表意者は結果についての自己責任を負担しないでいることができる。

　ところが，現代の取引社会においては，近代民法が所与としていた状況の崩壊する場面が生じている。みずからの選択・決定にとって必要な情報を収集できない市民，相手方と対等に交渉することのできない市民の関与する取引が日常化してきているのである。ここにおいて，近代民法が契約自由の原則の基礎としていた「契約の対等性」（Vertragsparität）が認められない取引が定型的に存在するという事態が出現する。事業者・消費者間の取引や，専門家と非専門家との間の取引などを，その例としてあげることができる。そして，契約法理は，こうした時代の変化を受ける形で，その基本モデルにつき変容をせまられることになる。

3-3　機能不全への対処（その1）
　　　　——国家によるパターナリスティックな介入

　その際，一方で，前述したように（Ⅲ），私的自治・契約自由の基本原理から離れ，弱者保護の視点から国家によるパターナリスティックな介入を認

め，正義の確保に走る見方が主張される。

　この立場は，合理的と考えられる契約内容を形成することに向けて，国家が契約内容および契約締結過程へと積極的に介入することを認める（契約自由と契約正義との関係は，対立的なものとして捉えられることになる）。そして，あるべき契約内容から逸脱した契約について，民法90条により，その不合理さのゆえに拘束力を否定するとともに，信義則を根拠に当事者の一方を名宛人とする各種の禁止規範・命令規範を立てて，それへの違反を理由に違反当事者に対する損害賠償請求および契約解除を認める。説明義務・情報提供義務その他の行為義務は，このうちの後者のコンテクストで捉えられるものである[136]。

　さらに，契約準備交渉過程における一方当事者の態様が正義に反することを根拠として，民法90条により，契約としての拘束力を否定する可能性も示唆されることがある[137]。

3-4　機能不全への対処（その2）
　　　　──自己決定基盤を確保するリスクの自己負担原則の修正

　他方，これとは異なり，私的自治・契約自由の基本原理が基礎にすえていた当事者の自己決定権を保護することに向けて，契約自由の支援を内容とした制度・規範面での私法の再構築をはかる動きもある。ここでは，自己決定プロセスの実効性を確保するために，情報収集・認識・判断・決定・行動といった各々の段階において，当事者の自己決定権を保護するための措置を講じるべきことを内容とした行為規範を相手方に課すべきことが提唱される。

　その際，①まず，近代民法が前提としていた自己決定基盤を確保するリスクの自己負担原則を修正し，自己決定基盤を整備するための措置を相手方に課すべきこと（自己決定基盤の整備）が指摘される。自己決定に必要な情報の収集についてのリスクを交渉相手方に課すことを内容とした情報提供義務が，これである[138]。②また，契約交渉プロセス（合意形成過程）での一方当事者の行動に対して誤った観念に基づく行動を指摘し，是正する措置を相手

---

[136] 長尾・消費者私法の原理46頁・74頁に代表される見方である。
[137] 潮見・契約法理の現代化26頁。
[138] 小粥太郎「説明義務違反による不法行為と民法理論(上)(下)」ジュリスト1087号118頁，1088号91頁（1996年），同「『説明義務違反による損害賠償』に関する2, 3の覚書」自由と正義47巻10号36頁（1996年）。

方に課すとともに，誤誘導を禁止すべきこと（意思形成過程の支配・操縦の禁止）も指摘される[139]。

このコンテクストにおいて，契約交渉プロセス（合意形成過程）で交渉相手方に課される説明義務・情報提供義務その他の行為義務を捉えたとき，これらの義務は，一方当事者の自己決定への不介入（一般的不可侵）を超えて，この者の自己決定権を確保するための保護措置を講じるため，国家により定立され，交渉相手方に課される行為義務として捉えられることになる。そして，これらの行為義務違反（命令規範・禁止規範に対する違反）に対しては，損害賠償というサンクションが課される（ここでの損害賠償は，契約がなかった状態へと当事者の地位を金銭的に回復させることを内容とした「原状回復的損害賠償」である）[140]。

優位当事者に対する損害賠償請求権を生じさせる「情報格差」是正のための行為義務の設定は，「情報収集力と分析力・説明力に長けた優位当事者は，自己決定基盤の整備につき，市場での取引にとって選択・決定をおこなうにあたり重要な情報を劣位当事者に提供すべきである」との考慮のもと，おこなわれる。また，「交渉力格差」是正のための行為義務の設定は，「契約交渉にあたり優位当事者が劣位当事者の意思決定面での脆弱性を利用し，自己に有利な契約締結へと誘導することは，相手方の自己決定権を侵害するとともに契約交渉機会を濫用するものと評価されるべきものであり，許されない」という考慮のもと，おこなわれる。

3-5　関連問題──契約の拘束力を否定する方向での処理

さらに，当事者のおこなった選択・決定が他者による決定（Fremdbestimmung）[141]であって自己決定とは評価されない点を捉えて，（その限りにおいて）契約を無効または取消可能と評価することも可能である。自己決定とは評価されない表意者の決定に対して，国家がその法的拘束力を否定することで，自己責任を問わないのである。

139　この2つの見方の違いについては，消費者契約法立案過程における視点の変更を含め，潮見・契約法理の現代化449頁。

140　潮見・契約法理の現代化125頁。

141　他者による決定（Fremdbestimmung）という表現は，契約の対等性（Vertragsparität）を欠いた当事者間で締結された契約の拘束力を否定するために，ドイツの連邦憲法裁判所および連邦通常裁判所で1990年代に汎用された表現である。

およそ契約交渉プロセス（合意形成過程）で自己決定できる地位が保障されていない状況下で締結された契約は，自己決定の結果であるとは評価できず（合意の瑕疵事例の一種），それゆえに，この者を拘束しない。国家としては，決定結果としてあらわれている事態に対し，（他の法理——たとえば，表示に対する信頼保護の法理——による保護が正当化される場合を除き）契約としての拘束力を与えることを拒絶しなければならない。契約交渉プロセス（合意形成過程）で自己決定できる地位が保障されていない状況は，古典的には，錯誤・詐欺・強迫ならびに意思能力の欠如（さらに，政策的に認められた行為能力の欠如・不完全）の場合に認められていて，そこでは契約の無効・取消しという処理がされている。これらは，対等な地位にある当事者間において自己決定ありと評価し難い状況を類型化し，契約としての拘束力を拒否することとしたものである。

ところが，今日の社会では，消費者契約に典型的にみられるように，情報格差・交渉力格差のある当事者間で契約が締結されるという事態が定型的かつ一般的に生じている。そこでは，自己決定のために必要な情報をみずからが収集することが期待できない市民，取引相手方との相対的な関係のなかで捉えたときにその意思の脆弱性のゆえに対等な交渉をおこなうことが期待できない市民が，契約当事者として登場している。ここでも，古典的な合意の瑕疵類型におけると同様に，契約交渉プロセス（合意形成過程）において自己決定できる地位が保障されていない状況下で締結された契約について，それを自己決定の結果であると評価できず，無効または取消しの対象とするのが相当である[142]。

3－6　相手方（行為者）の権利・自由に対する制約の正当化の必要性

契約交渉プロセス（合意形成過程）において自己決定できる地位が保障されていない状況下で締結された契約について，それを自己決定の結果であると評価できず，無効または取消しの対象とするのが相当であると考えるにせよ（契約の拘束力の否定），あるいは，説明義務・情報提供義務違反を理由とする損害賠償という形態を借りて，契約がなかった状態を金銭で回復しようとするにせよ（原状回復的損害賠償の肯定），こうした考え方に基づく処理の裏面として，自己決定による自己責任を負うとの前提のもとで契約を締結し

142　潮見・契約法理の現代化26頁。

た表意者の交渉相手方が有している権利・利益（営業権ほか行動の自由，ならびに，締結された契約が拘束力をもつことに対する期待）にも一定の配慮が必要ではないかという疑問に逢着する[143]。

　自己決定できる地位が保障されていない状況下で締結された契約について無効・取消しの効果を認め，もしくは原状回復的損害賠償を認めることは，他方で，交渉相手方の有する契約が拘束力をもつことへの期待を損なう結果となる。また，説明義務・情報提供義務といった行為義務を契約交渉プロセス（合意形成過程）で交渉当事者の一方に課し，その違反に対し損害賠償責任を負わせることは，他方で，この者にとっての契約交渉の自由を制約することになる。それゆえに，こうした交渉相手方の有する権利・利益への制約を正当化するための根拠づけが求められるのである[144]。

　ここで，単に当事者間に情報格差・交渉力格差があるという事実だけでは，交渉相手方の自由を制約することとなる行為規範を優位当事者の不利に設定すること（情報・交渉力に関するリスクの全部または一部の転嫁）を正当化できない。説明義務・情報提供義務その他の行為義務を優位当事者に課すにあたっては，情報格差・交渉力格差の存在それ自体が決定的なのではなく，劣位当事者の自己決定権が侵害されている（または，その具体的危険がある）ことが決定的なのである[145]。

　それゆえに，情報格差・交渉力格差があるために劣位当事者がその自己決定できる地位を侵害されているときに，国家が禁止規範・命令規範を定立することで，情報・交渉力に関するリスク（の全部または一部）を優位当事者の負担とすることができるのはなぜかについての基礎的・原理的説明が必要となる。交渉相手方としては，締結された契約が自己決定の結果ではないと評価されて契約としての拘束力を否定されるのを避けたいのであれば，また，原状回復的損害賠償の負担を避けたいのであれば，契約交渉プロセス（合意形成過程）において他方当事者が自己決定できる地位を保持するための支援

143　不法行為を理由とする損害賠償において，権利侵害と過失との関連づけを被害者の権利・利益と加害者の行動自由という権利との間での衡量を経て，賠償責任の成否を捉えようとする立場を基礎としたときには，本文で述べたような観点からの分析が不可欠となってくる。本書第1部を参照せよ。

144　原状回復的損害賠償の法理と契約の拘束力否定の法理との関係は，制度間競合論に関するテーマのひとつであるが，前述したように，本書ではとりあげないことにする。

措置(誤誘導の禁止,相手方への説明・情報提供,相手方の誤認の指摘・是正など)を積極的に講じることへと促されることになるが,それは,どのようにして正当化されるのであろうか。

この観点から現在説かれているところをみれば,自己決定権の保護を目的とした説明義務・情報提供義務が課される根拠について,自己決定への不当な干渉による自己決定権侵害について,情報自体のもつ危険性と優位当事者の専門性とに求めたうえで,自己決定権の保護の範囲と相手方の権利の制約される範囲との均衡を憲法の比例原則に依拠して確定すべき旨を説くものがある[146]。劣位当事者側の権利についての過少保護の禁止と,優位当事者側の権利に対する過剰介入の禁止との均衡のもとでの自己決定権保護の枠組みの構築を探る立場である。また,自己決定権侵害のうち,消極的行為(不作為)による場合について,情報の重要度,情報の所在(情報提供の可能性),当事者の社会的地位の相関的考慮から,説明義務・情報提供義務の成否および内容・程度を導こうとするものもある[147]。もっとも,これらと異なり,情報格差・交渉力格差のある当事者間で締結された契約から生じるコストを社会全体においてどのように配分すれば資源の最適な配分をもたらすことになるかという観点から,劣位当事者の権利保護の範囲・程度を確定するとともに,優位当事者に対する行為規制のあり方を探るものもある[148]。

---

[145] この点では,地震保険契約締結の際の説明義務・情報提供義務違反を理由とする慰謝料請求を認めた原判決を破棄するにあたり,当該事件における申込書の内容・記載方式から,顧客が地震保険にかかる重要な事項に関する情報の意味・内容を理解していた点を指摘し,かつ,顧客がさらなる情報提供を保険会社側に求める十分な機会があったことをも加味して保険会社側の行為の違法性を否定した最判平成15年12月9日民集57巻11号1887頁は,法益としての自己決定権の保護(自己決定できる機会の確保)を基点にすえることの重要性を指摘したものとして評価することができる。もっとも,同判決が一般論として,「地震保険に加入するか否かについての意思決定は,生命,身体等の人格的利益に関するものではなく,財産的利益に関するものであることにかんがみると,この意思決定に関し,仮に保険会社側からの情報の提供や説明に何らかの不十分,不適切な点があったとしても,特段の事情が存しない限り,これをもって慰謝料請求権の発生を肯認し得る違法行為と評価することはできないものというべきである」としたのは,過剰な説示であった。

[146] 山本敬三・前掲論文16頁・18頁・29頁(ただし,作為・不作為を問わず自己決定権侵害が問題となる局面一般——したがって,②も含まれる——についての指摘である)。

V 自己決定権保護の目的を超えた行為義務（顧客の利益顧慮を目的とした助言義務）

1 信認関係に基づく説明義務・助言義務

交渉当事者間の情報や専門的知識のアンバランスを背景に一種のfiduciary relationship（信認関係）が両当事者間に成立しているときには，契約上の協調的関係から，自己決定基盤の維持・整備をめざした情報提供義務とは別に，相手方に対する説明・助言義務（指導助言義務）が導かれることがある[149]。

市場原理に基づき，または自己決定権を保護するため，情報格差を是正し相手方の自己決定基盤を確保する目的で交渉当事者の一方に課される情報提供義務と，信認関係に基づく説明・助言義務とは，理念型として質的に区別される。

すなわち，契約当事者間の情報や専門的知識に大きなアンバランスがある契約では，その締結過程において，一方当事者から他方当事者に対して，信義則上，情報提供の義務が課されることがある（情報提供義務）。情報提供義務が課される典型的な場面であるのは，不動産売買で宅建業者に重要事項についての調査・説明の義務が課される場合，フランチャイズ契約においてフランチャイジーに客観的かつ正確な情報を提供する義務が課される場合，投機的性格をもった金融取引において，金融機関や証券会社等に経験の乏しい一般投資家に対するリスクに関する必要な情報を正確かつ具体的に提供する

---

[147] 住宅・マンションの値下げ販売にかかる一連の損害賠償請求訴訟で，多くの事案で売主側の説明義務・情報提供義務が否定されているなか，「A住宅公団は，Xらが，本件優先購入条項により，本件各譲渡契約締結の時点において，Xらに対するあっせん後未分譲住宅の一般公募が直ちに行われると認識していたことを少なくとも容易に知ることができたにもかかわらず，Xらに対し，上記一般公募を直ちにする意思がないことを全く説明せず，これによりXらがAの設定に係る分譲住宅の価格の適否について十分に検討した上で本件各譲渡契約を締結するか否かを決定する機会を奪ったものというべきであって，住宅公団が当該説明をしなかったことは信義誠実の原則に著しく違反するものであるといわざるを得ない」とした最判平成16年11月18日民集58巻8号2225頁は，こうした観点からの検討を経て正当化されるものであろう。

[148] ハイン・ケッツ（潮見佳男＝中田邦博＝松岡久和訳）『ヨーロッパ契約法 I』（法律文化社，1999年）380頁。

[149] 潮見・契約法理の現代化130頁・214頁。

義務が課される場合（この最後のものについては，投機的な取引は本来自己責任が原則であるとしつつ，一般投資家は金融機関や証券会社等の情報が頼りである点を端緒に，こうした義務を肯定する）などである。

　他方，このような「情報提供義務」と区別されるものとして，「助言義務」がある。もとより，情報の提供を超えて，助言する義務まで認められる場合があるか否かは争われているところ，「契約を，程度の差はあれ相手方を出し抜いて利益を得る戦略的な取引であると捉えれば，助言義務など考えられないかもしれないが」，「契約は共同の利益を追求する協働行為である」という側面を強調すれば（そのような側面があることは否定できない），助言義務を認めることも理解できるとされる。そして，一方当事者が専門的知識をもち，他方当事者がそれを信頼して行動するタイプの契約においては，助言義務を認めるべきであるとされる（ある種の金融取引，医療契約，弁護士との委任契約の例があげられる）[150]。

2　専門家責任の観点からの説明義務・助言義務

　交渉当事者間の情報格差を是正し相手方の自己決定基盤を確保する目的に出た情報提供義務とは違った観点から交渉当事者の一方に情報提供・説明・助言義務が課される場合に，その根拠がこうした行為へと義務づけられる側の当事者の専門性に求められる場合がある。専門家（プロフェッショナル）として社会において期待されている役割から，その専門性に依拠した取引交渉にあたり，交渉相手方の信頼にこたえるべく，適切な情報提供・説明・助言が義務づけられることになる[151]。そこでは，社会の高度化・専門化に伴う事業者への依存の必然性から，事業者への社会的信頼に対応する事業者の責任を情報面でも認めることの必要性および正当性が説かれる。そして，「情報提供義務は，一般的には，契約締結過程における信義則に基づき，契約自由の実質的保障のため情報力において優位に立つ当事者に課される義務であるが，事業者を当事者とする取引については，情報力における構造的格差および事業者に対する信頼を保護するために生じる事業者の義務としての性格を持つと考えることができる」とされる[152]。もっとも，適切な情報提

150　内田27頁，内田貴『契約の時代』（岩波書店，2000年）76頁。
151　平井宜雄『債権総論（第2版）』（弘文堂，1994年）52頁，後藤巻則『消費者契約の法理論』（弘文堂，2002年）96頁。

供・説明・助言がこのような社会的期待や相手方からの信頼に基礎づけられるということは，ひるがえって，交渉当事者間に専門性を背景とした信認関係が形成されているといえるのであり，専門性は当事者間の「信認関係」を導くための根拠のひとつだということになる[153]。

VI 説明義務・情報提供義務違反を理由とする損害賠償請求権の法的性質

1 緒論

契約交渉過程における説明義務・情報提供義務違反は，「契約締結上の過失」と呼ばれる問題領域に属している。もっとも，ある問題が「契約締結上の過失」に属するという事実自体から，直ちに，その責任の性質が契約責任であるとの帰結が一義的に導かれるわけではない[154]。

すなわち，「契約締結上の過失」とは，契約交渉過程で交渉当事者の一方に不注意な行為態様がみられたという点を意味するだけのことであり，これを超えて，この過失を理由とする当該当事者の責任がどのように性質決定されるかという点（法性決定に関する問題）を述べるものではないからである。また，「ある義務が，信義則上の義務」であるということから，「その義務が，契約上の義務である」ということにならないのは，多言を要しない。その義務を契約に基礎づけることができなければ，契約上の義務とすることはできない。単に，契約交渉過程に結びつくとの理由だけでは，「契約に基づく義務」とはいえない。

後述するように，ドイツでは，不法行為責任の狭隘さから，「契約締結上の過失」を理由とする責任を契約責任と性質決定し，債務不履行に関する準則を妥当させるという要請が存在している。これに対して，不法行為法の体

---

152 横山美夏「契約締結過程における情報提供義務」ジュリスト1094号128頁・130頁（1996年）。ほかにも，馬場圭太「フランス法における情報提供義務理論の生成と展開(1)(2)」早稲田法学73巻2号55頁，74巻1号43頁（1997年～1998年）。

153 能見善久「専門家の責任」別冊NBL28号4頁（1994年）。

154 そもそも，「契約締結上の過失」に属する事件類型としては，近時，多様なものが観念されているため，そこでの規律課題をひとつに包括して「契約締結上の過失を理由とする損害賠償責任は，契約責任か，不法行為責任か」というようにまとめることができない状況にある。

系を異にするわが国においては，このような要請は補助者責任の場面を除き存在していないゆえ，ドイツと同列に論じることはできない。

2　実務における状況──不法行為責任としての性質決定

わが国の裁判実務では，投資取引における説明義務・情報提供義務違反の事例については，圧倒的多数が不法行為構成によって処理されている[155]。

3　説明義務・情報提供義務違反を理由とする損害賠償に関する立法者意思・法律意思──不法行為責任としての性質決定

契約交渉過程における説明義務・情報提供義務違反を理由とする損害賠償責任の法的性質をどのように捉えるべきかにつき，立法レベルでどのように考えられているのかに関して，有益な視座を与えてくれるのは，金融商品販売法における金融商品販売業者等の重要事項説明義務に関する規律である。

周知のように，金融商品販売法は，金融商品販売業者等に重要事項の説明義務を課し，これの違反を理由とする損害賠償につき元本欠損額による損害額の推定規定を置いている（法3条・5条・6条）。そこでは，2000年（平成12年）5月の金融商品販売法の成立に向けた立案過程（1999年〔平成11年〕7月6日の金融審議会第1部会「中間整理（第1次）」）から，2006年（平成18年）6月の金融商品取引法の制定[156]およびこれに伴う金融商品販売法の一部改正の基礎となった2005年（平成17年）12月22日の金融審議会金融分科会第1部会報告[157]では，金融商品販売にかかる説明義務・情報提供義務違反を理由とする損害賠償責任が不法行為責任の性質を有するものであることは，なかば自明のものとされている。

155　清水俊彦『投資勧誘と不法行為』（判例タイムズ社，1999年）に多くの裁判例が引用されている。

156　岡田則之＝高橋康文編『逐条解説　金融商品販売法』（金融財政事情研究会，2001年）115頁。「契約締結過程における説明義務違反に対する民事上の効果については，学界における議論が活発に行われているが，金融審議会で行われた業者の説明義務違反に対する民事上の効果についての整理を踏まえ，本法律では，説明義務違反に対する民事上の効果として，不法行為の特則としての損害賠償責任を発生させることとされた」とある。

157　報告書32頁。

第3章 権利・法益侵害——各論

4 学説の状況——不法行為責任としての性質決定

投資取引における説明義務・情報提供義務違反を理由とする損害賠償責任を扱う学説（この分野の専門家の手になるもの）では、その法的性質につき、不法行為責任として扱うものが多い[158]。

5 契約責任構成への仮託の要否

不法行為責任の性質を認めつつも、なお被害者（債権者）にとっての有利性を考慮して、契約責任への仮託をおこなってきたのは、前述したように、ドイツ法においてである。その際、ドイツにおいて、仮託の必要性が論じら

---

[158] 潮見・契約法理の現代化39頁で、契約の有効・無効に関する評価との制度間競合問題として対照しているのは、不法行為責任規範としての損害賠償規範である。山田誠一「金融取引における説明義務」ジュリスト1154号22頁・26頁（1999年）では、判例の考え方として、「金融機関の説明や情報提供をめぐる事情を理由として不法行為に基づく損害賠償責任」を認めたものとの理解の下で、不法行為責任構成に依拠した立論がされている。小粥太郎「説明義務違反による不法行為と民法理論(上)」ジュリスト1087号118頁（1996年）においては、投資家に対する証券会社の説明義務違反を理由とする損害賠償責任を不法行為として性質決定し、その前提の下で、不法行為に基づく損害賠償と「合意の瑕疵」を理由とする契約の無効処理との比較対照をおこなっている。さらに、横山・前掲論文130頁においては、フランス法を参照しつつ、説明義務・情報提供義務が問題となる局面には、ⓐ表意者がその目的に適合しない契約、いいかえれば、適切な情報を得ていたならば締結しなかったであろう契約を締結した場合と、ⓑ適切な情報を得ていても「当該契約」を締結していたであろうが、不十分または不実の情報提供によって、その契約から期待された効果を得ることができなかった場合があることを示し、ⓐの場合は情報提供義務が契約の成立に向けられているのに対し（「契約の締結に向けられた情報提供義務」）、ⓑの場合は契約の履行に向けられている（「契約の履行に向けられた情報提供義務」）という違いがあると指摘する。そして、ⓐの場合に認められる損害賠償は不法行為に基づくものであるのに対し、ⓑの場合は債務不履行に基づくものであることを示唆する。そもそも、契約交渉過程での義務違反全般についても不法行為責任構成を展開するものとして、平野裕之「いわゆる『契約締結上の過失』責任について」法律論叢61巻6号87頁（1989年）。他方、この問題につき、不法行為構成と対比しつつ債務不履行責任構成に言及し、これを評価しているものとして、松岡久和「商品先物取引と不法行為責任」ジュリスト1154号10頁（1999年）がある。同論文において「不法行為構成の問題点」・「債務不履行構成の利点」としてあげられているのは、①過失における義務の内容、②業者の履行請求、③履行利益賠償の可能性、④契約・帰責事由についての立証責任である。ほかに、この種の義務を契約責任に近づけて捉えているのは、平井宜雄『債権各論Ⅰ上　契約総論』（弘文堂、2008年）134頁（「契約上の債務不履行に類似した責任」という）。

れ，それが契約責任の拡張へとつながったのは，次の点に関してである。

　第1に，不法行為構成をとった場合における補助者責任の狭隘さである。ドイツでは，わが国と違い，使用者責任に関する免責立証が空文化していない。また，使用者責任構成をとったのでは，いわゆる独立的補助者の行為について使用者の責任を追及することができない。それゆえに，契約責任として処理することにより，こうした限界を克服するという試みがされている。

　第2に，ドイツ民法は，わが国のような一般的不法行為責任構成要件を置いていない。絶対権侵害の不法行為，保護法規違反の不法行為，故意の良俗違反を理由とする不法行為という3つの個別構成要件を設けているにとどまる。それゆえ，これら3類型に該当しないものについて，被害者に損害賠償を与えるために，契約責任として処理する試みがされている[159]。

　第3に，不法行為構成と比べて，契約責任構成をとったほうが，故意・過失に関する立証責任の点で被害者に有利な点である。

　ちなみに，消滅時効が短いという点は，契約責任構成に依拠させる必要性を根拠づける要因としては，あげられていない。むしろ，ドイツでは，1900年1月1日施行の民法典のもとでは，契約責任とした場合には30年という期間が適用されることとなるため，その期間があまりにも長すぎることによる不合理さのほうが指摘されており，結局，2001年の債務法現代化により改正された2002年1月1日施行の民法典では，不法行為であれ債務不履行であれ3年という一般的時効期間に統一された。ここでは，①通常の時効期間が3年に統一されたことと，②責任の性質が不法行為か債務不履行かで区別されず，短期の期間に統一されたことが，きわめて重要である。

6　小　　括

　以上を要約すれば，次のようになる。およそ契約交渉段階での説明義務・情報提供義務違反を理由とする損害賠償責任は，契約が締結されていない段階での行為義務違反を理由とする損害賠償責任なのであるから，不法行為責任としての性質を有するものとみるべきである。わが国では，ドイツと違い，これを契約責任として処理しなければならないような不法行為法上の欠缺

---

[159]　もとより，この点に関しては，不法行為法上の注意義務として，いわゆる社会生活上の義務（Verkehrspflicht）の法理が展開することで，不法行為構成要件面での欠缺が相当程度補充されている。

(不法行為構成要件の狭隘さ，使用者責任における免責立証が実際に機能していること）が存在するわけではない。

　それでも，仮託の必要があるとすれば，せいぜい，交渉補助者が独立事業者である場合に履行補助者責任の法理を妥当させるために契約責任に仮託させる——補助者責任についてのみ契約責任法理を転用する——だけであろう。そして，この点に関しては，本節の第 2 項Ⅷで述べたのと同様のことが，ここでも妥当する。これに対して，契約責任と不法行為責任との違いとして請求権競合論であげられるところの消滅時効期間の違いに関しては，時効期間の短さを回避するために契約責任構成に逃避するという処理は，ドイツですらおこなわれていない（かえって，2001 年の債務法改正で，3 年に統一したほどである）。そして，わが国の多数の裁判例，この分野における通説ならびに立法実務もまた，この場合を，不法行為責任として処理してきている。したがって，消滅時効の点では契約責任に仮託させる必要はない[160]。

第 4 項　適合性の原則に対する違反と損害賠償責任

I　適合性の原則の意義

　市場原理に依拠した新自由主義の立場は，市場への市民の参加の自由（事

---

[160] そもそも，損害賠償責任をめぐる請求権競合事例すべてに妥当する一般論としていえば，わが国では，損害賠償責任を不法行為責任として構成するか，契約責任として構成するかが論じられる際には，被害者保護の名の下に，往々にして，次の 2 つの問題が区別されないことがある。それは，①「不法行為責任としての性質を有するものについて，被害者を救済するために，契約責任として構成するべき理由があるか」という問題と，②「その損害賠償責任を契約責任として構成したときに，不法行為責任として構成するときと比べて，被害者にとってどのような利点があるか」という問題である。①の命題と②の命題とは等価ではない。また，後者（②）の問題から出発したのでは，なぜ被害者を有利な地位に置いて保護しなければならないのか（相手方は，なぜ不利な地位に置かれることを甘受しなければならないのか），本来必要とされる以上の地位が被害者に保障されているのではないのかという点を検討することなく，「被害者に有利な規範を適用するべきである」との結果論から適用規範を帰結するという過ちをおかすことになる。検討の出発点とされるべきは，前者（①）の問題，すなわち，「不法行為責任としての性質を有するものについて，被害者を救済するために，契約責任として構成するべき理由があるか」であることをわきまえておく必要がある。

前の参入障壁の撤廃）を認めるものであることから，ここでは，市民の誰もが市場に登場して商品やサービスの取引に関与する機会を保障されることになる。

その結果，市場での取引耐性（適合性）を欠く者にも市場への参加の機会が与えられることとなり，そこでの決定結果につき自己責任を問われる危険が生じる。説明義務・情報提供義務その他の行為義務を交渉過程で課すことにより情報格差の是正・交渉力格差の是正のための基盤整備措置を講じただけでは，このような者による取引のもつ危険性を排除することができない。

そこで，問題の商品・サービスにつき市場での取引耐性（適合性）を欠く者から取引に伴うリスクを遠ざけるべく，国家がパターナリスティックに介入して，市場での取引耐性（適合性）を欠く者を当該市場から排除するための理論を立ち上げることが求められる。これをになうのが，適合性の原則（suitability rule）である[161]。

適合性の原則は，一般に，一般投資家への市場開放（市場の民主化・大衆化）のなかで，自己責任原則の妥当する自由競争市場での取引耐性のない顧客を市場から排除することによって保護することを目的としたルール（パターナリズムの一翼を担うもの）として理解されている[162]。

適合性の原則とは何かという点に関してはニュアンスがあるが，最大公約数的にいえば，「証券会社等が投資を勧誘するにあたり，顧客の知識，経験，投資目的および財産の状況に照らして不適当と認められる勧誘をおこなってはならない」という内容のルールであるということができる[163]。

II 適合性の原則と民事責任論——最高裁平成17年判決

投資取引における適合性の原則は，1980年代までは証券取引法・商品取

---

161 潮見・契約法理の現代化78頁・119頁。
162 川浜昇「ワラント勧誘における証券会社の説明義務」民商法雑誌113巻4＝5号633頁（1996年），潮見・契約法理の現代化119頁。
163 山下友信「証券会社の投資勧誘」龍田節・神崎克郎編『証券取引法大系——河本一郎先生還暦記念』（商事法務研究会，1986年）317頁，森田章「証券業者の投資勧誘上の義務」河本一郎先生古稀祝賀『現代企業と有価証券の法理』（有斐閣，1994年）238頁，松原正至「投資勧誘における自己責任原則・適合性原則・説明義務」島大法学38巻4号37頁（1995年）など。

引法の問題として意識され民法理論としてはほとんど扱われなかったが，バブル経済の崩壊とともに噴出した紛争事例を前に，今日，民法の一般理論のレベルでも大きくとりあげられるようになったルールである。

　もっとも，適合性の原則と民法秩序との関係については，適合性の原則それ自体は，証券取引・商品取引におけるいわゆる「業法ルール」（「業者ルール」）として捉えられるべきものであって，それが直ちに，私法上のルール（民事ルール）として位置づけられるべきものではないという理解が支配的である。それでも，現在の裁判実務は，適合性を欠く者との取引にあたり相手方事業者に信義則上の説明義務を課し，その違反があるときにこの者の損害賠償責任を認めるという形で問題を処理しているのが通例のようである[164]（さらに，その前提として，顧客からの情報収集義務〔顧客を知る義務〕を事業者に課すべきかどうかも問題となりうる[165]）。

　そもそも，投資取引事例での「信義則上の行為義務」としては，①投資家に対して，当該取引の危険性について説明すべき義務および不実の説明をしない義務（自己決定支援のための情報提供義務），②投資家に対して，断定的な判断を提供しない義務とならんで，③投資家の投資目的，財産状態，投資経験等に照らして過大な危険を伴う投資を回避させるべき義務が観念される。さらに，これらとは別に，④特別の合意や当事者間に形成された信認関係に基づき，当該投資家にとってよりよい投資の成果があがるように助言すべき義務が課されることも認められている[166]。適合性の原則は，このうち，③と④に関係する。

　そして，最高裁の判決にも，証券取引において，「適合性の原則から著しく逸脱した証券取引の勧誘」が不法行為法上も違法なものとなることを，一般論として認めたものがある[167]。

　そこでは，「証券会社の担当者が，顧客の意向と実情に反して，明らかに

---

[164] 大阪地判平成7年10月17日金法1465号122頁，大阪地判平成16年4月15日判時1887号79頁など。潮見・契約法理の現代化80頁。潮見佳男「適合性原則違反の投資勧誘と損害賠償」新堂幸司＝内田貴編『継続的契約と商事法務』（商事法務，2006年）165頁。

[165] 潮見・契約法理の現代化122頁。

[166] ④については，潮見・契約法理の現代化90頁・130頁のほか，川地宏行「ドイツにおける投資勧誘者の説明義務違反について」三重大学法経論叢13巻1号85頁（1995年），後藤巻則『消費者契約の法理論』（弘文堂，2002年）96頁など

過大な危険を伴う取引を積極的に勧誘するなど，適合性の原則から著しく逸脱した証券取引の勧誘をしてこれを行わせたときは，当該行為は不法行為法上も違法となると解するのが相当である」とされたうえで，「証券会社の担当者によるオプションの売り取引の勧誘が適合性の原則から著しく逸脱していることを理由とする不法行為の成否に関し，顧客の適合性を判断するに当たっては，単にオプションの売り取引という取引類型における一般的抽象的なリスクのみを考慮するのではなく，当該オプションの基礎商品が何か，当該オプションは上場商品とされているかどうかなどの具体的な商品特性を踏まえて，これとの相関関係において，顧客の投資経験，証券取引の知識，投資意向，財産状態等の諸要素を総合的に考慮する必要があるというべきである」とされた[168]。

　この判決は，適合性の原則を証券取引法制上の一般原則と位置づけたうえで，「適合性の原則から著しく逸脱した証券取引の勧誘」が不法行為法上も違法なものとなるとしている。この説示は，一方で，証券取引法秩序と私法秩序との峻別論を所与とし，適合性の原則を前者の秩序に属する業法ルール（業者ルール）と捉え，直ちには私法上のルール（民事ルール）とみていないということを含意している。民事不法を基礎づけるためには，単に適合性の原則に違反したという事実のみを摘示しただけでは足りない（適合性の原則に違反したからといって，当該投資勧誘行為が直ちに民事上も違法となるわけではない）ということを示唆する表現である。

　他方で，この判決は，証券取引法秩序に属する適合性の原則を支配する思

167　最判平成17年7月14日民集59巻6号1323頁。その後のものとして，大阪高判平成20年6月3日金判1300号45頁。

168　この判決における才口千晴裁判官の補足意見には，差戻審の審理に関連づけて，証券会社の指導助言義務についての言及がある。「経験を積んだ投資家であっても，オプションの売り取引のリスクを的確にコントロールすることは困難であるから，これを勧誘して取引し，手数料を取得することを業とする証券会社は，顧客の取引内容が極端にオプションの売り取引に偏り，リスクをコントロールすることができなくなるおそれが認められる場合には，これを改善，是正させるため積極的な指導，助言を行うなどの信義則上の義務を負うものと解するのが相当である」というものである。「本件の異常ともいうべきほどオプションの売り取引に偏った取引状況」が，こうした補足意見に向かわせたものと思われる。この種の指導助言義務は，禁止規範に結びついた適合性原則とは別個に観念できるものであるところ，この種の指導助言義務を観念すること自体は，民法理論として特異なものではない。

想・原理が投資勧誘者の行為義務違反（過失）の評価に際して私法秩序における民事不法の判断に影響していくことをも示している。これについては，この判決が，次の2つの観点から，適合性の原則に違反した投資勧誘者の行為義務違反（過失）の評価をおこなうべきことを示している点が重要である。

第1は，この判決が，適合性の原則から「著しく逸脱した」場合をもって，不法行為法上も違法としている点である。判決では，「顧客の意向と実情に反して，明らかに過大な危険を伴う取引を積極的に勧誘する」場合が，その例としてあげられている。第2は，この判決が，「不法行為の成否に関し，顧客の適合性を判断する」にあたって，「具体的な商品特性」と，「顧客の投資経験，証券取引の知識，投資意向，財産状態等の諸要素」を相関的かつ総合的に考慮するという観点を明確に掲げ，このもとで当該事案に対する不法判断をおこなったという点である[169]。

III 適合性の原則をめぐるその後の展開

1 金融審議会金融分科会第1部会報告「投資サービス法（仮称）に向けて」

適合性の原則をめぐっては，その後も，次のような動きが実務および文献類であらわれている。

まず，実務上は，2005年（平成17年）12月22日付け金融審議会金融分科会第1部会報告「投資サービス法（仮称）に向けて」が重要である。

同報告では，適合性の原則は，本来，事前説明義務と並んで，利用者保護のための販売・勧誘に関するルールの柱となるべき原則であり，投資サービス法においては，投資商品について，体制整備にとどまらず，現行の証券取引法などと同様の規範として位置づけることが適当と考えられるとの方向性が示された。また，適合性の原則における考慮要素として，判例や米英の例を参考に，現行の証券取引法の「知識，経験，財産」に加え，「投資の目的」または「投資の意向」も考慮要素として追加することについて検討することが適当と考えられるとされたが，他方で，「顧客の理解力」も考慮要素に追

---

[169] もっとも，これらの相関的考慮因子は，証券取引法上の適合性の原則における考慮因子と違わない。それゆえ，この観点は，判決文では「不法行為の成否に関し，顧客の適合性を判断する」にあたってのものと断ってあげられているが，民事不法の判断に独自のものではないというべきである。

加すべきかどうかについては，これを肯定する意見と，業者が顧客の理解力を正確に把握することは困難であり，実務上支障が生じるおそれがあるとの否定的意見とが併記されている[170]。

また，同報告では，特定投資家（プロ）に対し適合性の原則が認められるかどうかに関しても取り上げられたが，個人投資家を中心とする一般投資家（アマ）に投資商品を販売する場合については，適正な投資家保護を確保する観点から，このような適合性の原則を認めつつ，プロ（特定投資家）について適合性の原則を認めるかどうかについては，意見の一致をみていないとされた。すなわち，特定投資家には適合性の原則を明確に適用除外すべきとの意見がある一方，行為規制の一般原則であることから適用除外とすべきでないとの意見があったとされたうえで，「少なくとも一般投資家が自らの選択により特定投資家に移行することについては，適合性の原則の適用対象とすることを検討することが適当と考えられる」とまとめられている[171]。

もっとも，同報告においても，適合性の原則に対する違反の効果として民事責任ないしは契約の効力の否定までもが発生するか否かについては，言及がされていない。そこには，適合性の原則は投資家保護を目的としたルールであると位置づけながらも，同原則自体はいわゆる業者ルールとして把握されているのであり，民事上のサンクションをもたらすためには，民事法の枠組みを用いて処理すべきであるとの方向性が窺われる[172]。

2　金融商品取引法の成立と金融商品販売法の改正

適合性の原則に関しては，2005年（平成17年）6月7日に証券取引法の改正による金融商品取引法の成立に伴い，金融商品販売法が一部改正され，同法3条2項として，次の条項が新設された点が重要である。

「前項の説明は，顧客の知識，経験，財産の状況及び当該金融商品の販売

---

[170] 金融審議会金融分科会第1部会報告「投資サービス法（仮称）に向けて」（2006年）14頁。

[171] 前掲・金融審議会金融分科会第1部会報告17頁・20頁。

[172] 金融商品販売法制定の基礎作業となった平成11年7月8日付け金融審議会第1部会「中間整理（第1次）」において示されたところの，「適合性の原則はあくまでも業者の内部的な行為規範に関するルールであり，個別の訴訟等において，業者の内部体制の不備が斟酌されていく余地はあろうが，私法上の効果に直接連動させて考えるのは困難である」との意見が，基本的に踏襲されているものとみてよいであろう。

に係る契約を締結する目的に照らして，当該顧客に理解されるために必要な方法及び程度によるものでなければならない。」

　この条項は，金融商品販売業者等が金融商品の販売等に際して顧客に対し尽くすべき重要事項の説明義務を定めた同条１項を受けたものである。ドイツの有価証券取引法（Wertpapierhandlungsgesetz）[173] と同様，適合性の原則は市場耐性を欠く者を市場から排除するという禁止規範の形態で立てられているのではなく，顧客が市場に参加するための自己決定基盤の整備を目的として金融商品販売業者等が尽くすべき説明の方法・程度の基準として立てられている点が注目される。すなわち，ここでは，適合性の原則は，説明義務・情報提供義務という命令規範の枠組みのもとに位置づけられている。市場耐性を欠く者の後見的保護を目的とした適合性の原則を，市場参加を前提とした自己決定・自己責任原則およびこれを支える情報提供モデルのなかに組み込むという方式が採用されているのである。しかしながら，「顧客の知識，経験，財産の状況及び当該金融商品の販売に係る契約を締結する目的」に照らし客観的に不合理な金融商品を販売したときには，「当該顧客に理解されるために必要な方法及び程度」での説明を尽くしたとはいえないとみることで，禁止規範の意味をも含めた民事ルールが立てられていると読むのが，適合性の原則のめざす顧客保護の方向にかなうであろう。もとより，同項が新設されたからといって，「顧客の目的にもっとも適合した金融商品を推奨する」ことを内容とする助言義務（指導助言義務）が同項から導かれるものでないことは，いうまでもない。

　さらに，金融商品取引法40条１号も金融商品取引業者について「適合性の原則」を定め，「金融取引行為について，顧客の知識，経験，財産の状況及び金融商品取引契約を締結する目的に照らして不適当と認められる勧誘を行って投資者の保護に欠けることとなっており，又は欠けることとなるおそれがあること」をもって，適合性の原則に対する違反行為としている。

　173　ドイツ法の動向に関しては，山田剛志「投資サービス法（金融商品取引法）と適合性の原則――ドイツ資本市場法からの法的示唆」金法1768号33頁（2006年）。

3 適合性の原則の細分化
——禁止規範を支える適合性の原則と命令規範を支える適合性の原則
3-1 狭義の適合性の原則と広義の適合性の原則——禁止規範と命令規範

　学説上では，適合性の原則と民事上のサンクションとの関連を扱うものは少なく，むしろ，広義の適合性の原則について，英米証券取引法・保険法の紹介等を通じ，その理論的整序をはかろうとするものが散見される。

　適合性の原則には広義のものと狭義のものがあるという点は，既に1999年（平成11年）7月8日付け金融審議会第1部会「中間整理（第1次）」において指摘されていた。

　そこでは，広義の適合性の原則とは，「業者が利用者の知識・経験，財産力，投資目的に適合した形で勧誘（あるいは販売）を行わなければならないというルール」であるとされ，他方，狭義の適合性の原則とは，「ある特定の利用者に対してはどんなに説明を尽くしても一定の商品の販売・勧誘を行ってはならない」というルールとして捉えられていた[174]。その際，いずれのレベルで適合性の原則を捉えるのであれ，適合性の原則のコロラリーとして，「業者は，利用者の知識・経験，財産力，投資目的等を把握できるような情報を収集しなければならない」との顧客情報収集義務の考え方（"Know your customer" rule）も承認されていた[175]。

　このうち，狭義の適合性の原則は，ある投資商品について適合性を欠く者への当該商品の販売・勧誘の禁止規範を導くものであり，市場の民主化・大衆化を前提としたうえで，適合性を欠く者を当該商品の市場から排除することによって保護するという機能をいとなむものである。この狭義の適合性の原則が民事上の効果を導くものとして捉えられるときには，それは私的自治・自己決定原則に対する例外則として位置づけられるものであり[176]，その根拠は，パターナリズム，すなわち福祉国家的視点に出た国家による生存権保障もしくは財産権保障の点に求められるのが適切だということになる。

---

[174] 金融審議会第1部会「中間整理（第1次）」17頁。

[175] もっとも，顧客情報収集義務は，いわゆる情報モデルのもと，顧客との情報格差是正のための情報提供義務が事業者に課される場面でも，情報提供の前提として顧客の置かれた状況（自己決定基盤の状況）を認識するための事業者に課されるものとしても，登場する。その意味で，狭義の適合性の原則に固有の前提というものではない。

[176] この点において，狭義の適合性の原則は，国家による自己決定権支援，すなわち自己決定基盤の整備に結びつけられた情報提供義務とは，目的を異にするものである。

従来，不招請勧誘や，いくら情報提供されても適切な投資判断ができない者の保護が語られる際に問題とされてきたのは，主として，この狭義の適合性の原則であった[177]。

これに対し，最近では，広義の適合性の原則に言及するものが登場しつつある。そして，そこでは，（民事上の効果とは切断された形においてであるが）上に述べた狭義の適合性の原則と並ぶルールとして，商品の勧誘・販売に際しては顧客の目的や資産状況に適合した商品を推奨しなければならないという推奨（recommendation）のルールが，広義の適合性の原則の下位ルールとして置かれている点が特徴的である[178]。

これは，商品の勧誘・販売にあたっての命令規範の一態様としての助言義務（アドバイス義務）に当たるものであって，才口千晴裁判官が平成17年判決で補足意見として述べた「指導助言義務」と共通の基盤に立つものである。そして，このような義務が設定されることによって，商品の適合性についての判断リスクが顧客から事業者へと転嫁されることとなる。広義の適合性の原則を語ることで，当事者間に指導・助言を内容とする明示の合意がなかったとしても，同様の義務が，顧客と対峙する取引当事者が投資商品・金融商品の販売・勧誘業者であることをよりどころとして帰結されているのである。しかも，その際，顧客の目的や資産状況に適合した商品を推奨しなければならないということのなかには，当該商品を推奨するに至った経緯・根拠・理由を——当該取引について考えられる不利益ともども——顧客に対して開示

---

[177] 金融審議会第1部会「中間整理（第1次）」（17頁）では，狭義の適合性の原則を，単なる「業者ルール」とせず，これへの違反に対して民事上の効果（顧客への当該商品の販売が無効とされる）を結びつける見方に対して，私的自治の原則との関係で懸念が表明されていた。ドイツ法を中心とした分析であるが，禁止規範（投資不適合な者を排除する論理）の観点から適合性の原則を捉えるものとして，川地宏行「投資勧誘における適合性の原則(1)(2)完」三重大学法経論叢17巻2号1頁，18巻2号1頁（2000年～2001年），角田美穂子「金融商品取引における適合性原則——ドイツ取引所法の取引所先物取引能力制度からの示唆(1)～(3)」亜細亜法学35巻1号117頁，36巻1号141頁，37巻1号91頁（2000年～2002年）。

[178] 土浪修「米国における生命保険・年金販売と適合性原則」ニッセイ基礎研REPORT 2005年7月号，青山麻理「英国における保険販売と適合性原則」ニッセイ基礎研REPORT 2005年11月号，村田敏一「『適合性の原則』を巡って——その諸相，生命保険契約の場合」生命保険論集154号153頁（2006年），深澤泰弘「保険商品の販売・勧誘における適合性原則に関する一考察」生命保険論集159号81頁（2007年）。

すべき義務も含まれるものとして捉えられている。

　もっとも，顧客にとって「最適な」商品を推奨しなければならないのか，取扱商品のなかに顧客にとって「最適な」商品がなかった場合には推奨をおこなってはならないのか（「最適な」商品がなかった旨を通知するなど適切な手続きを踏んだ上で他の商品を勧誘・販売してもよいのか）といった点については，議論の緒についたばかりである。まして，顧客の目的や資産状況に適合した商品を推奨しなければならないというルールを適合性の原則から導くときには，上に述べた各論的な問題のほかにも，次の2点について，留意と検討が必要である。

3-2　適合性の原則の二義性と民事上の効果への影響

　ひとつは，この意味での適合性の原則がパターナリズムの観点に出たものであるという点では狭義の適合性の原則と共通するものの，狭義の適合性の原則とは目的も方向性も異にするという点である。このことは，適合性の原則違反を根拠ないし契機とする民事上の効果が問題となる際に，重要となる。

　すなわち，ある投資商品について適合性を欠く者への当該商品の販売・勧誘の禁止を内容とする狭義の適合性の原則に対する違反の場合には，同原則が当該商品をめぐる市場での取引耐性を欠く者を市場から排除することによって保護することを目的としたものであるがゆえに，この違反に（直接にせよ，間接にせよ）結びつけられる民事上の効果は，当該商品の取引にかかる私的自治・自己決定の否定，したがって，当該取引の無効処理[179]ないしは原状回復的損害賠償である。

　これに対して，適合性の原則の他の面，つまり，事業者は顧客の目的や資産状況に適合した商品を推奨しなければならないというルールから導かれる助言義務に事業者が違反した場合には，そこに（直接にせよ，間接にせよ）民事上の効果としての損害賠償が結びつけられるとき，その内容は，原状回復的損害賠償に尽きるのではなく，推奨どおりの商品適性を有したものであったならば顧客が得たであろう積極的利益の賠償（履行利益の賠償）にも向かいうるものである。

---

[179] 公序良俗違反を理由とする無効（民法90条）または錯誤無効（民法95条）ということになろう。

3-3　助言義務と適合性の原則——信頼供与責任

　もうひとつは、この意味での適合性の原則から導かれることとなる助言義務と、事業者として顧客に対して負担すべき自己決定権支援のための情報提供義務の関係がどうなるのかという点である。いうまでもなく、判断リスクと情報収集リスクは、論理的に異なる。しかし、顧客の目的や資産状況に適合した商品を推奨しなければならないというルールにあっては、前述したように、推奨に至った経緯・根拠・理由の開示が前提とされており[180]、情報収集リスクも含めた判断リスクの事業者負担という枠組みが採用されているのである。

　もっとも、そうであるのならば、事業者が顧客と対峙する場面で、助言・推奨を内容とする特段の合意があるわけではないときに、どのような場合には情報提供義務の負担（情報収集リスクの負担）にとどまり、どのような場合には情報格差の是正を目的とした義務を超えた義務の負担（判断リスクの負担）にまで進むのかを探求する必要がある。投資判断に関して本来は顧客が負担すべきリスクを事業者が引き受けるべきなのはなぜかという問題である。

　この点は、当事者間の「信認関係」に着目することで、投資助言の場における「信頼供与責任」（Anvertrauenshaftung）の観点——「一方の当事者が相手方への信頼に基づいて自己の法益を相手方の影響可能性下に置いたときには、相手方としては、みずからの供与した信頼のゆえに、この法益の保護へと義務づけられる」との考え方——から正当化されるべきものである[181]。事業者が投資商品にかかる専門家であり、その知見を有することから顧客に対する関係で信頼の基盤が形成され、これに基づいて顧客がみずからの資産を当該商品に投下するか否かについての決定をおこなうことから、事業者としては、当該状況下において顧客の利益が最大化する内容で決定をすることができるように、情報面のみならず、評価および判断面で顧客に協力し、積極的に支援をしなければならないのである。投資者は、先行する取引的接触により当事者間に醸成された信認関係に基づき、投資商品に関する開発・提供に携わる投資商品販売者が有する投資リスクとリターン面の専門的知識と経験を信頼し、その助言が自己の資産形成にプラスに作用するものとの判断

180　顧客の側での判断過程の検証・追試の機会を確保するためのものである。
181　潮見・契約法理の現代化92頁。

の上に，みずからの投資決定をおこなっている。他方，投資商品を提供する者としても，信認関係に基づき，単に相手方に投資商品に関するリスク情報を提供して相手方の自己決定基盤を確保すれば足りる——そして，あとは相手方の自己決定に委ねる——というだけではなく，相手方たる投資者の利益に忠実に事務を遂行しなければならない。とりわけ，投資商品販売者には，投資判断に必要な情報を提供するのみならず，投資者のリスクをできるだけ抑え，投資目的と投資者の財産状態により適合した商品を積極的に提示していく——場合によっては，投資を思いとどまらせたり，より適切な別の投資商品を推奨する——ことが求められる。ここで観念されているのは，投資者に対して適切な助言をおこなうことで投資計画への積極的支援を義務づけることへと向けられた行為規範である[182]。

第6節　生命・身体・健康に対する侵害（人身侵害）

　生命・身体・健康が民法709条にいう「権利又は法律上保護される利益」に含まれる点については，問題がない（損害論においては，問題が多い）。なお，生命・身体・健康に関する権利主体の自己決定権については，被害者の承諾の箇所（第3部第2章第2節）でまとめて扱う。また，医療過誤における延命利益（生存可能性）の保護の問題については，因果関係の箇所（第2部第5章）でまとめて扱う。

第7節　名誉毀損

第1項　総　論——人格権としての名誉権

　名誉が侵害された場合（名誉毀損），民事上の救済手段としては，民法典において，損害賠償請求と並んで，民法723条で原状回復請求が明文上認められているほか，一定の要件を充たすときには，「人格権としての名誉権」に基づき差止請求が認められる[183]。

182　潮見・契約法理の現代化131頁。

第3章　権利・法益侵害——各論　　173

第2項　名　　誉

I　人の人格的価値についての社会的評価

　今日の通説[184]によれば，名誉とは，人がその品性，徳行，名声，信用その他の人格的価値について社会から受ける客観的評価をいう。

II　法人の名誉

　名誉の主体としての「人」には，法人も含まれる。法人にも名誉があるのであって，これにより無形の損害が発生した場合には，これの金銭評価が可能な限り，その賠償が命じられる[185]（その当否については，損害論の箇所〔第2分冊・続刊〕で扱う）。
　その他，ある事実の摘示ないし表現行為により誰の名誉が侵害されたのかということが問題となりうる場合もある[186]。

第3項　名誉毀損

I　社会的評価の低下

　前述したように，今日の通説によれば，名誉毀損にあっては，被害者の社

183　刑法230条以下では，(i)人の社会的評価の低下をもたらすに足る具体的事実を公然と摘示する名誉毀損と，(ii)人の社会的評価の低下をもたらす抽象的判断を，事実を摘示しないで公然と発表する侮辱とが構成要件上で区別されているが，民法上では両者ともに名誉毀損として捉えられる。なお，大判大正15年7月5日刑集5巻303頁を参照。藤岡康宏「名誉・プライバシー侵害」星野英一編集代表『民法講座6　事務管理・不当利得・不法行為』（有斐閣，1985年）387頁。
184　民事責任では，鳩山873頁での定義以来，このような説明が定着している。刑事責任では，小野清一郎『刑法に於ける名誉の保護』（有斐閣，1934年）が，このような定義が通説となる道を開いた。他方，名誉を意識的に人格権の体系のもとで捉えようとした初期の文献として，宗宮信次『名誉権論』（有斐閣，1939年）がある。
185　最判昭和39年1月28日民集18巻1号136頁（病院を経営している財団法人に対する名誉毀損）。

会的評価が保護法益である（社会的名誉）。主観的な名誉感情（自分自身の人格的価値についてみずからが有する主観的な評価）の侵害だけでは，いまだ名誉毀損とはならない[187]。また，人格的価値というけれども，それは人に対する社会的評価に関係する人格的価値である。社会的評価に関係しない人格的価値の侵害は，プライバシー侵害にあたることはあっても，名誉毀損とはならない[188]。なお，判例は，名誉毀損を理由とする差止請求が問題となる局面では，差止請求を人格権に基礎づける伝統的判例理論に接続して，「人格権としての名誉権」という表現を用いている[189]。

---

186 たとえば，ある団体（法人格はない）がおこなっている活動に対して，その活動に対する社会的評価を低下させる行為をしたときに，構成員個々人の名誉が毀損されたのかとか，ある報道により特定の地域・職業についての社会的評価を低下させる結果が生じたときに，名誉が毀損された人の範囲をどのように捉えるのかといったような問題がある。後者に関して，五十嵐清『人格権論』（一粒社，1989年）19頁。また，後述する最判平成15年10月16日民集57巻9号1075頁（テレビ朝日所沢ダイオキシン類汚染報道事件）に対する批評のなかで，紙谷雅子・民商法雑誌130巻4＝5号868頁（2004年）は，「確かに本件放送はA市産のほうれん草等の安全性に対して信頼を失わせたということはできる。しかし，そのことがA市内においてほうれん草等各種野菜を生産，販売する農家の社会的評価を低下させたと直ちに認定できるかどうか，それで名誉毀損が成立すると判断してよいのか，疑問ではある。……個人に対する名誉毀損と同じように集団に対する名誉毀損が成り立つのか，たとえ成り立つとしても，構成員を明確に特定し得る集団と異なり（A市産のほうれん草等各種野菜を生産，販売する農家という）構成員の明確とはいえない集団に対しても成立するのか，そのような構成員に名誉毀損に基づく損害賠償請求権があるのか」と問題提起している。

187 最判昭和45年12月18日民集24巻13号2151頁。ただし，通説は——損害賠償責任に関しては——反対のようである。澤井144頁。言葉の問題であるが，名誉感情の侵害は，名誉毀損ではなく，プライバシー保護の問題として処理すべきであろう。幾代＝徳本89頁の指摘も参照。

188 もっとも，今日の民事裁判例で，社会的評価としての名誉に該当しない個人の人格的価値が「社会的評価」という衣をまとって保護の対象とされ，かつ，社会的評価としての名誉の侵害に特有の違法性阻却の枠組みに載せられているのではないのかという観点からの検討が必要ではないかと考えられる。というのも，名誉毀損類型が早期に確立する一方で人格権・プライバシー保護の枠組みが完成していない段階では，人格権・プライバシーの保護が名誉毀損という類型に仮託して実現されることがありうるからである。類似の問題意識は，中島雅「不法行為法における名誉概念の変遷(1)～(4)未完」法学協会雑誌124巻9号2027頁，10号2281頁，125巻4号697頁，12号2759頁（2007年～2008年）に色濃くあらわれている。

189 最大判昭和61年6月11日民集40巻4号872頁（北方ジャーナル事件）。

II 「事実の摘示」による社会的評価の低下

名誉毀損に該当する行為は，「事実の摘示」行為に限られる。意見の表明や論評による社会的評価の低下は，名誉毀損行為として処理されない。この点に関しては，後述する。

III 「虚名」の要保護性

通説は，およそ客観的に被害者の社会的地位が低下したことをもって名誉毀損と捉え，民事不法行為法による保護のもとに置いている。そこには，「名誉」とされている社会的評価が実体を伴わないもの（「虚名」）であったか否か——社会的評価の低下をもたらす事実を述べたが，それが真実であった場合には，そもそも「名誉」毀損に該当しないのではないか——で区別するという意識がないし，名誉毀損を理由に損害賠償を求める訴えにおいて表現が虚偽であったという点の立証責任が被害者側にあるとの前提もない。

これに対しては，憲法の定める表現の自由を考慮するとき，真実の事実を述べることによって社会的評価が低下した場合，すなわち保護を求められているものが「虚名」である場合には，そこに709条にいう「権利」を認めるのは正当ではないとの批判があり[190]，考慮に値する。後者の立場からは，①虚偽の事実を述べたために社会的評価が低下した場合にのみ名誉毀損とされる——真実を述べたことにより社会的評価が低下したとしても名誉毀損にはならない（真実の摘示により社会的評価が低下しても，そのような名誉は「虚名」にすぎない）——とともに，②「名誉毀損」に該当する事実について被害者側が主張・立証責任を負うから，損害賠償請求や原状回復請求をする被害者としては，みずからが依拠する名誉が実体を伴うものであることについての主張・立証をすべきことになる[191]。

---

[190] 松井茂記「名誉毀損と表現の自由(1)～(4)完」民商法雑誌87巻4号37頁，5号26頁，6号13頁，88巻1号51頁（1983年）およびそこにあげられている諸論稿を参照。

[191] 本書初版の表現を改めた。なお，このように考える場合には，「虚名」の場合には，後述する「真実性の抗弁」を待つまでもなく，名誉毀損の成立が否定されることになる。

IV 社会的評価の低下の有無の判断基準

　他人の行為により社会的評価の低下がもたらされたか否かについては，当該表現行為を受け取った合理人の規準によって客観的に判断されるべきである。

　判例でも，新聞記事による名誉毀損に関して，他人の社会的評価を低下させるかどうかは当該記事についての「一般の読者の普通の注意と読み方」を基準として判断すべきであるとされている[192]。そして，たとえ当該新聞が主に興味本位の内容の記事を掲載することを編集方針とし，読者層もその編集方針に対応するものであったとしても，当該新聞が報道媒体としての性格を有している以上は，読者は当該記事に幾分かの真実も含まれているものと考えるのが通常であるから，記事の対象とされた者の社会的評価が低下する危険性を否定できないとされている[193]。また，テレビ報道による名誉毀損に関しても，「一般の視聴者の普通の注意と視聴の仕方」を規準として判断すべきものとされている[194]。

V 摘示された事実が何かについての判断基準

　名誉毀損は，後述するように，事実を摘示しての名誉の毀損（社会的評価の低下）を指すところ，具体的な事件において，摘示された事実とはどのようなものであるかという点が問題となる場合がある。これについても，当該表現行為を受け取った合理人の規準によって客観的に判断されるべきである。

　最高裁裁判例も，テレビ報道による名誉毀損に関して，「一般の視聴者の

---

192 最判昭和31年7月20日民集10巻8号1059頁。
193 最判平成9年5月27日民集51巻5号2009頁。
194 前掲最判平成15年10月16日。Y社のニュース番組での所沢産野菜のダイオキシン類汚染についての特集において，検体の品目，個数，採取場所等を明らかにすることなく所沢産野菜のダイオキシン濃度が示され，フリップで表記された「野菜」が「ほうれん草をメインとする所沢産の葉っぱ物」だと説明されたために，放送翌日以降，ほうれん草を中心とする所沢産の野菜の取引量や価格が下落した（検体は，煎茶であることが判明した）。そこで，所沢市内でほうれん草等を生産する農家が，Y社を相手どって不法行為に基づき謝罪広告と損害賠償を求めたという事件である。

普通の注意と視聴の仕方」を規準として判断すべきものとしている[195]。もっとも、テレビ報道の場合には、活字媒体による場合以上に、そもそも「一般の視聴者の普通の注意と視聴の仕方」とはどのようなものかが問われうる。この点に関して、最高裁は、「テレビジョン放送をされる報道番組においては、新聞記事等の場合とは異なり、視聴者は、音声及び映像により次々と提供される情報を瞬時に理解することを余儀なくされるのであり、録画等の特別の方法を講じない限り、提供された情報の意味内容を十分に検討したり、再確認したりすることができないものであることからすると、当該報道番組により摘示された事実がどのようなものであるかという点については、当該報道番組の全体的な構成、これに登場した者の発言の内容や、画面に表示されたフリップやテロップ等の文字情報の内容を重視すべきことはもとより、映像の内容、効果音、ナレーション等の映像及び音声に係る情報の内容並びに放送内容全体から受ける印象等を総合的に考慮して、判断すべきである」としている[196]。

雑誌報道や新聞報道の場合とテレビ報道の場合で判断枠組みを異にするかの見方もないではないが[197]、両者の間において当該表現行為を受け取った合理人の規準という面での質的相違はない。違いがあるのは、表現行為の形態と、表現行為を受け取る際の受け手の態様にすぎない。

VI 名誉毀損の成立時期

名誉毀損の不法行為は、被害者の社会的評価の低下が客観的に生じた時点で、被害者の知不知に関係なく、成立する（名誉毀損の事実を被害者が知った

---

[195] 前掲最判平成15年10月16日。

[196] 前掲最判平成15年10月16日。本件では、「本件放送中の本件要約部分等は、ほうれん草を中心とする所沢産の葉物野菜が全般的にダイオキシン類による高濃度の汚染状態にあり、その測定値は、K株式会社の調査結果によれば、1g当たり『0.64〜3.80 pgTEQ』であるとの事実を摘示するものというべきであり（以下、この摘示された事実を『本件摘示事実』という。）、その重要な部分は、ほうれん草を中心とする所沢産の葉物野菜が全般的にダイオキシン類による高濃度の汚染状態にあり、その測定値が1g当たり『0.64〜3.80 pgTEQ』もの高い水準にあるとの事実であるとみるべきである」とされた。

[197] 新美育文「判例批評」ジュリスト平成15年度重要判例解説92頁。

時に成立するのではない)。そして，判例によれば，社会的評価の低下が生じたか否かも，行為時点での状況に従って判断される[198]。たとえ，その後に行為者が真実の事実を摘示したことが判明し，結果として被害者の行為当時の社会的評価が「虚名」であったことが明らかとなったとしても，「名誉毀損」の成否(名誉毀損という構成要件への該当性)に影響を及ぼさない[199](あとは，真実性の抗弁・相当性の抗弁の成否が問題となるだけである[200])。この場合にも，被害者の社会的評価が行為時点で低下したという事実が消えるわけではない[201]。

第4項　名誉毀損の免責法理──判例法理

I　真実の事実の摘示による免責(名誉毀損行為の正当化)

1　緒　論

前述したように，本書は「虚名は保護されず」(「名誉」という観点から捉えたときには，「虚名」は709条にいう「権利」・「法益」には該当せず，名誉毀損は成立しない)という立場を支持するものであるため，本書の立場からは，名誉を社会的評価と捉えるのであれば，真実の事実の摘示による名誉毀損は成立の余地がない(ただし，プライバシー侵害の成否は，別問題である)。

しかし，判例・通説は，真実の事実の摘示による社会的地位の低下につい

---

[198] ただし，いつの時点で「行為」がされたのかということが問題となりうる。たとえば，ある人の社会的評価を低下させる内容の書かれた書籍が刊行され，それが書店等に置かれ，長期間にわたり販売され続けている場合や，あるテレビ番組が録画され，DVD化され，あるいはインターネット上で動画配信されている場合には，ある特定の一個の時点での「行為」を観念するのには無理がある。ここでは，継続的な名誉侵害行為として捉えていくべきものと考える。この点に関しては，窪田充見「刑事第1審判決を資料とした場合の名誉毀損の成否」メディア判例百選61頁(2005年)の指摘も参照。

[199] この点に疑問があることについては，前記IIIを参照。

[200] 後述するように，判例によれば，真実性の抗弁に関しては，摘示された事実が真実であったか否かについては，それが行為の違法性を判断するものであるゆえに，事実審口頭弁論終結時までの資料を基礎として判断する。これに対して，相当性の抗弁では，この抗弁が行為者の無過失を理由とする免責を扱うものであることから，相当の理由の有無が行為時における資料に基づいて判断される。以上につき，最判平成14年1月29日判時1778号49頁(ロス疑惑北海道新聞社事件)。

ても名誉毀損と捉え，行為者が不法行為責任を負う可能性を否定していない。そのため，判例・通説は，このような場合に，なお，不法行為責任成立の可能性を否定する余地がないのかどうかを議論し，今日に至っている。名誉の保護と表現の自由との調整も，この枠組みのなかでとりあげられている。伝統的には，刑法230条の2におけるのとパラレルに，「違法性阻却事由」として論じられてきた問題である。この点に関し，判例では，次のような法理が形成されている。

2　真実性の抗弁（違法性阻却事由〔正当化事由〕）

　摘示された事実が真実であることが証明されたときは，その行為が公共の利害に関する事実にかかり，もっぱら公益をはかる目的に出た場合には，その行為には「違法性」がない[202]。真実の事実の摘示（したがって，被害者の名誉が「虚名」の場合）といえども，一般的には人の社会的地位を低下させ

---

[201] 最判平成9年5月27日民集51巻5号2024頁（ロス疑惑スポーツニッポン新聞事件）。新聞記事による名誉毀損による損害は，被害者の知不知に関係なく，これを掲載した新聞が発行され，読者が閲覧可能となった時点で発生するのであって，たとえ記事の対象となった刑事事件で後に被害者が有罪判決を受けたとしても，新聞発行時点における被害者の社会的評価低下の事実に消長を来たすわけではないから，これによって損害賠償請求権が消滅するものではないとした。もっとも，この判決は，慰謝料額は事実審口頭弁論終結時までに生じた諸般の事情を斟酌して判断されるものであるから，裁判所は，慰謝料額算定の際に，被害者が損害発生後に有罪判決を受けたという事実を斟酌することができるとした。詳細は，慰謝料を扱う箇所（第2分冊・続刊）で触れる予定であるが，この判決は，慰謝料は事実審理が終了するまでに明らかとなった事情を斟酌して裁判官が裁量的にその額を決定できるとの人身損害に関する判例法理を形式的にこの事件に妥当させたものである。しかし，これを認めたのでは，結果的に名誉毀損行為時に生じた社会的評価の低下の結果が損害額に反映されないことになる（極論すれば，名誉毀損の成立を行為時としたことの意味が失われることになる）。そもそも，名誉毀損での保護法益とされているのは，客観的に捉えられる被害者の社会的評価であって，被害者の主観的名誉感情ではない。そうであれば，行為時の社会的評価の低下により生じた「損害」を「慰謝料」という形で捉えるのは，適切ではない。名誉毀損により被害者に生じた社会的評価の低下による損害を財産的損害として捉えることが困難な場合には，「無形損害」として捉えるべきものである。そして，このような枠組みのもとでは，事実審口頭弁論終結までの事情を考慮して「損害」を算定するという「慰謝料」算定のための判例論理は妥当しないはずである。理論的な説明は異なるものの，結果において同旨，窪田充見「損害発生後の有罪判決と名誉毀損による損害賠償」民商法雑誌119巻4=5号769頁（1999年）。

るものは名誉毀損を構成する（「虚名」も保護する）と考えたうえで，表現の自由を保障するべく，公表事項の公共利害関係性と公益目的での公表という2つの要件を充たす場合に，例外的に行為を正当化し，不法行為責任を阻却するもの（判例・通説によれば，違法性阻却事由）として扱っているのである。

公表事項の公共利害関係性に関しては，摘示された事実事態の内容・性質に照らして客観的に判断されるべきである[203]。その際，個人の私生活上の行状は，直ちにこの要件を充たすわけではないし，多数の人が好奇心を有している行状であるというだけでも，この要件を充たすわけではないが，「個人の私生活上の行状であっても，そのたずさわる社会的活動の性質及びこれを通じて社会に及ぼす影響力などのいかんによっては，その社会的活動に対する批判ないし評価の一資料として」公共の利害に関する事実にあたる場合がある（「公的人物」〔public figures〕の問題）[204]。

また，摘示された事実が真実であったとの判断は，摘示された事実が客観的な事実に合致していたこと（真実であったこと）を理由として行為の違法性を否定する判断である[205]。裁判所は，行為の違法性，したがって事実の真実性に関して事実審の口頭弁論終結時において客観的な判断をすべきであ

---

[202] 最判昭和41年6月23日民集20巻5号1118頁（「署名狂やら殺人前科」事件。議員候補者の前科についての新聞報道），最判昭和47年11月16日民集26巻9号1633頁（嬰児変死事件），最判昭和62年4月24日民集41巻3号490頁（サンケイ新聞事件。他の政党の社会的評価が低下することをねらって新聞紙上に掲載した政党の意見広告）。公表事項の公益目的性・公共利害関係性が違法性阻却事由としての真実性の抗弁において要件とされているのは，表現の自由を保護することが，共同体社会における公的・私的事項に関する決定へと参加できる地位を市民に保障することにつながるとの考え方を基礎にすえていることによる。この点に関しては，芦部信喜『憲法学III 人権各論(1)（増補版）』（有斐閣，2000年）352頁。

[203] 傍論ながら，最判昭和56年4月16日刑集35巻3号84頁（月刊ペン事件）。摘示する際の表現方法や事実調査の程度などは公益目的の有無の認定等に関して判断されるべきことがらであるとされた。

[204] 前掲最判昭和56年4月16日。著名な宗教法人の会長の私的行動であって，前国会議員である女性らとの関係に触れた特集記事が名誉毀損にあたるか否かが争われた事件である。

[205] 「人の噂（風評）であるから真偽は別として」というような表現を用いて名誉毀損をした場合に，真実か否かの判断の対象となる事実は，「風評があったこと」ではなくて，「風評の内容を構成している事実」である。最判昭和43年1月18日判時510号74頁。

る。その際，真実性の立証のための証拠方法を名誉毀損行為の時点で存在した資料に限定しなければならない理由はなく，裁判所として，行為当時には存在していなかった証拠を考慮して真実性についての客観的判断をすることも当然に許される[206]。なお，摘示された事実は，「主要な部分」において真実であればよい[207]。

3 相当性の抗弁（無過失の抗弁）

判例によれば，行為者は，摘示した事実が真実であることを立証できなくても，行為者においてその事実を真実と信じるについて相当の理由があったことを根拠づける具体的事実を主張・立証することで，名誉毀損を理由とする責任を免れることができる。行為者は，そのような行為につき故意・過失がなかったとされるのである[208]。

このような抗弁が認められるためには，「摘示された事実が周知のものとなっていた」という事実（周知性）を主張・立証するだけでは足りない。周知性は，その事実が真実であるということへの信頼を基礎づけない[209]。信頼すべきところから材料を入手したことと，その真実性について合理的な注意を尽くして調査検討したことが不可欠となる[210]。

ちなみに，無過失を基礎づける相当の理由の有無に関する判断規準時については，ここで問題となっているのが無過失の抗弁であるから，摘示された事実を真実と信じるにつき相当の理由があったかどうかを判断する際には，

---

206 前掲最判平成14年1月29日（ロス疑惑北海道新聞社事件）。
207 最判昭和58年10月20日判時1112号44頁。
208 刑法230条の2の規定の趣旨からも，十分うかがうことができる。前掲最判昭和41年6月23日（「署名狂やら殺人前科」事件），前掲最判昭和47年11月16日（嬰児変死事件）。なお，刑事事件であるが，最大判昭和44年6月25日刑集23巻7号975頁（夕刊和歌山時事事件）も参照せよ。
209 最判平成9年9月9日民集51巻8号3804頁（ロス疑惑夕刊フジ事件）は，「ある者が犯罪を犯したとの嫌疑につき，これが新聞等により繰り返し報道されていたため社会的に広く知れ渡っていたとしても，このことから，直ちに，右嫌疑に係る犯罪の事実が実際に存在したと公表した者において，右事実を真実であると信ずるにつき相当の理由があったということはできない」とした。嫌疑につき多数の報道がされ，その存在が周知のものとなったという一事で，ただちにその嫌疑にかかる犯罪の事実までが証明されるわけではないというのが，その理由である。最判平成10年1月30日判時1631号68頁（ロス疑惑朝日新聞社事件）も同旨。

名誉毀損行為当時における行為者の認識内容が規準とされている。名誉毀損行為当時に存在していた資料に基づいて相当の理由の有無が判断されるのであって、その時点では存在していなかった資料を証拠として考慮することは許されない[211]。「真実性の抗弁」の場合との違いに注意せよ。

4 配信サービスの抗弁

相当性の抗弁に関連して、新聞記事ほかマスメディアによる名誉毀損に関して、「配信サービスの抗弁」というものが論じられることがある。配信サービスの抗弁（wire service defence）とは、アメリカの判例法として形成されてきたもので、「報道機関が定評ある通信社から配信された記事を実質的な変更を加えずに掲載した場合に、その掲載記事が他人の名誉を毀損するものであったとしても、配信記事の文面上一見してその内容が真実でないと分かる場合や掲載紙自身が誤報であることを知っている等の事情がある場合を除き、当該他人に対する損害賠償義務を負わないとする法理」[212]である。この法理の背後には、AP社やUPI社のような報道機関は報道業界を通じて正確な記事の発信者であるとの定評が認められているので、ここから記事の配信を受けた新聞社は独自の調査をすることなく記事を掲載するのが通常であり、それら新聞社の資源や人員からして、公表前に配信記事の真実性の確

---

[210] この点に関して、犯罪容疑について、「捜査当局が未だ公の発表をしていない段階において」は、解剖医および捜査経緯の発表についての職務権限を有する刑事官から得た情報に基づく報道であっても、慎重な裏付け取材をしないで報道をしたときには、真実と信じるにつき相当の理由がないとされている（前掲最判昭和47年11月16日〔嬰児変死事件〕。同旨の判決として、最判昭55年10月30日判時986号41頁（スロットマシン賭博機事件）。これに対して、行為者が刑事第1審の判決を資料としてその認定事実と同一性のある事実を真実と信じて摘示したという場合には、特段の事情がない限り、摘示した事実を真実と信じるについて相当の理由があるとされている（最判平成11年10月26日民集53巻7号1313頁）。刑事判決中で認定された事実は裁判官によって慎重な手続を経て証拠により認定された事実であるから、もっとも確からしい事実であり、これを資料とする者が確実な根拠に基づくものと受けとめてもやむを得ないとの理解が、この判断の基礎にある。その意味で、弁論主義のはたらく民事事件の判決については妥当しない法理である。

[211] 前掲最判平成14年1月29日（ロス疑惑北海道新聞社事件）。

[212] 最判平成14年1月29日民集56巻1号185頁（ロス疑惑共同通信社事件）。さらに、紙谷雅子「名誉毀損と配信サービスの抗弁」法律時報69巻7号90頁（1997年）も参照。

認を要するとすることは，ニュース価値のある素材を伝達する新聞社に重い負担を課し，小さな新聞社の記事を地方に関するものに制限し，余裕のある新聞社と競争することを著しく困難ならしめることになることから，報道の萎縮効果をもたらし，米国憲法修正1条に違反するとの理解がある[213]。この種の問題は，わが国でも，通信社から名誉毀損の内容を含む可能性のある記事配信を受けた地方の新聞社が配信記事に準拠した記事を載せた新聞を発行したというような場合などで，被害者から責任追及をされた地方の新聞社において問題となる。

　一方で，この配信サービスの抗弁を，わが国でも積極的に肯定すべきであるとの考え方がある。配信サービスの抗弁は「社会的な実態として長年にわたって形成された定評のある通信社の記事配信のシステムを制度として保護し，記事の配信を受けた報道機関の報道の自由及び国民の知る権利を保障すること」にあり，「公共の利害に係り，専ら公益を図ることを目的としてされた報道に関し，定評のある通信社の構築した記事配信システムに基づいて，通信社から配信された記事を掲載した報道機関の行為は，特別に憲法21条の要請により，正当な行為とみることができ，違法性を阻却するとの理論的根拠によって，肯定することができる」と考えるものである[214]。

　また，配信記事にクレジット（通信社から配信を受けた記事に基づく旨の掲載記事への表示）が付されている場合に，配信サービスの抗弁を認める余地を残す考え方もある[215]。

　これに対して，わが国の判例は，信頼性のある通信社から配信されて掲載した記事が「個人の犯罪行為やスキャンダルないしこれに関連する事実を内容とするものである場合」に，このような配信サービスの抗弁を認めていない[216]。これらの場合には，報道が過熱する余り取材に慎重を欠いた真実でない内容の報道がままみられるため，「一般的にはその報道内容に一定の信

213　最判平成14年3月8日判時1785号38頁（ロス疑惑福島民友新聞社事件）における梶谷玄裁判官の反対意見。

214　前掲最判平成14年3月8日（ロス疑惑福島民友新聞社事件）における梶谷玄裁判官の反対意見。

215　前掲最判平成14年3月8日（ロス疑惑福島民友新聞社事件）における福田博裁判官，亀山継夫裁判官の意見。

216　前掲最判平成14年1月29日（ロス疑惑共同通信社事件），前掲最判平成14年3月8日（ロス疑惑福島民友新聞社事件）。

頼性を有しているとされる通信社」からの配信であっても，記事内容の真実性について高い信頼性が確立しているとはいえないと考えられたからである。しかし，裏返せば，この判例法理からは，当該配信記事に摘示された事実に確実な資料や根拠があるとの高い信頼性が確立している分野については，配信記事に信頼を置いたことに相当の理由があったとする余地が残されているようにもみえる。

しかしながら，それでも，「一般的にはその報道内容に一定の信頼性を有しているとされる通信社」の意味が不明確であること，高い信頼性が確立している分野の範囲も不明確であること，わが国では，名誉毀損を理由とする責任追及に対して個別具体の事案につき「相当性の抗弁」の余地が認められていることに照らせば，この問題は，記事の配信システムにより通信社から配信を受けた側が，当該記事の内容に照らせばその真実性を確認するために追加の情報収集や調査をすべきであったか，こうした義務があったときにはその義務を尽くしたかという観点のもと，「相当性の抗弁」の枠内で処理すれば足り，あえて配信サービスの抗弁などという定式化をする必要はない。

II 意見・論評による名誉毀損

1 「事実の摘示」による社会的評価の低下と，「意見の表明」による社会的評価の低下

ここまでとりあげてきたのは，事実を摘示しての名誉毀損の場合であった。これに対し，意見の表明や論評が人の社会的評価の低下を招いたとき，この行為は名誉毀損となるか。

学説では，この点に関して，たとえば，「意見」というラベルを貼ることによって名誉毀損による責任を全面的に免除してしまうわけにはいかないが——「意見」にもさまざまな性質のものがある——，意見には意見で対抗すべきであって，意見によって名誉が毀損されても，これを理由として裁判所に法的救済を求めることを許したのでは憲法の保障する思想・信条の自由が保障されなくなってしまうから，「意見に対して名誉毀損責任を問いうるのは，意見の言明の前提として事実の言明が存在する場合であり，その場合にも名誉毀損責任を問いうるのは，その前提とされている事実の言明に限られる」というように論じられている[217]。

このように考えるときには、「事実の摘示」による社会的評価の下落については名誉毀損として不法行為責任が成立することが認められても、「意見の表明」によって社会的評価が下落したとしても、それが人身攻撃に及ぶなど論評としての域を逸脱したもの[218]でない限り、その意見・論評が合理的か不合理かを問わず、およそ不法行為責任の成立が否定されるというべきである[219]。そう解することで、基本権としての意見・論評を表明する自由が手厚く保護されることになる。

しかも、このことは、行為者が意見ないし論評として表明した事柄が「法的見解の表明」であって、裁判所が判決等によって判断を示すことのできるものであったとしても、異ならない。「法的な見解の表明それ自体」は「意見の表明」であり、「事実の摘示」ではない[220]。

---

[217] 松井茂記「意見による名誉毀損と表現の自由」民商法雑誌113巻3号327頁(1995年)。最近に出された総合的研究としては、神田孝夫「論評ないし意見表明による名誉毀損と免責事由(1)〜(3)」札幌法学14巻2号7頁、15巻1号49頁、16巻1号1頁(2003〜2004年)がある。

[218] この場合には、人格権侵害の不法行為が成立する。なお、「意見ないし論評としての域を逸脱しないこと」は真実性の抗弁・相当性の抗弁が認められるための要件であるという趣旨の記述がされることがあるが、これは、意見ないし論評としての域を逸脱している場合には別途に人格権侵害を理由とする不法行為責任が成立する余地がある旨を述べたものと理解すべきであり、真実性の抗弁・相当性の抗弁に新たな要件事実が付加されたものではない。

[219] 前掲最判昭和62年4月24日(サンケイ新聞事件)、最判平成元年12月21日民集43巻12号2252頁(長崎教師批判ビラ事件。有害無能な教職員等の表現を冠して公立小学校教師の氏名・住所・電話番号等を記載したビラを配布した行為)。

[220] XがYの著書により名誉を毀損されたとして、Yに対し損害賠償・謝罪広告掲載等を求めた訴訟において、Yが著書のなかで「Xが自己(X)の著書にYの著作物を無断採録したのは、複製権侵害で違法である」旨を記述したこと(=法的見解の表明)が、Yによる「意見の表明」であるとされたものとして、最判平成16年7月15日民集58巻5号1615頁(「脱ゴーマニズム宣言」事件)。なお、本件は、別件訴訟でXの無断採録が複製権侵害に当たらないとの判決が確定していた事件である。具体的事件について上記の判例法理がそのまま妥当すべきか否かを考えるにあたり、考慮する必要がありそうである。同一対象事実について個人の「法的な見解の表明」とは異なる「法的見解」が最高裁により確定している場面で、それと異なる「個人の法的見解」(しかも、社会的評価が低下したとされる者が違法をおかしているとの評価を——無留保で——公共に示すもの)を意見表明・論評の自由の名のもとで保護することに、論評としての公正さの点で問題が残るからである。

2 「意見や論評をする際の基礎ないし前提となった事実」の摘示による社会的評価の低下

上記のように,「意見の表明」による社会的評価の低下を理由とするときには名誉毀損を理由とする不法行為責任が成立しない。これに対して,「意見の表明」がされたことで社会的評価が低下したときに,「意見や論評をする際の基礎ないし前提となった事実」の摘示により社会的評価が低下した点を捉えて,名誉毀損の不法行為責任を追及していく可能性がある。

すなわち,判例によると,「ある事実を基礎としての意見ないし論評の表明」による名誉毀損にあっては,①その行為が公共の利害に関する事実にかかり,かつ,その目的がもっぱら公益をはかることにあった場合に,②「意見ないし論評の前提としている事実」が重要な部分について真実であることの証明があったときには,人身攻撃に及ぶなど意見ないし論評としての域を逸脱したものでない限り,その行為は違法性を欠くとされ(真実性の抗弁),また,③「意見ないし論評の前提としている事実」が真実であることの証明がないときにも,行為者においてその事実を真実と信じるについて相当の理由があれば,この者の故意または過失が否定される(相当性の抗弁)とされている[221]。

もっとも,このような区別が受け入れられるものであるとしても,なお,ある事実の摘示があって,これを「基礎ないし前提」として意見の表明ないし論評がされたといえるのかどうかが微妙なケースもある。このことがとりわけ問題となるのが,ある事実からの推論の形式をとった報道等により人の社会的評価が低下したというような場合である。この点に関しては,被告人の読書歴等に基づいて犯罪の動機を推論した新聞記事が名誉毀損にあたるかどうかが争われた事件について,「証拠等をもってその存否を決することが可能な他人に関する特定の事項を右推論の結果として主張するものと理解さ

---

[221] 前掲最判平成9年9月9日。その後の事件として,最判平成17年6月16日判時1904号74頁(加熱血液製剤の製造承認等に関する雑誌記事等の執筆による名誉毀損〔相当性の抗弁を肯定〕)。ちなみに,意見ないし論評が「他人の著作物」に関するものである場合には,その著作物の内容自体が「意見ないし論評の前提となっている事実」にあたる。このとき,意見ないし論評における他人の著作物の引用紹介が「全体として正確性を欠くものでなければ」,前提となっている事実が真実でないとの理由で当該意見や論評が違法となることはない(最判平成10年7月17日判時1651号56頁〔雑誌「諸君」事件〕)。

れるときには，同部分は，事実を摘示するものと見るのが相当である」とし，「本件記事は，上告人が前記殺人被告事件を犯したとしてその動機を推論するものであるが，右推論の結果として本件記事に記載されているところは，犯罪事実そのものと共に，証拠等をもってその存否を決することができるものであり，右は，事実の摘示に当たるというべきであ」り，「立証活動ないし認定の難易は，右判断を左右するものではない」とした判決がある[222]。ここからは，証拠によって存否を判断することが可能である特定の事項を推論の結果として主張することのできる性質のものか否かが規準となって「事実の摘示」を基礎ないし前提とした意見の表明ないし論評がされたか否かが区別されていることを読み解くことができる[223]。

第5項　死者の名誉毀損

I　問題の所在

たとえば，文学作品や新聞記事中の記述により，死者の名誉が侵害された場合，刑法では，故意に虚偽の事実を摘示することによる死者の名誉毀損を，刑罰の対象としている（刑法230条2項）。また，著作権法では，著作物の著作者が存しなくなった後にも「著作者が存しているとしたならばその著作者人格権の侵害となるべき行為をしてはならない」としている（著作権法60条）。ここでは，著作物に発露している死者の著作者人格権を認め，これを保護しているとの捉え方も一部で示されているものの[224]，支配的見解は，著作者の死後に著作者人格権と同一内容の権利が一定の近親者に生じること

---

[222] 前掲最判平成10年1月30日（ロス疑惑朝日新聞社事件）。原審では，「人の行為の動機は，深層心理にかかわる事柄であるうえ，人の思考過程が複雑かつ多様であり，必ずしも合理的なものとはいえないこと等に鑑みると，人の行為の動機を他の者が判断する客観的基準があるとはいえず，その真偽を客観的に証拠により証明することが可能なものであるとは到底いえないから，他人の行為の動機について叙述する言明は，意見言明である」旨の判断がされていた。

[223] 同種の考え方を基礎としたものとして，前掲最判平成16年7月15日。

[224] 加戸守行『著作権法逐条講義　5訂新版』（著作権情報センター，2006年）366頁は，この趣旨か。ベルヌ条約は，著作者人格権が著作者の死後も，少なくとも財産的権利が消滅するまでは存続する旨を定めている（条約6条の2第2項）。

を特に定めたものが同条である——その意味で同条は一種の権利創設規定である——との立場に立っている[225]。

　これに対して，死者の名誉が侵害された場合に，不法行為責任による救済が与えられるのかという点については，民法上に明示的に答える規定がない。名誉そのものが法的保護に値する利益である点は問題がないが，死者の名誉毀損の場合には，侵害行為時には名誉の帰属する権利主体が存在しない。そこで，遺族・近親者らが侵害行為者に対して損害賠償責任を追及する場合に，①誰のいかなる権利・法益が侵害されたのか，②遺族・近親者らはいかなる地位に基づいて不法行為上の救済を求めているのかが議論の対象となっている[226]。

II　直接保護説

　一説によれば，死後の名誉ないし人格権の存続を認め，「死者自身の名誉ないし人格権」を民法709条の「権利」と捉え侵害対象とみて，遺族や近親者のように死者と一定の関係にある者が，死者に代位して，損害賠償請求権を行使することができる（直接保護説。ドイツでは，通説）[227]。著作権法60条の趣旨を人格権一般に推及するとしたり，ドイツ連邦通常裁判所の1968年3月20日判決（BGHZ 50, 133.「メフィスト事件」といわれる[228]）により示された理由づけ，すなわち，生存中の人間の尊厳と人格の自由な発展は死後の人格の保護が期待できる状況下ではじめて十分に保護されるとの考えに依拠

225　半田正夫『著作権法概説（第12版）』（法学書院，2005年）124頁，作花文雄『詳解著作権法（第3版）』（ぎょうせい，2004年）253頁，斉藤博『著作権法（第3版）』（有斐閣，2007年）160頁，中山信弘『著作権法』414頁（有斐閣，2007年）。渋谷達紀『知的財産法講義II（第2版）』（有斐閣，2007年）436頁も，この趣旨か。

226　斉藤博『人格権法の研究』（一粒社，1979年），浦川道太郎「死者の名誉毀損と遺族に対する不法行為」ジュリスト763号136頁以下（1982年），安次富哲雄「死者の人格権」石田喜久夫・西原道雄・高木多喜男先生還暦記念論文集・中巻『損害賠償法の課題と展望』（日本評論社，1990年）171頁。なお，死者の名誉毀損が問題となる前提として虚偽の事実の摘示がされた場合に限るという点については，あまり議論がされていない。刑法230条2項の文言も参照。

227　五十嵐清・人格権論170頁，斉藤博・人格権法の研究210頁ほか。

228　この事件に関しては，五十嵐清「『メフィスト事件』再考」北海学園大学法学研究41巻1号77頁（2005年）。

して，このような立場を正当化するものである。しかし，著作者死亡の後も著作物と結合して存続する著作者人格権の保護法理を人格権一般に拡張することには問題がある[229]。また，本人の死亡した後のいつの時点まで「死者自身の名誉ないし人格権」を保護するのが適当であるのかという点についての説得力ある説明がされていない。そればかりか，損害賠償請求権の帰属主体・行使主体の点でも，侵害行為時に権利帰属主体が存在していない点が問題であるし[230]，行使主体の範囲・順序ならびに代位構成をとる理由が明確でない。

III 間接保護説

　死者自身に対する権利侵害は否定し，死者の名誉・人格権を侵害するような行為を，遺族や近親者ら自身の名誉侵害（この者らの社会的評価の低下），または人格権への侵害（死者への「敬愛追慕の情」の侵害）という観点から捉え，不法行為責任の成否を論じるのが適切である（間接保護説）[231]。裁判例では，「故意又は過失に因り，虚偽，虚妄を以て死者の名誉を毀損し，これにより死者の親族又はその子孫（これと同一視すべき者をふくむ。以下同じ。以下単に遺族という）の死者に対する敬愛追慕の情等の人格的法益を，社会的に妥当な受忍の限度を越えて侵害した者は，右被害の遺族に対し，これに因って生じた損害を賠償する責に任ず」るとしたものがある[232]。

---

[229] 前述したように，支配的見解は，そもそも著作権法 60 条が死者の名誉・人格権の保護を企図したものでないとしている。
[230] 名誉・人格権を観念しようにも，それが帰属する権利主体は存在しない。そのために，ドイツでは，さまざまな技巧を弄している。
[231] 前田 101 頁，四宮 325 頁，平井 164 頁，平野 86 頁，能見善久「名誉侵害（日本不法行為法リステイトメント）」ジュリスト 906 号 85 頁（1988 年），東京地判昭和 58 年 5 月 26 日判時 1094 号 78 頁，大阪地判平成元年 12 月 27 日判時 1341 号 53 頁ほか。この立場からは，死者自身の名誉を回復するための処分は認められないことになる。

第6項　不当提訴・懲戒請求等による名誉毀損（・人格権侵害）

I　不　当　提　訴

　国民には裁判を受ける権利が保障されており（憲法32条），「法的紛争の当事者が当該紛争の終局的解決を裁判所に求めることは，法治国家の根幹にかかわる重要な事柄である」から，裁判を受ける権利は最大限尊重しなければならない。したがって，法的紛争の解決を求めて訴えを提起することは，原則として正当な権利行使であり，たとえ原告が敗訴判決を受けてこれが確定したからといって，このことのみから直ちに当該訴えの提起が違法であったとか，訴えの提起が不法行為にあたるということにはならない。

　他方で，訴えの提起は，相手方に対する「訴訟にかかわらしめられないという法律生活の平穏ないし自由」[233]を侵害することにもなる。相手方として

---

[232] 遺族・近親者らの敬愛追慕の情等の固有の人格的法益を侵害する不法行為であるといえるためには，①死者本人に対する関係での名誉毀損が成立することと，②当該事実摘示行為が虚偽の事実の摘示であったことが必要としたうえで，いずれも，結果的には虚偽の事実の摘示なしとして請求を棄却したものであるが，東京地判昭和52年7月19日判時857号65頁（「落日燃ゆ」事件1審判決）。控訴審の東京高判昭和54年3月14日判時918号21頁も，ほぼ同旨。もっとも，後者は，時とともに敬愛追慕の情が軽減する一方で，歴史的事実探究の自由・表現の自由への配慮が優位に立つから，死後44年を経て発表された小説中の記述については，「その事実が重大で，その時間的経過にかかわらず，控訴人の故人に対する敬愛追慕の情を受認し難い程度に害したといいうる場合に不法行為の成立を肯定すべきものとするのが相当である」とした。他方，責任肯定例としては，静岡地判昭和56年7月17日判時1011号36頁，大阪地堺支判昭和58年3月23日判時1071号33頁。写真週刊誌がHIV感染により死亡した患者の写真や経歴等を掲載した場合につき，大阪地判平成元年12月27日判時1341号53頁。ちなみに，この枠組みは，死者本人に対する関係での名誉毀損が成立すること，すなわち，死者本人に対して社会的評価の低下が生じていることを要求しているものである。他方，死者本人に対する名誉毀損や人格権侵害の成立が認められない局面についてどのように考えるかは，この枠組みの対象外である。上記の枠組みのもとでの敬愛追慕の情を侵害する不法行為の成立を導くことができないからといって，死者本人についての名誉毀損や人格権侵害の成立が認められない場合に，遺族・近親者らに固有の名誉毀損・人格権侵害を問う余地が否定されるものではない（死者のことを語られることによる遺族・近親者らの社会的評価の低下が生じる場合や，遺族・近親者らの平穏生活権の侵害が生じる場合があることは否定できない）。

は応訴を強いられ，これにともないさまざまな経済的・精神的負担を負うことになる。また，訴えの提起が相手方の営業活動・職業活動その他の行動に制約をもたらすこともある。さらに，訴えの提起が裁判を受ける権利として認められているとはいえ，権利の行使が濫用とされる場合には，権利者には権利行使による効果が与えられるべきでない。このようなことから，一定の場合には，訴訟の提起が，被告との関係で名誉・人格権侵害の不法行為となる。

わが国の裁判例は，訴えを提起する者の有する裁判を受ける権利と，被告の有する法律生活の平穏を内容とする権利との調整にあたり，当初，訴えの提起が目的その他において公序良俗に反する場合には不法行為になるとしたり[234]，訴権の濫用という観点から処理をしたりしてきた[235]。そのようななかで，最高裁は，訴えを提起する者の有する裁判を受ける権利と，被告の有する法律生活の平穏を内容とする権利との調整の枠組みを，次のように示した。

「民事訴訟を提起した者が敗訴の確定判決を受けた場合において，右訴えの提起が相手方に対する違法な行為といえるのは，当該訴訟において提訴者の主張した権利又は法律関係（以下「権利等」という。）が事実的，法律的根拠を欠くものであるうえ，提訴者が，そのことを知りながら又は通常人であれば容易にそのことを知りえたといえるのにあえて訴えを提起したなど，訴えの提起が裁判制度の趣旨目的に照らして著しく相当性を欠くと認められるときに限られるものと解するのが相当である。けだし，訴えを提起する際に，提訴者において，自己の主張しようとする権利等の事実的，法律的根拠につき，高度の調査，検討が要請されるものと解するならば，裁判制度の自由な利用が著しく阻害される結果となり妥当でないからである」[236]。

---

233 山木戸克己「執行文付与申請行為の違法性」民商法雑誌50巻6号950頁（1964年）。その意味では，不当提訴の不法行為は，平穏生活権を侵害する不法行為だということになる（事件しだいでは，名誉毀損の成立も問題となる）。
234 大連判昭和18年11月2日民集22巻1179頁。
235 最判昭和53年7月10日民集32巻5号888頁。

II　弁護士会への不当な懲戒処分の申立て

　弁護士法は，弁護士および弁護士法人がその使命と職務を全うするための指導監督権限を弁護士会および日本弁護士会に与えている。その一環として，懲戒制度が設けられている（同法56条）。ここでの懲戒制度は，弁護士自治制度の一面として位置づけられている。

　そのうえで，同法58条1項は，「何人も，弁護士又は弁護士法人について懲戒の事由があると思料するときは，その事由の説明を添えて，その弁護士又は弁護士法人の所属弁護士会にこれを懲戒することを求めることができる」と規定する。これは，広く一般の人々に対し懲戒請求権を認めることにより，自治的団体である弁護士会に与えられた自律的懲戒権限が適正に行使され，その制度が公正に運用されることを期したものと解されている[237]。懲戒制度の運用が弁護士会の自治にゆだねられているところ，弁護士自治の根幹をなす懲戒権が適切に発動され，公正に運用されていることを担保するために，公益的見地から，懲戒権の発動を促す行為としての懲戒請求の制度が設けられているのである[238]。

　もっとも，判例によれば，「懲戒請求を受けた弁護士は，根拠のない請求により名誉，信用等を不当に侵害されるおそれがあり，また，その弁明を余儀なくされる負担を負うことになる。そして，同項〔弁護士法58条1項〕が，

---

[236] 最判昭和63年1月26日民集42巻1号1頁（訴えの提起は不法行為に当たらないとした）。その後の最高裁判決として，最判平成11年4月22日判時1681号102頁（自動二輪車による交通事故で，被害者の母が事故の捜査を担当した警察署が運転者とした者以外の者を運転者として損害賠償請求をした事件。訴えの提起は不法行為に当たらないとした）。知財高判平成19年10月31日判時2028号103頁（特許に無効理由が存在することを容易に知ることのできた特許権者が，競業者の顧客である量販店を相手方として販売禁止等の仮処分を申し立て，報道機関への発表等をおこなった行為が，競業者の信用を毀損する不法行為を構成するとされた事件）は，この考え方は仮処分においても異なるところはなく，債権者がその主張する権利または法律関係が事実的・法律的根拠を欠くことを知りながら，または通常人であれば容易にそのことを知ることができたのに，あえて販売禁止等の仮処分を申し立てた場合には，その仮処分の申立ては違法な行為として不法行為を構成するという。

[237] 最判平成19年4月24日民集61巻3号1102頁。既に最大判昭和42年9月27日民集21巻7号1955頁が，このことを前提とした説示をおこなっている。

[238] 日本弁護士連合会調査室編著『条解　弁護士法（第4版）』（弘文堂，2007年）455頁・456頁。懲戒請求の制度は「公共的制度」であるという。

請求者に対し恣意的な請求を許容したり，広く免責を与えたりする趣旨の規定でないことは明らかであるから，同項に基づく請求をする者は，懲戒請求を受ける対象者の利益が不当に侵害されることがないように，対象者に懲戒事由があることを事実上及び法律上裏付ける相当な根拠について調査，検討をすべき義務を負う」。それゆえに，「同項に基づく懲戒請求が事実上又は法律上の根拠を欠く場合において，請求者が，そのことを知りながら又は通常人であれば普通の注意を払うことによりそのことを知り得たのに，あえて懲戒を請求するなど，懲戒請求が弁護士懲戒制度の趣旨目的に照らし相当性を欠くと認められるときには，違法な懲戒請求として不法行為を構成する」[239]。

　この判例が採用する枠組みは，基本的に，不当提訴の場合と類似する。もっとも，不当提訴の場合には，訴えの提起が不法行為となるのは「訴えの提起が裁判制度の趣旨目的に照らして著しく相当性を欠くと認められるときに限られる」のに対して，弁護士会に対する懲戒請求が不法行為となるのは，「通常人であれば普通の注意を払うことによりそのことを知り得たのに，あえて懲戒を請求するなど，懲戒請求が弁護士懲戒制度の趣旨目的に照らし相当性を欠くと認められるとき」である。このように，懲戒請求の場合のほうが，不法行為の成立する余地が大きい。このような違いについては，弁護士会に対する懲戒請求は，裁判を受ける権利とは異なって，憲法上保障された権利ではなく，弁護士法により認められた権利にすぎない点が，その論拠とされることがある。しかし，両者における処理の違いは，権利の弱さというよりは，むしろ，懲戒権限が原則として弁護士会に帰属し，弁護士自治のもとでの自律的権限行使に基礎を置くものである以上，他者が弁護士自治に介入して権限行使を促すには，相当の注意を用いたうえで申立てをすべきであるという点が，裁判を受ける権利に基礎を置く訴訟提起の場合との違いをも

---

[239] 前掲最判平成19年4月24日。さらに，田原睦夫裁判官の補足意見は，「弁護士が自ら懲戒請求者となり，あるいは請求者の代理人等として関与する場合にあっては，根拠のない懲戒請求は，被請求者たる弁護士に多大な負担を課することになることにつき十分な思いを馳せるとともに，弁護士会に認められた懲戒制度は，弁護士自治の根幹を形成するものであって，懲戒請求の濫用は，現在の司法制度の重要な基盤をなす弁護士自治という，個々の弁護士自らの拠って立つ基盤そのものを傷つけることとなりかねないものであることにつき自覚すべきであって，慎重な対応が求められるものというべきである」と説いている。この判決については，加藤新太郎「判例批評」判タ1256号30頁（2008年）。

たらしているものとみるべきであろう。

第8節　人格権・プライバシーの侵害

第1項　一般的人格権

　人格権とは，人間の尊厳に由来し，人格の自由な展開および個人の自律的決定の保護を目的にするとともに，個人の私的領域の平穏に対する保護を目的とする権利である[240]。なかでも，私的領域一般における人格的利益を保護するものとしての一般的人格権は，憲法13条にその基礎を有し，憲法上保障された基本権の1つであると同時に，私権としての性質を有する。民法2条が民法の解釈にあたって「個人の尊厳」をうたっているのも，一般的人格権の権利性を思想面から支えているものといえる。

　こうして，憲法13条のもとで保障された一般的人格権のもとに，思想・信条の自由に関する権利や，営業の自由に関する権利，プライバシー権などの個別的人格権が位置づけられる。表現の自由，報道の自由，芸術の自由も，人格権の一種である。この意味で，一般的人格権は，人格価値の総体を包括的に保護する根源的権利として，社会の要請に応じて個別的人格権（氏名権，肖像権など）を生み出す基点となるものである[241]。

　人格権の保護は，最近では，プライバシー（権）の保護という形で語られることが多くなっている[242]。もともと，プライバシーの権利は，19世紀末にアメリカ合衆国で提唱されたものであるといわれる。当初は，私生活の公開に対する防禦目的で，「1人にしてもらう権利 right to be let alone」とし

---

[240] 人格権の全容については，とりわけ，三島宗彦『人格権の保護』（有斐閣，1965年），斉藤博『人格権法の研究』（一粒社，1979年），五十嵐清『人格権論』（一粒社，1989年），藤岡康宏「人格権」山田卓生編集代表『新・現代損害賠償法講座2　権利侵害と被侵害利益』（日本評論社，1998年）21頁。

[241] なお，民法の領域で人格権という語が用いられる場合，ときには，生命・身体・健康について個人が有する権利・利益を指すことがある。このことは，公害・相隣関係的侵害の差止めが問題となる場合に顕著である。たとえば，名古屋地判昭和55年9月11日判時976号40頁（名古屋新幹線公害訴訟1審判決）は，「人間の尊厳，人格の自由な発展のために本質的，基本的な諸利益」の総体と捉えるが，そこで想定されているのは，主として生命・身体・健康侵害である。それが絶対権としての物権になぞらえられ，保護の可否が問題とされているのである。

て捉えられていたものが，やがて，多様な意味を盛られるようになった。そこでは，プライバシーを情報コントロール権として性格づける見解があらわれる一方で，私事についての人格的自律権・自己決定権（自己決定の尊重と，他者による不可侵の権利）としてプライバシーの権利を捉える見解も登場し，その発展形態としての議論も含め，（公法・私法の双方の領域で）多彩な展開をみせている[243]。

---

242 もっとも，わが国の最高裁判決の法廷意見において「プライバシー」の定義があらわれたのは，比較的最近の最判平成 15 年 3 月 14 日民集 57 巻 3 号 229 頁（週刊文春事件）においてである。そこでは，「他人にみだりに知られたくない情報」という意味で，プライバシーが定義されている。ただし，事件そのものは，少年法 61 条が禁止する少年事件についての推知報道（加害少年本人を推知させる事項の報道）によるプライバシー侵害が問われたものであるが，最高裁は，推知報道かどうかは，不特定多数の一般人がその者を当該事件の本人であると推知することかできるか否かを基準にして判断すべきところ，雑誌記事のなかで，実名と類似の仮名が用いられ，経歴等が記載されていても，人物を特定する事項の記載がなければ，同条に違反しないとした。

なお，この判決は，①少年法 61 条に違反する推知報道かどうかの判断は「不特定多数の一般人」を基準として判断すべきだとしたこと（「面識を有する特定多数の読者並びにX〔加害少年〕が生活基盤としてきた地域社会の不特定多数の読者」とした原審の見方を否定した），②報道された加害少年のプライバシーが侵害されたか否かは，「本件記事が週刊誌に掲載された当時のXの年齢や社会的地位，当該犯罪行為の内容，これらが公表されることによってXのプライバシーに属する情報が伝達される範囲とXが被る具体的被害の程度，本件記事の目的や意義，公表時の社会的状況，本件記事において当該情報を公表する必要性など，その事実を公表されない法的利益とこれを公表する理由に関する諸事情を個別具体的に審理し，これらを比較衡量して判断することが必要である」としたこと（少年法 61 条にいう推知報道に該当するからといって，直ちにプライバシー侵害となるものではない点を示唆した），③原審では，原告が（名誉・プライバシーだけでなく）「少年の成長発達過程において健全に成長するための権利」を被侵害利益として主張しているものと捉え，少年法 61 条はこの権利をも保護しているゆえに，同条違反は特段の事情がなければ加害少年に対する不法行為責任を生じさせるとしたのに対して，最高裁では，この種の権利について原告からの主張がないことを考慮して，この点に関する判断を避けていることが重要である。

第2項　人格権・プライバシーの諸相

I　平穏生活権としての人格権・プライバシー

1　平穏生活権

　わが国で，人格権・プライバシーは，当初，私生活の平穏に着目して展開され，私生活にみだりに干渉されない権利——「1人にしてもらう権利」・「覗き見されない権利」——として捉えられ，裁判例においても，たとえば，「私生活をみだりに公開されないという法的保障ないし権利」というように定義された[244]。これは，平穏生活権としての人格権・プライバシーの位置づけである。自己の私事・住居・肖像・思想等について不当な公表や侵入に服さない自由ということもできる。裁判例のなかには，「前科及び犯罪経歴は人の名誉，信用に直接かかわる事項であり，前科等のある者もこれをみだりに公開されないという法律上の保護に値する利益を有する」としたものもある[245]。

　このコンテクストでは，人格権・プライバシーとは，個人の私的生活空間（領域）や秘密とする事柄について，他者による干渉からの保護を求めることができる権利を意味する。私事をみだりに公開されないという保障は，個人の尊厳を保ち幸福の追求を保障するうえで，必要不可欠なものである。しかも，私生活の公開とは，公開されたことが必ずしもすべて真実でなければならないものではなく，一般の人が公開された内容をもって当該個人の私生活であると誤認しても不合理ではない程度に真実らしく受け取られるもので

---

[243] さしあたり，伊藤正己『プライバシーの権利』（岩波書店，1963年），棟居快行「プライヴァシー概念の新構成」神戸法学雑誌36巻1号1頁（1986年），阪本昌成「アメリカ合衆国におけるプライヴァシー保護」法律のひろば41巻3号59頁（1988年），五十嵐清『人格権論』（一粒社，1898年），竹田稔『名誉・プライバシー侵害に関する民事責任の研究』（酒井書店，1982年），同『プライバシー侵害と民事責任（増補改訂版）』（判例時報社，1998年），五十嵐清『人格権法概説』（有斐閣，2003年）ほか。

[244] 東京地判昭和39年9月28日下民集15巻9号2317頁（「宴のあと」事件）。最判平成元年12月21日民集43巻12号2252頁は，大量に配布された意見ビラ中に氏名・年齢・電話番号が記載されていたことから，電話などによる嫌がらせ等を受けた者は「私生活の平穏という人格的利益」を侵害されているとした。

あれば，プライバシーの侵害として捉えることができる。この場合には，私生活の精神的平穏が害される点において，真実の内容が公開された場合と差異がないからである[246]。

2 平穏生活権侵害の判断規準

平穏生活権としての人格権・プライバシーへの侵害を判断するにあたっては，既に，下級審裁判例において，次のような基準が示されていた[247]。「プライバシーの侵害に対し法的な救済が与えられるためには，公開された内容が（イ）私生活上の事実または私生活上の事実らしく受け取られるおそれのあることがらであること，（ロ）一般人の感受性を基準にして当該個人の立場に立った場合公開を欲しないであろうと認められることがらであること，換言すれば一般人の感覚を基準として公開されることによって心理的な負担，不安を覚えるであろうと認められることがらであること，（ハ）一般の人々に未だ知られていないことがらであることを必要とし，このような公開によって当該個人が実際に不快，不安の念を覚えたことを必要とするが，公開されたところが当該個人の名誉，信用というような他の法益を侵害するものであることを要しないのは言うまでもない。既に論じたようにプライバシーはこれらの法益とはその内容を異にするものだからである」。

ここには，一般人の感受性を基準に判断したとき，当該個人の立場に立ったならば公開を欲しないであろうことがらであって，一般の人にいまだ知ら

---

245 最判昭和56年4月14日民集35巻3号620頁（前科照会事件。ある市民についての弁護士会の照会に対して，市がおこなった前科・犯罪経歴の回答）。同様に，最判平成6年2月8日民集48巻2号149頁（ノンフィクション『逆転』事件。ノンフィクション作品で原告の実名を使用して約12年前の事件に関する前科を公表した）。前掲最判平成15年3月14日（週刊文春事件）も，「Xは，本件記事によって，AがXであると推知し得る読者に対し，Xが起訴事実に係る罪を犯した事件本人であること（以下「犯人情報」という。）及び経歴や交友関係等の詳細な情報（以下「履歴情報」という。）を公表されたことにより，名誉を毀損され，プライバシーを侵害されたと主張しているところ，本件記事に記載された犯人情報及び履歴情報は，いずれもXの名誉を毀損する情報であり，また，他人にみだりに知られたくないXのプライバシーに属する情報であるというべきである」とした。東京地判平成10年1月21日判時1646号102頁は，電話帳に氏名，電話番号等を掲載しないように明示に依頼したのに，NTTがこれを掲載したことがプライバシー侵害にあたるとした。

246 モデル小説につき，前掲東京地判昭和39年9月28日（「宴のあと」事件）。

247 前掲東京地判昭和39年9月28日（「宴のあと」事件）。

れていないものであったかどうかが決め手となること，そのうえで，そのことがらの公開によって，当該具体的個人が実際に不快・不安の念を覚えたことが必要であることが示されている[248]。

3 「権利」としての平穏生活権の輪郭

もとより，「私事をみだりに公開されない」ことが「権利」として法的に保護されるためには，問題の事項につき社会が関心をもつことが正当とはいえないものであることが必要である。人格権・プライバシーの権利の輪郭は，社会の正当な関心がどこまで認められるかに関する評価との相関的衡量によって決まってくる。社会において生活する個々人が関心をもつことが正当とはいえないことが，平穏生活権としての人格権・プライバシーの内容である。こうして，社会において生活する個々人の関心から免れる自由が規範的に承認されるときに，この自由がおかされれば，それに対して一定の作為・不作為を要求できることになる[249]。平穏生活権としての人格権・プライバシーの意味をこのように捉えたときには，その権利の内容や外延は，他者の「知る権利」や言論・出版その他の表現の自由との衝突[250]を考慮してはじめて確定することができる[251]。

---

248 なお，「静謐な宗教的環境の下で信仰生活を送るべき利益」を「宗教上の人格権」とする考え方に対し，これを直ちに法的利益として認めることができない性質のものであるとし，「自己の信仰生活の静謐を他者の宗教上の行為によって害されたとし，そのことに不快の感情を持ち，そのようなことがないよう望むことのあるのは，その心情として当然であるとしても，かかる宗教上の感情を被侵害利益として，直ちに損害賠償を請求し，又は差止めを請求するなどの法的救済を求めることができない」としたものがある（最大判昭和63年6月1日民集42巻5号277頁〔自衛官合祀事件〕）。第1部第2章第6節Ⅲ注35も参照せよ。

249 山本敬三「前科の公表によるプライバシー侵害と表現の自由」民商法雑誌116巻4＝5号636頁（1997年）。

250 詳細は憲法学にゆずらざるをえないが，今日の憲法学の大勢は，自由権的基本権（経済的自由権と精神的自由権）を規制する法律の合憲性審査基準に関する「二重の基準」論を基礎として，表現の自由に対する規制に関する「厳格な審査」基準の背後にあるところの実体的な価値レベルにおける表現の自由の「優越的地位」を強調し，ひいては，（論理必然性がないにもかかわらず）名誉・プライバシーと表現の自由との衝突の場面でも，表現の自由の「優越的地位」を認める方向へと傾斜しているようである。もっとも，著者は，このような立場にくみするものではない。

4 私事の範囲の拡張可能性

　私事における精神的平穏は，その保護対象をとりまく私生活の範囲の拡張可能性が問題とされている。地下鉄車内における商業宣伝放送の差止めの可否が争点となった事件では，この点が正面から問題となる余地があった。しかし，原審は，「地下鉄の利用関係は基本的には私法関係であり，その一方当事者である被控訴人はその運行する地下鉄の車内において列車の運行や乗客の利用などのために必要な放送のみならず，法令及び社会的に相当と認められる範囲内においてその他の放送をも行なう自由を有する」として，プライバシーの権利との直接の対決を避け，原告の請求を斥けた[252]。そして，プライバシー侵害を理由とした上告に対して，最高裁も，法廷意見としては特別の応接をすることなく，原審の立場を支持した[253]。

　もっとも，この最高裁判決では，伊藤正己裁判官の補足意見が注目される。それによれば，人は「他者から自己の欲しない刺戟によって心の静穏を乱されない利益を有しており」（広い意味でのプライバシー），「法律の規定をまつまでもなく，日常生活において見たくないものを見ず，聞きたくないものを聞かない自由を本来有している」から，「聞きたくない音を聞かされることは，このような心の静穏を侵害することになる」。もっとも，「本来，プライバシーは公共の場所においてはその保護が希薄とならざるをえず，受忍すべき範囲が広くなることを免れない。個人の居宅における音による侵害に対しては，プライバシーの保護の程度が高いとしても，人が公共の場所にいる限りは，プライバシーの利益は，全く失われるわけではないがきわめて制約さ

251　前掲東京地判昭和39年9月28日（「宴のあと」事件）。この判決では，一般論として，「公人ないし公職の候補者については，その公的な存在，活動に附随した範囲および公的な存在，活動に対する評価を下す必要または有益と認められる範囲」で，一定の合理的な限度内で私生活の公開が許されるとされたうえで，「公共の制度，利害に直接関係のある事柄の場合」や，「社会的に著名な存在である場合」には，「公開が許容される目的」に照らして「一定の合理的な範囲内で」許されるとされた。

252　原審では，相当性判断に際して，ⓐ商業宣伝放送としては比較的控え目なものであること，ⓑ本件放送は，一部の限られた乗客に対するものであるが，降車駅案内という，乗客にとって必要で有益な放送としての面をも有するのであって，一般乗客に対しそれほどの嫌悪感を与えるものとは思われないこと，ⓒ本件放送は財政窮乏下にある被告が地下鉄の運行の安全確保などのために採用した車内放送自動化の費用を捻出するため実施するに至ったものであることが考慮されている。

253　最判昭和63年12月20日判時1302号94頁（「囚われの聴衆」事件）。

れるものになる。したがって、一般の公共の場所にあっては、本件のような放送はプライバシーの侵害の問題を生ずるものとは考えられない」とされた。

II　情報コントロール権としての人格権・プライバシー

1　情報コントロール権

わが国の憲法学では、1970年代以降、プライバシーを、自己の関する情報をコントロールする権利（情報コントロール権）をも含むものとして捉える——あるいは、これをプライバシー権の中核にすえる——見解が有力に主張されるようになった[254]。憲法上保護された基本権として、個人情報については、情報主体である個人が排他的に支配し、管理できる権利が認められていると考え、私人間関係レベルにおいても、個人情報を排他的に支配・管理できる権利が憲法上保護された基本権として情報主体である個人に与えられていると考えることにより、情報コントロール権としてのプライバシー権が不法行為法の保護対象となることが正当化される。そして、その侵害に対しては、損害賠償のみならず、場合によっては、情報開示請求権、訂正・削除請求権まで認められる。もっとも、保護対象とされる個人情報について、これをすべての個人情報と捉え、一般的情報コントロール権を認めるか[255]、それとも、個人の尊厳・個人人格の自由な展開を保護するとの観点から、道徳的に自律的な存在としての個人の実存にかかわる情報と考えるか[256]についてニュアンスのある見解が示されている。

2　プライバシーの対象となる情報

情報コントロール権の対象となる個人の情報は、個人の内面にかかわる秘匿性の高いセンシティブ情報（たとえば、前科）がこれにあたる。

---

[254] 佐藤幸治「プライヴァシーの権利（その公法的側面）の憲法論的考察」、同「権利としてのプライヴァシー」——これらは、佐藤幸治『現代国家と人権』（有斐閣、2008年）259頁に収録されている——、同「プライバシーと知る権利」法学セミナー359号18頁（1984年）、松井茂記「プライヴァシーの権利について」法律のひろば41巻3号27頁（1988年）、同「情報コントロール権としてのプライバシーの権利」法学セミナー404号37頁（1988年）など。
[255] 松井・前掲2論文が基礎とする考え方である。
[256] 佐藤・前掲諸論文が基礎とする考え方である。

また、「秘匿されるべき必要性が必ずしも高いものではない」個人情報（非センシティブ情報）も、平穏生活権としてのプライバシーには該当しなくても、情報コントロール権としての人格権・プライバシーの対象となりうる。最高裁判決のなかには、学生の学籍番号・氏名・住所・電話番号といったような「秘匿されるべき必要性が必ずしも高いものではない」個人情報（非センシティブ情報）であっても、「本人が、自己が欲しない他者にはみだりにこれを開示されたくないと考えることは当然のことであり、そのことへの期待は保護されるべきものである」とし、このような個人情報をプライバシーにかかる情報として法的保護の対象になるとした判決がある[257]。

3　プライバシーとしての情報保護の枠組み

プライバシーをどこまで保護するのかについては、ⓐ第三者がプライバシーとなる個人情報を一方的に開示した場合と、ⓑ被害者自身がみずからの意思で相手方に対して個人情報を開示していたところ、その個人情報が本人の同意なしに、本人の欲しない第三者に開示された場合とで異なる[258]。

ⓐの場合については、判例では、比較衡量説（総合衡量説）と称される立場が採用されている。たとえば、少年犯罪の推知報道が問題となった週刊文春事件の最高裁判決では、「プライバシーの侵害については、その事実を公表されない法的利益とこれを公表する理由とを比較衡量し、前者が後者に優越する場合に不法行為が成立するのであるから、……本件記事が週刊誌に掲載された当時のXの年齢や社会的地位、当該犯罪行為の内容、これらが公表されることによってXのプライバシーに属する情報が伝達される範囲とXが被る具体的被害の程度、本件記事の目的や意義、公表時の社会的状況、本件

---

[257] 最判平成15年9月12日民集57巻8号973頁（早稲田大学江沢民講演会名簿提出事件）。講演会参加者の同意を得る手続を経ることなく、上記の個人情報を警察に開示した行為が不法行為になるとされた。なお、氏名・住所・電話番号については、情報ネットワークが多様化・高度化し、情報主体による管理の及び得ない範囲で他者による情報の流通・利用・加工等がおこなわれるようになった今日では、もはやセンシティブな情報とみるべきである。既に、前掲最判平成元年12月21日でも、氏名・年齢・電話番号が「私生活の平穏」に関する人格的利益と捉えられている。

[258] この区別を強調するものとして、前田陽一「判例批評」判タ1144号95頁（2004年）、飯塚和之「判例批評」NBL806号54頁（2005年）。

記事において当該情報を公表する必要性など，その事実を公表されない法的利益とこれを公表する理由に関する諸事情を個別具体的に審理し，これらを比較衡量して判断することが必要である」との判断が示されている[259]。ここでは，表現の自由・報道の自由など行為者が有する権利・自由との衡量（さらには，〔立場しだいでは（以下，類例につき同じ）〕公共の利益も含めた衡量）が必要となるゆえに，プライバシー侵害の有無を判断するにあたり，こうした枠組みのもとでの衡量が必要とされよう。

　ⓑの場合については，判例は，比較衡量説（総合衡量説）を採用しない。そこでは，前述した早稲田大学江沢民講演会名簿提出事件の最高裁判決に端的にあらわれているように，「本人が，自己が欲しない他者にはみだりにこれを開示されたくないと考えることは当然のことであり，そのことへの期待は保護されるべきものである」として，比較衡量（総合衡量）の場を設けることなく，他者への開示から直ちにプライバシーの侵害を導いている。この侵害類型では，本人による個人情報の第三者への開示行為のなかに，当該情報を当該第三者のみに対して開示するものであって，他者には開示すべきでないという，本人の自己決定が含まれている。しかも，プライバシーを侵害したとされるのは，本人による自己決定の相手方である。ここには，個人情報の開示・不開示に関する一種の合意が形成されているのであって，このような合意があると考えられる場合には，（これを，情報不開示という契約上の不作為義務に対する違反として処理することができたであろうし，そうでなくても）不法行為法上で比較衡量を経ることなく情報コントロール権・自己決定権が侵害されたという事実を肯定してよい。

4　情報コントロール権の具体化
4-1　自己の氏名を他人に冒用されない権利

　氏名は，社会的にみれば，個人を他人から識別し特定する機能を有するものであるが，同時に，その個人からみれば，人が個人として尊重される基礎であり，その個人の人格の象徴であって，人格権の一内容を構成するものというべきである（氏名権）[260]。ここから，「自己の氏名を他人に冒用されない

---

[259] 前掲最判平成15年3月14日（週刊文春事件）。既に，前科の公表が問題となった前掲最判平成6年2月8日（ノンフィクション『逆転』事件）でも，同様の比較衡量説（総合衡量説）の枠組みが採用されていた。

権利」が出てくる（差止請求の可否が問題となる）[261]。

4−2　氏名を正確に呼称される権利

　氏名の保護については，これとは別に，「氏名を正確に呼称される利益」（権利）の保護――呼称の保護――が問題となる。氏名にあっては「表音」が不可欠な伝統手段であるとして，在日韓国人の氏名が「漢字読み」されたことに対し，通常呼称されている「音」で呼称される利益の侵害があるのではないかという点が議論されたのである。

　この点に関して，4−1で示した最高裁判決は，一般論としては，「人は，他人からその氏名を正確に呼称されることについて，不法行為法上の保護を受けうる人格的な利益を有するものというべきである」としつつも，次のように述べて，「氏名を正確に呼称される利益」の要保護性を原則として否定した。それによれば，「氏名を正確に呼称される利益は，氏名を他人に冒用されない権利・利益と異なり，その性質上不法行為法上の利益として必ずしも十分に強固なものとはいえないから，他人に不正確な呼称をされたからといって，直ちに不法行為が成立するというべきではない。すなわち，当該他人の不正確な呼称をする動機，その不正確な呼称の態様，呼称する者と呼称される者との個人的・社会的な関係などによって，呼称される者が不正確な呼称によって受ける不利益の有無・程度には差異があるのが通常であり，しかも，我が国の場合，漢字によって表記された氏名を正確に呼称することは，漢字の日本語音が複数存在しているため，必ずしも容易ではなく，不正確に

---

[260] 最判昭和63年2月16日民集42巻2号27頁（在日韓国人の氏名の日本語読み判決）。ドイツ民法は，総則における「人」（Person）の節で，氏名権（Namenrecht）と，氏名権侵害の除去・差止請求権を定めている（12条）。

[261] これに関連して，寺院の名称を地下鉄の駅名に使用しないように求める権利があるかどうかが争われた事件がある。これについては，宗教法人の名称は，当該法人が宗教法人として尊重される基礎であり，その宗教法人の人格的なものの象徴であって，法人について認めることができる個別的人格権の1つとして自然人の氏名権に準じて保護されるべきであるとしつつも，公衆の便宜のために公共的存在である著名な寺院の名称を公共的な地方公営企業の鉄道の駅名として採用して使用する場合には，駅名使用行為の公益性にかんがみ，また，その名称が広く知られている著名な宗教法人の場合に駅名として使用されること自体によってその名称の著名性が希釈化されることはないこと，駅名決定の過程やその後に長期間にわたり明確な異論がなかったこと，本件駅名使用行為を差し止めることにより駅側が被る不利益等を全体的に考察して，問題の駅名使用行為は，氏名権に準じる個別的人格権を違法に侵害しているものとは認められないとしたものがある（東京高判平成8年7月24日判時1597号129頁）。

呼称することも少なくないことなどを考えると，不正確な呼称が明らかな蔑称である場合はともかくとして，不正確に呼称したすべての行為が違法性のあるものとして不法行為を構成するというべきではなく，むしろ，不正確に呼称した行為であっても，当該個人の明示的な意思に反してことさらに不正確な呼称をしたか，又は害意をもって不正確な呼称をしたなどの特段の事情がない限り，違法性のない行為として容認されるものというべきである」。

「更に，外国人の氏名の呼称について考えるに，外国人の氏名の民族語音を日本語的な発音によって正確に再現することは通常極めて困難であり，たとえば漢字によって表記される著名な外国人の氏名を各放送局が個別にあえて右のような民族語音による方法によって呼称しようとすれば，社会に複数の呼称が生じて，氏名の社会的な側面である個人の識別機能が損なわれかねないから，社会的にある程度氏名の知れた外国人の氏名をテレビ放送などにおいて呼称する場合には，民族語音によらない慣用的な方法が存在し，かつ，右の慣用的な方法が社会一般の認識として是認されたものであるときには，氏名の有する社会的な側面を重視し，我が国における大部分の視聴者の理解を容易にする目的で，右の慣用的な方法によって呼称することは，たとえ当該個人の明示的な意思に反したとしても，違法性のない行為として容認されるものというべきである」。

4-3 通称や婚姻前の氏名を積極的に使用する権利

婚姻前の氏名を通称として用いてきた国立大学教授が，大学側による戸籍上の氏名の使用差止め，婚姻前の氏名を使用すること等を求めたのに対して，このような「権利」が憲法13条によって保障されているとは断定できないとして，訴えが斥けられた事例がある。公務員の服務・勤務関係において，婚姻届出に伴う変動前の氏名を通称名として使用する権利は，憲法13条によって保障されていると断定することができず，また，戸籍名は，わが国唯一の身分関係の公証制度としての戸籍に記載される公証力ある名称であり，個人がいかなる戸籍名を有する者であるかはもっぱら公的な事柄であるというべきであるから，戸籍名をもってプライバシーに該当するとはいえないというのが，その理由である[262]。

---

262 東京地判平成5年11月19日判タ835号58頁。

4-4 肖像権

個人の肖像については,「個人の私生活上の自由の1つとして,何人も,その承諾なしに,みだりにその容ぼう,姿態を撮影されない自由を有する」[263]。とりわけ,人が自己の居宅内において他人の視線から遮断され,社会的緊張から解放された形で個人の私生活を営むことは,人格的利益として何よりも尊重されなければならないから,居宅内における容ぼう,姿態を第三者が無断で写真撮影し,広く公表することは,被撮影者に一層大きな精神的苦痛を与え,不法行為を構成する[264]。

肖像権は,①自己の肖像の作成(特に,写真撮影)を禁止する権利,②作成された肖像の公表を禁止する権利,③肖像を営利目的で利用することを禁止する権利を含むものとして捉えられている[265]。この意味で,肖像権は,平穏生活権としての側面をもつとともに,情報コントロール権としての側面をもつ権利である。

もっとも,肖像権を人格権のひとつとして認める場合でも,なお,報道の自由その他の表現の自由との関係が問題となる。判例は,人の容ぼう等の撮影が正当な取材行為等として許されるべき場合もあるのであって,ある者の容ぼう等をその承諾なく撮影することが不法行為法上違法となるかどうかは,被撮影者の社会的地位,撮影された被撮影者の活動内容,撮影の場所,撮影の目的,撮影の態様,撮影の必要性等を総合考慮して,被撮影者の上記人格的利益の侵害が社会生活上受忍の限度を超えるものといえるかどうかを判断して決すべきであるという[266]。

また,前述のように,人は,自己の容ぼう等を撮影された写真をみだりに

---

[263] 最大判昭和44年12月24日刑集23巻12号1625頁。ただし,「肖像権と称するかどうかは別として」との留保つきである。

[264] 東京地判平成元年6月23日判時1319号132頁(「週刊フライデー」肖像権侵害事件1審判決)。これは,肖像に関する情報コントロール権や自己決定権に立ち入るまでもなく,既に私生活の精神的平穏レベルでの人格権侵害である。

[265] 五十嵐・人格権論72頁。

[266] 最判平成17年11月10日民集59巻9号2428頁。法廷内における被告人の容ぼうを隠し撮りし,姿態を描写したイラスト画とともに新聞雑誌等に掲載した事件である。なお,東京高判平成2年7月24日判時1356号90頁(「週刊フライデー」肖像権侵害事件2審判決)も参照。ちなみに,同判決は,「肖像権は,その対象たる肖像について物権と同様な包括的かつ完全な支配を包含する程熟成した権利ではない」と述べている。

公表されない人格的利益も有する[267]。さらに，人は，自己の容ぼう等を描写したイラスト画についても，これをみだりに公表されない人格的利益を有する。もっとも，ここでも，そうした写真・イラスト画の新聞・雑誌等への掲載からの人格的利益の保護の当否が報道の自由との関係で問題となるところ，「人の容ぼう等を撮影した写真は，カメラのレンズがとらえた被撮影者の容ぼう等を化学的方法等により再現したものであり，それが公表された場合は，被撮影者の容ぼう等をありのままに示したものであることを前提とした受け取り方をされるものである。これに対し，人の容ぼう等を描写したイラスト画は，その描写に作者の主観や技術が反映するものであり，それが公表された場合も，作者の主観や技術を反映したものであることを前提とした受け取り方をされるものである。したがって，人の容ぼう等を描写したイラスト画を公表する行為が社会生活上受忍の限度を超えて不法行為法上違法と評価されるか否かの判断に当たっては，写真とは異なるイラスト画の上記特質が参酌されなければならない」とした最高裁判決がある[268]。

III　自己決定権としての人格権・プライバシー

1　緒　　論

　人格権・プライバシーを，人間の尊厳と結びつけ，自己決定権（人格的自律権）の意味で，私的事項につき個人が下した決定について他者から干渉されない権利として捉える見解がある[269]。情報コントロール権が重視する個

---

[267] 採取された肖像が無断利用された場合，その肖像を利用された者が芸能人であるときには，その社会的評価の低下をもたらすような肖像（あるいは氏名）の使用をされない限り，その肖像が無断使用されたとしても，その人格的利益の毀損は発生しないとするものがある（東京高判平成3年9月26日判時1400号3頁，東京地判昭和51年6月29日判時817号23頁）。「氏名・肖像を利用して自己の存在を広く大衆に訴えることを望む芸能人にとって，私事性を中核とする人格的利益の享受の面においては一般個人と異なる制約を受け，社会的に許容される方法，態様等による使用行為については，その人格を毀損するものとは解し難い」というのが，その理由であるが，疑問である。もっとも，ここでは，人格権としての肖像権とは別に，パブリシティの権利としての肖像権を問題にする意義がある（後述。ただし，人格権とパブリシティの権利とを区別する点には問題がある）。

[268] 前掲最判平成17年11月10日。

[269] 山田卓生『私事と自己決定』（日本評論社，1987年）など。

人情報の支配・管理という，（人格の尊厳に結びつけられるものの）財貨帰属・財産管理権的な人格権・プライバシー理解を超えて，人間の尊厳を基本原理とし，生活世界におけるさまざまな関係を主体的に形成するのに不可欠な個人人格の自由な展開を保障するために，個人の地位を「権利」として保護したもの，それが人格権・プライバシーであると捉えることになる。自己決定権としての人格権・プライバシーは，私的生活の平穏という個人人格の静的安全の保護のほか，個人人格の動的安全の保護を担うものである。

2 自己決定権としての人格権・プライバシーの内容と限界
──他者の権利・自由との衡量

もとより，自己決定権としての人格権・プライバシー，とりわけ人格の自由な展開に関する権利としてのそれは，その含意する内容が包括的・一般的であるばかりか，人格の展開としての自己決定が社会における他者（この者もまた，対等のレベルでの自己決定権その他の権利・自由を有している）の行動に対するコントロールにまで及びうるものであるために，他者の権利・自由との衡量（さらには，公共の利益も含めた衡量）のもとで自己決定権の内容と限界を確定することなく権利性を承認するのは適切でない。このことは，既に，平穏生活権としての人格権・プライバシー，情報コントロール権としての人格権・プライバシーに関して，触れたところでもある。その意味で，人格権・プライバシーを自律権・自己決定権として捉えるときでも，「自己のライフスタイルの自己決定権」などという包括的・一般的権利をア・プリオリに承認するべきではない。

3 宗教上の信念に基づく自己決定権

自己決定権としての人格権・プライバシーの側面が明確にあらわれた判決として，「エホバの証人輸血拒否事件」最高裁判決がある[270]。この事件では，最高裁は，宗教上の信念から絶対的無輸血の意思を有している患者に対し，医師が手術をするにあたって十分な説明をせずに輸血をしたときに，患者の人格権侵害を理由とする不法行為責任（慰謝料請求権）が成立することを認めた。そこでは，「患者が，輸血を受けることは自己の宗教上の信念に反するとして，輸血を伴う医療行為を拒否するとの明確な意思を有している場合，このような意思決定をする権利は，人格権の一内容として尊重されなければ

ならない」とされた。そして，患者が宗教上の信念からいかなる場合にも輸血を受けることは拒否するとの固い意思を有しており，輸血を伴わない手術を受けることができると期待して入院したことを医師らが知っていたのであれば，手術の際に輸血以外では救命手段がない事態が生じる可能性を否定し難いと判断した場合には，「そのような事態に至ったときには輸血するとの方針を採っている」ことを患者に説明し，入院を継続したうえで手術を受けるか否かを患者自身の意思決定にゆだねるべきであったとされた[271]。

　本件に関して，1審判決は，療法選択についての患者の自己決定権と，崇高な価値をもつ人の生命との間で衡量をおこない，人の生命に優位性を認めていた。ここでは，宗教的信念も，ライフスタイルについて決定できる利益も，人の生命に対する対抗価値を形成していない。しかも，治療措置の具体的内容については救命義務を負う医師の専権的領域に属するものゆえに，説明義務の対象とならないものと考えられている。

　これに対して2審判決は，自分のライフスタイルについての患者の自己決定権およびこれに基づく治療拒否特権と，人の生命との間で衡量をおこない，自殺・緊急治療といった特段の事情ある場合を除いて前者に優位性を認めていた。ここにいう自己決定権尊重の考え方は，医療の場を超える守備範囲を有しうるものであり，宗教的信念に限定されたものではない[272]。

　これに対して，最高裁判決は，宗教的信念として発現する場合の人格権およびこれに基づく治療拒否特権と，人の生命・健康の保護との間で衡量をお

---

[270] 最判平成12年2月29日民集54巻2号582頁。ほかにも，職場において男性上司が部下の女性に対しその地位を利用して女性の意に反する性的言動に出た場合に，その行為の態様，行為者である男性の職務上の地位，年齢，被害女性の年齢，婚姻歴の有無，両者のそれまでの関係，当該言動のおこなわれた場所，その言動の反復・継続性，被害女性の対応等を総合的にみて，それが社会的見地から不相当とされる程度のものである場合には，性的自由ないし性的自己決定権等の人格権を侵害するものとして違法となる旨の判断をした原判決を是認した最高裁判決がある（最判平成11年7月16日労判767号14頁）。

[271] もっとも，この最高裁判決は，「宗教上の信念に基づき輸血を拒否する意思決定をする権利」を「人格権」と表現し，「自己決定権」とは表現していない（「意思決定をする権利」とはいうが，「自己決定権」とはいっていない）。これについては，意識的に「自己決定権」の用語および「自己決定権」レベルでの一般命題の提示を避け，「宗教上の信念に基づく人格権」に特化した判断枠組みを提示したものとみるのが適切である。

こない，前者に——強固かつ明確な意思となってあらわれている場合に——優位性を認めた。これにより，最高裁判決は，説明義務違反の違法を判断する枠組みに依拠していることとも相まって，医療の場に限定され，かつ，対抗価値として宗教的人格権が問題となる局面に限定された射程をもつにとどまる内容となっている。2審の衡量枠組みを維持しなかった点にも，本判決のもつ特徴がある[273]。つまり，本判決は，「ライフスタイルに関する自己決定権」の考え方を採ったものでないし，自己決定権に対する生命価値の一般的劣位を述べたものでもない（まして，本件と異なり，信者である家族の宗教的信念に基づく輸血拒否については，本判決は何も触れるものでない）[274]。

第3項　パブリシティの権利

I　パブリシティの権利の意義

　パブリシティの権利（right of publicity）とは，アメリカで，かつて，プロッサー（Prosser）により，プライバシーの一類型としてあげられていたもの，すなわち，他人の氏名や肖像等を営利目的のために無断で使用されないという権利が，その後にプライバシーとは別個独立の権利として位置づけられ，1950年代以降のアメリカにおいて承認されてきたものである。

　パブリシティの権利は，芸能人・スポーツ選手のように顧客吸引力のある者が，カレンダー，キャラクター商品に無断で氏名や肖像等を表示され，営利利用されたために経済的損失を被ったとして，無断で利用した者に対して損害賠償請求や差止請求をする場面で問題となるものであって，こうした損害賠償請求や差止請求の根拠となる実体法上の権利として位置づけられている。わが国でも，パブリシティの権利は文献上広く受け入れられているほか[275]，下級審裁判例においても，パブリシティという概念こそ用いられて

272　同様の衡量枠組みを採用するものとして，山田卓生「本件1審批評」法学教室202号123頁（1997年），西野喜一「本件1審批評」判タ955号103頁（1998年）。他方，生命価値との衡量が不十分なまま「自己決定権」が強調される傾向に対し疑問を呈するものとして，吉田邦彦「信仰に基づく輸血拒否と医療」同『契約法・医事法の関係的展開』（有斐閣，2003年）392頁。

273　この点に関しては，新美育文「本件判批」法学教室248号14頁（2004年）。

いないものの，この種の権利の要保護性は承認されている[276]。最近では，物のパブリシティなどという表現まで登場している[277]。

わが国でそのさきがけとなったのが，「マーク・レスター事件」東京地裁

---

[274] この最高裁判決からの帰結を敷衍すれば，次のようになろう（患者に承諾能力があることを前提とする。また，事務管理の成否については対象外とする）。

①　患者から宗教的信念による輸血拒否の意思が強固かつ明確に示された場合，医師は輸血を伴う手術を強行することができない。ただし，緊急事務管理として違法性が阻却される余地は残る。

②　輸血なしでは手術ができない状況が予想される場合には，医師が輸血なしで手術をすることができない旨を説明したが（説明内容には瑕疵がなかったとする。以下同じ），手術について患者の同意が得られない場合には，手術をしなかったとしても医師の民事責任は問われない。

③　同様の説明をしたうえで，状況によっては輸血をすることについて患者の同意をとりつけ，医師が輸血をして手術をしたときには，実際におこなわれた医療行為そのものについてそれが医療水準から逸脱していなければ，この点につき医師の行為義務違反（診療過誤）が問われる余地はないし，説明義務違反を理由とする責任も生じない（自己決定権侵害はない）。

④　本件では事実審段階でその存在が否定されたが，仮に医師・患者間で「絶対無輸血」の合意がされていたとして，医師が輸血なしに手術をしたが，手術が成功せず患者が死亡したときは，どうか。当該手術において無輸血での手術が医療水準をなしていたときには，この方法でおこなわれた具体的手術がその医療水準に合致していたかどうかにより，医療過誤の有無が判断される。他方，当該手術において無輸血での手術が医療水準をなしていなかったときには，そもそも当該手術を引き受けたこと自体が，医師としての注意義務に違反していると評価される余地がある（大幅な過失相殺の可能性はある）。また，「絶対的無輸血」の合意締結にあたっての医師の説明義務違反が問われる余地もある（これについても，大幅な過失相殺の可能性はある）。

⑤　医師・患者間で「絶対無輸血」の合意がされたが，医師が輸血をして手術をし，手術が成功したときは，どうか。当該手術において無輸血での手術が医療水準をなしていたかどうかで，結論が分かれよう。すなわち，無輸血での手術が医療水準をなしているならば，医療水準を充たす複数の手術の方法（療法選択）のなかで，医師としていかなる措置をとるべきであったかが問われることになる。この場合には，患者の意思にできるだけ近い方法を選択すべきであるとすることが，患者の意思の尊重に資することになろう（その結果，慰謝料賠償の余地がある）。他方，無輸血での手術が医療水準をなしていない場合には，無輸血での手術は医療水準に反した行為であり，この選択を医師に強いることはできない。「絶対無輸血」の合意があったとしても，輸血による医療水準に合致した行為をすれば，医療過誤という点では医師の損害賠償責任が発生するものではない。もっとも，医療水準に達していない措置について患者との間で合意をし，しかも合意の内容が宗教的人格権に関するものであるという点を捉えて，人格権侵害を理由とする慰謝料請求が認められることになろう。

判決であった。そこでは、次のような判断が示された[278]。

「俳優等の職業を選択した者は、もともと自己の氏名や肖像が大衆の前に公開されることを包括的に許諾したものであって、……人格的利益の保護は大幅に制限されると解し得る余地がある……だけでなく、人気を重視するこれらの職業にあっては、自己の氏名や肖像が広く一般大衆に公開されることを希望若しくは意欲しているのが通常であって、それが公開されたからといって、一般市井人のように精神的苦痛を感じない場合が多いとも考えられる。以上のことから、俳優等が自己の氏名や肖像の権限なき使用により精神的苦痛を被ったことを理由として損害賠償を求め得るのは、その使用の方法、態様、目的等からみて、彼の俳優等としての評価、名声、印象等を毀損若しくは低下させるような場合、その他特段の事情が存する場合（例えば、自己の氏名や肖像を商品宣伝に利用させないことを信念としているような場合）に限定されるものというべきである。

しかしながら、俳優等は、右のように人格的利益の保護が減縮される一方で、一般市井人がその氏名及び肖像について通常有していない利益を保護しているといいうる。すなわち、俳優等の氏名や肖像を商品等の宣伝に利用することにより、俳優等の社会的評価、名声、印象等が、その商品等の宣伝、販売促進に望ましい効果を収め得る場合があるのであって、これを俳優等の

---

275 さしあたり、阿部浩二「パブリシティの権利と不当利得」谷口知平編『注釈民法(18)』（有斐閣、1976年）554頁、齋藤鳩彦「パブリシティ権の背景と問題(上)(下)」NBL 427号28頁、428号52頁（1989年）、大家重夫「パブリシティ権について」久留米大学法学39号229頁（2000年）、豊田彰『パブリシティの権利』（日本評論社、2000年）、同『パブリシティの権利II』（日本評論社、2007年）、井上由里子「パブリシティの権利の再構成」筑波大学大学院企業法学専攻10周年記念論集『現代企業法学の研究』（信山社、2001年）127頁、同「パブリシティの権利」法学教室252号34頁（2001年）、金井重彦『パブリシティ権──判例と実務』（経済産業調査会、2003年）、内藤篤＝田代貞之『パブリシティ権概説（第2版）』（木鐸社、2005年）ほか。

276 東京地判昭和51年6月29日判時817号23頁（マーク・レスター事件）、東京地決昭和53年10月2日判タ372号97頁（王選手800号記念メダル無断製造販売禁止仮処分申請事件）、東京地判昭和61年10月6日判時1212号142頁、東京地決昭和61年10月9日判時1212号142頁、富山地判昭和61年10月31日判時1218号128頁（藤岡弘事件）、東京地判平成元年9月27日判時1326号137頁（光GENJI事件）、東京高判平成3年9月26日判時1400号3頁（おニャン子クラブ事件）、東京地判平成10年1月21日判時1644号141頁、東京高判平成18年4月26日判時1954号47頁（『ブブカ・スペシャル7』事件）など。

側からみれば，俳優等は，自らかち得た名声の故に，自己の氏名や肖像を対価を得て第三者に専属的に利用させうる利益を有しているのである。ここでは，氏名や肖像が，……人格的利益とは異質の，独立した経済的利益を有することになり（右利益は，当然に不法行為法によって保護されるべき利益である。），俳優等は，その氏名や肖像の権限なき使用によって精神的苦痛を被らない場合でも，右経済的利益の侵害を理由として法的救済を受けられる場合が多いといわなければならない」。

---

277 物のパブリシティ権を肯定する見解は，社会において新たな無体的価値の保護の必要性が認知されたのであれば，顧客吸引力を形成した者，顧客吸引力を管理する者，顧客吸引力の帰属主体などに経済的価値を独占的に支配する権利を認めることを提唱していた（新井みゆき「物のパブリシティ権」同志社法学52巻3号148頁〔2000年〕，三浦正広「有体物の映像による利用とその法的保護」青山法学論集45巻4号161頁〔2004年〕）。しかし，最判平成16年2月13日民集58巻2号311頁（ギャロップレーサー事件）は，競走馬の馬名をゲームソフトに無断で利用されたとして馬主がゲームソフト会社を相手どって差止めと損害賠償を請求した事件で，「競走馬の名称等が顧客吸引力を有するとしても，物の無体物としての面の利用の一態様である競走馬の名称等の使用につき，法令等の根拠もなく競走馬の所有者に対し排他的な使用権等を認めることは相当ではな〔い〕」とした。当該事件について物のパブリシティ権を否定するために示されたのは，①現行法上，「物の名称の使用など，物の無体物としての面の利用」に関しては，商標法，著作権法，不正競争防止法などの知的財産関係の各法律が「一定の範囲の者に対し，一定の要件の下に」排他的な使用権を付与していること，②その反面として，その使用権の付与が国民の経済活動や文化的活動の自由を過度に制約することのないようにするため，各法律がそれぞれの知的財産権の発生原因，内容，範囲，消滅原因等を定め，その排他的な使用権の及ぶ範囲，限界を明らかにしていることであった。この事件では，①・②として示した現行法のもとでの知的財産関連の権利・利益保護の完結性という基本的な考え方を凌駕できるだけの説得力ある論拠を見いだせなかったもの——伝来の知的財産関連法制の枠組みのもとでの処理で十分であり，権利・利益の保護対象について新規の枠組みを構築する必要が存在しなかったもの——といえる（そもそも，権利としての「人のパブリシティ」そのものの意味が理論的に定着していないにもかかわらず，この種の多義的かつ曖昧な概念枠組みを「物」を対象とする場面に推及して「物のパブリシティ」なる概念を創造し，かつこの概念を基礎に新規の権利体系をめざすということ自体に，民法研究者の目でみたときに解釈論としての危うさを感じる。この種の事例で権利保護をめざすのであれば，私法の基本枠組みを展開させる手法を用い，より手堅くかつ慎重な枠組みを指向すべきである）。

278 前掲東京地判昭和51年6月29日。映画著作権者が映画フィルムに撮影された実演者（マーク・レスター）の肖像を，食品会社が同人に無断で自己の商品の宣伝に利用した事件である。

この判決にあらわれているように、パブリシティの権利をプライバシーから分離して論じる立場の基礎にあるのは、次のような考え方である。芸能人・スポーツ選手のように顧客吸引力のある者は自己の氏名や肖像等を積極的に世間の目にさらすことによって人気の獲得をはかろうとするものであるから、その限りでプライバシーを一定限度で放棄している結果、プライバシー保護が一般人に比して縮減される。これらの者が無断で氏名や肖像等を利用されたからといって、必ずしもプライバシーが侵害されたとはいえない。しかしながら、他方で、芸能人・スポーツ選手のように顧客吸引力のある者は、顧客吸引力のある氏名や肖像等につき「対価を得て第三者に利用させる利益」を有している。この利益は、プライバシーにより保護された利益とは別の利益であり、法的保護に値するものである。それゆえ、顧客吸引力のある氏名や肖像等を無断利用された芸能人・スポーツ選手らは、無断利用されたことにより被った経済的損害の賠償を請求できる[279]。

II　パブリシティの権利の法的性質

1　議論の構図——人格権か、財産的権利か

　わが国では、パブリシティの権利に関する問題に取り組む研究者・実務家らによって、パブリシティの権利が人格権の一種なのか、それとも、人格権とは区別される財産的権利なのかが議論されている。人格権構成[280]をとる立場に対して、パブリシティの権利を人格権とは別個の財産権として構成[281]する立場は、次の点を立論の前提としているところに、特徴を有している。

　パブリシティの権利を人格権とは別個の財産権として構成する立場は、第

---

[279] 前掲東京高判平成3年9月26日（おニャン子クラブ事件。芸能人の氏名肖像写真を表示したカレンダーの販売差止め・廃棄請求がされた事件）では、「固有の名声、社会的評価、知名度等を獲得した芸能人は、その氏名・肖像から生ずる顧客吸引力のもつ経済的な利益ないし価値を排他的に支配する財産的価値を有するものと認めるのが相当であり、…その侵害行為に対しては差止および侵害の防止を実効あらしめるために侵害物件の廃棄を求めることができる」という判断も示されている。

[280] 渡辺修「人格メルクマールの利用権——人格権の一元的構成に関する覚書き」法学（東北大学）60巻6号286頁（1996年）、花本広志「人格権の財産権的側面」獨協法学45号241頁（1997年）、五十嵐清『人格権法概説』（有斐閣、2003年）186頁など。

1に，人格権・プライバシーを，私生活の平穏，すなわち，私生活にみだりに干渉されない権利——「一人にしてもらう権利」・「覗き見されない権利」——として捉えている。その結果，顧客吸引力のある者の氏名・肖像等について，このような人格権・プライバシー概念では対処できず，これとは別個の権利（パブリシティの権利）を立てる必要があるとされているのである。

第2に，この立場は，人格権侵害の場合には慰謝料の賠償しか認められないという命題を，自明の前提としている。そこでは，「人格権侵害は，財産権に対する侵害ではない」ということから，「人格権侵害の場合には，非財産的損害しか生じない」という論理が導かれ，人のアイデンティティのもつ財産的価値が侵害されたときに財産的損害の賠償を認めたいために，このような独自の名称をもつ権利が提唱されているのである[282]。

第3に，この立場には，このように構成することによって，パブリシティの権利が本人の死後も存続しうること（したがって，相続の対象となること）や，パブリシティの権利を第三者に譲渡することができることを肯定することができるとするものが多い[283]。「人格権には帰属上の一身専属性があるため，相続や譲渡の対象とならない」との理解が，その背景にある。

2　人格権侵害による財産的損害

上記の議論の構図のもと，パブリシティの権利を人格権とは別個の財産権として構成する立場が依拠する第1点，第2点に関しては，その議論の前提自体に問題がある[284]。

281　阿部浩二・前掲論文554頁，牛木理一「パブリシティの権利の相続性」工業所有権法研究36巻1号24頁（1990年），竹田稔『プライバシー侵害と民事責任（増補改訂版）』（判例時報社，1998年）198頁など。なお，斉藤博「判例批評」判例評論585号40頁（2007年）は，「人の属性に関わるものを客体としながら，財産法の法理になじむ財産的な権利」と述べている。

282　行為の差止め・原状回復請求をするためだけであれば，通説の枠組みでも，人格権侵害（人格の自由な展開に関する権利への侵害）と捉えれば足りる。

283　牛木・前掲論文24頁，竹田・前掲書288頁。

284　この点に関しては，窪田充見「不法行為法学から見たパブリシティ——生成途上の権利の保護における不法行為法の役割に関する覚書」民商法雑誌133巻4=5号729頁（2006年），安東奈穂子「肖像の経済的な側面に対する法的保護のあり方を探って——『パブリシティの権利』の法的性質をめぐる議論の検証」九大法学88号27頁（2004年）の指摘を参照。

第1点に関しては，人格権・プライバシーを私生活の平穏に限定せず，情報コントロール権・自己決定にまで広げて理解するのが，今日の判例・学説の支配的立場である。このような意味のものとして人格権・プライバシーを捉えたときには，パブリシティの権利と称されているものを人格権・プライバシーの枠組みで説明することは否定できないばかりか，むしろ，パブリシティの権利は，人格権・プライバシーの発現形態のひとつとして位置づけられるのが適切である[285]。

　第2点に関しては，「人格権侵害の場合には，非財産的損害しか生じない」という論理に問題がある（より強くいえば，上記の議論の図式においては，「侵害されて権利・法益が何なのか」という問題と，「被害者にいかなる種類の損失が生じているのか」という問題との混線がみられる）。侵害された権利・法益が人格権か財産権かということと，発生した損害が非財産的損害か財産的損害かということは別次元の問題である。財産権の侵害によって財産的損害のみならず非財産的損害が生じうるのと同様に，人格権の侵害によっても非財産的損害のみならず財産的損害も生じうる。人格権が侵害されたときに，そこから生じる損害（不利益な事実状態）が非財産的側面に限られるという論拠はない。そして，人格権・プライバシーの意味を上記のように理解したときには，パブリシティの権利が問題となっているのは，まさに，人格権が侵害されたことにより，被害者に財産的な損害（経済的な損失という不利益な事実状態）が生じている場面である。このようにみれば，ここで，パブリシティの権利を人格から切り離して，財産権として捉える意味は乏しい。この点でも，パブリシティの権利は，人格権・プライバシーの発現形態のひとつとして位置づけられるのが適切である。

　なお，第3点に関しては，パブリシティの権利の譲渡については，権利そのものの譲渡は認めず，債権的な（独占的）使用許諾契約としての有効性を探れば足りる（もとより，既に生じた権利侵害を理由とする損害賠償請求権の譲渡は可能である）。また，当事者死亡後のパブリシティの問題は，死者の人格権の場合におけると同様，相続人固有の人格権侵害によって処理すれば足り

---

[285] 五十嵐・人格権法概説186頁は，ここから，パブリシティの権利を，「氏名権と肖像権の一部」として位置づける。もとより，人格権・プライバシーの箇所で繰り返し述べたように，他者の権利・自由との衡量（さらには，公共の利益も含めた衡量）のもとで自己決定権の内容と限界が確定されることになる。

る（もとより，生前に生じたパブリシティの権利に対する侵害を理由とする損害賠償請求権が——判例の相続法理のもとでは——相続人に承継されることはいうまでもない）。ここでも，パブリシティの権利を財産権として構成する必要はない。

第4項　人格権・プライバシー侵害と責任阻却
——名誉毀損の場合との対比

　名誉毀損の場合には，通説・判例によれば，人の社会的評価の低下に対し，真実性の抗弁・相当性の抗弁により「違法性」が阻却されるものとされている。

　ここでまず，名誉を人の社会的評価と捉える（社会的名誉）ということは，人格に対して共同体社会が与えている評価を権利として保護の対象としていることを意味する。次に，公共の利害に関する事項を公益目的で公表した場合における真実性の抗弁・相当性の抗弁では，表現の自由を通じて共同体社会における公的・私的事項に関する決定に参加する市民の地位を保障することへの配慮が企図されている。

　これに対して，プライバシー侵害の場合には，真実性の抗弁・相当性の抗弁という枠組み自体が妥当しない。プライバシー侵害にとって，公表事実が真実かどうかは重要でないし，かえって，真実を公表した場合には，プライバシー侵害の非難可能性が大きいということにすらなる。とはいえ，他人の私事に属する事実を公表した場合に，それが公益目的に出たものであり，公共の利害に関係する事実であれば，民事責任を問われない。ここでは，同様の規準がたてられる名誉毀損の場合と異ならず，表現の自由を通じて共同体社会における公的・私的事項に関する決定に参加する市民の地位を保障することへの配慮が優先されるべきだからである。もっとも，このような観点からの考慮は，権利・法益侵害要件のレベルで，「プライバシー権」の内容確定（権利の存否判断）にあたりおこなわれている——公共利害に関係する事実については「プライバシー」と評価されない——ため，違法性ないし責任阻却事由という枠組みを立てるまでもない。というのも，被害者のプライバシーは，個人の人格的利益の権利性を承認する段階で，社会において生活する個々人が他人の領域にどこまで関心を寄せたり，介入をしたりすることが許容されるかという観点から，潜在的他者の権利・利益（ここには，表現の

自由も含まれる）との関係での衡量を経て，その内実と外延が確定される——これは，権利・法益侵害要件のもとでの考慮である——ものだからである（もとより，名誉毀損の場合にも，「名誉」にいう人格の社会的評価とは何かという定義づけの段階で潜在的行為者の権利・利益との衡量がおこなわれるものの，わが国の通説・判例が虚名をも名誉として保護するという基本的立場をとることから，「名誉毀損」に当たるとしたうえで，なお，違法性阻却・責任阻却のための場として真実性の抗弁・相当性の抗弁が問題となってくる）。

第5項　著作者人格権

I　緒　論

　著作権法は，18条から20条で，著作者人格権として，公表権，氏名表示権および同一性保持権を規定している。また，これとは別に，みなし侵害行為に関する規定がある。もっとも，著作者の人格権がこれらに尽きるかという点に関しては，「船橋市立西図書館事件」最高裁判決[286]が，問題提起をしている。そこでは，「著作者の人格的利益」という表現が用いられ，言外に「著作者人格権」と「著作者の人格権利益」とのニュアンスを醸し出している。

　このような状況を前にして，著作者の人格権と民法上の人格権との関係については，次の3つの課題がある。

　第1は，著作者人格権の保護法益は何かという課題である。これは，著作者人格権の権利性の内実を探る作業にかかわる。

　第2は，著作者人格権に関する著作権法上の規定は，著作者の人格権にとっての完結的な規律かという課題である。

　第3は，著作者人格権にいう人格的利益・価値の保護の態様は，民法の人格権におけるそれと同質かという課題である。これは，著作者人格権は，民法上の一般的人格権が具体化したものかという問題に関係する。

II 著作者人格権の内容

1 公表権

公表権は,「まだ公表されていない著作物」を公表するか否か(時期・方法を含む)に関する自己決定・情報コントロール権として捉えられている。

そのうえで,公表権の権利制約要因としては,①著作者の同意(18条1項。2項の推定規定,3項のみなし規定),②公衆への提供・提示への限定(18条4項2号~4号のみなし規定。なお,これについては,社会的評価を〔も〕保護法益としているのではないかという問題がある),③情報公開法制上の正当化事由(18条4項)がある。

2 氏名表示権

氏名表示権は,著作者がその著作物の創作者であることを主張する権利(氏名の表示・不表示に関する自己決定・情報コントロール権)として捉えられ

---

286 最判平成17年7月14日民集59巻6号1569頁。公立図書館の職員が,閲覧に供されている「新しい歴史・公民教科書およびその他の教科書の作成を企画・提案し,それらを児童・生徒の手に渡すことを目的とする」団体らの執筆・編集になる書籍を,除籍基準を満たしていないにもかかわらず,みずからの思想・信条に反するとして廃棄処分した事件である。原審が「著作者は,自らの著作物を図書館が購入することを法的に請求することができる地位にあるとは解されないし,その著作物が図書館に購入された場合でも,当該図書館に対し,これを閲覧に供する方法について,著作権又は著作者人格権等の侵害を伴う場合は格別,それ以外には,法律上何らかの具体的な請求ができる地位に立つまでの関係には至らない」旨の判示をしていたのを破棄し,「公立図書館が,上記のとおり,住民に図書館資料を提供するための公的な場であるということは,そこで閲覧に供された図書の著作者にとって,その思想,意見等を公衆に伝達する公的な場でもあるということができる。したがって,公立図書館の図書館職員が閲覧に供されている図書を著作者の思想や信条を理由とするなど不公正な取扱いによって廃棄することは,当該著作者が著作物によってその思想,意見等を公衆に伝達する利益を不当に損なうものといわなければならない。そして,著作者の思想の自由,表現の自由が憲法により保障された基本的人権であることにもかんがみると,公立図書館において,その著作物が閲覧に供されている著作者が有する上記利益は,法的保護に値する人格的利益であると解するのが相当であり,公立図書館の図書館職員である公務員が,図書の廃棄について,基本的な職務上の義務に反し,著作者又は著作物に対する独断的な評価や個人的な好みによって不公正な取扱いをしたときは,当該図書の著作者の上記人格的利益を侵害するものとして国家賠償法上違法となるというべきである」とした。

ている。

　そのうえで，氏名表示権の権利制約要因としては，①著作者の同意（19条2項参照），②公衆への提供・提示への限定（19条1項），③利用目的・態様に照らし，「著作者が創作者であることを主張する利益」を害するおそれがないこと（19条3項），④情報公開法制上の正当化事由（19条4項）がある。

3　同一性保持権

　同一性保持権は，一般に，著作物の内容・題号について同一性を保持する権利（著作者の人格的利益そのもの）として捉えられている。もっとも，論者のなかには，著作者の人格的利益の保護に加え，「文化の継承発展」の観点からの同一性保持の要請をも，法益性の観点に入れて理解していると目されるものがある。つまり，同一性保持権は著作者の精神活動の所産に加え，社会全体の文化的所産をも保護するとの見方[287]があるからである。さらにまた，著作物の公共的価値や著作物を通じての著作者の社会的評価（名誉・声望）も，保護の対象になっているような表現をするものもある[288]。

　そのうえで，同一性保持権の権利制約要因としては，①著作者の同意（20条1項），②「変更，切除その他の改変」概念への不該当（20条1項），③著作物の性質ならびに利用の目的・態様に照らし，やむを得ない改変（20条2項各号）がある。

　もっとも，このうち，②については，「変更，切除その他の改変」概念への該当・不該当の判断の際に，安易な概念操作による「不文の適用除外」・「アドホックなパッチワーク」がされているとの見方が示されている。また，③については，教育目的の利用（1号），建築物の増改築等の改変（2号），コンピュータの利用に必要な改変（3号）等の列挙事由のほかに，「やむを得ないと認められる改変」という受け皿条項が存在するため，20条が「内在的な一般条項」であるとの指摘もされている。さらに，②での考慮（因子）と，③の考慮（因子）の関係が不透明であるとの指摘もみられる[289]。

---

[287]　作花文雄『詳解著作権法（第3版）』（ぎょうせい，2004年）239頁。批判的なものとして，田村善之『著作権法概説（第2版）』（有斐閣，2001年）433頁。

[288]　作花・前掲書239頁。

[289]　上野達弘「著作物の改変と著作者人格権をめぐる一考察(1)(2)完」民商法雑誌120巻4＝5号748頁，6号925頁（1999年）。

その他，同一性保持権については，「著作権」（著作財産権）についての権利制限が妥当するのではないかということと，公衆への提供・提示へと限定されるべきではないか（私的領域での改変問題）という点をめぐり，議論がある[290]。

4 みなし侵害行為

著作者人格権侵害については，著作権法に，みなし侵害行為の規定がある。

ただ，ここで権利・法益として想定されているのは，著作者の名誉または声望である。ここでは，社会的評価の低下（名誉損害）により，人格権侵害を推定するという枠組みが採用されているのである。著作者の名誉または声望という法益と，著作者の主観的な人格的利益と未分離がみられる。

III 著作者人格権と「著作者の人格権」との関係
―― 著作者人格権の完結性

1 緒　論

権利とその制約要因という観点からおこなった著作権法上の著作者人格権の整理を踏まえて，次に，第2の課題を扱う。ここでは，「著作者人格権は，民法上の一般的人格権が具体化したものである」とのテーゼを所与として，説明を加えることにする。

このとき，著作者人格権と民法の人格権の規律との関係については，次のような異なった2つの思考モデルを観念することができる。

2 排他的関係としての構成（排他的競合）

このパラダイムは，要旨，次のようなものである。著作物に関する著作者の人格権は，「著作者人格権」として，著作権法制上，完結的に規律されている。したがって，著作物に関する著作者の人格権で，「著作者人格権」以外のものはない。著作物に関する「著作者の人格権」につき，民法の人格権の法理の適用は排除されるべきである。敷衍すれば，以下のようになる。

① 著作者人格権を制度的に整備するにあたり，著作物にかかる著作者の

---

[290] 作花・前掲書241頁・246頁。同一性保持権についての最近の総合的研究として，松田政行『同一性保持権の研究』（有斐閣，2006年）がある。

人格権として保護されるべきかどうかの態度決定はおこなわれている。したがって，著作権法上での秩序形成にあたり「著作者人格権」として権利性を承認されたもの以外には，「著作者の人格権」は認められるべきではない。著作物に関する著作者の人格的利益に関係するが「著作者人格権」に該当しないものにつき，民法の人格権の法理に基づき保護をしたのでは，上記態度決定が覆されてしまう。

② その結果，著作物に関する著作者の人格的利益で，「著作者人格権」にあたらないものについては，民法709条の権利・法益に該当することにより不法行為による損害賠償の保護が与えられることはあっても，「人格権」侵害を理由とする差止め・妨害排除は認められるべきではない。

③ もっとも，時代の変化のなかで，立法時に考えられなかったある人格的利益が保護に値するということになれば，これについては規律の欠缺があるとみることで，民法の人格権の法理に基づき，差止め・妨害排除といった相応の救済を認めることは否定されない。

④ 「著作物」に該当しない客体に関する個人の人格権の保護については，著作権法は関知しない。民法の人格権の法理に基づいて——当該客体が「著作物」に該当しないとの判断に矛盾しないように——処理をすべきである。

3 補充関係としての構成（補充的競合）

このパラダイムは，要旨，次のようなものである。著作権法上で「著作者人格権」とされるものは，権利の排他的支配領域が明確なものを典型例として個別に列記したものであるにすぎず，それらに該当しない著作者人格権は，民法の一般法理で保護される。敷衍すれば，以下のようになる。

① 著作物に関する著作者の人格権のうちで典型的なものが，「著作者人格権」として，著作権法に個別に規律されている。これは，「著作者の人格権」のうちで権利の範囲（権利の排他領域）が明確なものを規定に上げることで，権利侵害を事前に抑止することを企図したものである。あわせて，権利制約要因をも掲げることで，権利侵害の正当化が認められる場合を明確にすることをも企図したものである。これによって，著作物にかかるそれ以外の「著作者の人格権」に対する救済が否定されるものではない。後者については，民法の一般法理による処理が妥当する。

② その結果，「著作物」に関する「著作者の人格権」の侵害に対しては，

著作権法 18 条から 20 条に列記されている個別的な著作者人格権に該当しないものについても，民法上の一般的人格権（または個別的人格権）の侵害を理由とする差止め・妨害排除が認められる。

③　「著作物」に該当しない客体に関する個人の人格権の保護については，著作権法は関知しない。民法の人格権の法理に基づいて——当該客体が「著作物」に該当しないとの判断に矛盾しないように——処理をすべきである。

IV　著作者人格権と民法の人格権との同質性

1　問題の所在

IIIでは，「著作者人格権は，民法上の一般的人格権が具体化したものである」ということ[291]を前提として，説明を加えた。しかし，はたして，このテーゼ自体が適切かどうかが問題である。権利保護のスキーマで捉えたときに，「著作者の精神活動の所産としての著作物にあらわれた著作者の人格的利益の保護」ということが含意する内容の多様性にかんがみると，所与としたテーゼそのものに対して，疑いの目を向ける必要があるように感じられる。著作権法学において，著作者人格権が人格権と銘打っているものの，民法の人格権とは違った内実の権利ではないかという潜在的意識が見受けられるのも，この点に関係するように思われる。

ここでも，2つの思考モデルを提示することで，問題提起としたい。ひとつは，一般的人格権が具体化したものとして著作者人格権を捉えるものである。もうひとつは，所有権のアナロジーとして著作者人格権を捉えるものである。

2　一般的人格権が具体化したものとしての著作者人格権

このパラダイムは，要旨，次のようなものである。著作者人格権も，民法の人格権と同様に，「個人と一体化した人格」に権利性を認めるものであり，人格そのものが保護法益となっている。氏名権・肖像権，宗教的人格権といった個別的人格権と同様に，著作物に関する「個人と一体化した人格」が保護されているのである。敷衍すれば，以下のようになる。

---

[291]　このテーゼを基礎としたものとして，斉藤博『著作権法（第 2 版）』（有斐閣，2004 年）138 頁。これに対する批判は，作花・前掲書 232 頁。

① 著作者の人格（権）を，個人の人格の一部として把握する。
② 民法における人格権の思考様式が基本的に妥当する。
③ 民法で法人の人格権が否定されるのならば，職務著作において法人の著作者人格権が認められるとするのはナンセンスだということになる。
④ 上記Ⅲで示した2つのパラダイムは，この立場を基礎としたものである。
⑤ なお，みなし侵害における名誉・声望の理解については，ⓐ民法の一般的人格権のなかにも社会的評価の低下が入っていると読むか，ⓑ擬制という処理により民法法理の例外を認めたものと捉えるか，ⓒみなし侵害という処理そのものが理論的に矛盾していると批判するか，のいずれかになろう。

3　所有権のアナロジーとしての著作者人格権

このパラダイムは，要旨，次のようなものである。著作物は，著作者の精神活動の所産（人格的活動の発露）として作り出されたものである。その結果，この著作物が有している価値（＝著作者への帰属・支配が正当化される価値）のなかには，財産的な価値とともに，人格的な価値も含まれており，それが絶対的保護の対象となっている。ここでは，「個人と一体化した人格」に権利性が見出されているのではなくて，「著作物に内在している人格的価値」に権利性が見出されているのである。したがって，著作者人格権は，民法の人格権やそれが具体化した個別的人格権とは，権利保護のスキーマが異なる。敷衍すれば，以下のようになる。

① 著作者人格権を，「著作物に内在している人格的価値」の排他的帰属・支配を内容とする権利として把握する。
② 著作者人格権の保護にあたっては，民法における人格権の思考様式は，妥当しない。むしろ，著作者人格権の帰属・支配に関する法理は，物の所有権の帰属・支配に関する法理と近接する（比喩的にいえば，「物と一体化した人格」）。
③ 「著作物に内在している人格的価値」（権利性）の内実を考えるにあたっては，民法の人格権の枠組みに囚われるべきではない。権利制約要因（同意による責任阻却の可否等）についても同様である。たとえば，

同一性保持権は，客体（著作物）の内容についてのアイデンティティの保護，氏名表示権は，客体（著作物）の帰属先としてのアイデンティティの保護，公表権は，客体（著作物）の管理・処分についてのアイデンティティの保護を対象としたものというように理解することができる。

第9節　家族関係上の地位の侵害

第1項　夫婦間の不法行為

I　人身侵害・人格権侵害

夫婦の一方が他方に対して暴行を加えたり，人格的利益を侵害する行為をしたりした場合には，加害配偶者の被害配偶者に対する通常の不法行為責任が成立する。

II　配偶者としての地位の侵害

配偶者の一方が同居・協力・扶助の義務や婚姻費用分担義務に違反している場合に，この違反を債務不履行として構成することは可能であるが，これを配偶者としての地位への侵害（配偶者としての身分権への侵害）と捉えることで，不法行為と構成し，損害賠償責任を認めることも可能である。婚姻継続中は，これらの義務の違反に対する救済として，家事審判法上の履行命令という制度があるが（家事審判法9条1項乙類1号・3号・15条の6），これによって不法行為責任が排除されるものではない。

婚姻継続中の配偶者としての地位への侵害は，離婚が問題となる局面では，次に述べる離婚原因慰謝料に反映していくこととなる。

III　離婚による家族関係上の地位の侵害

夫婦が離婚した場合において，相手方の有責な行為によって離婚のやむなきに至った場合には，身体・自由・名誉に対する侵害がなくても，離婚せざ

るを得なくなったことにより配偶者としての地位が侵害されたものとして，離婚慰謝料の賠償が認められる[292]。この離婚慰謝料は，財産分与の有無およびその額を定めるにつき，夫婦財産の清算および離婚後の生活保障と並んで考慮される[293]。

この意味での離婚慰謝料は，配偶者としての地位を保護法益とし，離婚そのものによって生じた精神的苦痛の賠償を目的とするものである。他方，婚姻中の個々の有責行為を捉え，これを根拠として離婚の際に慰謝料の賠償が認められることがあり，これもまた離婚慰謝料と称される場合がある。けれども，厳密にいえば，これは，離婚そのものによる慰謝料の意味での離婚慰謝料ではなく，離婚原因慰謝料である。

離婚慰謝料も不法行為を理由としての慰謝料請求であるから，離婚慰謝料が考慮されるのは，離婚に至った点について相手方配偶者に故意または過失がある場合に限られる。これに対しては，離婚慰謝料に，離婚後における一方の経済的不利益の調整（所得能力・自活能力の補償までをも考慮に入れた離婚後の生活保障）の機能を盛るべきことを主張する立場もあるが（有責性に関係のない「破綻慰謝料」としての離婚慰謝料——破綻主義的離婚の場合にも認められる——)，この意味での経済的不利益の調整は財産分与のなかで考慮されるべきものであって，離婚慰謝料ににかわせるべきではない。[294]

第2項　不貞行為と第三者の不法行為責任

I　他方配偶者に対する責任

1　緒　論——保護法益

夫婦の一方が第三者との間で不貞行為をはたらいた場合に，他方配偶者は，不貞行為の相手方である第三者に対して不法行為を理由に損害賠償を請求す

---

[292] 最判昭和31年2月21日民集10巻2号124頁。
[293] 財産分与と慰謝料の関係については，最判昭和46年7月23日民集25巻5号802頁，最判昭和53年2月21日家裁月報30巻9号74頁。
[294] この問題に関しては，家崎宏「財産分与と慰謝料」星野英一編集代表『民法講座7　親族・相続』（有斐閣，1984年）165頁およびそこで引用の諸文献，大村敦志『家族法（第2版補訂版）』（有斐閣，2004年）157頁を参照せよ。

ることができるか。

　ここでは，そもそも，被侵害利益が何であるかが問題となる。学説では，貞操請求権と捉えるもの[295]や，夫婦の共同生活もしくは健全な夫婦関係[296]，または家庭の平和を被侵害法益と捉えるもの[297]がある。

　ひるがえって，この点に関する判例の態度は，明確ではない。

　一方で，貞操請求権を含む配偶者としての人格的利益，したがって，この意味での配偶者としての地位に，権利・法益性をみるものがある[298]。

　他方で，婚姻関係が既に破綻していた夫婦の一方と肉体関係をもった第三者の他方配偶者に対する不法行為責任を否定するにあたり，他方配偶者の有する「婚姻共同生活の平和の維持という権利又は法的保護に値する利益」の侵害がここでの問題であるとしたうえで，既に破綻している夫婦においては，他方配偶者にこのような権利・利益がないとして，権利・法益侵害性を否定したものもある[299]。

2　判例法理

　上記の観点から他方配偶者の地位の権利・法益性が肯定されるとき，次に問題となるのは，不貞行為に加担する結果となった第三者の行為が不法行為責任を基礎づけるに足りるものと評価することができるかどうかである。

---

[295] 我妻栄＝有泉亨＝四宮和夫『判例コンメンタールⅥ　事務管理・不当利得・不法行為』(日本評論社，1963年) 249頁。

[296] 中川淳「家庭崩壊による配偶者とその子の慰謝料」判タ383号10頁 (1979年)。なお，大村・前掲書55頁。

[297] 吉田邦彦『家族法 (親族法・相続法) 講義録』(信山社，2007年) 69頁。

[298] 最判昭和54年3月30日民集33巻2号303頁。

[299] 最判平成8年3月26日民集50巻4号993頁。この基礎にある考え方と共通のものとして，我妻栄『親族法』(有斐閣，1961年) 135頁。この判決に関しては，樫見由美子「婚姻関係の破壊に対する第三者の不法行為責任について——最高裁昭和54年3月30日判決以降の実務の軌跡を中心として」金沢法学49巻2号179頁 (2007年)，田中豊・最高裁判所判例解説民事篇平成8年度(上) 233頁，窪田充見「夫と通じた者に対する妻の慰謝料請求権」家族法判例百選〔第7版〕23頁 (2008年)。なお，最判平成8年6月18日家裁月報48巻12号39頁は，妻が不貞の相手方である女性に対して夫と離婚するつもりであると述べたことが不貞の原因となり，かつその女性がその妻の夫からの婚姻申込みを信じて肉体関係をもった場合において，女性に対し，妻からの——暴力を利用してまでの——慰謝料請求がされた事案である。最高裁は，慰謝料請求が信義則に反し，かつ権利濫用だとした。

判例は，一般論として，「夫婦の一方の配偶者と肉体関係をもった第三者は，故意又は過失がある限り，右配偶者を誘惑するなどして肉体関係を持つに至らせたかどうか，両名の関係が自然の愛情によって生じたかどうかにかかわらず，他方の配偶者の夫又は妻としての権利を侵害し，その行為は違法性を帯び，右他方の配偶者の被った精神上の苦痛を慰謝すべき義務がある」という[300]。

しかし，どのような場合に第三者に「故意」があるとされるのか（「故意」の内実は何か），どのような場合に「過失」があるのか（ここでの第三者の「行為義務」はいかなる観点から基礎づけられるのか）についての言明はない。

3 肯定説

学説では，一方で，他方配偶者に対する第三者の不法行為責任の成立を認め，判例を支持する考え方がある。その際，わが国の支配的モラルないし国民一般の法意識の現状は，まだまだ夫婦の姦通の相手方を婚姻の破壊者（共同不法行為者）として非難し，そうすることによって婚姻をまもり，婚姻の安定を確保し合っている（法的規制のないことが婚姻共同体の崩壊を促進する要因となる）とみるのが素直であるとも説かれることがある[301]。

もっとも，不法行為の成立が認められるとしたときでも，夫婦間で不貞を宥恕したときには，第三者に対してのみおこなわれる損害賠償請求を権利濫用として遮断する必要のあることを指摘するものもある[302]。また，婚姻関係から離反する自由意思を重視し，本来的には婚姻当事者で解決すべきだとしつつ，「子の福祉」の見地からの扶養的必要性がある限り，第三者への請求ルートの現実の必要性は残るのではないかとの指摘もある[303]。

4 否定説

これらの見解に対し，第三者による配偶者としての地位への侵害を理由と

---

300 前掲最判昭和54年3月30日——婚姻関係破綻前の不貞行為の事案である——。破綻後の場合については，前述のように，そもそも権利侵害自体が否定されている。

301 泉久雄『親族法』（有斐閣，1997年）98頁。

302 否定説からの指摘である。水野紀子「判例批評」民商法雑誌116巻6号923頁（1997年），大村・前掲書55頁。

303 吉田・前掲書69頁。

する不法行為を全面的に否定する考え方がある。その理由としては，第1に，慰謝料請求を認めることに対する弊害，とりわけ，不貞の相手方に対するゆすりや，たかりを誘発するおそれ，特に夫が他の女性と性関係をもった結果として子が出生した場合に妻が女性の責任を追及することで婚外子からの認知請求を事実上抑圧することなどがあげられる。また，第2に，貞操を守る義務は夫婦間の問題であり，配偶者の自由意思に依存するものであって，性というすぐれて私的な事柄については当事者の自主性を尊重すべきであるとの観点から，法の介入をできるだけ抑制すべきであるとの理由も示される[304]。第3に，第三者の不法行為責任を肯定するとなると，第三者の故意・過失を必要とするところとなり，その前提として，相手方に配偶者がいるかどうかなど夫婦間の事情を確認する義務を第三者に課すことになるが，これがわれわれの社会におけるあり方として望ましいものかとの疑念も示される[305]。

なお，否定説を原則としたうえで，加担をした第三者が「害意」をもって不貞行為を誘発した場合に限って，第三者の損害賠償責任を認めるべきであるとする考え方[306]や，暴力や詐欺・脅迫などの違法手段によって強制的または半強制的に不貞行為を実行させた場合に限って，第三者の損害賠償責任を認めるべきであるとする考え方[307]もある。

5 小　括

否定説が指摘するように，夫婦それぞれは独立対等の人格的主体であって，相互に身分的・人格的支配を有しないのであるから，夫婦の一方がみずからの意思に基づき不貞行為にかかわった以上，加担をした第三者に夫婦関係（婚姻共同生活）の侵害や「配偶者としての地位」の侵害を理由として賠償責任を導く――権利・法益侵害に対する故意・過失を肯定する――のは適切でない。夫婦関係（婚姻共同生活）が侵害されたという点や，「配偶者としての

---

[304] 水野・前掲判例批評910頁。

[305] 窪田280頁（この観点から，最高裁平成8年判決の限定法理に対しても疑問を示す）。肯定説からは望ましいとの答えが出るのであろう。

[306] 四宮527頁，幾代＝徳本87頁，前田達明『愛と家庭と』（成文堂，1985年）300頁，國井和郎「判例批評」家族法判例百選〔第6版〕23頁（2002年）。

[307] 島津一郎「不貞行為と損害賠償――配偶者の場合と子の場合」判タ385号123頁（1979年）。

地位」が侵害されたという点については，婚姻法・離婚法の枠組みを用いて夫婦間不法行為の問題および婚姻破綻を規律する諸規定の適用問題として処理すべきである。第三者との関係は，せいぜい，これとは別に，純粋の，すなわち，「配偶者としての」という形容詞を付さない一般的な人格権侵害・名誉毀損の枠組みで処理するのが相当である[308]。

6 関連問題──慰謝料請求権の消滅時効

第三者に対する損害賠償請求権が肯定されると考えたとき，夫婦の一方がその配偶者と第三者との同棲により，その第三者に対して取得する慰謝料請求権の消滅時効は，夫婦の一方がその同棲関係を知った時から，それまでの間の慰謝料請求権について進行する[309]。これに対しては，不貞行為による侵害を継続的不法行為と捉えることにより，侵害行為が客観的にやんだ時から消滅時効期間が起算されるべきであるとの見解[310]も主張されている。

II 不貞の相手方の未成年子に対する責任

1 緒　論

夫婦の一方が第三者との間で不貞行為をはたらいた場合に，この夫婦に未成年の子が存在していたときには，不貞の相手方である第三者の未成年子に対する不法行為責任（第三者に対する未成年子の慰謝料請求権）の成否も問題となる。ここでも，さまざまな考え方が示されている。

2 判例法理

裁判例では，妻と未成年子のある男性が妻子のもとを去って女性と同棲したという不貞行為の事件を扱った最高裁判決[311]は，未成年子が日常生活において父親から愛情を注がれ，その監護，教育を受けることができる地位を

---

[308] 加担した第三者の「害意」による不貞の誘発も，一般的人格権の侵害または名誉毀損を理由とする慰謝料請求権の成否に関する問題として処理すれば足りる。その際，単に婚外の性関係をもったということのみで夫婦の一方がこのような地位に対する侵害を受けたというべきではない。最後の点については，大村・家族法 55 頁を参照。
[309] 最判平成 6 年 1 月 20 日判時 1503 号 75 頁。
[310] 中川淳「判例批評」私法判例リマークス 12 号 74 頁（1996 年）。
[311] 最判昭和 54 年 3 月 30 日民集 33 巻 2 号 303 頁。

法益と捉えた——家族の平穏や婚姻共同生活の維持といった視点からの法益の把握ではない——うえで，この法益に対する侵害につき，不貞行為に加担した第三者の子に対する不法行為責任を原則として否定した。「父親がその未成年の子に対し愛情を注ぎ，監護，教育を行うことは，他の女性と同棲するかどうかにかかわりなく，父親自らの意思によって行うことができる」から，その女性の行為と子の監護，教育，愛情を受ける利益との間には相当因果関係がないというのが，その理由である。もっとも，この判決は，特段の事情がある場合の例外を認めている。そこでは，その女性が「害意をもって父親の子に対する監護等を積極的に阻止する」場合が，特段の事情の一例としてあげられている。

3　肯定説

家庭環境を破壊されたことによる子の救済を「愛情的利益」（父母の愛情に包まれて，家庭において精神的な安定と幸福を享受することができるという利益）の侵害を理由として不法行為責任を通じておこなおうとする立場からは，事態を誘発した第三者の不法行為責任を肯定する方向に傾く[312]。

4　否定説

親の自由意思を強調する立場，子は親に貞操を要求する権利がないことや監護を受ける権利は対人的なものである点を強調する立場からは，子に対する不法行為責任を否定する方向に傾く[313]。また，家庭が崩壊していく過程に不法行為法をもちこむことは有効な措置ではないと考え，子の利益の保護については，離婚法における子の保護規定や家庭裁判所による監督・調整，または子の精神的被害をできる限り和らげるための父母の努力を通じて解決されるのが適切であるとの立場から，不法行為責任を否定する見解もある[314]。

---

[312] 中川・前掲論文11頁（なお，他方配偶者に対する責任も肯定），泉・前掲書98頁（なお，他方配偶者に対する責任も肯定），澤井裕「判例批評」家族法判例百選〔第3版〕53頁（1980年）（もっとも，第三者による誘発が認められない場合には，責任を否定。なお，他方配偶者に対する責任は，配偶者の自由意思を根拠に否定）。

[313] 島津・前掲論文124頁。

[314] 水野紀子「判例批評」民法判例百選〔第4版〕197頁（1996年）。

5　小　　括

　親からの監護，教育，愛情を受ける点について子が有する利益は，親に対して向けられているものであっても，第三者に対して向けられたものではない。この利益の侵害については，親子間の問題として決定すべきであり，第三者に当該利益の不可侵ないし配慮の義務が課される性質のものではない[315]。なお，一般の人格権侵害・名誉毀損の問題が生じる余地はあるが，ここでの問題とは別問題である。

第3項　婚約上の地位の侵害

　婚約とは，将来において婚姻関係に入ろうという合意（契約）である。当事者間に確実な合意があればよく，指輪の交換だとか結納の授受といった方式がとられることは必要ではない。婚約については，民法典に規定がない。そのため，かつては，婚約は法的に効力がないものと考えられていた時代もあった[316]。また，内縁関係を示す用語として「婚約」という語が用いられることもあった。しかし，現在では，上記のような合意を認めることに異論はない。

　婚約を不当に破棄された者は，相手方に対して不法行為を理由として損害賠償を請求することができる[317]。第三者の行為により婚約破棄に至った場合には，その第三者に対する関係でも損害賠償責任が肯定される。これらの場合において賠償されるべき損害としては，精神的損害に対する慰謝料のほか，婚姻を前提として勤務先を退職したことによる逸失利益や，婚礼家具，婚姻披露宴の費用など無駄になった支度費用相当額の財産的損害の賠償も認められる。

---

[315] 付言すれば，これは保護法益・義務違反の成否レベルの問題であり，判例のいうような因果関係の問題ではない。この点に関しては，ニュアンスは異なるが，窪田281頁の指摘も参照せよ。

[316] 大判明治35年3月8日民録8輯3巻16頁。これは，結婚式をあげて同棲していたうえ，婚約不履行につき損害賠償額の予定もしていたという事案である。それにもかかわらず，判決は，婚約を無効であるとした。

[317] 最判昭和38年9月5日民集17巻8号942頁。

第4項　内縁・事実婚の不当破棄

　内縁とは，社会通念上の夫婦となる意思があって，社会的外形的に夫婦と疑わない共同生活を営んでいるが，届出をしていないため，法律的には夫婦といえない場合をいう。

　民法制定直後は，内縁を婚姻予約と捉えたうえで，婚姻をするかしないかについての当事者の自由意思を尊重するという考えから，婚姻予約としての内縁は無効であるとの評価がされていた[318]。しかし，その後，大審院は，婚姻予約としての内縁も，将来において適法な婚姻をすべきことを目的とする契約であって，その契約は有効であるとした。もっとも，判決は，同時に，予約の不履行（「違約」）を理由として損害賠償請求をするのならばよいが，不法行為を理由として損害賠償請求することはできないとの態度をとった[319]。

　ところが，学説は，この判決を受けて，むしろ，内縁の破棄は不法行為責任により処理すべきであって，婚姻予約の不履行として処理すべきではないという方向へと歩みだした。そこでは，内縁と婚約とは異質なものであるということが指摘される——したがって，婚姻予約の不履行という理由で損害賠償請求をすべきではない——とともに（予約不履行構成の否定)，②内縁は「婚姻に準じた一種特別の関係」，すなわち「準婚関係」であるという点（契約責任構成の否定）が強調された[320]。

　そして，この準婚理論の主張内容の一部が，最高裁によってとりいれられた。最高裁は，厳密な意味で「権利」といえなくても，法律上保護されるべき利益があれば，民法709条により損害賠償責任が成立しうる（2004年改正前の規定のもとでの解釈である点に注意せよ）との前提のもとで，①内縁は，男女が互いに協力して夫婦としての生活を営む結合であるという点で婚姻関係と異なるものではないとし，②内縁も保護に値する生活関係だから，それ

318　大判明治35年3月5日民録8輯3巻16頁。
319　大連判大正4年1月26日民録21輯49頁。
320　中川善之助『日本親族法』（日本評論社，1942年）179頁，杉之原舜一「法律関係としての内縁(1)(2)」法律時報11巻2号12頁，3号22頁（1939年)，我妻栄『親族法』（有斐閣，1961年）195頁。

が正当な理由なく破棄された場合には，不法行為を理由として損害賠償責任を追及することができるとしたのである[321]。ちなみに，最高裁において形成された判例理論は，学説における内縁＝準婚理論と異なり，婚姻予約の不履行を理由として損害賠償請求をすることも否定しない[322]。

　内縁ではないタイプの事実婚についても，現実の共同生活という実体がある場合には，その共同生活に結びつけられた地位を権利・法益として捉えることにより，その解消が不法行為を構成する余地のあることは否定されない[323]。もっとも，こうした実体すら存在しない場合，とりわけ当事者が意図的に婚姻を回避している場合――婚姻としての法的保護を求めていない場合――には，いくらなんらかの生活関係があるといっても，その生活関係上の地位が不法行為法による保護に値するとはいえない[324]。裁判例でも，16年にもわたって関係を続けながら，住居も生計も別で，共有財産もなく，子どもはあるもののその養育は男性の側がするとの約定を交わし，女性が一切かかわりをもたず，意図的に婚姻を回避している場合は，その関係の存続につき法的な権利ないし利益を有するとはいえないとし，突然かつ一方的に関係の解消がされたとしても不法行為による慰謝料請求権は発生しないとしたものがある[325]。

321　最判昭和33年4月11日民集12巻5号789頁。なお，最判昭和38年9月5日民集17巻8号942頁。川井健「内縁の保護――婚姻予約大法廷判決をめぐって」現代家族法大系編集委員会編『現代家族法大系2　婚姻・離婚』（有斐閣，1980年）1頁。

322　しかし，今日では，内縁・事実婚を婚姻に準じて捉える準婚理論を批判し，内縁・事実婚に対する保護は契約理論によって極力おこなわれるべきであるとする見解も有力である。水野紀子「事実婚の法的保護」石川稔＝中川淳＝米倉明編『家族法改正への課題』（日本加除出版，1993年）69頁。

323　契約法理による保護――債務不履行としての処理――が妥当する余地もある。吉田邦彦・前掲書94頁。

324　この点に関しては，水野・前掲論文のほか，大村・前掲書229頁が，「意図的に婚姻を回避したカップルは，婚姻の効果を享受することを欲していないはずである。そうだとすれば，このようなカップルの関係を婚姻と同視する必要はないし，当事者の意図にも反するというのである。とくに，カップルが婚姻を回避している理由が，自由に関係を形成し，また解消することができるという点にあるとすれば（存続保障＝離脱の不自由が婚姻の大きな特色だから），そこには不法行為法によって保護すべき法益は存在しないことになる。」と指摘している点も参照。

第10節　生活妨害・環境破壊

第1項　緒　　論

　生活妨害・環境破壊は，現代社会特有の現象ではないが，それが社会問題化したのは，産業革命以降の産業資本主義の展開，さらにわが国では，とりわけ高度経済成長期における企業活動・公共事業の飛躍的な拡大と，人口の都市集中化の過程においてである[326]。そのなかで，大きな社会問題のひとつとしてクローズアップされてきたのが，隣り合って生活する住民どうしの間での日照・通風・眺望妨害や，エアコン，楽器，音響施設等からの騒音・振動に代表されるような近隣妨害型の不法行為であり，また，企業活動・公共事業に伴う周辺住民の健康被害・生活環境破壊型の不法行為である[327]。

　生活妨害・環境破壊をめぐる民事責任の問題は，損害賠償責任の帰責事由（故意・過失および無過失責任の可否），または侵害に対する救済，とりわけ侵害行為の差止めと関連づけて論じられている。他方，近時は，こうした帰責事由要件や救済手段に先立ち，そこで侵害されている権利ないし法益とは何か，そもそも権利・法益が観念できるのか，観念できるとしてその内実をどのようにして確定するのかという権利論からのアプローチが判例・学説上で

---

[325] 最判平成16年11月18日判時1881号83頁。この判決に関しては，学説の状況も含め，山下純司「婚姻外の男女関係（「パートナーシップ関係」）の解消と不法行為責任」家族法判例百選〔第7版〕42頁（2008年）。

[326] 初期の有名な判決として，蒸気機関車の煤煙で由緒ある松が枯れてしまった事件に関する大判大正8年3月3日民録25輯356頁（信玄公旗掛松事件）。

[327] 後者は，公害という観点から整理される。1967年（昭和42年）制定の公害対策基本法は，大気汚染，水質汚濁，土壌汚染，騒音，振動，地盤沈下，悪臭の7つを公害としていた。この法律を承継し発展させた1993年（平成5年）の環境基本法2条3項は，公害とは，「環境の保全上の支障のうち，事業活動その他の人の活動に伴って生ずる相当範囲にわたる大気の汚染，水質の汚濁〔略〕，土壌の汚染，騒音，振動，地盤の沈下〔略〕及び悪臭によって，人の健康又は生活環境（人の生活に密接な関係のある財産並びに人の生活に密接な関係のある動植物及びその生育環境を含む。以下同じ。）に係る被害が生ずることをいう」としているが，これらは公害行政の観点からの列記にすぎず，この定義に該当しないものが公害でないとはいえない。ちなみに，加藤〔一〕290頁は，「公害」という語が一般的に用いられるようになったのは，1962年（昭和37年）ころからだという。

重要となっている。そこで，本書では，まず，生活妨害および環境破壊を，侵害された権利・法益面から整理することとする。

第2項　生活妨害・環境破壊による権利・法益侵害

I　所有権侵害としての処理——財産的価値への着目

　生活妨害・環境破壊については，その妨害行為の差止めが主たる課題となったことから，これを所有権に対する侵害と捉える考え方が旧来より主張されてきた。

　この考え方は，加害者の行為を被害者の所有物への侵害（土地所有権や建物所有権に対する侵害）として捉え，絶対権であり排他性を有する物権に基づく差止請求・予防請求[328]，さらに損害賠償請求を認めるものである[329]。このように，生活妨害を所有権に対する侵害として捉える考え方は，騒音・日照妨害といった近隣生活者間における土地利用の衝突と結びついた生活妨害（相隣関係型の生活妨害）の事例で，大きな意味をもつものであった。そして，差止めとの関係では，相隣関係的な権利内在的制約（所有権と所有権との衝突から生じる相互の権利制約）のうえでの救済の枠組みとして，いわゆる受忍限度論を展開させた。

II　人格権侵害としての処理——人格的価値への着目

　生活妨害を所有権に対する侵害と捉える考え方に対しては，所有権侵害が認められない場合にどうするのか，土地・建物所有者が被害者ではない場合にはフィクションをともなうのではないかという問題がある。とりわけ，相隣的な生活妨害とは異なるタイプの大企業対一般市民という対立構図での企業活動・公共事業にともなう公害問題が深刻化するなかで，公害によって侵害されているのは人間の生命・健康であるのに，物への侵害として処理するのはおかしいとの指摘があらわれ，以後の学説の主流は，財産的価値への着

---

[328]　名古屋地判昭和42年9月30日判時516号57頁。
[329]　権利濫用の不法行為として処理をしたものとして，前掲大判大正8年3月3日（信玄公旗掛松事件）。

目から，人格的価値への着目へとシフトしていった[330]。

　この考え方は，差止めとの関係で，人格権侵害を理由に差止めを認めるという人格権説として展開し，実務でも多くの支持を得ている（もっとも，人格権侵害構成も，所有権侵害を認めることができる場面では所有権侵害に基づく差止めや損害賠償請求を排除するものではない）。

　そこでは，人格権を，生命・健康を人間が本来有する状態で維持しうる権利と理解したうえで，人格権侵害の意味を，個人の人格に本質的に付帯する個人の生命，身体，精神および生活に関する利益の侵害と捉え，このような侵害に対して人格権に基づく差止めや損害賠償を認めるという立場が示されている[331]。

III　環境権としての把握

1　環境権の意義——初期の考え方

　環境権という考え方は，わが国では，1970年（昭和45年）の「公害国際シンポジウム」で提唱されたものが，その後，大阪空港公害訴訟の過程で，環境権に基づく差止めを認めるべきであるという立場から，強力に主張されるようになったものである。

　初期の段階で主張された見解によれば，環境権とは，「環境を支配し，良き環境を享受しうる権利」であると理解されていた。そして，環境権論者ら

---

[330]　好美清光「日照権の法的構成」ジュリスト増刊特集『日照権』217頁（1974年），さらに，同「日照権の法的構造(上)(中)(下)」ジュリスト490号16頁・493号107頁・494号113頁（1971年）。

[331]　差止めに関しては，法技術的には，物権的請求権を支配権ないし絶対権（知的財産権・人格権等）に拡張するというものであった。たとえば，我妻198頁。なお，生活妨害の場面での処理で人格権が説かれる際には，人格権——論者によれば「一般的人格権」——は，生命・身体・健康に関する権利を中核にするものとして捉えられており，名誉毀損・プライバシー関連で人格権・人格的利益が語られているのと異なる。実際，名古屋新幹線訴訟1審判決（名古屋地判昭和55年9月11日判時976号40頁）では，侵害行為を「騒音振動による身体の侵襲」と捉えて，「騒音振動によって侵襲されているのは身体であって，日常生活に対する妨害，静穏に対する妨害はその結果として生じたものに外ならない」とした。同じ人格権に基づく差止めといっても，たとえば，名誉毀損を理由とする出版差止めが問題となった最大判昭和61年6月11日民集40巻4号872頁（北方ジャーナル事件）とは，状況を異にする。

は，環境を構成する大気・水・日照・通風・景観・静穏などの自然を人間の生活にとって欠くことのできないものと把握し，そうであるがゆえに環境自体に対する妨害を予防し，排除する権利が市民1人ひとりに与えられなければならないと主張していた[332]。

この考え方は，環境権を人格権またはこれに類する権利として捉えつつも，その内容を，「環境を支配し，良き環境を享受しうる権利」として捉えた点で，支配権的発想（環境に対する排他的支配権〔環境支配権〕という理解）に出たものであった[333]。しかも，その主張には，環境権の背後に生命・健康・生業といった重大な法益への脅威を含ませることによって，権利保護の際の利益衡量（後述するような受忍限度論による制約）を不要にするというねらいもあった[334]。

もっとも，環境権の権利性を認めるその後の見解は，環境に対する支配権という発想から脱却し，環境権を人格的価値や生活利益の面から捉える方向へと転じている（後述）。

2 憲法上の権利としての環境権の正当化

環境権は，憲法学のレベルでは，今日，基本権のひとつとしての承認を得ている。もっとも，そこでは，環境権をいかなる性質の基本権と捉えるのかで，複数の考え方が示されている[335]。

第1の考え方は，環境権を自由権として捉え，憲法13条の幸福追求権として位置づけるものである（環境自由権としての環境権[336]）。このコンテクストでは，環境権は，一定水準の生活環境を維持し，形成することが人の幸福追求にとって不可欠であるという観点から捉えられる。なお，環境自由権と

---

[332] 仁藤一＝池尾隆良「『環境権』の法理」法律時報43巻3号158頁（1968年），大阪弁護士会環境権研究会編『環境権』（日本評論社，1973年）50頁。なお，石田喜久夫「公害差止請求」同『差止請求と損害賠償』（成文堂，1987年）3頁。

[333] 大塚直「環境権(2)」法学教室294号111頁（2005年。以下では，「大塚・環境権(2)」で引用）。

[334] 大阪弁護士会環境権研究会・前掲書24頁，四宮365頁。

[335] 大塚直「環境権(1)」法学教室293号93頁（2005年。以下では，「大塚・環境権(1)」で引用），同『環境法（第2版）』（有斐閣，2006年）53頁。本文中で触れた2ないし3つの考え方をあわせて認めるもの（競合的保障説）もある。芦部信喜『憲法学II人権総論』（有斐閣，1994年）362頁。

[336] 芦部信喜編『憲法II　人権(1)』（有斐閣，1978年）187頁（種谷春洋）。

しての環境権については，人格権と融合させて捉えるもの[337]と，人格権とは異質な権利として——したがって人格権侵害に至らない環境関連の利益侵害（人格権侵害に至らない景観利益や海辺へのアクセス利益のようなもの）についても環境権侵害を認める余地のあるものとして——捉えるもの[338]がある。なお，環境権を憲法13条に基礎づけるものは，環境自由権を防禦権として位置づけており（国家による環境改変に対する市民の防禦権としての環境防禦権），基本権保護義務に結びつけて環境自由権を位置づけているものは少ないようである[339]。

　第2の考え方は，環境権を生存権として捉え，憲法25条に位置づけるものである（生存権・社会権としての環境権[340]）。一定水準の生活環境を維持し，形成することが，国民が健康で文化的な最低限度の生活ができるために不可欠であるとしたうえで，自然環境の保全と改善に向けた公権力が積極的かつ有効な措置を講じることを求める権利[341]として環境権を評価するものである。

　第3の考え方は，環境権を立法・行政過程への参加権として捉えるものである（環境参加権としての環境権[342]）。この考え方は，参加権としての環境権を手続的に保障するために，市民の参加と市民の情報請求権が必要であると主張する。

3　私法上の権利としての「環境権」・環境利益

3-1　抽象的な権利としての環境権への懐疑的立場

　私法レベル・民事救済レベルでは，環境権を権利として認めることに対しては，批判が強い[343]。そこでは，次のような点が指摘されている[344]。

---

[337] 佐藤幸治『憲法（第3版）』（青林書院，1995年）625頁。自然環境との関係で成立する人格権としての位置づけをはかる。

[338] 大塚・前掲書55頁。

[339] 大塚・環境権(1) 93頁を参照。

[340] 大阪弁護士会環境権研究会・前掲書51頁。

[341] 佐藤・前掲書625頁。

[342] 畠山武道「環境権，環境と情報・参加」法学教室269号16頁（2003年），大塚・前掲書55頁。

[343] ただし，そこで想定されているのは，包括的・一般的な権利（抽象的な権利）としての環境権である。

第1に，実定法上何らの根拠もなく，権利の主体，客体および内容の不明確な環境権なるものを排他的効力を有する私法上の権利であるとすることは法的安定性を害し許されないと批判される。

　第2に，その基礎となる環境の概念と範囲が不明確であること，環境破壊のとりかたしだいでは，一切の開発が不可能となりかねないことも批判される。

　第3に，当事者適格面での問題点が指摘されている。環境権侵害といっても，原告が具体的にいかなる利害関係を有し，いかなる個別的な利害関係を侵害されるのかという点について明確性を欠くとされる。特に，具体的被害の発生を離れ，個人の被害を超えた「地域的被害」をもとに直接に環境の保全を企図するのは，個人の私権の保護を目的とした民事裁判制度の限界を超える。見方を変えれば，環境は国民一般が共通に享受する性格のものであるから，そのようなものについて個々人が排他的に支配しうるような私法上の権利を有していると認めることには疑問があるともいわれる[345]。その結果，差止訴訟提起の方法や既判力の範囲についても疑問があるということになる。

3-2　環境権と環境利益——「権利」・「法益」二分論

　最近では，民法709条の「権利侵害」に組み込まれて保護されてきたもののなかに，そもそも「権利」としての法的保護に値しないものがあるのではないかという点が指摘されるようになってきている。論者は，その典型例として，日照・眺望の消極的侵害による被害をとりあげ，次のように説く。すなわち，日照・眺望の消極的侵害が被害者の生命・健康にかかわることはほとんどない。とりわけ，日照の享受は排他性を有するようなものではないし，被害のほとんどは単なる不快観念・軽度の精神的侵害であり，人の好みにもかかわるため利益内容が必ずしも明確でない。それゆえ，加害者の主観的態様，土地利用の先後関係，被害者の被害回避措置といった種々のファクターを考慮しなければならないから，利益衡量の必要が高い上に，地位の互換性もある。他方，妨害者は，自己の土地の境界線を越えて隣人に妨害を加えたわけではない。彼は，その所有権に基づき，自己の土地の限度内ではそれを意のままに利用することができ，自己の土地の境界線を越えない侵害につい

344　名古屋高判昭和60年4月12日判時1150号30頁（名古屋新幹線訴訟2審判決）。
　　さらに，伊藤正己『憲法（第3版）』（弘文堂，1995年）236頁も参照。
345　この点に関しては，金沢地判平成6年8月25日判時1515号3頁。

てまで，他人に対する被害を考慮する必要はない。このようにみれば，人格に結合した普遍的権利といえるか，多分に疑問があり，物権にせよ，人格権にせよ，「権利」として構成しがたいというのである[346]。

IV 環境権・環境利益の再定式化

1 緒　論

　かつて大阪空港公害訴訟が話題となった時代に議論され，その後学説ではやや下火となっていたかにみえた環境権論は，最近の環境への意識の高まりとともに，あらたな観点から脚光を浴びるようになってきている。最近の絶滅の危機に瀕している野生生物の保護問題やいわゆる環境ホルモン問題を機に高まりをみせてきた生態系の維持・回復について社会全体が有する利益と責務，さらには居住環境・生活環境に関する市民の意識の高まりが，権利論に対して新たな問題を提起しているのである。

　環境権論の再評価の方向は，環境権の権利としての性質につき，従前の個人主義的所有権の延長線上で捉えられてきた環境権（個人的環境権）に対して，これだと人格権論と大差がないと批判し，むしろ，環境権の考え方には，個人権の把握では捉えきれない，集団的・共同体的側面，または公共的な利益（公益的側面）が含まれている点を強調する。個人主義的環境権論では収まりきれない共同体的・公共的秩序に環境利益を位置づけ，従前のものとは違った枠組みで捉えようとするものである。

　もっとも，こうした試みにも，さまざまなタイプのものがある[347]。

2 共同体的・環境主義的所有権論

　一方で，所有概念の再構築をねらい，そのなかで，環境権を，環境問題適合的な共同体的所有権として捉えるものがある（共同体的・環境主義的所有権論）。論者によれば，「自然的資源の利用に関する個人的・私的権利（所有権）に対する公共的・共同体的コントロールを強化して，その規制に服せし

---

[346] 大塚直「生活妨害の差止に関する基礎的考察(7)」法学協会雑誌107巻3号408頁（1990年）。

[347] この問題は，不法行為制度の目的そのものに結びつくものである。この点に関する本書の立場については，第1部で触れたところを参照せよ。

める」。「所有者には，共同体（エコロジカルなそれも含めて）の現在・将来の構成員からの信託を受けて，他の生命の種に対する信認義務（fiduciary duty）として，生態系を害するような土地利用（開発）の制限が課せられ，そのような土地のエコロジカルな公共性ゆえに，環境保護のための公共的規制の基礎・根拠が与えられる」。そして，「土地の自然的エコ・システムを低下させ，害する権利は否定され，これに違反すれば不法行為となる」とされる（厳格責任の採用）[348]。

3　個人に帰属する環境権の集団的性質

3－1　概　要

他方で，環境権・環境利益を個人人格に結びつけつつ，その権利・法益の集団的性質を強調するものもある。このような考え方は，環境権・環境利益が一定の価値・利益に対する個人の排他的支配を基礎とする古典的な権利観では説明できないとする点，および権利・法益性の判断にあたり公共的性質を考慮に入れるべきであるとする点では共通するものの，具体的な主張内容は，次にあげるようにきわめて多様である。

3－2　環境共有の法理

環境権を環境支配権と捉えたうえで，「環境に対する支配の権能は，これと係わりのある地域住民の共有に属するもの」であり，地域住民の「誰もが自由にかつ平等に利用しうるもの」である[349]とすることで，共有の法理に載せて処理をする方向を示すものがある。

3－3　「環境共同利用権」としての環境権

これに対して，環境権は各権利者が個別に有する権利であり，権利を共有しているのではないとしつつ，この権利が他の多数の人々と共同で一定の利益を享受できるという公共的な性質をもつ共同利用権である点で古典的な権利とは異なるとするものがある。そこでは，環境権は，権利者本人の健康で快適な生活を営むために環境利益を受動的に享受・享有するにとどまらず，能動的に良い環境を形成し，環境利益を高めることができることをも内容とする権利であると捉えられたうえで，「他の多数の人々による同一の利用と

348　吉田邦彦「環境権と所有理論の新展開――環境法学の基礎理論序説」同『民法解釈と揺れ動く所有論』（有斐閣，2000 年）427 頁・443 頁・444 頁。

349　大阪弁護士会環境権研究会・前掲書 22 頁・54 頁。

共存できる内容をもって，かつ共存できる方法で，各個人が特定の環境を利用することができる権利」であると定義される[350]。

他方で，環境の共同利用という面に注目しつつも，他者の権利・利益との衡量の枠組みを入れるために「権利」性を強調することなく，「特定環境の共同利用に関する慣習上の法的利益」としての環境利益が地域住民に帰属しているという考え方をとるものもある[351]。

4　「環境利用秩序」・「生活利益秩序」の観点からの再構成

学説のなかには，環境をめぐる権利・利益を「権利」に基礎づけずに説明するものもある。

そこでは，たとえば，次のように主張される。環境権論は，古典的権利論の射程を超えた主張を含んでいる。環境は，いかなる者にも帰属せず，「狭義の権利」（市民個人に割り当てられ，他の者はその個人の同意なくしては侵入・処分することのできない支配領域・自由領域）の対象にもならない「社会的共用財産」である。このような環境について利用秩序があるところ，この秩序は，公法規範であると同時に，国民の健康と生活を守る保護法規として，私法の判断基準でもある。「人格」や「狭義の権利」の侵害でなくても，法制度が要求する一定の行為規範の違反があれば，違法とされるべきである。ここでは，環境破壊の場面における環境という「社会的共用財産」を利用する秩序（「環境利用秩序」）の維持・回復という目的のもとで，違法性が判断されることになる[352]。

また，人間が生活を営む場として「環境」を位置づけ，環境の共同享受によって得られる生活上の利益（生活利益）について，「環境のもたらす利益を共同享受の対象とされるべきであるという社会的意識に結実している仕組み」としての「秩序」が存在し，この秩序（生活利益秩序）が「人格秩序」の「外郭秩序」を構成していると捉えるものもある。論者は，ここから，環境からの生活利益の享受に対する妨害を生活利益秩序違反の行為（規範的行動様式に反した行為）として評価し，法的サンクションを結びつける[353]。

350　中山充『環境共同利用権』（成文堂，2006年）103頁・111頁。
351　大塚・環境権(2) 113頁。
352　原島重義「わが国における権利論の推移」法の科学4号55頁・95頁・98頁・99頁（1986年）。

第3項　生活妨害・環境破壊による権利・法益侵害――各論

I　生活妨害・環境破壊の各種

　環境には，大気，水，自然，静穏，景観などの自然的環境のみならず，公園などの社会的諸施設，古代遺跡のような文化的遺産などひろく社会的，歴史的，文化的環境が含まれる[354]。このような環境に対してなんらかの作用がされた結果として生じた生活妨害には，大別して，騒音・振動，大気汚染，水質汚濁のように，積極的に有害物を周辺に拡散するタイプのものと（積極的生活妨害），日照妨害・通風妨害・眺望妨害・景観破壊のように，消極的に周辺の生活に支障をきたすタイプのもの（消極的生活妨害）とがあるとされる[355]。

II　騒音・振動

　最高裁判決のなかには，工場等の操業に伴う騒音，粉じんによる被害が，第三者に対する関係において，違法な権利侵害・利益侵害になるかどうかは，侵害行為の態様，侵害の程度，被侵害利益の性質と内容，当該工場等の所在

---

[353] 広中俊雄『新版民法綱要　第1巻総論』（創文社，2006年〔初版は，1989年〕）15頁・19頁。「他人の生命・身体（健康）を害するまでにはいたらないが他人の享受してきた環境を悪化させその生活に不快な影響を及ぼす行為は，ある程度を超えないかぎり，その他人において受忍することを期待され，その限度（受忍を期待される限度）を超える場合には――受忍を期待される限度は当該地域の性格（住居地域か商業地域か等々）その他さまざまの要因によってきまる――，他人の生活利益を『生活利益秩序』に反して不当に害するもの（以下，「生活妨害という」）と評価される。『生活利益秩序』は，人間がある生活環境から『人格秩序』の要請する健康な生活の確保（生命・身体の安全の確保）に加えて享受しうる利益に関するものであるという意味において，『人格秩序』に対し外郭秩序たる性格をもつものといえる」（19頁）という。同様に，吉田克己『現代市民社会と民法学』（日本評論社，1999年）272頁。
[354] 前田271頁。
[355] 四宮313頁。最判昭和47年6月27日民集26巻5号1067頁（日照・通風妨害を理由とする損害賠償請求。権利濫用の不法行為として処理）も，消極的生活妨害の場合の法益侵害性を示す際に，この区別を判決文中で示している。

地の地域環境，侵害行為の開始とその後の継続の経過および状況，その間にとられた被害の防止に関する措置の有無およびその内容，効果等の諸般の事情を総合的に考察して，被害が一般社会生活上受忍すべき限度を超えるものかどうかによって決すべきであるとしたものがある。同判決は，その際，工場等の操業が法令等に違反するものであるかどうかは受忍限度の判断に際しての諸般の事情のひとつとなるが，それらに違反していることのみをもって第三者の権利ないし利益を違法に侵害しているとは断定できないとし，さらに，受忍限度の判断において，現在の住居に流入する騒音の程度，当該地域が相当の交通騒音が存在する点，砂利投下音を別にすると環境騒音とほぼ同じレベルであること，騒音，粉じんに対する各種の対策を講じ，それが相応の効果をあげていることなどの事実なども考慮しなければならないとしている[356]。

III 日照・通風妨害

日照・通風妨害が不法行為となり得ることは既に早くから下級審レベルで認められていたが[357]，最高裁においても，「居宅の日照，通風は，快適で健康な生活に必要な生活利益であり，それが他人の土地の上方空間を横切ってもたらされるものであっても，法的な保護の対象にならないものではなく，加害者が権利の濫用にわたる行為により日照，通風を妨害したような場合には，被害者のために，不法行為に基づく損害賠償の請求を認めるのが相当である」とされている[358]。

そこでは，「日照，通風の妨害は，従来与えられていた日光や風を妨害者の土地利用の結果さえぎったという消極的な性質のものであるから，騒音，煤煙，臭気等の放散，流入による積極的な生活妨害とはその性質を異にするものである」けれども，「日照，通風の妨害も，土地の利用権者がその利用地に建物を建築してみずから日照，通風を享受する反面において，従来，隣人が享受していた日照，通風をさえぎるものであって，土地利用権の行使が隣人に生活妨害を与えるという点においては，騒音の放散等と大差がなく，

---

356 最判平成6年3月24日判時1501号96頁。
357 東京地判昭和43年9月10日判タ227号89頁。
358 最判昭和47年6月27日民集26巻5号1067頁。

被害者の保護に差異を認める理由はないというべきである」と説かれている。

IV 眺望侵害

　ある地点からの眺めのよさを意味する眺望もまた，生活利益のひとつとして保護される。眺望の利益は，居住についての個人の人格的利益と結びつく場合[359]と，財産的価値・営業利益と結びつく場合[360]がある。

　眺望についての利益が侵害されたとき，裁判例では，眺望権の侵害として構成するものはないが，眺望についての利益（眺望利益）が「法的保護に値する利益」と評価として保護されることがある。眺望利益に対する侵害の先例として引用されることの多い下級審裁判例では，当該場所からの眺望享受者が単に主観的にその眺望に愛着を抱いているだけでは足りないが，地域の特殊性その他特段の状況下において，眺望を享受する者に一個の生活利益としての価値を形成しているものと客観的に認められる場合には，法的保護の対象となるとされる。その際，上の裁判例では，法的保護に値する眺望利益が存在するといえるために必要な要件として，次のものがあげられている[361]。

　① 景観についての一般の通念からみて，その景観を眺望することによって，美的満足感を得ることのできる眺望価値のある景観が存在すること。

　② 当該場所の場所的価値がその景観を眺望しうることに多く依存しているものと考えられる場所であること。

　③ 当該場所の周辺土地の利用状況にかんがみて，当該場所からの眺望を保持させることが，当該場所の利用にふさわしく周辺土地の利用と調和すること。

---

[359] 横浜地裁横須賀支判昭和54年2月26日判時917号23頁（横須賀野比海岸事件）。
[360] 東京高判昭和38年9月11日判タ154号60頁（猿ケ京温泉事件〔観光温泉旅館〕），京都地決昭和48年9月19日判時720号81頁（京都岡崎有楽荘事件〔料理旅館〕）。
[361] 前掲横浜地裁横須賀支判昭和54年2月26日（横須賀野比海岸事件）。なお，眺望を享受する主体が，当該場所を正当な権原によって占有し，継続使用する者ないしは使用継続しうる地位を有する者であることが，前提である。

V 景観破壊

1 議論の素材——国立マンション景観訴訟

　眺望阻害・景観破壊，とりわけ，自然的・宗教的・歴史的・文化的景観の破壊については，それが民法709条の権利・法益に該当するかどうかが議論されてきた。そこでは，以下に述べるような点が権利・法益性判断の分岐点となった。そして，これらの点に対して最高裁として基本的な態度を示したのが，国立マンション景観訴訟判決であった[362]。

　この事件は，幅員約44mの広い通りの両側に高さ約20mの桜と銀杏の並木が美しく並び，高さの点で街路樹と調和のとれた低層の店舗と住宅が建ち並んで落ち着いた景観が構成されているが，建築物の高さ制限がなかった地区に，高さ約43mの大型高層分譲マンションが建設されたため，隣地に学校を設置している学校法人，その法人の設営している学校に児童・生徒として通いまたは通っていた者の一部，この学校の教職員または退職者の一部，本件建物の敷地境界線から本件建物の高さの2倍の水平距離の範囲内に居住している者の一部など50名らが，建築差止め（建物完成後は20mを超える部分の撤去）および損害賠償を求めたものである。ちなみに，第1審は「景観利益」（その意味については，後述）の侵害を理由に20mを超える部分の撤去を命じたが，第2審はこれを破棄して請求を棄却し，最高裁もまた原審の判断を支持した。もっとも，景観利益に対する評価では最高裁と原審とは全く異なった考え方に依拠しており，また，景観利益の捉え方については最高裁と第1審とで異なった理解がされている[363]。

　この国立マンション景観訴訟では，景観の意義（主観的なものか否か），景観利益の私権性，（景観利益が709条の権利・法益に該当するとした場合の）不法行為による保護の枠組みが示されることとなった。

2 景観の主観性・客観性

　国立マンション景観訴訟では，第2審判決は，「日照は特定の場所におけ

---

[362] 最判平成18年3月30日民集60巻3号948頁。
[363] 国立マンション景観訴訟最高裁判決に関する詳しい分析としては，大塚直・ジュリスト1323号70頁，前田陽一・法の支配143号88頁，吉村良一・法律時報79巻1号141頁，吉田克己・ジュリスト平成18年度重要判例解説83頁などがある。

るものであり，眺望は特定の場所からのものであるから，定量的ないし固定的な評価が可能であり，特定の場所との関連において日照や眺望が社会通念上客観的に価値を有するものとして認めることができる場合がある」のに対して，「景観は，対象としては客観的な存在であっても，これを観望する主体は限定されておらず，その視点も固定的なものではなく，広がりのあるものである」として，景観を主観的かつ多様なものとして捉えた。

これに対して，最高裁は，「都市の景観は，良好な風景として，人々の歴史的又は文化的環境を形作り，豊かな生活環境を構成する場合には，客観的価値を有するものというべきである」とした。これにより，個人の個別・主観的な人格権・人格的利益とは直結しない場面での景観侵害に対する保護の可能性が開かれることとなった。

3 私法上の権利・利益としての景観利益
3-1 公私峻別論・公私協働論との関係

景観利益は，私法上の権利・利益として個人に帰属しうるものなのか，それとも，公共的な性質を有するにとどまるものなのか。

国立マンション景観訴訟第2審判決は，「良好な景観を享受する利益は，その景観を良好なものとして観望する全ての人々がその感興に応じて共に感得し得るものであり，これを特定の個人が享受する利益として理解すべきものではないというべきである。これは，海や山等の純粋な自然景観であっても，また人の手の加わった景観であっても変わりはない。良好な景観の近隣に土地を所有していても，景観との関わりはそれぞれの生活状況によることであり，また，その景観をどの程度価値あるものと判断するかは，個々人の関心の程度や感性によって左右されるものであって，土地の所有権の有無やその属性とは本来的に関わりないことであり，これをその人個人についての固有の人格的利益として承認することもできない」とした。「良好な景観は，我が国の国土や地域の豊かな生活環境等を形成し，国民及び地域住民全体に対して多大の恩恵を与える共通の資産であり，それが現在及び将来にわたって整備，保全されるべきことはいうまでもないところであって，この良好な景観は適切な行政施策によって十分に保護されなければならない。しかし，翻って個々の国民又は個々の地域住民が，独自に私法上の個別具体的な権利・利益としてこのような良好な景観を享受するものと解することはできな

い」と考えたことによる。しかも、同判決は、「現行法上、個人について良好な景観を享受する権利等を認めた法令は見当たら〔ない〕」とも述べた。ここでは、景観は——現行法のもとでは——公法上の観点からの規律に服するものであり、それ自体として私法上の保護に服するものではないとの判断が示されている。

　これに対して、最高裁判決は、「被上告人Y₁が本件建物の建築に着手した平成12年1月5日の時点において、国立市の景観条例と同様に、都市の良好な景観を形成し、保全することを目的とする条例を制定していた地方公共団体は少なくない状況にあり、東京都も、東京都景観条例（平成9年東京都条例第89号。同年12月24日施行）を既に制定し、景観作り（良好な景観を保全し、修復し又は創造すること。2条1号）に関する必要な事項として、都の責務、都民の責務、事業者の責務、知事が行うべき行為などを定めていた。また、平成16年6月18日に公布された景観法（平成16年法律第110号。同年12月17日施行）は、『良好な景観は、美しく風格のある国土の形成と潤いのある豊かな生活環境の創造に不可欠なものであることにかんがみ、国民共通の資産として、現在及び将来の国民がその恵沢を享受できるよう、その整備及び保全が図られなければならない。』と規定（2条1項）した上、国、地方公共団体、事業者及び住民の有する責務（3条から6条まで）、景観行政団体がとり得る行政上の施策（8条以下）並びに市町村が定めることができる景観地区に関する都市計画（61条）、その内容としての建築物の形態意匠の制限（62条）、市町村長の違反建築物に対する措置（64条）、地区計画等の区域内における建築物等の形態意匠の条例による制限（76条）等を規定しているが、これも、良好な景観が有する価値を保護することを目的とするものである」①としたうえで、「そうすると、良好な景観に近接する地域内に居住し、その恵沢を日常的に享受している者は、良好な景観が有する客観的な価値の侵害に対して密接な利害関係を有するものというべきであり、これらの者が有する良好な景観の恵沢を享受する利益（以下「景観利益」という。）は、法律上保護に値するものと解するのが相当である」（下線は、潮見）②とした。

　ここから、第2審と最高裁の判断の違いを、公法の規律課題と私法の規律課題を峻別する考え方（公私峻別論）か、公共的利益と私的利益との二重性を承認する考え方（公私協働論）かという図式で捉え、第2審判決を前者の

観点から，最高裁判決を後者の観点から説明するものもある[364]。この図式に依拠していうならば，上記の最高裁判決では，そこで引用された各種の公法上の規律のなかに「良好な景観が有する価値」という個人の権利・利益の保護という性質が盛り込まれていて，これが私法上の利益として民法709条にいう「法律上保護される利益」にあたると評価されたものとみるべきである。最高裁として，709条の「法律上保護される利益」に公共的利益も含まれるものとみた――あるいは，公私峻別論を否定した――というわけではないであろう[365]。

3－2　私法上の権利・利益の内実

　景観を客観的な観点から捉え，かつ，私法上の権利・利益として捉えることを肯定する場合でも，なお，客観的に捉えられる景観についての利益をいかなる場合に個人に帰属する権利・利益として評価することができるかどうかが問われる。国立マンション景観訴訟の第1審判決と最高裁判決とは，「景観利益」を私法上の権利・利益として捉える点で共通するものの，権利性の理解においてニュアンスがある。

　第1審判決は，「特定の地域内において，当該地域内の地権者らによる土地利用の自己規制の継続により，相当の期間，ある特定の人工的な景観が保持され，社会通念上もその特定の景観が良好なものと認められ，地権者らの所有する土地に付加価値を生み出した場合には，地権者らは，その土地所有権から派生するものとして，形成された良好な景観を自ら維持する義務を負うとともにその維持を相互に求める利益（以下「景観利益」という。）を有する」としている点に，大きな特徴がある。ここでは，①土地所有権と結びつけられた付加的利益という観点から景観利益を捉えるという意味で，生活妨害・環境破壊に対する議論が本格的に登場した初期の物権侵害構成に近い構成が採用されている。また，②土地所有権に対する付加価値の形成・維持への地権者からの積極的な関与が景観についての利益を法的保護に値する利益

---

[364] 大塚，吉田克己・各前掲批評。
[365] さもなければ，前田陽一・前掲批評がいうように「論理の飛躍」というそしりを免れないであろう。いいかえれば，最高裁判決は〔①→「そうすると」→②〕という流れで組み立てているが，この流れのままに読めば，さしたる理由づけもなく公共的価値を私法上の価値へとスライドさせた点で「論理の飛躍」があるともいえるが，〔②→〔そして〕→①〕という流れで読むならば，あながち不自然ではない。

へと高めるとの理解があり，その基礎のうえに，法的保護に値する利益としての景観利益を，良好な景観を維持する義務と結びつけられた地権者ら相互の利益として捉える立場が示されている。ここでも，所有権法における相隣関係規範のアナロジーとして——しかし，景観作成への地権者らの積極的関与という要件を付加したうえで——景観利益を位置づけようとする姿勢がみられる。

これに対して，最高裁は，「都市の景観は，良好な風景として，人々の歴史的又は文化的環境を形作り，豊かな生活環境を構成する場合には，客観的価値を有するものというべきである」とだけ述べて，そのあとは，不法行為制度による保護の可否に関する判断へと進んだ。ここには，第1審判決とは異なり，土地所有権と景観利益との関連づけを求める姿勢はないし，景観形成への地権者らの積極的関与という制約要因も予定していない。その結果として，最高裁の考え方からは，不法行為制度による景観利益の保護の枠組みという点で自然的景観と都市景観を区別して扱うことは要請されないし，「形成された良好な景観を自ら維持する義務」を負うかどうかも景観利益の要保護性を考えるうえで決定的ではない。さらに，景観利益の帰属主体という点でも，地権者およびこれに類する者（景観形成・維持に積極的に関与した者）という制約も課されない。要するに，最高裁の考え方の核心は，法的保護に値する利益としての「景観利益」を広く捉えたうえで，上記の点は，次に示す相関的衡量のなかで斟酌されるべき諸要因として考慮すれば足りるというところにある。このような発想自体は，（権利論という点では，疑義があるものの）相隣関係的な物権侵害構成から人格権，さらには環境権という構成へと展開した環境保護の法理の到達点を考慮したときには，説明がつくものである。

3-3 民法709条による「景観利益」の保護の枠組み
——「権利」・「法益」二分論

国立マンション景観訴訟最高裁判決は，「景観利益の内容は，景観の性質，態様等によって異なり得るものであるし，社会の変化に伴って変化する可能性のあるものでもあるところ，現時点においては，私法上の権利といい得るような明確な実体を有するものとは認められず，景観利益を超えて『景観権』という権利性を有するものを認めることはできない」としたが，なお次のように述べて，不法行為制度による保護の余地を残した（具体的な事件の

処理としては，保護を否定）。

「民法上の不法行為は，私法上の権利が侵害された場合だけではなく，法律上保護される利益が侵害された場合にも成立し得るものである（民法709条）が，本件におけるように建物の建築が第三者に対する関係において景観利益の違法な侵害となるかどうかは，被侵害利益である景観利益の性質と内容，当該景観の所在地の地域環境，侵害行為の態様，程度，侵害の経過等を総合的に考察して判断すべきである。そして，景観利益は，これが侵害された場合に被侵害者の生活妨害や健康被害を生じさせるという性質のものではないこと，景観利益の保護は，一方において当該地域における土地・建物の財産権に制限を加えることとなり，その範囲・内容等をめぐって周辺の住民相互間や財産権者との間で意見の対立が生ずることも予想されるのであるから，景観利益の保護とこれに伴う財産権等の規制は，第1次的には，民主的手続により定められた行政法規や当該地域の条例等によってなされることが予定されているものということができることなどからすれば，ある行為が景観利益に対する違法な侵害に当たるといえるためには，少なくとも，その侵害行為が刑罰法規や行政法規の規制に違反するものであったり，公序良俗違反や権利の濫用に該当するものであるなど，侵害行為の態様や程度の面において社会的に容認された行為としての相当性を欠くことが求められると解するのが相当である」。

この枠組みは，「権利」と「法律上保護される利益」を質的に二分する立場（権利・法益二分論）を基礎とするものである。この構成の当否については，本書第1部で既に触れたところを参照せよ。

VI　暴力団事務所の存在と近隣生活妨害（平穏生活権）

近隣生活妨害として問題となりつつあるものに，暴力団あるいは暴力的組織の事務所等が存在することにより周辺住民が生活の平穏を害されているとして，事務所としての使用の差止め，損害賠償その他の法的救済（仮処分の申立てを含む）を求めるケースがある。

ここでは，平穏生活権という表現，または人格権の侵害という表現がされることが少なくないが，プライバシー関連で普通に用いられている意味での平穏生活権・人格権と異なり，むしろ周辺住民の生命・身体に対する侵害の

危険，精神的平穏に対する侵害が問題とされている点で，被侵害利益の点では絶対権・絶対的利益侵害と同質である。

　裁判例では，周辺住民や対立する暴力団等との間での抗争・暴力沙汰，脅迫等が現実に発生している場合のみならず[366]，単に暴力団事務所等が存在しているという事実だけで，周辺住民らの法的救済を命じる傾向にある。たとえば，「本件建物を相手方がその組事務所として使用することによって，Xの生命，身体，平穏な生活を営む権利等のいわゆる人格権が受忍限度を超えて侵害される蓋然性は大きく，Xらがその侵害を受ける危険性も常時存在している」[367]と判断することで，ここでの危険（不安感・危惧感）を——他の事件類型とは異なり——抽象的危険ではなく具体的危険（現実化した危険）と捉え，民事的救済に載せているのである[368]。

---

[366] 静岡地浜松支決昭和62年10月9日判時1254号45頁，静岡地浜松支決昭和62年11月20日判時1259号107頁とその控訴審決定である東京高判昭和63年1月27日判タ656号261頁，マンションの明渡しを命じた横浜地判昭和61年1月29日判タ579号85頁とその控訴審判決である東京高判昭和61年11月17日判タ623号70頁，上告審判決である最判昭和62年7月17日判タ644号97頁。

[367] 大阪高判平成6年9月5日判タ873号194頁。大阪高判平成5年3月25日判タ827号195頁，和歌山地決平成10年8月10日判タ1026号294頁もほぼ同じ。

[368] 具体的事件で現実に抗争・暴力沙汰，脅迫等の事実が存在している点は，認められる救済手段の選択において，意味をもたせられている。秋田地判平成3年4月18日判時1395号130頁，札幌地判昭和61年2月18日判タ582号94頁。さらに，この問題は，暴力団以外の団体・自然人の行動により生活の精神的平穏がおびやかされたり，不安感が惹起・増悪されている場合の法的処理に関する問題にもつながるひろがりをみせている。

第4章

故意・過失

第1節　過失責任の原則——帰責事由としての故意・過失

I　帰責事由の意義

　帰責事由とは，権利・法益侵害という結果を責任主体に結びつけることを正当化する（＝帰責する〔zurechnen〕）根拠となる事由を指す（ここにいう権利・法益侵害は，伝統的に，損害賠償の効果との関連のもとで捉えられているものであり，その意味で「損害賠償責任の帰責事由」ともいえる）。また，帰責事由という言葉のもとで，帰責の根拠，すなわち，権利・法益侵害という結果を責任主体に結びつけることを正当化する思想ないし原理が語られることもある。

II　帰責事由の各種

　権利・法益侵害の帰責がもっぱら因果の経過のみにより正当化されるときには，原因責任（結果責任）が採用されていることになり，「責任主体が危険源を社会生活にもちこみ（危険源の創設），支配し，管理している」という点から正当化されるときには，危険責任（危殆化責任）が採用されているということになる。また，「責任主体が問題の活動から利益を獲得している」という点から正当化されるときには，報償責任が採用されているということになる（これについては，第4節）。さらに，不法行為責任の領域ではあまり問題とならないものの，責任主体による結果実現についての保証約束が帰責の根拠となるときには，保証責任（損害担保責任）が問題となる。いずれに

せよ，これらの責任にあっては，権利・法益侵害についての責任主体の故意・過失が問題とされることなく帰責が正当化されるのであり，この点を捉えて無過失責任と総称されるのが通例である[1]。

これに対して，民法709条は，過失責任の原則を基礎とし，帰責事由として加害者の故意または過失を要求している。故意を理由として帰責の正当化がはかられるときには，権利・法益侵害を発生させることの意欲・認容という意思が根拠とされている。他方，過失を理由として帰責の正当化がはかられるときには，沿革的にはさまざまな観点からの説明がされていたが，今日のわが国では，行為者がした不合理な行為に対する無価値評価が帰責を基礎づけているとみるものが多い（適切な行動パターンからの逸脱として捉えられる客観的過失。ただし，無価値評価をになう思想・原理面では対立がある）。

III　過失責任の原則の意義——行動の自由の保障

民法709条は，不法行為を理由とする損害賠償請求が認められるために加害者に故意または過失があることが必要であるとしている。ここで，加害者の故意・過失を必要としたのは，わが国の不法行為損害賠償制度が過失責任の原則を採用しているからである。

過失責任の原則とは，みずからの行動について過失のない者は，みずからの行動により生じた結果について責任を負わなくてよいとの原則である。わが国の民法は，この過失責任の原則を基礎にすえることで，私的生活関係のなかでの個人の行動の自由を保障している。というのも，過失責任の原則のもとでは，社会生活をおくるにあたり合理的な行動（理性的な行動）をした

1　無過失責任の帰責構造に関しては，古くは，岡松参太郎『無過失損害賠償責任論』（京都法学会，1916年〔有斐閣，1953年〕），その後のものとして，山田卓生「過失責任と無過失責任」有泉亨監修『現代損害賠償法講座1　総論』（日本評論社，1976年）72頁，浦川道太郎「ドイツにおける危険責任の発展(1)～(3)」民商法雑誌70巻3号458頁，4号601頁，5号773頁（1974年），錦織成史「不可抗力と避けることのできない外的事実——危険責任の免責事由に関する一考察」法学論叢110巻4＝5＝6号199頁（1982年），石本雅男『民事責任の基礎理論』（有斐閣，1979年），同『無過失損害賠償責任原因論』（第1巻～第4巻，法律文化社，1984年～1993年）。わが国の学説史については，浦川道太郎「無過失損害賠償責任」星野英一編集代表『民法講座6　事務管理・不当利得・不法行為』（有斐閣，1985年）191頁。

者は，その行動の結果について損害賠償責任が問われることがないからである。

このように，国家が過失責任の原則を採用して個人の行動の自由を保障するということは，行動の自由を自由権的基本権として保障した憲法の理念に合致する。それと同時に，国家が過失責任の原則を採用するということは，社会生活を営むなかでおこなわれる不合理な行動については，いかに行動の自由が自由権的基本権のひとつであるとしても，国家がそのような不合理な行動の価値を否定する（＝「故意・過失あり」と評価する）ことによって行動の自由を保障しないということをも意味する。この点において，過失責任の原則は，行動の自由という自由権的基本権を制約する機能をもつことになる。

Ⅳ 客観的帰責（客観的帰属）と主観的帰責（主観的帰属）

権利・法益侵害という結果を責任主体に結びつけるのを正当化することを帰責（Zurechnung）と称するとき，この意味での帰責には，権利・法益侵害という結果をその行為に帰することができるかどうかという面（行為への帰責〔帰属〕）と，権利・法益侵害という結果をその行為者に帰することができるかという面（行為者への帰責）とがある[2]。前者を客観的帰責（帰属 objektive Zurechnung），後者を主観的帰責（帰属 subjektive Zurechnung）ということもある。不法行為法の領域で「違法性」と「有責性」とが分けて論じられるとき，「違法性」は前者，「有責性」は後者についての評価をになうものとして位置づけられる[3]。

過失責任の原則のもと，故意・過失を帰責事由とする損害賠償責任につき，故意・過失は当初，「有責性」に位置づけられていた（権利侵害や違法性が客観的要件であるのに対し，故意・過失は主観的要件であるとされていた）。さらに，「有責性」には，責任能力も位置づけられていた。ところが，後述するように，過失が客観化され，故意もまた行為に対する評価と結びつけられて捉えられるようになった今日，行為への帰責とは別に行為者への帰責として独自に問題とする余地があるのは，責任阻却事由としての責任能力のみとなった。不法行為責任において主観的帰責が独自性を失った主たる理由は，次の2点

---

2 四宮 276 頁。
3 潮見佳男『民事過失の帰責構造』（信山社，1995 年）224 頁。

に存在する。

　第1は，目的的行為論ないし行為構造の目的的把握を支持すると否とを問わず，意思と行為との連関を説くことで，行為者への帰責の問題が行為への帰責（客観的帰属）の問題に組み込まれたからである（刑法流にいえば，故意・過失が主観的違法要素ないし主観的構成要件要素として位置づけられるようになった）。行為に対する無価値評価（不法評価）には行為者の行為意思に対する無価値評価（不法評価）が結びつけられ，これにより心理状態と外的行為に対する評価とが一体化した（人的不法観）。

　第2は，行為者への帰責（主観的帰責）が語られる際には，従来，具体的行為者の個人的特性や能力が考慮されていたところ，民事不法行為責任では，刑事責任と異なり，このような考慮が無用とされた——したがって，客観的過失論が支持されるようになった——からである。なお，なぜ民事不法行為責任において客観的過失が正当とされるのか——主観的過失が問題とならないのか——については，第3節で触れる。

　このような状況を前にして，本書において以下で「帰責」ないし「帰責事由」と称するときには，もっぱら行為への帰責（帰属）を対象とする[4]。

V　第1次侵害の帰責事由と後続侵害の帰責事由

　民法709条で定められている故意・過失が帰責事由となるという命題は，少なくとも，行為者が意欲・認容した結果としての権利・法益侵害および過失の前提となる行為義務により回避されることがめざされた結果としての権利・法益侵害について妥当する。

　これに対して，こうした権利・法益侵害からさらに展開ないし派生した権利・法益侵害（後続侵害。たとえば，交通事故で右脚大腿部を負傷し，大量出血した被害者が搬送先の病院の医療ミスによって死亡したような場合）については，ⓐ後続の権利・法益についても故意・過失の対象となっているのでなければ行為者への帰責は正当化されない——裏返せば，後続の権利・法益侵害につ

---

[4]　なお，四宮285頁・379頁は，「有責性」要件を維持し，ここに属するものとして，責任能力と違法性の認識可能性・主観的期待可能性をあげている。しかし，前者については，客観的過失とは無関係であるし，後者についても，過失要件のもとで処理すれば足りる。

いても故意・過失要件で対処が可能である——とする見方[5]と，ⓑ後続の権利・法益については故意・過失の対象となっていなくても，一定の要件のもとで行為者への帰責が正当化されてよいとする見方[6]とが存在する。

　被害者に生じた不利益（損害）から立論して——因果関係判断を介したうえで——この損害の回避義務（ないし損害発生の意欲・認容）があったかどうかという観点から帰責の問題を考える場合には，ⓐの見方に傾く。これに対して，第1次的な権利・法益侵害から特別に高められた危険の実現としての後続侵害についても行為者への帰責を認めるべきだと考えるならば，ⓑの見方に傾く。著者の立場はⓑであるが，この点に関しては，第3部第4章で規範の保護目的の問題に触れる際にまとめて扱う。

VI　過失責任の原則と失火責任法の特別規定

1　失火責任法の意義

　失火については，「失火ノ責任ニ関スル法律」（以下では，失火責任法と称する）があり，軽過失による免責が認められている[7]。日本の家屋には木造家屋が多く，火災が発生すると燃え広がって，莫大な損害が生じる場合が多いことと，失火の際には加害者自身も焼け出されている場合が多いことにかんがみ，加害者の賠償責任が発生する場面を限定する趣旨で制定された立法である[8]。

　もっとも，現在では，明治の社会生活状況を前提として制定された失火責任法そのものの今日における妥当性（立法論的疑義）が議論の対象となっている[9]。とりわけ，建築物およびそれをめぐる社会状況が明治時代と現在で

---

[5]　平井119頁・123頁。

[6]　前田133頁・302頁，四宮449頁，窪田333頁。

[7]　詳細な分析・解説を加えたものとして，澤井裕『失火責任の法理と判例』（有斐閣，1989年）。

[8]　民法典起草者は失火の場合にも民法709条の過失要件へのあてはめにより妥当な結果に至る——特別扱いをする必要はない——として，こうした立法措置には反対であったが，火を失した富裕者にとって酷な結果となることと，当時の火災で1町村全体が消滅するほどの被害が生じていることを問題として，帝国議会において議員立法として成立をみるに至ったものである。この経緯は，澤井・前掲書3頁以下に詳しい。

[9]　加藤〔一〕199頁，四宮340頁。

は大きく異なっていること，失火による被害が低下していること，失火以外にも同様の莫大な損害が発生する場合があること，さらには，危険物から失火した場合のように，結果が重大であれば加害者の責任を厳格化する必要こそあれ，緩和すべきではないことなどが問題とされている。そして，立法論的に疑問を示す立場の多くは，それを解釈論に活かすため，たとえば，失火責任法の主旨が延焼による莫大な損害負担から加害者を解放する点を捉え，失火責任法の適用を延焼部分に限るという解釈論を展開している[10]。あるいは，「現在のように，非木造建築物の割合が増加し，また防火体制も格段に整備された状況のもとでは，失火責任法の社会的基盤は失われつつあり，制定当時はともかく，現在では失火責任法による軽過失者免責は歴史のあだ花というべきである」として，失火責任法の適用範囲につき厳しい解釈を求める立場も登場している[11]。著者もまた，この最後にあげた見解に共感するものである。

2 失火概念

何が失火にあたるのかは，特に，爆発による火災の場合に問題となる。

爆発現象を起こさせる危険物の取扱いについては，高度の注意義務が課されるべきである。この場合は，失火責任法の適用を受けない。既に大審院がこの点を説明している。すなわち，「過テ火ヲ失シ火力ノ単純ナル燃焼作用ニ因リ財物ヲ損傷滅燼セシメタル場合」は失火責任法にいう「失火」にあたるが，「発火薬其他ノ物質ヲ爆発セシメ其爆発ヨリ生スル強圧力ノ作用ニ因リ財物ヲ破砕毀壊スルノ所為」は，「其爆発カ火力ノ燃焼作用ニ起因スル場合ト雖モ別種ノ行為ニ属」するとした[12]。また，爆発による第1次的火災については，爆発と同様の扱いをする。発火そのものが火薬，ガス類の爆発であるときは，失火責任法を適用しないのである[13]。

3 重過失の意味

失火者に重過失がある場合には，他の不法行為の場合と同様に，失火者は，

---

10 澤井・前掲書104頁，四宮674頁。
11 加藤〔雅〕387頁。
12 大判大正2年2月5日民録19輯57頁（たき火による火薬の誘爆）。
13 福岡高判昭和55年7月3日判時991号88頁（プロパンガスへの引火・爆発）。

民法709条に基づき損害賠償責任を負う。問題は，何が重過失にあたるかである。最高裁の判例は，「通常人に要求される程度の相当な注意をしないでも，わずかの注意さえすれば，たやすく違法有害な結果を予見することができた場合であるのに，漫然これを見すごしたような，ほとんど故意に近い著しい注意欠如の状態」をいうとする[14]。しかしながら，下級審裁判例では，形式的には「故意に近い著しい注意欠如」という枠組みを用いながらも，具体的な判断に際して故意との対比を試みて重大な過失の有無を判断したものはない。むしろ，行為義務自体が高められている場合，とりわけ，業務上の注意義務違反がある場合に，その違反をもって重過失と判断する傾向にあるとされる[15]。

なお，重過失についての以上の説明は，あくまでも失火責任法での重過失を定義したものである。この定義にあてはまらないものが重過失と評価されないということではないし，他の事件類型で問題となる重過失を上記定義で処理すべきだということにもならない。重過失全般については，過失の箇所（第3節第11項）で触れる。

第2節　故　　意

I　故意の意義

1　伝統的理解

伝統的な理解によれば，故意とは，次のような意味のものとして理解されている。

①　故意とは，権利・法益侵害の結果を認識し，かつそれを意欲ないし認容しつつ，その結果を実現するために行動することをいう[16]。これに関連して，保護法規，すなわち，他人の権利・法益の保護を目的とした法規（たと

14　最判昭和32年7月9日民集11巻7号1203頁。
15　澤井・前掲書53頁（軽過失のある業務者は，重過失のある市民と同じレベルのサンクションを受けるべきであるとの判断を示す。刑法117条の2も，「業務上必要な注意を怠ったことによる」失火と，「重大な過失による」失火とを並べて，刑罰を加重している）。
16　加藤〔一〕67頁ほか多数。これに対して，平井70頁は，「損害を加えようという意思（加害の意思）またはそのような意思をもって損害を生じさせる行為」という。

えば，道路交通法上の速度規制）に対する違反による不法行為の場合には，故意の対象は権利・法益侵害ではなく，法規違反の事実であるとする見解がある。保護法規は形式的に権利・法益への一般的・抽象的な危険性のある一定の行為を禁止し，またはそのような危険を生じさせないように一定の行為を命令するものであるところ，ここでは法秩序が個人の権利・法益の「防衛線を前進」させているのであるから，保護法規違反について故意が存在すれば足りるというのである[17]。しかし，保護法規においておこなわれているのは故意・過失ある権利・法益侵害行為を定型化する操作であり，このことから，故意の対象が法規違反に変更されることまで導くのは適切でない。保護法規違反の場合の故意の対象も，他の場合と同様に，他人の権利・法益とみるべきである。

② 故意があるとされるためには，権利・法益侵害という結果の認識および意欲・認容が必要である。単に権利・法益侵害を認識していたというだけでは足りない。

③ 故意があるとされるためには，権利・法益侵害という結果の認識および意欲・認容というだけでは，問題の行為を故意の不法行為として評価するには十分でない。その権利侵害が法的に許されないものであるという点についての認識，つまり違法性の認識が加わってはじめて，故意の不法行為としての評価が下される。この意味での違法性の認識を欠く場合には，もはや故意の不法行為として評価することはできず，過失による不法行為としての評価を待つしかない[18]。

2 伝統的理解の問題点

故意に関する伝統的理解のうち，①については，通説によれば，「行為」をみずからの設定した目的実現に向けて外界を支配操縦することと捉えるならば，ここでの「外界を支配操縦する目的的意思」[19]，すなわち行為意思が「故意」として捉えられることとなり，このような意思（目的的意思）を帰責の根拠として当該行為を不法（違法）と評価するのが，過失不法行為と異なる故意不法行為の特徴だということになる（この点についての評価は，第1部第1章の注8で触れた）。

17　四宮298頁。保護法規違反と過失については，後述（第10項）する。

もっとも，目的的意思をもった行為をその意思を根拠として無価値（反価値）と評価するときも，およそすべての行為に存在する意思（目的的意思）の何を抽出してその行為を無価値と評価するかについては，伝統的見解がいうように権利・法益侵害と抽象化して捉えてよいのか，再考すべきである。故意不法行為として論じられる局面では，権利・法益侵害の結果についての認識・認容では足りず，これによる損害の発生についての認識・認容も要求されている場合も存在するからである。

　たとえば，故意による契約侵害・債権侵害が問題とされる場合の多くでは，（理論的に分析が詰められているわけではないものの）単に債権ないし契約上の地位を侵害するということについての認識・認容では足りないと考えられている。しかしながら，他方で，すべての場合に損害の発生についての認識・認容が必要と考えられているわけでもない（たとえば，人身に対する攻撃の場合）。今後の検討に委ねるしかないが，要するに，故意を理由とする帰責が問題とされるそれぞれの場面で，いかなる対象についての認識・認容が認められているのかを詰めて考える必要がある。

　他方，③の「違法性の認識」については，故意が「有責性」要件として捉えられていた時代に，事実の認識・認容とともに故意の要素として捉えられていたものである。過失不法行為責任も認められている民事不法行為において命令・禁止規範を立てるに際して，故意を理由とする責任を特にとりあげ，そこに過失と異なる加重的な効果を結びつける（ないしは結びつけやすくす

18　幾代＝徳本 26 頁，森島 160 頁，澤井 165 頁ほか多数。四宮 300 頁は，「有責性」要件として要求する。加藤〔一〕67 頁は，違法性の認識可能性まで拡張する。かつては，違法性の認識を不要とする見解が多数であった。鳩山 901 頁，末弘 1068 頁，我妻 104 頁など。最近の不要説は，平井 71 頁（故意は「加害の意思」であり，意思の存否を判断すれば足りるので，それと離れて，容認する意思の有無とか「違法性」の認識が必要か否かを論じること自体意味をなさないという）。なお，ここにいう「違法性」は，「権利侵害から違法性へ」という場合に述べられる「違法性」とは異なる。行為者の主観的構想を規準に捉えたときに，「この行為の結果なんらかの法的な責任が生じること」についての抽象的な認識があれば，それで足りる。それゆえ，709 条の損害賠償責任の成立要件として「違法性」を置くかどうかという点に関する判断と，故意を認めるにあたり「違法性の認識」を要求するかどうかに関する判断とは直結しない。（違法性要件を必要とする立場ながら）前田達明『不法行為帰責論』（創文社，1978 年）209 頁が基礎にすえている理解が，これである（なお，故意を「行為支配の意思」とすれば，違法性の認識〔可能性〕は故意の要件でなくなるという）。

19　前田・不法行為帰責論 207 頁。

る）ためには，単に権利・法益侵害の結果についての認識・認容のみならず，その行為から法的な責任が発生することの認識（違法性の認識）をも必要としているということならば，違法性の認識を取り込む形で故意を捉えるのが適切である[20]。

II　意思責任としての故意責任

　以上の説明に関連して，従来，「故意責任は，意思責任である」ということが強調されている[21]。しかし，このとき，行為者が結果を実現する意思をもって行動したからその行為の結果を故意の不法行為として行為者に帰責するという場合に，規範的価値判断が責任の成否に関する判断に入り込まないわけでは決してない点をわきまえておく必要がある。

　前述したように，どの意思を捉えて故意と評価するかという意味での意思の取捨・抽出過程では，行為に対する客観的無価値評価と結びついた高度の規範的価値判断がおこなわれているのであり，このスクリーニングを経た意味での故意は，すぐれて規範的概念である[22]。その意味では，故意に相当する意思の取捨・抽出に際しての規範的価値判断に焦点を当てて，故意の内容および程度を分析する作業が不可欠である。いいかえれば，「故意」にも濃淡さまざまなものがあり，問題領域ごとに要求される内容が異なっていることを明確に意識しておく必要があるように思われる[23]。

---

[20]　これに対して，前田・不法行為帰責論209頁は，故意を「行為支配の意思」に純化して捉え，「違法性の認識（可能性）」を故意からはずし，責任能力と同次元に位置づける。その結果，この立場からは，被害者からの不法行為に基づく損害賠償請求に対し，被告側は，「行為の当時，行為者には違法性の認識がなかったこと（または，違法性を認識することが不可能であったこと）」を抗弁として出せることになる（しかも，この抗弁は，故意との連結を切断されているものゆえに，過失不法行為を理由とする損害賠償請求の場面でも提出可能ということになる）。

[21]　とりわけ，前田26頁・50頁。「過失による責任は，意思責任ではない」という点とあわせて主張されている。平井宜雄『損害賠償法の理論』（東京大学出版会，1971年）420頁も同旨。

[22]　現に，故意不法行為は心理状態を帰責根拠とするのではなく，「違法な結果を認識しながら行為に出ること」とし，「結果回避義務違反で行為すること」に帰責根拠を求める一群の見解がある。澤井164頁，四宮300頁，吉村60頁，窪田43頁。このように考えるときには，故意不法行為と過失不法行為は同質のものとして連続的に捉えられることになる。

また，故意不法行為の場合における帰責の根拠に意思を置くとしても，行為の際に単に結果発生の認識・認容があったということだけで行為者の損害賠償責任が導かれるわけではない。行為者の行為に対するその他の観点からの評価（さらに，行為の正当性に対する評価〔責任阻却という観点からの評価〕）を経てはじめて，行為者の責任が導かれる。この意味では，故意責任とはいえ，最終的に責任を基礎づけるためには，行為に対する無価値評価を避けてとおることはできない[24]。

III　故意と過失の違い

　次にみるように過失を客観的行為義務違反と捉える場合，体系的には，権利侵害の認容・意欲という意思に帰責の根拠を置く故意と，法秩序による命令規範・禁止規範に対する違反に帰責の根拠を置く過失とは，別個に取り扱われるべきであるというように考えるのがわかりやすいとされる[25]。しかも，こうした体系的な相違のみならず，故意不法行為の要件・効果面の特徴は，次のような点に見出されるとされる[26]。

　①　通説によれば，故意のみが帰責事由とされる場合がある。債権侵害において伝統的理解によれば，一定の場合の債権侵害については，故意のみが帰責事由とされる[27]。営業秘密の開示・使用についても，悪意・重過失の行為者についてのみ，責任が負わされている。

　②　いわゆる取引的不法行為においては，故意ないしは行為者の主観的悪性が認められる場合について契約・法律行為法で当該取引の効力につき特別の処理を予定していることが少なくない[28]。この場合には，不法行為に基づ

23　第三者による債権侵害・契約侵害と不正競争行為の民事責任に関する最近の議論でも，指摘されているところである。吉田邦彦『債権侵害論再考』（有斐閣，1991年）118頁・672頁。

24　この点を強調するものとして，窪田43頁。

25　加藤〔一〕65頁，前田50頁，平井71頁。

26　森島162頁による。

27　我妻栄『新訂債権総論』（岩波書店，1964年）77頁，於保不二雄『債権総論（新版）』（有斐閣，1972年）85頁など。

28　たとえば，詐欺，強迫，公序良俗違反の行為，無権代理・表見代理，代理権の濫用，さらには，民法177条に関連してのいわゆる背信的悪意者問題や，民法424条の詐害行為もそうである。

く損害賠償レベルでの処理と契約・法律行為法レベルでの契約の有効・無効による処理との間での調整をはかることが必須の作業となる。

　③　損害賠償の範囲について、故意不法行為の独自性が認められるというのが、最近の支配的見解である。故意については、過失による不法行為の場合とは異なり、権利侵害により発生したすべての損害が賠償範囲に入ってくる。結果発生を意欲・認容した者にはその結果を被害者に転嫁することを許さないという価値判断のあらわれである。なお、これとあわせて、慰謝料が高額になる点も指摘されているが、故意か過失かという質的違いとの論理必然的関係はない[29]。

　④　過失相殺に関して、故意不法行為のすべてまたは一部の場合については被害者に過失があっても斟酌はするべきではないということが、強調されつつある（詳細は、続刊で触れる）。

　⑤　倒産処理法上では、ある種の故意の不法行為が特別扱いされる場合がある（次のIV 3で触れる）。

IV　故意の種別

1　確定的故意と未必の故意

　結果の発生が確実であるとは考えなかったものの、結果発生の可能性は認識し、かつ、結果発生を意欲していないものの認容している場合も、故意に含まれる。トラックの運転者が、大勢の人が道幅いっぱいに広がって歩行している道路に、このままトラックを乗り入れたら歩行者をはねるかもしれないが、そうなったとしてもやむをえないと判断して、トラックを道路に進入させたところ、通行人の一人をはねてしまったというような場合である。このように、結果発生の可能性を認識しながら、これを認容した場合は、「未必の故意」といわれ、「認識ある過失」の場合と区別して、故意に含めるのが一般の理解である[30]。

29　結果において同旨、加藤〔雅〕137頁（慰謝料の多寡は、故意の内部、過失の内部での軽重にも左右される問題である点も指摘している）。

30　加藤〔一〕67頁、前田27頁、四宮300頁。これに対して、結果発生を確実なものと認識していた場合や、結果発生を意欲していた場合は、「確定的故意」といわれる。

2 概括的故意

権利・法益侵害について故意があったといえるためには，その権利・法益がある特定の人の権利・法益であるということを認識・認容していたことは，必要でない。誰かの権利・法益を侵害することの認識・認容（概括的故意）で足りる[31]。

3 故意不法行為の多様性──不法行為に基づく損害賠償債権と破産法における免責許可決定・非免責債権

破産法253条1項2号は，免責許可の決定がされても免責されない債権（非免責債権）のひとつとして，「破産者が悪意で加えた不法行為に基づく損害賠償請求権」をあげている。ここにいう「悪意」の要件を充たすためには，破産法学における通説によれば，単なる故意では足りず，他人を害する積極的意欲（害意）が必要であるとされている（害意説[32]）。

また，同項3号は，「破産者が故意又は重大な過失により加えた人の生命又は身体を害する不法行為に基づく損害賠償請求権」も，非免責債権としている。

このように，破産免責との関係では，当該不法行為が故意によるものか，過失によるものかによる違いが──単に事実上のものとしてでなく──法的にも重要となるうえに，さらに，不法行為を惹起した行為者の意思がもつ質的側面も問題となる。

---

31 最判昭和32年3月5日民集11巻3号395頁。四宮301頁。
32 谷口安平『倒産処理法（第2版）』（筑摩書房，1980年）340頁。斎藤秀夫＝麻上正信＝林屋礼二編『注解破産法(下)（第3版）』（青林書院，1999年）825頁〔池田辰夫〕，中野貞一郎＝道下徹編『基本法コンメンタール破産法（第2版）』（日本評論社，1997年）365頁〔山垣清正〕，伊藤眞ほか「研究会・新破産法の基本構造と実務（23）」ジュリスト1330号60頁（2007年），伊藤眞『破産法・民事再生法』（有斐閣，2007年）544頁。竹下守夫編集代表『大コンメンタール破産法』（青林書院，2007年）1087頁〔花村良一〕。旧法下では故意で足りるとの見解もあったが，同法253条2項3号の反対解釈からも，本文で示したようになると考えられている。詳細は，破産法の解説書にゆずる。

第3節 過失──総論

第1項 問題の所在

　過失とは何かということを一言で語ることはむずかしい。というのも，過失の意義をめぐっては，今日に至るまで，次の4つの観点からの議論が錯綜してきたからである[33]。
　第1の観点は，過失とは意思緊張を欠いたという不注意な心理状態なのか，それとも適切な行動パターンからの逸脱なのかという点に関する。前者は内的注意・不注意の問題であり，後者は外的注意・不注意の問題である。前者は主観的帰責（主観的帰属。論者によれば，「有責性」）の問題であり，後者は客観的帰責（客観的帰属。論者によれば「違法性」）の問題である。前者の観点から過失理解をするのが主観的過失論であり，後者の観点から過失理解をするのが客観的過失論である。
　第2の観点は，（心理状態と捉えるのであれ，不適切な行為と捉えるのであれ）過失を単なる事実の問題として捉えるのか，それとも規範的評価に関する問題として捉えるのかという点に関する。刑法学で心理的責任論と規範的責任論の対立の構図でとりあげられる点である。
　第3の観点は，過失の対象を結果の予見に求めるのか，それとも結果の回避に求めるのかという点に関する。この観点は，とりわけ第1の観点と混同され，過失は結果発生の予見可能性があったのに予見しなかったという不注意な心理状態か，それとも結果回避義務という行為義務の怠りかというように論じられることも少なくない。
　第4の観点は，過失を行為者の個人的特性・能力を考慮に入れた行為への帰責という面で捉えるのか，それとも個人的特性・能力を捨象し，抽象的に捉えられる人（合理人・理性人）の行為（ないし意思的活動）に着目した行為への帰責という面で捉えるのかという点に関する。
　以下では，こうした過失をめぐる議論が，わが国でどのように展開してきたのかを解説する。もっとも，この点を先取りしていえば，わが国での過失

---

[33] 以下の4つの観点は，それぞれ異なる問題を扱っていたにもかかわらず，しばしば区別されることなく論じられてきた。

論は伝統的にドイツ法の影響を強く受けて展開してきたところ，最近ではドイツ型のパラダイムに出たのとは異なる過失論が主流になっている。ところが，従前の学説・判例を回顧的にみたときには，最近の有力な見解が批判の対象としているような明確な過失観が展開されていたとはいいがたいところがある。それでも，ドイツ法の過失論が——違法論ともども——従前のわが国での伝統的学説の基底をなしていたことは，疑いをいれない[34]。

このようなわが国の過失論の錯綜した状況を整理するため，本書では，まず，民事過失論がどのような展開を経たうえで，今日の客観的過失論に至ったのかを整理しておく[35]。

第2項　過失論の変遷

I　起草段階の議論から通説の形成まで

現行民法709条に先行する旧民法財産編370条では，「故意又は過失」の部分は「過失又ハ懈怠」と記されていた。この旧民法財産編370条の規定はフランス法の系譜をひくもので，そこにいう「過失又ハ懈怠」はフォート（faute），すなわち客観的過失の意味で理解されていたものとみてまちがいない。他方，これを受けた現行民法709条の起草者が過失をどのように理解していたかという点に関しては，起草者自身が「過失」について各所で多様な表現をしているため，決定的なものはない。すなわち，あるところでは「心ノ有様」・「意思ノ有様」という表現をしている一方で，他の箇所では「為スベキコトヲ為サムトカ或ハ為シ得ベカラザル事ヲ為ストカ又ハ為スベキコトヲ為スニ当ツテ其方法ガ当ヲ得ナイ」という表現をしている。起草者の立場に対する学説の理解も，二分されている[36]。

立法直後には，学説では，注意を欠いた意思の状態として過失を捉えるものが大勢を占めた。学説継受後もこの方向が進み，過失とは，「不注意（善良ナル管理者ノ注意ヲ缺クコト）ニ因リ行為ノ結果ヲ予見セザルカ又ハ予見スルモ容認セザル心理状態」であるとか[37]，過失には，結果発生の可能を予見

---

[34] 最近の有力な見解が伝統的議論のなかにドイツ的過失論を感じとったとしても，責められるべきものではない。

[35] 詳細は，潮見佳男『民事過失の帰責構造』（信山社，1995年）。

できたにもかかわらず，注意を欠いたために予見しなかった場合と，結果発生が可能であることを予見したものの，注意を欠いたために，結果が発生しないであろうとの希望をもって行為をした場合とがある[38]とかいったような説明が通説を形成した。

II 過失の規範化・客観化への道

　もっとも，わが国の通説を形成した過失論は，過失を不注意な心理状態として捉えたものの，そこにおいて心理的責任論が支配することはなかった。通説は，過失のもつ規範的要素を強調した。そこでは，行為者の意思的活動を規範的に評価した結果が過失であるという理解が前面に出ている。たとえば，「社会の共同生活においては各人互いに注意して危害の発生を防止する義務ありというべきである」ところ，「社会共同生活の一員として要求される程度の注意」を欠けば過失の責任を負わなければならないとしたり[39]，「観念的に言えば，過失というのは，そもそもなんらかの社会的な注意義務の違反であって，過失の前提として，人々には多くの注意義務が課せられている」として，「注意義務に違反すれば過失がある」とすることで，過失のなかの規範的要素を強調したりする[40]というような傾向が，当時の通説にはあった。そのようななかに，以後の学説の注目を浴びる判決が存在していた。大阪アルカリ事件大審院判決である[41]。

36　平井宜雄『損害賠償法の理論』（東京大学出版会，1971年），前田達明『不法行為帰責論』（創文社，1978年），星野英一「故意・過失，権利侵害，違法性」同『民法論集6』（有斐閣，1986年）320頁，森島170頁ほか多数説は，起草者が客観的過失の考え方を基礎にすえていたという。これに対して，ドイツ的な「有責性」・心理状態の意味で過失を捉えていたというのは，牛山積＝富井利安「不法行為における故意・過失及び違法性理論の動向」比較法学7巻2号18頁（1975年），錦織成史「違法性と過失」星野英一編集代表『民法講座6　事務管理・不当利得・不法行為』（有斐閣，1985年）140頁・155頁。

37　鳩山 901頁。

38　末弘 1066頁。

39　我妻 105頁。

40　加藤〔一〕8頁・70頁。

III 大阪アルカリ事件判決

1 大阪アルカリ事件

　大阪アルカリ事件とは，次のような事件であった。Y（大阪アルカリ株式会社）は，大阪市西区の安治川河口沿いに所在する工場で，硫酸の製造，肥料の製造等をおこなう会社であった。Xら36名は，この工場の南西約2町離れた農地の地主・小作人らであった。Xらは，Yの工場が噴出する亜硫酸ガス・硫酸ガスによって明治39年度・40年度に作付けした米麦の収穫が減少したとして，Yに対し，減収分の賠償を求めた。

　原審[42]では，Yの工場からの亜硫酸ガス・硫酸ガスと農作物被害との因果関係も，Yの過失も，ともに肯定され，Xらの請求が認容された。過失については，判決は，予見しなかったとの不注意をもって過失と捉えたうえで，Yが作業より生じる結果に対する調査研究を不当に怠った点に過失があるとした。

　これに対し，Yが上告し，民法709条の権利侵害行為であるには「不法性」を要件とするところ，たとえ他人の権利の客体に対し不利益な結果を生じたとしても，その行為が「不法性」を有しない「適法行為」であるときは，不法行為を構成しないし，権利濫用の観点からみても，Yの行為は不法行為にならないと説いた。

　これを受けて，大審院は，次のように述べて原判決を破棄し，原審に差し戻した。

　「化学工業ニ従事スル会社其他ノ者カ其目的タル事業ニ因リテ生スルコトアルヘキ損害ヲ予防スルカ為メ右事業ノ性質ニ従ヒ相当ナル設備ヲ施シタル以上ハ偶他人ニ損害ヲ被ラシメタルモ之ヲ以テ不法行為者トシテ其損害賠償ノ責ニ任セシムルコトヲ得サルモノトス何トナレハ斯ル場合ニ在リテハ右工業ニ従事スル者ニ民法第709条ニ所謂故意又ハ過失アリト云フコトヲ得サレ

41　大判大正5年12月22日民録22輯2474頁。大阪アルカリ事件に関しては，川井健『民法判例と時代思潮』（日本評論社，1981年）193頁，大村敦志「大阪アルカリ事件(1)〜(4)」法学教室343号102頁，344号98頁，345号89頁，346号59頁（2009年），吉田邦彦「過失の意義と因子——大阪アルカリ事件」民法判例百選II〔第5版補正版〕160頁（2005年），潮見佳男「大阪アルカリ事件——大気汚染と故意・過失」環境法判例百選4頁（20004年）。

42　大阪控判大正4年7月29日法律新聞1047号281頁。

ハナリ是ヲ以テ原裁判所カ『控訴人（上告人）ノ如ク亜硫酸瓦斯ヲ作リ之ヲ凝縮シテ硫酸ヲ製造シ銅ヲ製煉スル等化学工業ニ従事スル会社ニ在リテハ其代理人タル取締役等カ其製造シタル亜硫酸並硫酸瓦斯カ現ニ其設備ヨリ遁逃スルコトヲ知ラサル筈ナク又遁逃シタル是等ノ瓦斯カ附近ノ農作物其他人畜ニ害ヲ及ホスヘキコトヲ知ラサル筈モナク若シ之ヲ知ラサリシトセハ之レ其作業ヨリ生スル結果ニ対スル調査研究ヲ不当ニ怠リタルモノニシテ之ヲ知ラサルニ付キ過失アルモノト認ムルヲ相当トスルカ故ニ控訴人カ被控訴人ノ右損害ニ付キ不法行為者トシテ賠償ノ責任アルモノトス控訴人ハ硫煙ノ遁逃ヲ防止スルニ付キ今日技術者ノ為シ得ル最善ノ方法ヲ尽セルカ故ニ控訴人ニ責任ナシト論スレトモ控訴人ノ製造シタル硫煙カ被控訴人ノ農作物ヲ害シタル以上ハ其硫煙ノ遁逃ハ控訴人ノ防止スルヲ得サリシモノナルト否トニ拘ラス被控訴人ノ被害ハ控訴人ノ行為ノ結果ナルカ故ニ控訴人ハ之ニ対シ責任ヲ有スルコトハ多弁ヲ要セス』ト判示シ以テ上告会社ニ於テ硫煙ノ遁逃ヲ防止スルニ相当ナル設備ヲ為シタルヤ否ヤヲ審究セスシテ漫然上告会社ヲ不法行為者ト断シタルハ右不法行為ニ関スル法則ニ違背シタルモノニシテ原判決ハ到底破毀ヲ免カレス」

2 大阪アルカリ事件大審院判決と過失論

　大阪アルカリ事件大審院判決（以下では，本判決という）については，今日では，一般に，「結果の発生を回避することが可能であり，かつ，その回避の義務づけを社会的妥当視される限度において回避すべき義務を負う（その義務に違反するのが過失である）」[43]という解釈を打ち出した判決であるとの理解がされている。すなわち，本判決は，①過失の中核をなすのが予見可能性ではなくて回避可能性であることと，②過失の本質が意思緊張の欠如という心理状態にではなく，適切な行動パターンからの逸脱にあることを示した最上級審判決として位置づけられている。

　もっとも，本判決が出た当初は，本判決は，不法行為における故意とは何かというコンテクスト，または，一時期有力に提唱された「適法行為による不法行為」の理論につながるコンテクストでとりあげられていた[44]。そして，

43　幾代＝徳本 34 頁。

44　鳩山秀夫「工業会社の営業行為に基く損害賠償請求権と不作為の請求権」同『債権法における信義誠実の原則』（有斐閣，1955 年）441 頁，我妻 104 頁。

そこでは，本件の問題は，「客観的要件たる違法性の有無の問題」[45]に属するものとされていた。本判決そのものが「過失」の問題を扱ったものであるにもかかわらず，このような位置づけがされたのは，当時支配的であった民事過失論が過失を意思緊張の欠如という心理状態と捉え，かつ，予見可能性を中心に過失評価をすることを暗黙裡に前提としていた点に基因するものと思われる。適切な行動パターンからの逸脱をもって過失と捉える「過失の客観化」に結びつけて本判決の位置づけがされるのは，次のIVで述べる過失の客観化に向けた議論が活性化した時期を待たなければならなかった。

しかも，本判決自体，意思緊張の欠如という心理状態から適切な行動パターンからの逸脱へと過失のパラダイムを転換させる意図のもとに出されたものとはいい切れない。IIでみたように，本判決当時の過失論は，予見可能性を中核とした主観的過失論を暗黙裡に前提としていたものの，このようなパラダイムをけっして積極的に展開していたわけではない。まして，回避可能性を中核にすえて行為義務違反として過失を捉える立場を意識的に否定していたわけでもない。他方で，本判決が採用した枠組みの基礎となったような学説が当時のわが国において存在しているということのできる状況にあったのでもない。そのようななかで出されたのが，本判決であった。要するに，本判決は，過失論のパラダイム転換など意図せず，もっぱら原判決が採用した過失の判断枠組みを否定することから出発し，そのために（のみ）上記のような過失の定義を導いたものであった。

3　大阪アルカリ事件と「相当の設備」論

本判決には，もうひとつ，その後の学説の注目を集めた点がある。それは，本判決が過失判断にあたり，行為者が「相当の設備」を施したかどうかを規準に過失の有無を判断すべきであるとの準則を示した点である。

もっとも，「相当の設備」を規準に行為義務（結果回避義務）違反の有無を判断するという定式は，その後の裁判例においては機能していない。本件においてすら，差戻し後の控訴審[46]は，形式的には「相当の設備」論に依拠しながら，本件当時における知識をもってしても，流出したガスを高く大気中に放散させるに適した高さを有する煙突を設置すれば，米麦に対し有害な作

45　我妻104頁。
46　大判大正8年12月27日法律新聞1659号539頁。

用を及ぼすことを防止することができたし，このような設備を設けることは経済的にもさほど困難なことではないとして，工場側の責任を再び認めている。

そして，一連の公害裁判においては，その後の四大公害裁判に至るまでの下級審裁判例でも，「相当の設備」論に形式的に依拠しつつ，「相当の設備」を施していなかったことを根拠に加害者の責任を肯定する事例が相次いでいる[47]。こうした「相当の設備」論からの離脱方向は，やがて，新潟水俣病判決，四日市喘息判決，熊本水俣病判決において，（過失の前提となる予見可能性については，調査研究義務違反としての予見義務違反を介して具体的危険の予見可能性を肯定するという新たな構成を採用しつつ）いっそう加速された（第4節第3項で扱う）。

学説も，その多くは，「相当の設備」論を批判し，もし企業の採算の範囲内の措置が相当だとされるならば，この考え方は企業活動に有利なものとして機能し，過失の成立する範囲がかなり限定され，結果として企業の活動の自由が大幅に保障されることになると説いている[48]。しかしながら，他方では，「相当の設備」論に対して，違った観点から評価する向きもある。市場の要求する商品（それは多数の人々の欲求の反映である）を提供する行為（企業の活動）自体が，社会の欲求を充たしているがゆえに一定の範囲で社会的有用性をもつものであることは否定できないとして，損害発生の危険の因子および被侵害利益の重大さの因子と，行為義務を負わせることによって犠牲にされる利益との比較衡量をすることの意義を説いたものとして「相当の設備」論を捉えるもの[49]がそれである。

47　大阪控判大正5年10月24日法律新聞1193号24頁（兵庫県別府村肥料工場事件），大判大正8年5月24日法律新聞1590号16頁（広島モーターポンプ事件），甲府地判昭和33年12月23日下民集9巻12号2532頁，高松地観音寺支判昭和39年5月25日判時381号42頁（観音寺市水道汚染事件）など。

48　淡路剛久『公害賠償の理論（増補版）』（有斐閣，1978年）44頁，吉村67頁。

49　平井55頁。

IV 行為義務違反（結果回避義務違反）としての過失理解へ
―― 客観的過失論の定着

　今日のわが国では，意思緊張の欠如から行為義務の違反へという過失のパラダイム転換が生じている。そこでは，過失の単なる規範化を超えて，過失の本質を行為者の意思や心理状態に還元せず（内的注意に結びつけられた主観的過失概念からの解放），もっぱら行為者の行為が法秩序に対して違反したことを捉えて過失とする立場（外的注意に結びつけられた客観的過失概念を採用する立場）が，多数の支持を得ている。「『過失』とは，結果回避ないし防止義務に違反した行為であり，かつその前提として行為者に結果発生の予見可能性の存在ないし予見義務が要求されている行為として，規定される」[50]と定式化される考え方である。

　そこでは，過失は意思に対する非難としての過失という単純なものではなく，当該不法行為について法的保護を与えるかどうかという観点から種々の対立する利益を調節するための高度の価値判断そのものであり，そうした価値判断の結果として「損害の発生を回避すべき行為義務に反する行為」に対して過失ありとの評価がもたらされることになると説明される場合がある[51]。また，法秩序は社会生活に存在する社会的価値のなかから保護に値するものを抽出し，法益侵害惹起の危険性を最小限度に抑えるため，各社会構成員に注意義務として命令を発することで社会生活上必要な注意（作為，不作為）を分配しているところ，この注意義務に違反した行為が「過失ある不法行為」として評価されて損害賠償が認められるのだと説くことにより，過失を客観的行為義務違反と捉えることを正当化するものもある[52]。

　こうした客観的過失論を採用する最近の多数説によれば，過失を行為義務違反と把握する以上，具体的行為者の意思や心理状態は問題とならないことになる[53]。それと同時に，行為に対する無価値評価（不法評価）と過失にお

50　平井・損害賠償法の理論 400 頁。
51　平井・損害賠償法の理論 401 頁，平井 27 頁。
52　前田・不法行為帰責論 188 頁，前田 34・37・45 頁。
53　上記のほか，淡路剛久「過失一般（日本不法行為法リステイトメント）」ジュリスト 879 号 49 頁（1987 年），森島 194 頁。潮見・民事過失の帰責構造 265 頁も，この観点から書かれたものである。さらに，藤岡康宏「私法上の責任」同『損害賠償法の構造』（成文堂，2002 年）58 頁も参照。

ける評価とが一体のものとなる。

V　予見可能性不要の過失論の登場——新受忍限度論

　学説のなかでは，さらに，現代型不法行為のあるものについては，過失非難をおこなううえで必ずしも結果発生の予見可能性に重点を置く必要はないのではないかという見方も示されている。とりわけ，公害事例を主たる対象として展開された新受忍限度論と呼ばれる立場がそうである。それによれば，予見可能性を要求すると予見不可能な損害については被害者が負担することになるが，危険な活動を営むことによって利益を得ている企業がなぜ損害を負担しなくてすむのか，衡平な損害の分担とはいえないのではないかとされ，公害の責任は第1次的には企業責任であり，企業責任が問題となっている場面に個人の責任について問題となる予見可能性をもちこむのは不当であるとされる[54]。

VI　過失の行為義務化に対して抑制的な立場の登場

1　主観的過失論

　客観的過失論を採用し，過失を結果回避義務（行為義務）違反として捉える立場に対しては，過失は行為者の一定態様の意思に対する個人的非難可能性に結びつけられたものであって，過失の有無は行為者の個人的能力に応じて判断されるべきものであるとの理由から，主観的過失論を支持すべきだとする見解が一部で主張されている[55]。

2　内的注意と外的注意の表裏一体論

　過失の客観化を支持して過失に行為義務違反としての意味を認めつつも，過失から意思的要素を排除することに対しては懐疑的な見解が示されている。
　この立場からは，たとえば，「過失とは，総体としての損害回避義務違反

　54　淡路・公害賠償の理論（増補版）92頁。
　55　柳沢弘士「不法行為法における違法性」私法28号132頁（1966年），石田穣『損害賠償法の再構成』（東京大学出版会，1977年）13頁・31頁・107頁，浜上則雄『現代共同不法行為の研究』（信山社，1993年）311頁・314頁。

であり，結果を予見（調査）すべき義務と，その調査をすれば予見されうる損害との対比で期待される結果回避措置をなすべき義務の懈怠からなる」のであって，「意思の緊張を欠くという心理状態と，その行為にでるべきではないという結果回避義務とは，過失の2つの側面をそれぞれ表現したものにほかならない」とする見解[56]，主観的な内心の状態と客観的な行為義務違反とが表裏の二重構造をもっていること，実務的にも，過失を内心の状態から立証することも，行為義務違反として立証することも，あるいは両面から立証することもできるという点を強調する見解[57]，さらには，過失のなかには「事前の思慮判断が必要な事柄についてその不適切さが取り上げられる場合」があることを指摘する見解[58]などが主張されている。

第3項　心理的責任論と規範的責任論

　わが国の伝統的過失論が基礎としたドイツ近代不法行為法学において，過失とは何かという点に関する当初の理解は，過失を行為者の心理的過程・意思的要素（内心の事象）に着目して捉えるものであった。そこでは，人は自由な意思の担い手としてのみ責任を負い，意思の発現としての行為のみが帰責の対象となるとの前提理解のもと，自由意思による選択の失敗，意思緊張を欠いたという心理状態に過失の根拠が認められた。理性的に行動するものとされている主体が意思緊張を欠いていたという心理状態（事実）を捉えて，過失ありとされたのである（「特定の行動，または動機づけ・意思形成をすべきである〔またはすべきでない〕」という義務規範に対する違反という観点からの過失評価ではなく，「行為に際して，理性的な人ならば置かれなかったような心理状態（意思緊張を欠いた状態）にあった」という事実に対して，過失ありとの評価が下されたのである）。こうして，過失による責任は故意と並ぶ意思責任として捉えられ，かつ心理状態としての事実に対する責任として説明された。そして，過失は，これまた故意とともに，有責性の問題として位置づけられた。

56　澤井94頁・155頁，吉村65頁，近江111頁。

57　加藤（雅）145頁・159頁。

58　大塚直「不法行為における結果回避義務」加藤一郎先生古稀記念『現代社会と民法学の動向　上』（有斐閣，1992年）56頁（以下では，「大塚・不法行為における結果回避義務」で引用）。

このように，過失の心理的側面を一方的に重視する見方に対しては，（刑事責任論での展開を受けて）批判が起こった。そこでは，過失，したがって有責性は，規範的要素と心理的要素の結合したものであり，内的な心理的態度に関する規範，すなわち，適法な行為へと決定することに向けた動機づけを命じる規範に対する違反があったかなかったかという観点から，心理的事実の総体に対して判断を加えるものであるとの理解が示され，義務規範に違反して違法な行為をしたことに対する非難可能性が，過失の中核にすえられた（規範的責任論のもとでの過失理解）。さらに，今日，後述する客観的過失論の立場からは，適切な外部的な行為に向けられた規範に対する違反をもって過失と捉えることになるところ，ここでもまた，過失のもつ規範的要素が重視されることになる。

過失評価の対象を内心の心理的態様と捉えるか，外部的な行為と捉えるか，その両者と捉えるかのいかんにかかわらず，こうした内的・外的事実を，行為者に対して課された命令・禁止規範に即して判断するという枠組み自体は，現在のわが国の不法行為法の理論と実務においても異論がないものと思われる。評価の対象は何かという点といかなる観点から評価を下すのかという点は，過失判断においても分けて捉えられるべきであるとともに，両者とも過失判断において重要であるところ，規範的責任論のもとでの過失理解は，まさにこの点を示しているものとして評価することができる。また，要件事実論において「過失」を「規範的要件」と捉える立場も，こうした理解と親和的である[59]。

第4項　主観的過失と客観的過失
──不注意な心理状態と，適切な行動パターンからの逸脱

I　客観的過失論の骨子──「外的注意」としての過失

過失による責任を規範的責任の観点から捉えた場合でも，なお過失ありとの非難がされるときに，行為者の内心の注意・不注意という心理状態に注目して過失の有無を判断していくのか，それとも，外部にあらわれた行動の適否という点に着目して過失の有無を判断していくのかという問題が残る。

59　以上については，潮見・民事過失の帰責構造152頁。

過失の本質を意思緊張の欠如という不注意な心理状態に求める立場（主観的過失論）を批判して，過失から心理的事実を離脱させ，意思的要素を取り除くことにより過失の客観化を支持する立場（客観的過失論）から出される批判の骨子は，（立証面に着目し，内心の心理状態を訴訟において明らかにするのは困難であるとの理由をあげるものを除けば）次の4点に集約できる。

第1は，過失が，意思に対する非難（意思責任）という単純なものにとどまりえないというものである[60]。

第2は，過失において行為者の意思・心理状態に注目することが過失の対象を結果の予見に求める立場につながることを批判し，結果の予見だけでは過失非難にとって意味がなく，行為者に対する命令・禁止規範は行為者の行為に向けられているのであって，過失の対象は結果回避措置（行為）に求められるべきであるとの理由で，過失における心理的事実・意思的要素を排斥するというものである[61]。

第3は，過失において行為者の意思・心理状態に注目することが行為者の具体的個性・能力を過失の中核にすえることになる点を警戒し，民事過失は一般標準人としての行為基準により判断すべきであって行為者の具体的個性・能力を基準とすべきでないとの理由で，過失における心理的事実・意思的要素を排斥するというものである[62]。

第4は，外部にあらわれた行為は行為者の一定の心理状態を前提とし，意思があってはじめて成立するものであるのだから，こうした意思の発現としての行為を捉えて不法評価・過失非難をすれば足りるというものである[63]。

II 客観的過失論の問題点――「外的注意」への限定

以上のうち，第1点は，既に心理的責任論から規範的責任論への移行の際に受容されていたことであり，過失から心理的事実・意思的要素を取り除く

---

[60] 加藤〔一〕70頁，平井・損害賠償法の理論401頁。前田・不法行為帰責論212頁は，過失による責任を，信頼責任と捉えている。内田318頁も，主観的過失概念の変質が「主観的非難可能性から，社会的信頼の保護へと重心が移っていく」という動きをもたらしたことを指摘する。

[61] 前田34頁・37頁・45頁，藤岡・損害賠償法の構造61頁。

[62] 前田・不法行為帰責論212頁。

[63] 前田34頁・37頁・45頁。

ことを否定する理由にはならない。

　第2点は，客観的過失論の論者の多くも，結果回避義務（行為義務）の前提として結果発生の予見可能性を置くわけであるから，「結果予見だけでは過失非難に十分ではない」ということの論拠としては適切であっても，過失から心理的事実・意思的要素を放逐することの論拠としては十分でない。

　第3点は，客観的過失か主観的過失かという区別と，抽象的過失か具体的過失かという区別を，混線したものである。行為者の個性・能力に関して抽象的人格を基準に捉えるか，それとも具体的人格を基準に捉えるのかは，過失における心理的事実・意思的要素を排斥するか否かとは関係がない。

　むしろ，第4点の指摘にもあるように，行為者の意思（さらに表象）と，意思の発現形態としての外部的行動とは分離不可能であるところ，客観的過失論は，このこと——意思と行為との連関——を所与としつつ，そのうえで，過失非難は，命令・禁止規範の対象としての外部にあらわれた行為についてされれば足り，行為者がどういう意思をもって行動したのかや，どういう認識のもとで行動したのかという点は行為に対する法的評価にとっては無用のものと考えている点に，大きな特徴がある。ここにおいて，客観的過失論では，「内的注意・不注意」の問題を「外的注意・不注意」の問題にとりこんで，後者のレベルで過失を判断するという枠組みが，うかびあがる[64]。

III　本書の立場——「内的注意」と「外的注意」の総合体としての行為

　民事過失を捉えるにあたり，客観的過失論の枠組み自体は，出発点においては，支持されるべきである。（刑事過失はともかく）民事過失で問われているのは，権利・法益侵害を惹起した行為を行為者に帰属させることが正当化されるかどうかという観点からの行為に対する非難・無価値評価であって，行為者の人格に対する非難・無価値評価ではないからである。

　しかし，問題は，意思内容・心理的過程と行為を一体のものと観念しつつ，外部的行動のみを法秩序による規範的評価の対象，したがって過失評価の対象とし，行為者に対する非難を導いている点にある。意思と行為との連関を説きつつ，その一方で意思内容・心理的過程と外部的行動を分離して過失評

---

[64]　とりわけ，目的的行為論（ないし行為構造の目的的把握を支持する立場）からは，こうした枠組みがより鮮明なものとなる。

価の対象を狭く絞り込むという操作に矛盾があるからである。

　むしろ，行為者による「行為」を「目標設定→外界への認識→意思形成→意思決定→外部的行動」の総体——「内的注意」と「外的注意」の総合体——として把握し，これに法秩序の側からする命令・禁止の規範適用性を結びつけ，行為者による意思形成から意思決定を経て外部的行動を無価値評価・過失評価の対象とするのが一貫する。このように理解するならば，内的不注意（意思緊張の欠如）の場合であろうが，外的不注意（適切な行動パターンからの逸脱）の場合であろうが，あるいは両者あいまってという場合であろうが，いずれも，上述した総体としての「行為」に対する評価の問題として——客観的過失論の枠組みを維持しつつ——捉えられることになる。「『過失』とは，結果回避ないし防止義務に違反した行為」である[65]といった客観的過失論の定式は，「行為」の意味を読み替えたうえで維持できるものである。

　過失の客観化を支持する立場（客観的過失論）に対しては，わが国では，最近，前述したように（第2項Ⅵ2），極度の行為義務化を批判し，心理的事実・意思的要素「も」排斥すべきではないとの考え方が登場しつつある。本書で示した説明は，こうした最近の考え方が何をめざしているのか，その主張内容を客観的過失論の枠組みで語ればどのようになるのかの一端を（も）説き示したものである。あわせて，総体としての「行為」を観念し，そのなかでの内的不注意の場合をも過失非難の対象とするときには，現代型不法行為における「事前の思慮」（Vorsorge）の重要性を説く立場[66]の主張するところを過失の判断枠組みに組み込むことができるのである。

　さらに，ここで示した立場からは，「目標設定→外界への認識→意思形成→意思決定→外部的行動」の総体のどこに過失を認めることができるか（または認めることができないか）という観点から，ひとつの「行為」のなかで過失，したがって結果回避義務（「行為」義務）を多元的に把握していくこととという見方にもつながっていく[67]。

65　平井・損害賠償法の理論 400 頁。
66　大塚・不法行為における結果回避義務 56 頁。
67　以上に述べた諸点については，潮見・民事過失の帰責構造 265 頁。

第5項　過失判断の規準時——行為時

　過失判断の規準時は，行為時である。行為がされた後にはじめて明らかになった科学技術に関する知見や，変化した経済的・社会的状態ないし社会通念を規準に作為・不作為の義務を設定して，その違反を理由に過失ありとすることはできない。行為時における科学技術に関する知見および経済的・社会的状態ないし社会通念に照らして行為者に期待可能な行為しか，法秩序は行為者に要求しない。

第6項　過失判断の標準となる人——合理人

I　緒　論——抽象的過失と具体的過失

　通説によれば，民事過失が問題となる場合に過失判断の規準となる注意は，合理人の能力・特性を規準として判断されるものであり，当該具体的な行為者自身の能力・特性は標準とならない[68]。合理人の能力・特性を規準として判断される注意を尽くさなかった場合を抽象的過失といい，具体的行為者の能力・特性を規準として判断される注意を尽くさなかった場合を具体的過失というところ，民法709条の「過失」とは抽象的過失を意味するものと捉えられているのである。
　もっとも，なぜ民事過失において合理人の能力・特性を規準とした抽象的過失が採用されるべきなのかについては，2つの異なった観点からの説明がされている。
　第1の見方は，共同体社会における共同体構成員の他者に対する信頼の保護という観点から，抽象的過失を基礎づけるものである（過失による責任＝信頼責任）。ここでは，共同体構成員は他者が有している具体的な人格主体の個人的能力・特性に対してではなく，合理人としての能力・人格に着目して社会生活を営むことが許されると考えるものだから，行為者に対しては，合理人ならばどのような注意を尽くしたか（その注意を遵守したか）が問わ

---

[68]　反対は，柳沢・前掲論文125頁，石田・損害賠償法の再構成13頁・31頁・107頁。

れるべきである——共同体構成員は，合理人のおこなう合理的行動を信頼してよい——ということになる[69]。

　第2の見方は，民法が理性を備えた合理人という抽象的人格を基礎として権利・利益を保障としている点（抽象的に把握される人格主体）と，対等な人格主体相互での権利・利益の対立を調整するために権利・利益の拡張と制約をしている点を捉えて，個々の具体的な人格主体の個人的な能力・特性を考慮することなく，合理人ならばどこまでの権利・利益を許容され，その先の権利・利益を制限されるかという観点から合理人として尽くすべき注意を問題にしているとみるものである。

　第1の見方は，共同体的正義を指向する方向になじみ，第2の見方は，自由な人格主体の個別的権利の保護を基点とする方向になじむ。本書の立場が第2の見方を基礎としている点については，第1部第2章で触れた。

　もっとも，第1の見方を支持する場合には，過失判断の標準人を抽象的人格主体と捉えるべきことは，信頼を基礎として行為義務を説明することからの必然的帰結ではない。共同体構成員の信頼を保護するため，行為者の具体的能力・特性への信頼をもとに当該行為者に作為・不作為を義務づけるということも考えうるからである[70]。もっとも，仮にこのように考えるとしても，社会生活をいとなむ潜在的被害者が他の共同体構成員に与える信頼を法秩序が保障するためには，最低限，行為者には平均的な能力・特性のもとで行動することが要請されなければならない。せいぜい，平均人を超える能力・特性を有している行為者について，その能力・特性をいかして注意深い行動をとるべき義務を課すことが考慮の対象になるものと思われる。

　他方，第2の見方を指示する場合にも，社会の進展に伴い近代民法が所与とした抽象的人格主体を基礎として権利・義務を捉える発想は，（事業者・消費者概念の登場に典型的にみられるように）今日揺らいできている。一方で，近代民法で想定された抽象的人格主体を超えた能力・特性を有する主体が類型的に存在しているし，他方では，抽象的人格主体の能力・特性を充たさな

69　前田 45頁，前田・不法行為帰責論 188頁・213頁。
70　具体的能力・特性を考慮に入れた結果回避義務の発想。ドイツ刑法学で過失不法（違法過失）の主観化・個別化——あくまでも「客観的過失の主観化」であって，「主観的過失」論ではない——を論じる立場は，この点に着目している。潮見・民事過失の帰責構造 230頁。

いのではないかと考えられる主体も類型的に存在しているからである。ここから，今日の社会にあっては，第2の見方をする場合にも，過失の標準としての合理人を考える際に，合理人を類型化して，類型別の行為義務を立てることが要請されることになる。ただし，ここでは，作為・不作為義務の成否および内容を確定するうえで人格主体（行為主体）の類型化が要請されている点に留意すべきである。過失における作為・不作為義務は「行為」に対する無価値評価をおこなうためのものであり，過失判断にあたり合理人を類型化するということは，とりもなおさず，過失の評価対象としての「行為」についての類型化をともなう。過失判断に特化していえば，「行為」についての類型化を離れた人格主体（行為主体）の類型化は，ありえない。

II 合理人の類型化

わが国では，抽象的過失概念を採用する学説において，合理人を類型化し，合理人の注意とは当該行為者が社会生活において属するグループの平均人が尽くすであろう注意であるとすることに対して，異論がない。問題は，どのような観点から合理人の類型化をはかるかにある。

まず，ここでの社会生活グループが知識，職業，地位，地域性，経験等により決せられる点については，これまた異論がない。同じ職業であっても，たとえば医師の注意義務にみられるように，当該職業につき一律の絶対的な規準が妥当すべきでないと考えられる場面では，同じ職業に属する人のなかでも，さらなる類型化がされる場合がある[71]。

これに対して，年齢による類型化については，見解が分かれている。一説によれば，年齢の問題は後述する責任能力によって処理されるべきであり，責任能力ありとされた者については，その他の規準により確定された同じグループの社会生活構成員と同じ程度の注意が要求されるべきである[72]。これに対して，子どもにつき，同等の発育段階にある子どもの能力を規準とすべきだとする見解もある[73]。

後述するように，①責任能力が法的価値判断の能力であるのに対し，②過失の前提として要求される能力は，(i)結果を予見する能力と(ii)結果を回避するための措置を講じる能力であって，①と②は異質の能力を対象としている。それゆえ，年齢が責任能力において判断されるからとの理由で，過失判断の

ための合理人を考える際に年齢を考慮すべきでないということにはならない。個々の局面において作為義務・不作為義務を設定する際に法秩序が想定している「行為」（類型的に把握される行為）のなかで，「年齢」という要素が義務の設定および内容確定にとって決定的意味をもっている場合には，「行為」と連動して，人格主体（行為主体）たる合理人についても，年齢を考慮に入れた類型化をはかるのが適切であろう。しかし，そうでない場合は，年齢を考慮に入れた作為・不作為義務を立てることは適切でない。

　さらに，合理人の類型化の視点として重要なものに，「契約」がある。契約上の行為義務が不法行為責任を基礎づける過失の行為義務に転じるプロセスについては，第1部第1章Ⅲ3で触れたところを参照せよ。

71　臨床医学の実践における医療水準は，全国一律に絶対的な規準として考えるべきものではなく，診療にあたった当該医師の専門分野，所属する診療機関の性格，その所在する地域の医療環境の特性等の諸般の事情を考慮して決せられるべきものであるということが確認されている。最判平成7年6月9日民集49巻6号1499頁（ただし，債務不履行構成によるもの）は，これについて，次のように述べている。「当該疾病の専門的研究者の間でその有効性と安全性が是認された新規の治療法が普及するには一定の時間を要し，医療機関の性格，その所在する地域の医療環境の特性，医師の専門分野等によってその普及に要する時間に差異があり，その知見の普及に要する時間と実施のための技術・設備等の普及に要する時間との間にも差異があるのが通例であり，また，当事者もこのような事情を前提にして診療契約の締結に至るのである。したがって，ある新規の治療法の存在を前提にして検査・診断・治療等に当たることが診療契約に基づき医療機関に要求される医療水準であるかどうかを決するについては，当該医療機関の性格，所在地域の医療環境の特性等の諸般の事情を考慮すべきであり，右の事情を捨象して，すべての医療機関について診療契約に基づき要求される医療水準を一律に解するのは相当でない。……新規の治療法に関する知見が当該医療機関と類似の特性を備えた医療機関に相当程度普及しており，当該医療機関において右知見を有することを期待することが相当と認められる場合には，特段の事情が存しない限り，右知見は右医療機関にとっての医療水準であるというべきである」。

72　末弘1070頁，我妻106頁。大判大正4年5月12日民録21輯692頁（少年豊太郎事件）も，「成年者と同一なる注意義務」という。

73　加藤一郎「過失判断の基準としての『通常人』」我妻栄先生追悼論文集『私法学の新たな展開』（有斐閣，1975年）433頁，四宮337頁。高齢者について，その財産管理能力の低下に配慮して，年齢的要素を考慮すべき旨を説く見解もある。平井59頁。

III　合理人の能力・特性を超えた行為者の場合

　行為者の具体的能力・特性が（類型化された）合理人のそれを超える場合に，過失判断の規準として合理人の規準がそのまま妥当するのか。行為者は自己の能力・特性に応じた注意を尽くして結果回避のために可能な最善のことをしなければならないかにみえる。

　しかし，客観的に同一の意思決定・行為操縦であっても，具体的行為者の能力により過失の成否が決せられるということになると，行為者の決定自由・行動自由の保護という観点からみて，同一の社会生活グループ（行為者類型）に属し，同種の意思決定・行為操縦をする行為者との均衡を欠く。少なくとも民事過失にあっては，過失の上限についても，合理人の能力・特性を，まず標準とすべきである。これ以上の能力・特性を要求することで，発生した結果を当該行為者に帰責するためには，契約や先行行為等により，行為者の主体的判断による責任加重の引受け（平均を超える能力・特性の引受け）がされていなければならない[74]。

第7項　過失判断に際しての事前的判断と事後的判断

　過失を客観的に捉えるという場合に，ⓐ行為者に要求すべき行為準則を，既に発生した具体的な結果からさかのぼって事後的・回顧的に（retrospective）確定していくか──「この特定の具体的結果を避けるためには，あの

---

[74]　なお，加藤〔一〕69頁は，一般人よりも注意力のまさっている人ならば抽象的過失がなくても具体的過失はあるということが起こりそうであるが，「自己のためにすると同一の注意」は「善良な管理者の注意」を軽減するためにもちだされているので，前者が後者を上回ることはなく，抽象的過失がなければ具体的過失もないという。鈴木12頁は，一般人よりも注意力のまさる者については，「具体的過失があっても抽象的過失はないという状態が生ずるわけではなく」，「具体的過失があれば，それでもちろん抽象的過失があったことになる（両者の過失は一致する）」という。これに対して，平野37頁は，より一般的に，通常人を基準としたのでは過失が認められないけれども，問題の行為者が通常人よりもはるかに高い能力を有し，それを基準とすると過失がある場合，本人を基準とした予見可能性や結果回避義務を認めてよいとする。後者と同様の議論は，前述したように，ドイツ刑法学においてであるが，「客観的過失の主観化」という観点から，有力学説により主張されている。最後の点に関しては，潮見・民事過失の帰責構造230頁。

時点で行為者として何をすべきであったか」という式の論法——，それとも，ⓑ行為時に身を置いて，ある特定の行為からどのような事象（潜在的な結果）が生じるかを考えて，事前的に（prospective）確定していくか——「この行為からは，将来これこれの類型的結果が生じるおそれがあるから，行動を起こそうとする今の時点で行為者としてはこのようにすべきである」という式の論法——という問題がある[75]。

　交通事故の場合を例にとれば（ただし，自賠法は度外視する），両者の違いは，次のようにあらわされる。Yの運転する自動車が，Xという人をひいた場合，道路上に存在していたAという物をひいた場合，飛び出してきた飼い猫Bをひいた場合を想定してみよう。

　このとき，ⓐの立場からは，(i)まず，被害法益（X・A・B）を特定する。(ii)そのうえで，「この」被害法益についての損害を回避するために，Yとしてはいかなる行為をすべきであったのかを確定していく。ここでは，特定の結果を起点としておこなわれる事実的因果関係の存否判断を前提として，結果回避義務（損害回避義務）の内容確定とその義務違反の有無の判断（保護範囲内か否かの判断）がされる（過失判断＝保護範囲該当性の判断）。このように，結果回避義務（損害回避義務）自体は，保護対象となった特定の権利・法益との関連で相対的に確定される（被害を受けたのがXかAかBかで違ってくるし，同じ人であっても，その特定の人の属性によって内容が異なりうる）。

　これに対して，ⓑの立場からは，(i)実際の被害法益が何であったかを捨象して，およそYが行為をするにあたり，社会生活をおくるなかでYとして当該状況下でどのように行動すべきであったか——裏返せば，どこまでの行動の自由がYに保障されていたか——という観点から，結果回避義務（行為義務）の内容を確定し，その違反の有無を判断する（これは，「過失」要件が担当する）。(ii)他方で，当該事件において被害法益が何であったかを特定する作業がおこなわれる（これは「権利・法益侵害」要件が担当する）。(iii)そのうえで，「過失」ありとされた行為と，実際に生じた「権利・法益侵害」との間を関連づける作業がおこなわれる（この作業は，「因果関係」要件〔本書の立場からは，これに加えて「規範の保護目的」の要件〕が担当する）。

　ⓐとⓑのいずれの枠組みで考えるかであるが，①法秩序が命令・禁止規範

75　前者は，平井・損害賠償法の理論403頁，平井26頁。後者は，前田・不法行為帰責論213頁，四宮336頁。

の形で作為義務・不作為義務を課すのは，これから行為をしようとする者に対し自由な行動を制約し，合理的な行動を義務づけようとするねらいがあること（事前の行為規制をする点に，「行為義務」を立てる価値がある），②それぞれの行為の進行段階において関連づけられる潜在的被害者側の潜在的利益が多様であるところ，行為者が行為をするにあたり必ずしも侵害された特定の権利・利益への保護をどうするかという観点から意思形成・意思決定をおこない，外部的行動をするものではないことを考慮したとき，ⓑの立場を支持すべきである[76]。

ただし，このように考えたときも，特定の権利・法益が事前的判断に組み込まれて行為義務内容の決定がされる場合があることが否定されるものではない。たとえば，運送されている特定の物品・旅客を対象として侵害行為がされる場合や，特定の隣家の日照に影響を及ぼす建築行為がされる場合，特定の人を対象とした人格権侵害行為がされる場合などのように，特定の権利・利益が考慮に入れられて行為義務の存否・内容が決定されることがある。また，一連の行為が進展するなかで，潜在的な権利・利益がある特定の権利・利益へと具体化し，その権利・利益へと危険が集中することにより，特定の権利・法益への侵害結果を事前的判断に組み込んで行為義務内容の決定がされることが否定されるものでもない。

第8項　過失（行為義務違反）の判断規準

I　緒　論

過失とは，人が社会生活をおくるにあたり，他人の権利を侵害したり，危険に陥れないために尽くすべきものとして法秩序により要求されている注意を尽くさずに行動すること，つまり法秩序の命令・禁止に対する違反（客観的行為義務違反）を意味することになる。すなわち，この意味での過失は，人の行為を評価対象とした客観的過失であり，かつ法秩序により立てられた命令規範・禁止規範に対する違反として把握される規範的概念である。また，

---

[76] この場合には，ハンドの公式を過失判断の際に用いるとしても，この限りで，修正を加えるべきことになる（侵害された具体的当事者の具体的利益に代えて，潜在的被害者の潜在的利益と，その侵害の可能性・蓋然性が置かれることとなる）。

その根底には，社会生活における権利侵害の危険をどのように行為者と潜在的被害者群との間で振り分けるかという危険の割当てに関する価値判断が存在している。

II　ハンドの公式

　過失における行為義務違反（結果回避義務違反）の有無に関する判断に際しては，平井宜雄によるアメリカ法での議論の紹介とわが国での理論枠組みとしての提示を受け，ハンドの公式を用いる考え方が，学説のなかでは有力となっている[77]。

　ハンドの公式とは，(1)加害行為者の行為から生じる損害発生の危険の程度ないし蓋然性の大きさ（P: probability），(2)被侵害利益の重大さ（L: loss），および，(3)損害回避義務を負わせることによって犠牲にされる利益（B: burden）と右2因子との比較衡量の3因子をあげる「ハンドの公式」——「回避コスト（B）＜損害発生の蓋然性（P）×被侵害利益の大きさ（L）」の場合に，過失ありとするものである[78]。

　ここでは，PとLの考慮を経て，結果回避が必要かどうかが判断されたうえで，これに肯定的な解答が与えられるときでも，なお「犠牲にされる利益」（B）と比較することによって，結果回避義務が否定される場合があることが認められる（この意味で，(3)では，「より高度の価値判断」[79]がされることになる）。

77　ハンドの公式（Hand formula）は，1947年の連邦控訴裁判所の判決である United States v. Carrol Towing Co., 159 F. 2d 169 (2d Cir. 1947) において，ハンド（Learned Hand）判事が判決文中で示した公式である。同判決については，藤倉皓一郎「過失の判定式」藤倉皓一郎＝木下毅＝高橋一修＝樋口範雄編『英米判例百選（第3版）』（1996年）170頁。わが国では，平井27頁，窪田57頁，前田陽一『不法行為法』（弘文堂，2007年）16頁。この種の観点からの議論は，平井宜雄によるハンドの公式の紹介にはじまったものではなく，明治以来のわが国の過失論の有力な潮流として伏在していたものである。この点に関しては，瀬川信久「危険便益比較による過失判断」星野英一先生古稀祝賀『日本民法学の形成と課題　下』（有斐閣，1996年）809頁。

III ハンドの公式に対する批判

1 加害者の減免責要素を考慮することへの批判

　ハンドの公式に対しては，「回避コスト」（B）を損害賠償責任の成否にとって決定的とみる点に対して，とりわけ，被害者救済の観点からの考慮を基点に置く立場からの批判が強い。損害帰責においてはコスト面での衡量に還元できない正義の要素が存在することを強調し，Bが加害者の減免責要素であるがゆえに「柱として立てることは既に公平を欠き，行為の態様の中の一要素として考慮されるべきである」との批判が寄せられているのである[80]。加害者に有利に働く要因を考慮事由として——しかも，PとLの考慮の結果として結果回避の必要性が認められるにもかかわらず——組み入れる点を疑問視した批判である。

　もっとも，こうした指摘に対しては，ハンドの公式を肯定的に捉える立場から，「危険は予想されるが社会的に有用な行為について，いかなる場合にも，いかにコストがかかろうと完全に危険を除去しない限り，危険から生じうべき損害を賠償せよというのは，過失責任を前提とする限り無理な話ではないだろうか」——「危険が予想されあるいは予見が可能な場合であっても，特定の有用な行為によって生ずる危険を回避する措置が存在せず，またその行為に代わることのできる有用な代替行為も存在しないようなとき（例えば，副作用のある医薬品だが，ある重大な疾病に対して特効があり，他方でその疾病

78　平井宜雄『損害賠償法の理論』（東京大学出版会，1971年）401頁，平井27頁。ただし，以下の点には，注意を要する。平井によるハンドの公式のわが国の民法理論への導入は，当初は，「効率性」の考慮——コストの比較衡量——に強く基礎づけられた政策的価値判断・制度設計に結びつけられて展開されたものであり，「損害の費用と損害回避費用とを比較し，後者が安価なのにその費用を投じて回避しなかった点に『過失』がある」とされていた。その意味で，「法と経済学」の考え方が色濃く反映したものであった。平井宜雄『現代不法行為理論の一展望』（一粒社，1980年）174頁・207頁・214頁・218頁。この観点からのハンドの公式についての簡明な解説として，加藤〔雅〕164頁。これに対して，その後に出された平井27頁では，こうした観点が後退し，これに代わって，709条の規範文と判例実務の準則に沿って反論可能性の高い命題を定立するのに資する公式として，ハンドの公式の意義が説かれている。

79　平井54頁。

80　澤井裕「新潟水俣病判決の総合的研究5」法律時報44巻14号158頁（1972年），澤井135頁，淡路・公害賠償の理論（増補版）99頁。内田322頁も同旨。

に対する他の有効な医薬品がないとき）に，なお危険から生ずる損害を賠償すべきだとすれば，それはもはや過失責任に基づくものではなく，無過失責任ととらえるべきだ」——との反論がある。この立場からは，そもそも問題であったのは，具体的な衡量の場で，従来「人の生命・身体にたいする危険が不当に低く評価され，あるいは経済的な回避コストが過大評価されるきらいがあった」点だとし，「危険とコストとを比較衡量するといっても，いずれの要素にも定量的な値が与えられているものではなく，また質の異なる要素間の衡量であるから，社会的な意識ないし価値体系の変化に応じて，各要素の重みづけや比較衡量のあり方が変わってくることは当然である」と説かれている[81]。

2 「社会的有用性」を考慮することへの批判
―― 社会全体の効用（厚生）の最大化を目的とすることに対する批判

ハンドの公式がわが国で最初に平井により導入され，有力な地位を獲得した段階では，この公式は，前述したように，「法と経済学」の考え方を色濃く反映したものとして展開された。そこでは，回避コスト（B）において，加害者個人のコストのみならず，「社会的有用性」（社会的厚生）ないし「社会の利益」も考慮され，その結果として，社会全体の効用の増大という功利主義的視点が，中核にすえられたものとなっていた。ここには，被害者と加害者という当事者間での不均衡の回復を超えて，費用便益分析のもと，社会全体の効用（厚生）の最大化・社会共通の費用の最小化による社会全体での資源の効率的配分が企図されている[82]。

この点を捉えて，ハンドの公式が社会全体の利益のために被害者に損害の受忍を求めることになっているのであれば反対であるとの指摘[83]や，加害者・被害者間での相対的な関係での利益調整（矯正的正義）の実現のために過失という帰責事由が問題となっているのに，ここに当該個人の利益に還元できない共同体の共通価値の実現とか社会的資源の効率的配分（社会の費用の最小化・社会的効用〔厚生〕の最大化）といった観点を入れるのは正当でな

81　森島 203 頁。
82　最近では，加藤〔雅〕197 頁。
83　吉田邦彦「法的思考・実践的推論と不法行為『訴訟』――アメリカ法解釈論の新たな動きを求めて」同『民法解釈と揺れ動く所有論』（有斐閣，2000年）198 頁。

いとの指摘[84]，さらには，ハンドの公式では回避コスト（B）の要因のなかで具体的な当事者の利益のみならず，「社会にもたらされる利益」ほかさまざまなものが衡量されることが予定されている結果，政策的な観点から個人の権利・自由が相対化され，権利・自由の保護とその調整という構想とは異質のものとなっているとの指摘[85]が出されている。また，上記の文脈でハンドの公式を読むときには，ハンドの公式のなかで被害者における権利侵害という側面がすべて「損害額」（Lの額）に換算された形でしかあらわれず，そもそもこの公式自体に「権利論」が入り込む余地のない構図となっている点も指摘されている[86]。

これらの批判は，損害賠償制度を個人の権利保護の観点からの正義の実現のための制度と位置づけるか[87]，それとも，社会全体の効用（厚生）の最大化（社会的資源の効率的分配）をもたらすための制度と位置づけるか——政策論的アプローチをとるか——[88]という根本的な態度決定の試金石として，ハンドの公式を捉え，その採否に関する態度決定をせまるものである。

3　ハンドの公式による帰責の正当化への疑念

ハンドの公式に対しては，3因子のいずれも正確な数値化が困難であり，比喩的側面のあることは否めないとの批判がある[89]が，より根本的には，ハンドの公式により算定された結果が，なにゆえに行為者への帰責を正当化するのかという問題がある。厚生経済学の手法に出て，功利主義的観点からハンドの公式を擁護する立場からは，2で述べたように，ハンドの公式による算定結果に従うことが社会全体の効用（厚生）の最大化（社会的資源の効率的分配）をもたらすからであり，それが行為者への帰責を正当化するというこ

84　藤岡康宏「私法上の責任——不法行為責任を中心として」同『損害賠償法の構造』（成文堂，2002年）53頁，潮見・本書初版 158頁。

85　山本敬三「不法行為法学の再検討と新たな展望——権利論の視点から」法学論叢 154巻4＝5＝6号 294頁（2004年）。

86　山本顕治「現代不法行為法学における『厚生』対『権利』——不法行為法の目的論のために」民商法雑誌 133巻6号 883頁（2006年）。

87　典型的には，山本敬三・前掲論文。

88　典型的には，加藤〔雅〕197頁。

89　内田 322頁。もっとも，定式化を回避することは，裁判官による政策的・裁量的判断の容認ないし尊重という方向へと進む余地がある（論者自身，定式化の方向を否定するものではない）。

とになろう。

　しかしながら，これに対しては，この見方は「合理人ならば，損害の期待値が回避コストを超えるときは，損害賠償を支払うよりも回避コストの負担を選択し，当該損害の発生を回避するだろう，という仮定に基づき，かかる仮定に反して行動した当事者に対して生じた結果を帰責する」というものだが，合理的行動の仮定に反することがなぜ帰責を正当化するのかが依然として明白でないとの批判がある。ⓐ合理的計算に失敗し，「B＞P×L」と「誤解」した「愚かさ」に帰責性を求めているのか，ⓑ合理的計算に成功したが，「合理的な計算結果に従うべきなのに従わなかった」という点に帰責性を求めているのか，ⓒ「自分が行動を控えると自分には若干の損失しか生じないにもかかわらず，行動すれば多大の損失を他者に生ぜしめるものであれば，我々はその行動を控えるべきである」といったある種の平等主義的ないし利他主義的な道徳的直感の類に基づいているのか等についての説明が十分にされていない点を突くものである[90]。こうした批判は，そもそも，経済分析の結果が何ゆえに法的・規範的なコンテクストで正当化されるのかという「法と経済学」に対して一般的に向けられる批判にも結びつくものである。

　他方，ハンドの公式を功利主義的な観点から切り離し，わが国の裁判例のなかで集積された規範的判断の結果が定式化されたものとして捉える立場に対しては，ますます，ハンドの公式のもとでの規範的評価とこれによる帰責の正当化がいかにしておこなわれているのかという点を明らかにせよとの批判が向けられることになる。

Ⅳ　ハンドの公式の修正・転換

1　ハンドの公式自体の補正および妥当領域の限定

　批判理論は，ここから，さらなる方向に一歩を踏み出す。

　ひとつは，出発点においてハンドの公式を維持して，その妥当領域を確定しつつも，次に，「過失の判断基準としてハンドの公式が妥当しない類型の不法行為が存在する」[91]ことを端的に認め，ハンドの公式を修正し，またはこれに代わる公式・規準を定立していこうとするもの——そもそも回避コス

---

[90]　山本顕治・前掲論文883頁。
[91]　内田322頁。

トを基点にすえない類型，回避コストだけでなく行為の社会的有用性をも考慮に入れて過失の有無が判断されるべき類型（費用便益分析 cost-benefit analysis が妥当する類型）等を析出していく立場——である[92]。

2 権利スキーマへの転換

別の立場は，権利論レベルで，加害者が有する基本権と被害者が有する基本権相互間の衡量をすることに優位性を認め，ハンドの公式で試みられた衡量を基本権相互の衡量因子へと置き換え，発展的に解消させていくというものである[93]。本書も，このような立場を支持するものである。

既に述べたように，わが国の不法行為法は，過失責任の原則を採用することにより，行為者の行動の自由を保障するという立場を表明した。他方，社会のなかでは，自由で対等な個人と個人が接触することにより，個人の権利と他者の権利との間で衝突・抵触が生じることは避けられない。このとき，国家は，自由で対等な個人相互間の権利を調整する必要がでてくる（権利間の衡量）。この限りで，個人の行動の自由（権利）も，他者の権利との関係で制約を受けることになる。このような行動の自由に対する制約を個人に課すことを内容とする行為規範（命令規範・禁止規範）に対する違反行為が，不合理な行為とされ，過失と評価されるわけである。

ここで，個人の権利間の衡量を経て行為義務を設定するにあたっては，①一方で，これからおこなわれようとする行為者の行為が他者（潜在的被害者）のどのような権利と衝突・抵触する可能性があるか，また，この衝突・抵触が想定されうる権利（潜在的権利）の要保護性はどの程度かを考慮しつつ，②他方で，これからおこなわれようとする行為者の行為がどのような内容のものか，行為者の当該行為の要保護性はどの程度かを考慮したうえで，③行為者の行為と潜在的被害者の潜在的権利とが衝突・抵触する頻度（確率）および程度を計算に入れつつ，行為者の行動の自由がどこまで制約されるべきか——裏返せば，当該行為による潜在的権利者の潜在的権利への侵害がどこまで許容されるべきか——を判断することになる（ここでは，既に述べたよう

---

[92] 大塚・不法行為における結果回避義務 37 頁〔なお，同論文については，とりわけ本文に示した点に関して，潮見佳男「書評（民法学のあゆみ）」法律時報 67 巻 10 号 88 頁（1995 年）〕，内田 322 頁・324 頁。

[93] 山本敬三・前掲論文は，この方向にあるといえる。

に，過剰介入の禁止・過小保護の禁止という憲法上の要請がはたらく。また，ここに公共性・有用性の考慮を入れるかどうかは，権利間衡量と公共的価値の関係をどのように捉えるかしだいである）。この①・②・③の判断結果が「行為義務」として表現されることとなり，したがってまた「行為義務違反」の有無，すなわち過失の存否に関する判断にとっての基礎・規準となるわけである。

第9項　結果発生の予見可能性

I　予見可能性の要否

1　客観的過失論と予見可能性──回避行為の期待可能性としての予見可能性

主観的過失論に立ち，意思緊張を欠いた心理状態を過失と捉える立場からは，過失が認められるために結果発生の具体的危険について行為者の予見（認識）可能性が必要であるという帰結が導かれる。

これに対して，客観的過失論に立ち，適切な行動パターンからの逸脱をもって過失と捉える立場を支持するときには，過失が認められるために結果発生の具体的危険についての行為者の予見（認識）可能性が必要なのか，必要だとすれば，どのような理由で必要とされるのかが問われることになる。

この点に関しては，前述したように，客観的過失論を採用しつつ，結果回避義務（行為義務）を課すには，行為者が結果発生の具体的危険を予見できたことが論理的前提になるとして，結果発生の予見可能性も必要とすべきであるというのが，多数説である。そして，その理由は，結果発生を予見できない場合には，行為者に対してそもそも結果の防止行為・回避行為をすることが期待できない点に求められている[94]。行為者に対し結果回避のための行為（作為・不作為）を求める命令規範・禁止規範があって，これら規範に適合した行為が行為者に義務づけられているとはいえ，そのような規範に適合した行為をしなかったとして権利・法益侵害の結果を行為者に帰責するためには，当該行為をすることが期待可能な状況が存在しなければならないと考え，このようないわば適法行為の期待可能性の要件として予見可能性が必要とされているのである。ここでは，適法行為の期待可能性という要件──主

---

[94]　森島182頁，平井27頁，内田320頁，滝沢聿代「不法行為における過失・違法性（下）」判タ849号41頁（1994年）。

観的過失論では「有責性」に位置づけられていたもの――が，予見可能性という形で，客観化された過失の前提としてとりこまれ，しかも，後述するように，当該具体的行為者の予見可能性ではなく，合理人の予見可能性を規準として判断されるというしくみが採用されていることになる。

2 予見可能性不要論

これに対して，客観的過失論に立ったうえで，結果回避義務（行為義務）違反と別個に予見可能性を問題とすることを否定する立場も存在する。もっとも，仔細にみれば，そこには，理由づけの異なる2種の見解が存在している。

第1の見解は，客観的な行為義務違反を判定するにあたって結果の予見だけをとりだして論じることに意味はないとの理由で，結果回避義務違反（行為義務違反）とは別に予見可能性を問う必要がない――予見可能性などという中間項を挟む必要がない――とするものである[95]。結果の予見が結果の回避の論理的前提となっている以上，結果回避のための行為を行為者に求める命令規範・禁止規範を立てるときに既に合理人の予見可能性は考慮ずみなのであり，そうであれば，行為者が規範に適合した行為をしなかったと評価できれば，これにより行為者には過失があったとすればよく，これに重ねて合理人を規準とした予見可能性の有無を判断する必要はないとの理解が，その背後にある。この第1の見解の説くところは，もっともなところである[96]。とりわけ，第4項Ⅲで触れた意味で「行為」を把握するときには，合理人の予見可能性を特に切り出して行為義務違反と並ぶ過失の構成要素とする必要はない。

第2の見解は，予見可能性を要求する場合の予見の対象が結果発生の具体的危険であることを踏まえたうえで，この意味での予見可能性が要求されるとなると，予見不可能な損害については被害者が負担することとなるが，このような結果は，企業の責任が問題となる場面では，危険な活動を営むこと

---

95 前田34頁，藤岡・損害賠償法の構造63頁。
96 だからこそ，行為者にとっての適法行為の期待可能性をとりあげる意義を説く四宮386頁は，具体的行為者にとっての期待可能性を問い，かつ，これを適法な行動パターンの逸脱の意味での過失とは別に，「有責性」要件として位置づけているわけである。

によって利益を得ている企業が損害を負担しなくてよいことを意味し，損害の衡平な分配とはいえなくなるとして，具体的危険の予見可能性がなくても，結果回避義務違反（行為義務違反）が認められ，行為者の過失が認められるべき場合があるとするものである[97]。刑法における不安感説（危惧感説・新新過失論）にも通じる主張である。この主張の眼目は，第1の見解の説くところとあわせて考えれば，予見可能性を要求することが適切か否かという点にあるのではなく，むしろ，結果発生の具体的危険が存在するところでなければ結果回避義務（行為義務）を設定できないのかという点にある。後者の問いに対して多数説が肯定的な解答をするのに対して，第2の見解は否定的な解答をする点で異なる。後述するように，行為者に対して一定の行為を求める命令規範・禁止規範が立てられるにあたり結果発生の具体的危険が存在しているのでなければならないとの考え方には疑問を感じる。第2の見解にも，首肯しうるところが大きい。

II　予見の対象・回避の対象としての「結果」

予見の対象としての「結果」が何であるか，（ついでにいえば）回避の対象としての「結果」が何であるかについては，仔細にみれば，権利・法益侵害とするものと，損害とするものとがある（意識せずに，いずれか一方または双方をあげているものも少なくないようにみえる）。もとより，後者のように理解するときには損害の意味をどのように解するのか（差額説で考えるのか，損害＝事実説で考えるのか。損害＝事実説で考えるときには，どのような事実を損害として捉えるのか）が決定的に重要となる。

後述するように，過失の要件のもとでおこなわれているのは，行動の自由という加害者の権利と，予想される潜在的被害者の権利との衡量（論者によれば，さらに，公共性・公益性も含めた衡量）であり，この意味で，互いに衝突しあう当事者の権利の限界を確定する作業であると考えるのであれば，ここで問題とされる「結果」とは，損害ではなく，権利と考えるのが適切である[98]。

97　淡路・公害賠償の理論（増補版）92頁。
98　潜在的被害者の権利・法益か，具体的被害者の権利・法益かについては，後述するところを参照せよ。

III 予見可能性の前提――行為者の事理弁識能力

　Iで述べた観点から行為者の予見可能性、したがって過失を問うためには、行為時において行為者に「事理を弁識するに足る知能」、すなわち事理弁識能力が備わっていなければならない。事理弁識能力を欠く場合には、その者が当該行為をしたということはできない。それゆえ、この者の過失を問うことはできない。

　上記の意味での事理弁識能力とは、自分がこれから何をしようとしているのかということについて認識できる能力を意味する。当該行為についての是非弁別・善悪判断や違法性の認識能力といったものまでは要求されない。この意味での事理弁識能力の有無は、個々の行為者ごとに個別具体的事情を考慮して判断するしかない（画一的・絶対的規準はない）が、一応の目安としては、取引における意思能力（6歳程度）よりは低い4～5歳程度の知的成熟度で足りるものと考えてよい（なお、過失相殺と事理弁識能力の関係については、続刊で扱う）。

IV 予見可能性の規範化

　心理的責任論のもとでは、予見可能性は事実的な予見可能性として捉えられることになる。これに対して、規範的責任論のもとでは、過失を主観的に捉えるのであれ、客観的に捉えるのであれ、予見可能性は規範的な予見可能性として捉えられることになる[99]。そこでは、行為者は何を予見すべきであったのかという点に対する評価を経て、予見可能性の有無が決定される。

　その結果、結果発生の具体的危険が存在していない状況下においても、結果発生についての抽象的な危険が存在しているときには、行為者に対し、結果発生の具体的危険についての情報を収集するなど必要な措置を講じるべきであるとの義務（予見義務）が課される状況が出てくる。このような状況は、第4節第3項において触れる公害事件で、特に問題となっている。ここでは、予見義務（情報収集ほか事前の思慮の義務）を尽くせば予見することのできた

99　平井28頁、窪田63頁。

結果については，行為者には結果発生の具体的危険につき予見可能性があったものとされる。そのうえで，結果回避義務の有無が吟味されて，最終的な過失判断に至ることとなる。

V　予見義務の「行為義務」（結果回避義務）化
―― 「事前の思慮」への拡張

　企業災害，公害，薬害・食品公害など，特に科学技術の最先端において起こる事故のように，やってみなければ何が起こるかわからないが，何事も起こらず安全であるという保障はないという種類の危険の源泉となる活動をするにあたって，その危険行為が一応安心感をもって社会に受け入れられるために必要な行為規範として，予見段階で既に，危険を探知するための情報収集義務を認めるべきことが，刑事過失論の一部で説かれていた。この議論を民事過失論の領域に投影すれば，こうした情報収集義務は，未知の危険に対し危険の徴表となる事実を探知するために事前の思慮をすべき義務のひとつとして受け止められ，認識・予見レベルでの行為義務（結果回避義務）そのものとして捉えることができる。結果発生の具体的危険が予見できる場面での行為義務と並んで，結果発生の抽象的危険が存在している段階で，既に，具体的危険を探求するための行為義務として，予見義務（情報収集ほか事前の思慮の義務）が課されているのである。そして，行為義務としての予見義務違反が認められる場面では，重ねてさらなる結果回避義務違反の有無を問題とすることなく，行為者の過失を導くことができる[100]。

　問題は，どのような場合に，こうした行為義務としての予見義務（情報収集ほか事前の思慮の義務）が課されるかである。

　この観点から現実の裁判例をみたとき，①具体的危険が現実化している可能性がある場合に，その具体的危険を認識するために，行為義務としての予見義務が行為者に課されることがある。また，②危険が将来において現実化することは予見できるが，具体的にどのような危険となって発現するかが不明確な場合にも，発現するであろう具体的危険を認識するために，行為義務としての予見義務が行為者に課されることがある。医療における問診義務・

100　大塚・不法行為における結果回避義務 56 頁，潮見・民事過失の帰責構造 98 頁・303 頁，加藤〔雅〕146 頁。

検査義務等は，この部類に属する。

　さらに，③完全には制圧することのできない危険源を社会生活にもちこむことが許容されている場合において，たとえ将来において危険が現実化することが予見できなくても，その危険源に関係する行為をするに際して，行為義務としての予見義務が行為者に課されることがある。公害事例で問題となる企業の調査研究義務は，この部類に属する。また，近時，環境法の領域で注目を集めている「予防原則」（precautionary principle）の考え方ともその発想の基盤を共有するものであることが明らかとなる。「予防原則」とは，環境政策が論じられる過程で展開されてきたものであって，ある物質または活動が環境に脅威を与えるものであるとき，その物質や活動と環境への損害とを結びつける科学的証明が不確実であっても，環境に悪影響を及ぼさないようにすべきであるとする考え方である。この考え方は，環境に対して発生しうる損害が重大で回復不可能なおそれがある場合に，「科学的に不確実なリスク」に対する予防的措置を要請することへと向かうものである[101]。人体に脅威を与える物質と人体への侵害とを結びつける科学的証明が困難であっても，いったん発生すると回復不可能な重大な損害が発生する場合には，損害発生前のリスクを回避し，または提言するために事前の思慮をおこなうべきであるとの観点から，わが国の民事過失論を充実させていくのが望まれるところである。

　もとより，そうはいうものの，行為義務としての予見義務（情報収集ほか事前の思慮の義務）が問われる場面では，抽象的な危殆化にとどまる段階で行動の自由を制約する形で行為者に作為・不作為の義務を課すことが問題となる――しかも，Ⅲの場合と異なり，この義務違反があれば権利・法益侵害の結果が行為者に帰責される――から，問題の危険が実現したとしたら想定される権利・法益侵害の重大性と衡量のうえ，過剰な制約をもたらさないように予見義務の存否と内容を確定していくべきである。

---

[101] 大塚直『環境法（第2版）』（有斐閣，2006年）49頁。

第10項　保護法規違反と過失

I　保護法規

　わが国の法律規定のなかには，人の権利・利益の保護を目的として行為者に一定の作為を命じ，または禁止しているものが少なくない。たとえば，道路交通法は「道路における危険を防止し，その他交通の安全と円滑を図り，及び道路の交通に起因する障害の防止に資すること」を目的とした法律であるが（同法1条），そこに定められている規定には，無免許運転の禁止（同法64条），酒気帯び運転の禁止（同法65条）といった個別的な義務のほか，「車両等の運転者は，当該車両等のハンドル，ブレーキその他の装置を確実に操作し，かつ，道路，交通及び当該車両等の状況に応じ，他人に危害を及ぼさないような速度と方法で運転しなければならない」とする安全運転の義務（同法70条）など，人の権利・利益の保護をも目的としたものが少なくない。

　この種の法律規定は，ドイツ法の用語になぞらえれば，「保護法規」（Schutzgesetz：ein den Schutz eines anderen bezweckendes Gesetz）と称することのできるものである[102]。

　もっとも，何が保護法規かについては，金融商品販売法（金融商品の販売等に関する法律）のように，同法3条（重要事項の説明義務）・4条（断定的判断の提供等の禁止）に違反する行為が損害賠償責任を発生させることを明示している場合（同法5条）には，これらの規定が保護法規としての性質を有する点に問題はないが，このような明示の指示がない規定の場合には，当該規定の存在する法律の目的や，当該規定自体の規律目的を個別に考慮して判断するほかない[103]。また，その規定が保護法規にあたらなかったときでも，当該規定の遵守が私人の権利・法益の保護に間接的に資するときには，当該規定に対する違反行為から，過失が事実上推定されることはある。

　たとえば，宅地建物取引業法35条は宅地建物取引業者の重要事項説明義

---

[102] ただし，ドイツ民法823条2項は——有責性（Verschulden）概念を維持した上で——有責性と違法性（Rechtswidrigkeit）とを区分する立場を基礎としているため，過失に関する今日のわが国の支配的立場を前提とする限り，同項のもとでの議論が直ちにわが国にスライドするものではない。

務を定めているが，この規定は，取引相手方の契約締結へ向けての自己決定権を保護することを目的としたものであり，保護法規としての性質を有すると考えられる。

また，医師法19条1項は，「診療に従事する医師は，診療治療の求があった場合には，正当な事由がなければ，これを拒んではならない」と規定し，いわゆる応召義務を定めているが，この規定は，公衆衛生の向上・増進への寄与と国民の健康な生活の確保を目的とするとともに（同法1条参照），診療を求めた患者の生命・身体・健康の保護をも目的とした行為義務を定めたものとしての性質を有する——診療拒否をした医師の側が正当事由の証明に成功しなければ損害賠償責任から免責されない——と考えられる[104]。他方，同法24条1項は，「医師は，診療をしたときは，遅滞なく診療に関する事項を診療録に記載しなければならない」としているところ，これについては，診療録の記載が診療行為の一環としてされるものであって，患者の生命・身体・健康や自己決定権・情報コントロール権の保護を目的としたものであると理解するか（保護法規性肯定説），それとも，医師が診療の必要のために作

---

[103] この関連でいえば，わが国では，取締法規違反と過失の関係が問題となる。たとえば，滝沢孝臣「故意・過失(3)——取締法規と過失」篠田省二編『裁判実務大系15 不法行為訴訟法(1)』（青林書院，1991年）46頁，平野46頁。しかし，取締法規に違反したからといって過失が認められたり，推定されたりするものではないし，逆に，取締法規を遵守したからといって行為義務を尽くしたとか，無過失が推定されるというものでもない。その意味で，取締法規と過失の関係一般を論じることに意味はない。窪田91頁。もっとも，取締法規違反と過失が語られる際には，一般に，問題の取締法規が本文で述べた意味での保護法規としての性質を有するか否かに照準をあわせているようである。

[104] 本文で示した理解からすれば，患者側からの診療の求めに対して医師が診療を拒否したことが医師の過失の評価根拠事実となり，これに対して同法にいう「正当事由」にあたる具体的事実が，過失の評価障害事実となる。もっとも，本文で示したのとは異なり，現在の学説も裁判例も，医師法19条1項の応召義務を保護法規とまではみていない。公法上の義務であるけれども，この義務の違反が民事過失の存在を推認し（一応の推定），医師の側は正当事由を反証として示すことにより免責されるという枠組みを採用しているにとどまる。前田達明＝稲垣喬＝手嶋豊『医事法』（有斐閣，2000年）265頁。過失の一応の推定をしたものとして，千葉地判昭和61年7月25日判時1220号118頁，神戸地判平成4年6月30日判時1458号127頁。なお，医療専門職の免許制から職業選択の自由が制約されていることと，医療の公共性を考慮したとき，免許を得て診療活動をおこなう医師の職業遂行の自由には厳しい制限が課されるべきであり，それゆえに「正当事由」の判断も厳格なものとなる。

第 4 章　故意・過失

成する記録であり，医師が遂行する診療行為の適正さを担保するとともに，医療機関に対する行政上の監督に資するためのものにとどまると理解するか（保護法規性否定説）により，評価が分かれうるものと思われる。下級審裁判例では，後者の立場から，「医師法が医師に診療録の作成を義務付けているのは，本人に対し医師が正確な説明ができるようにとの趣旨をも含み，結局患者ができ得る限り適切な診療・治療を受けられるよう配慮しているためであると解するとしても，そのことから直ちに本人がこれを閲覧することをも権利として保証していると解することは困難である」とするものがみられる[105]。このような理解をしたとしても，①診療録に不実記載，改ざん，記載不備等があった場合や，そもそも診療録の開示をしないでの医療機関からの説明が不十分であった場合には，診療行為についての顛末報告義務に対する違反を理由として，医師の過失責任（診療契約の違反〔債務不履行責任〕を問うのであれば，民法 645 条違反の債務不履行を理由とする責任）を問いうるものというべきであるし[106]，②医師・患者間の著しい情報格差を考慮したとき，自己決定権（情報コントロール権）の侵害を理由として損害賠償を請求する可能性もある。

　さらに，少年犯罪についての推知報道の禁止を定めた少年法 61 条は，「家庭裁判所の審判に付された少年又は少年のとき犯した罪により公訴を提起された者については，氏名，年齢，職業，住居，容ぼう等によりその者が当該事件の本人であることを推知することができるような記事又は写真を新聞紙

---

[105]　東京高判昭和 61 年 8 月 28 日判時 1208 号 85 頁。ほかにも，大阪高判昭和 61 年 1 月 30 日判タ 589 号 108 頁，大阪地判平成 20 年 2 月 21 日（TKC 判例データベース）。

[106]　前掲大阪地判平成 20 年 2 月 21 日。なお，この問題は，患者の診療録閲覧・開示請求権を認めるかどうかにもかかわる（診療録が文書提出命令の対象となるかどうかという問題とは別に存在する，実体法上の権利・義務のレベルの問題である）。この問題について消極的に捉えるのは，前掲東京高判昭和 61 年 8 月 28 日。医療機関に対する患者側の閲覧請求権を医師法 24 条に基礎づけることは困難であるとしても，本文で述べたような診療契約上の顛末報告義務に対応するものとしての閲覧・開示請求権や，自己決定権（情報コントロール権）に基づく閲覧・開示請求権は肯定するのが適切ではなかろうか。上記問題全体に関する簡明な整理をしたものとして，山下登「診療録閲覧請求事件」医療過誤判例百選〔第 2 版〕204 頁（1996 年），増成直美「診療録閲覧請求事件」医事法判例百選 32 頁（2006 年）。さらに，特集「診療記録の開示と法制化の課題」ジュリスト 1142 号 4 頁（1998 年）のほか，やや古くなったが，特集「医療上の諸記録をめぐる諸問題」法律時報 57 巻 4 号 8 頁（1985 年），シンポジウム「医療記録再論」年報医事法学 1 号 77 頁（1986 年）も参照。

その他の出版物に掲載してはならない」と規定しているが，少年法自体は，「少年の健全な育成を期し，非行のある少年に対して性格の矯正及び環境の調整に関する保護処分を行うとともに，少年の刑事事件について特別の措置を講ずることを目的とする」(同法1条)ものであり，加害少年の名誉やプライバシー等の人格権を保護することを目的としたものではない[107]。それゆえ，同法61条が保護法規としての性質を有しているとはいえない。そもそも表現の自由との衡量が十分にされているのかという疑念も指摘されている[108]なか，同条違反の推知報道がされたからといって直ちに当該少年の名誉やプライバシー等の人格権に対する侵害があったものと判断したり，こうした権利侵害の存在を推認したりするべきではない。

II　保護法規違反と過失

　ある法律規定が保護法規の性質をもつ場合には，当該規定によって定型的に記述された違反類型に該当する行為(定型的行為義務違反〔定型的注意義務違反〕)は，それ自体が当該行為の過失を導くものと考えてよい[109]。

　ドイツ法下での学説においては，この場面で，定型的行為義務違反(作為・不作為)それ自体についての予見可能性と回避措置を過失判断において問題とすることで，ここでの過失は侵害結果についての過失ではなく，保護法規に違反することについての過失であるとするものが多い[110]。しかし，定型的行為義務自体が権利・利益の保護を目的としたものである以上，その違反行為があれば，直ちに，行為者の行為に対して権利・法益侵害の結果を帰責させてよい(行為者の行動の自由を語る余地はない)。保護法規に違反し

---

[107] 明示こそされていないものの，最判平成15年3月14日民集57巻3号229頁(週刊文春事件。事案そのものについては，推知報道に該当しないとされた)も，このような理解を基礎としているものと目される。ただし，この判決は立ち入らなかったが，原判決が原告の主張に含意されるものとしてとりだした「少年の成長発達過程において健全に成長するための権利」を少年法61条が保護の目的としているということならば，同条は，この権利との関係で保護法規としての性格を帯びることとなる。

[108] 窪田121頁。なお，本書における人格権・プライバシー侵害に関する第2部第3章第8節第1項も参照せよ。

[109] 潮見・民事過失の帰責構造26頁，澤井176頁，吉村66頁，窪田92頁。近江117頁も，同趣旨と目される。

たことについての過失を重ねて問うべきではない。もとより，保護法規が存在している場合に，そこで定められた定型的行為義務に該当しない行為であっても，一般の過失判断のプロセスを経て過失ありとの評価を下しうることは，いうまでもない[111]。

---

110 四宮342頁（保護法規違反の行為に対し，過失判断において，保護法規違反が認識可能かつ回避可能であったかどうかを問う）。このことは，「違法性」と「過失」との二元的理解の正当化にもつながる。広く「社会生活上必要とされる注意義務」の違反と「過失」との関係——ドイツ民法学の一派がいうところの「間接侵害」における「違法性」と「過失」の類別論——にかかわる視点であるが，この点に関しては，錦織成史「民事不法の二元性(3)」法学論叢98巻4号94頁・97頁（1976年）。

111 たとえば，建物の設計・施工をおこなう者（建築士，建設会社など）の第三者（自己が契約関係にない居住者など）との関係での行為義務について触れた最判平成19年7月6日民集61巻5号1769頁は，「建物は，そこに居住する者，そこで働く者，そこを訪問する者等の様々な者によって利用されるとともに，当該建物の周辺には他の建物や道路等が存在しているから，建物は，これらの建物利用者や隣人，通行人等（以下，併せて「居住者等」という。）の生命，身体又は財産を危険にさらすことがないような安全性を備えていなければならず，このような安全性は，建物としての基本的な安全性というべきである。そうすると，建物の建築に携わる設計者，施工者及び工事監理者（以下，併せて「設計・施工者等」という。）は，建物の建築に当たり，契約関係にない居住者等に対する関係でも，当該建物に建物としての基本的な安全性が欠けることがないように配慮すべき注意義務を負うと解するのが相当である。そして，設計・施工者等がこの義務を怠ったために建築された建物に建物としての基本的な安全性を損なう瑕疵があり，それにより居住者等の生命，身体又は財産が侵害された場合には，設計・施工者等は，不法行為の成立を主張する者が上記瑕疵の存在を知りながらこれを前提として当該建物を買い受けていたなど特段の事情がない限り，これによって生じた損害について不法行為による賠償責任を負うというべきである。居住者等が当該建物の建築主からその譲渡を受けた者であっても異なるところはない」と述べている（なお，この判決については，この場合の損害をどのように捉えるか——そもそも，権利侵害と損害との関係はいかにあるべきか——という点について，別の重要な問題がある。平野裕之「判例批評」民商法雑誌137巻4＝5号438頁〔2008年〕，新堂明子「判例批評」NBL890号53頁〔2008年〕，橋本佳幸「過失の意義」民法判例百選II〔第6版〕160頁〔2009年〕など）。

第11項　重過失

I　緒　論

　ローマ法以来の伝統に従い，通常の過失（軽過失）と区別されるものとして，「重大な過失」（重過失 culpa lata）が説かれている。立法例においても，重過失が責任の成立または免責の要件としてあげられているものがある。前述した失火責任法などは，その典型例である。

　それにもかかわらず，重過失とは何かに関しては，実はそれほど明確ではない。多くの文献は，前述した失火責任法の判例の定義をそのまま一般化して，すべての場面における重過失概念の基礎としているかのようである（このような手法に問題がある点については後述する）。

II　初期の議論

　わが国では，重過失の意味をめぐって，それほど大きな議論は存在していない。「注意を欠くこと著しく，ほとんど故意に近い場合」をもって重過失とみる立場[112]と，「善良な管理者の注意の程度を少し欠くか，大いに欠くかによって，軽過失と重過失を区別する」立場[113]というように，ニュアンスのある見方が早くから示されていたにもかかわらず，両者の間で論争が展開されることすらなかった。これは，「注意を著しく欠くこと」と「故意に近いこと」との間に距離がないと暗黙裡に考えられていたことによるものと思われる。

　また，かつては，今のように民事過失を客観的過失（結果回避義務違反）と捉えるのではなく，故意と同様に不注意な心理状態（意思緊張の欠如）と捉える立場が通説の地位を占めていたことから，重過失そのものも，心理状態という観点から捉えられるのが自明であった。今日，重過失に関する判例の定義として引用されるのが通例となっている失火責任に関する最高裁判決[114]での表現，すなわち，「わずかの注意さえすれば，たやすく違法有害な

---

[112] 末弘1069頁。
[113] 我妻106頁。

結果を予見することができた場合であるのに，漫然これを見すごしたような，ほとんど故意に近い著しい注意欠如の状態」というのも，こうした心理状態として過失を捉える立場を基礎とし，認識（予見）レベルでの著しい注意不足をもって，重過失と捉えたものといえる[115]。しかも，このような定義は，認識（予見）レベルでの著しい注意不足としての重過失を同じく心理状態として捉えられる故意に近いものと解することとも，親和性をもつものであった。ただし，この判決は，あくまでも，失火の場合における「重過失」の判断のありかたを示したものにとどまり，これを，「重過失」が問題となる場面一般に妥当する判例法理と捉え，適用することはできないはずであった[116]。

III 議論の転回

このような考え方に対して，やがて，学説により，新たな視点が提示されることとなった。そこでは，重過失とは「著しく注意を欠いた場合」であるとしつつ，しかし，「軽過失と重過失の区別は，理論的に明らかにすることは困難であり，実例にあたって具体的に判定するほかはない」とし，「重過失の判定の基準として，故意の立証はできないが故意に準じて扱ってよいというほど重いものと解する考え方と，いわば，故意と過失の中間でかなり軽いものまで入るという考え方がありうる」点が指摘されたのである[117]。

ここにおいて，ⓐ故意に準じる重過失という捉え方に対し，ⓑ故意と軽過失との中間にある重過失という捉え方が提示され，以後の議論を主導していくことになる[118]。

---

114 最判昭和32年7月9日民集11巻7号1203頁。
115 その意味では，過失が客観化され，「結果発生の具体的危険の予見可能性を前提として，合理人ならおこなうべき回避措置をとらなかったこと」と捉えられるようになった今日，この重過失の説明がどこまで維持されるのかは，再検討を要するところである。
116 しかし，この点に関する意識は，わが国の民法学では薄い。「重過失＝故意に準じるもの」という枠組みを一般化し，そのようなものとして判例法理を説明するものが圧倒的である。
117 加藤〔一〕75頁（後者の考え方を支持している）。

IV　近時の理論状況

　最近の民法学では，ⓐ故意に近い重過失という捉え方と，ⓑ故意と軽過失との中間にある重過失という捉え方の違いが認識されたうえで，この両者を併存させるものと，後者の観点から重過失を定義するものとがみられる。

　前者を支持する論者は，重過失が問題となる場合として，①一般的・客観的な基準による注意義務を著しく欠く場合と，②「通常人に要求される程度の相当の注意をしないでも，わずかの注意さえすれば，たやすく違法有害な結果を予見することができたのに，漫然とこれを見すごしたような」場合，要するに「ほとんど故意に近い著しい注意欠如の状態」があるとする[119]。

　これに対して，後者を支持する論者らは，重過失を，「注意義務の違反（怠り）の程度が特に著しい場合」[120]，「過失の中で，注意を怠った程度，あるいは義務違反の程度がはなはだしい場合」[121]，「注意義務を怠った程度が著しく，特に非難に値する場合」[122]といったように説明される。

　総じてみれば，現時点での学説の状況としては，ほとんど故意に近い著しい注意欠如の状態というよりは，故意と軽過失の中間に位置づける見解が有力[123]である。

　しかも，最近では，故意と軽過失との中間にある重過失という捉え方をするもののなかでも，この問題に意識的に取り組んでいる学説にあっては，適切な行動パターンからの逸脱の程度が著しいものをもって重過失と考えるもののほか，行為義務（注意義務）それ自体の水準に着目する見解が増えてい

---

[118] 論者自身がⓑの立場を支持し，しかも，軽過失と重過失の区別もまた柔軟化させている点が重要である。その後，澤井裕『失火責任の法理と判例』（有斐閣，1989年）48頁も，失火に関する膨大な裁判例の分析を踏まえて，「故意に近い」とする重過失の定義が判例法上機能していないことを指摘したうえで，故意への近接を避け，「故意と過失の中間」的発想で定義する方向を支持した。そして，重過失を「著しい注意義務違反」と捉えた。

[119] 四宮339頁。②が故意に近い重過失という捉え方，①が故意と軽過失との中間にある重過失という捉え方に，それぞれ対応する。

[120] 幾代＝徳本45頁。

[121] 加藤〔雅〕146頁。

[122] 藤岡康宏＝磯村保＝浦川道太郎＝松本恒雄『民法Ⅳ　債権各論（第3版補訂版）』（有斐閣，2009年）223頁〔藤岡〕。

[123] 吉村269頁。

る。たとえば，重過失とは善管注意義務に著しく違反することであるところ，「この『重過失』は，軽過失と比較して，前提となる行為義務は，同じであるというのが通説である。しからば，判例は，重過失をどのように理解しているか。……重過失とは，軽過失の前提となる善管注意義務（行為義務）よりも質的・量的に容易な善管注意義務（行為義務）の違反というべきであろう」と説かれることがある[124]。また，「要求される注意義務をどのような水準のものと考えるかにより重過失の内容は異なる」とされることもある[125]。この指摘は，注意義務の高低が過失の軽重を分けるという理解に根ざすものと思われる。さらに，最近では，「何をもって重過失と呼ぶかは，結局，過失の意味をどのように理解するのかに依拠する。予見義務違反説（主観説）によれば，『著しい心理状態の弛緩』ということになるし，行為義務違反説（客観説）によれば，『著しい行為義務違反』ということになる」とも説かれている[126]。

もっとも，これらとは別に，軽過失と区別したときの重過失における対象面での質的相違を明らかにする研究も登場している。そこでは，重過失は，「過失概念の要素たる予見義務を意思の緊張を欠くために予見できなかったことによって怠ったこと」と捉えられ，次のように説明されている。「予見義務は，損害回避義務と同じく，規範的判断によって生じるものであるが，客観的な行動の逸脱によってこの義務に違反したと判断されるべきではなく，意思の緊張を欠いたことによる怠りという点で，通常の過失とは性質を異にし，故意に近くなるが，加害の意思ではないという点で，故意とも異なっている，と考えるべきである」[127]。

V　小　括——重過失概念の多様性

重過失に関する以上の分析からは，次の帰結を導くことができる。
①　重過失の捉え方において，(a)故意に近似する過失という捉え方と，(b)故意と軽過失の中間形態という捉え方の二種がある。

124　前田 44 頁。
125　吉村 269 頁。
126　窪田 66 頁。
127　平井 72 頁。

② 重過失を故意に近似する形態として捉える立場－(a)－は，ローマ法において重過失（culpa lata）を故意（dolus）に準じ，ないしは，故意の証明困難な場合にこれに代替するものとして位置づけていた流れをくむものである。しかも，この立場は，過失を故意と同様に心理状態として捉える考え方（主観的過失論）を基礎としたものである。そのために，「わずかな注意を尽くしさえすれば結果を予見できた」という点に重過失判断の核心を置くことになる（ここでは，過失が客観化された状況下でもなお，「重過失」は，故意と同様，内心の意思に着目して主観的に捉えられるべきである）。なお，この枠組みは，失火責任法における「重過失」概念について判例の採用するところとなったが，この定義が失火の場面以外に直ちにスライドする——したがって，わが国の民事責任において「重過失」が問題とするときには，必ず(a)の意味で理解しなければならない——と解すべき必然性はない。

③ 重過失を故意と軽過失の中間形態として捉える立場－(b)－は，わが国の最近の民法学の主流を成すものであるが，重過失を「著しい注意義務違反」と理解する点に特徴がある。故意への近似性は必要とされないうえに，客観的過失論と整合性を有するものである。この立場からは，重過失の要件となる「著しい注意義務違反」とは何かが問われることになる。ここでは，以下のような観点から重過失の成否が判断されるべきである（第1の観点と第2の観点から形成されるマトリックスのなかで重過失の有無が判断されることになる）。

第1に，「著しい注意義務違反」が問題となる場面としては，重過失評価の対象とされる内的注意・外的注意の違いから，(i)認識・予見レベルでの「著しい注意義務違反」（重大な内的不注意）と，(ii)外部的行動レベルでの「著しい注意義務違反」（重大な外的不注意）を観念することができる。

第2に，「著しい注意義務違反」が問題となる場面としては，重大性に関する観点の違いから，(i)「適切な行動パターンからの逸脱の程度が著しいもの」をもって重過失と考える場合と，(ii)「行為義務（注意義務）それ自体の水準が高められている場合における，その違反」をもって重過失と考える場合を観念することができる[128]。

(i) このうち，「適切な行動パターンからの逸脱の程度が著しいもの」を

---

[128] この点に関しては，道垣内弘人「重過失」法学教室290号35頁（2004年）の指摘も参照。

もって重過失と考えるというのは，標準的・合理的行為態様を所与としたうえで，そこからの逸脱として通常みられるであろう以上に逸脱の幅が大きいという場合に，軽過失ではない重過失を肯定するというものである。

(ii) 他方，「行為義務（注意義務）それ自体の水準が高められている場合における，その違反」をもって重過失と考えるというのは，類型化された合理人への行為要請が，標準とされた合理的行為者の能力・特性を考慮して一般人よりも高められている場合において，行為者がその高められた行為をすることが——これまた行為者の能力・特性に照らし容易におこなうことができるにもかかわらず——されなかったときに，軽過失ではない重過失を肯定するというものである。

第12項　過失の主体をめぐる問題

I　法人の直接侵害行為と民法709条に基づく損害賠償責任

1　「法人の行為」と民法709条

不法行為を理由として法人が被害者に対して損害賠償責任を負う場合，当該不法行為が法人の被用者によりおこなわれたものであるときには，民法715条の使用者責任に依拠して処理されることが多い。このとき，715条では，たとえ過失を客観化したとしても，加害行為者の特定を要し，かつ，この具体的加害行為者の故意・過失を要件とする。しかも，この具体的行為者にとっての職務遂行を——たとえ外形から確定するにせよ——問題としなければならない。

ところが，被害者側からみれば，企業内部における具体的加害者を特定して，かつこの者の故意・過失，ならびにこの者の具体的行為と権利侵害との間の事実的因果関係を証明するのは，困難を伴うことが少なくない。企業組織体内部がソフト・ハードの両面において被害者側には開かれていないだけでなく，問題の企業活動が専門化・技術化すればするほど，上記の証明は困難を極める。たしかに，過失と因果関係については立証責任を緩和するための理論が作り上げられているけれども，問題への抜本的な解決とはならない。

そこで，具体的被用者の不法行為を前提とした民法715条を介さずに，端的に「企業自体の不法行為」を捉え，これを民法709条の不法行為として構

成していこうという動きが登場し，今日に至っている[129]。

　もっとも，特定の被用者の故意・過失の立証を不要とする場合を民法715条の外で構成する構成は，わが国では，当初，民法717条類推による企業責任論としての展開をみた。企業の組織編成に人的瑕疵があれば，物的瑕疵に関する717条の工作物責任の類推により，企業は無過失責任——被用者の故意・過失を要求しない責任という意味である——を負うとの見解が，我妻により主張されたのである[130]。しかしながら，これに対しては，無過失責任としての構成が嫌われて，支配的地位を獲得するに至らなかった。

　ところが，判例・学説は，戦後の高度経済成長期に公害・薬害が社会問題化するなかで，企業活動に伴い生じた権利侵害につき現実の問題解決の必要にせまられ，人身損害の賠償につき，過失責任原則を維持しながら，「企業自体の過失」を観念する方向に動き出す。代表機関以外の被用者の行為について，企業自身の自己責任の拡張という観点から，企業そのものを不法行為の主体とみて民法709条を適用する考え方が提示され，多数の学説の支持を獲得したのである[131]。この方向は，次の判決に，端的に示されている。

　「有機的統一組織体としての企業において，複数かつ不特定の被用者の企業活動の一環としての行為に過失がある場合には，むしろ個々の被用者の具体的行為を問題とすることなく，使用者たる企業自身に過失があるとして直接に民法709条による責任があると解するのが，直截，簡明であり，相当である」[132]。

2　「法人の行為」を否定する立場

　もっとも，企業自身の不法行為（企業自身の過失）という構成に対しては，学説の批判が絶えない。批判理論は，次の諸点を，その論拠としてあげる。

129　全般的な考察を試みるものとして，神田孝夫『不法行為責任の研究』（一粒社，1988年）。

130　我妻181頁。

131　加藤〔一〕85頁，神田・前掲書のほか，西原道雄「企業の過失責任」西原寛一先生追悼『企業と法(下)』（有斐閣，1995年）45頁，澤井301頁。なお，前田23頁は，理事の不法行為が明白なときは民法44条（現在では，一般社団・財団法人法78条），その他の法人構成員の不法行為が明白なときは民法715条，法人活動全体としての不法行為の場合には民法709条を指示する。

132　福岡地判昭和52年10月5日判時866号21頁（カネミ油症事件）。

①法人の代表機関の故意・過失とは別個に法人自体の故意・過失が存在するのか。あるいは，そもそも「意思」をもたない法人の故意・過失を観念できるのか。②企業自身の民法709条に基づく責任を認めたのでは，一般社団・財団法人法78条（旧規定では，民法44条）と715条を設けた趣旨に反するのではないか。③法人自体が709条に基づき責任を負う場合と負わない場合とを区別する基準が明確ではない。④715条構成でも，加害行為者の氏名までも逐一特定する必要はなく，会社の事業のいかなる部門を担当する者であるかを特定すれば足りる。⑤代表者・被用者のいずれかに故意・過失があるかを特定しないで不法行為に基づく法人の損害賠償責任を認めなければならないような切実な実務上の必要性がない。⑥取引的不法行為については，ほとんどの裁判例が使用者責任で対処しており，企業の不法行為構成の必要性すら説かれていない。⑦人身侵害を扱った裁判例にも，企業の不法行為構成をとらないで適切な処理をしたものがみられる[133]。

　最近の学説でも，行為といえるのは「自由な決定にもとづいてなされた挙動」であるところ，「理論的には，過失の前提たる行為義務違反の有無を判断するには，特定人の行動を問題としなければならないのに，擬人化された『企業自体』の過失を問うている点において疑問がある。観念的存在たる企業について，それ自身の『過失』を論じるのは，一種の比喩にすぎない」として，法人の不法「行為」を否定する見解が主張されている[134]。

3　小　　括

　こうした批判論が現在もなお主張され，かつそれなりの説得力を有しているのも，裏返せば，企業の不法行為を推進する論者らが，これまで，企業の不法行為構成を説く際に，企業自身の行為を観念する構成の優位性を論理面で検証するよりも，どちらかといえば，当事者間の利益調整のための政策的価値判断面を強調する方向に進んでいったこと――行為構造の解析への関心がきわめて弱いのが，（同様の理論が展開されているドイツとの相対比較においてではあるが）わが国の企業責任論の特色である――，そして，その際の政策的価値判断で考慮される要因[135]がどのようにして企業の不法行為構成に直結するのかを十分な説得力をもって論証してきたとはいい難いこと――上

133　東京地判昭和57年2月1日判タ458号187頁（クロロキン網膜症訴訟）。
134　平井29頁・227頁。。

記のような政策的考慮だけならば，何も企業の不法行為構成をとらなくても，民法715条の使用者責任構成を微修正することで十分に対処しうる[136]——に起因するところが少なくないように思われる。

　むしろ，企業の不法行為理論に対する批判に答えるためには，715条の使用者責任とは異なる責任体系がここで観念しうることと，その論理構造（帰責構造）を——使用者責任との相違を明らかにする形で——明確に描くこと，とりわけ，行為論の次元で「企業の行為」を定位することが不可欠の作業である。このような観点から捉えた場合には，709条で問題とされているような企業の不法行為責任には，使用者責任と異なる次のような帰責構造を観念しうる点が，これまで以上に強調されてよいことになる。そして，それが，批判理論に対する企業の不法行為責任構成からの解答にもなる。

　①　企業の不法行為構成では，理事・被用者の具体的行為（不作為を含む）を加害行為と捉えずに，法人自体の加害行為を観念する。もちろん，意思形成から意思決定に至る過程を問題とし，その外部的発現形態としての外部的行為を観念する以上，そして法人が自然人でない以上，行為についての意思的側面は，法人の代表機関および従業員のそれをもって捉えることになる。そして，加害行為に対する過失は，この代表機関および従業員の意思に裏づけられた法人の行為に結びつけられ，評価される。しかし，あくまでも，行為義務の名宛人とされているのは，法人自身であって，代表機関や構成員ではない。その意味では，この者たちの不法行為——したがって，この者たちの故意・過失——を前提とした一般社団・財団法人法78条や715条とは，発想の基礎を異にする[137]。

　②　これまで主張されている企業の不法行為構成は，直接の権利侵害行為

135　学説であげられているものとして，たとえば，①問題となる権利侵害は被用者が自己に与えられた職務を企業のために遂行する過程で発生させたものであるかどうか，②当該被用者の担当する職務が，その性質上，第三者に損害を及ぼす危険を内蔵しているかどうか，③被用者の過失が加害の直接の契機になっているとしても，損害発生が広範囲にわたり，全損害額が巨大となったことについて企業のもつ人的・物的諸要素ないし組織が媒介となっていないかどうか等。神田・前掲書62頁。

136　特に，取引的不法行為の世界でも，上記の政策的考慮が妥当するにもかかわらず，そこでは，裁判実務において，もっぱら使用者責任構成がとられているし，企業の不法行為構成をとる学説のなかでも，この傾向に対して敢えて全面的に異を唱えるものが見当たらない。

を想定したものである。しかも，生命・身体・所有権といった絶対権・絶対的利益の侵害を想定している。裁判例であらわれ，学説で念頭に置かれているのは，とりわけ人身に対する侵害である。しかし，ここからくる理論としての限界がある。企業組織編成面での瑕疵を理由とする法人の損害賠償責任（人的組織の編成・管理面での過失を理由とする損害賠償責任）の分析が滞っているのである[138]。この問題については，Ⅱで触れる。

　③　企業の不法行為構成のなかには，企業組織体という実質を重視し，法人格の存否にこだわらない立場が少なくない。この立場には，企業組織体の枠すら取り払ったシステム責任へとも進む可能性が開ける点でメリットがあるようにみえる。しかし，「法人の行為」について上述のような理解をする場合には，法人であることを前提としたうえで，法人の実質としての企業組織体面に注目して過失——法人自身の行為義務違反——を構想していくということになる。その意味では，法人格の存否にこだわらない「企業の不法行為責任」とは一線を画すことになる[139]。

Ⅱ　組織過失（システム構築義務違反および監視義務・監督義務違反）

1　組織過失の意義

　組織過失（Organisationsfehler；Organisationsverschulden）・組織編成義務違反（システム構築義務違反）とは，主に不法行為損害賠償に関するドイツの判例・学説において展開された概念である。主として「直接の加害行為者」に目を向けて過失の議論をしてきたわが国の民法学説においては目新しくみえるものであるが，決して特異なものではない[140]。

137　前田25頁は，自然人の行為と異なる法人の行為を，次のように述べている。それによれば，法人の場合，その意思決定は，複数の理事の合議による多数決によってなされ，それに従って，法人の構成員が，その「目的」達成に向かって，それぞれ協力し合って「大きな『行為』」が形成される。その「構造」は，まさに自然人の「行為に匹敵する」。
138　この点では，雇用・労働関係におけるいわゆる安全配慮義務の議論において展開されている企業の人的組織編成面での帰責構造分析と，きわめて対照的である。
139　法人格否認の法理の妥当可能性を否定するものではない。
140　責任能力者の保護者の民法709条に基づく責任に触れる際の四宮672頁の表現を借りれば，「間接的過失」の一種である。

組織過失とは，狭義では，法人その他の団体（正確にいえば，自然人の場合も含む。以下同じ）のなかで他人の権利・法益への侵害を回避するために適切な組織設置や職掌分担をしなかったこと（システム構築義務違反）をいう。広義では，狭義の組織過失（システム構築義務違反）に加え，当該組織体の構成員や関連団体・組織等がなす具体的行為への適切な監視・監督を怠ったという場合（監視義務・監督義務違反）を含む[141]。以下では，狭義の組織過失・組織編成義務違反（システム構築義務違反）と監視義務・監督義務違反（管理義務違反）をまとめて，「組織過失」ということにする。

2 組織過失が問題となる局面

組織過失は，他人の権利・法益への直接侵害行為を問題とするというよりは，他人の権利・法益への侵害を回避するために何らかの組織編成上の措置や必要なシステムの構築が要請される場面で，こうした組織編成行為（広義）に対して無価値評価をする局面で問題となる。こうした前提を充たす限りで，対象分野上の限定はない。交通事故，医療過誤[142]，運送中の事故，製造物責任，マスメディア・出版関係での人格権侵害といった事実的不法行為の場合のみならず，企業間取引，金融・証券取引での取引的不法行為（金融システム障害が問題となる局面や，金融商品販売にあたっての顧客への情報提供体制・監視体制の不備が問題となる局面など）の場合をも含む。ちなみに，組織過失の問題は，ドイツでは，いわゆる社会生活上の義務（Verkehrspflicht）の一種として捉えられている[143]。

3 組織過失の主体

組織過失が法人について問題となるとき，この過失は，一方で，法人自体

---

141 この点において，組織過失の判断枠組みは，判例が採用している安全配慮義務違反の判断枠組みと共通する。
142 チーム医療における患者に対する総責任者の説明義務が問われたものとして，最判平成20年4月24日民集62巻5号1178頁。この問題を扱ったものとして，前田達明＝稲垣喬＝手嶋豊『医事法』（有斐閣，2000年）274頁，朝見行弘「チーム医療」太田幸夫編『新・裁判実務大系1　医療過誤訴訟法』（青林書院，2000年）127頁，橋口賢一「ドイツにおける診療過誤と組織過失論」同志社法学54巻5号129頁（2003年）。なお，自己決定権と説明義務に関して後述するところも，あわせ参照せよ。

の過失(行為義務違反)として捉えうるものである。この場合における行為義務の主体は,法人である。

　しかし,組織過失は,他方において,法人において人的・物的組織編成やシステム構築についての権限を有している自然人の過失(行為義務)としても捉えうるものである[144]。

　さらに,組織過失は,法人に限らず,自然人(あるいは,複数の法人)の集団を構想しうるところでも,当該集団内の人的・物的組織編成やシステム構築についての権限を有している者(集団の中核となる自然人または法人)について観念できる。

　ひいては,個人の行為が問題となる局面でも,みずからが行為をするにあたっての人の手配・配置や監視・監督,物的設備・システムの構築の面において問題となりうる。

---

[143] 詳細については,潮見佳男「ドイツにおける組織過失の理論」林良平先生献呈論文集『現代における物権法と債権法の交錯』(有斐閣,1998年)191頁。ドイツにおいて,組織過失は民法典において明確には述べられることのなかったものであるが,20世紀における判例・学説の展開の結果として理論としての確立をみたものである。そして,そこでは,組織編成義務には2種類のものがあるということが認められている。ひとつは,「事業遂行上の組織編成義務」(betriebliche Organisationspflicht)といわれるものであり,もうひとつは,「団体構成上の組織編成義務」(körperliche Organisationspflicht)といわれるものである。「事業遂行上の組織編成義務」は,事業の運営にあたり,法人その他の団体(厳密にいうならば,団体に限られないのであり,自然人についても妥当する)が,事業活動に伴い第三者の権利・法益に生ずるおそれのある危険を回避するために社会生活上必要とされる注意を用いてみずからの組織編成をおこなわなければならないというものである。「団体構成上の組織編成義務」は,「ある特定の業務領域・部門ないし部署について指導的地位にある者については,この者を機関その他の代理人として選任しておかなければならない」というものである。後者の意味での組織編成義務は,かかる指導的地位を占める者が機関その他の代理人として選任されていない点を捉えて,不作為不法行為としての評価が下される。

[144] 橋口・前掲論文(医療事故の場面)のほか,大阪高判平成14年12月26日判時1812号3頁(信楽高原鉄道事故損害賠償訴訟控訴審判決)。刑事過失論において「管理・監督過失」として論じられているものに対応する(もとより,刑事過失と民事過失との違いゆえに,判断構造は異なってくる)。「管理・監督過失」の問題に関しては,さしあたり,大塚裕史「管理・監督過失」西田典之=山口厚=佐伯仁志編『刑法の争点(第3版)』80頁(2007年)。

第13項　過失の主張・立証責任

I　規範的要件としての過失

　過失は，民法709条による損害賠償請求権の成立にとって必要な要件のひとつである。他方，今日の要件事実論の主流の考え方によれば，「過失」とは評価そのものであって，事実ではなく，したがって，過失があったこと自体が主張・立証責任の対象となるのではなく，過失があったとの評価を根拠づける具体的事実（過失の評価根拠事実），およびその評価にとっての障害となる具体的事実（過失の評価障害事実）が，ともに主要事実として主張・立証責任の対象となるということになる（規範的要件としての過失[145]）。

II　主張・立証責任の負担者としての被害者

　民法709条にいう「過失」については，被害者が主張・立証責任を負うとされる。このことと，規範的要件としての過失というコンテクストで論じられている事柄とは，どのような関係にあるものとして理解すればよいのか。大別すると，2つの立場に分かれうる[146]。
　第1の考え方（多数説）は，結果の予見・回避の全般にわたり過失があったとの評価を根拠づける具体的事実（過失の評価根拠事実）について被害者が主張・立証責任を負担し，他方，結果の予見・回避の全般にわたり過失が

---

[145] 司法研修所編『増補民事訴訟における要件事実　第1巻』（法曹会，1998年）30頁。同書36頁が，「主張された評価根拠事実だけでは当該評価の成立を肯定させるに足りないときは，その規範的評価成立の主張は，主張自体失当であるから，その事実を立証させる必要はなく，まして評価障害事実を認定した上で，総合判断しなければ結論が出せないものではない。換言すれば，本来，評価根拠事実に基づけば当該規範的評価が成立するとの判断が先行しなければならず，この評価の成立を前提として，評価障害事実の存否が問題となるという理論上の関係があるのである。このような法的効果による判断の先後関係の存在は，評価障害事実が評価根拠事実に対し抗弁として位置づけられるべきことを意味するものである」としている点にも注意せよ。なお，著者は，規範的要件というカテゴリーを——法的事実の確定と法的（規範的）評価の関係について詰めることなく——立てることに対して疑問をいだくものであるが，本書では，この点には立ち入らない。

あったとの評価を妨げる具体的事実（過失の評価障害事実）について加害者が主張・立証責任を負担するとみる。「被害者が過失の主張・立証責任を負担する」というのは，過失の評価根拠事実面に照準を合わせた説明だということになる。この考え方は，客観的過失も予見可能性を前提としているところ，「予見可能性を前提とする」というのは「予見可能性が過失の中核を構成する」という意味であり，予見可能性も客観的過失として捉えられる過失の本質を成していると理解することから，「結果発生の具体的危険に関する予見可能性があった」との評価を基礎づける具体的事実も，「結果回避義務違反があった」との評価を基礎づける具体的事実とともに，過失の評価根拠事実となり，これに対する抗弁としての過失の評価障害事実についても，「結果発生の具体的危険に関する予見可能性があった」との評価を妨げる具体的事実が，「結果回避義務違反があった」との評価を妨げる具体的事実とともに，評価根拠事実を構成するということになると考えるのである。本書で述べた過失論との整合性は確保されている。

　第2の考え方[147]は，過失は結果回避義務違反なのだから，過失の評価根拠事実は「結果回避義務違反があった」との評価を基礎づける事実であり，他方，「結果発生の具体的危険に関する予見可能性がなかった」との評価を基礎づける事実が過失の評価障害事実となるとする。本書で述べた過失論との整合性はないが，結果回避義務と予見可能性との平面の違いを強調する過失論とは整合性がある。

---

[146] あくまでも，「客観的過失」概念と「規範的要件としての過失」という枠組みを所与としたうえでの議論である。この議論にどれほどの意味があるのかについては──「規範的要件」という概念自体も含め──疑問があるため，ここで解説をすることには躊躇をおぼえるが，念のために概略のみを示しておく。詳細については，この議論自体の問題点をも含めて示す大塚直「不法行為法と要件事実論──規範的要件としての過失および受忍限度を中心として」NBL 812号90頁（2005年），同「要件事実論の民法学への示唆(3)──不法行為法と要件事実論」大塚直＝後藤巻則＝山野目章夫編著『要件事実論と民法学との対話』（商事法務，2005年）73頁。

[147] たとえば，賀集唱「要件事実の機能──要件事実論の一層の充実のための覚書」司法研修所論集90号44頁（1994年）。

III 過失責任の原則の動揺と，過失の主張・立証面への影響

1 緒論

　前述したように，過失責任の原則は，「行為者は自己に過失がある場合にのみ，加害行為について責任を負う」という原則であって，「過失がなければ，いかなる行動をとってもよい」という人の行動の自由の保障に裏打ちされたものである。そして，その結果として，過失責任の原則は，近代資本主義経済社会において，個人の経済的取引の自由・企業活動の自由を保障するものとなる。そして，このコンテクストのもと，過失責任の原則には，企業活動にあたり企業が合理的と考えられる注意を尽くしておきさえすれば，たとえ企業活動の結果として他人に損害を生じさせても責任を負う必要がないとの意味が含まれている点が強調されるようになった。

　しかし，近代民法秩序成立後，各地で生じた産業革命を経て今日にまで続く社会の高度化・技術革新の流れと，それに伴う産業資本の強大化・独占化，その反面としての労働者・消費者層の分化に象徴される社会問題の登場のなかで，過失責任の原則に対する疑問が示されるようになった。過失責任の原則が企業の経済活動の自由と企業の利益に傾斜している反面，企業活動の結果として被害を受けた者が有する権利に対する保護をあまりにも無視している点が批判されたのである。特に，過失責任の原則が前提とするところの理性的に行動する楽観的な人間像に対する疑義と，主体の自由と平等に対する疑義――とりわけ，大企業の経済活動から生ずる法益侵害の危険に対して自己防衛の手段をもたない被害者という図式が妥当する場合――が，過失責任の原則を強調することに対する批判となってあらわれた[148]。

　こうした立場は，①市民の生存を確保することを目的とする社会国家的視点，②パターナリズムの観点から出た国家による後見的支援・福祉国家の視点，そして，③一定の経済政策的意図に出た国家による市場への積極的介入の視点から，私的自治・自己決定権および資本主義競争経済の観点に支えられた過失責任の原則の見直しをせまることへと向かった。もっとも，そのめざす方向は共通であっても，次にみるように，具体的な展開の態様は，さまざまである（なお，以下に述べる展開の傾向は，必ずしも相互に排他的なもので

148　加藤〔一〕5頁。

はない）。

2 過失についての主張・立証責任の転換——無過失の抗弁

　一定の場合に，被害者の権利行使を容易にするという配慮から，過失についての主張・立証責任が加害者に転換されている場合がある[149]。たとえば，次のような場合がある。

　①　運行供用者責任に関する自動車損害賠償保障法3条ただし書は，免責要件として，「自己及び運転者が自動車の運行に関し注意を怠らなかったこと」をあげている。

　②　特許法103条には，過失の推定規定がある（その他，意匠法40条，商標法39条にも同様の規定がある）。特許権の内容および特許権者は特許公報や特許登録原簿に掲載・登録されることによって公示されていることと，権利侵害をした者は高度の注意義務を要求される事業者であるのが通例であることが，そのような過失の推定の根拠であるとされる[150]。

　③　責任無能力者の監督義務者の損害賠償責任を定める民法714条1項ただし書前段についても，通説は，監督義務者の責任を自己責任（みずからの監督上の過失を理由とする監督義務者自身の損害賠償責任）と捉えたうえで，監督上の過失についての主張・立証責任が監督義務者に転換されているものと解されている（後述）。

　④　金融商品取引法では，有価証券届出書や発行登録書等に不実記載がある場合に，一定の要件のもとで，当該有価証券届出書の届出者（発行者）の役員等に対し，発行市場における有価証券取得者に対する損害賠償責任を課しているが，この責任では，不実記載についての過失の主張・立証責任が役員等の側に転換されている（同法21条）。

---

149 「規範的要件としての過失」という枠組みに即していえば，「加害者が合理人の注意を尽くしたとの評価を根拠づける具体的事実」について主張・立証責任を——被害者側からの損害賠償請求に対する抗弁（無過失の抗弁）として——加害者側が負い，これに対して「加害者が合理人の注意を尽くしたとの評価を妨げる具体的事実」についての主張・立証責任を——無過失の抗弁に対する再抗弁として——被害者側が負うということになる。

150 渋谷達紀『知的財産法講義Ⅰ　特許法・実用新案法・種苗法』（有斐閣，2004年）193頁（この推定を覆すことは相当に難しく，推定の覆滅に成功する例はないといってもよいという）。

3　過失についての事実上の推定

　過失についての主張・立証責任の転換にまで至らなくても，間接事実の積み重ねから明らかとなる当該事件の経過をもとに，経験則に照らせば，当該事件において過失の評価を根拠づける事実があると推認することで，被害者の証明困難を救済することがされている（事実上の推定）。

　ここでは，上記意味での間接事実の存在――ここでも，因果関係の場合と同様に，経験則の適用を正当化できるだけの典型性を有している必要があろう――が被害者によって立証されれば，加害者に過失ありと事実上推定され，加害者の側で，経験則の適用を排除する特段の事情（加害者の過失とは違う事由により権利侵害が生じたことを示す事情）を立証（反証）することで，過失の存否についての裁判官の心証を動揺させるよう，せまられる（間接反証）[151]。

　もっとも，これは裁判官の心証形成過程における問題であって，過失の主張・立証責任が転換されているわけではない。したがって，加害者としては，合理人の注意を尽くしたとの評価を根拠づける具体的事実の立証に成功しなければならないのではなく，あくまでも，典型的事象経過に関連づけられた経験則の適用を裁判官が思いとどまるべき状態，つまり真偽不明の状態にまでもちこめばよい。

　最高裁判決としてあらわれたものには，次のようなものがある。

　①　インフルエンザ予防接種の異常な副反応により被接種者（1歳の幼児）が死亡した場合において，異常な副反応を回避するために適切な措置を講じるべき義務の違反（過失）の有無が問題となったところ，担当医師が適切な問診を尽くさなかったために禁忌者の識別ができなかったときは，担当医師は「結果を予見しえたものであるのに過誤により予見しなかったものと推定するのが相当である」とした判決がある[152]。もっとも，具体的事案の解決としては，ここで問題となった問診義務違反の事実は，もはや事実上の推定というレベルのものではなく，端的に過失があったとの評価を根拠づける主要事実として捉えるのが適切であった。

---

[151] 加藤〔一〕78頁，四宮389頁ほか通説。これと異なる「過失の事実上の推定」理解を展開したものとして，加藤〔雅〕154頁。

[152] 最判昭和51年9月30日民集30巻8号816頁。

② 「医師が医薬品を使用するに当たって右文章〔医薬品の添付文書（能書）〕に記載された使用上の注意事項に従わず，それによって医療事故が発生した場合には，これに従わなかったことにつき特段の合理的理由がない限り，当該医師の過失が推定される」としたものがある[153]。一般化していえば，ある医薬品について，添付文書上に標準的な投与方法が記載されているとともに，医師の判断で一定限度まで異なった分量を投与できるとされていた場合に，この医薬品について記載されている標準的な投与方法と違った使い方を医師がしたとき，医師は具体的な患者を前にして治療行為の一環として医薬品を投与するわけであって，その患者の生体反応次第で必ずしも添付文書に絶対に従わなければならないわけではないから，「医師が医薬品の添付文書に記載された標準的投与方法と違った投与をした」との事実自体は，「医師に過失があったことを根拠づける事実」とはいいきれない。しかし，「医師が医薬品の添付文書に記載された標準的投与方法と違った投与をした」との事実から，裁判官が，経験則に照らして「その医師には診療にあたり過失があった」との心証を抱き，その結果として「加害者に過失がある」との事実を真実と認めることにより，加害者に対する損害賠償請求が認められるということになれば，まさに，これが事実上の推定にあたる場合である。

ちなみに，わが国の学説・判例では，上記の点に関連して，「過失の一応の推定」が論じられることが多い。この「一応の推定」で論じられている問題には，ⓐ間接事実からの推認（経験則による心証形成）レベルでの，過失についての事実上の推定がされる場合[154]が含まれているほか，ⓑ過失判断における主要事実である評価根拠事実レベルで主張・立証責任のルールを実質的に変更し，「ある前提事実が存在する場合に，特段の事情が認められないかぎり（特段の事情の存在についての立証責任は相手方にある），規範的評価としての過失があることを価値判断の問題として擬制した」[155]場合も含まれている[156]。

4　行為義務（結果回避義務）の高度化

過失についての主張・立証責任の転換，過失の事実上の推定とならべて，

153　最判平成8年1月23日民集50巻1号1頁。
154　前掲最判平成8年1月23日。
155　伊藤滋夫『事実認定の基礎』（有斐閣，1996年）140頁。

過失における注意義務の高度化という点があげられることが少なくない（ほかにも，事案解明義務・証拠提出責任の問題があるが，これについては民事訴訟法にゆずる）。

たとえば，公害・薬害事例において，「企業は，場合によっては操業停止までをも含む高度の損害回避義務（究極的損害回避義務）を負う」というように指摘される場合がそうである。また，いわゆる医師，弁護士，司法書士等の専門家責任の領域では，「専門家は，一般市民からその業務における知識・技術について高度の信頼を受けており，これに対応する高度の注意義務を負う」[157]とされる[158]。

この点を捉え，かつては，公害事件の問題分析がされるなかで，「過失の衣をきた無過失」という説明がされたこともあった。すなわち，そこでは，公害の場合のように注意してもなお結果の発生を回避することが困難な損害については，個人の自由の確保と無関係に，もっぱら損害の塡補という結果の妥当性を企図し，無過失責任が立法化されていない状況下での工夫として，結果回避義務を厳格に考えるという方向がとられている点が指摘され，そこでは「本来の過失責任＝個人の自由の確保」という前提が崩れ，「過失の衣をきた無過失」の理論が採用されていると説かれたのであった[159]。このような表現の是非はともかく，ここでは，過失があったとの評価を根拠づける

---

[156] 後者に属するものとして，大判大正7年2月25日民録24輯282頁（他人が所有する山林の樹木を伐採した事件），最判昭和43年12月24日民集22巻13号3428頁（仮処分命令が異議申立手続において取り消され，かつ，本案訴訟においても原告敗訴の判決が言い渡された事件）。なお，過失の一応の推定については，伊藤・前掲書138・140頁，中野貞一郎『過失の推認（増補版）』（弘文堂，1987年），高田裕成「過失の一応の推定」伊藤眞＝加藤新太郎編『（判例から学ぶ）民事事実認定』（有斐閣，2006年）61頁のほか，民事訴訟法の体系書・教科書類を参照せよ。

[157] 澤井89頁。

[158] 専門家責任全般に関する論稿として，川井健編『専門家の責任』（日本評論社，1993年），鎌田薫「専門家責任の基本構造」山田卓生編集代表『新・現代損害賠償法講座3 製造物責任・専門家責任』（日本評論社，1997年）295頁，弥永真生「専門家責任と責任保険」同375頁，工藤祐厳「わが国における専門家責任事件の具体的展開」同403頁。ただし，専門家という一般的・抽象的カテゴリーを立てて解釈論を展開していく方法には，問題がある。座談会「『専門家の責任』法理の課題」法律時報67巻2号30頁（1995年）での潮見発言。ほぼ同旨と思われるものとして，河上正二「『専門家の責任』と契約理論」同6頁。

具体的事実そのもののハードルが被害者に有利に低くなることで，過失の立証が容易になる。

5 過失責任の原則の妥当範囲の縮減──無過失責任立法

　過失責任の原則を貫いた際に生じるとされる問題に対処するための展開は，過失責任原則の妥当範囲そのものを制限しようとする見解となってあらわれている。権利を侵害された被害者の不法行為法による広範な救済を正当化すべく，企業活動と結びついている事故のリスクは企業の負担とされなければならないという発想から，無過失責任の妥当範囲の拡張が説かれるようになっている[160]。

　わが国において，この方向は，無過失責任を採用した次のような特別立法において具体化されている[161]。

　① 鉱業法109条（1950年〔昭和25年〕制定のもの）は，鉱区の鉱業権者の無過失損害賠償責任を定めている。ただし，天災その他の不可抗力が競合した場合の免責の可能性を残している[162]。

　② 原子力損害の賠償に関する法律3条1項は，「原子炉の運転等の際，当該原子炉の運転等により原子力損害を与えたときは，当該原子炉の運転等に係る原子力事業者がその損害を賠償する責めに任ずる」と定めている。ただし，「その損害が異常に巨大な天災地変又は社会的動乱によって生じたものであるときは，この限りでない」とする。

159　徳本鎮「過失の衣を着た無過失の理論──公害の私法的救済と主観的責任成立要件をめぐって」同『企業の不法行為責任の研究』（一粒社，1974年）106頁。

160　第1部で触れたように，わが国の民法は，人の行動の自由を保障するため，不法行為を理由として損害賠償請求権が発生するためには加害者に故意または過失があることが必要であるという考え方を原則としている。したがって，他人の行為により被害者の権利が侵害されたというだけでは，不法行為を理由とする損害賠償請求権が発生するのには十分ではない。加害者に故意または過失がなければ，不法行為を理由とする損害賠償請求権は発生しない。それゆえ，無過失責任が妥当するときには，それがどのような思想（原理）のもとで基礎づけられているのかを示す必要がある。そのための論拠として一般にあげられるのが，危険責任の原理と報償責任の原理である。

161　中村哲也「日本民法の展開(2)特別法の生成──不法行為法」広中俊雄＝星野英一編『民法典の百年Ⅰ』（有斐閣，1998年）279頁も参照。以下にあげたものは，あくまでも一例にすぎない。

162　この点に関しては，徳本鎮「鉱害賠償」有泉亨監修『現代損害賠償法講座5　公害・生活妨害』（日本評論社，1973年）285頁。

③　大気汚染防止法25条と水質汚濁防止法19条も，健康被害物質の排出により生じた人身侵害に基づく損害につき，汚染物質排出企業の無過失責任を定めている[163]。

　④　製造物責任法3条も，製品の欠陥による損害について製造業者等の無過失責任を定めている。ただし，いわゆる開発危険の抗弁を製造業者側に認めている（同法4条1号）。

　⑤　独占禁止法25条は，独占禁止法違反の競争制限行為をした事業者に，被害者に対する無過失損害賠償責任を課している[164]。

　⑥　金融商品取引法では，一定の要件のもと，有価証券届出書や発行登録書等に不実記載がある場合の当該有価証券届出書の届出者（発行者）の有価証券取得者に対する無過失損害賠償責任を課している（同法18条1項本文・23条の12第5項）。また，同様に，目論見書に不実記載があった場合における発行者の有価証券取得者に対する無過失損害賠償責任も定めている（同法18条2項・23条の12第5項）。さらに，こうした発行市場における無過失損害賠償責任のみならず，流通市場における有価証券取得者に対しても，公衆縦覧に供された開示書類中の不実記載を理由とする発行者の無過失損害賠償責任を定めている（同法21条の2第1項）。

第4節　過　失——各論（人身侵害について）

第1項　緒　論——とりあつかう対象の限定とその理由

　権利・法益侵害についての過失（行為義務違反）が問題となる局面は多岐にわたるが，このうち，大半のもの（取引的不法行為，名誉・人格権侵害，営業権侵害，財産権侵害など）については，既に，権利・法益侵害を扱う際に，あわせてとりあげた。それゆえ，以下では，そこではとりあげなかった類型，すなわち人身侵害（人の生命・身体・健康に対する侵害）の場面にしぼって，

---

[163]　この点に関しては，澤井裕「公害無過失責任立法について」有泉亨監修『現代損害賠償法講座5　公害・生活妨害』（日本評論社，1973年）59頁。

[164]　この点に関しては，中村哲也「独禁法違反行為の不法行為責任」山田卓生編集代表『新・現代損害賠償法講座2　権利侵害と被侵害利益』（日本評論社，1998年）347頁，村上政博＝山田健男『独占禁止法と差止・損害賠償（第2版）』（商事法務，2005年）83頁。

過失判断における特徴を示すことにする。

第 2 項　交通事故

I　前　注──運行供用者責任と民法709条の損害賠償責任

　交通事故による人身侵害類型については，1955年（昭和30年）に，被害者の救済と損害塡補の確実化をめざし，責任保険の強制に裏打ちされた自動車損害賠償保障法が制定された。自動車交通自体に不可避的に内在する危険（自動車運行の危険）に対して，運転者の過失に関する立証責任を転換する等の立法措置をとることによって，実質的に無過失責任・厳格責任化することで被害者の救済をはかり（同法3条），損害塡補を確実なものとすることが企図されたのである[165]。

　ところで，自動車損害賠償保障法の理念は，強制責任保険という枠組みを超えて，およそ交通事故被害類型一般に妥当するものである。そうであるとするならば，709条の枠内での自動車事故による不法行為責任の場でも，加害者の過失の高度化がもたらされることとなるし，今日までにあらわれた裁判例にはそのような傾向がみられる。しかも，交通事故被害類型では，過失相殺がほとんどの事件で問題とされている。いわば，「加害者の過失」を高度化して責任の成立面での判断を容易にしたうえで，法律効果，すなわち金銭評価面で，過失相殺を広汎かつ弾力的に用いることにより，被害者側の行為態様を考慮して加害者・被害者間の調整をはかっているのである。

165　吉野衛「自賠法の立法過程」有泉亨監修『現代損害賠償法講座3　交通事故』（日本評論社，1972年）17頁，篠田省二「自賠法における免責」同145頁。もっとも，実務サイドからは，自賠法の立法当初の10年間は厳格責任の理念が支配したため免責を容易に認めない傾向であったのが，被害者保護を強調するだけの初期の実務に対する反省の結果，免責を認める判決も多くなってきたとの声も聞く。同法3条ただし書による免責裁判例の状況と免責を認める判決数の多さについては，児玉康夫「免責」塩崎勤＝園部秀穂編『新・裁判実務大系5　交通損害訴訟法』（青林書院，2003年）129頁。しかし，それでも，他の不法行為類型との比較においては，過失肯定率は，今日においてもなお，相当高いように思われる。

II　交通事故における過失責任

　交通事故については，人身侵害に関して自動車損害賠償保障法3条の運行供用者責任の適用があるため，純粋に民法709条の問題として登場する事例はそれだけ減少するが，それでも，①被害者が加害者に対して，「物損」の賠償を請求する場合，②運行供用者でない運転者に対して，民法709条に基づいて損害賠償責任を追及する場合，③運転者の使用者であるが運行供用者でない者に対して，民法715条に基づいて使用者責任を追及する場合，④運行供用者としての地位を例外的に否定された自動車所有者に対して，民法709条に基づいて管理上の過失を理由とする損害賠償責任を追及していく場合等において，民法709条の過失責任が問題となる場合が少なくない。

　これらの場合には，裁判例において，加害者の過失は，追突，正面衝突，右折中の事故，横断中の歩行者の轢過など，外部にあらわれた行為態様から評価される道路交通法規違反の意味での定型的注意義務違反[166]（一旦停止しなかったこと，制限速度を越えて走行したこと，徐行措置をとらなかったこと等）の有無により判定されるのが通常である。ここでは，道路交通法規が日常生活関係のなかで一般的に生じうる典型的事故事例を想定して，そこからの交通関与者の保護を目的とした規範（保護法規）としての性格をも有している点を捉え，定型的注意義務違反から加害者の過失を帰結しているものとみることができる。しかも，そこで想定されているのは，当該状況下における具体的な事故発生の危険ではなく，抽象的な危険の存在である。さらに，このような定型的注意義務違反が認められる場合には，どのような場合にどのような事故が起こるかについて過去の経験の蓄積があり，ほとんどの事故についてその種の事故が生じうるという意味での予見可能性を認めることができるがゆえに，定型的注意義務違反とは別個に予見可能性が問題とされることがない。こうした判断枠組みを採用することにより，ここでの加害者の過失は，危険責任に接近している。

　もっとも，交通事故が発生した場合に加害者が道路交通法規を遵守していたという場合（保護法規違反がない場合）には，裁判例においては，これとは異なる判断枠組みが採用されている。そこでは，道路交通上異常な事態が存

166　この表現は，四宮362頁による。

在していたところ，この事態のもとでの事故発生の具体的危険について自分は予見することができなかったという加害者側からの反論を前にして，具体的危険の存在およびそれへの予見可能性と結果回避可能性，さらに講じられるべきであった結果回避措置が吟味されている[167]。ここでは，「加害者の行為義務違反＋予見可能性」という判断枠組みが基調とされている。もっとも，予見可能性は，加害者を免責するための事情として，いわば免責事由化している。しかも，予見可能性の有無は，内心的状態という意思緊張面からではなく，異常事態を前提としていかなる措置が行為者に期待可能かという観点から吟味されている場合が少なくない[168]。だからといって，民事交通事件でも刑事事件と同様に「信頼の原則」[169]を判例が採用しているとはいえないし[170]，このような原則をもちだすことにも，理論的には疑問がある[171]。

---

[167] 一例として，最判平成3年11月19日判時1407号64頁。交差点を青信号に従って直進しようとした車両に，右折のために交差点内で停止していた車両の左側を通過して右折しようとした原動機付自転車が接触して転倒し，運転していた者が死亡したという事件について，「車両の運転者は，他の車両の運転者も右規定〔道路交通法37条〕の趣旨に従って行動するものと想定して自車を運転するのが通常であるから，右折しようとする車両が交差点内で停止している場合に，当該右折車の後続車の運転者が右折停止車両の側方から前方に出て右折進行を続けるという違法かつ危険な運転行為をすることなど，車両の運転者にとって通常予想することができないところである。……Y〔直進車両の運転者〕には，他に特別の事情のない限り，郵便車の後続車がその側方を通過して自車の運転前方に進入して来ることまで予想して，そのような後続車の有無，動静に注意して交差点を進行すべき注意義務はなかった」とした。
[168] 潮見佳男『民事過失の帰責構造』（信山社，1995年）6頁。
[169] 「信頼の原則」は，当初，刑法において展開をみた理論であって，「行為者がある行為をなすにあたって，被害者あるいは第三者が適切な行動をすることを信頼するのが相当な場合には，たといその被害者あるいは第三者の不適切な行動によって結果が発生したとしても，それに対しては責任を負わない」とする原則をいい，道路交通事犯では，「あらゆる交通関与者は，他の交通関与者が交通秩序にしたがって適切な行動に出ることを信頼するのが相当な場合には，たとい他の交通関与者の不適切な行動によって結果が発生したとしても，これに対しては責任を負わない」とする原則としてあらわれる。西原春夫『交通事故と信頼の原則』（成文堂，1969年）14頁。

170 前掲最判平成3年11月19日の評釈のなかで，新美育文「交差点を青信号に従って直進した運転者の注意義務」交通事故判例百選〔第4版〕80頁（1999年）は，「判例」が「信頼の原則」の理論のもとで加害者を免責する余地を肯定している——「信頼の原則」を民事責任の領域でも採用することは「判例の確立した態度である」——としている。しかし，そこで「信頼の原則」を採用したとしてあげられている最判昭和43年7月25日判時530号37頁，最判昭和43年9月24日判時539号40頁，最判昭和44年12月18日判時584号75頁，最判昭和45年1月27日民集24巻1号56頁，最判昭和45年10月29日裁判集民事101号225頁，最判昭和48年6月21日裁判集民事109号387頁，最判昭和52年2月18日交通民集10巻1号1頁は，「信頼の原則」という原理を宣言してこれを交通事故過失事件に導入し，同原則のもとで加害者の免責を導いたというものではなく，「信頼の原則」が「判例の確立した態度である」ということは，問題がある。「信頼の原則」を民事責任に導入することに好意的な学説が，自己の立場を強固なものとするために，これらの集積された「判決」に都合のよい色づけをしたにすぎない。

そもそも，交通事故過失事件で「信頼の原則」を理論的に採用すること自体に，次の点で疑問を感じる（以下に述べる点は，新美・前掲批評81頁で引用されている同原則に批判的な従前の少数民法学説——「信頼の原則」に対する批判としては成功していない——とは，一線を画した批判である）。

「信頼の原則」を民事責任の領域で採用することを支持する諸説は，この原則を共同体社会のなかでの構成員が「社会倫理的秩序」の要請のもとでどのような行動をとるべきかという観点から，民事責任の領域に導入しようとする点で共通する（前田達明『不法行為帰責論』〔創文社，1978年〕188頁，四宮348頁・362頁）。その主張は，(a)共同体社会において社会生活をおくるにあたり，各構成員は他者の信頼を受けるにふさわしく行動すべきであること（このような観点から行為義務——「社会生活において必要な注意」を尽くして行為する義務——が課される），また，(b)各構成員は，他者が合理的に行動することを信頼して行動すれば免責されることを，骨子とする。「信頼の原則」は，(b)を直接の対象とする。しかし，(b)の命題は(a)の命題からの帰結であるというか，正確にいえば，(a)の命題のもとでの行為義務の確定にあたって(b)の観点が考慮に入れられているものである。この点では，(b)の命題，したがって「信頼の原則」には，独自の意味はない。そればかりか，(a)の命題のもとでの行為義務の確定にあたって「信頼の原則」を考慮することに関しては，不法行為における行為規範がいかなる観点から導かれるかという，本書第1部で述べた不法行為の制度目的が密接に関連してくるところ，このコンテクストのもとで「信頼の原則」を捉えたならば，「信頼の原則」は，共同体社会の秩序維持のために各構成員にいかなる行為が義務づけられるかという観点から不法行為制度を構築していく——そして，この観点から過失の有無に関する判断をくだしていく——という思考と密接に関連している（共同体社会の秩序維持が第1次的であり，個人の権利・自由の保護は2次的である——極論すれば，共同体社会の秩序維持のために個人の権利・自由は当然に制約されるという点を否定しない——）。本書がこのような不法行為制度観に立たないことは，第1部で述べたとおりである。ちなみに，前記の最高裁の複数の「判決」（とりわけ，この

第3項 公害・薬害

I 「相当の設備」論とその意義

　公害・薬害裁判例における過失論の出発点をなすのは，前述した大阪アルカリ事件大審院判決である[172]。ここでは，化学工業に従事する会社その他の者がその目的たる事業によって生ずるおそれのある損害を予防するためにその事業の性質に従い「相当の設備」を施した以上は，たまたま他人に損害を被らせたとしても，これをもって不法行為による損害賠償責任あるとすることはできないとの判断を示した。この判決は，原審が「予見しなかったことの不注意」をもって過失と捉えた判断をしりぞけたことから，過失を内心の意思緊張の欠如とみることから行為義務（結果回避義務）違反とみることへの転換がはかられたものとして位置づけられるとともに，「相当の設備」という限定を付することで，過失の成立範囲を縮小するという面を有しうるものとしても捉えられることがあった[173]。もっとも，その後の実際の（下級審）裁判例では，大阪アルカリ事件の差戻審判決[174]を含め，多くの事件で，形式的には「相当の設備」論に依拠しながら，事件の解決としては「相当の

　　コンテクストで頻繁に引用される平成3年判決）については，「信頼の原則」などという特定の思想（不法行為観）に基礎を置く立場からでなくとも，行動の自由を原則として保障されている行為者（加害者）の行動の自由を制約する禁止規範・命令規範を立てるにあたり，被害者として潜在的に想定される者たちの権利・法益が置かれうるいかなる状態を想定すればよいかという観点のもと，行為者からみての権利・法益侵害に対する具体的危険とその予見可能性の問題として処理すれば足りる。これにより，過失判断の基本的枠組みを変えずに説明をすることができる。

　　なお，以上に述べたことは，民事責任における「信頼の原則」に対する著者の立場である。刑事事件において「信頼の原則」が妥当するかどうかは，刑事責任の制度目的を何に求めるかによって決まる。

171　予見可能性の問題として扱えば足りる。加藤〔雅〕147頁の指摘も参照。
172　大判大正5年12月22日民録22輯2474頁。
173　この判決の過失論の背景について，ハンドの公式とも関連づけて検討するものとして，瀬川信久「危険便益分析による過失判断——テリー教授から，ハンドの定式と大阪アルカリ事件まで」星野英一先生古稀祝賀『日本民法学の形成と課題　下』（有斐閣，1996年）809頁。
174　大阪控判大正8年12月27日法律新聞1659号539頁。

設備」を施していなかったことを理由に加害企業の責任を肯定するものが相次いだ。

このようななか，高度経済成長のひずみのなかで生じた多くの公害・薬害事件（熊本水俣病，新潟水俣病，四日市・千葉・川崎・倉敷・西淀川・尼崎ほかの大気汚染被害，キノホルム製剤による薬害についての北陸・東京・福岡・広島・札幌・京都・静岡・大阪・群馬でのスモン訴訟，カネミ油症ほか，枚挙に暇がない）において，裁判所は，「具体的危険についての予見可能性を前提とした結果回避義務違反」という伝統的な過失の判断枠組みを維持しつつも，そこに大きな修正を加えることで，被害者の救済に歩みだし，実際に一定の成果をあげてきた。そこにおいては，過失判断につき，次のような特徴をみることができる[175]。

II 予見可能性判断の緩和——予見義務（調査研究義務・情報収集義務）を介した予見可能性判断

ひとつは，伝統的な過失理論が過失判断に際して「具体的危険の予見可能性」の存在を前提としていたところ，公害・薬害裁判例では，人身への重篤な被害が生じるという危惧感が存在する事態に面して，具体的危険についての予見可能性がなかったから過失はないとの企業側の反論を封じるため，抽象的な危険が存在する段階で既に調査研究義務・情報収集義務といった「予見義務」を企業側に課し，この意味での「予見義務」を尽くせば認識できた具体的危険については「予見可能性」があるとの判断が示されている。しかも，この「予見義務」については，予見の対象となる危険の範囲を被害者側に有利に緩和し，かつ，予見をするために調査すべき資料の範囲を拡張することにより，企業側が予見可能性の不存在を理由に免責される場面を著しく縮小するという結果をもたらしている[176]。この枠組みは，最近問題となっている化学物質過敏症事例を扱った判決のなかでも，用いられることがある[177]。学説では，さらに進んで，この領域で予見可能性はもはや実質的な

---

175 薬害については，現在では製造物責任法が存在しているため，同法3条による無過失損害賠償責任（欠陥を理由とする責任）によって処理可能な場合が多い。

176 熊本地判昭和48年3月20日判時696号15頁（熊本水俣病），東京地判昭和53年8月3日判時899号48頁（スモン東京訴訟）ほか。森島190頁。

判断枠組みとしては機能していないし，機能すべきでもないとし，「予見可能性」という標識に代えて，受忍限度を越えているかどうかを規準に過失を判断すべき旨を説く見解も有力に主張されている[178]。

III 過失の対象となる行為の拡張
―― 究極的損害回避義務としての結果回避義務

　公害・薬害裁判例における過失判断のもうひとつの特徴は，結果回避措置レベルでの判断にある。すなわち，そこでは，公害事件につき，「操業上の過失」のみならず「立地上の過失」があれば既に結果回避義務に違反しているとの判断が下されるというように，過失の評価対象としての行為の範囲が拡張されている。のみならず，結果回避措置の程度についても，人間の生命・身体に危険のあることを知りうる汚染物質の排出については，企業は経済性を度外視して，世界最高の技術・知識を動員して防止措置を講じるべきであることが強調されるとともに（いわゆる究極的損害回避義務），さらに，判決のなかには，最高技術をもってしてもなお生命・身体に危害が及ぶおそれがあるような場合には，企業の操業短縮・操業停止までが要請されるとするものもある[179]。

第4項　医療過誤

I　診療上の過失

1　医療水準論

　医療過誤で診療上の過失が問題となる場面では，診療当時の臨床医学の実践における医療水準という判断枠組みのもと，過失判断がされている。

---

[177] 潮見佳男「『化学物質過敏症』と民事過失論」棚瀬孝雄編『市民社会と責任』（有斐閣，2007年）169頁。
[178] 予見可能性不要の過失論であり，前述した新受忍限度論と呼ばれる立場である。さしあたり，淡路剛久『公害賠償の理論（増補版）』（有斐閣，1978年）95頁。
[179] もっとも，大気汚染訴訟におけるニュアンスの相違については，潮見・民事過失の帰責構造49頁。

最高裁は,「いやしくも人の生命及び健康を管理すべき業務（医業）に従事する者は，その業務の性質に照し，危険防止のために実験上必要とされる最善の注意義務を要求される」[180]として，医師に要求される最高程度の注意義務を一般論として要求している。これは，医療の専門家としての医師に対し，高度の注意義務を課したものと評価することができる。

　この「危険防止のために実験上必要とされる最善の注意義務」の内容は，どのようにして確定されるべきか。ここで登場するのが,「医療水準」という考え方である。これは,「注意義務の基準となるべきものは，一般的には診療当時のいわゆる臨床医学の実践における医療水準である」との考え方である[181]。

　ここでは,「医療水準」を注意義務の標準とすることにより，①診療上の過失を判断するにあたり臨床医学の実践に照準を合わせることを宣言することで，学問水準としての「医学水準」を過失の標準からはずすとともに[182]，②診療当時の実践医療の現場において妥当している技術準則（Kunstregel）[183]を法的な注意義務のなかへと取り込んでいる[184]。しかも，③医療水準に基づく判断が過失に関する判断であるがゆえに，診療行為時点での医療水準が基準とされることも，明らかとされている。

　しかも，医療過誤における過失判断にあっては，医的侵襲についての危険の発現について予見するための措置が重視される。医療において注意の向けられた対象は人間という生命体であり，生体反応は刻々と変化し，個体差も大きいうえに，医学の知識において十分に解明されていない領域も広範に存

---

[180] 最判昭和36年2月16日民集15巻2号244頁（梅毒輸血事件）。四宮和夫「梅毒輸血事件高裁判決」ジュリスト120号30頁（1956年），加藤一郎「医師の責任」我妻栄先生還暦記念『損害賠償責任の研究　上』（有斐閣，1957年）503頁。

[181] 未熟児網膜症に関する最判昭和57年3月30日判タ468号76頁（日赤高山病院事件）ほか。なお，医療水準論は，松倉豊治「未熟児網膜症による失明事例といわゆる『現代医学の水準』」判タ311号61頁（1974年）にはじまる。その後の展開については，稲垣喬「医療水準論の意義と機能」判タ503号45頁（1983年），新美育文「医療過誤」判タ439号112頁（1985年），手嶋豊「医師の責任」山田卓生編集代表『新・現代損害賠償法講座3　製造物責任・専門家責任』（日本評論社，1997年）311頁，西野喜一「医療水準と医療慣行」太田幸夫編『新・裁判実務大系1　医療過誤訴訟法』（青林書院，2000年）103頁などを参照。

[182] 新規治療法に関して当該医師が抽象的認識を有していたにすぎない場合には医師の過失を導きだすことはできない（最判昭和63年3月31日判タ686号144頁）。

在するからである。この意味で，抽象的な危険が存在する段階で既に，具体的危険を予見するための情報収集・検査・問診・観察義務といった「予見義務」が独立の「行為義務」（結果回避義務）として——したがって，公害・薬害裁判例のように「具体的危険の予見可能性」という要件を充足するためのものとしてではなく——位置づけられている。ここでは，予見行為が侵害結果を行為者に帰責するための原因行為として捉えられているのであって，いわば行為義務の前倒しが認められるのである（前述した予見義務の行為義務化）。しかも，上記の理由にかんがみると，この前倒しされた行為義務を含め，そもそも診療過程（広義）における医師の行為義務の違反については，現実に発生した結果からの事後的推論になじまないことが指摘されている[185]。

183　わが国では，今日，国の支援を受けて，「診療ガイドライン」（財団法人医療機能評価機構の定義によれば，特定の診療状況のもとで適切な判断をくだせるように支援する目的で体系的に作成された文書）が，病態別に複数の分野で作成されている（その一部は，医療機能評価機構のウェブ・サイトでも公表されている）。「証拠に基づく医療（evidence-based medicine; "EBM"）」の流れに沿うものである。手嶋豊「未熟児網膜症事件」医事法判例百選144頁（2006年）がいうように，「診療ガイドライン」は，「医療関係者等に対して標準的医療の情報を提供するにとどまり，各医療関係者はそれに拘束されるものではなく，その責任を左右するものでもない」けれども，患者側が「診療ガイドライン」に反した治療法を実施されたことを医師側の過失と主張する場合や，医師側が「診療ガイドライン」に沿った治療をしていることを理由に責任がないと反論する場合に，「一応の基準」として利用することは可能であろう。大津地判平成15年9月8日判タ1187号292頁，名古屋地判平成15年11月26日判時1883号78頁，東京地判平成16年2月2日判タ1176号243頁，東京地判平成16年2月23日判タ1149号95頁。なお，説明義務違反に関してであるが，診療ガイドラインに従った内容の説明をしなかった点に医師の過失を認めたものとして，大阪地判平成19年9月19日判時2004号126頁。

184　わが国の理論と実務においては，医学上のカテゴリーと法学上のカテゴリーとの相違を認めつつも，医療水準を通じて診療過程における医師の行為義務を確定していこうという傾向が強い。しかし，そうはいっても，医療水準は医師の注意義務の規準（規範）となるものだから，平均的医師が現におこなっている医療慣行とは必ずしも一致するものではなく，医師が医療慣行に従った医療行為をしたからといって，医療水準に従った注意義務を尽くしたと直ちにいうことはできない。この旨を述べたものとして，最判平成8年1月23日民集50巻1号1頁（麻酔事故。医師が慣行に依拠し，麻酔薬の能書記載の注意事項に従わなかった事件）。

185　稲垣・前掲論文。

2 医療水準の相対性

臨床医学の実践における医療水準は，全国一律に絶対的な基準として考えるべきものではなく，診療にあたった当該医師の専門分野，所属する診療機関の性格，その所在する地域の医療環境の特性等の諸般の事情を考慮して決せられるべきものである。ある判決（ただし，債務不履行構成によるもの）は，これについて，次のように述べている。「当該疾病の専門的研究者の間でその有効性と安全性が是認された新規の治療法が普及するには一定の時間を要し，医療機関の性格，その所在する地域の医療環境の特性，医師の専門分野等によってその普及に要する時間に差異があり，その知見の普及に要する時間と実施のための技術・設備等の普及に要する時間との間にも差異があるのが通例であり，また，当事者もこのような事情を前提にして診療契約の締結に至るのである。したがって，ある新規の治療法の存在を前提にして検査・診断・治療等に当たることが診療契約に基づき医療機関に要求される医療水準であるかどうかを決するについては，当該医療機関の性格，所在地域の医療環境の特性等の諸般の事情を考慮すべきであり，右の事情を捨象して，すべての医療機関について診療契約に基づき要求される医療水準を一律に解するのは相当でない。……新規の治療法に関する知見が当該医療機関と類似の特性を備えた医療機関に相当程度普及しており，当該医療機関において右知見を有することを期待することが相当と認められる場合には，特段の事情が存しない限り，右知見は右医療機関にとっての医療水準であるというべきである」[186]。

また，医療水準に適合する措置が複数存在する場合には，医師は，医療についての専門家としての地位ゆえに，それら複数の措置のなかから，みずからが当該患者にとって適切と判断した任意の措置を選択して，診療行為をおこなってよい。医療水準に適合した措置がＡ・Ｂ・Ｃと３つ存在するときに，医師としては，Ａ・Ｂ・Ｃのいずれを用いてもよい（医療水準に達していな

---

[186] 未熟児網膜症に関する最判平成7年6月9日民集49巻6号1499頁（日赤姫路病院事件）。この判決に先行して，既に，未熟児網膜症に関する最判昭和63年1月19日判時1265号75頁における伊藤正己裁判官の補足意見のなかで，医療水準については当該医師の専門分野，診療機関の性格，地域的特性等の諸条件に応じて種々の段階を想定することができるのであって，全国一律に絶対的基準として考えるべきではないとの見方が示されていた。

第4章 故意・過失

いDという措置をとることができないし，とるべきでもないことは，いうまでもない）。医師がAの措置をとったときに，Bを希望していた患者が診療上の過失を理由に医師の責任を追及したとしても，「Bの措置をとる」ということに関して医師・患者間で特別の合意がされていない限り，Aの措置をとった点に関して医師には過失がない（説明義務違反の問題は，別に残る）。

3 医療水準論の揺らぎ

最近では，「医療水準」という概念を正面に出さずに過失の有無を判断する最高裁判決が立て続けに出ている。それらは，①医学上の知見を基礎として，②これに基づきどのような疾病を予見できたかを判断し（正確にいえば，予見すべき義務を設定し），③問題となる結果を回避するためにどのような措置をとるべき義務があったかを判断している[187]。「最善の注意義務」の規準となる医療水準に適合した行為の内容について，臨床医学の分野で細部にわたって定型化（類型化）が進んだ結果，予見義務や，診療措置を講じるべき義務の内容を語る際に，定型化（類型化）された行為からの逸脱の有無・是非を問えば足りる——わざわざ「医療水準」という概念を援用するまでもない——場面が増えたことによるものと考えられる。その意味では，最高裁判例が医療水準論から離れたものではないし，医療水準論とは異質の過失論を診療上の過失の場面で立てているというものでもない。

II 転送義務・転送指示義務

医師には，医療水準とされる検査・治療措置を技術・設備面などの理由でみずからが実施できないとき，患者を適切な医療機関に転送して，適切な治療を受けさせるべき義務や，患者に対して転送を指示すべき義務が課される[188]。とりわけ，最近のように，医療機関相互の役割分担・機能分担が制

---

[187] 最判平成13年6月8日判夕1073号145頁，最判平成14年11月8日判夕1111号135頁，最判平成15年11月11日民集57巻10号1466頁（転送義務も問題となっている），最判平成15年11月14日判時1847号30頁，最判平成21年3月27日判時2039号12頁など。

[188] 最判平成9年2月25日民集51巻2号502頁，前掲最判平成15年11月11日。もとより，転送義務違反の過失があったとされても，なお，損害との間の因果関係の問題は残る。

度的に確立しつつあるなかで，転送義務の比重は，きわめて大きくなってきている。

　この意味での転送義務は，Ⅰで述べた医療水準の相対性を所与としたうえで，転送をする医師のもとで当該医療機関に求められる医療水準に沿った適切な診療がされていること——そもそもこれを満たさない場合には，診療過誤の問題が生じる[189]——を前提として，他の医療機関をも対象としたときに想定される医療水準に即した措置を講じるには当該医療機関の人的・物的体制が不十分な場合に，適切な治療を受けさせるため，対処が可能な他の医療機関に患者を転送することを内容とするものである[190]。

　しかも，判例では，新規の治療法実施のための技術・設備等についても，当該医療機関が予算上の制約等の事情によりその実施のための技術・設備等を有しない場合には，この医療機関は，これを有する他の医療機関に転医をさせるなど適切な措置をとるべき義務があるとされている[191]。

Ⅲ　説明義務

　診療行為そのものに瑕疵がない場合でも，医療という生命・身体への侵襲行為を受けるかどうかについての患者の決定自由・自己決定権の侵害と，この点に関する医師の側の過失が問題となる場合がある。生命・身体への侵襲行為を受けるかどうかについて患者に自己決定権があるがゆえに，患者の承諾が必要である。そして，その前提として，医師側からの説明により十分な情報が与えられてはじめて承諾が有効となる（インフォームド・コンセント）。有効な承諾がなければ，侵襲行為自体が不法行為と評価される。これについては，被害者の承諾の箇所で扱う。

189　前掲最判平成15年11月11日につき，小池泰「開業医に他の高度な医療機関への転送義務を認めた事例」医事法判例百選151頁（2006年）は，本件では医師による転送判断があるべき時点よりも遅れたとして，転送義務違反と評価できるかどうかが争われたのであり，これは患者の病状に対する医師の判断の適否を問うに等しく，「診療過誤とほぼ同じ内実を持つ」（「広い意味での診療過誤」）と指摘している。

190　転送義務と医療水準との関係については，手嶋豊「医療機関に要求される医療水準の判断」民法判例百選Ⅱ〔第6版〕163頁（2009年）の指摘を参照。

191　前掲最判平成7年6月9日。

第 5 章

責任設定の因果関係（故意・過失行為と権利・法益侵害との間の因果関係）

第 1 節　責任設定の因果関係と賠償範囲の因果関係
―― 因果関係をめぐる 1 個説と 2 個説

I　緒　論

　不法行為を理由とする損害賠償請求が認められるためには，加害行為と発生した損害との間に因果関係が存在しなければならない。このとき，何と何との間の因果関係を考えるかという点の理解をめぐって，民法学説のなかには，大別して 2 つの考え方が存在している[1]。

II　因果関係 1 個説

　ひとつの考え方（因果関係 1 個説）は，加害行為（故意・過失ある行為）と損害との因果関係を問題とすれば足りるという考え方である[2]。権利・法益侵害要件に重きを置かない立場を基礎とし，かつ，どのような損害が発生したのかを損害賠償請求権の出発点にすえて事後的＝回顧的に立論していくという手法（「はじめに損害あり」という手法）をとるならば，発生した損害からさかのぼって加害行為にたどりつくことができれば因果関係として十分だということになる。

1　澤井裕「不法行為における因果関係」星野英一編集代表『民法講座 6　事務管理・不当利得・不法行為』（有斐閣，1985 年）283 頁（以下「澤井・不法行為における因果関係」で引用）。

2　平井宜雄『損害賠償法の理論』（東京大学出版会，1971 年）431 頁，幾代＝徳本 116 頁。

III　因果関係2個説

　もうひとつの考え方（因果関係2個説）は，加害行為（故意・過失ある行為）と権利・法益侵害との間の因果関係と，権利・法益侵害と損害との間の因果関係を分けて捉える考え方である[3]。この考え方によれば，前者の因果関係は，権利・法益侵害の結果を加害行為に帰することができるかという意味で，責任を設定するという目的のためにその前提として要求されるものである。これに対して，後者の因果関係は，権利侵害から派生する不利益のうちどこまでを賠償範囲に組み入れるかという意味で，賠償範囲を画定するという目的のためにその前提として要求されるものである。

　この考え方は，両因果関係は異なった目的につかえるのだから，分けて考えるべきであり，そして，それが民法709条の条文（「……によって」という表現が2度みられる）にも適合するという理解を基礎としたものである。この考え方は，前者の因果関係を「責任設定の因果関係」，後者の因果関係を「賠償範囲の因果関係」（もしくは，責任充足の因果関係）と呼んで区別をする[4]。著者は，この考え方に共感をおぼえる。本章では，責任設定の因果関係について扱う[5]。

IV　因果関係要件の規律内容

　因果関係を1個と捉えるのであれ，2個と捉えるのであれ，因果関係の起点に加害者の行為を置くことについては，違いがない。問題は，そのうえで，行為と結果（権利・法益侵害。1個説の場合には，損害）との間の因果関係という要件を，どのように構想していくかである。

　この点に関しては，次の2つの問題が中核を構成する。

　第1は，因果関係の起点となる「行為」を，どのようなものとして捉える

---

[3] 我妻153頁，加藤〔一〕152頁，四宮403頁，前田127頁，澤井・不法行為における因果関係296頁，窪田159頁。

[4] 仮に相当因果関係論を採用し，かつ，後述するように不法行為を理由とする損害賠償に民法416条を準用ないし類推適用する場合（大連判大正15年5月22日民集5巻386頁〔富喜丸事件〕），このことが問題となるのは，もっぱら賠償範囲の因果関係における相当因果関係判断においてであり，責任設定の因果関係における相当因果関係判断においてではない。

かという問題である。このことは，不作為不法行為における「不作為」の行為性という観点から論じられることが多いが，その本質は，民法709条に定められた損害賠償責任の要件のひとつである因果関係──「行為」を起点として展開される──をどのように理解するかという点にある。この問題に関しては，第2節で扱う。

　第2は，因果関係を法的・規範的評価を経たものとして捉えるのか，それとも，法的・規範的評価とは切断され，評価の前提として位置づけられるものとして捉えるのかという問題である。これについては，これまで，因果関係を法的因果関係としての「相当因果関係」として捉える立場と，法的・規範的評価とは切り離された「事実的因果関係」として捉える立場との二項対立の図式で描かれることが少なくなかった。しかし，最近では，「相当因果関係」という枠組みを再評価したり，そこまでいかなくても，因果関係判断における規範的評価の要素を認めたりする立場もあらわれている（因果関係要件の規範的性質）。この問題に関しては，第3節で扱う。

5　責任設定の因果関係の理論を考えるうえでは，わが国での初期の民法学説がおこなっていたように，この限りで議論の基礎を同じくする刑法での因果関係論にも目を向けることが有用である。最近の文献として，刑法総論の体系書・教科書のほか，さしあたり，山中敬一『刑法における因果関係と帰属』（成文堂，1984年），同『刑法における客観的帰属の理論』（成文堂，1997年），山口厚「相当因果関係と客観的帰属」同『問題探究　刑法総論』（有斐閣，1998年）所収，曽根威彦「相当因果関係の構造と判断方法」司法研修所論集99号24頁（1997年），林陽一『刑法における因果関係理論』（成文堂，2000年），町野朔「客観的帰属論」西田典之＝山口厚編『刑法の争点（第3版）』24頁（2000年），山口厚＝井田良＝佐伯仁志『理論刑法学の最前線』（岩波書店，2001年）1頁，佐伯仁志「因果関係(1)(2)」法学教室286号41頁，287号46頁（2004年），小林憲太郎『因果関係と客観的帰属』（弘文堂，2003年），吉岡一男『因果関係と刑事責任』（成文堂，2006年），辰井聡子『因果関係論』（有斐閣，2006年）など。

第2節　因果関係の起点としての「行為」

第1項　伝統的立場

I　因果関係＝自然科学的意味または社会的意味における因果系列

　因果関係を1個と捉えるのであれ，2個と捉えるのであれ，これまでの見解の多くは，因果関係を，自然科学的意味または社会的意味において一定の原因から権利・法益侵害に至る因果系列として捉えている。たとえば，2008年4月11日午後3時ころにP公園でAの蹴ったサッカーボールがBの左目にあたり，Bの左目の視力が低下したという場合には，「2008年4月11日午後3時ころにP公園でサッカーボールを蹴る」というAの行為から，Bの左目負傷という法益侵害に至る因果系列を捉え，これをもって民法709条にいう「因果関係」要件に該当する事実といえるかどうかを判断している。

II　不作為不法行為における因果関係

1　不作為の「行為」性の承認

　Iのような理解をするときには，不作為が問題となる場合の因果関係をどのように捉えればよいのかが，問題となる。というのは，不作為それ自体は無であり，何らの原因力をも有せず，「何らかの原因から法益侵害に向かう因果系列を放置するにとどまる」[6]ものであり，かえって，因果系列の起点としては，加害者とされる者の不作為ではなく，他の原因（第三者の行為，被害者の行為・疾病，自然力など）が置かれるものだからである。

　不作為不法行為における因果関係について，上記のような問題があるところ，多くの学説（ただし，この問題に関する意識の多寡を問わない）は，「行為」とは社会的意味における身体の動静であり，身体の積極的動作が作為であり，消極的動作が不作為であるとする（社会的行為論）。これにより不作為

6　橋本佳幸『責任法の多元的構造』（有斐閣，2006年）10頁。

に行為性，したがって権利・法益侵害に対する原因力を認め，作為不法行為の場合と不作為不法行為の場合とを同じ因果関係要件により処理してきたのである。

2 因果関係判断における不作為不法行為の特徴

このような理解をするときには，不作為不法行為の場合に，すぐ後で述べる条件関係ないし事実的因果関係に関する判断において作為不法行為に妥当する思考様式をそのままでは使えないという不都合が露呈する。周知のように，条件関係ないし事実的因果関係判断に際しては，不可欠条件公式（「あれなければ，これなし」の公式）を用いるというのが伝統的な理解であるところ（後述），不作為不法行為の場合には，この不可欠条件公式がそのままの形では妥当しない——ないしは，条件関係ないし事実的因果関係がありとされる行為主体の範囲が際限なく拡張されることになる——と考えられるからである。

そこで，通説は，不作為不法行為における因果関係判断の特徴として，作為不法行為の因果関係と異なり，まず法的な作為義務を先行させ，「作為義務を尽くした行為がされたならば，問題の結果が生じなかったであろう」場合に因果関係が肯定されるとし[7]，かつ，そこでの作為義務は，先行行為，契約，事務管理などから生じるというように考えている。たとえば，過去に人に嚙みついて負傷させたことのある大型犬をYが鎖につながずに庭で飼っていたところ，この犬が逃げ出して通行人Xの右腕に嚙みつき筋肉切断の重傷を負わせた（事故当時，周囲には，第三者である通行人AやBも居合わせた）という場合，まず，Yについて，この犬を飼う際に鎖でつなぎ，または檻に入れて飼うなどの措置（作為）をとるべきであったという義務（作為義務）があったかどうかを判断し（ちなみに，こうした義務はAやBには課せられない），ついで，「この義務をYが尽くしていたならば，その犬がXに傷害を負わせなかったであろう」どうかを判断し，これが肯定されれば，犬を庭に放置していたというYの「不作為」とXの負傷との間の因果関係が肯定される。

---

7 最判平成11年2月25日民集53巻2号235頁（医療過誤）も参照。

第2項　伝統的立場に対する批判

I　不作為の「行為」性の否定——目的的行為論

　伝統的な行為理解に対して，行為を「意思による外界の支配操縦」であると考える立場がある（目的的行為論）。この立場をとるならば，「行為」ということができるのは「作為」だけであり，他方，「不作為」そのものは「行為」ではないということになる[8]。後者にあっては，不作為不法行為とは，不作為が問題となる時点で別の行為（作為）がおこなわれているところ，このとき，「作為をしない」という点を法的に無価値（反価値）と評価するため，その別の行為の作為面を捉えて——禁止規範に違反した作為不法行為として——法的評価の対象とするのではなくて，作為義務（命令規範）を先行させ，そこで命じられた「一定の作為をしない」という面に注目して法的評価をする点に，不作為による不法行為の特徴があるということになる[9]。

II　不作為不法行為における因果関係理解への疑問
　　　——作為不法行為と不作為不法行為の異質性

　伝統的立場による不作為不法行為における因果関係の説明に対しては，「作為義務を尽くした行為がされたならば，問題の結果が生じなかったであろう」との不作為不法行為における因果関係要件での判断公式を受け入れつ

8　前田20頁。
9　不作為不法行為における作為義務の存否および内容が問題となった例として，隣人の子どもを無償で預かった場合や，無償の奉仕活動に子どもを引率していった場合の子どもの死亡事故に関する津地判昭和58年2月25日判時1083号125頁（隣人訴訟），津地判昭58年4月21日判時1083号134頁（津市四ッ葉子供会事件），中学生グループの1人が線路のレールに置き石をして列車が脱線転覆したときに，実行行為者と事前にその動機となった話合いをし，これに引き続いてされた実行行為の現場にも居合わせた——しかし，当該具体的実行行為については認識も共謀もなかったし，「見張り」をしていたわけでもない——者につき，実行行為と関連する先行行為に基づく事故回避措置義務の違反を理由に709条による損害賠償責任を認めた最判昭和62年1月22日民集41巻1号17頁（破棄差戻し）。ただし，最後にあげた判決については，原審の認定事実を前提とする限り，結論に疑問がないではない。

つも，それは権利・法益侵害の結果を不作為者に帰属させるために条件関係ないし事実的因果関係についての判断になぞらえているものだ[10]とか，作為の場合に擬制しているものだ[11]という指摘がされている。

さらに進んで，伝統的立場が「作為義務を尽くした行為がされたならば，問題の結果が生じなかったであろう」との公式を用いて不作為不法行為における因果関係の有無を判断している点を批判し，そこでおこなわれている判断は作為義務（過失）の程度および範囲の問題を扱っているものであり，過失の判断に関する問題として処理すれば足りる[12]とか，因果関係の判断は過失の判断に吸収されてしまう[13]との指摘がされている。

あるいは，不作為不法行為においては，「不作為」＝作為義務違反と権利・法益侵害との間の条件関係（「不作為」＝作為義務違反から権利・法益侵害に向かう概念上の因果系列）を論じることはなんら意味をもたず，むしろ，何らかの原因から権利・法益侵害に向かう因果系列の進行に関して，作為義務を遵守してその因果系列に介入していれば当該因果系列の進行を阻止し得た限りで，当該因果系列がこれを放置する「不作為」＝作為義務違反に帰属させられるのであり，不作為の因果関係要件で扱われている問題は，理論上は「違法性連関要件」として位置づけるのが適切であるとの指摘もみられる[14]。

III　因果関係＝自然科学的意味または社会的意味における因果系列とみることへの疑問——作為不法行為と不作為不法行為の同質性

他方で，不法行為における因果関係を，自然科学的意味または社会的意味における因果系列のレベルで捉えず，因果関係の起点となる行為（作為・不

10　前田109頁。
11　四宮414頁。
12　平井83頁。
13　中井美雄編『不法行為法（事務管理・不当利得）』（法律文化社，1993年）112頁・147頁〔植木哲〕。
14　橋本・前掲書47頁・110頁。「不作為不法行為については，作為不法行為の場合の因果関係要件に代えて違法性連関要件を立てたうえ，上記内容の『因果関係』判断をこの違法性連関要件のもとに位置づけることが適切」であり，「その際，違法性連関要件は，作為不法行為の因果関係（事実的因果関係）要件の対応物として，不作為不法行為に独自の成立要件にあたる」という（48頁）。

作為）を禁止規範・命令規範に対する違反があったかどうかという評価を経た後のものとして捉え，この意味での規範的評価を経た作為・不作為と権利・法益侵害の結果との間の関連づけをおこなうための要件として位置づける考え方も有力化している[15]。

　この考え方は，「因果関係≠自然科学的意味または社会的意味における因果系列」とする点では通説と異なるものの，因果関係の起点としての行為（作為・不作為）を禁止規範・命令規範に対する違反があったかどうかという評価を経た後のものとして捉えることから，行為および因果関係に関する理解に際しての作為不法行為と不作為不法行為との同質性を強調する（異質性を強調しない点では，通説と同じ）。というのも，行為と権利侵害との間の因果関係が問題となるときに法的・規範的判断が先行するということは，何も不作為不法行為に限られるものではなく，そもそも作為不法行為を含めたすべての不法行為に妥当するものである。不作為の因果関係に関する問題が特別に切り出されて論じられるのは，「命令」規範（作為義務）の内容の積極的確定および誰に作為義務を負担させるかという名宛人（いわゆる保障人的地位）の確定が特に問題となるという理由によるものであるが，それ以上に出るものではなく，作為不法行為の因果関係との相違を過度に誇張すべきではない[16]。

　著者もこの考え方を支持するものであるが，不法行為を理由とする損害賠償責任のその他の成立要件との関係をも含めた概要を示せば，次のようになる（過失不法行為に例をとり，不法行為者をY，侵害結果〔権利・法益が侵害されたとの事実〕をEと表記する。Eの存在は，所与とする）。

15　本書初版のほか，最近では，窪田317頁。米村滋人「法的評価としての因果関係と不法行為法の目的(1)(2)完」法学協会雑誌122巻4号534頁，5号821頁（2005年）（以下では，「米村・法的評価としての因果関係と不法行為法の目的」で引用）の指摘も参照。

16　民事責任の領域では，伝統的に，権利・法益に対する一般的不可侵義務を前置していたため，作為不法行為については，禁止規範に対する違反という作為に対する無価値（反価値）評価をするまでもなく，権利・法益が侵害されたという結果にのみ着目して無価値（反価値）評価ができた。この場合には，作為の要素が評価の中核にすえられることはなかった。しかし，許された危険が問題となる領域が前面に出てきた今日では，もはや作為不法行為の領域においても，不作為不法行為におけるのと同様に，禁止規範とそれへの違反という観点からの作為に対する評価が無価値（反価値）評価にとって重要な意味をもってくる。

① ここでは，まず，帰責の対象とされたＹの行為に対して，このＹの行為を「過失」ありと評価するかどうかが問われることになる。これは，Ｙの行動の自由をどこまで合理的なものとして保障するか（また，制約するか）という観点のもとでの，Ｙの行為に対する規範的評価の問題である（過失の有無に関する判断。ここでは，過失の項で触れたように，事前的〔prospective〕な判断をおこなう）。この規範的評価は，禁止規範に対する違反の有無という観点からおこなわれる場合があるし，命令規範に対する違反という観点からおこなわれる場合もある。禁止規範に対する違反と評価されたときには，Ｙの行為は「禁止されていた行為をした」という意味において「作為」であり，命令規範に対する違反と評価されたときには，Ｙの行為は「命じられた行為をしなかった」という意味において「不作為」である。

② 次に，こうした過失ありと評価された「行為」（この意味での「行為」とは，法的評価を経た後の，構成要件該当行為としての「行為」である）と，Ｅという「結果」との間の関連づけがおこなわれることになる。その際，まず，Ｅという結果をＹの「行為」が支配しているといえるために，Ｙの「行為」がＥという結果発生の危険を増大させたといえることが必要となる（後述するように，著者の立場からは，合法則的条件公式に依拠した判断がおこなわれる）。ここにおいて，法則性判断のなかに——純粋事実的・自然的判断を超えた——規範的な評価が入り込む余地がある。「因果関係」要件は，この判断過程をになうものである[17]。

③ この意味での「因果関係」があるとされたときには，さらに，Ｙの行為を「過失」ある行為と評価する根拠となった規範（禁止規範・命令規範）がＥという「結果」の回避を保護の目的としていたかどうかが判断される（規範の保護目的への該当性の評価。この点は，後述する）。

結局，このような理解をしたときの「因果関係」要件は，侵害結果（権利・法益が侵害されたとの事実）を当該行為者の行為に帰属させるための最小限の要件として必要とされるものの，結果帰責にとっての十分条件ではない（規範の保護目的への該当性という観点からの評価がされてはじめて十分となる）。また，作為不法行為の場合と不作為不法行為の場合で，因果関係に関する構成を変える必要もない。

17　この点に関しては，窪田317頁の指摘も参照。

第3項　小　　括

I　因果関係の起点——規範違反の行為：法的無価値（反価値）評価を経た「不作為」・「作為」

　不作為による不法行為であれ，作為による不法行為であれ，まず，遵守されるべき規範として命令規範または禁止規範を観念し（法秩序が一定の作為を命じているか，禁止しているかということ），次に，命令規範・禁止規範の内容に即してみたときに実際に行為者のしたことが「命令」規範に違反する「不作為」と評価されるか，「禁止」規範に違反する「作為」と評価されるかという点に関する判断がされる。そして，責任設定の因果関係の起点となる行為としては，命令規範・禁止規範に違反した行為，すなわち，法的無価値（反価値）評価を経た「不作為」・「作為」を置くのが適切である。

　ここでは，「作為」か「不作為」かという点は，法秩序が行為者に対する規範的要請（命題）を「作為」の形式で記述するか（命令規範の場合），「不作為」の形式で記述するか（禁止規範）という違いに注目したものであるし，それ以上に出るものではない。不法行為法における行為論としては，この点を確認すれば足りる[18]。

---

[18]　以上の叙述は，刑法における議論を踏まえていえば，構成要件論の前に行為論を置かず，構成要件論のなかで行為論を扱うという立場に対応する。それゆえにまた，この意味での「作為」・「不作為」は，法的評価と切り離された社会的意味での作為・不作為，あるいは他の学問領域にいう意味での作為・不作為とは異なる。また，法秩序による規範的要請と関連づけて行為を評価する場合における行為の構造把握に際して，目的的行為論者らが説く行為構造——意思形成・意思決定から外部的行動に至る過程——を構想することは有意義であるし，著者もこのような理解を支持するものであるが，あくまでもそれは，法規範の側から捉えた行為の目的的構造であり，主観的目的的行為論とは異なる。最後に述べた点に関する詳細は，潮見佳男『民事過失の帰責構造』（信山社，1995年）188頁・270頁。主観的目的的行為論に共感を示すのは，前田達明『不法行為帰責論』（創文社，1978年）208頁。

II　不作為不法行為における作為義務
　　――過失における行為義務(結果回避義務)との同質性

　不作為不法行為では，不作為不法行為を法的に無価値（反価値）なものと評価するためには，作為義務を先行させ，その義務違反があった場合に，一定の行為をしない不作為が無価値（反価値）なものと評価される。そして，作為義務が何に基づいて生じるのかについては，法令，契約・事務管理，慣習・条理，公序良俗規範などがあげられる[19]。

　もっとも，ここで作為義務を語るうえで決定的なのは，権利・法益を危殆化する先行行為（危険源の創設行為）または権利・法益を危殆化する領域を支配・管理する行為（危険源の支配・管理行為）を「不作為」と結びつけて捉え，これらの行為から，行為者の以後の行動の自由を制約してまで被害者の権利・法益侵害を回避するために一定の作為をすべき義務が導かれ，かかる作為義務違反を理由として加害者に損害賠償責任を負わせることが正当化されるという点である。そして，この作為義務に関する判断は，既に述べた過失における行為義務（結果回避義務）の判断と一致する[20]。

　いいかえれば，ここでは，過失（行為義務とその違反）に関する判断がまずおこなわれ，その判断の際に権利・法益を危殆化しないために一定の作為が命じられるとき，すなわち，規範的要請が「命令」規範という形で記述されるとき，その規範に対する違反をもって，加害者の態様が「不作為」と評価されるのである（保障人的地位の問題も，この判断のなかに解消される）。

III　因果関係判断における作為不法行為と不作為不法行為の同質性――因果関係判断に対する過失判断の先行

　IIで述べた判断枠組みは，作為不法行為の場面でも妥当する。作為不法行為であろうが，不作為不法行為であろうが，まず過失要件のもとで，禁止規範・命令規範の内容（不作為義務・作為義務の内容）が確定され，その規範の内容に照らして加害者の態様が不作為義務に違反した「作為」か，作為義務に違反した「不作為」かが判断され，規範内容に違反した「作為」・「不作

19　前田108頁。
20　橋本・前掲書28頁。

為」と評価された場合に，その作為・不作為と権利・法益侵害という結果との関連づけがされれば，損害賠償責任の成立が認められる。そして，この結果との関連づけをになうのが，因果関係（責任設定の因果関係）である。

第3節 「行為」と結果との因果関係（その1）： 伝統的立場──相当因果関係

第1項 総　　論

　不法行為を理由とする損害賠償で問題となる因果関係については，判例・通説は，ここでの因果関係を，法的・規範的意味における因果関係であり，かつ，それは相当因果関係を意味するものとして理解している。
　そこでは，刑法における因果関係と同様，まず，因果関係判断の前提として行為と結果との間に条件関係があるかどうかを判断したうえで，次に，条件関係ありとされたもののうち，行為の「相当な」結果と評価できるもののみについて因果関係を認めるという枠組みが採用されている（法的因果関係としての相当因果関係）。

第2項 条件関係

I 不可欠条件公式

1 不可欠条件公式の意義

　学説は，条件関係の判断にあたり，「あれ（原因行為）なければ，これ（結果）なし」（conditio sine qua non）という関係が認められれば「この原因行為から，この結果が発生した」という因果関係の存在が認められるという理解を基礎にすえている（不可欠条件公式。"but for"テスト）。これによれば，たとえば，A社の工場の排煙からXのぜん息の症状が生じたという条件関係があるかどうかは，「A社の工場の排煙がなかったとしたならば，Xのぜん息の症状が発生しなかったであろう」という関係が肯定されるか否かにより判断される。

2　付け加えの禁止

　不可欠条件公式を適用するにあたっては，いくら仮定的な判断をおこなうとはいえ，当該具体的な事実を離れて因果関係の存否判断をしてはならず，とりわけ，実際には存在しなかった仮定的原因を付加して条件関係の有無を判断してはならないとされている（付け加えの禁止）。たとえば，深夜の路上に泥酔して横たわっていたXをAが運転する自動車がひいて，Xが死亡したときに，「Aの自動車がXをひかなかったとしても，後続のBが運転する自動車によりXがひかれたであろう」というように仮定的原因（Bの自動車運転行為）を付け加えることで条件関係を否定することはできない。

3　因果関係の断絶を理由とする因果関係の否定

　2と異なるのは，因果関係の断絶の場面である。Aの運転する自動車にひかれて右足を骨折し入院していたXが，その病院でBにより銃撃されて死亡したというような場合，Aの自動車運転行為とXの死亡という結果との間には条件関係がない。因果関係の断絶は，とりわけ，上記の例のように，第三者の行為が介在した場合であって，この第三者の行為が加害者の行為に対する関係で独立性が強く，また第三者の自律的な判断・決定によるところが大きいときに認められる[21]。

　Aが致死量の毒薬を飲ませた後，Xが死亡する前に，Bにより銃撃されて死亡したというように，第1の行為により実現されるべきものと考えられる結果と，第2の行為により実現された結果とが等価である場合についても，同様の因果関係の断絶が認められるべきである[22]。

II　不可欠条件公式に対する批判と合法則的条件公式

　条件関係を不可欠条件公式のもとで判断することには，批判がある。「P

21　水野謙『因果関係概念の意義と限界』（有斐閣，2000年）215頁。
22　加藤〔一〕157頁，幾代＝徳本123頁，四宮425頁。これに対し，この場合に不可欠条件公式を機械的に適用して因果関係の存在を否定するのはAの行為とBの行為が同時に競合した場合と均衡を失し適当でないとして，これに反対するのは，澤井225頁，平井84頁。吉村96頁も同旨か。

という原因からQという結果が発生した」ということが問題となるときに，ここで問われているのは，Qという結果の発生にとってPが十分条件か否かである。これに対して，不可欠条件公式は，「PなければQなし」という公式のもと，Qという結果にとってPが必要条件であるかどうかを判断する公式である。このとき，「PなければQなし」という命題は「PがあればQがある」という命題の裏の命題であり，前者が肯定されたからといって後者が肯定されるわけではない[23]。

まして，実際の民事裁判例においても，不可欠条件公式から因果関係を肯定するという単純な事実認定がされているものでもない。むしろ，条件関係の判断としては，当該具体的事件において，どのような事態の経過をたどって最終的な権利侵害の結果に至ったのかを，個別的な介在事情をも位置づけながら積極的に確定する点に，因果関係を論じる意義があるものと考える（合法則的条件公式）。発生した具体的な結果からさかのぼっていって，帰責対象たる行為に到達することができる場合に，因果関係が肯定されるのだという点こそが，重要なのである。

合法則的条件公式は，ドイツ刑法学では通説であるとされるうえに[24]，わが国の刑法学でも有力にとなえられているものである。

もっとも，不可欠条件公式を説く論者らも，「Pがなければ，Qがなかったか」という点に関する判断をおこなう際に，「Pがあれば，Qがある」との法則の存在を前提としたうえで，現実の事態がこの法則に適合するか否かの判断の結果を「Pがなければ，Qがなかったか」という言明の形で表現しているものとみることもできる[25]。そして，不可欠条件公式にそのような意味を与えるときには，不可欠条件公式といい，また合法則的条件公式といっても，そこでおこなわれている操作に差異はない。この場合は，条件関係についての判断結果を言明するにあたり，不可欠条件公式に載せて「Pがなければ，Qがなかった」という表現をわざわざ用いることと，合法則的条件公式に載せて「Pが原因となって，Qが生じた」ことを具体的事件にそって表現することの優劣にある。本書は，後者の言明に優位性を見出すものである。

23　四宮411頁。さらに，浜上則雄『現代共同不法行為の研究』（信山社，1993年）4頁・219頁・295頁。

24　林陽一『刑法における因果関係理論』（成文堂，2000年）66頁。

25　この点に関しては，水野・因果関係概念の意義と限界82頁を参照。

III　条件関係における法則性——「自然的因果関係」との異同

　わが国では，条件関係（さらには，後述する事実的因果関係も）について，これを「自然的因果関係」と同視するものや，そもそも条件関係と「自然的因果関係」の区別をしないものもある[26]。

　しかし，不可欠条件公式によるのであれ，合法則的条件公式によるのであれ，具体的事件における条件関係の存否判断の際に規準となる「法則」とは，純粋に自然科学的なものではなく，また人間の非合理な行動可能性を捨象したものでもなく，われわれの歴史的・経験的な知見をも考慮に入れて確認される原因と結果の間の論理的結合をあらわしたものである[27]。

第3項　因果関係の「相当性」

I　法的因果関係としての相当因果関係

　伝統的立場によれば，行為と権利侵害の結果との間に条件関係が存在することが，不法行為責任を行為者に帰責するための前提条件である。しかし，条件関係が存在すれば足りるというのでは，帰責の範囲が著しく広がってしまう。このことを懸念し，責任成立範囲を因果関係のレベルで限定するために登場してきたのが，相当因果関係の理論である（本格的な議論はドイツ刑法学にはじまり，ドイツ民法理論を経て，わが国の民法学に学説継受された）。相当因果関係の理論とは，その行為が権利侵害（結果）にとって法的に相当とみ

26　幾代＝徳本 116頁，森島 227頁。
27　水野・因果関係概念の意義と限界 201頁の指摘も参照。もっとも，同書のように，この点を捉えて因果関係判断に占める評価的要素や価値判断の側面を強調することにより，後述する事実的因果関係説を批判する——事実の確定と政策・規範的評価とが融合する場合のあることを指摘する——ものもあるが，事実的因果関係説とて，因果関係判断の際に歴史的・経験的知見に裏づけられた法則を条件関係判断の前提とすることを否定するものではない。その意味で，「事実的因果関係」とはいえ，評価的要素・価値判断が捨象されたピュアな「事実的」因果関係ではない。むしろ，こうして確定された因果関係（事実的因果関係）とは別に，故意・過失という観点からの責任非難の次元が存在し，この次元に位置する問題と因果関係に関する問題とは峻別して考えるべきであるというのが，事実的因果関係説の主張の核心のひとつである。

られる条件である場合に，権利侵害と不法行為との間の「法的因果関係」を肯定し，損害賠償責任を導いていく考え方である（相当因果関係説）。

相当因果関係説のもとでは，不法行為にいう因果関係は，単なる事実的な因果関係ではなく，法的な判断を経た因果関係（法的因果関係）であるとされる[28]。相当因果関係説は，わが国における支配的学説であり[29]，判例も，この構成を古くから採用し[30]，今日まで維持してきている。

II 法的相当性の内実——結果の「異常性」か，法的価値判断か？

なお，わが国の相当因果関係説は，ドイツにおける相当因果関係説を基礎に展開してきたものであるところ，「法的」相当性を判断するにあたり，ドイツでは，2つの立場が存在していた。

ひとつは，即物的に捉えて当該結果が当該行為にとって「異常な」ものといえるかどうか（結果発生の蓋然性の大小）を判断する立場である。相当性の判断は，経験的知識に基づく因果経過および結果発生の態様の通常性・異常性に関する判断であるということになる。この相当因果関係説は，相当性判断における因果経過および結果発生の態様の経験的通常性を説き，かつ，異常な原因に基づく場合および異常な因果の経過をたどった場合のみを例外的

---

28 この種の説明は，条件関係の判断で広がりすぎた因果関係を相当性判断によって制限するという観点に出たものである。もっとも，因果関係要件のもとでの政策的・評価的判断をになうのが相当性判断であると捉えるときには，条件関係を相当性判断が制約するという観点ではなく（また，およそ因果関係要件のもとで条件関係判断を独立のものとして先行させるのではなく），政策的・規範的判断が因果関係要件の中核にすえられることになる。この方向を支持するものとして，米村・法的評価としての因果関係と不法行為法の目的(1)(2)。

29 我妻154頁。今日の学説で相当因果関係説を積極的に支持するものとして，澤井195頁，吉村127頁。これに対して，刑法の領域では，裁判例では相当因果関係説とは異なるかにみえる枠組みが採用されている。学説でも，相当因果関係・法的因果関係の理解について，民法とは若干違った展開をみせている。とりわけ，そこでは，最決昭和63年5月11日刑集42巻5号807頁（柔道整復師事件），最決平成2年11月20日刑集44巻8号837頁（大阪南港事件），最決平成4年12月17日刑集46巻9号683頁（夜間潜水訓練事件）において，「結果を引き起こしかねない危険性」の観点から因果関係を判断するという方向性が示されたものであるから，「相当因果関係の危機」が叫ばれるようになっている。

30 大連判大正15年5月22日民集5巻386頁。

に因果関係なしとするために相当因果関係の概念を用いている。

　もうひとつは，被害者・加害者間での衡平や当該行為を禁止・命令する損害賠償規範の目的・機能を考慮に入れて「法的」相当性を判断する立場である。ドイツにおける現在の相当因果関係説は，後者に立脚している[31]。

　わが国の支配的民法学説は，法的評価の視点を入れて相当因果関係を判断する後者の立場を支持するものが圧倒的である[32]。この立場からは，結果に対する行為の影響力・寄与度（結果の回避可能性）に関する法的・規範的判断をおこなうのが法的相当性の場であるということになる。そして，まさに，この点を捉え，相当因果関係説に対し批判を投げかけたのが，第4節Ⅲに述べる客観的帰属論であった[33]。

Ⅲ　責任限定のための「相当性」判断

1　責任限定のための「相当性」判断

　伝統的理解によれば，相当因果関係の理論は，条件関係（事実的因果関係）の成立が認められる局面において，帰責の問題を考えるうえですべての原因が結果の発生にとって等価値のものではないとの理解を基礎にして，結果発生にとって法的に重要な原因を法的に重要でない原因から分離する試みの一環として展開されたものである。その意味で，相当因果関係の理論は，責任の成立する場面を限定するという機能をになうものとして捉えられている。

31　北川善太郎「損害賠償論序説(1)」法学論叢73巻1号17頁（1963年），澤井・不法行為における因果関係262頁。

32　森島313頁，澤井・不法行為における因果関係262頁・267頁。この意味では，ドイツにおいて前者の観点に立脚した相当因果関係説に対して出されている批判を，わが国の相当因果関係説に対してもちだしたとしても，無意味である。

33　もっとも，客観的帰属論が採用した帰属の正当化のための枠組みを，再び因果関係概念に取り込み，因果関係の相当性に関する判断を法的・規範的価値判断とする——それゆえに，ここでの因果関係を「法的因果関係」と捉える——立場が，今日のわが国の刑法学における因果関係理論の礎となり（この限りで，「客観的帰属」といおうが，法的・規範的価値判断をも含む「相当性」判断といおうが，大差がない），また民法学においても，同様の方向からの因果関係論の揺り戻しが一部でみられるようになっている（次の第4節を参照せよ）。最後の立場からは，因果経過および結果発生の態様が経験的にみて異常なものであったとしても，行為の危険性が結果へと現実化したと評価できるときには，因果関係（法的因果関係としての相当因果関係）が肯定されることになる。

2 「相当性」が問題となる場面
2−1 行為当時における特殊事情の存在
　責任設定の因果関係における「相当性」が問題となる第1の場面は，行為当時に特殊な事情が存在したために，権利・法益侵害の結果が発生した場合である。医療過誤，公害，自然災害の関与する不法行為その他原因競合事例で問題となることが少なくない。特殊な事情としては，第三者の行為や自然現象のほか，被害者の特異体質などが考えられる。

2−2 行為後における特殊事情の介入──第1次侵害から波及した後続侵害
　責任設定の因果関係における「相当性」が問題となる第2の場面は，行為の結果として第1次的な権利・法益の侵害が生じた後に，他の事情が介入し，第1次的権利・法益侵害が別の権利・法益への侵害（後続侵害）へと波及した場合である。この場合については，介在してきた特殊事情の予見可能性（異常性）と，この特殊事情の結果発生に対する影響力──別の観点からみれば，先行する不法行為の危険性が結果を実現したかどうか──を規準に，因果関係の相当性を問うことになる。

　その一例としては，交通事故によって軽微な障害を負った被害者が，事故の後に精神的疲労等が重なり，自殺するに至ったという場合をあげることができる。これについては，交通事故と自殺との間に相当因果関係があるとしたうえで，被害者の心因的要因（素因）が自殺に寄与している点を考慮して賠償額を減額するという手法を用いた原審の判断を是認した最高裁判決がある[34]。この判決は，交通事故による後遺症が重篤なものではなかったものの，

---

[34] 最判平成5年9月9日判時1477号42頁（心因的要因による減額については，続刊参照）。もっとも，この判決については，(a)民事不法行為の場合に過失相殺や素因減額といった減額制度がひかえていることから，柔軟な処理をはかるために，（因果関係なしとすることで賠償額がゼロとなる結果を避けるため）責任設定の因果関係をゆるやかに捉えたのか，それとも，(b)そのような減額制度とは切り離して，経験則に照らし因果経過の通常性を広く捉えたのかで，判決のもつ意味とそれに対する評価が異なってくる。その後に出された最高裁判決（最判平成12年3月24日民集54巻3号1155頁）において，うつ病のり患と自殺との間に因果関係があることが経験則として確認されている点をも考慮したとき，最高裁としては，後者のように考えたものとみるべきであろう（素因減額による処理の柔軟化は，結果論にすぎない。そもそも素因減額を認めるべきかどうかについても問題がある）。この点も含め，樫見由美子「事故と自殺の因果関係」民法判例百選II〔第5版補正版〕166頁（2005年）を参照。

事故の精神的衝撃とその長期にわたる持続，補償交渉の滞りなどから被害者が災害神経症状態におちいり，その状態から抜け出せないまま自殺に至ったという事件につき，「自らに責任のない事故で傷害を受けた場合には災害神経症状態を経てうつ病に発展しやすく，うつ病にり患した者の自殺率は全人口の自殺率と比較してはるかに高い」ことをも考慮して，事故と被害者の自殺との間に「相当因果関係」があるとしたうえ，自殺に被害者の心因的要因も寄与しているとして相応の減額をした原審の判断を是認したものである。

また，交通事故による負傷の後に被害者を治療した医師の過失により人身被害が拡大した場合にも，交通事故につき責任を負う加害者等が医師の過失（医療過誤）により拡大した結果についても責任を負うのかという問題をめぐって，共同不法行為の成否とは別に，同様の議論がある（交通事故と医療過誤の競合）。ここでも，いちいち挙げないが，下級審裁判例には，拡大結果についての交通事故加害者等の責任を考える際に，相当因果関係の概念を用いて処理をするものが多い。

IV 責任拡張のための「相当性」判断

上記のように，伝統的立場は，因果関係における相当性判断の場を，条件関係をさらに制約し，責任を限定するためのものとして位置づけてきた。これは，ドイツにおける相当因果関係論の主流をわが国にそのまま承継したものである。

これに対して，相当性判断には，因果関係を拡張する機能，すなわち，条件関係（事実的因果関係）がなくても，帰責相当との社会的評価が存在する場面で，「因果関係」要件の充足を認めるとの機能もまた——責任の限定・因果関係の否定の機能と並んで——認められることを指摘する見解も主張されている[35]。

---

[35] 加藤〔雅〕237頁。この機能を「因果関係拡大機能」と呼ぶ。想定されているのは，重畳的因果関係が問題となる場面，共同不法行為の場面，葬儀費用の賠償の場面である。なお，相当性判断のもつ「因果関係拡大機能」が「きわめて例外的にしか認められない」と指摘されている点にも，留意が必要である。相当性判断のもつ評価的機能を，より積極的に捉える立場については，第5節IVを参照せよ。

V　相当性判断の規準

　相当因果関係説を支持する場合，相当性の判断規準としていかなる時点のいかなる事情を考慮するか。この点に関しては，主観説・客観説・折衷説の対立がある。主観説とは，行為当時において行為者が認識・予見した事情および認識・予見することのできた事情に基づいて相当性を判断すべきだとする見解である[36]。客観説とは，行為当時に存在していたすべての事情および行為後に生じた認識・予見可能な事情に基づいて相当性を判断すべきだとする見解である。行為者の認識の違いによって因果関係の相当性判断が異なることに懸念を示す立場からの主張である。折衷説は，行為当時に一般人が認識・予見することのできた事情および行為者が特に認識・予見していた事情に基づいて相当性を判断すべきだとする見解である（刑法の相当因果関係説のなかでは通説の地位を占める）。

第4節　「行為」と結果との因果関係（その2）：
　　　　相当因果関係説批判──事実的因果関係説

I　事実的因果関係の理論
　　　──過去に生じた事実の復元としての因果関係判断

　相当因果関係説に対しては，アメリカのリアリズム法学の影響のもと，因果関係を法的因果関係とみることに疑問を呈し，因果関係の存否判断は具体的に発生した権利侵害の発生メカニズムを解明する判断であり，過去に生じた事態を復元するという作業を意味するものであると説く見解がとなえられた。この見解（事実的因果関係説）は，レオン・グリーン（Leon Green）の見解の流れをくむものであるが，その論理的明確さもあって，わが国の民事責任学説のなかで有力化している。
　その主唱者によれば，因果関係概念としては，「あれなければ，これなし」の意味で用いられるものと，帰責の関係を指す意味で用いられるものとがあ

---

[36] ちなみに，民法416条2項にいう特別事情の予見可能性を債務不履行・不法行為時における債務者（行為者）の予見可能性の意味で理解する相当因果関係説は，この主観説を基礎としている。

るところ，わが国での相当因果関係の概念は，後者の意味で——しかも，法的因果関係（juristische Kausalität）として——用いられてきた。その際，「損害賠償の範囲は因果関係によって定まる」ところ，そこでの因果関係は法的因果関係としての相当因果関係として捉えられてきた。しかし，相当因果関係のもとでおこなわれているのは，因果関係の存在を前提としつつ責任原因を考慮して賠償範囲を制限するという政策的価値判断であり，「損害賠償の範囲は因果関係によって定まる」という命題は，わが国では法技術的＝理論的意義を有しない。その命題を前提とする「相当因果関係」という概念は無用である。むしろ，因果関係の要件は，賠償の責任主体者が現実に損害を惹起したことを要するという事実の問題を扱うものであり，そこでは，損害賠償請求の不可欠の前提として，「生じた損害が誰の行為を『原因』として生じたか」が問われることになる[37]。

このように，因果関係の要件を事実的因果関係（cause in fact）と捉えるとき，そこでの因果関係判断は，上に述べたように，過去に生じた事実の復元の作業として——裁判にあっては，事実認定のレベルで——位置づけられる[38]。

II 賠償範囲の確定問題の位置づけ——因果関係と帰責判断との分離

因果関係を事実的因果関係として捉えたとき，相当因果関係説が「因果関係」の「相当性」のもとで判断していた内容は，因果関係要件の充足を前提としたうえで，因果関係とは異なる次元の要件のもとで吟味されることになる[39]。

---

[37] 平井・損害賠償法の理論 92 頁・101 頁・133 頁・429 頁，平井 82 頁。さらに，そこでは，不可欠条件公式のもとで事実的因果関係を判断するとの立場が示されている。平井・損害賠償法の理論 136 頁・433 頁。

[38] なお，この考え方からは，事実的因果関係において，条件関係と同じものが想定されることになる。したがって，条件関係の判断に際しての不可欠条件公式と合法則的条件公式との対立もパラレルにもちこまれることになる（念のためにいえば，事実的因果関係説を支持するからといって，そこでの事実的因果関係を不可欠条件公式のもとで判断しなければならないという必然性はない）。

[39] 野々村和喜「事実的因果関係論の正統性」同志社法学 53 巻 5 号 1737 頁（2002 年）の指摘を参照。

すなわち，事実的因果関係は，損害賠償請求の不可欠の一前提であるが，損害賠償請求の可否は，それだけで判断されるものではない。これに続けて，発生した結果を原因行為に帰して，行為者にその結果発生についての責任を問うことができるかどうか（帰責の正当化）の判断を経て，はじめて，賠償請求の可否が定まる[40]。後者の問題は，行為規範の「保護範囲」に関する問題，または「規範の保護目的」に関する問題として位置づけられる。

III 客観的帰属論との共通性

上述した「事実的因果関係＋保護範囲（規範の保護目的）」の考え方は，相当因果関係説を批判して登場した客観的帰属論と共通の基礎を有するものである。客観的帰属論は，相当因果関係説に代わるべきものとしてドイツで展開したものである。客観的帰属とは，最大公約数的に表現すれば，当該結果を当該主体の行為に帰するための規範的価値判断のことをいう[41]。この考え方は，わが国の保護範囲論が依拠したレオン・グリーンの見解がドイツに継承され，民事責任の領域ではラーベル（Rabel），フォン・ケメラー（von Cammerer），ラーレンツ（Larenz）らによって発展し[42]，わが国にも直接・間接に影響を及ぼしている。

民法における客観的帰属論の基本的な枠組みは，事実的＝論理的関係としての因果関係と，行為に対する結果の帰属（帰責）に関する判断とを明確に分離するものであり，因果関係要件は前者，すなわち事実的因果関係の確定に尽きるのに対し（因果関係のなかに「相当性」判断を盛り込むことの否定），後者にあっては，行為との間で事実的因果関係があるとされた結果を当該行

---

40 平井・損害賠償法の理論138頁が，賠償されるべき範囲がどこまでかを決する裁判官の政策的価値判断ないし考慮を経て，賠償請求の有無および賠償されるべき範囲も定まるという。

41 「帰属 Zurechnung」（客観的帰属〔objektive Zurechnung〕）に関する判断が，機械的な因果的考察によっておこなわれるものでも，経験的判断に基づく事実の確定によっておこなわれるものでもなく，目的論的な法的価値判断によっておこなわれるものであるとする考え方である。潮見・民事過失の帰責構造224頁。

42 その意味で，「事実的因果関係＋保護範囲」の考え方が客観的帰属論と親和性を有するのも当然である。なお，刑事責任の領域では，ロクシン（Roxin）の見解が重要である。

為に帰属（帰責）させることの可否およびその範囲を判断し，決定するため，行為規範に対する違反についての評価がおこなわれる——結果の帰属（帰責）は規範の意味と射程によって決まる——というものである。その意味で，規範の保護目的説ともいわれる。その際，不法行為法が当該行為の危険性を考慮に入れて命令・禁止規範を立てているところ，客観的帰属論の考え方からは，その命令・禁止規範が当該結果を回避しようとしていたかどうかにより，賠償責任の成否が決せられることになる。

第5節　事実的因果関係説批判
――因果関係のなかの評価的要素

I　緒　論

　事実的因果関係説は，今日の民法学説においては多数説と目されるが，それでも，この考え方に対しては，次のような批判が出されている（主要なものを掲げる）。

II　アメリカと日本の裁判制度・訴訟手続の相違からみた事実的因果関係説批判

　事実的因果関係説に対しては，それがレオン・グリーンをはじめとするアメリカの有力学説を参照して展開をみせたものであるものの，事実的因果関係説（＋保護範囲論）は，事実判断をおこなう陪審と法的価値判断をおこなう裁判官という2種の異なる法的機関を有しているために事実的因果関係の問題と法的価値判断の問題とを区分する見方が実践的意義をもつアメリカ合衆国においてはともかく，このような制度的基礎のないわが国では2段階に分けて法的評価を加える必要性に乏しいとの批判がある[43]。
　もっとも，この点に関しては，仮に結果帰属（帰責）の判断過程に異質なものが存在しているのであれば，これを異質な要件のもとに区分することは訴訟制度・法的機関の違いに関係なく実体法理論として意味のあるものであ

43　松浦以津子「因果関係」山田卓生編『新・現代損害賠償法講座1　総論』（日本評論社，1997年）149頁，野々村・前掲論文1792頁。

り，現にドイツにおいても規範の保護目的論という内容でこの区分が採用されているところからは，上記の批判は根拠に乏しい。むしろ，問題は，実体法レベルでこのような区分が可能か，また可能としてもその区分が適切かという点にある。

III 事実的因果関係を先行判断することに対する批判

事実的因果関係説は，結果帰属（帰責）の前提として事実的因果関係の有無を先行判断する（いいかえれば，事実的因果関係が認められた行為について，故意・過失に関する判断をおこなう）というプロセスを採用する。しかも，その主唱者は，規範的判断を経た行為（とりわけ，不作為）を因果関係の起点に置くことを否定する[44]。

しかし，これに対しては，むしろ，規範的な評価（命令規範・禁止規範に対する違反の有無の判断）がされて法的意味を付与された行為について，その行為が当該結果に対する原因（法的原因）となったかどうかを判断する（いいかえれば，故意・過失に関する判断がされた行為について，その行為と結果との間の因果関係を問う）場合もあることが指摘されている。たとえば，加害行為の後に結果発生をもたらす原因が偶然に介在したり，事態が異様な展開をみせたような事例では，事実的因果関係を確定したうえで，どこまでの損害を賠償させるべきかという規範的評価がされるのに対して，不作為不法行為が問題となるような場合や，結果発生の抽象的危険が存在するにとどまる段階で既に行為義務（抽象的危険防止義務）が設定される場合には，行為に対する規範的評価が先行し，そのうえで，当該行為からの因果関係が判断されることが指摘されているのである[45]。後2者にあっては，その行為がその結果の法的原因であると評価できるかどうかを問う因果関係において，規範的評価が加えられた行為が因果関係の起点とされている。ここに，因果関係を事実的側面でのみ捉える考え方の問題点があるとされる。どのような場面でもまず事実的因果関係の有無の判断からはじめなければならないのかという点に関する批判である。

---

44 平井83頁。
45 水野・因果関係概念の意義と限界13頁・153頁・345頁。

IV 「事実」と「規範的評価」(「政策」)との区分に対する批判
　　——因果関係概念の規範的・評価的性質

　事実的因果関係説に対しては，規範的評価・価値判断抜きでは因果関係を判断できない場合があることが指摘され，事実的因果関係の認定に説得力をもたせるために侵害行為の悪質さのような法的評価を加える必要のある場合があることが指摘されている[46]。また，因果関係を「規範的な概念」であると捉えたうえで，事実的因果関係は「その判断に至る便宜的第一歩」にすぎない——因果関係論を事実的因果関係の問題に限局するのは，あまりにも狭隘だ——と説かれることもある[47]　このように，因果関係概念に占める法的・規範的評価の側面を強調することで，事実と規範的評価ないし「政策」とを分離し因果関係を事実的なものとして捉えることに対し批判的な目を向ける見解は，最近でも，断続的に主張されている。

　たとえば，価値判断・政策判断を抜きにした事実的因果関係という発想自体が妥当しない類型や（原因の必要的競合事例において，原因行為のひとつをおこなった者に対する帰責を導く場合，その行為が原因となってその結果が発生したがゆえに行為者が責任を負うべきであるというコンテクストでは，因果関係の言明のなかに規範的評価の視点が取り込まれている），Ⅲで述べたように，原因行為そのものに対して規範的評価が加えられるために因果関係自体が規範的性質を帯びている類型のあることが，一部で指摘されている[48]。

　また，行為と結果との間の事実的な連鎖関係を因果関係の中核にすえる立場（事実的因果関係理解を前提とする立場）とは一線を画し，「『因果関係』も法律要件である以上，それが当該制度の目的や機能に適合しないものであってはならない」との理解から，因果関係を現行不法行為制度の「政策的・評価的判断」を内包したものと捉える考え方（「評価的因果関係」理解）を支持

---

[46] 澤井187頁，澤井・不法行為における因果関係259頁・268頁，吉村良一「公害における因果関係の証明」立命館法学201=202号327頁（1989年），窪田162頁。

[47] 吉田邦彦「法的思考・実践的推論と不法行為『訴訟』」同『民法解釈と揺れ動く所有論』（有斐閣，2000年）241頁。さらに，吉村94頁。

[48] 水野・因果関係概念の意義と限界343頁。しかも，この法的評価に際しては，たとえば，交通事故被害者が事故後にうつ病になって自殺した場合のように，危険実現可能性以外の帰責要素，たとえば，人間の心の状態までをも考慮すべき場合があることが指摘されている。

する立場も，一部で唱えられている[49]。

第6節　本書の立場

I　承　前——事実的因果関係と相当因果関係における「因果関係」概念の異同

　原因行為と権利・法益侵害の結果を結びつけるものとして因果関係が要求されてきた際に，まず行為と結果との間に条件関係があるかどうかを判断したうえで，次に，条件関係ありとされたもののうち，行為と結果との間の法的・規範的連関を認めることができるもののみについて行為者の責任を問うというプロセスが踏まれる。このこと自体は，（一部の学説を除き）相当因果関係説も事実的因果関係説もともに認めてきたことである。

　しかし，それでも，相当因果関係説は，上記の2段階の審査を通ったものについて「因果関係」要件を肯定するのに対して，事実的因果関係説は，条件関係の審査のみを「因果関係」要件でおこない，行為と結果との間の法的・規範的連関を認めることができるかどうかの審査を「因果関係」とは別の要件，すなわち「保護範囲」とか「規範の保護目的」内の結果か否かという要件にゆだねている点で異なる。

II　因果関係判断における評価的要素——「危険の現実化」に対する評価と，「帰責」を内容とする法的評価の異質性

　わが国で「因果関係」要件が問題となる際に，相当因果関係説を支持する見解はもとより，相当因果関係概念を採用しない見解にあっても，因果関係とは単に行為と結果との間の事実的＝論理的な関係だけでなく，規範的な評

---

[49] 米村・法的評価としての因果関係と不法行為法の目的(1) 535～536頁に要約があるが，論者の主張が明確にあらわれているのは，(1) 547頁以下，(2) 837頁以下。なお，論者は，不法行為法の目的（正当化原理）として，個別的正義の実現と一般的な法規範の実現を——不可分一体のものとして——捉えている。この点に関しては，評価的因果関係理解を支持するにしても，不法行為法の目的（正当化原理）をどのように捉えるのかによって，具体的場面での因果関係の存否判断が分かれることになる。

価が介在するし，またそうあるべきだという点を指摘するものが出てきている（法的因果関係あるいは評価的因果関係としての因果関係理解）。他方で，事実的因果関係説の主唱者も，事実的因果関係の判断に際して「法律的な判断」がおこなわれることを否定しない（ただし，これが何を意味するのかは明瞭ではない[50]）。

このように，相当因果関係ないし法的因果関係として因果関係を捉えるものも，事実的因果関係として因果関係を捉えるものも，因果関係判断のなかになんらかの評価的要素が介在することは否定しない。

問題は，そこで問題とされている評価的要素が何であるか，いかなる観点からの評価なのかという点にある。相当因果関係ないし法的因果関係として因果関係を捉える立場は，ここでの評価的要素を，もっぱら結果に対する行為の法的・規範的関連づけを正当化する要素として捉えている。

しかし，因果関係判断での評価として問題とされてきたものには，①原因行為から生じた危険が権利・法益侵害という結果として実現したかどうかの判断（危険の現実化に関する評価）と，②この判断を経たうえで，当該行為を原因として生じた権利・法益侵害の結果についてこれを行為者に帰責することが正当化されるかどうかという観点からおこなわれる法的・規範的価値判断（帰責を内容とする法的評価）とがある。相当因果関係の理論が「条件関係」と「相当性」という枠組みの基礎に置いているのは，この「①＋②」の判断構造である。また，「事実的因果関係＋保護範囲（規範の保護目的）」という枠組みで問題を捉える立場からは，①は「因果関係」の要件で，②は「保護範囲」（規範の保護目的）の要件で，それぞれ扱われているものである。①と②とで異質な観点からの評価がおこなわれるものである以上，①と②とは，分けて考えるべきである。

このように，両者が異質な判断過程をになうものであり，とりわけ，①では事実認定の問題，②では法的評価の問題が扱われるものであるゆえに，①と②を因果関係というひとつの要件のもとに一体化することには賛同しがたい。

要するに，行為者の行為を権利・法益侵害に関連づける際の評価には，次の２つのものがある。

50　野々村・前掲論文1795頁の表現を借りれば，「相当因果関係＝賠償範囲画定論＝（客観的事実としての）『事実的因果関係』」というものではない。

① その権利・法益侵害は，加害者の行為の危険性が現実化したものと評価することができるか（これは，危険実現面での結果と行為の連結のみを想定した評価である）。

② その権利・法益侵害は，加害者の命令規範・禁止規範に違反する行為に帰するものと評価することができるか（これは，客観的帰属〔規範の保護目的〕の問題である）。

このうち，①は「因果関係」要件の担当する問題であり，行為の危険が結果として実現したかという観点からおこなわれる過去に生じた事実の復元という事実認定（行為から結果が発生したかどうかの蓋然性判断）を扱う[51]。これに対して，②は，「因果関係」とは別の要件，すなわち，命令規範・禁止規範が当該結果にまで及ぶかどうかという点に関する法的評価を扱う要件（「規範の保護目的」の要件）のもとで扱うのが適切である。

III　合法則的条件公式による因果関係判断

因果関係に関する判断は，既に条件関係について言及した箇所で触れたように，不可欠条件公式による評価ではなく，合法則的条件公式による評価をおこなうのが，論理的にも，実務的処理を反映させる点でも，適切である。

第7節　因果関係の判断規準時および判断対象

I　事実審口頭弁論終結時説
――事後的・回顧的観点での特定の行為と特定の結果の連結

因果関係判断は，特定の具体的な行為と特定の具体的な結果（権利・法益侵害）とを対象として，評価時の科学技術・学問の水準を規準としてされる（過失判断が行為時の科学技術・学問の水準によるのとは対照的である）。これは，

---

[51] この意味での「因果関係」を「事実的因果関係」というか，「法的因果関係」というかは，用語の問題であるけれども，事実認定に属する判断であることと，②との差別化をはかる意味で，「事実的因果関係」という表現を用いることは否定されるべきではないし，「事実的」という表現が誤解を呼ぶのであれば，端的に「因果関係」といっておけばよい。

因果関係判断が特定の被害者と特定の加害者との間で生じた具体的事実の復元を目的としているがゆえのことである。具体的な事態の推移をできるだけ正確に確定するためには，利用しうる範囲でもっとも進んだ水準をもってすることに躊躇する理由がない。ちなみに，その結果として，「過失はあるけれども，因果関係がない」という帰結が出てくる場合がある。たとえば，行為時には問題の病状に対し診療現場で投与することが必要とされていた薬剤を医師が投与しなかった（したがって，過失あり）ところ，後の技術の進歩により，その薬剤がなんら治療効果のないことが判明した（したがって，因果関係なし）というような場合がこれにあたる。

もとより，この立場からも，特定の具体的な行為と特定の具体的な結果（権利・法益侵害）との間の因果関係を証明する際に，その行為と結果が属するグループを捉えて類型的な行為と類型的な結果との間のつながりが検証されることがある（後述する疫学的因果関係が問題となる場面で典型的にみられるが，それ以外でも過去の事実をシミュレイトすることは，一般におこなわれるところである）。しかし，これは証拠法上の問題であり，証明対象が類型的な行為と類型的な結果であるわけではない。

II　行為時説——事前的観点での類型的行為と類型的結果との連結

わが国ではあまり主張されていないものの，アメリカでは，「法と経済学」の手法を支持する論者により，因果関係を事故発生以前の事前的観点から判断すべきであるとする見解が唱えられている[52]。そこでは，特定の加害者と特定の被害者との間の紛争解決（矯正的正義の実現）のためにではなく，事故の第１次費用の低減（事故の抑止）という目標達成のために因果関係要件を活用することが考えられている。そこでは，実際に生じた特定の行為と特定の侵害とのつながりではなく，それらの行為や侵害が属するタイプないしクラスにおける行為と侵害との間のつながりを捉え，損害発生以前の視点からリスクの発生確率と事故抑止のための社会的費用の計算をおこない，その

---

[52] 平井宜雄「因果関係論」有泉亨監修『現代損害賠償法講座１　総論』（日本評論社，1976年）105頁，平井宜雄『現代不法行為理論の一展望』（一粒社，1980年）217頁は，（平井のいう「政策志向型訴訟」についての指摘であるが）この考え方に好意的である。

結果を因果関係要件に反映させることで，事故の費用を最小化し，社会全体の効率性や富の最大化に資することができるとされる[53]。

第8節　原因競合と因果関係

I　緒　論

行為者の加害行為のほか，複数の原因が競合して権利・法益侵害を発生させたときに，権利・法益侵害と行為者の行為との間の因果関係を肯定することができるか。

この問題については，原因競合の形態により，いくつかの類型に区別することができる[54]。

II　必要的競合

Aの加害行為によりXの権利・法益侵害が生じた場合に，他原因Bが介在し，かつ，Bの介在なしではXの権利・法益への侵害は生じなかったであろうという場合がある（必要的競合）。

この場合は，不可欠条件公式によるのであろうが，合法則的条件公式によるのであろうが，上述した因果関係の一般法理で対処が可能である（いずれの公式によるのであれ，因果関係の断絶の問題が出てくる）。

III　重畳的競合

因果関係の存否判断につき「あれなければ，これなし」という不可欠条件公式を基礎に権利侵害の結果から原因行為へと到達するという手法は，加害原因となる行為が複数重複する場合に，説明に窮することとなる。たとえば，Y_1とY_2の2人がともに致死量の青酸カリをグラス中のワインに入れたところ，これを飲んだXが死亡したという教科書的説明で示されるような場合がこれである（重畳的競合における因果関係）。ここでは，いずれかの行為者の

53　この考え方に対する批判を含め，水野・因果関係概念の意義と限界175頁に詳しい。

第5章　責任設定の因果関係　　367

行為がなくても被害者の死亡という結果が生じているから，不可欠条件公式によれば，両行為者ともに権利侵害の結果につき因果関係がないことになってしまう。

　この点に関して，わが国の不法行為法学では，「それぞれの事由と結果との間の因果関係を否定すべきではない，という結論自体については，異論がない」[55]といわれる[56]。そのうえで，(a)因果関係ありとの結論をもたらすという価値判断を先行させ，重畳的競合における因果関係判断にあっては，例外的に不可欠条件公式が妥当しないとするものがある[57]。(b)「人は他人の違法行為を援用して免責を求めることはできない」との観点から，「他人の条件関係を援用することはできない」として因果関係を肯定するものもある[58]。また，(c)競合する原因（たとえば，Y_2の行為）を取り去ったうえで，不可欠条件公式を適用し，「Y_1の行為がなかったと仮定したならば，Xは死亡していなかった」とすることで，行為（Y_1の行為）と結果との間の条件関係を肯定するものもある[59]。他方で，(d)事実的因果関係の存否は純粋に自然科学的

54　もっとも，原因競合の場面をどのような観点から類別し，検討するかについては，論者により，さまざまである。たとえば，大村敦志『もうひとつの基本民法II』（有斐閣，2007年）29頁では，本書にいう「必要的競合」を「相乗型」，「重畳的競合」を「択一型」と呼び，本書が因果関係の断絶の箇所で説明した類型を「仮定型」と呼んで区別をしている。

55　四宮420頁。

56　森島昭夫「因果関係（日本不法行為法リステイトメント）」ジュリスト883号64頁（1987年）は，当時の学説・判例の到達点から，「複数の事実のうち，それのみによって当該損害を発生せしめる事実があるときは，他の事実と損害との間の因果関係いかんにかかわらず，当該事実と損害との間には因果関係があるものとする。但し，ある事実によって損害が生ずる前に，他の事実によって当該損害が生じたときは，前の事実と損害との間には因果関係がないものとする」とのルールを導き出している。

57　平井85頁。「事実的因果関係という概念もより高い抽象のレヴェルにおいては，ひとつの価値判断にほかならない」し，不可欠条件公式も「結局は一応の価値判断の基準を与えるものにすぎない」のであるから，例外が生じることは「当然」であって，「事実的因果関係の存否の判断は大体において『あれなければこれなし』の公式によって与えられる，ということで満足するほかない」（平井・損害賠償法の理論433頁）という。このような見方が因果関係は事実的に捉えるべきであるとする平井自身の見解と齟齬するのではないかとの疑問は残る。また，単独で責任を負う場合との均衡から責任を肯定するための法的価値判断がはたらくべき旨を説くものとして，吉村95頁。

58　澤井・不法行為における因果関係309頁。

認識によって決まり，この認識の上に立って条件説が妥当するものであるところ，重畳的競合の場合には自然科学的知見に照らし因果関係の存在が肯定されると説くものがある[60]。(e)「ネットワーク的発想」のもとで交叉する他方の因果関係も視野に入れて不可欠条件公式を適用することにより，因果関係を判断すればよいとするものもある[61][62]。

これに対して，本書が基礎としているような合法則的条件公式のもとでは，そのような迂回路をとることなく，問題とされるひとつの行為が権利侵害の結果を法則的に決定づけることができれば，これによって因果関係を肯定することができる。

もっとも，一見すると重畳的競合のようにみえるが，ある原因行為と権利・法益侵害の結果との因果関係がその後に生じた原因により断絶する場合——前述した因果関係の「断絶」——は，重畳的競合ではない。この場合には，先行行為者の故意・過失行為と当該権利・法益侵害との間の因果関係が否定される[63]。

IV 択一的競合

択一的競合とは，複数人の加害行為により権利・法益侵害が生じたところ，これら加害者のうちのいずれかの者の行為により権利侵害が生じたことは明らかであるが，それが具体的に誰の行為によるかということが不明な場合をいう。ここでは，民法は，719条1項後段を設け，「共同行為者のうちいず

---

59 四宮412頁・420頁。なお，澤井・不法行為における因果関係309頁も参照。
60 前田127頁，前田達明『判例不法行為法』（青林書院，1978年）43頁，幾代＝徳本119頁・120頁。
61 水野・因果関係概念の意義と限界88頁・204頁。前述したように，合法則的条件公式によるのと大差はない。
62 ドイツでは，この問題は，他の原因競合事例とともに，仮定的因果関係という枠組みのもとで議論されることがある。これについては，樫見由美子「不法行為における仮定的な原因競合と責任の評価(1)〜(6)完」判時1124号17頁，1127号17頁，1134号12頁，1153号17頁，1166号18頁，1184号6頁（1984年〜1986年）に詳しい。
63 四宮425頁。もとより，Y_1が致死量の毒薬を入れた飲料をXが飲んだために健康被害が生じた後に，Y_2がXを射殺したような場合に，断絶するのはY_1の行為とXの生命侵害との間の因果関係であり，Y_1の行為とXの健康への侵害との間の因果関係は肯定される。

れの者がその損害を加えたかを知ることができないときも，同様とする〔共同行為者は連帯して被害者に対し損害賠償責任を負う〕」と定めることで，個別的因果関係を推定している。したがって，この場合，権利・法益侵害の結果と自己の行為との間に個別的因果関係が存在しないことを主張する側が，この不存在を根拠づける事実についての主張・立証責任を負担する。

　たとえば，宅配便業者であるA・B・Cそれぞれの配送員が別々の時間帯に荷物を配送するためにX宅を訪れ，荷物を配達したところ，この間に，X宅の門から玄関までに至る庭に置かれていた石灯籠が破損していたというような場合に，XがA・B・Cの全員もしくはそのうちの1人ないし2人を被告として損害賠償請求をするとき，Xとしては，（たとえば，Aを被告とするときに）「Aの行為とX所有の石灯籠の破損との間に因果関係があること」を主張・立証する必要はない（B・Cを被告とするときも同じ）。Xとしては，A・B・Cが択一的競合関係にあること（719条1項後段の「共同行為者」とは，この意味のものである），つまり，加害者がA・B・Cの配送員のうちの誰かであるということ（論者によれば，さらに，加害者と考えられる者としてはA・B・C以外にはいないこと）さえ主張・立証すれば足りる。因果関係については，原告Xの請求に対する抗弁として，被告とされたA・B・Cそれぞれの側が，「自分のところの配送員の行為と，石灯籠の破損との間には，因果関係がないこと」について主張・立証責任を負う。その結果，因果関係の存在が真偽不明のときには，その不利益は加害者側が負担することとなる。

　なお，民法719条1項後段については，共同不法行為ないしは競合的不法行為，さらには広く原因競合の場面で，寄与度を理由とする割合的減責を問題とする際にその法意を応用可能かどうかという点でも問題となっている。これについては，後述する。

V　関連問題——自然力の関与と因果関係

　加害者の行為と並んで自然力が権利・法益侵害に寄与した場合に，行為と権利・法益侵害の間の因果関係は，次の2点において問題とされる[64]。

---

[64] この問題は，判例・学説においては，主として，国家賠償法2条1項による営造物責任の領域で議論されてきた。窪田充見『過失相殺の法理』（有斐閣，1994年）89頁に詳しい。

①　加害者の行為と権利・法益侵害との間の因果関係を認めることができるか。これは，責任設定の因果関係レベルでの問題である。既に説かれているように[65]，人間の営み・存在が周囲の環境とまったく切り離して捉えられることができないものである以上，自然力が権利・法益侵害に寄与したからといって，当然にそれが因果関係（条件関係）を切断して損害賠償責任の成否に影響を及ぼすということにはならない[66]。責任設定レベルで自然力が問題となるとすれば，それは，因果関係の存否判断を経た次の段階での規範的評価，すなわち，問題の権利・法益侵害が加害者の不法行為を抑止しようとする行為規範の射程外（義務射程外ないしは保護範囲外）に置かれるべきものであるとの評価を下すにあたってである[67]。ここでは，発生した具体的な権利・法益侵害が不法行為規範により回避が予定された典型的危険の実現であるかどうかという点から，規範の保護目的が斟酌される。しかし，この点は，規範の保護目的論（義務射程論）一般に関する問題であり，ここで自然力を特別扱いする必要はない。

②　権利・法益侵害に自然力が寄与しているということが，損害賠償の範囲を確定するに際しても，影響を及ぼすか。これは，賠償範囲の因果関係レベルでの問題である。営造物責任（国家賠償法2条）の事案であるが，土砂崩れのために立ち往生した観光バスが土石流の直撃を受けて飛騨川に転落し104名が死亡した事故に関する飛騨川バス転落事故第1審判決[68]では，「賠償の範囲は，事故発生の諸原因のうち，不可抗力と目すべき原因が寄与している部分を除いたものに制限されると解するのが相当」であるとされたうえで，本件では不可抗力部分が4割だと認定されて，6割についてのみ国の損害賠償責任が認められた。ここでは，寄与度に基づく減責の理論が採用されている[69]。また，無過失責任を採用する特別法のもとでは，大気汚染防止法25条の3が，「第25条第1項に規定する損害の発生に関して，天災その他の不可抗力が競合したときは，裁判所は，損害賠償の責任及び額を定めるについ

65　窪田・過失相殺の法理96頁。
66　澤井裕『公害の私法的研究』（一粒社，1969年）244頁。
67　したがって，伝統的理論によれば，因果関係の「相当性」判断に属する問題である。なお，広島地三次支判昭和55年4月7日訟務月報26巻7号1105頁。
68　名古屋地判昭48年3月30日判時700号3頁。
69　ただし，この事件そのものは，高裁判決が損害全額の賠償を認容し，これが確定をみて終結している。名古屋高判昭和49年11月20日高民集27巻6号395頁。

て、これをしんしゃくすることができる」とする。水質汚濁防止法20条の2にも、同種の規定がある。この問題に関しては、賠償額の減額事由の箇所で改めて触れることにするが、ここでも、問題となっているのは、因果関係の確定という事実認定レベルでの自然力の寄与度に関する判断——自然科学知見に基づく判断——ではなく、法的評価レベルでの減免責に関する規範的価値判断であり、したがって、因果関係のレベルでは扱いがたい問題である。なお、詳細は不法行為の効果を扱う箇所（続刊）で触れる予定であるが、加害者に故意・過失があり、かつ、責任設定の因果関係も認められるにもかかわらず、自然力を理由とする減責を認めたのでは、自然力による損害リスクを加害者ではなく、被害者に課すことになり、適切ではない。

第9節　因果関係の立証責任

第1項　高度の蓋然性

　因果関係は、民法709条による損害賠償請求権の成立を根拠づける要件事実のひとつである。そして、これを基礎づける具体的事実については、被害者が主張・立証責任を負う。

　もっとも、ここでの因果関係の証明は、「一点の疑義も許されない自然科学的証明ではなく、経験則に照らして全証拠を総合検討し、特定の事実が特定の結果発生を招来した関係を是認しうる高度の蓋然性を証明することであり、その判定は、通常人が疑を差し挟まない程度に真実性の確信を持ちうるものであることを必要とし、かつそれで足りる」[70]。逆に、自然科学的証明がされたとしても、それが法的意味での因果関係の肯定へと直結することに

---

[70] 医療過誤事件につき、最判昭和50年10月24日民集29巻9号1417頁（東大ルンバール・ショック事件。この判決の今日における意味を含め、米村滋人「ルンバール施行後の脳出血と因果関係」医事法判例百選154頁〔2006年〕。なお、同評釈は、本件を事実認定・立証方法に関する判例として捉える一般的見方とは違い、評価的因果関係の観点から、因果関係の有無を法的価値判断により決したものとして捉えている点で、注意が必要である）、最判平成11年2月25日民集53巻2号235頁。公害事件では、千葉地判昭和63年11月17日判タ689号40頁（千葉川鉄事件）ほか一連の大気汚染公害訴訟でくりかえし指摘されている。高度の蓋然性とは、心証度にしておよそ80％程度と考えられている——この程度があれば因果関係が肯定される——。

はならない。

第2項　因果関係の立証責任の緩和・軽減

I　緒　論

　因果関係の証明については自然科学的証明でなくてよく，通常人が真実性の確信をもちうるだけの高度の蓋然性を証明することで足りるといっても，公害・薬害，医療過誤あるいは欠陥製品による消費者被害に代表されるような現代社会において重要な不法行為事件においては，因果関係を証明するための資料が圧倒的に加害者側の手中にあるため（証拠の偏在），高度の蓋然性の証明にまで至ることにすら，困難をきわめる。

　まして，特に人身への侵害が問題となる場合には，被害者の個体差が因果関係の展開に大きな影響を与えるものであるから，上記のような立証責任分配則をそのまま貫いた場合には，被害者の救済される範囲が不当に狭められることが懸念される。このような事態に対処するため，立証上の困難を回避または緩和するさまざまな試みが展開されている。

II　蓋然性説

　1970年代を中心に公害裁判を念頭に置いて展開されたものであるが，かつて，蓋然性説と称される一群の見解による試みがあった[71]。この見解は，民事訴訟において通常要求される「高度の蓋然性」を引き下げ，「蓋然性の優越」で足りると説いていた。

　しかし，裁判官による安易な事実認定をもたらすとか，公害という特定の事件類型についてのみ証明度を引き下げることについての論拠が十分に示されていない——むしろ，蓋然性説がめざすのと同様の結果は，高度の蓋然性そのものを個々の訴訟ごとに相対化することによって達成可能である——とか，証明度を引き下げればかえって加害者側の反証も容易となり，被害者の救済とは逆の結果をまねきかねないといった批判が出され，新たな支持者を

---

[71]　徳本鎭「鉱害賠償における因果関係」同『企業の不法行為責任の研究』（一粒社，1974年）131頁を主唱者とする。

獲得していない状況にある。

III 確率的心証の理論

　因果関係の要件事実の存在につき原告のおこなった証明が証明度に達しない場合でも，裁判官が得た心証の度合に応じて，たとえば心証が70％なら損害額の70％の責任を加害者に課すべきであるという確率的心証の考え方が，一部で主張されている[72]。心証は量的に測定可能であるという前提のもとでの議論である[73]。

　しかし，パーセンテージによる証明度の表示は説明のための便宜ではあっても，たえず変化する心証を目盛りで表現することはとうていできることではないし，この見解に立つとき，裁判官は常に心証度を明らかにしなければ

---

[72] 倉田卓次『民事交通訴訟の課題』（日本評論社，1970年）160頁・201頁。倉田卓次裁判長のもとでの東京地判昭和45年6月29日判時615号38頁は，交通事故（追突事故）の被害者が事故の2年後に発作を起こして倒れ，後遺障害を理由に損害賠償請求をした事件（被告側は，原告の発作がヒステリー発作の疑いがあるため，後遺障害が体質的または心因的なものであることを争っている）で，因果関係の存否について，「肯定の証拠と否定の証拠とが並び存するのであるが，当裁判所は，これらを総合した上で相当因果関係の存在を70パーセント肯定する」としたうえで，「損害額の70パーセントを認容することこそ，証拠上肯定しうる相当因果関係の判断に即応」するとした。この判決については，高田昌宏「心証度による損害額の認定」民事訴訟法判例百選II〔新法対応補正版〕282頁（1998年）。

[73] ただし，確率的心証の理論がどこまでの射程をもつものかについては，前掲東京地判昭和45年6月29日の捉え方として二様のものが考えられえたため，やや不透明な観があった。

　すなわち，(a)確率的心証の理論とは，心証として形成された問題の事実の存在する確率（心証形成面での確率）に即した因果関係ないし損害の割合的認定を認める理論なのか，それとも，(b)複数原因が競合し，または競合する可能性が存在する場合に，ある原因が事故発生に寄与した割合（寄与確率）に即した損害の割合的認定を認める理論で（も）あるのかという見方の相違である。もっとも，(b)については，今日では寄与度減責の問題として捉えられ，その当否が論じられている。それゆえ，確率的心証は，この理論が本来めざした(a)の意味で理解され，その当否を論じるべきである。なお，(a)・(b)両方の意味での確率的心証の理論に近い考え方に立ち，都市型複合大気汚染事例における集団的寄与度の問題を扱ったものとして，大阪地判平成7年7月5日判時1538号17頁（西淀川第2次〜第4次訴訟1審判決）。また，確率的心証の理論に全面的に賛成するわけではないが，(b)の観点からこの理論に好意的な記述をするものとして，内田364頁。

ならないことになる。そのうえに，証明度が蓋然性に達しない場合——たとえば，20％程度の場合——にも割合的認定をしなければならない反面，証明度が80％程度の場合には，判例・通説によれば因果関係が100％存在するものとして法的に扱われていたのが，80％しか賠償責任が認められなくなるという不都合が生じることになってしまう点でも問題がある[74]。さらに，なぜ損害賠償請求の場合にだけ心証度に応じた因果関係の認定が可能となるのかとの疑問もある[75]。このようなことから，心証として形成された問題の事実の存在する確率（心証形成面での確率）に即した因果関係ないし損害の割合的認定という意味での確率的心証の理論は，その後の実務では採用に消極的であり，今日の主要学説のなかで全面的にこれを支持するというものもない。

IV　因果関係の立証責任の転換

　因果関係の立証責任を加害者側に転換することにより，被害者の救済がはかられる場合がある。民法719条1項後段の択一的競合不法行為（前述），自動車損害賠償保障法3条の運行供用者責任等においてみられる。また，刑事責任に関するものであるが，人の健康に係る公害犯罪の処罰に関する法律5条には，因果関係についての推定規定が設けられている。そこでは，「工場又は事業場における事業活動に伴い，当該排出のみによっても公衆の生命又は身体に危険が生じうる程度に人の健康を害する物質を排出した者がある場合において，その排出によりそのような危険が生じうる地域内に同種の物質による公衆の生命又は身体の危険が生じているときは，その危険は，その者の排出した物質によって生じたものと推定する」と定められている。

---

[74]　野崎幸雄「因果関係論・総論」有泉亨監修『現代損害賠償法講座5　公害・生活妨害』（日本評論社，1973年）121頁。

[75]　平井90頁。なお，加藤〔雅〕257頁は，立証責任の分配ルールの意義を積極的に認めつつ，「損害の公平分担が問題となりうる損害賠償の問題のうち，因果関係の問題であれ，確実な収入等の損害の問題であれ，だれにとっても原理的に確定できない藪の中といえる種類の問題にかんしてのみ，確率的心証論を導入してよい」という。

V　因果関係についての事実上の推定（間接反証説）

　因果関係については，具体的な事件で，事実上の推定がされることがある。間接事実の積み重ねにより復元される当該事件の客観的な経過をもとに，「経験則に照らせば，当該事件において因果関係の要件事実に該当する主要事実がある」と推認する——被害者は因果関係の立証に成功したとする——ことで，被害者による証明困難を救済するものである[76]。

　ここでは，上記意味での間接事実の存在が被害者によって立証されれば，加害者に因果関係ありと事実上推定され，加害者の側で，経験則の適用を排除する特段の事情（別の原因事実により権利侵害が生じたことを示す事情）を立証（反証）することで，因果関係の存否についての裁判官の心証を動揺させるようせまられる。

　この考え方は，間接反証説とも称され，新潟水俣病判決[77]が採用した門前到達説——被害疾患の特性とその原因物質，および原因物質が被害者に到達する経路の立証がされて，「汚染源の追求がいわば企業の門前にまで到達した場合」には，加害企業における原因物質の排出（生成・排出に至るまでのメカニズム）については，「企業側において，自己の工場が汚染源になり得ない所以を証明しない限り，その存在を事実上推認され，その結果すべての法的因果関係が立証されたものと解すべきである」とした——や，一連の大気汚染公害訴訟における各種調査データに基づく大気汚染拡散のシミュレーション等にもあらわれている[78]。

　最近でも，C型肝炎訴訟の東京地裁判決[79]では，原因が重畳的に複合しているというケースで，HCVにおいては重複感染の可能性を肯定し得ることを考慮すると，被害者が各製剤の使用とその感染を立証した場合には，被告らにおいて，被害者が各製剤の使用と同程度の感染危険性を有する感染源に暴露したことと，被害者に発生した感染がその発症時期等からみて製剤の投

---

[76] 好美清光＝竹下守夫「イタイイタイ病第1次訴訟第1審判決の法的検討」判時646号108頁（1971年），淡路剛久『公害賠償の理論（増補版）』（有斐閣，1978年）35頁。

[77] 新潟地判昭和46年9月29日判時642号96頁。

[78] 吉村良一『公害・環境私法の展開と今日的課題』（法律文化社，2002年）232頁。

[79] 東京地判平成19年3月23日判時1975号2頁。

与による感染としては不自然であることなどの特段の事情を立証しない限り，各製剤の使用と感染との間の因果関係を認めることができるというべきであるとしている。これは，新潟水俣病判決の門前到達説の応用版といえる。

　化学物質被害に関する杉並区不燃ゴミ中継施設健康被害原因裁定申請事件を扱った平成14年6月26日の公害等調整委員会裁定[80]も，同様の手法をとったものである。この事件は，東京都の管理にかかる杉並中継所の操業開始以来，同中継所周辺に居住または勤務していた申請人らが，のどの痛み，頭痛，めまい，吐き気，動悸等さまざまな健康被害を受けているとして，この健康被害の原因が同中継所から排出される有害物質によるものである旨の裁定を求めた事案であるが，公害等調整委員会裁定委員会は，周辺住民らの健康不調の発生が本件中継所の周辺に集中し，しかも，その時期が本件中継所の試運転を含む操業の時期と一致しているという事実からみれば，他に特段の事情が認められない限り，申請人の被害について，本件中継所が原因施設であり，その操業に伴って排出された化学物質がその原因であったと推認するほかないとし，この推定を覆すに足りる証拠がない場合，この因果関係は肯定されるものと解すべきであるとした。さらに，同裁定は，次のように述べている。「本件は，特定できない化学物質が健康被害の原因であると主張されたケースである。ところで，この化学物質の数は2千数百万にも達し，その圧倒的多数の物質については，毒性をはじめとする特性は未知の状態にあるといわれている。このような状況のもとにおいて，健康被害が特定の化学物質によるとの主張，立証を厳格に求めるとすれば，それは不可能を強いることになるといわざるを得ない。本裁定は，原因物質の特定ができないケースにおいても因果関係を肯定することができる場合があるとしたものである」。

　この関連では，さらに，イトーヨーカ堂ストーブ発火事件東京高裁判決[81]も注目される。この判決は，ストーブから発生した化学物質と，化学物質に対する過敏症との間の因果関係を肯定している。それによれば，第1に，被告側が，化学物質評価機構や環境管理センターの試験結果が本件における原告の住む部屋の中の室内における条件とは違うのではないかと主張したのに対して，高裁判決では，少なくとも，いずれかの実験において捕集された物

80　公調委裁定平成14年6月26日判時1789号34頁。
81　東京高判平成18年8月31日判時1959号3頁（イトーヨーカ堂ストーブ発火事件）。

質は，いずれも条件次第で本件ストーブから発生し得るものと認めるのが相当であるとしている。第2に，被告側は，本件ストーブから化学物質が発生していたとしても，それが許容限度を超えるものであることが立証されていないと主張したのに対して，高裁判決では，被害者側が化学物質に暴露された量を直接認めることのできる証拠はないとしても，実験結果等から，人体にとってその性質上有害性のある多種類かつ相当多量の化学物質の暴露を受けたことは優に推認することができるとした。第3に，被告側は，化学物質を発生させるものとしては，原告の自宅家屋，その他の電化製品など，さまざまな原因が考えられると主張したのに対して，高裁判決は，たしかに化学物質を発生させる原因はさまざまだが，被告らはこれを具体的に特定して主張・立証していないとした。証拠上，他の原因が存在することをうかがわせる事実がないという形で被告側の主張を斥けているところに，この判決の斬新なところがある。第4に，被告側は，他の購入者からの発症の申告はないという主張を展開しているのに対して，高裁判決では，異臭に対する問い合わせ，苦情とか返品例はあることから，本件症状に至らないまでも，何らかの身体的な影響を受けた者が存在している可能性があるとした。このようにして，化学物質に対する過敏症とストーブから発生した化学物質との間の因果関係を肯定したのが，高裁判決である。

　もとより，こうした因果関係の事実上の推定が機能するためには，間接事実の積み重ねにより復元される当該事件の経過が，裁判官による経験則の適用を正当化するだけの典型性を有している必要がある。また，因果関係の立証責任が転換されているわけではないから，加害者としては，因果関係の不存在を基礎づける具体的事実の証明に成功しなければならないのではなく，あくまでも，典型的事象経過に関連づけられた経験則の適用を裁判官が思いとどまるべき状態，つまり真偽不明の状態にまでもちこめばよい。

VI　疫学的因果関係

1　意　義

　間接反証説になじむものとして位置づけられているのが，人身侵害の局面で集団病理現象としての疾病が問題となる場合において採用されることがある疫学的因果関係の考え方である。

これは，疾患の原因を人間集団のレベルで観察・解明し（集団的因果関係[82]），ついで，これを基礎として特定の個人と問題の疾患との間の個別的因果関係を解明するというものである。

　疫学的因果関係は，臨床医学・病理学から原因または発症のメカニズムがまだ明らかにされていない場合に活用されてきた。その際，疫学4条件として，①問題の因子（要因，作用物質）が発病の一定期間前に作用するものであること，②その因子の作用する程度が著しいほど，その疾病のり患率が高まること，③その因子の分布消長から，ありのままに観察・記録・考察された自然界における流行の特性が矛盾なく説明可能なこと，④その因子が原因として作用するメカニズムが生物学的に矛盾なく説明可能なことがあげられている。

　わが国の裁判例では，疫学的因果関係の考え方は，まず，レントゲン線照射と皮膚癌の発生との間の「統計上の因果関係」を考慮に入れて事実的因果関係の存否を判断した医療過誤事件[83]から発展して，一連の公害訴訟の判決で採用されたものである[84]。そこでは，「およそ，公害訴訟における因果関係の存否を判断するに当っては，企業活動に伴って発生する大気汚染，水質汚濁等による被害は空間的にも広く，時間的にも長く隔たった不特定多数の広範囲に及ぶことが多いことにかんがみ，臨床医学や病理学の側面からの検討のみによっては因果関係の解明が十分達せられない場合においても，疫学を活用していわゆる疫学的因果関係が証明された場合には原因物質が証明されたものとして，法的因果関係も存在するものと解するのが相当である」というようにまとめられ[85]，さらに狭義の公害事件が問題となる場面を超え，類似の状況に妥当する一般理論としての展開をみた[86]。

82　この概念は，特定の集団を念頭に置くものであるが，およそ人間一般につき疾患と原因の関係を示す場合を指すときに，「一般的因果関係」の語を用いることがある。瀬川信久「裁判例における因果関係の疫学的証明」加藤一郎先生古稀記念『現代社会と民法学の動向　上』（有斐閣，1992年）184頁。

83　最判昭和44年2月6日民集23巻2号195頁（水虫レントゲン事件）。

84　とりわけ，富山地判昭和46年6月30日下民集22巻5＝6号1頁，名古屋高金沢支判昭和47年8月9日判時674号25頁（以上，イタイイタイ病1，2審判決），新潟地判昭和46年9月29日判時642号96頁（新潟水俣病判決），津地四日市支判昭和47年7月24日判時672号30頁（四日市ぜん息訴訟）。

85　前掲名古屋高金沢支判昭和47年8月9日（イタイイタイ病第2審判決）。

2 疫学的因果関係の考え方に対する批判

間接反証説と結合した疫学的因果関係の考え方には，次のような批判が出ている。

① 疫学的因果関係によって明らかにすることができるのは，特定の集団における疾病の多発と因子の間の集団的因果関係であるが，これによって，その集団に属する個人の疾病と因子との間の個別的因果関係を証明したことにはならない[87]。

② 疫学的因果関係の考え方は，他原因の考えられない特異性疾患についてあてはまることであっても，いわゆる非特異性疾患――とりわけ自然り患が通常一般的にみられる場合に問題となることだが，「ある炎症又は疾患について，その原因がはっきり分からない場合，又は原因が数多くあって，これを特定することができない場合」[88]を意味する――については，統計的・集団的考察による疫学的因果関係から個々の被害者についての個別的因果関係を推認することには，無理が生じる[89]。

③ 疫学の本来的な目的は疾病の予防を目的とした公衆衛生上の試行錯誤の指針を提示・推進する点にあるのであって，かかる疫学研究は，必ずしも因果関係を確実に検証するレベルに達しているわけでない。「環境基準を設定するなどの立法措置を講じたり，あるいは公害予防のための諸政策を実施することと，疾病罹患に対する因果関係があるかどうかとは，次元が異なる事象である」[90]。

---

[86] 吉田克己「疫学的因果関係と法的因果関係」ジュリスト440号106頁（1969年），吉村良一「公害における因果関係の証明」立命館法学201＝202号327頁（1989年），稲垣喬「疫学的手法による因果関係の認定」ジュリスト981号107頁（1991年），山口龍之『疫学的因果関係の研究』（信山社，2004年），加藤〔雅〕245頁。

[87] 新美育文「疫学的手法による因果関係の証明(上)(下)」ジュリスト866号74頁，871号89頁（1986年）。これに対しては，集団的因果関係の立証により，個別的因果関係の存在が事実上推定されるということはできるのではないか（しかも，問題となる他因子が二律背反的にではなく競合的にはたらくものであるゆえに，事実上の推定を破るには，他因子が存在したというだけでは足りず，他因子の影響力が上回るものであることの証明までもが必要である）との反批判がある。吉村94頁，同・公害・環境私法の展開と今日的課題243頁。

[88] 前掲千葉地判昭和63年11月17日。

[89] 澤井193頁。なお，前掲津地四日市支判昭和47年7月24日（四日市ぜん息訴訟）を参照。

3　疫学的因果関係の限界

　非特異性疾患を扱う最近の大気汚染公害に関する裁判例では，非特異性疾患についての疫学的手法による因果関係の認定が困難であることを直視し，これに一定の修正を施す動きが出てきている。たとえば，次のようなものがある。

　(a)　疫学的手法を用いた間接的な発病のメカニズムの解析により，因果関係の証明にとって必要な事実の一部を立証し，その余を直接的な発病を示す事実で立証し，これらの総合によって発病に関する事実的因果関係の存在を立証することができるとしたものがある[91]。

　(b)　集団への大気汚染の関与自体を加害行為と捉え，疫学的・統計的に得られる一定割合の限度で，「集団の縮図たる個々の者」の被害にもそれが関与したものと解することによって，この点に対処したものもある[92]。

　(c)　疫学的証明の手法で，対象とされる集団の危険度・有病率をそれ以外の集団と比較して「相対危険度」（有病率増加分）を判定し，これをもとに，個別的因果関係を推認していく方法がとられることもある[93]。

　ひるがえって，学説においても，近時，疫学的因果関係の果たす意義は認めつつも，最高裁判決のいう「高度の蓋然性」の証明があってこそ因果関係の認定ができるという原点に立ち返って問題を再検討しようとする方向もあらわれている。また，個々の紛争で採用された疫学的因果関係において，具体的な数値の取捨や解析方法，さらにはそもそも基礎とした調査資料の利用可能性につき問題があることを批判し，確率認定の精度の低い場合には，それを因果関係認定（ならびに損害認定）に反映させるべきであることを指摘する見解もあらわれている[94]。

90　松村弓彦『環境訴訟——大気汚染訴訟における因果関係論』（商事法務研究会，1993年）85頁・103頁・129頁。同旨，稲垣喬「医療訴訟における因果関係の認定——特に疫学的手法導入の限界」判タ475号42頁（1982年）。
91　大阪地判昭和59年2月28日判タ522号221頁（多奈川火力発電所訴訟）。さらに，同判決は，「データや科学的知見の不十分さに伴って生ずる結論の不安定さをも十分考慮し，安全性を見込んで控え目にこれを判断すべき」であるともいう。
92　大阪地判平成7年7月5日判時1538号17頁（西淀川公害第2次〜第4次訴訟第1審判決）。
93　たとえば，東京地判昭和56年9月28日判時1017号34頁（日本化工クロム労災訴訟）。瀬川・前掲論文183頁（相対危険度による推認が70〜80％の証明度を超える場合には個別的因果関係を推定し，50％を超えるときには事実上の推定を認める）。

4 疫学的因果関係の変容──割合的因果関係論との接続

疫学的因果関係については，今日まで続く一連の大気汚染公害訴訟が展開するなかで，裁判実務上，間接反証説に資する以上の意味が付与されるに至っている点に留意する必要がある。

すなわち，疫学的因果関係が本来担っていたのは，事実的因果関係の有無についての証明軽減の機能であった。それは，あくまでも，権利侵害の結果を問題の不法行為に結びつけることができるかどうか──事実的因果関係があるかないか──という一点の判断にのみ関するものであった。ところが，一連の大気汚染公害訴訟における疫学的因果関係は，その判断の際に結果発生の統計的確率が考慮される点に着目され，「問題の行為の結果発生への寄与度」を探る作業へと結びつけられることにより，損害の範囲，ひいては賠償額を確定するための道具として用いられている場合が少なくない（それゆえに，上述した解析方法や確率認定の精度等が深刻な問題となる）。

ここにおいて，疫学的因果関係論には，割合的因果関係とも共通の新たな意味が盛り込まれている。この点への評価については，損害賠償の範囲と金銭評価をとりあげる際に述べることにする[95]。

第3項 医療における延命利益と因果関係
──権利・法益の拡張と因果関係の証明度の軽減

I 議論の出発点──権利・法益侵害と因果関係

1 問題の所在

医療事故が生じたときに，被害者（またはその遺族）が医師の側を相手どって不法行為に基づき損害賠償請求をする際には，まず，権利・法益侵害の要件が充足されなければならない。

---

[94] 森島昭夫「因果関係の認定と賠償額の減額」加藤一郎先生古稀記念『現代社会と民法学の動向　上』（有斐閣，1992年）233頁。

[95] 詳細については後述するが，因果関係の割合的認定という名のもとに，規範的評価がされているのではないか──そうであれば，こうした操作を因果関係の認定レベルに位置づけるのは適切さを欠くのではないか──との疑問が残る。平井86頁は，問題は事実的因果関係の平面ではなくて，金銭的評価の平面で扱われるべきであるという。

ここでは，まず，「患者の生命・身体・健康」を，民法709条の権利として考えることができる。これらが患者の「権利」であることに異論の余地はないが，患者に既往症があったときや，末期症状の患者であったときには，仮に医師に診療上の過失があると評価されても，生命・身体・健康侵害と過失行為との間に因果関係がないとされる場合がある。

2 適切な診療を受けることへの期待権（期待利益）

このような場合，患者としては，別の権利・利益をとりあげて，請求を立てていく方法が考えられる。その際に考えられる権利・利益のひとつが，適切な診療を受けることへの期待権（期待利益）である[96]。

もっとも，このとき，生命・身体・健康侵害と過失行為との間に因果関係がないのであれば，賠償されるべき損害は，適切な診療を受けることへの期待を裏切られたことを理由とする精神的苦痛に対する慰謝料程度ということになる。しかも，慰謝料額はそれほど高額にならないのが実情である。

II 判例の展開——独自の法益としての「延命利益」

1 最高裁平成11年判決——因果関係の立証面での軽減処理

最高裁は，平成11年に，医師の診療過誤と，死期がせまった患者の生命侵害との因果関係の立証について，次のような判断を示すことにより，患者側の負担の軽減をはかった[97]。

---

[96] 期待権の考え方については，新美育文「医療事故事例における『期待権』の侵害について」自由と正義47巻5号57頁（1996年）。最近でも，最判平成17年12月8日判時1923号26頁（拘置所に勾留中の者が脳梗塞を発症し重大な後遺症が残った場合について，外部の専門医療機関への転送義務違反が問題となった事件）で，重大な後遺障害が残らなかった相当程度の可能性（これについては，後述）の存在が証明されたとはいえないとした法廷意見に対し，「重大な後遺症が残らなかった相当程度の可能性」を侵害されたことと，「患者が適切な医療機関へ転送され，同医療機関において適切な検査，治療等の医療行為を受ける利益」を侵害されたこととは異質である——前者の法益に関する判例法理（後述）が後者の法益の侵害を理由とする損害賠償責任の成立を否定するものとはならない——として，重大な後遺障害が残らなかった相当程度の可能性の存在についての証明ができなくても，後者を「法的保護に値する利益」と捉えて賠償の可能性を認めるべきだとした横尾和子裁判官および泉徳治裁判官の反対意見が付されている点が重要である。

「医師が注意義務を尽くして診療行為を行っていたならば患者がその死亡の時点においてなお生存していたであろうことを是認し得る高度の蓋然性が証明されれば，医師の右不作為と患者の死亡との間の因果関係は肯定されるものと解すべきである。患者が右時点の後いかほどの期間生存し得たかは，主に得べかりし利益その他の損害の額の算定に当たって考慮されるべき事由であり，前記因果関係の存否に関する判断を直ちに左右するものではない。」

もっとも，この判決については，「生命侵害」の概念を「生存期間の喪失」という量的観念として把握していた従前の理解を維持したうえで，「死亡の時点において生存していた可能性」という，「生命」とは異なる新たな法益（法的保護に値する利益）を作り出したのか[98]，それとも，「生命侵害」の意味を「死亡の時点において生存していた可能性」の意味で捉えなおしたうえで，「高度の蓋然性」の立証が事実上不可能である点を考慮し，証明度の軽減をはかることにより，医療過誤と生命侵害との間の因果関係の立証面での軽減を導いたものなのか[99]，見解の分かれるところであった。さらに，この関連で，そもそも，この判決が因果関係判断における事実認定の問題を扱ったものなのかどうか（したがって，東大ルンバール・ショック事件判決を引用したのが適切であったか）についても，評価の分かれうるところであった[100]。

---

[97] 最判平成11年2月25日民集53巻2号235頁（肝細胞がん発見に有効なAFP検査の遅れと，患者の死亡）。なお，不作為の因果関係の項で述べたように，この判決は，東大ルンバール・ショック事件（最判昭和50年10月24日民集29巻9号1417頁）において最高裁が示した作為不法行為における因果関係の枠組みを，不作為不法行為（当該事件では，医師が注意義務に従っておこなうべき診療行為をおこなわなかった不作為と患者の死亡との間の因果関係）の場面にも妥当させたものとしても重要である。

[98] 八木一洋・最高裁判所判例解説民事篇平成11年度(上)150頁，大塚直「不作為医療過誤による患者の死亡と損害・因果関係論」ジュリスト1199号12頁（2001年），窪田267頁など。

[99] 加藤了「最近における医療過誤訴訟の動向——最高裁第一小法廷平成11年2月25日判決の論点」法律のひろば52巻10号46頁（1999年），加藤新太郎「医師の不作為と患者の死亡との間の因果関係存否の判断と患者の生存可能期間の認定」NBL688号66頁（2000年），新美育文「判例批評」ジュリスト平成11年度重要判例解説88頁など。

[100] 米村滋人「ルンバール施行後の脳出血と因果関係」医事法判例百選155頁（2006年）。

2 最高裁平成12年判決――延命利益（生存可能性）の喪失

その後，最高裁は，端的に患者の延命利益（生存可能性），すなわち，「患者がその死亡の時点においてなお生存していた相当程度の可能性」を709条の権利・法益として捉えることを承認した。

そこでは，「生命を維持することは人にとって最も基本的な利益であって，右の可能性は法によって保護されるべき利益であり，医師が過失により医療水準にかなった医療を行わないことによって患者の法益が侵害されたものということができる」との考え方を基礎にすえたうえで，「疾病のため死亡した患者の診療に当たった医師の医療行為が，その過失により，当時の医療水準にかなったものでなかった場合において，右医療行為と患者の死亡との間の因果関係の存在は証明されないけれども，医療水準にかなった医療が行われていたならば患者がその死亡の時点においてなお生存していた相当程度の可能性の存在が証明されるときは，医師は，患者に対し，不法行為による損害を賠償する責任を負う」とされた[101]。

これにより，どの程度の期間を延命できたかという点（生存確率）が延命利益（生存可能性）という「法益」の形態をとって考慮されることとなった。その結果，従前の因果関係論において消極的に解されてきた確率的心証の考え方が，権利・法益侵害要件に形を変えて採用されたものと評価することもできる[102]。

なお，この判決自体は，患者への慰謝料の支払を医療機関に命じた高裁判決に対する上告を棄却したものであるため，上記の意味での延命利益（生存可能性）に対する侵害の効果として財産的損害の賠償も命じられるのかどうかについては，判断をするものではない。しかし，「患者がその死亡の時点

---

[101] 最判平成12年9月22日民集54巻7号2574頁（医師の基本的処置の不作為と，診療当時に既に相当増悪した心筋梗塞にみまわれていた患者の死亡）。杉原則彦・最高裁判所判例解説民事篇平成12年度下862頁。その後のものとして，最判平成16年1月15日判時1853号85頁（ただし，債務不履行構成）。

[102] この点に関しては，大塚直・前掲論文14頁。前田順司「医師の注意義務違反と因果関係――相当程度の可能性」医事法判例百選165頁（2006年）は，「延命利益侵害論についての実務的な判断順序は，医学文献，鑑定等の各証拠から医療行為と患者の死亡との間の因果関係が証明されないときに，患者が生存していた相当程度の可能性の存在が証明されるとの判断に及ぶのが通例であり，実際のところは因果関係の証明度を軽減させて結論を導いている」と説く。

においてなお生存していた相当程度の可能性」の法益性が認められる以上，その生存可能性の喪失に対応する期間の逸失利益ほか財産的損害の賠償も認めるべきである[103]。

　最高裁平成12年判決が出た結果，709条の権利・法益として延命利益（生存可能性）が問題となるのは，最高裁平成11年判決の意味での診療上の過失と「生命」侵害（死亡）との間の――緩和された――因果関係すら認められないときに，なお「生命」とは別法益である延命利益（生存可能性）を権利・法益として逸失利益賠償・慰謝料賠償を導くという考慮が働く場合だということになる。

3　最高裁平成15年判決――重大後遺症事例への拡張

　最高裁平成12年判決が示した延命利益（生存可能性）の侵害の準則は，患者が死亡したケースを越えた広がりをみせている。すなわち，「重大な後遺症」が患者に残ったケースでも，「重大な後遺症が残らなかった相当程度の可能性」を709条の権利・利益と捉えることで，逸失利益を含めた賠償可能性が肯定されている[104]。

---

[103] 財産的損害の賠償を肯定するものとして，大塚・前掲論文14頁，澤野和博「判例批評」名経法学10号197頁（2001年），窪田充見「判例批評」ジュリスト平成12年度重要判例解説70頁。否定するものとして，新美育文「判例批評」私法判例リマークス24号61頁（2002年），前田順司・前掲批評165頁。

[104] 最判平成15年11月11日民集57巻10号1466頁。なお，この判決は，一定の場合に開業医に対して他の高度な医療機関へと患者を転送すべき義務を認めた判決としても重要である。

第6章

規範の保護目的——権利・法益侵害と故意・過失行為との関連づけ

第1節 規範の保護目的説——基本的考え方

I 基本的な考え方

規範の保護目的説というのは,「およそ,あらゆる義務と規範は一定の利益領域を保護対象として内包しているのであって,行為者は,この保護された範囲内の利益侵害についてのみ責任を負えば足りる」との立場から,違反された行為規範によって保護された範囲内に具体的侵害結果が帰属する場合にのみ,損害賠償義務の成立が正当化されるという考え方である[1]。後段部分を捉えて,保護範囲論と称することもできる[2]。刑法学で論じられる客観的帰属の理論とは,共通の根を有するものである。

1 　前田達明「Hans Stoll 著『不法行為法における因果関係と規範目的』」同『判例不法行為法』(青林書院,1978年) 40頁,澤井裕「不法行為における因果関係」星野英一編集代表『民法講座6 事務管理・不当利得・不法行為』(有斐閣,1985年) 259頁,四宮和夫「不法行為における後続侵害の帰責基準」『四宮和夫民法論集』(弘文堂,1990年) 300頁,米村滋人「法的評価としての因果関係と不法行為法の目的(1)」法学協会雑誌122巻4号574頁 (2005年)。
2 　平井宜雄『損害賠償法の理論』(東京大学出版会,1971年) 457頁。もっとも,わが国の保護範囲論はもっぱら賠償範囲の因果関係における理論として提唱されている点に,注意が必要である。

II 規範の保護目的の対象

1 「損害」とみる立場

　規範の保護目的の対象となっているかどうかが判断されるのは被害者に生じた損害であるとする立場がある。わが国で保護範囲論として主張されている見解の多くは，この考え方に依拠している。因果関係1個説とも結びつきやすい考え方である。

　この立場からは，被害者に生じた損害を起点として，この損害と行為者の行為との間の事実的因果関係（条件関係）を確定したうえで，次に，事実的因果関係ありとされた損害について，この損害を回避することが禁止・命令規範の保護範囲内に入っているかどうかを判断することになる[3]。この立場にあっては，侵害された権利・法益は，保護範囲内か否か（保護目的内か否か）を判断する際に，独自の意味をもたない。

　不法行為における禁止・命令規範をどのように考えるかについては，それぞれの論者の基礎とする不法行為制度に対する考え方次第でさまざまな理解が可能であるが，不法行為制度を権利救済法として捉える本書の立場からは，ここでの不法行為規範は被害者・行為者それぞれの権利・法益に対する保護の可否と保護の程度を考慮に入れた規範として捉えられるべきであり，権利・法益面が表面にあらわれない保護目的・保護範囲の枠組みを採用することには躊躇をおぼえる。

2 「権利・法益」とみる立場

　規範の保護目的の対象となっているかどうかが判断されるのは被害者の権利・法益であるとする立場がある。わが国で保護範囲論として主張されてい

---

[3] この立場を基礎とする場合，損害との関係で規範の保護目的・保護範囲をどのように捉えるのかに関しては，論理的には，次のふたとおりの考え方が可能である。過失不法行為を例にとって説明すると，ひとつは，起点とされた損害が損害回避義務の射程内にあるか（義務規範の射程内にあるか）どうかを判断するのが規範の保護目的・保護範囲の審査であるとする考え方である。もうひとつは，この考え方だと損害回避義務の射程の及ばない損害（「後続損害」という）については賠償範囲外とされるため，損害回避義務の射程にある損害（「第1次損害」という）に加えて，この第1次損害と危険性関連のある後続損害についても規範の保護目的・保護範囲内にあることを認めるという考え方である。

る見解の中にも存在する。本書も，この立場を支持するものである。

　この立場からは，被害者の権利・法益が不法行為規範の保護目的に入っていたかどうかが帰結されることになる。そのうえで，次に，問題の権利・法益が不法行為規範の直接の（第1次的な）保護目的とされていなくても，直接の（第1次的な）保護目的とされた権利・法益に対する侵害（「第1次侵害」という）から生じた特別の危険の実現としての権利・法益侵害（「後続侵害」という）であれば，当該不法行為規範の保護目的内のものとして不法行為法による保護の対象としてよいという帰結が導かれることになる[4]。

　この立場は，因果関係2個説を基礎としたものである。この立場からは，被害者のもとでの権利・法益侵害の有無，責任設定規範の内容とその違反，さらに権利・法益侵害と規範違反行為との間の因果関係（責任設定の因果関係）の判断を経たうえで，侵害対象となった問題の権利・法益が規範の保護目的内にあるかどうかが判断される。そして，これらの要件を充たしたとき，つづいて，賠償されるべき損害およびその内容を判断するにあたっては，侵害された権利・法益の金銭的価値が評価されることになる。しかし，この評価は，規範の保護目的・保護範囲の判断とは，論理的には無関係である[5]。

III　規範の保護目的論と相当因果関係論

　規範の保護目的論（以下では，上記のうち，第2の考え方に依拠して説明する[6]）では，「侵害された権利・法益が，規範の保護目的に入るか否か」という法的・規範的価値判断に焦点が当てられることになる。従来の相当因果関

　4　言葉の問題であるが，規範の保護目的・保護範囲内か否かという際に，第1次侵害のみを指すのか，後続侵害を含めて用いるのかのニュアンスはある。本書は，後者の意味で規範の保護目的・保護範囲という表現を用いている。

　5　もっとも，契約上の地位の侵害（医療過誤の場合のように，債務者による侵害もあれば，従業員・管理職の引抜きの場合のように，第三者による侵害の場合もある）の場合には，侵害された「契約上の地位」（慣用的な表現にしたがえば，給付を受けることのできる地位）の価値が金銭的に評価される際に，当該契約においてどのような契約上の地位が債権者に保障されていたのかの吟味を経て，当該「契約上の地位」の価値が判断されることがある。ここでは，契約規範の内容が賠償範囲の確定にとって重要な意味をもってくる。しかし，このことは，契約上の権利・法益の価値を捉える際の特殊性に起因するものであって，本文で述べた責任の判断構造を否定するものではない。

係論で「相当性」として論じられていたことの多くは、この法的・規範的価値判断の規準を定立する作業にほかならない。これまでに相当因果関係論が析出してきた「相当性」の判断規準も、その多くは、こうした規範の保護目的該当性を判断するための因子への置き換えを通じて、新たな意味を盛られることになる[7]。そして、実際に生じた権利・法益侵害の結果が、法規範により防止されようとした危険が実現したものであると評価できるときに、当該権利・法益侵害は、規範の保護目的の範囲内にあるものとして、行為者に帰せられることになる。

それゆえ、規範の保護目的の範囲内かどうかを判断するにあたっては、従前、「相当性」の判断でおこなわれてきた考慮と同様、①帰責事由に関連づけられた行為者の行為への規範的要請を立てることにより、どのような権利・法益を保護しようとしていたのか（ただし、これは、故意・過失にかかる判断である）を確定したうえで、②実際に侵害された権利・法益が①で示された権利・法益に該当するのかを検討することが重要となる。

---

[6] 規範の保護目的・保護範囲の対象を損害とみる立場からも、これに準じた説明になる。

[7] これに対して、本書と同じく規範の保護目的の理論を評価する澤井196頁は、この観点から、むしろ、相当因果関係論を擁護する方向へと論旨を展開する。加藤〔雅〕243頁も、基本的に同旨である。既に述べたように（第2部第5章第3節第3項II）、相当因果関係説のうち、事象の経過を即物的に捉えて当該結果が当該行為にとって「異常な」ものといえるかどうか（結果発生の蓋然性の大小）を判断する立場に対して、規範的な評価（規範の保護目的）を考慮に入れて当該結果を当該行為に帰属させることの是非を判断する立場として客観的帰属論が展開してきた点をも考慮したとき、今日のドイツ民法学およびわが国の伝統的学説のように、被害者・加害者間での衡平や当該行為を禁止・命令する損害賠償規範の目的・機能を考慮に入れて「法的」相当性を判断する立場としての相当因果関係説をとるときには、相当因果関係説といおうが、客観的帰属論・規範の保護目的説といおうが、結論において違いがなく、理論としての優劣のみの問題となる（「事実認定」と「帰責に対する法的評価」のプロセスを分けて捉えるのが適切かどうかが、決定的となる）。

第2節　権利・法益侵害と規範の保護目的

I　第1次侵害の対象となった権利・法益と規範の保護目的
——故意・過失からの義務射程

　ある者の行為により他人の権利が侵害され，さらにこの権利侵害を契機として別の権利が侵害されるという権利侵害の連鎖という状況の生じることが少なくない。このような場合に，最初の権利侵害を第1次侵害と呼び，それに続く権利侵害を後続侵害（第2次侵害）と呼ぶことがある[8]。
　このうち，第1次侵害については，過失責任の原則にしたがって故意・過失が帰責事由として要求される[9]。
　①　故意については，加害者は，権利侵害を意欲ないしは認容して行為したのであるから，この行為がもたらした第1次侵害については，「異常な事態の介入」の結果として生じたものを除き，加害者が引き受けるべきである[10]。参考までにあげれば，国際海上物品運送法13条の2は，「運送人は，運送品に関する損害が，自己の故意により，又は損害の発生のおそれがあることを認識しながらした自己の無謀な行為により生じたものであるときは，……一切の損害を賠償する責めを負う」としているところ，この規定には，国際海上物品運送にも，運送にも，取引（契約）にも限定されない故意損害帰責の一般理論が表現されている（上記引用部分は，何も特殊な取引を想定した原理により正当化されるものではない）。なお，故意行為による権利侵害の場合にも，故意の対象が第1次侵害結果であるがゆえに，後続侵害については，別途——次に述べる危険性関連の観点から——規範の保護目的を考えなければならない。もっとも，この後続侵害の帰責を考える際にも，上述した故意損害帰責の視点は，危険性関連に基づく加害者の損害リスクの引受けという方向での判断を容易にするであろう。
　②　過失については，第1次侵害の帰責にとって，過失における行為義務[11]の遵守がいかなる潜在的結果を想定して法秩序により要請されているの

　8　このような区別の有用性を否定するものとして，平井119頁・129頁。
　9　前田130頁・302頁。
　10　損害レベルでの把握であるが，平井125頁も同種の考え方を示している。

かどうかが決定的である。法秩序の命令・禁止が具体化した行為義務の射程範囲に入る第１次侵害については過失で行為した者の負担となるが、そうでないものについては、たとえ因果関係が認められたとしても、直ちに行為者の負担となるものではない。このことは、第１次侵害に連続して発生する後続侵害について、重要となる。後続侵害を行為者に帰責するかどうかについては、過失における行為義務違反の射程範囲からは直接には導かれない。

　③　故意・過失を要件としない不法行為（無過失責任が採用されている不法行為責任）では、第１次侵害の帰責にとって、無過失責任を定めた個々の法規定が危険責任・報償責任を課すことによっていかなる権利・法益の保護をはかろうとしたのかに関する評価が決定的である。後続侵害を行為者に帰責するかどうかについては、無過失責任を定めた規定の保護目的からは直接には導かれない。

　もっとも、以上に述べた枠組みを基本としつつも、なお、ある種の第一次侵害においては、規範の保護目的という要件を立てる必要のない場合がある。というのも、既に第１部第２章第６節Ⅲで触れたように、権利にも、濃淡さまざまなものがあるところ、①各種の人格権や営業権のように、その権利の領域に影響を与えているか、または与えるおそれのある行為（潜在的侵害行為群）および行為者（潜在的侵害行為者群）を想定し、この潜在的行為者がもつ権利（「行動の自由」・「思想・表現・信条の自由」など）、場合によっては公益的・公共的価値との相関的な衡量を経てはじめて、権利に割り当てられた内容と権利の外延——したがって、権利としての要保護性——が確定されるというものがある。さらには、②このなかでも、そもそも相関的衡量をおこなう際の因子（規準）すら確立しておらず、個別具体的な事案ごとに被害者の地位の要保護性が確定されるものもある（「生成途上の権利」などと称されるものは、このタイプにあたる）。

　これらの権利・法益にあっては、権利・法益侵害があったかどうかを判断する際に、同時に、行為者の行為に対する無価値評価（故意・過失の有無に関する評価）もされている。したがって、権利・法益侵害要件と別途に故意・過失要件を審査する必要はなく、それゆえにまた、規範の保護目的という要件を別に立てる必要もない。

11　行為義務の内容は、本書の立場からは、前述したように、事前的視点のもとで確定される。

II 後続侵害の対象となった権利・法益と規範の保護目的
　　――危険性関連

　後続侵害（第2次侵害）については，第1次侵害が行為者に帰責されることが確定されれば，これを行為者に帰責するにつき，改めて後続侵害自体に関する故意・過失を問題とする必要はない。それというのも，第1次侵害の結果について行為者が責任を負うべきであるという評価のなかには，行為者へのさらなる独立の規範的要請（命令・禁止）を待つまでもなく，第1次侵害によって作り出された特別の危険が通常の経過をたどって展開して権利侵害の範囲を連鎖的に拡大していった結果についても第1次侵害の行為者が引き受けるべきであるとの，帰責へ向けての評価（価値判断）が組み込まれているからである。その結果，ある後続侵害が第1次侵害により生じた特別の危険の実現であれば，この後続侵害について行為者に帰責することができる[12]。「特別の危険」であることを要求するのは，日常生活のなかで一般的に生じる危険（日常生活危険・一般生活上の危険）については，それが違法と評価される行為（ないし事態）により惹起されたのでない限り，被害者が負担すべきである――後続侵害の帰責については故意・過失を問題とする必要なく，「第1次侵害により生じた特別の危険」の実現であれば足りる――との考慮が背後にあるからである。

　ちなみに，後続侵害が裁判例にあらわれた例としては，次のようなものがある。人身侵害のみならず，独立の経済的損失が後続侵害として問題となっている場合がめだつ[13]。そのほか，後続の侵害が加害行為の直接の相手方（直接被害者）以外の者（間接被害者）に生じたという場合も少なくない（間接被害者の問題は，続刊で扱う）。

　① 交通事故の被害者の近親者が外国に滞在している際に，この者が被害

---

[12] 同旨，前田131頁・302頁，四宮450頁，澤井224頁。論者らは，これを危険性関連と称する。この危険性関連そのものの発想は，ドイツ民法学に由来するものであるが，わが国では，石田穣『損害賠償法の再構成』（東京大学出版会，1977年）50頁・56頁――「第1次損害の有する危険性と後続損害との間の評価的関係」――が主唱したものである。

[13] 間接被害者に生じた権利・法益侵害の問題については，損害賠償請求の主体の箇所（続刊）でまとめて扱う。

第6章　規範の保護目的——権利・法益侵害と故意・過失行為との関連づけ　　393

者の看護のために往復するのに要した旅費相当額について，被害者が自己の被った損害として賠償請求した事件で，それが社会通念上相当であり，かつ被害者がこの近親者に償還すべきものである場合には，通常生ずべき損害にあたるとしたものがある[14]。民法416条の類推適用問題として処理されているが，交通事故による負傷の結果として，間接被害者に生じた独立の経済的損失（法益侵害）が直接被害者に生じた第1次侵害と危険性関連に立つ侵害と評価できるかどうかが問われた事件である。

　②　不動産の仮差押えの申立ておよびその執行が債務者に対する不法行為になる場合において，債務者が仮差押解放金を供託してその執行の取消しを求めるため，金融機関から資金を借り入れ，あるいは自己の資金をもってこれに充てることを余儀なくされたとき，仮差押解放金の供託期間中に債務者が支払った借入金に対する通常予想しうる範囲の利息および自己資金に対する法定利率の割合に相当する金員を，不法行為により債務者に通常生じる損害に当たるとしたものがある[15]。ここでも，民法416条の類推適用問題として処理されているが，経済的損失（借入利息相当額ほかのエコノミック・ロス）を，不当な仮差押申立ておよび執行を第1次侵害とする後続侵害として捉え，第1次侵害により生じた危険の特別の実現であるかどうかを問うべき事件であった。

　③　同様に，売買契約の目的物に対する仮差押えの申立てが不法行為になる場合において，売主がこの仮差押えにより売買契約を履行することができず，買主に違約金を支払ったために1000万円相当の損害を被ったとき，この損害を債権者が予見することができたとしたものがある[16]。これも，経済的損失が後続侵害として捉えられるべき事件であった。

　④　交通事故で負傷した者が，運びこまれた病院・診療所での医師の過失により死亡したり，障害が拡大したりした場合に，後続侵害につき，第1次侵害である傷害との間の相当因果関係を認めて，交通事故加害者側に——病院側と連帯して——死亡や障害の拡大による損害の賠償責任を負わせたものがある[17]。これも，第1次侵害との危険性関連の視点で捉えうるものである。

　⑤　人身事故による負傷後に被害者が自殺した場合については，既に述べ

14　最判昭和49年4月25日民集28巻3号447頁。
15　最判平成8年5月28日民集50巻6号1301頁。
16　前掲最判平成8年5月28日。

た（第5章第3節第3項III)[18]。

---

17 肯定例として，横浜地判平成3年3月19日判タ761号231頁，仙台地判平成6年10月25日判タ881号218頁。否定例として，岡山地判平成3年9月20日交通民集24巻5号1080頁。
18 最判平成5年9月9日判時1477号42頁。

第 3 部　不法行為による損害賠償
──責任障害要件（および関連する制度）

第1章

責任能力

第1節　責任能力制度

I　制度全体の鳥瞰

　責任能力とは,「行為の責任を弁識するに足りる知能」のことをいう。わが国の民法は, 不法行為をした者に責任能力が欠けている場合には, この者（責任無能力者）に損害賠償を請求することができないとしている（民法712条・713条本文）。

　そのうえで, 民法は, 714条で, 責任無能力者を監督する立場にあった者（法定の監督義務者および代理監督者）に, 損害賠償責任を負わせている。

II　責任能力制度と責任無能力者の不法行為・行為適格

　責任無能力を理由とする行為者の免責や監督義務者の責任が問題となる場面では, 責任能力の有無を問う前に, 責任無能力者の行為が不法行為責任の成立要件——とりわけ, この者の故意・過失——を充足していることが必要である。責任無能力者の行為が不法行為と評価されないものであったときには, 民法709条の行為者の責任も, 民法714条の監督義務者の責任も発生しない。行為者にそもそも事理弁識能力が欠けていたり, 結果発生の予見可能性がなかったり, 行為義務違反（結果回避義務違反）がなかった場合がこれである。

　まして, そもそも, 責任無能力者の行動が「行為」と評価できない場合には, この者に対する民法709条の責任はおろか, 民法714条に基づく監督義

務者の責任も発生しない[1]。「行為」の意味については，前述したところを参照せよ。

第2節　責任能力の意義

I　立法当初の理解

　責任無能力者がおこなった不法行為につき，この者に損害賠償責任を問うことができるかどうかに関する起草者の考え方は，次のように要約できる[2]。
　(i)　未成年者が他人に損害を加えたときに，未成年者に責任を負わせるべきかどうかについて立法例をみれば，大別して2つの立場がある。ひとつは，未成年者が責任を負うとする立場であり，もうひとつは，未成年者が責任を負わないのを原則としつつ，年齢によって責任の有無を定めるか，または弁識力によって責任の有無を定めるとする立場である。未成年者といえどもその行為によって他人に損害を加えたときは賠償責任を負わなければならないのだけれども，いまだその「行為ノ善悪ヲ弁別スル知能」を備えない未成年者に責任を負わせるのは立法の本旨に適さない（立法者が随意に指定した年齢によって責任の有無を判断するのは当を得ない）。
　(ii)　心身喪失者が不法行為の責任を負わず監督者の責任に帰するというのは，諸国の立法例がほとんど一致しているところである。
　立法当初は，このような責任能力制度につき，「行為ハ必ス意思ヲ要スルカ故ニ意思ナキ行為ハ真ノ行為ニ非ス」との理解のもと，責任能力のない者が他人の権利を害し，他人に損害を加えても，「不法行為」とすることができないゆえに責任を負わないとの説明がされることがあった[3]。その後も，責任能力とは「故意又ハ過失ノ基礎タルベキ意思能力」（「不法行為能力」）であり，故意・過失を要件とする不法行為についてはこの意味での意思能力が必要であると説く見解[4]や，民法が無能力者につき不法行為責任を負担させ

1　前田達明『不法行為帰責論』（創文社，1978年）214頁，前田58頁，四宮382頁，窪田166頁。
2　『未定稿本／民法修正案理由書』（広中俊雄編著『民法修正案（前3編）の理由書』〔有斐閣，1987年〕に収録）613頁。
3　梅888頁。

なかった理由は,「不法行為能力」のない者は「意思無能力者」であり,「過失能力」がないゆえに「実際上法律的価値アル故意又ハ過失ヲ作為スルコト」ができないからであるとして,責任能力とは不法行為上の賠償義務を負担させるに足るべき意思能力(「不法行為能力」・「過失能力(過責能力)」)であると説く見解[5]が,多数を占めていた。

II 「行為の責任を弁識するに足りる知能」の意義

　この時期,責任能力をめぐる議論が最初に活性化したのは,責任能力制度が何を目的としたものかという点に関してではなく,「行為の責任を弁識するに足りる知能」というときに,行為の事実的結果およびその社会的意義の認識が要求されているのか[6],行為の是非善悪についての認識ないし道徳上の責任の認識が要求とされているのか[7],法律上の責任の認識が要求されているのか[8],それとも,損害賠償責任の発生の認識が要求されているのか[9]という点に関してであった。

　この問題は,大審院判決における表現の揺らぎが原因のひとつとなって,責任能力をめぐる議論の一大争点となった。というのも,ある大審院判決[10]が「行為ノ責任ヲ弁識スルニ足ルヘキ知能」として「善悪ヲ識別スルコトヲ得ルノ程度」のものと捉えたのに対し,その直後に出された大審院判決[11]が「民法第712条ニ『行為ノ責任ヲ弁識スルニ足ルヘキ知能』ト謂ウハ固ヨリ道徳上不正ノ行為タルコトヲ弁識スル知能ノ意ニアラス加害行為ノ法律上ノ責任ヲ弁識スルニ足ルヘキ知能ヲ指スモノト解スルヲ相当トス」としたため,大審院は,最初の判決で道徳上の責任を弁識するに足るべき知能(是非善悪の弁別能力)と捉えていたのを,直後の判決で法律上の責任を弁識するに足

4　鳩山896頁。
5　末弘1052頁。
6　岡松参太郎「意思能力論」法学協会雑誌33巻10号29頁(1915年)。
7　横田秀雄『債権各論』(清水書店,1912年)868頁,曄道文芸「未成年者ノ不法行為者ニ関スル判決及未成年者ノ不法行為ト注意義務」京都法学会雑誌12巻7号71頁(1917年)(是非善悪の弁別能力)。
8　鳩山897頁,末弘1054頁。
9　川名兼四郎『債権法要論』(金刺芳流堂,1915年)722頁。
10　大判大正4年5月12日民録21輯692頁(少年豊太郎事件)。

るべき知能と捉えることへと転換したかにみえたからである。もっとも，この点については，（上記2判決において転換がはかられたということには疑問があるものの）その後の議論のなかで，「行為の責任を弁識するに足りる知能」とは法律上責任があることを弁識するに足るべき知能であるとの理解に固まり，今日に至っている。しかも，そこにいうところの法律上の責任があることの認識とは，なんらかの法律上の責任が生じることについての認識という緩やかな意味で解されている[12]。

III 過失要件との関係

1 過失能力と責任能力との異同
――結果予見・回避能力と違法性認識能力（法的価値判断能力）

わが国の民法は，責任能力を過失とは別個に要件として立てている[13]。そのため，両者の関係をどのように捉えるかということが問題となる。

一方で，前述した立法後の初期の見解にみられるように，過失をおかす能力（過失能力）を責任能力と捉えることで，両者の接合をはかる見解がある。過失を内心の不注意（意思緊張の欠如）という心理状態として捉える立場ともっとも調和する見解である[14]。ちなみに，わが国の現行民法を立法するために審議していた当時のドイツ民法理論の支配的立場が，これであった[15]。

しかし，この見解には，主観的過失論に依拠して過失をもっぱら心理状態

11　大判大正6年4月30日民録23輯715頁（「光清撃ツゾ」事件）。
12　鳩山897頁，末弘1053頁。もっとも，幾代＝徳本42頁は，「他人への配慮ないし慎重さをもって行動しなければならないという規範の存在を了知しうるだけの知能」も必要だとして，法的責任を離れた倫理的・道徳的規範を想定しているようである。刑事責任と異なり不法行為責任は過失によっても成立するからというのが，その理由である。けれども，民事責任に過失不法行為を含ませることから，直ちにこのような帰結が出てくるわけではない。
13　比較法的にみれば，わが国が立法の際に参照したドイツのように過失と責任能力を概念上で区別しているところもあれば，アメリカのネグリジェンスの理論やフランス民法のように，両者の概念分化がないところもある。
14　鳩山896頁，鳩山秀夫「未成年者の不法行為能力」同『民法研究第4巻』（岩波書店，1930年）所収287頁，末弘1052頁。我妻117頁も，「過失なくしては責任なしという原理は正常なる精神能力あるものの不注意なくしては責任を生ぜずという思想を本体とする」という。

として捉える点に問題があるほか，意思活動に関係する能力が過失と責任能力とで二重評価されることになり，後述するように両要件の主張・立証責任が被害者と加害者に二分されていること（過失の主張・立証責任は被害者が負担し，責任能力の不存在についての主張・立証責任は加害者が負担する）に照らすと，問題が多い。

　他方で，客観的過失論に依拠して過失を客観的行為義務違反として捉えたときにも，独自の要件としての責任能力の存在意義が問題となる。というのも，結果の発生を予見する能力と結果を回避するための行動能力は，既に過失判断のなかに組み入れられているからである。いいかえれば，結果を予見し回避するための能力については既に過失要件のもとで判断されているため，この種の能力を過失要件と切り離して独自の要件とする意義に乏しい。

　このようにみれば，責任能力を過失に対して論理的前提の関係に立たないものと捉え（責任能力≠過失能力），過失になっているのとは別の根拠に基づく要件として責任能力に新たな意味を与えるのが相当である[16]。現在の学説において多数の支持を得ている見解は，このような立場に依拠している。

　そこでは，過失を客観的行為義務違反と捉えたうえで，責任能力は，過失とは関係のない概念，すなわち，法の命令・禁止を理解し得ない人間を帰責主体としないとの考慮から，この種の者を保護するために設けられた特別の要件として位置づけられている[17]。責任能力制度をこのようにみたときには，責任能力で問題となる知的・精神的能力は，過失で問題となる判断能力（結果予見・回避能力）とは異なる法的価値判断の能力——論者によれば，違法性認識能力，あるいは「この行為の結果なんらかの法的な責任が生ずることを認識する能力」ともいわれるが，これと同義である——であるということになる[18]。

　15　ドイツにおいて，過失の構造に関する理解が責任能力制度の理解にどのように関連づけられてきたかという点に関しては，潮見佳男「民事責任における責任能力と過失」阪大法学149＝150号263頁（1989年）を参照せよ。
　16　前田・不法行為帰責論214頁。
　17　行為者保護要件としての責任能力理解。先駆的には，加藤〔一〕141頁。本格的には，前田65頁，前田・不法行為帰責論194頁・214頁。ほかにも，森島138頁，平井93頁，内田374頁，窪田164頁（弱者保護の観点から説明する）。

2　行為者保護要件としての責任能力──その正当化の基礎

　行為者保護要件としての責任能力理解をするにしても，問題は，なぜ，法の命令・禁止を理解できない人間を帰責主体としないことで行為者の保護をはかるのかという点にある。そして，これについては，現在，次の2つの立場からの説明がされている。

　第1は，共同体主義の観点から，行為者保護を正当化するものである。共同体社会のなかでは，人々は互いの信頼を裏切らないように行動すべきであり，国家も社会構成員に対し社会生活において必要とされる注意を尽くすように行為義務を課しているところ，社会のなかには国家が課した命令・禁止の意味を理解して適法な行為をすることが期待できない者がいて，この者たちは「信頼関係に入らない」者であるから，この者たちの責任を問わずに保護してやるべきだとする[19]。

　第2は，人格面で発展段階にある者（年少者）や人格の発展が妨げられている者（精神上の障害を有する者）に対して人格の未熟さを非難することはできないとの観点から，その者たちの責任を問わずに保護してやるべきだとするものである[20]。「年齢や精神の障害による未発達な人格は，通常の成人（責任能力者）の発達した人格とは異なり，自律的な人格へと自由に成長し，あるいは展開していく途上にある。そして，こうした人格発達の過程は，変動しやすい。しかも，人格発達の過程で外界からの刺激からいかなる影響を

18　前田59頁。四宮380頁は，「正確にいえば，違法性を認識して結果回避を決意する能力」であるという。違法性認識能力にとどまらず意思決定能力も盛り込むものである。もっとも，後者にあっても，刑法における責任能力に相当するもの──責任弁識能力に加えて「その弁識に従って行動する能力」をも要求する（大判昭和6年12月3日刑集10巻682頁）──を，民法でも要求するものではない。わが国の民法は，「その弁識に従って行動する能力」を，当時のドイツ民法学がまさに民事責任能力ではこの種の能力も問題となりうることを知りつつ，民法では採用しないとの決定をしたのを受ける形で立案されたドイツ民法草案をモデルに立法されたものであり，現行規定のままだと，責任弁識能力のみ（せいぜい，これに加えて意思決定能力）が責任能力の存否を決めるというべきである。

19　この点を明確に指摘する前田・不法行為帰責論194頁・214頁は，「法は，少なくとも法命令の意味を理解しえない人間を法社会の帰責主体とはしないという保護の目的を前提にしている」との理解のもと，「責任能力規定は，意思責任を問う前に，既に，信頼関係に入らない者を排除する規定」だという。

20　益澤彩「過失不法行為における帰責・免責システムの構造(2)」民商法雑誌126巻2号244頁（2002年）。

受けるかは，本人やその他の者（とりわけ，責任能力者）には予測できないものである。少なくとも本人がその人格発達の速度や方向性それ自体をコントロールすることはできない。以上のような特徴にかんがみて，右の意味での人格発達の支援をはかるためには賠償責任を肯定するよりもこれを否定することが適切であると考えた結果が，責任能力制度の導入であった。法秩序が尊重すべき人格が未発達である場合，その人格の今後の成長や展開を支援すべきだ，という思想がその背後にあると言える」[21]との主張のなかに，明確にあらわれている。この第2の立場を是とすべきであるが，責任能力制度を支える原理として「人格権保障の原理」があげられる点には，疑問がある。むしろ，個人の行動自由の保障の前提（基盤）として「人格の自由な展開」の可能性があるところ，このような「人格の自由な展開」が期待できない者に対しては行為の結果を帰属させるべきではないとの観点から立論をし，共同体主義との観点からの責任能力理解との比較をすべきである。この観点は，責任能力制度が「人格権保障の原理」に基礎を置くという観点とは──個人の権利・「人格」から立論する点では発想を共有するものの──異質なものである。

IV　責任能力の判断方法

　責任能力の判断方法については，次の2点が問題となる。
　第1は，責任能力の有無を当該行為者の個人的判断能力に即して判断するか，それとも当該行為者の属するグループの平均人の判断能力に即して判断するかという問題である[22]。通説は，本来ならば責任を負うはずの者を上述した理由で個人的判断能力の欠如を理由に特に免責する点に注目することで，前者の立場に立つ[23]。しかし，責任能力をすべての人間に共通に妥当する行為者保護制度と捉えたうえで，過失と責任能力とで対象とされる能力が異なる点に照らせば（前者は結果予見・回避能力，後者は法的価値判断能力），責任能力において法的価値判断の有無を判断するための規準となる能力は，平均

21　益澤・前掲論文(2) 246頁。
22　この問題を明確な形で指摘するのは，石田穣『損害賠償法の再構成』（東京大学出版会，1977年）32頁。
23　四宮380頁。

人の能力とみるべきである[24]。

　第2は，責任能力の有無を当該行為主体につき事件の性質を問わず一般的に判断するのか，それとも，問題となった個々の行為の客観的態様との関係で相対的に判断するのかという問題である。責任能力を法的価値判断の能力として理解する場合には，同一人においても，あらゆる加害行為について責任能力の有無が一律に決まるとは限らないのであって，加害行為の種類や態様（故意によるか，過失によるか）で異なってくるものと理解すべきである[25]。

V　責任能力と主張・立証責任

　被害者が加害者に対して，この者の不法行為を理由に民法709条に基づいて損害賠償請求をする場合，責任能力に関する民法712条と民法713条本文は権利障害規定であるから，被告である加害者に，責任能力の不存在を基礎づける事実についての主張・立証責任が課される。

VI　責任能力制度の限界

1　無過失責任と責任能力制度

　責任能力を過失から切り離して法的価値判断能力を欠く者のための保護制度として理解するならば，当然のことながら，過失責任の枠内でも責任能力を問題としない責任類型が認められてよい[26]。これに対して，無過失責任では，責任能力が要求される場合が認められたとしても問題はないというのが支配的見解のようにみえるが，いくら過失から切り離されたとはいえ，責任能力は人の法的価値判断能力を問題とする行為者保護制度である以上，人の行為を無価値評価の対象としない責任形態（たとえば，民法717条のように，物の瑕疵を理由とする損害賠償責任）においては，責任主体の責任無能力を理由とする免責を認めるべきではない[27]。

24　前田61頁。
25　平井94頁。
26　前田65頁。

2 責任無能力者の衡平責任

立法論として，責任能力がなくても，加害行為者の財産状態等を考慮して衡平の観点から賠償責任を認めるべきであるということ——いわゆる衡平責任の導入——が説かれる場合がある[28]。この議論は，特に，責任無能力者の財産状態が良好である場合に，この者が免責され，被害者が救済されない点の不均衡をつくものである。しかし，富める不法行為者と弱者たる被害者という図式だけでは，財の偏在を矯正して再配分する点を正当化するには不十分である。このような被害者保護は，むしろ，社会保障制度や責任保険の制度によって実現されるべきである[29]。

3 取引的不法行為と責任能力制度

ある不法行為につき，それが契約・法律行為の問題としても捉えることができる場合（いわゆる取引的不法行為）には，債務不履行についての処理と同様に，およそ責任能力は不問とされるべきである。取引の世界での財産管理・処分能力については，もっぱら意思能力と行為能力により決すべきだからである[30]。

4 業務従事者の業務遂行と責任能力制度

特定の業務に従事する者は，その業務を遂行するのに適した判断能力をみ

---

27 結果において同旨，我妻118頁。窪田164頁も，責任能力制度は判断能力が不十分な者が適切な判断をしなかったためにした行為について責任制度に服するのを免除させるための制度だと理解することにより，「何らかの判断を前提とする責任，つまり一定の行為に焦点を当てた責任」（行為の妥当性を問題とする責任）については責任能力を問題としつつ，そうでない責任については責任無能力を理由とする免責を否定する。

28 加藤〔一〕142頁。ドイツ民法829条は，「823条ないし826条に該当する場合において損害を惹起した者は，827条および828条により責任を問われない場合であっても，その損害の賠償が監督義務を負う第三者から得られないときには，当該事情，とりわけ関係者の状況に照らせば衡平（Billigkeit）が損害の回復を要請し，かつ，相当な扶養およびみずからの法律上負担する扶養義務の履行のために必要な手段が奪われない限りで，損害を賠償しなければならない。」としている。

29 この問題に関しては，寺田正春「監督義務者の責任について」法律時報48巻12号69頁（1976年），星野英一「責任能力（日本不法行為法リステイトメント）」ジュリスト893号89頁（1987年），益澤・前掲論文(2)248頁を参照。

30 結果において同旨，幾代＝徳本58頁。

ずから保証したと考えられるべきであって，責任能力に関する特権を放棄したものとすべきであるとされることがある[31]。社会生活のなかでの職業・事業活動に対する一般人の信頼を優先的に保護するという視点からは，この見解を支持すべきであろう[32]。

第3節　責任能力のない者

I　未成年者の責任能力

　未成年者の責任能力の有無は，当該具体的事件の個別事情を考慮しつつ（しかも，通説によれば，当該行為者の具体的判断能力に即して）判断されなければならないから，一律の年齢ですべてを律することはできない。もっとも，小学校を卒業する12歳程度の知能が備わっているかどうかが一応の目安になるといわれている[33]。

　この点に関連して，かつて，ほぼ同時期に出された2つの大審院判決の整合性をどのように説明するかという問題が議論されたことがある。ひとつは，11歳11か月の少年が使用者のために自転車で物を運搬中に歩行者と衝突して，この者を負傷させた事件であって，この少年に責任能力ありとした判決であり[34]，あとひとつは，12歳2か月の少年が空気銃で遊び仲間を失明させた場合に，この少年に責任能力なしとした判決である[35]。そして，その際，被害者を救済するためには，使用者責任が問題となった前者では責任能力ありとしなければ使用者の損害賠償責任を引き出せないのに対して，後者では監督義務者の損害賠償責任を導くためには当該未成年者につき責任能力なしとしなければならなかったという点が，一時期の学説において強調された[36]。

31　四宮384頁。
32　民法715条のほか，民法717条や718条についても同様の考え方がある。星野・前掲論文89頁。
33　加藤〔一〕143頁（もっとも，加藤一郎「過失判断の基準としての『通常人』」我妻栄先生追悼論文集『私法学の新たな展開』〔有斐閣，1975年〕442頁は，6歳以下でも足りるとしている），前田61頁，幾代＝徳本53頁。
34　大判大正4年5月12日民録21輯692頁（少年豊太郎事件）。
35　大判大正6年4月30日民録23輯715頁（「光清撃ツゾ」事件）。同種事件として，大判大正10年2月3日民録27輯193頁。

しかし，これらの判決の評価にあたっては，それが責任能力のある未成年者の監督義務者に対して民法709条を根拠に損害賠償責任を追及することができるという理論も判決も存在していなかった時代のものであるという点を割り引いて考える必要がある[37]。後述するように，709条による監督義務者に対する責任追及の考え方が判例・学説において承認されるに至った現代においては，(責任能力の有無が年齢のみによって一律に決せられるのではないことはもとよりのこと)行為の違法性を認識できる標準となる精神的な知能として，小学校卒業ほどの成熟を要するものかどうかには，疑問がある。前述したように，責任能力は加害行為の種類や態様との相対的関係で捉えられるべきものであるが，近時の見解が説くように，社会生活のなかで一般的にみられる行為については，小学校入学程度の精神的知能でも責任能力ありとされることは否定されるべきではない[38]。

II　精神上の障害により行為をした者の責任能力

民法713条本文は，「精神上の障害により自己の行為の責任を弁識する能力を欠く状態にある間に他人に損害を加えた者」が損害賠償責任を負わないとしている[39]。従来は，この条文について，精神障害者を念頭において説明が加えられてきた。けれども，713条は，高齢者の行為についての高齢者自身に対する免責可能性を判断する際の手がかりとなる規定である。また，713条は，行為時の精神的障害状態を個別事情ごとに判断するものであり，成年後見制度とは論理的に無関係である。

なお，713条ただし書は，飲酒・薬物使用等により一時的に責任能力を欠

36　加藤〔一〕145頁，四宮381頁。
37　加藤〔雅〕302頁。そもそも，前者のケースについては，前節VI 3にあげた理由で責任能力を不問とすべきである。
38　加藤〔雅〕302頁は，過失におけるのと同様，学童期以降の未成年者(6歳程度以降)については責任能力を認めるべきであるという。
39　他国では，たとえばフランスのように，精神障害であることを理由とする免責を認めないという主義を採用しているところもある。すなわち，フランス民法489条の2は，「他人に損害を惹起した者は，精神障害の支配下にあったときでも，損害賠償責任を負う」と規定している。また，アメリカでも，加害行為をした精神障害者に対し不法行為を理由として損害賠償責任を課すことへの躊躇はない。樋口範雄『アメリカ不法行為法』(弘文堂，2009年)26頁。

く状態におちいった者も責任無能力下でおこなわれた行為を理由としては損害賠償責任を負わないとの原則（加害行為時に責任能力が存在していなければならないとの，いわゆる同時存在の原則）を所与としたうえで，故意または過失によりその状態を招いたときにはこの限りでないとしている（責任無能力の抗弁に対する再抗弁）。これは「原因において自由な行為」の思想に基づくものであるが，故意・過失は一時の精神的障害を招いたことについて要求されるものであり，権利・法益侵害そのものについての故意・過失は不要である。

第4節　監督義務者および代理監督者の責任

第1項　監督義務者の責任の性質

I　支配的立場——自己責任説

1　自己責任としての監督義務者の責任

　民法714条1項本文・2項は，責任無能力者により加害行為がされた状況において，当該無能力者を監督する義務を負っている者およびこれに代わって無能力者を監督する者（以下の叙述では，ことわりのない限り，監督義務者で代表させる）に，被害者への損害賠償責任を課している。

　同条は，ドイツ民法（832条）に由来するもので[40]，起草時の理解[41]によれば，責任無能力者により加害行為がされた状況において，当該行為者を監督

40　〔ドイツ民法832条〕
　　(1)　未成年であること，またはその精神的もしくは身体的状態のゆえに監督を必要とする者について法律に基づき監督をする義務を負っている者は，その監督を必要とされる者が第三者に対して違法に惹起した損害を賠償する義務を負う。その者が監督義務を尽くした場合，または適切な監督をしたとしても損害が発生したであろう場合には，賠償義務は発生しない。
　　(2)　同様の責任は，契約により監督をおこなうことを引き受けた者についても妥当する。
41　梅879頁，横田秀雄『債権各論』（清水書店，1912年）873頁ほか。旧民法以降の学説の流れに関しては，（著者の問題意識に出た整理という面がやや認められるものの）林誠司「監督者責任の再構成(1)」北大法学論集55巻6号2283頁（2005年）。

する義務を負っている者に監督上の過失があれば，この過失を理由に監督義務者に損害賠償責任を課すという趣旨のものである[42]。

2　監督義務者の責任の根拠としての監督上の過失

民法714条1項本文が法定の監督義務者に責任を負わせた趣旨は，以下の点にある[43]。

①　民法714条1項本文は，家族共同体構成員の不法行為責任に対する家長の絶対的責任を負担したゲルマン法的な団体主義的責任を，近代法の個人主義的責任と調和させるように修正したドイツ民法草案を継受したものであり（「ゲルマン法流の団体本位の責任理論とローマ法流の個人本位の責任理論との妥協」〔我妻栄〕），その責任の根拠は，家族関係の特性に求めざるをえない。この観点から，714条1項は，責任無能力者の身上監護をしている家族に，責任無能力者の不法行為についての責任を負わせたものである[44]。

②　民法714条1項本文の立法趣旨は，判断能力が低くて加害行為をしがちな責任無能力者の加害行為について，この者を監督する義務ある者に，いわば「人的危険源」の継続的「管理者」として，709条よりも重い責任を課した一種の危険責任である[45]。

このような理解と，ここでの監督義務者の責任を自己責任と捉える立場とを結びつけたとき，民法714条1項で問題となるところの自己責任を基礎づける「監督上の過失」は，民法709条のもとで理解されている「過失」とは異質なものであるという理解に傾くこととなる[46]。後述する代位責任構成に

42　山口純夫「責任能力」山田卓生編集代表『新・現代損害賠償法講座1　総論』（日本評論社，1997年）84頁（以下「山口・責任能力」で引用），同「責任無能力者の加害行為」奥田昌道ほか編『民法学6』（有斐閣，1975年）105頁。

43　立法の経緯については，飯塚和之「精神障害者の加害行為に対する監督義務者の責任に関する一考察——監督義務者概念を中心に」小林三衛先生退官記念『現代財産権論の課題』（敬文堂，1988年）142頁。

44　我妻155頁，松坂佐一「責任無能力者を監督する者の責任」我妻先生還暦記念『損害賠償責任の研究　上』（有斐閣，1957年）161頁，加藤［一］159頁，平井214頁，澤井283頁，幾代=徳本191頁，上山泰「成年後見人等と民法714条の監督者責任——精神保健福祉法との関連も含めて」家族＜社会と法＞20号60頁（2004年）。

45　青野博之「受け皿としてのドイツ民法832条——監督義務者の責任をめぐって」駒沢大学法学部研究紀要41号59頁（1983年），四宮670頁。林良平編『注解判例民法3　債権法II』（青林書院，1989年）1296頁〔松岡久和〕の指摘も参照。

もつながるところである。

3 補充責任

　民法714条1項本文に基づく監督義務者の責任は，「前2条の規定により責任無能力者がその責任を負わない場合において」認められるものであり，その意味で補充的な性質の責任である[47]。

　「前2条の規定により責任無能力者がその責任を負わない場合において……」とあるから，ここでは，行為者につき民法709条の定める不法行為責任の成立要件が充たされるものの，行為者が民法712条・713条により責任無能力を理由に免責される場合が想定されている。

4 中間責任
　　　——監督上の過失についての立証責任の転換（過失の法律上の推定）

　民法714条1項本文の監督義務者の責任を監督義務者自身の過失を理由とする損害賠償責任（自己責任）と捉えるならば，同条は，責任無能力者についての不法行為の成立を前提とし，かつ，監督上の過失についての立証責任（さらには監督過失と権利・法益侵害〔ないし損害〕との間の因果関係の立証責任）を監督義務者側に転換したものだということになる[48]。ここでは，過失責任の原則を基礎とするものであるが，過失の立証責任が被告側に転換され

46　なお，我妻156頁は，本文で触れた点とは別に，民法714条1項で問題となる監督義務者の「過失」は「責任無能力者の行為について一般的な監督行為を怠ること」についての過失であるのに対し，民法709条の「過失」は「違法行為の為されること」についての過失である点も挙げている。そして，わが国の民法学説では，長くこの種の過失理解（とりわけ，709条にいう「過失」を直接の加害行為者についてのものに限定する理解）が明示・黙示に前提とされ，今日まで脈々と受け継がれてきたようにも思われる。しかし，過失論の箇所で触れたところからもわかるように，今日では，（監督義務者の場面に限ったことではないが）監督義務・監視義務違反その他組織過失などが民法709条にいう「過失」にあたることに疑いはない。それゆえに，上記の点を709条の責任と714条の責任との異質性を示す論拠として示すことは，今では適切でない。

47　我妻158頁，幾代＝徳本192頁，森島149頁。なお，後注に示すように，旧民法財産編372条は，被保護者の責任能力のいかんを問わず，監督義務者の損害賠償責任を認めていた。ドイツ民法832条1項も，前述のように，補充的性質を否定している。

48　加藤〔一〕159頁，幾代＝徳本191頁，前田137頁，澤井283頁。

ているのである。

　この構成は，その母法であるドイツ法的に表現すれば，監督義務者が過失による間接侵害（＝監督義務違反による不法行為〔社会生活上の義務（Verkehrspflicht）の違反〕）をした点に着目し，これについての監督義務者自身の自己責任を基礎として，過失についての立証責任を転換したものである。伝統的には中間責任と呼ばれる。

5　自己責任説と補充責任構成の結合からの連結

　上記のように，伝統的立場は，民法714条1項本文の監督義務者の責任について，①これを監督義務者の過失を理由とする自己責任である——そのうえで監督上の過失についての立証責任を監督義務者側に転換したものである——と解するとともに，②この責任は直接の行為者である者が行為時に責任無能力であったことを理由に損害賠償責任を負わない場合の補充的な責任であると解していた。

　しかも，かつては，監督義務者の責任の補充的性質（②）を強調することの反面として，③直接の行為者が責任能力を有していたときには，監督義務者は損害賠償責任を負わない点が指摘されていた。しかし，監督義務者の責任を監督上の過失を理由とする自己責任（①）と捉えるのであれば，たとえ直接の行為者が行為時に責任能力を有していたとしても，この者の監督につき過失がある者は，この監督上の過失を理由に，（因果関係その他の要件を充たすことを前提として）民法709条に基づく損害賠償責任を負う（③の命題の否定）——この場合には，監督上の過失についての立証責任は被害者側にある——と解するのが一貫している[49]。

　判例や学説は，後で述べるように（第7節），今日では，この方向に舵をきっている。

II　代位責任構成

1　責任の構造

　民法714条1項本文に基づく監督義務者の責任については，旧来の間接侵

---

[49]　林誠司・前掲論文(1) 2295頁も参照。

害＝自己責任構成ではなく，むしろ旧民法財産編 371 条・372 条[50]およびこれらの規定のもととなったフランス民法と同様に，他人（責任無能力者）の不法行為について，不法行為者に代わって監督義務者が責任を負うという代位責任構成をとる可能性も捨てきれない[51]。この場合には，714 条の責任は，使用者責任に関する 715 条の使用者責任と，責任構造では同様のものとなる。具体的には，次のようになる。

① 〔自己責任性の否定〕　民法 714 条 1 項本文に基づく監督義務者の責任は，責任能力がなかった者の不法行為を理由として，この者の監督義務者がこの者に代わって負担するものである（他人の行為についての責任）。この責任は，監督義務者自身の監督上の過失を帰責の根拠とするものではない（したがって，民法 709 条にいう過失についての立証責任を転換したものではない。同項ただし書にいう「義務」については，709 条の「過失」とは違った意味で理解されなければならない）。

② 〔補充的性質の肯定〕　民法 714 条 1 項本文に基づく監督義務者の責任は，直接の行為者が責任無能力を理由に損害賠償責任を負わないときに，はじめて認められるものである。

③ 〔監督義務者自身の過失を理由とする責任との異質性〕　監督義務者の監督下にある行為者がおこなった権利・法益侵害に対して，監督義務者が「自己の過失」を理由として被害者に対し損害賠償責任を負担するかどうか

50　〔旧民法財産編 371 条〕
　　何人ヲ問ハス自己ノ所為又ハ懈怠ヨリ生スル損害ニ付キ責ニ任スルノミナラス尚ホ自己ノ威権ノ下ニ在ル者ノ所為又ハ懈怠及ヒ自己ニ属スル物ヨリ生スル損害ニ付キ下ノ区別ニ従ヒテ其責ニ任ス」
　　〔同 372 条〕（おことわり。不適切な表現を含むが，史実としてそのまま記載することにした）
　　(1)　父権ヲ行フ尊属親ハ己レト同居スル未成年ノ卑属親ノ加ヘタル損害ニ付キ其責ニ任ス
　　(2)　後見人ハ己レト同居スル被後見人ノ加ヘタル損害ニ付キ其責ニ任ス
　　(3)　瘋癲白痴者ヲ看守スル者ハ瘋癲白痴者ノ加ヘタル損害ニ付キ其責ニ任ス
　　(4)　教師，師匠及ヒ工場長ハ未成年ノ生徒，習業者及ヒ職工カ自己ノ監督ノ下ニ在ル間ニ加ヘタル損害ニ付キ其責ニ任ス
　　(5)　本条ニ指定シタル責任者ハ損害ノ所為ヲ防止スル能ハサリシコトヲ証スルトキハ其責ニ任セス
51　この点を早くから指摘していたものとして，星野英一「責任能力（日本不法行為法リステイトメント）」ジュリスト 893 号 94 頁（1987 年）。

は，民法714条とは関係のないことがらである。これについては，民法709条のもとで処理すれば足りる。

2 代位責任とする根拠

このように，民法714条1項本文に基づく監督義務者の責任を代位責任として捉えるときには，過失責任の原則との関係で，なぜ監督義務者が自己の過失を問題とされることなく損害賠償責任を負わなければならないのかという点が問われることになる。

この点に関しては，危険責任の原理に基づいて監督義務者の責任を基礎づけることが可能である。監督義務者への帰責は，責任無能力者の生活全般についてその身上を監護し，教育をすべき地位にあることに由来する危険源の支配・管理に結びつけられた責任だということになる。このように理解することによって，責任体系上の整合性がはかられるという利点もある。

その他，わが国では，フランス法のもとでの理論[52]を参考にしつつ，民法714条の沿革的理由から，「家族関係の特殊性（とくに父母の義務）」に着目し，「教育・監護・善行をする重い義務」が課されている監督義務者に課された「一種の保証責任」であるという観点から，監督義務者の責任を正当化するものもある[53]。論者自身が必ずしも指摘しているわけではないが，この観点からの監督義務者の責任の理解は，この責任を代位責任として捉える際の正当化にもつながるものである。

---

52 フランスにおける未成年子の行為についての親の責任をめぐる理論に関しては，小沼進一「フランス不法行為法論における一胎動——未成年者の行為による父母の責任と『保証』の観念」青山法学論集16巻3=4号175頁（1974年），奥野久雄「未成年者の加害行為と両親の責任」同『学校事故の責任法理』（法律文化社，2004年）262頁，久保野恵美子「子の行為に関する親の不法行為責任——フランス法を中心として(1)(2)」法学協会雑誌116巻4号497頁，117巻1号82頁（1999年・2000年），新関輝夫「フランス法における他人の管理者に関する責任制度の展開」福岡大学法学論叢47巻1号1頁（2006年）。

53 平井214頁。

第2項　監督義務者の責任の成立要件

I　加害者の不法行為

1　総　論

　民法714条1項本文に基づく監督義務者の責任は、加害者の行為が民法709条の不法行為に該当することを前提とする。このことを監督義務者に対する被害者の損害賠償請求権の要件に反映させたならば、そこでの要件は、次のようになる。以下では、被害者をX、加害者（責任無能力者）をAと表記する。

　①　Xの権利・法益が侵害されたこと
　②　Aに故意または過失があったこと
　③　Xの権利・法益侵害とAの故意・過失行為との間に因果関係があること
　④　Xの損害
　⑤　Xの権利・法益侵害とXの損害との間に因果関係があること[54]

2　加害者のもとでの故意・過失の要否

　上記1では、②として、「Aに故意または過失があったこと」をあげた。もっとも、この点に関しては、民法714条1項本文が明示するものではなく、複数の考え方が成り立ちうる[55]。なお、以下の説明は、過失が客観化されたものであることを前提として整理する（主観的過失論は度外視する）。

　〔A〕　民法714条1項本文に基づく監督義務者の責任を自己責任と捉えたときには、次の2つの考え方が成り立ちうる。
　〔A-1：過失必要説〕　監督義務者が自己の監督上の義務違反を理由に

54　ただし、著者の立場からは、⑤は④に吸収される。
55　もっとも、わが国の学説において、この問題を正面から論じるものは少ない。そうしたなかで、久保野・前掲論文は、わが国の民法714条とは異なった枠組みを基礎とするフランス法を素材としてのものであるが、親の損害賠償責任を認める前提としての「子のフォート前提原則」の確立と転回の過程を示している点で、フランス法の紹介にとどまらず、わが国における同種の問題を考えるうえで参考になる視点を提供している。

――しかし，この義務違反（過失）が推定されたものとして捉えられたうえで――損害賠償責任を負担するのが民法714条1項本文に基づく責任であるところ，そもそも責任無能力者Aが適切な行為（社会生活において必要な注意を尽くした行為）をしていたのであれば，もはや監督義務者の監督行為の適否（したがって，監督上の義務違反）を問題とする余地はない。したがって，同項に基づく責任を問うためには，その前提として，加害者Aの行為が過失あるものと評価されるものでなければならない。過失と責任能力とが前述したように観点を異にするものである以上，責任能力のない者についても過失を観念することは可能である[56]。

〔A-2：過失不要説〕　民法714条1項本文に基づく監督義務者の責任を監督義務者の自己責任と捉えるのであれば，決定的なのは同条1項ただし書前段で述べられている監督義務者自身の過失であって，行為者の過失は不要である。監督義務者が責任無能力者に対して尽くすべき包括的な監護義務を尽くさなかったために被害者の権利・法益侵害が生じていたときに，監督義務者の義務違反（過失）について主張・立証責任を転換して責任を負わせるという態度決定をするのならば，この態度決定にあたり，当の責任無能力者の行為が故意・過失ありと評価されるかどうかは重要ではない。そもそも，過失を観念できない幼少者や重度の精神障害者の行為，さらには，およそその者の行動をもって「行為」とすら評価できないような者により被害者の権利・法益侵害が惹起されたときこそ，これらの者の監督義務者の包括的な監護義務違反を理由とする責任を――過失についての立証責任の転換つきで――認めるべき要請が高まるものと考えるべきである。

〔B〕　民法714条1項本文に基づく監督義務者の責任を代位責任と捉えたときには，加害行為者のところで不法行為の成立要件を充たしている必要があるから，同項に基づく責任を問うためには，その前提として，加害者Aの行為が過失あるものと評価されるものでなければならない。責任能力のない者についても過失を観念することが可能であることは，既に触れたとおりである。

56　幾代＝徳本188頁・190頁の指摘も参照。

II　行為当時に，加害者に責任能力がなかったこと

　民法714条1項本文に基づく監督義務者の責任は，加害者が民法712条・713条で責任無能力を理由として免責される場合に，はじめて認められるものである。責任能力の意味については，既に触れた。

　なお，被害者が加害者に対して，この者の不法行為を理由に民法709条に基づいて損害賠償請求をする場合，責任能力に関する民法712条と民法713条本文は権利障害規定であるから，被告である加害者に，責任能力がなかったことについての主張・立証責任が課される。

III　行為者の監督義務者

　どのような者が監督義務者として民法714条1項本文に基づき損害賠償責任を負担するのかについては，項をあらためて触れる（第4項）。

IV　民法709条訴訟と民法714条訴訟の関係
　　　　——同時審判申出共同訴訟

　前述したように（II），被害者が，加害者に対して，この者の不法行為を理由に民法709条に基づいて損害賠償請求をする場合，責任能力に関する民法712条と民法713条本文は権利障害規定であるから，被告である加害者に，責任能力がなかったことについての主張・立証責任が課される。

　これに対して，被害者が，民法714条1項本文により加害者の監督義務者を被告として損害賠償請求をする場合には，原告である被害者に，加害者の責任無能力を基礎づける事実についての主張・立証責任が課される。ここでは，責任能力がなかったとの事実が，714条の規範に基づく権利の根拠事実として捉えられているのである。

　このような状況下では，主観的予備的併合を認めない裁判実務のもとで，なんらの手当てもなければ，被害者が，同一の訴訟で，加害者に対し民法709条に基づき損害賠償を請求するとともに，この者の監督義務者に対し民法714条1項本文に基づき損害賠償を請求することは許されない。しかし，これらの者に対する損害賠償を別訴として提起したときには，加害者に対す

る請求は，この者が責任無能力であったことを理由に棄却され，他方，別訴で審理された監督義務者に対する請求は，加害者に責任能力があったことを理由に棄却されるという事態が生じないとは限らない。このことを憂慮して，たとえば，未成年者の加害行為につき，直接加害者が責任無能力であることの証明に成功した場合には，一種の禁反言として当然に監督義務者がその他の責任要件が充足される限りで責任を負うという構成が一部学説により主張されていた[57]。

　もっとも，現在の民事訴訟法のもとでは，いわゆる同時審判申出共同訴訟の制度が導入されている。これは，主観的予備的併合が認められない結果として，実体上両立し得ない関係にある複数の被告に対する訴訟が併合審理されず，その結果として，原告が両被告に対する訴訟とも敗訴してしまうという事態をできるだけ避けようとする意図のもとで導入された新たな併合訴訟の形態である。

　それによれば，「共同被告の一方に対する訴訟の目的である権利と共同被告の他方に対する訴訟の目的である権利とが法律上併存し得ない関係にある場合において，原告の申出があったときは，弁論及び裁判は，分離しないでしなければならない」とされている（民事訴訟法41条1項）。同項にいう「法律上併存し得ない関係」にある場合とは，一方の被告に対する請求原因事実が，他方の被告に対する請求では抗弁事実になるというように，主張レベルで法律上請求が両立し得ない場合である[58]。この意味では，責任無能力であった加害者に対する民法709条に基づく損害賠償請求権と，責任能力者の監督義務者に対する民法714条1項本文に基づく損害賠償請求権も，同項の「法律上併存し得ない関係」にあるということができる。民事訴訟法41条では，原告の申し出によることが前提とされているものの，同条の同時審

---

[57] 森島146頁・149頁。法定代理人が712条・713条訴訟では無能力者を代理して，714条訴訟では監督義務者本人として，同一の加害行為の責任能力につき相反する主張をすることを認めないとする。

[58] 法務省民事局参事官室『一問一答新民事訴訟法』（商事法務研究会，1996年），高田裕成「同時審判の申出がある共同訴訟」法学教室192号16頁（1996年），秋山幹男＝伊藤眞＝加藤新太郎＝高田裕成＝福田剛久＝山本和彦『コンメンタール民事訴訟法Ⅰ』（日本評論社，2002年）397頁，中野貞一郎＝松浦馨＝鈴木正裕編『新民事訴訟法講義（第2版補訂版）』（有斐閣，2006年）530頁〔井上治典〕，梅本吉彦『民事訴訟法（第4版）』（信山社，2009年）643頁。

判申出訴訟の制度により，主観的予備的併合が認められないことに伴う民法714条下での不都合と考えられていた問題は，かなりの程度で，立法的に解決されることとなった。

第3項　免責立証（監督義務者の場合）

I　監督義務者が「義務」を怠らなかったことによる免責

1　自己責任説をとる場合
　　　──無過失の抗弁と，義務内容の拡張（包括的監護義務）

　民法714条1項ただし書前段によれば，監督義務者は，監督義務を怠らなかったことについての立証に成功するならば，損害賠償責任を免れることができる。

　ここにいう監督義務は，危険発生の予見可能性がある状況下で権利・法益侵害の結果を回避するために必要とされる行為をすべき義務だけでなく，責任無能力者の生活全般についてその身上を監護し，教育をすべき義務をも含んだ広範なものであると理解されている[59]。監督過失というものの，そのなかには教育過失（culpa in educando）も含まれている[60]。要するに，免責要件としての監督上の注意の内容は，監督義務者としての地位に着目したときに，この者に課された注意が何かという観点から帰結されるべきものであるから，そこで想定されているのは，包括的な監護義務と解すべきである。

　ところで，このような監督上の注意の理解を，第1項Iで述べた714条1項本文に基づく監督義務者の責任が自己責任であるとの理解と結びつけたとき，ここでは，民法709条の意味での結果回避義務の立証責任が同条1項ただし書により監督義務者に転換されているところ，ただし書にいう「義務」

---

[59]　澤井285頁。

[60]　四宮674頁。監督義務者は，その未成年者を日常生活で他人に危害を加えないようにきちんと教育したことをも証明しなければ免責されない。なお，最判昭和43年2月9日判時510号38頁も参照。フランス民法では，父母が，監護権を行使する限り，同居する未成年子の惹起した損害について責任を負うとする1384条4項につき，ここでの父母の責任を「推定されたフォート」に結びつけて捉えるのが伝統的理解であるが，父母のフォートの内容としては，監督上のフォートとともに，教育上のフォートがあげられている。

を怠らなかったとは，とりもなおさず監督義務者の無「過失」を意味することになる。そして，そこでの「義務」は，まさに監督義務者の「結果回避義務」の内容そのものだということになる。そして，ここでの義務は，上記のように，監督義務者の包括的な監護義務である。

　そうすると，714条1項ただし書は，①過失の立証責任を加害者側（＝監督義務者）に転換するという意味をもつと同時に，②過失の前提となる監督義務者の「結果回避義務」の内容を包括的な監護義務へと拡張する——これにより，侵害された具体的な権利・法益との関連づけを大幅に緩和する——という意味をもつということになる（過失の立証責任の転換＋義務内容の拡張）。

　こうして，監督上の義務の意味を包括的な監護義務と捉えたときには，監督義務者が義務を尽くしたことの立証に成功するのは，きわめて困難である[61]。もっとも，未成年者の監督義務者については，免責立証が機能することは多くないであろうが，精神障害者の監督義務者については，免責立証の余地を実質的に残しておくのが適当である。それというのも，既に指摘されているように，「保護義務者は病状を観察し適切な手段を取るべき義務があるといっても，一般的には監督義務者自身精神障害についての知識が乏しいため，精神障害者の行動に若干の異常が現れても，それを発見し，病状の悪化を察知することが困難な場合も少なくない」からである[62]。

2　代位責任説をとる場合——不可抗力の抗弁

　民法714条1項本文に基づく監督義務者の責任について代位責任構成をとる場合には，監督義務者の責任は，危険責任または保証責任に基礎を置く責任（無過失責任）として捉えられることになる。このとき，同項ただし書後段による免責は，「無過失」の抗弁ではなく，危険責任・保証責任から監督義務者を解放するにふさわしい事由，したがって不可抗力的なものに制約さ

---

[61] 松坂・責任無能力者を監督する者の責任161頁，加藤〔一〕160頁。なお，四宮674頁は，714条2項の代理監督者の責任の場合をも含め，広く，「身上監護型」（親権者や後見人のように，被監督者の身上を監護すべき任務を負う者の監護義務が本人の生活関係の全般に及ぶ場合）と「特定生活監護型」（小学校・幼稚園のように，監護の任務が特定の生活場面に限られている場合）に分けて，前者の場合には，免責は事実上認めがたいとする。

[62] 山田知司「精神障害者の第三者に対する殺傷行為」山口和男編『現代民事裁判の課題(7)　損害賠償』（新日本法規，1989年）479頁。

れることになる．条文上は「その義務を怠らなかった」とあるが，その内実は，民法715条の使用者責任の場合と同様，このような意味の免責事由であるとして捉えなおされるべきことになる．したがって，また，同項ただし書前段による免責が認められるのは，きわめて稀であることになる．

II　因果関係不存在による免責

民法714条1項ただし書後段によれば，監督義務者が責任無能力者の監督にあたり監督義務を怠らなくても損害が生じたであろうこと，つまり，監督過失と権利・法益侵害（さらには，損害）との間の因果関係が存在しない点の立証に成功したならば，監督義務者は損害賠償責任を免れる[63]．この因果関係についても，広範かつ包括的な監督義務と権利・法益侵害との間の因果関係が問題とされているうえに，学説では，損害の発生がとうてい避けることができなかったことが明白である場合にのみ因果関係不存在による免責を認めるべきだと考えられているため[64]，ここでの因果関係不存在の証明は，きわめて困難である[65]．

第4項　責任負担者──監督義務者・代理監督者

I　「責任無能力者を監督する法定の義務を負う者」
（法定の監督義務者）

1　責任能力のない未成年者の場合

未成年者については，親権者（民法820条．親権者と別に監護者がいる場合

---

[63] 民法を現代語化した2004年（平成16年）改正の際に，明文化されたものである．立案担当者の説明によれば，義務違反があった場合でも，その義務違反の有無にかかわらず損害が生じたであろうときは，義務違反があったことと損害の発生との間に因果関係がないことになり，監督義務者が責任を負わないとするのが「学説上異論のない確立した解釈となっている」ことと，使用者責任の免責に関する民法715条1項で明文の規定を置いていたこととの均衡を確保するということが，改正の理由である．吉田徹＝筒井健夫編著『改正民法の解説』（商事法務，2005年）117頁．

[64] 四宮678頁，澤井286頁，吉村183頁．

[65] 山口・責任能力93頁．

には監護者〔民法766条〕），親権代行者（民法833条），未成年後見人（民法857条）が法定の監督義務者であり，児童福祉施設に入所中の者で親権者・未成年後見人のいない者については同施設の長（児童福祉法47条1項）が法定の監督義務者である。

2　精神上の障害のある者の場合
2-1　成年後見人

精神上の障害のある者については，この者に成年後見人が付されていれば成年後見人（民法858条）が法定の監督義務者であるとされる。これは，成年後見人には成年被後見人に対する身上配慮義務が課されていることからの帰結として理解されている。もっとも，これは，旧858条1項が療養看護義務を定めていて（「その療養看護に努めなければならない」とあった），これが後見人の法定の監督義務の根拠とされていたところ，1999年（平成11年）の民法改正で療養看護義務が身上配慮義務へと転換された（民法858条では「その心身の状態及び生活の状況に配慮しなければならない」とされた）後でも，法定の監督義務に関しては，後見人のかつての療養看護義務におけるのと同様の理解が維持されていることによる。

2-2　保佐人・補助人

保佐人・補助人については，1999年（平成11年）の改正で療養看護義務から改まった身上配慮義務が法定の監督義務の根拠となるのだとすれば，保佐人・補助人にも身上配慮義務が課されているから（民法876条の5第1項〔保佐人〕・876条の10第1項〔補助人〕），法定の監督義務者とされるべきであるとの帰結になりそうでもある。

しかし，身上配慮義務の程度は成年後見人・保佐人・補助人それぞれにおいて異なり，旧規定下での療養看護義務に相当する身上配慮義務を負っていた者のみが法定の監督義務者であると捉えられるべきである。それゆえ，保佐人・補助人が身上配慮義務を負っているからといって，直ちにこれらの者が法定の監督義務者とされることはないというべきである。

ただし，保佐人については，精神保健福祉法（「精神保健及び精神障害者福祉に関する法律」）により成年後見人と並んで第1順位の「保護者」とされていることから（精神保健福祉法20条1項本文[66]・2項1号），同法の「保護者」は常に法定の監督義務者であるとみるのならば，保佐人は「保護者」として

の地位に基づいて法定の監督義務者とされることになるが，このような見方が妥当でないことは，すぐ後で触れる。

なお，任意後見契約に基づく任意後見人は，それだけでは法定の監督義務者ではない。

2-3　精神保健福祉法上の保護者

一般に，精神保健福祉法上の精神障害者について選任される「保護者」も，法定の監督義務者であるとされている。もっとも，これまで保護者が法定の監督義務者であるとされていた根拠は，かつての精神保健法22条1項にあった。そこでは，保護者に「精神障害者に治療を受けさせるとともに，精神障害者が自身を傷つけ又は他人に害を及ぼさないように監督し，かつ，精神障害者の財産上の利益を保護しなければならない」という自傷他害防止監督義務が課されていて，これを手がかりに保護者の法定の監督義務を認めていたのである[67]。

ところが，1999年（平成11年）の改正によって，自傷他害防止監督義務が削除され，「保護者」は医師等との密接な連携のもと，被保護者の福祉のため，この者に「治療を受けさせ，及び精神障害者の財産上の利益を保護」する義務を——しかも，任意入院・通院中でない精神障害者に限定して——負うというにとどめられた（精神保健福祉法22条1項）。そこから，従前と同じように「保護者」を法定の監督義務者と位置づけることについて疑問をいだくものがみられる[68]。

精神保健法制における保護者の制度が，かつての精神障害者監護ないし精神障害者の行動からの社会防衛を目的とした制度から，精神障害者の福祉・生活支援を目的とした制度へと転換した今日では，精神保健福祉法上の「保護者」であることが，直ちに714条の責任主体性を帰結するものではないと

66　精神保健福祉法20条1項本文は，「精神障害者については，その後見人又は保佐人，配偶者，親権を行う者及び扶養義務者が保護者となる」とする。

67　保護者制度の変遷については，上山泰「成年後見人等と民法714条の監督者責任——精神保健福祉法との関連も含めて」家族〈社会と法〉20号61頁（2004年），辻伸行「自傷他害防止監督義務の廃止と保護者の損害賠償責任」町野朔ほか編『触法精神障害者の処遇（増補版）』（信山社，2006年）62頁。

68　上山・前掲論文67頁，辻伸行「精神障害者による殺傷事故および自殺と損害賠償責任(5)」判例評論448号14頁（1996年），奥田昌道＝潮見佳男編『法学講義　民法6』（悠々社，2006年）152頁〔益澤彩〕，窪田176頁。

いうべきである。

2−4　扶養義務者その他生活の面倒をみている者

精神障害者の扶養義務者であるとか，精神障害者の生活の面倒をみているとの理由のみで，この者の民法714条の責任主体性は認められない[69]。

この点に関しては，責任が認められるための要件として，①精神障害者との関係で家族共同体の統率者たるべき立場および続柄にあること，②監督者とされる者が現実に行使しうる権威と勢力をもっていること，③精神障害者の病状が他人に害を与える危険性があるため，監督権を行使しなければならない状況にあったことをあげるものがある[70]。目安としてはわかりやすいが，なにゆえにこれらの要件を満たす必要があるのかという点の正当化を抜きにして，こうした見方に乗ることはできない。結局，ここでも，法定の監督義務者に責任を負担させることとした根拠はどこにあるのかを確認したうえで，精神障害者の監督義務者としての地位にあるかどうかを個別的に判断していくほかない（次の3を参照せよ）。

3　法定の監督義務者と714条による責任主体性との連動性

民法714条1項が法定の監督義務者に責任を負わせた趣旨は，前述したように，以下の点にあるとされる。

①　民法714条1項は，家族共同体構成員の不法行為責任に対する家長の絶対的責任を負担したゲルマン法的な団体主義的責任を近代法の個人主義的責任と調和させるように修正したドイツ民法草案を継受したものであり，その責任の根拠は，家族関係の特性に求めざるを得ない。この観点から，714

---

[69] 事例判決であるが，37歳の精神障害者が起こした女性への傷害事件について，最判昭和58年2月24日判時1076号58頁は，加害者に対する統御を現実には期待できない状況にあった両親の714条1項に基づく賠償責任を否定した。最近では，下級審判決であるが，東京高判平成15年10月29日判時1844号66頁は，47歳の統合失調症罹患者のおかした不法行為（隣人の殺害）について，母親が監督義務違反を理由とする責任を負わないとした。母親も通院先の医師も加害者による他者加害を予見できなかったこと，母親は行為者に医療を継続的に受けさせており，入院させることも打診するなど必要な措置を講じていたこと，母親自身も扶養される状態におかれてしかるべき境遇であったことなどが考慮されている。この判決については，前田陽一『債権各論II　不法行為法』（弘文堂，2007年）129頁の整理も参照。

[70] 山田・前掲論文283頁。

条1項は，責任無能力者の身上監護をしている家族に，責任無能力者の不法行為についての責任を負わせたものである。

②　民法714条1項の立法趣旨は，判断能力が低くて加害行為をしがちな責任無能力者の加害行為について，それを監督する義務ある者に，いわば「人的危険源」の継続的「管理者」として，709条よりも重い責任を課した一種の危険責任である。

しかし，このうち，①の観点については，「家族関係の特性」のもつ今日的意味には疑問がある。とりわけ，精神障害者についての監督義務者の責任については，上述したような成年後見制度・精神保健福祉制度における近時の展開を前にして，この制度を基礎づける①に掲げられた理由づけ（家族共同体構成員の不法行為についての危険責任）は，もはやその正当性を失ったものとみるべきかもしれない。

そうであれば，714条1項本文の責任を正当化するには，①の観点を無視して，②の観点を正面に出すべきであるとも思われるが，しかしながら，他方で，同項ただし書は，包括的監護義務を基礎とした免責の枠組みを立てていることから，現行の条文の解釈論としては，①の観点を無視することはできない。立法論的には714条の部分改正の必要があるという点を指摘しつつ，現行法の解釈としては，危険責任（②）の観点から，家族的共同体に属する者のうちで責任無能力者の行為を統御すべき地位にある者に——自己責任の観点からであれ，代位責任の観点からであれ——責任を負わせたものというべきであろう[71]。

もっとも，そうであれば，「法定の監督義務者」だからといって，直ちに714条所定の損害賠償責任を負うと解すべきではない。監督義務者が責任を負うのは，この者が①・②の観点からみたときに被監督者に対し監督をおこなう実質的地位にある場合に限られるべきである。逆に，監督義務の根拠が法定されていなくても，被監督者に対する監督をおこなう実質的地位にある者には，同条1項が類推されるべきである[72]。むしろ，「法定の」監督義務

---

[71]　①・②の理由づけを純粋に捉えたならば，監督義務者の責任を「危険責任の原理」に基礎づけられた代位責任と捉える立場と親和的である。もっとも，家族関係の特性ないしは責任無能力者の危険性を考慮して責任無能力者の身上監護をしている家族に社会生活上の注意義務（監督義務）を課したのだと捉えれば，①・②の理由づけから監督義務者の自己責任・過失責任を導くことも無理ではない。

という点にこだわるのでなく，①・②の観点を直視して，こうした類推の局面を拡張するのが適切である。しかし，この場合も，上記のように①の観点からの説明に疑義がある以上，①を強調することによる714条の適用範囲の拡張には慎重であることが必要である。とりわけ，精神障害者の監督義務者の責任に関しては，類推による拡張に対しては慎重さが求められるべきである[73]。

II 代理監督者

1 代理監督者の意義

民法714条2項は，法定の監督義務者に代わって監督する者（代理監督者）も，監督義務者と同様に責任を負うとしている。代理監督者とは，法定の監督義務者ではないが，契約，法律，事務管理により監督義務を委託され，または引き受けた者のことをいう。

施設や事業体が監督義務を委託されている場合の代理監督者について，かつての学説では，託児所・幼稚園の保母，小学校の教員，精神病院の医師，少年院の職員等といった当該業務を担当する個人が，代理監督者の例としてあげられていた[74]。しかし，特に，組織体にあっては，代理監督者の認定にあたって実際に監督をしている者に注目すれば，末端ないし下位に位置づけられる個人に過大な負担を強いる結果となる不都合がある。それゆえ，むしろ，代理監督者の責任は，監督義務を受託した主体に限定するのが相当である[75]。

2 免責立証面での特徴

代理監督者の場合には，上記のように，契約，法律または事務管理により

---

[72] 加藤〔一〕162頁，平井219頁。名古屋地判昭和62年8月14日判時1263号35頁，高知地判昭和47年10月13日下民集23巻9〜12号551頁。

[73] 辻・精神障害者による殺傷事故および自殺と損害賠償責任(5)17頁。この場合には，後述するように，民法709条に基づき，監督上の過失を理由として責任を追及することも可能である。

[74] 加藤〔一〕161頁など。最近では，近江214頁が，事業体も個人もともに714条の責任を負うものとすべきだという。

一定の局面に限定された監督——しかも，監督を合理的な注意を尽くしておこなうこと——を引き受けたものであり，包括的監護義務を負うものではない。それゆえ，法定の監督義務者の場合と異なり，被害者からの損害賠償請求に対し，みずからが引き受けた監督の範囲内で合理的な注意を尽くしたことをもって免責を認められるべきである[76]。これに伴い，因果関係不存在を理由とする免責の余地も広がるものと考えられる。

3 　監督義務者の責任と代理監督者の責任の関係

　監督義務者の責任と代理監督者の責任は，併存可能であり，この場合には不真正連帯債務の関係になるというのが通説である。しかし，内部関係（求償関係）のみならず，対外関係においても，責任無能力者の生活全般にわたって監督義務がある者（1項の監督義務者）と，時間的・場所的・対象的にみて特定の生活関係についてのみ実際の監督にあたる者（2項の代理監督者）との間における監督義務の分配に関する決定が先決問題ではあるまいか。どの範囲の監督が代理監督者に委託されたのか，この委託により法定の監督義務者が当該委託事務に関する実質的な監督から解放されたのかという点を吟味する必要があるのであって，一律に両責任が併存するということにはならない[77]。

---

[75] このように，担当職員個人について代理監督者とみないものが，今日の支配的見解である。もっとも，施設や事業体の長について，代理監督者とみるかどうかについては，最近の見解のなかでも微妙な相違がある。長を代理監督者とみないものとして，幾代＝徳本192頁，四宮679頁，加藤〔雅〕332頁。施設や事業体が法人でない場合には，長を代理監督者とみるものとして，前田138頁。ここでの代理監督者としての地位の根拠が契約・法令等による監督業務を受託したことにある点にかんがみれば，業務受託主体を代理監督者と捉えるのがよい。

　なお，業務を担当した個人は，民法709条により責任を負う可能性がある。そして，この責任を介して，民法715条による使用者責任も問題となる可能性がある。また，関連する問題として，組織体としての安全配慮義務違反の問題がある。

[76] 加藤〔雅〕332頁。代理監督者の免責を認めた裁判例として，高松高判昭和49年11月27日判時764号49頁（小学校の教員および校長），鹿児島地判昭和63年8月12日判時1301号135頁（精神病院を経営する医療法人）。

[77] 山口・責任能力90頁の指摘も参照せよ。

第5項　失火責任法と監督義務者の損害賠償責任
—— 「重過失」の対象となる者

　責任無能力者の行為により出火した場合に，失火責任法による軽過失免責と監督義務者の損害賠償責任との関係をどのように理解すべきか。

　この問題は，まず，①失火責任法の適用範囲を延焼部分に限定すべきか否かという失火責任法固有の問題に関係するとともに，②失火責任法の対象とされた損傷部分について同法の適用を考えるにつき，重過失要件を責任無能力者である失火者について判断すべきか，それとも，監督義務者について判断すべきかという点に関係する。

　①については，既に述べたように，失火責任法の適用範囲を延焼部分に限定するべきではない[78]。

　②については，(a)民法714条の責任を代位責任として理解するならば，責任無能力者の行為態様に失火責任法における軽過失免責の趣旨をとりこんで評価し，その行為態様中に重過失的なものがあるかどうかを判断すべきであるということになるが，(b)同条の責任を自己責任として理解するならば，免責が認められるのは，監督義務者に監督上の重過失がなかった場合だということになると考えるのが素直なようにもみえる。そして，後者の場合には，責任無能力者自身の行為態様のなかに重過失的なものがあるかどうかは問題とならないようにもみえる。しかし，以上の点は，論理必然的ではない[79]。

　最高裁は，この点に関して，次のように述べて，重過失を監督義務者の監督上の過失に関する判断であるとし，監督義務者に監督上の重過失が認められなかったときに監督義務者を免責するとの考え方を採用している。「民法714条1項は，責任を弁識する能力のない未成年者が他人に損害を加えた場合，未成年者の監督義務者は，その監督を怠らなかったとき，すなわち監督

---

[78] 四宮674頁や，澤井裕『失火責任の法理と判例』（有斐閣，1989年）104頁は，延焼部分に適用範囲を限定している。

[79] 自己責任と構成しつつ，714条1項本文に基づく責任の要件として行為者の故意・過失を要求するとの立場をとるときには，監督者責任成立のための要件のひとつとしての「行為者の故意・過失」要件の箇所で「重過失」を考慮するとの立場をとることは背理ではない。この場合には，結果的に⑧と同じことになる。自己責任説をとりつつ，「責任無能力者については過失や重過失などは論理上考えられないという発想じたい，を再検討すべきかも知れない」と説くものとして，幾代＝徳本188頁。

について過失がなかったときを除き，損害を賠償すべき義務があるとしているが，右規定の趣旨は，<u>責任を弁識する能力のない未成年者の行為については過失に相当するものの有無を考慮することができず</u>，そのため不法行為の責任を負う者がなければ被害者の救済に欠けるところから，その監督義務者に損害の賠償を義務づけるとともに，監督義務者に過失がなかったときはその責任を免れさせることとしたものである。ところで，失火ノ責任ニ関スル法律は，失火による損害賠償責任を失火者に重大な過失がある場合に限定しているのであって，この両者の趣旨を併せ考えれば，責任を弁識する能力のない未成年者の行為により火災が発生した場合においては，民法714条1項に基づき，未成年者の監督義務者が右火災による損害を賠償すべき義務を負うが，右監督義務者に未成年者の監督について重大な過失がなかったときは，これを免れるものと解するのが相当というべきであり，未成年者の行為の態様のごときは，これを<u>監督義務者の責任の有無の判断に際して斟酌すること</u>は格別として，これについて未成年者自身に重大な過失に相当するものがあるかどうかを考慮するのは相当でない」（下線は，潮見）[80]。

　民法714条1項本文の責任は無能力者が責任を負わない場合の補充責任を定めたものであることから，このような帰結を正当化しようとするものもある[81]。しかし，補充責任であるということから直ちに最高裁の結論が導かれるわけではない。しかも，現在の理論的到達点を基礎としたとき，過失と責任能力とは異質の概念であり，責任能力のない者についても過失の有無を判断することは可能であって，この過失判断に重過失判断を組み込むことも理論的に成り立つ[82]。

　それでは，過失と責任能力を異質の概念として捉えた場合には，ここでの

80　最判平成7年1月24日民集49巻1号25頁。責任無能力者の行為態様を客観的に考察し，この者の行為態様のなかに重過失に相当するものがあれば，失火責任法にいう失火者に重過失がある場合に該当するとした原判決を破棄した。

81　高林龍・最高裁判所判例解説民事篇平成7年度19頁における下級審裁判例を中心とした整理を参照。

82　幾代＝徳本190頁は，「責任無能力者でも，ある程度の知能を備えた者であれば，その年齢や知能程度に応じて，『過失的なもの』『重過失的なもの』を考えることは，それほどおかしいことではない」という。ここにおいて，上記最高裁判決が主観的過失概念を所与とし，かつ，責任能力のない者に過失なしとの立場を採用している点が，（このような枠組みの当否は別として）判決を内在的に理解するうえで大きな意味をもってくる。

問題はどのように捉えられることになるか。ひとつの考え方は，自己責任説を貫徹し，ここでの責任の主観的要件（過失）は監督義務者について判断されるという点を重視することで，上記(b)のように——したがって，結論的には上記最高裁判決と同様に——監督義務者について重過失判断をするというものである。しかし，失火責任法が，火をつけるという行為をした者の主観的態様に着目し，結果発生を意欲ないし認容した場合（故意）およびこれに準じる場合についてのみ不法行為責任の成立を認めるとの立場をとっている点に注目すれば，代位責任説からは当然のこと，714条1項本文に基づく監督義務者の責任を自己責任と捉え，かつ補充責任という位置づけを支持する場合であっても，なお，火をつける行為をした行為者自身，したがって責任無能力者についてこの主観的態様の悪性（故意またはこれに準じたものといえるか）を規準として損害賠償責任の成否を判断するのが適切である[83]。

第5節　責任能力者の行為と監督義務者の不法行為責任

第1項　問題の所在

　民法714条1項本文による監督義務者の責任は，これをどのように構成するにせよ，直接の加害行為をした者が行為時に責任無能力であったことを前提としている（補充的責任）。これに対して，直接の加害者が行為時に責任能力を有していた場合には，被害者は，714条によることができず，民法709条により，直接の加害者に対して不法行為責任を追及することになる。たとえば，17歳の高校生が毎晩バイクの暴走行為を繰り返し，そのうちに歩行者をはねて死亡させたという場合，加害者が責任能力を有していた者であるため，被害者は，714条を根拠として両親の損害賠償責任を追及することはできない。

　しかし，これでは，直接の加害者である責任能力者に十分な賠償能力がない場合に，被害者が損害の回復をはかれない状況が生じうる。このことは，責任能力者に法定の監督義務者がつけられている場合，すなわち責任能力ある未成年者の場合に，特に問題となる。

---

[83] この意味で，最高裁平成7年判決の原判決の手法を支持するものである。

第2項　監督義務違反を理由とする未成年者の
　　　　監督義務者の損害賠償責任

I　学説と判例の状況
　　──民法709条による処理（監督義務違反〔監督過失〕）

　責任能力ある未成年者の不法行為を理由とする監督義務者の損害賠償責任について，学説は，かつて，監督義務者が未成年者と並んで損害賠償責任を負うことを否定していた[84]。しかし，それでも比較的早い時期から，監督義務者の監督上の過失と損害発生との間に因果関係があれば，（この過失を被害者が立証することを前提として）民法709条により監督義務者の損害賠償責任を認め，これを責任能力者固有の民法709条による損害賠償責任と併存させる──両者は，不真正連帯債務の関係に立つ──という立場が登場し[85]，次第に通説として確立していった[86]。

　最高裁判決もまた，事件当時15歳11か月の中学3年生が強盗殺人をおかした事件において，被害者の遺族が行為者の両親に対し，親権者としての監督義務違反を理由として損害賠償請求をしたのに対し，「未成年者が責任能力を有する場合であっても監督義務者の義務違反と当該未成年者の不法行為によって生じた結果との間に相当因果関係を認めうるときは，監督義務者につき民法709条に基づく不法行為が成立するものと解するのが相当であって，民法714条の規定が右解釈の妨げとなるものではない」とし，通説と同様の立場をとることを表明した[87]。

　今日の学説において，責任能力ある未成年者の行為について監督義務者が監督義務違反を理由として損害賠償責任を負う場合があることを認める点に異をとなえるものはない。問題となっているのは，その法律構成である。

84　鳩山901頁。
85　松坂・責任無能力者を監督する者の責任147頁にはじまる。
86　加藤〔一〕162頁，幾代＝徳本193頁ほか。
87　最判昭和49年3月22日民集28巻2号347頁。15歳の中学3年生Yが小遣銭ほしさから，新聞代を集金していた中学生Aを殺して新聞代を強奪した事件である。Aの母親であるXが，Yおよびその両親P_1・P_2を被告として709条に基づいて損害賠償請求をし，Yの賠償責任は第1審で確定していた。

II　責任能力者の監督義務者の責任と民法709条

1　民法709条・714条の融合類型としての理解

　上記のように，判例は，監督義務者の監督義務違反の不法行為を民法709条の不法行為と捉え，同条に基づいて監督義務者に損害賠償責任を課す構成を採用している。これに対しては，以下の理由により，ここでの問題は，709条が固有の対象とするものではなく，しかし，714条が固有の対象とするものでもないとの見地から，責任能力者の監督義務者の監督義務違反を理由とする損害賠償責任を，民法709条と民法714条とが融合した新しい不法行為類型（709条と714条との合体した特殊な規範による責任類型）——監督義務違反（過失）と因果関係についての立証責任が被害者にある点では709条的だが，監督義務違反（過失）・因果関係の内容は714条的に捉えられる不法行為責任類型——として処理をする見解が，一方で有力に主張されている[88]。

　①〔過失の間接性〕　責任能力者の監督義務者の監督義務違反を理由とする損害賠償責任で問題となる過失は，709条の過失とは異なり，「権利侵害」に向けられたのではなく，「間接的過失」にすぎない[89]。

　②〔監督義務の内容の異質性〕　責任能力者の監督義務者の監督義務の違反は，709条の「過失」とは性質を異にし，損害ないし損害発生の危険を防止ないし回避する行為義務の違反ではなく，被監督者の生活全般にわたって監護し，危険をもたらさないような行動をするよう教育し，しつけをする義務の違反である。したがって，この監督義務は，714条1項ただし書にいう監督義務と同じである[90]。

　③〔因果関係の異質性〕　ここで問題となる因果関係も，加害行為と損害との間の因果関係を意味するものではなく，「監督義務の程度とその及ぶ範囲（義務射程）」を示すものであり，この点でも，709条の場合と異なる[91]。

---

[88]　四宮672頁，平井216頁，吉村181頁。なお，澤井274頁。
[89]　四宮672頁。なお，内田378頁の指摘も，この方向にある。
[90]　平井215頁。
[91]　平井215頁。

2 民法714条の類推による処理構成

　少数説であるが，ここで問題とされているのが民法709条の過失ではなく，714条1項ただし書にいう監護義務違反と同レベルの過失であることから，709条に依拠しながら714条の監督者責任を責任能力者の場面に拡張したものであると捉え，本人の責任能力が認められると監督者の責任がなくなる不合理は714条の準用ないし類推適用によって処理すべきである——ただし，義務違反の立証責任は被害者にある——との構成も示されることもある[92]。

3 民法709条による処理構成

　今日の学説は，責任能力ある未成年者の行為についての監督義務者の監督義務違反を理由とする損害賠償責任を，以下の理由で，民法709条のみによって根拠づけるのが適切であるとする[93]。本書もこの立場を支持するものである。

　第1に，民法709条の「過失」の内容をなす注意義務の対象としての行為は，権利・法益侵害を直接に惹起する行為に限られず，間接的・派生的に権利・法益侵害を惹起する行為も含むものである（組織過失などを想起せよ）。権利・法益侵害を直接に惹起する行為ではないとの理由で「過失」要件からはずす理由はない。あとは，監督義務者が負う監督義務がどのような内容のものであるかを確認すれば足りる。

　第2に，因果関係の点も，709条構成を批判する際にもちだされる責任能力者の行為の介在という点は何も監督義務者の監督義務違反の場合に特有のものではなく，およそ不法行為全般において問題となることであり，これをもって709条のみによる処理の不当性が説かれるいわれはない。

　第3に，融合類型を強調する立場が民法714条1項ただし書にいう監督義務者の義務を広く「包括的な監護義務」と捉え，かつ，このような義務の違反をここでの責任要件としての過失とすべきだとの主張を含むとき，そこには，709条の過失の内容の過度の拡張と異質な要素のもちこみが認められ，体系的な整合性を欠く。

---

[92] 寺田正春「監督義務者の責任について」法律時報48巻12号68頁（1976年），同「監督義務者責任」法律時報50巻6号49頁（1978年），平野189頁。

[93] 前田達明「未成年者と監督義務者の責任」民法判例百選II〔第5版補正版〕171頁（2005年），近江216頁も同旨。

以上のように考えれば，監督義務者の監督義務違反を理由とする損害賠償責任については，親権者・後見人等としての監督義務の違反をもって民法709条の過失不法行為（結果回避義務違反）と捉え，処理をするのが適切である。

もっとも，民法709条により責任能力者の監督義務者の責任を認める場合でも，なお，次のⅢに述べる点については留意しておく必要がある。

Ⅲ　責任能力者の監督義務者の責任の限界

1　監督義務者の監督義務の限界

未成年者の年齢が上がり，成熟度が増加し，社会生活における監督義務者からの独立度が高まるにつれ，監督義務者による監護の内容・程度も逓減していくのであるから，年齢の高い未成年者の行為について，監督義務違反が認められたり，監督義務違反と権利・法益侵害との間の相当因果関係（ないし規範の保護目的内であるとの評価）が認められたりする可能性は，それに応じて低くなっていく[94]。

最近，最高裁は，暴行，恐喝，傷害，窃盗，強盗致傷等の非行歴を有し，保護観察や少年院送致の処分を繰り返し受けていた20歳間近の19歳の少年ら（A・B・C）が，少年院を仮退院して保護観察に付され，一般遵守事項に加えて特別遵守事項が定められていたにもかかわらず，これらを守らないで遊び歩いていたり，暴力団事務所に出入りするなどしていたうちに，テレホンクラブを利用して呼び出した男性に暴行を加え，金銭を強取したという事件について，「Aらは，いずれも19歳を超えてから少年院を仮退院し，以後本件事件に至るまで特段の非行事実は見られず，AとBは，本件事件の約1週間前まで新宿のクラブで働き，本件事件当時は被上告人Y₃宅に居住していたというのであり，Cは，本件事件当時，Fの父親の家に居住し，漁業の手伝いをしていたというのであるから，被上告人〔Aらの親権者〕らにおいて，本件事件当時，Aらが本件事件のような犯罪を犯すことを予測し得る

---

[94] 小野義美「親の監護教育義務と未成年の子の加害行為」有地亨編『現代家族法の諸問題』（弘文堂，1990年）330頁。窪田182頁は，中学生・高校生レベルでは，監督義務が抽象的に捉えられることにより，「実質的な中間責任」として機能している点が指摘されている。

事情があったということはできない（Cが暴力団事務所に出入りするようになっていたことを被上告人Y₅が知らなかったことは前記のとおりである。）し，Aらの生活状態自体が直ちに再入院手続等を執るべき状態にあったということもできない」とし，当時未成年であったAらの親権者には，①親権者らのもとで生活すること，②友達を選ぶこと，③定職に就いて辛抱づよく働くことなどの保護観察の遵守事項をAらに守らせ，また，これらが守られない場合には，Aらを少年院に再入院させるための手続等を執るべき監督義務があったにもかかわらず，これらを怠ってAらを放任した過失があったとする被害者の主張を斥けている[95]。

しかも，この判決は，民法709条により責任能力者の監督義務者が責任を負う場合の行為義務（監督義務）を，民法714条1項ただし書のもとで判例・学説が展開してきた「包括的監護義務」とは異質な観点から把握しており，この問題に関して，最高裁が709条と714条の融合類型として責任能力者の監督義務者の責任をとる立場を必ずしも支持しなかったという意味においても，重要である[96]。そもそも，親権者ほかが負う包括的監護義務は被監護者や国家に対する義務であって，ここから第三者に対する行為義務（その違反が709条の意味での「過失」となる）を直ちに帰結することはできない[97]。

2 監督義務を負う者

上記のように「監督義務違反」をもって民法709条の過失と捉えるのであれば，「監督義務違反」を理由として同条所定の損害賠償責任を問われる者は，何も法定の監督義務者の場合に限られない。

法定の監督義務がなくても，直接行為者の監護・監視面で必要な注意を尽くさなかった者について，709条の一般的な判断プロセスを経て過失を認定し，この者の責任を問うことは——この場合の過失を「監督義務違反」というかどうかは別として——否定されるものではない（それゆえ，以下では，監督者という表現を用いることにする）。逆に，法定の監督義務者であっても，

---

[95] 最判平成18年2月24日判時1927号63頁。
[96] 前田陽一『不法行為』（弘文堂，2007年）129頁。ニュアンスはあるものの，久保野恵美子「未成年者と監督義務者の責任」民法判例百選II〔第6版〕167頁（2009年）も，同様の理解をしている。
[97] 大村敦志『もうひとつの基本民法II』（有斐閣，2007年）47頁。

直接行為者に対する監護・監視が期待できない場面では，この種の監督義務を負わないこともある。いずれにせよ，「間接的な過失」[98]をおかした者についても709条に基づく責任を排除しないということが認められている今日，責任能力ある未成年者の監督者についての709条に基づく損害賠償責任を特別に語ることの中心的な意義は，かつてと違って失われている。

IV　主張・立証責任

責任能力者である未成年者の監督義務者に対し，被害者側が民法709条に基づき損害賠償請求する場合に，被害者側が主張・立証すべき要件は，次のようになる。以下では，被害者をX，責任能力者をA，監督者をYと表記する。
 ①　Xの権利・法益が侵害されたこと
 ②　Yに故意または過失（監督上の過失〔監督義務違反〕）があったこと（包括的監護義務違反では足りない）
 ③　Xの権利・法益侵害とYの故意・過失行為との間に因果関係があること
 ④　Xの損害
 ⑤　Xの権利・法益侵害とXの損害との間に因果関係があること[99]

第3項　監督義務違反を理由とする精神障害者等の監督義務者の損害賠償責任

精神障害者等に責任能力があったときも，この者を監督すべき者が存在していれば，未成年者による権利・法益侵害行為の場面で認められたのと同様に，民法709条に基づく監督者への責任追及が可能である[100]。

もっとも，ここでは，監督義務違反（監督上の過失）および因果関係について，特別の考慮が必要である。

98　この表現は，前田・前掲批評171頁による。
99　ただし，著者の立場からは，④に吸収される。
100　精神障害者の保護者につき，飯塚和之「精神障害者の加害行為に対する監督義務者の責任に関する一考察——監督義務者概念を中心に——」小林三衛先生退官記念論文集刊行委員会編『現代財産権論の課題』（敬文堂，1988年）164頁，同「保護義務者の監督義務」法と精神医療4号22頁（1990年），辻・精神障害者による殺傷事故および自殺と損害賠償責任(5)15頁。

第2章

被害者による権利の処分

第1節　危険の自己招致（自己の危険に基づく行為）

I　危険の自己招致（自己の危険に基づく行為）の意義

　危険を知る可能性があるためにその危険からみずからを守ることが期待される人との関係では，危険を作り出した人は，一定の例外的場面において当該危険についての注意義務を免れる。これが「危険の自己招致」または「自己の危険に基づく行為」といわれる理論である。とりわけ，ドイツにおいて発展させられた理論が，わが国においても一部学説により紹介されている[1]。ドイツでは，スポーツその他危険な催し物への関与（見物人としての関与を含む），他人の危険な土地への立入り，乗客としての運送手段への同乗の場合に，この理論が好んで用いられることがある。

　わが国で，危険の自己招致（自己の危険に基づく行為）が最上級審レベルで問題となったものとしては，次のような場合がある。

　① スキーヤーのスキー場での事故に関する裁判例がある。この事件では，一人の被害者——指導員の資格をもつベテランのスキーヤーである——が，同一のスキー場で，2つの事故に遭っている。このうち，第1事故は，積雪が減少したためにスキー場の閉鎖が決定された日から10日以上を経た日におきている。この日は，スキー場の一部に芝生がみえ，ハイカーが来ている

---

[1]　前田達明「Hans Stoll 著『自己危険に基づく行為』」同『判例不法行為法』（青林書院，1978年）231頁，澤井161頁。なお，アメリカ法については，執行秀幸「アメリカにおける危険の引受けの法理の行方」国士舘法学11号85頁（1979年），樋口範雄『アメリカ不法行為法』（弘文堂，2009年）214頁。

ような暖かい日であったが，被害者は，スキー場の閉鎖を掲示してあるロープウェー待合室の掲示板を見過ごしたうえ，リフトを降りてから事故現場付近に至るまでのより安全な地形の場所にあるコースのすべてに閉鎖の表示がされているのを知りながら，スキー場経営者が年間を通じてほとんど滑降を禁止しているような急傾斜地において，前方にクレバスがみえているにもかかわらずその付近に向かって滑降し，このクレバスに転落したというものである。被害者は民法709条に基づきスキー場経営者に対して損害賠償を請求した。しかし，判決は，シーズン末期のスキー場閉鎖の前後においては，積雪量の減少による危険物の露出，気象の変動に伴う刻々の雪質の変化およびこれによる積雪の崩落などが予想され，このような時期にクレバス付近をスキーで滑降すれば積雪が崩落してクレバスに転落するおそれがあることは，クレバス付近にコース閉鎖等の表示がなくても，スキーヤーにおいて当然に予知し得るところであるというべきであるから，第1事故は，スキー場閉鎖の掲示を見過ごしたうえ，上記のような時期・場所において前方にクレバスがあるのがみえているのに，あえてクレバス付近を滑降した被害者自身の過失に起因して発生したものというべきであって，スキー場経営者の管理の過失によるものということはできないとした。

また，第1事故から1年後に起きた第2事故では，被害者は，危険が予知されるシーズン末期に前年同時期に第1事故を惹起して当該スキー場のこの時期の危険性を熟知しているはずであるにもかかわらず，事故現場上方でいったん停止して前方を確認した際，前方が約25度の急傾斜地で，しかも死角になって安全を確認できない場所があるのに，安全を確認しないままその場所に向かって飛び出して転落し，負傷したというものである。事故現場付近にはクレバスが発見されたため赤旗が立てられていたのであるが，この旗は何者かによって抜き去られていた。判決は，第2事故についても，被害者自身の過失によるものというべきであるとした[2]。

② 国家賠償法2条に基づく営造物責任に関して，この問題は，一連の公害裁判例，とりわけ空港騒音事例で，危険への接近という観点から論じられている。そのリーディング・ケースとされる大阪空港公害訴訟では，最高裁は，たとえ公害問題を利用するような意図を有していなくても，「危険の存

---

2 最判平成2年11月8日判時1375号65頁。

在を認識しながらあえてそれによる被害を容認していたようなときは，事情のいかんにより加害者の免責を認めるべき場合がないとはいえない」との一般論を示した[3]。その他，営造物責任や民法717条による工作物責任（の場合にも同様）では，工作物の設置・保存の瑕疵の存否判断に関して，被害者の異常な行動の結果として生じた危険について，工作物が通常備えるべき安全性を考慮する際に，工作物の安全性によって防止される危険であるとはみないとする裁判例が確立している（後述）。

II　危険の自己招致（自己の危険に基づく行為）の体系的位置

　当該状況から生じる危険をどのように割り当てるかということは，民法709条の場合には過失における行為義務の存否および内容に関する判断，民法717条や国家賠償法2条の場合には工作物や営造物の瑕疵の存否および内容に関する判断において考慮されているか，または，規範の保護目的（義務射程）を確定する際に考慮されるものである。それゆえ，危険の自己招致（自己の危険に基づく行為）については，この事由を行為者の過失，物の瑕疵および規範の保護目的を判断する際に考慮されれば足り，独立の責任阻却事由としてあげる必要はない。

　また，そもそも，過失，瑕疵および規範の保護目的を判断するにあたり，危険への接近が考慮されるとしても，単に侵害行為を知っているというだけでは足りないし，侵害結果を甘受する意思を有しているというだけでも足りない。侵害行為を利用して損害賠償を請求する目的で危険へと接近したとか，侵害行為の結果として危険が現実化してもそれを容認する意図で危険へと接近することが必要である。そうでない場合には，自己危険回避義務の問題として過失相殺での処理が予定されているのであり，それによれば足りる。

---

[3] 最大判昭和56年12月16日民集35巻10号1369頁。

第2節　被害者の承諾

第1項　責任阻却事由としての被害者の承諾

　権利・法益侵害がおこなわれたとしても，侵害対象である権利の主体がこれに承諾を与えていた場合には，権利・法益の処分権限がこの権利主体に存する点にかんがみ，行為者は，承諾がされた範囲において不法行為責任を追及されることはない。被害者は，処分権限を有する事項についてのみ，承諾をすることができる。もっとも，処分権限を有する事項についてであっても，公序良俗に反する承諾は，責任を阻却するのに十分でない。

第2項　自己決定権の行使としての同意──「自己決定権」
侵害という観点からみた被害者の同意・承諾

I　問題の所在──責任阻却事由（違法性阻却事由）としての承諾から，自己決定権行使としての承諾へ

　これまで，被害者の承諾は，責任阻却事由（ないし違法性阻却事由）として捉えられてきた。しかし，被害者の承諾の問題は，最近では，むしろ，権利・法益侵害に対する承諾という観点とは別に，被害者の自己決定権の行使という観点から捉えられ，被害者の同意を取りつけずに行為をしたことが自己決定権侵害の不法行為として評価されるという点で，新たな意味を盛られるようになっている。

　この観点からの議論は，特に，医療事故が問題となる局面でクローズアップされている。ここでは，とりわけ，患者に対して医師がおこなった医療行為自体について──医療水準に照らした措置がされたために──過失がなかった場合や，医師の医療行為自体に過失があったものの，たとえば患者が末期症状であったり，救命される見込みがなかったりしたために，医師の過失行為と生命・健康等の権利・法益侵害との間に因果関係を認めることができない場合に，それでもなお，医師が患者の同意をとりつけることなく医療行為をした点を捉えて，自己決定権侵害の不法行為を認める余地があるからである[4]。

II 医療における患者の自己決定権と医師の説明義務

1 患者の自己決定権

　医療における患者の自己決定権は，自己の生命，身体および健康につき管理・処分することのできるのは患者のみであるとの考え方に立脚している。この患者の自己決定権は，患者の人格権から派生するものである。

　患者の承諾のない医療行為は，たとえ医療水準を充たした適切な医療行為であったとしても，患者の自己決定権を侵害するという点では，不法行為と評価される[5]。これに対して，患者の承諾のある医療行為は，患者の自己決定権を侵害したものとはならない（あとは，医療行為そのものについての過失評価——医療水準に適った行為をしたかどうか——が残る）。

　このように，患者の承諾は，自己決定権という患者の権利を侵害したか否かについて決定的な意義を有する。

2 医師の説明義務

　患者の承諾が有効にされるためには，何について承諾をするのかということを患者が認識していなければならない。この点に関する認識を患者が有しない場合には，医師による説明が必要とされる（インフォームド・コンセント informed consent）。これからおこなわれようとする医療行為について医師から合理的な説明がされなかったときには，医師の説明義務違反による患者の自己決定権侵害という不法行為の成立が認められる[6]。

　なお，組織的医療（チーム医療）では，チームの総責任者と主治医が異なる場合に，誰がどのような形で患者に対して責任を負うのかということが問題となる。この点に関する判例法理は，次のようなものである。

　① 　チーム医療の総責任者は，条理上，患者やその家族に対し，手術の必要性，内容，危険性等についての説明が十分におこなわれるよう配慮すべき

　4　この問題については，小池泰「説明と同意——医師の責任の合理的範囲をめぐって(1)(2)完」法学論叢141巻1号69頁，3号89頁（1997年～1998年）。

　5　もっとも，患者の承諾なしにおこなわれた医師の行為を事務管理（民法697条以下）として正当化できる余地はある。救急病院に搬送された重篤な患者に対し緊急手術がされたような場合などが，その例である。これについては，事務管理法にゆずる。

義務を負う。

②　主治医がその説明をするのに十分な知識・経験を有している場合には，チーム医療の総責任者は，主治医に説明をゆだね，みずからは必要に応じて主治医を指導・監督するにとどめることも許される。

③　主治医の説明が十分なものであれば，チーム医療の総責任者はみずから説明しなかったことを理由に説明義務違反の不法行為責任を問われない。

④　主治医の説明が不十分なものであったとしても，当該主治医が説明をするのに十分な知識・経験を有し，チーム医療の総責任者が必要に応じて当該主治医を指導・監督していた場合には，チーム医療の総責任者は説明義務違反の責任を負わない[7]。

このうち，④は，総責任者の説明義務違反の問題として捉えられているが，組織過失（組織編成義務）の1態様としての行為義務としての性質を（も）有するものであるし，角度を変えれば，総責任者の説明義務という枠組みを

---

[6]　もっとも，このことについては，次の2点留保が必要である。ひとつは，医師の説明義務は患者が自己決定するための前提（患者からの承諾を得るための前提）を整備することに尽きるのかという点である。投資取引における説明義務・情報提供義務におけるのと同様，医療における説明義務についても，パターナリスティクな観点からの義務内容の充実（「助言義務」に相当するもの）を議論すべき時期に来ているのではないか──しかも，生命・身体・健康という法益に関係するものである点からは，取引的不法行為以上に，こうした考慮が要請されるのではないか──と思われる。もうひとつは，自己決定権を保護するために医師側に課される義務が説明・情報提供・助言に尽きるのかという点である。説明・情報提供・助言という自己決定権行使としての承諾を得るための直接の行為のみならず，それに先行する説明・情報提供・助言システムの構築についても，医師側の行為義務を検討するべきであるように思われる（いわゆる組織過失の問題である）。吉田邦彦「医療における『自己決定』論の再考」同『契約法・医事法の関係的展開』（有斐閣，2003年）277頁の指摘にも通じるところがある。

[7]　最判平成20年4月24日民集62巻5号1178頁。なお，この判決は，主治医の説明が不十分であり，かつ，主治医が説明をするのに十分な知識・経験を有していなかった場合については直接に言及するものでないが，判示内容からは，この場合には総責任者が説明義務違反の責任を負うことが想定されているものと思われる。この点に関しては，刑事事件ながら，北大電気メス事件と称される札幌高判昭和51年3月18日判時820号36頁と，大学附属病院の耳鼻咽喉科に所属し，患者の主治医の立場にある医師が，抗がん剤の投与計画の立案を誤り，抗がん剤を過剰投与するなどして患者を死亡させた医療事故について，同科の科長に業務上過失致死罪が成立するとした最判平成17年11月15日刑集59巻9号1558頁も参照せよ。

超えて，総責任者としてのシステム構築（職務分担・人的配置）と監視・監督に関する義務の問題としても展開しうるものである[8]。

3 説明義務の内容

医師が説明義務を尽くしたといえるためには，当該疾患の診断（病名と病状），実施予定の手術の内容，手術に付随する危険性，他に選択可能な治療方法があれば，その内容と利害得失，予後などについて，合理的患者に理解可能なように説明をしなければならない[9]。ここには，患者側に誤解があれば是正する義務も含むというべきである。

このうち，「他に選択可能な治療方法」については，当該方法が「医療水準」として確立しているもののみを説明すればよいのか，それとも，「医療水準」としての確立の有無を問わず医師が認識することのできた治療方法も説明しなければならないのかという問題がある。かつて，最高裁は，説明義務の対象は医療水準として確立した行為であることを要する旨の判示をしていた[10]。

ところが，その後，最高裁は，「一般的にいうならば，実施予定の療法（術式）は医療水準として確立したものであるが，他の療法（術式）が医療水準として未確立のものである場合には，医師は後者について常に説明義務を負うと解することはできない」としつつも，「未確立の療法（術式）ではあっても，医師が説明義務を負うと解される場合があることも否定できない」とする判断を示した。「少なくとも，当該療法（術式）が少なからぬ医療機関において実施されており，相当数の実施例があり，これを実施した医師の間で積極的な評価もされているものについては，患者が当該療法（術式）の適応である可能性があり，かつ，患者が当該療法（術式）の自己への適応の有無，実施可能性について強い関心を有していることを医師が知った場合などにおいては，たとえ医師自身が当該療法（術式）について消極的な評価を

---

[8] 組織過失については，第2部第4章第3節第12項Ⅱを参照せよ。

[9] 最判平成13年11月27日民集55巻6号1154頁（乳房温存療法事件。債務不履行構成によるものである）。がん患者に対する告知義務については，最判平成7年4月25日民集49巻4号1163頁，最判平成14年9月24日判時1803号28頁。

[10] 最判昭和61年5月30日判時1196号107頁（日赤坂出病院事件。未熟児網膜症につき，眼底検査結果の告知・説明義務は光凝固法の医療水準としての確立を前提とするとした）。

しており，自らはそれを実施する意思を有していないときであっても，なお，患者に対して，医師の知っている範囲で，当該療法（術式）の内容，適応可能性やそれを受けた場合の利害得失，当該療法（術式）を実施している医療機関の名称や所在などを説明すべき義務があるというべきである」と述べたのである[11]。

この判決は，新規の治療法一般について説明義務を認めたものではない。「当該療法（術式）が少なからぬ医療機関において実施されており，相当数の実施例があり，これを実施した医師の間で積極的な評価もされているもの」に限って，説明義務を認めたものである。また，この判決は「当該療法（術式）が少なからぬ医療機関において実施されており，相当数の実施例があり，これを実施した医師の間で積極的な評価もされているもの」を「医療水準」といいかえていないことから，仮にこのような治療法が医療水準となっていないと評価される場合にも説明義務を導きうることを認めたものである[12]。この限りで，説明義務の成否を分けるための唯一の規準を医療水準に求める立場に対して，修正が加えられている。こうした判断は，説明義務の対象を医療水準に即した医療行為についての説明という観点から捉えず，医療行為を受ける患者の自己決定権を中核にすえ，患者が自己決定をするうえで提供されるべき情報としてふさわしいものは何かという観点から説明義務の対象を捉えたことによるものと目される[13]。

---

[11] 前掲最判平成13年11月27日。乳がんの手術にあたって，その当時医療水準として確立していなかった乳房温存療法について，医師の知る範囲で説明すべき義務があったとした。

[12] 未熟児網膜症に関する最判平成7年6月9日民集49巻6号1499頁（日赤姫路病院事件）は，新規の治療法について，「新規の治療法に関する知見が当該医療機関と類似の特性を備えた医療機関に相当程度普及しており，当該医療機関において右知見を有することを期待することが相当と認められる場合には，特段の事情が存しない限り，右知見は右医療機関にとっての医療水準であるというべきである」としている。この最高裁平成7年判決と最高裁平成13年判決を対比させたとき，前者では診療過誤が主要な論点を形成したのに対して，後者では説明義務が主要な論点を形成したという点で異なることに加え，前者では，既に問題となった新規治療法が当該医療機関にとっての医療水準となっている点を明示した——したがって，説明義務レベルでも最高裁昭和61年判決の枠内で対処できた——ところが注目される。

4　説明義務の人的規準

説明義務を誰に求めるのかについては，次のような考え方があるとされている[14]。このような議論にどれほどの意味があるのか疑問ではあるが，以下の諸説のなかで選択を求められるとするのならば，特定当事者間で問題となり，しかも患者の生命・身体・健康という，重要であり，かつ，個々人ごとに千差万別の内容を有する法益に関する自己決定権保護のための説明義務である点を考慮したとき，説明を受ける相手方である具体的患者を規準とする③説が適切である。

①　合理的医師説　　医師の間での一般的慣行を踏まえ，通常の医師が説明する情報を説明しているかどうかを規準とする立場である。

②　合理的患者説　　当該患者の置かれた状況を前提として，合理的な患者であれば重要視する情報を説明しているかどうかを規準とする立場である。

③　具体的患者説　　当該患者が重要視する情報を説明しているかどうかを規準とする立場である。

④　二重基準説　　具体的患者が重要視し，かつ，そのことを合理的医師ならば認識できたであろう情報を医師が説明しているかどうかを規準とする立場である。

5　患者の承諾能力

患者の承諾は，医療行為を受けることについての自己決定としておこなわれるものである以上，診療行為の意味とその承諾をすることの意味を理解したうえでされるものでなければならない。その意味で，この承諾には，法律

13　もっとも，この判決は，本文で引用したように，「一般的にいうならば，実施予定の療法（術式）は医療水準として確立したものであるが，他の療法（術式）が医療水準として未確立のものである場合には，医師は後者について常に説明義務を負うと解することはできない」と述べている。ここから，この判決の射程が，既に医療水準として確立した治療法が存在する場合における新規治療法の説明義務について述べただけなのか否かが問われることになる。この点に関しては，新規治療法が説明義務の対象となるための要件として医療水準として確立した治療法が存在していることがあげられていない点にかんがみれば，このような限定を付す必要はないものと思われる。同旨，中村哲『医療訴訟の実務的課題』（判例タイムズ社，2001年）109頁。

14　新美育文「医師の説明義務と患者の同意」加藤一郎＝米倉明編『民法の争点Ⅱ』230頁（1985年），中村・前掲96頁，加藤良夫編著『実務医事法講義』（民事法研究会，2005年）17頁〔金川琢雄〕。

行為でいうところの意思表示ではないものの，（これを医療行為における意思能力と呼ぶかどうかは別として）自己決定のために必要とされる能力として，一定の理解能力（承諾能力）を必要とする。この意味での承諾能力を有しない場合には，患者本人以外の第三者による承諾が問題となる。

　このことがとりわけ問題となるのは，患者が年少者である場合，精神的な障害がある場合，認知症が進行している場合，高齢で説明の意味を理解できない状態にある場合などである。たとえば，妊娠中絶ほか軽微でない手術，手術に際しての輸血，患者を入院させての治療といった措置に際して，本人に承諾能力があれば本人に対して説明し，同意を得なければならないから，承諾能力の問題は重要である。

　生命・身体・健康に対する侵襲についての承諾能力という意味での理解能力としては，財産よりも重大な法益である生命・身体・健康に関する自己決定が問題となることから，遺言能力（15歳。民法961条）程度では足りない。2009年（平成21年）の臓器移植法の改正前には，臓器提供意思を確認できる年齢とされていた15歳が参考にされることもあったが，そこで問われていたのは「脳死」という状況が前提となったうえでの死後の身体についての自己決定に関する能力であり，これを診療行為すべてに一般化して妥当させることにも無理がある。他方で，目下の成年年齢とされている20歳を規準とするのも，未成年者の行為能力が主として財産管理に関する場面を想定しているゆえに，ここでの問題に妥当させるには実態に合わない。承諾能力は，基本的には承諾の対象となる医療行為の内容・性質との関係で相対的に決まるものと考えられるが，児童福祉法4条や児童虐待の防止等に関する法律2条にいう「児童」の定義（18歳未満の者）に対応し，かつ，現在のわが国の生活実態・社会状況も考慮して考えると，実際にも保護者の生活圏を離れて自活する比率が高まる18歳程度の理解能力が，一応の目安となろう[15]。

---

15 「宗教的輸血拒否に関する合同委員会」による2008年2月28日付の「宗教的輸血拒否に関するガイドライン」では，18歳と15歳の2段階の区分を基礎としている（「医療に関する判断能力」については，15歳規準を基礎としている）。他方，本文で示したものよりも承諾能力を厳格に解する立場から，近江幸治『民法講義Ⅴ　契約法（第3版）』（成文堂，2006年）334頁は，わが国で未成年者に親権者制度が採用されている以上，医療契約においてもその保護思想を取り入れるべきであること（ただし，通常の医療においては，親権者の承諾を推定してよいとする），この問題を捉えるにあたっては親権者の監護義務，後見人の療養看護義務を重視すべきことを説く。

6 患者に承諾能力がない場合——説明の相手方
6-1 監護権行使構成

　患者が承諾能力を欠く場合（年少者に限ったわけではない。高齢者についても考えうることである）において，患者以外の者が説明の相手方となるとき，この者がどのような資格で承諾をするのかという点について議論がある。

　大別すると，他人が患者本人を代理して承諾の意思を表明するものと捉える立場（代理構成）[16]，承諾能力を欠く者を保護するための保護者による監護権の行使であるとする立場（監護権行使構成）[17]，監護権行使構成を基礎としつつ，不十分ながら一定の年齢ないし知的能力を有している患者については共同承諾を認めるべきであるという立場（監護権＋共同承諾）[18]が主張されている。

　承諾能力を上記のように医療行為の内容・性質との関係で相対的に決まるものと解したうえで，具体的な生活関係のなかで当該患者を監護すべき地位にある者に対して説明をし，承諾を得ることにより，医師としては説明義務を尽くしたものとして，この限りで説明義務については免責されるべきである。

　問題は，どのような者が承諾能力のない患者を監護すべき地位にあるといえるかである。承諾能力のない未成年者については，親権者・未成年後見人がこの地位にある（民法820条・857条）。他方，承諾能力のない成年被後見人の場合に成年後見人に監護すべき地位を認めるべきかどうかについては，議論の余地がある。1999年（平成11年）の成年後見制度改正の際には，成年後見が問題となる局面での治療行為等に対する決定権限・同意権限について規定を置くことが，決定・同意権者，決定・同意の根拠，その限界等について社会一般の共通認識が得られているとは到底いいがたいとの理由から，見送りとなった。この問題に関しては，成年被後見人の承諾能力を考慮せず

　16　廣瀬美佳「医療における代諾に関する諸問題(1)(2)」早稲田大学法研論集60号245頁，61号177頁（1991年〜1992年）。
　17　近江・前掲書334頁。
　18　寺沢知子「未成年者への医療行為と承諾——『代諾』構成の再検討(1)〜(3)」民商法雑誌106巻5号655頁，6号799頁，107巻1号56頁（1992年）。もっとも，同「『承諾能力』のない人への治療行為の決定と承諾——未成年者と高齢者を中心に」國井和郎先生還暦記念論文集『民法学の軌跡と展望』（日本評論社，2002年）113頁で立場を一部修正している。

に，およそ一般に，成年後見人の身上配慮義務（民法858条）から直ちに成年被後見人への医療への同意権限を導くのは適切でない。しかしながら，他方で，成年被後見人の承諾能力がない場合に，身上配慮の義務と権限を有する成年後見人に対して医師が説明をしたにもかかわらず，事務管理の要件を満たさなければ医師が免責されないというのも，成年後見制度の趣旨に反する結果をもたらすおそれがある。本人に疾病・負傷の状態および診療行為の意味等（すなわち，前述した説明義務の範疇に属する内容）について理解する能力がないことを，医師が専門家としての合理的な注意を用いて確認したうえで，成年後見人に対しておこなった説明は，原則として有効——したがって，医師は説明義務違反の過失による成年被後見人の自己決定権侵害を理由とする損害賠償責任を問われない——とすべきである[19]。もとより，この場合において，上記の説明を受けた成年後見人が医師に対して診療行為についての同意をしたところ，これが民法858条にいう「成年被後見人の意思」に反するものであったときには，民法858条に対する違反および民法869条の準用する民法644条に対する違反（事務処理に関する善良な管理者の注意義務に対する違反）を理由とする成年後見人の成年被後見人に対する損害賠償責任が問題となることはある。しかし，このときも，成年後見人による同意表明に至る具体的状況下で成年後見人の権限行使が成年被後見人の意思ないし利益に反することが明白であるという特段の事情が存在するというのでなければ，説明義務違反の過失による成年被後見人の自己決定権侵害を理由とする医師の損害賠償責任は生じないものというべきである。

6-2 本人の意思・利益と監護すべき者の決定が乖離する場合の処理

本人を監護すべき地位にある者が説明を受けた際に患者の意思や利益に反

---

[19] 法務省民事局内に設置された成年後見問題研究会による『成年後見問題研究会報告書』（1997年）は，「医療行為等についての決定権・同意権について規定を置くことは，時期尚早のそしりを免れない」と述べている（報告書48頁）。最後の点に関して，田山輝明「法定後見制度」判タ961号15頁（1998年）は，「後見人が選任されている場合において，極めて重大なリスクを伴うような手術等の場合に，間に合うのであれば裁判所の許可を得ることとする程度の規制が，なぜ時期尚早なのか理解できない」という。現行法下の解釈論として，民法858条により成年後見人の同意権限を認めるべきとするのは，四宮和夫＝能見善久『民法総則（第7版）』（弘文堂，2005年）36頁。その他の学説も含め，詳細は，新井誠編『成年後見と医療行為』（日本評論社，2007年）。

する決定をしたときには，医師としてどのような行動を起こせば，過失の責任を免れるか。この場合には，(i)医師が説明をした医療行為をしなかったからといって，診療上の過失を問われることはない。また，(ii)事務管理または緊急事務管理の要件を充たした場合に免責が認められることにも異論はないであろう。問題は，(ii)の要件を充たさない状況下で，医師が，説明を受けた者の決定した内容に反し，しかしながら医療水準に適合した行為をした場合に，損害賠償責任を問われるかである（あくまでも患者本人に承諾能力がない場合が前提である）。以下では，年少者の場合を例にとって考えることとする。承諾能力のない年少者をA（意思能力がない場合もあれば，意思能力はあるものの，上記意味での承諾能力がない場合もある），この者に代わり説明を受ける保護者（親権者を例にとる）をBと表記する。

　この場合において，Bによる意思決定の基礎とされた権利・利益（たとえば，〔BまたはAの〕宗教的権利）が当該医療行為により保護されようとしている権利・利益（生命・身体・健康）と比べて権利・法益面での価値として低いときには，Bによる意思決定は，親権の適切な行使ということはできない。この種の場面で，児童相談所長によるBの親権の喪失を宣告させる審判（家事審判法9条1項甲類12号。親権の喪失については，民法834条）の申立てを受けて（児童福祉法33条の7参照），家庭裁判所が親権者の職務停止および職務代行者選任の保全処分（家事審判法15条の3，家事審判規則74条1項[20]参照）をし，職務代行者の同意を得て医師が診療行為をしたという例がある[21]。

20　家事審判規則74条1項「親権又は管理権の喪失の宣告の申立てがあった場合において，子の利益のため必要があるときは，家庭裁判所は，当該申立てをした者の申立てにより，親権又は管理権の喪失の宣告の申立てについての審判の効力が生ずるまでの間，本人の職務の執行を停止し，又はその職務代行者を選任することができる。」

21　大阪家岸和田支審平成17年2月15日家裁月報59巻4号135頁（この審判に関しては，神谷遊・判タ1249号58頁，田中通裕・民商法雑誌138巻1号107頁の評釈がある），名古屋家審平成18年7月25日家裁月報59巻4号127頁。なお，この方法は，前記「宗教的輸血拒否に関するガイドライン」が，当事者が15歳未満，または医療に関する判断能力がない場合で，親権者双方が輸血を拒否する場合の処理として，次のように記していることの背景にもなっている。

　「医療側は，親権者の理解を得られるように努力し，なるべく無輸血治療を行うが，最終的に輸血が必要になれば，輸血を行う。親権者の同意が全く得られず，むしろ治療行為が阻害されるような状況においては，児童相談所に虐待通告し，児童相談所で一時保護の上，児童相談所から親権喪失を申し立て，あわせて親権者の職務停止の処分を受け，親権代行者の同意により輸血を行う。」

6-3　患者に監護権者がいない場合

　承諾能力のない患者に上記意味での監護権者がいない場合（たとえば，認知症の症状が進行しているにもかかわらず，成年後見に付されていない高齢者や，重度の精神障害の症状がみられるにもかかわらず，成年後見に付されていない者が患者である場合），医師としては，事務管理・緊急事務管理の要件を満たすのであれば患者本人の意思を推及しつつ合理的な注意を尽くして当該診療行為を実施すればよいが，そうでないときには，患者のために監護権を行使する者を患者側で選任する時間的余裕があるのであれば，監護権者（成年後見人）の選任を待ち，選任された成年後見人に対して説明をするか，または承諾能力のある患者について後述7②で示すのと同様の事情が認められることを条件として——承諾能力のある患者の場合との均衡上——患者の家族に対して説明をして同意を得ることで，説明義務違反の責任を免れることができる。

7　患者に承諾能力がある場合——家族に対する説明と家族の承諾

　患者の自己決定権を保護するために，患者の有効な承諾を取りつける前提として，医師に説明義務が課されているといっても，承諾能力のある患者に対して医師が常に説明をしなければならないというものでもない。例外的に，一定の場合に患者に対して正確な説明をせずに医療行為をしたとしても，説明義務違反の過失が問われないことがある。患者が非常に重篤な症状にかかっているような場合が，これにあたる。

　この場面では，①患者本人に本当の病名を告知すべきかという問題があるとともに，②患者本人に告知をするのが適当でないときに，誰かに本当の病名ないしは病名を付しての告知をすべきかという問題がある[22]。

　前者（①）に関しては，当該具体的患者の受容能力を考慮したときに，本当の病名を告知しないことが正当化される場合もあると考えられる。

　後者（②）に関しては，最近の最高裁判決で，次のような判断が示されている点が注目される。そこでは，「患者が末期的疾患にり患し余命が限られている旨の診断をした医師が患者本人にはその旨を告知すべきではないと判

22　さらにいえば，①・②とは別に，家族固有の幸福追求権という権利・法益を保護するための行為義務として医師の説明義務が肯定される場面はないのかという問題がある。

断した場合には，患者本人やその家族にとってのその診断結果の重大性に照らすと，当該医師は，診療契約に付随する義務として，少なくとも，患者の家族等のうち連絡が容易な者に対しては接触し，同人又は同人を介して更に接触できた家族等に対する告知の適否を検討し，告知が適当であると判断できたときには，その診断結果等を説明すべき義務を負うものといわなければならない。なぜならば，このようにして告知を受けた家族等の側では，医師側の治療方針を理解した上で，物心両面において患者の治療を支え，また，患者の余命がより安らかで充実したものとなるように家族等としてのできる限りの手厚い配慮をすることができることになり，適時の告知によって行われるであろうこのような家族等の協力と配慮は，患者本人にとって法的保護に値する利益であるというべきであるからである」とされている[23]。

なお，学説のなかには，医療行為の場合には，当事者が同意しても，「社会的基準から医師が負わなければならない義務がある」との見解もある[24]。

8 説明義務違反による自己決定権侵害の効果

医師の説明義務違反があった場合に賠償されるべき損害としては，一般に自己決定の機会を奪われたという精神的苦痛に対する慰謝料だと理解されているようである。しかし，適切な説明を受けていたならば，他に転院するなどの方法をとることにより有効な治療機会を求めたであろうというに足りる高度の蓋然性が認められるときには，財産的損害（とりわけ，逸失利益）の賠償を認めることに躊躇すべきではない。第1次侵害としての自己決定権侵害から展開した後続侵害として生命・身体・健康という権利・法益侵害を認め，第1次侵害と後続侵害を危険性関連でつなぐことにより，後続侵害の結果として生じる逸失利益賠償へと至ることができる。

---

[23] 前掲最判平成14年9月24日。この判決に関しては，新美育文「家族へのガン告知検討義務」私法判例リマークス28号26頁（2004年），野村好弘ほか「末期がん患者の家族に対する不告知と診療契約上の付随義務違反」賠償科学32号125頁（2005年），樋口範雄「家族に対するがんの告知」医事法判例百選120頁（2006年）。

[24] 大村・前掲書101頁（未成年者）・263頁（成年被後見人）。

9 関連問題

9-1 療養指導義務としての説明義務

　説明義務のなかには，自己決定権を保護することを目的としたものではなく，通院中ないし退院・帰宅後の療養指導義務の内容を構成するものもある[25]。この場合の説明義務違反は，一般の診療過誤と同様に，患者の生命・身体・健康に対する侵害についての過失として捉えられるものであり，その効果は，こうした権利・法益侵害を理由として財産的損害（とりわけ，逸失利益）の賠償に向かうものである。

9-2 顛末報告義務としての説明義務

　医療機関（医師）は患者と診療契約を締結して診療行為をおこなっており，この契約関係は準委任契約としての性質をもつ。それゆえに，医療機関（医師）は，診療契約中および契約終了後に，患者に対して診療行為の内容につき当該診療契約の趣旨に即して善良な管理者の注意を用いて説明すべき義務を負う（民法645条参照）。顛末報告義務としての説明義務である。この義務は，医師・患者関係を不法行為の問題として捉えたときには，民法709条の過失の標準となる行為義務として捉えられるものである。

　この種の顛末報告義務としての説明義務がとりわけ問題となるのは，医療機関（医師）に対する患者からの診療録の開示・閲覧請求が問題となる局面においてである。この点に関しては，この種の権利が患者の自己決定権（情報コントロール権）により基礎づけられる可能性を含め，医師法24条の保護法規性に触れた箇所でまとめて扱った（「保護法規違反と過失」の項〔第2部第4章第3節第10項〕で述べたところを参照せよ）。

---

[25] 中村・前掲130頁。「結果回避義務の一環としてなされる説明」とされる。この問題を扱った最上級審判決として，最判平成7年5月30日判時1553号78頁。

第 3 章

防衛目的での不法行為

第 1 節　正　当　防　衛

　民法 720 条 1 項は，他人の不法行為に対して，自己または第三者の権利を防衛するためにした加害行為については，加害行為者は，それがやむをえないものであった場合には，損害賠償責任を負わないとしている。加害行為について行為者に故意が認められるものの，不法行為責任が否定される場合である。

　正当防衛が成立するには，次の要件が具備されていなければならない[1]。

　① 「他人の不法行為」が原因となっていること　　ここでは，不法行為に基づく損害賠償請求権の成立要件（請求原因事実）が充たされたときの責任阻却事由（伝統的な表現だと，違法性阻却事由）が問題となっているのだから，「他人の不法行為」は文字通り不法行為成立要件を充たしていること——したがって，行為者に故意・過失（客観的過失〔既述〕）——が必要である（通説[2]は，これと異なる）[3]。他方，「他人」が責任能力者であるか否かは，責任能力が不法行為の成立要件でなく，責任阻却事由であることから，問題とされるべきではない。また，次の②との関連でいえば，ここでの「他人の

---

[1]　なお，民法と刑法における正当防衛・緊急避難の異同と両者の関連については，佐伯仁志 = 道垣内弘人『刑法と民法の対話』（有斐閣，2001 年）254 頁。

[2]　我妻 148 頁，加藤〔一〕136 頁，幾代 = 徳本 101 頁は，故意・過失すら不要であって，「当該他人の行為がもっぱら客観的に違法な場合であればよい」とする。他方，四宮 367 頁は，「権利」侵害への危険性ある人の外形的行為があれば足りるという。さらに，前田 111 頁は，「行為」ですらなくてもよいとする（夢遊病者の加害「行為」の例をあげる）。

[3]　同旨，平井 96 頁。

不法行為」は，自己に対する侵害行為であることを要しない。刑法36条1項にいう正当防衛と異なり，第三者に対する不法行為でもよい。また，「他人の不法行為」は，これまた刑法36条1項にいう正当防衛と異なり，急迫不正の侵害に限定されていない。

② 自己または第三者の権利を防衛するためにおこなったこと　ここでは，防衛行為が不法行為をした「他人」に対する反撃であることとの限定は付されていない。たとえば，路上で「他人」が襲ってきたために，第三者が所有している隣家の垣根を壊して逃げ込んだ場合のように，「他人」からの不法行為に対し第三者の権利・法益を侵害した場合でもよい。

③ 防衛のための加害行為がやむをえないものであったこと　この要件は，加害行為の必要性と相当性の意味で理解することができる。この要件は，過剰介入禁止の要請から付加されるべきであり，主に，防衛される権利・法益と侵害された権利・利益との均衡（法益の均衡）が問題とされる。この要件を欠いた過剰防衛については，責任阻却の効果は認められない。もっとも，過剰な防衛行為が同項にいう「他人」に対してされた場合には，過失相殺の対象となりうる[4]。

他方，①から③の要件が充足されない状況において，正当防衛の要件を充たしていると誤信して防衛行為に出た場合は，誤想防衛ということになるが[5]，違法性の認識可能性が欠けるゆえに，過失不法行為としての処理（さらに，場合によっては，過失相殺の処理）が残るだけである。

民法720条1項ただし書は，防衛行為の被害者（X）が，不法行為をした「他人」（A）に対して損害賠償請求をすることを認めている。Bの防衛行為を手段として——いわば道具に使って——Xの権利・法益を侵害したとみられるからというのが，その理由である[6]。それゆえ，ここでは，「他人」（A）の行為がXとの関係で不法行為の成立要件を充たす必要がある[7]。

---

[4] 旧版では，「他人」の行為が故意行為の場合にのみ過失相殺が可能としていたが，このような限定を付す必要はない。旧版の見解を改める。

[5] 千葉地判昭和61年10月14日判時1233号109頁。泥酔してどなりちらしていた同僚女性をなだめようとした者に対して，通りかかった空手有段者の外国人男性が，この者と対峙した際に，攻撃されると即断し，とっさに回し蹴りをみまい，死に至らせた事件である（4割の過失相殺）。

[6] 前田112頁，幾代＝徳本103頁，四宮369頁。

[7] Xは，Aの不法行為による一種の間接被害者である。

第2節　緊急避難（対物防衛）

　民法にいう緊急避難とは，他人の物から生じた急迫の危難を避けるために，その物を損傷した場合（対物防衛）をいう。この場合について，民法は720条2項で，防衛行為をした者が損害賠償責任を負わないものとしている。正当防衛と比較としたときの緊急避難の特徴は，次の点に認められる。

　①　「物」から生じた急迫の危難に対するものである必要がある。刑法37条にいう緊急避難と異なり，人から生じた危難は含まれない。たとえば，地震で壊れた檻から猛犬が逃げ出して襲いかかってきたことから，襲われた者が近くにあった金属棒で殴り殺したというような場合である。

　②　「他人の」物から生じた急迫の危難に対するものである必要がある。無主物であれば，その「他人」に対する不法行為の防衛行為としての正当性を問題とすることができないからである。

　③　物から生じた「急迫の危難」であれば，その種類・態様は問わない。この危難が不可抗力による場合であっても，緊急避難が成立しうる。

　④　緊急避難が成立するのは，刑法37条にいう緊急避難と異なり，反撃の対象が危難を生じさせた「その物」である場合に限定されている[8]。

　⑤　正当防衛では，加害行為の必要性と相当性が必要であるとされているが，緊急避難についても，それが権利侵害行為を特に免責するものであるがゆえに，正当防衛と同様の衡量を要求すべきである[9]。

---

[8] 対物防衛ともいわれる。ただし，これだと，物から発する急迫の危難に対して第三者の権利・法益を侵害する行為をした場合については，正当防衛でも緊急避難でもないとされて，行為者の不法行為責任が阻却されないことになる（洪水による危険のせまった部落を救助するために部落の住民が県所有の堤防を壊したとき，刑法上は緊急避難になるが，民法上は県に対し不法行為に基づく損害賠償責任を負うことになる。大判大正3年10月2日刑録20輯1764頁）。この点を問題視したものとして，幾代通「民事上の正当防衛・緊急避難と第三者被害」法学48巻3号325頁（1984年）。このような場合について，民法720条2項類推による責任阻却を認めるべきである。平井97頁。

[9] 最判平成3年3月8日民集45巻3号164頁。平井97頁。反対は，前田113頁。

第 3 節　自力救済

　自己の権利が他人により侵害されている場合において，被害者が国家機関の助力を借りずにみずから自己の権利の保護を実現する行動に出たとき，自己の権利を実現するために緊急やむをえずおこなったということを理由として，自力を行使した者の不法行為責任が阻却されるか。たとえば，家主Yが借家契約の終了後も立ち退かず借家に居座っているXを荷物ともども無理やりに追い出した場合や，YがXに融資をする際にX所有の工場機械の所有権を担保（譲渡担保）にとっていたところ，Xの資金繰りが逼迫してきたために貸金の回収ができないことをおそれたYが，Xの止めるのを聞かずに工場からこの機械を搬出したような場合に，XがYに対して不法行為を理由とする損害賠償請求をしたとき，Yは，自力救済の抗弁を出すことができるかというような文脈で問題とされている[10]。

　最高裁の判決には，自力救済を原則として禁止しつつも，「法律に定める手続によったのでは，権利に対する違法な侵害に対抗して現状を維持することが不可能又は著しく困難であると認められる緊急やむを得ない特別の事情が存する場合においてのみ，その必要の限度を超えない範囲内で，例外的に許される」としたものがある[11]。学説も，ドイツ民法229条[12]以下とスイス債務法52条3項[13]に規定があること，民法720条の類推および占有訴権制度の趣旨から，上記判決とほぼ同様の要件のもとで，免責事由（違法性阻却事由）としての自力救済の可能性を認めている[14]。

10　古典的文献としては，明石三郎『自力救済の研究（増補版）』（有斐閣，1978年）がある。自力救済に積極的評価を与えるものとして，田中英夫＝竹内昭夫『法の実現における私人の役割』（東京大学出版会，1987年）121頁。

11　最判昭和40年12月7日民集19巻9号2101頁。土地使用貸借契約終了後も元借主がその敷地上で店舗を経営していたため，元貸主が元借主の承諾なしに店舗の周囲に板囲いを設けたところ，これを元借主が実力行使して撤去した事件である。ただし，具体的事件の解決としては，自力救済の抗弁は斥けられた。

12　ドイツ民法229条「自力救済のために，物の占有を奪取し，もしくは損傷した者，逃走のおそれのある義務者を逮捕した者，または忍容を義務づけられている行為に対する義務者の抵抗を除去した者は，公権力による救済が適時に期待できず，かつ，直ちに介入するのでなければ請求権の実現が不可能になるか，または著しく困難となる危険がある場合には，違法に行為するものではない。」

第3章　防衛目的での不法行為

　しかし，上記の最高裁判決の該当箇所は傍論にすぎないし，ドイツやスイスと異なり自力救済に関する条文を置いていないというのは立法にあたっての判断の結果であり，それをくつがえす説得力のある理由づけができないのであれば，たやすく別の免責事由（ここでは，自力救済）を認めるべきではない。また，占有訴権は国家機関を介しての回復を想定した手段であり，国家機関を介さない自力救済にその趣旨を及ぼすのは不当である。さらに，防衛行為者は正当防衛や緊急避難（およびその類推）で保護されれば足りるし，それらの要件を充たしていないときに自力による保護を回復者に与える必要はない（保全処分を活用すべきである）。それゆえ，正当防衛・緊急避難という法定の免責事由とならべて自力救済という独自の範疇をわが国で立てるべきではない[15]。

13　スイス債務法 52 条 3 項「正当な請求権を保全するためにみずから保護措置を講じた者は，当該状況下で公権力による救済を適時に期待することができず，かつ，自力救済によってしか当該請求権の喪失，またはその行使についての著しい困難を回避することができなかったであろう場合には，損害賠償義務を負わない。」

14　加藤〔一〕137 頁，四宮 371 頁，幾代 = 徳本 105 頁。

15　本文でも例示したように，わが国では，譲渡担保や所有権留保といった非典型担保における担保権者の「自力執行」（債務者の承諾を得ることなしでの目的物の占有取得）が，「自力救済」のひとつの場面として論じられている。そして，そこでは，「自力救済」としての「自力執行」を広く認める考え方が有力に唱えられている。伊藤眞「アメリカ合衆国における動産担保権者の自力救済」同『債務者更生手続の研究』（西神田編集室，1984 年）204 頁，谷口安平「担保権の実行と自力救済」米倉明 = 清水湛 = 岩城謙二 = 米津稜威雄 = 谷口安平編『金融担保法講座(3)　非典型担保』（筑摩書房，1986 年）215 頁・226 頁，米倉明『担保法の研究』（新青出版，1997 年）53 頁。もっとも，この点に関しては，佐伯 = 道垣内・前掲書 224 頁・252 頁（道垣内）の指摘にもあるように，ここで問題とされている「自力執行」は違法性阻却事由としての「自力救済」の問題ではなく，担保権者が裁判所の手を介さずに目的物の占有を取得することが当該担保権の内容となっているかどうか——したがって，問題の占有取得行為が当該担保権の内容に照らして不法行為ではなく正当な権利行使として認められるかどうか——の問題であり，近代大陸法が想定していた典型的な自力救済の場面とは異なる。債務者倒産後の譲渡担保権者による譲渡担保の目的物である機械の債務者の承諾なしの搬出が不法行為にあたるかどうかを扱った最判昭和 53 年 6 月 23 日判時 897 号 59 頁（搬出行為について不法行為の成立を否定した）も，前掲最判昭和 40 年 12 月 7 日が立てた自力救済の枠組み——伝統的な自力救済の定義そのものである——によらずに判断している。

第 4 章

法令または正当業務に基づく行為と責任阻却

　不法行為を理由とする損害賠償責任についても，刑法 35 条を参考にして，法令または正当な業務によりされた行為は違法性がないとするのが通説である。法令による行為（法律上認められた業務としておこなった行為）として違法性が阻却されるというのは，正当な手続による犯人の逮捕（刑事訴訟法 199 条・213 条），死刑の執行（刑事訴訟法 475 条以下），親権者の親権に基づく懲戒権の行使（民法 822 条），教員による懲戒権の行使（学校教育法 11 条），労働組合法上の争議行為（労働組合法 8 条）などである。事務管理（民法 697 条）の要件を充たす行為も，ここに数えあげることができる。また，正当業務行為として違法性が阻却されるものとしては，医師の医療行為や，スポーツ競技による事故の場合があげられる[1]。さらに，遊戯中の事故についても，正当業務行為になぞらえて位置づけられるのが通常である[2]。しかしながら，このような通説には，次の点で問題がある。

　まず，法令による行為であることを理由とする違法性阻却（責任阻却）という点に対しては，権利侵害行為をすることについての権限が抽象的に法令に記述されているというだけでは，具体的な侵害行為が正当化されるわけではない。もちろん，伝統的見解も，法令による侵害行為も相当な範囲内の行為であれば違法性を阻却するとの限定を付しているようである[3]。しかし，具体的な侵害行為について民事責任を問わないということについての具体的かつ明確な指示が法令中の規定から帰結できるのでなければ，法令によるとの一存で特別扱いをする理由はまったくない[4]。このような視点からは，と

---

[1] 四宮 373 頁。

[2] これらに関する裁判例については，瀬川信久「民法 709 条（不法行為の一般的成立要件）」広中俊雄＝星野英一編『民法典の百年Ⅲ』（有斐閣，1998 年）590 頁。

[3] 四宮 373 頁の背後には，このような発想がある。

第 4 章　法令または正当業務に基づく行為と責任阻却　　457

りわけ，親権者や教員による懲戒権の行使を違法性阻却事由とする従来の理解は，再考を求められるべきである。

　また，正当業務であることを理由とする違法性阻却（責任阻却）という点に対しては，より強い懐疑の念が向けられなければならない。というのも，当該行為を業務として遂行することが許容されているということから，直ちに当該行為により生じた権利侵害を正当化するということは帰結できないからである。最近の学説や判例も，従来正当業務行為の典型例としてあげてこられた医療行為とスポーツ競技中の事故につき，それぞれ，医療行為については，患者の承諾をも責任阻却のための付加的条件としてあげ[5]，スポーツ競技中の事故については，原則として違法性がないとの構成よりもむしろ，危険を回避するための行為義務違反の有無を正面から問題とする傾向にある[6]。このことは，今日もはや正当業務行為という範疇が責任阻却の一般的枠組みとして維持できない点を示唆して余りある。

　むしろ，正当業務行為として論じられてきた問題は，故意の存否判断または過失における行為義務（結果回避義務）の確定という一般問題にたちもどり，危険への接近ないし危険の引受けの有無と範囲，被害者側からの行為期待，当該行為をした者の属するグループの平均的な技術水準を測定する際の判断規準のなかに解消すべきである。付言すれば，一般的に容認された遊戯中に生じた児童の事故につき，特段の事情がない限り違法性が阻却されるとした判決[7]についても，ここから，「遊戯中の事故については，社会通念を逸

---

[4]　正当な手続による犯人の逮捕，死刑の執行，労働組合法上の争議行為は，責任阻却についての具体的かつ明確な指示が法令中の規定から帰結できる場合であるといえるが，このことを法令による行為一般に拡張することは不適切である。

[5]　四宮 373 頁，吉村 57 頁。

[6]　最判平成 7 年 3 月 10 日判時 1526 号 99 頁。最判平成 18 年 3 月 13 日判時 1929 号 41 頁は，高校の課外クラブ活動としておこなわれたサッカーの試合における落雷による高校生の負傷につき，引率者兼監督の教諭が落雷事故発生の危険がせまっていることを予見すべき注意義務を怠ったとした（差戻し審は高松高判平成 20 年 9 月 17 日判時 2029 号 42 頁）。

[7]　最判昭和 37 年 2 月 27 日民集 16 巻 2 号 407 頁（「鬼ごっこ事件」）。小学 1 年生の子が鬼ごっこで逃げている 2 年生の子に頼まれて背負って走ろうとして転倒し，骨折した事件である。判決は，「自己の行為の責任を弁識するに足りる知能を具えない児童が『鬼ごっこ』なる一般に容認される遊戯中前示の事情の下に他人に加えた傷害行為は，特段の事情の認められない限り，該行為の違法性を阻却す〔る〕」とした。

脱しない限り，違法性が否定される」[8]というような内容や，被害者の同意があればよい[9]という内容をもつ責任阻却の一般命題へとしあげていくのは，いきすぎである[10]。

---

8 四宮 374 頁。
9 吉村 57 頁。
10 手製の弓を撃ち合う「インディアンごっこ」とこれによる失明につき，社会的に許容されないとした最判昭和 43 年 2 月 9 日判時 510 号 38 頁。

事項索引

あ行

アンチ・コモンズの悲劇 …………… 46
医学水準 ……………………………… 332
意見・論評による名誉毀損 ………… 184
意思責任の原理 ………………………… 5
慰謝料 ……………… 264, 382, 384, 449
慰謝料の制裁的機能 ………………… 50
慰謝料の満足的機能 ………………… 52
萎縮診療 ……………………………… 19
市場原理 ……………………………… 144
市場の機能不全 ……………………… 145
逸失利益 ………………………… 385, 450
一般的人格権 ………………………… 194
一般的不可侵義務 ……………… 74, 344
一方的給付約束 ……………………… 127
イトーヨーカ堂ストーブ発火事件 … 376
違法性 …………………… 66, 255, 266
違法性一元論 …………………… 75, 81
違法性阻却事由 ………… 438, 451, 454
違法性徴表説 ………………………… 66
違法性二元論 ………………………… 72
違法性認識能力 ……………………… 400
違法性の認識 …………………… 260, 261
医療水準 ………………… 283, 331, 442
医療水準論 …………………………… 331
因果関係 ………………… 337, 419, 430
因果関係 1 個説 ……………………… 337
因果関係 2 個説 ……………………… 338
因果関係の断絶 ……………………… 349
因果関係の立証責任 ………………… 371
インセンティブ論 …………………… 91
インフォームド・コンセント …… 336, 439
インフルエンザ予防接種 …………… 320
「宴のあと」事件 ……………………… 196
運行供用者責任 ………………… 325, 374

営業活動の自由 ……………………… 94
営業権 ………………… 92, 94, 100, 105
営業秘密 ……………………………… 98
営造物責任 ……………………… 369, 370
疫学的因果関係 ………………… 365, 377
エホバの証人輸血拒否事件 ………… 207
延命利益 ……………………………… 384
応召義務 ……………………………… 300
応報感情の満足 ……………………… 52
応報処罰 ……………………………… 51
大阪アルカリ事件 ……… 268, 269, 329
大阪空港公害訴訟 ……………… 236, 436
大阪空港公害訴訟最高裁判決 ……… 36
鬼ごっこ事件 ………………………… 457

か行

害意説 ………………………………… 265
外郭秩序 …………………………… 38, 242
概括的故意 …………………………… 265
開業の自由 …………………………… 94
蓋然性説 ……………………………… 372
階層秩序 ……………………………… 27
外的注意 ………………… 274, 276, 278
開発危険の抗弁 ……………………… 324
加害行為の抑止 ……………………… 47
化学物質過敏症 ……………………… 330
確定的故意 …………………………… 264
確率的立証 …………………………… 373
過失 …………………………… 266, 430
過失一元論 ……………………… 71, 80
過失責任の原則 ……… 4, 254, 318, 390
過失相殺 ………………………… 264, 437
過失の一応の推定 …………………… 321
過失の衣をきた無過失 ……………… 322
過失の推定 …………………………… 319
過剰介入の禁止 …………………… 35, 293

過小保護の禁止	34, 293	客観的過失	276
家族に対する説明	448	客観的過失の主観化	281
家族の承諾	448	客観的過失論	266, 273, 293, 400
仮定的因果関係	368	客観的帰責	255
環境共同利用権	41, 241	客観的帰属	255, 358, 386
環境共有の法理	241	客観的帰属論	353, 358
環境権	236	ギャロップレーサー事件	94, 104, 212
環境参加権	238	究極的損害回避義務	322, 331
環境自由権	237	教育過失	417
環境破壊	234	狭義の適合性の原則	168
環境利用秩序	242	競合的不法行為	369
関係契約理論	129	業者ルール	163
監護権	445, 448	矯正的正義	13, 24, 45, 289
監護者	420	競争秩序	38
監視義務	314	共同体的権利	40
間接的過失	430	共同体的所有権	41, 240
間接反証	320, 375	共同体的正義	23, 35
間接反証説	375	共同不法行為	369
間接被害者	392	業務上の注意義務違反	259
完全性利益	135, 139	寄与確率	373
監督過失	417, 429	寄与度減責	373
監督義務	314, 429, 431, 433	虚　名	175
監督義務者	419	緊急事務管理	447, 448
監督義務者の責任	407	緊急避難	453
危惧感説	295	禁反言	127
危険性関連	392	金融商品取引法	319
危険責任の原理	6, 323, 412	金融商品販売法	158, 166, 167
危険の自己招致	435	具体的過失	280
危険への接近	436	具体的患者説	443
技術準則	332	国立マンション景観訴訟	246
帰責事由	253	雲右衛門事件	62
期待可能性	293	クロロキン薬害訴訟	50
期待権	134, 382	軽過失	257
規範的責任論	266, 275	景観破壊	246
規範的要件	316	景観利益	249
規範の保護目的	345, 358, 362, 370, 386	経済的損失	393
基本権	26, 82, 91, 148	契約交渉破棄	117
基本権保護義務	27, 29	契約侵害	109
基本権保護請求権	27, 29	契約締結上の過失	118, 142, 143

事項索引　　　461

契約の拘束力	8	誤想防衛	452
契約の対等性	146	国家賠償法	69
結果回避義務	347	古典的意味での権利	37
結果回避業務違反	273	古典的自由主義	147
結果債務	8	誤認是正義務	131
決定権的権利観	11, 30	個別的人格権	194
原因競合	366	個別的正義	24
原因において自由な行為	407	小丸船事件	84
原状回復	8	コモンズの悲劇	45
原状回復的損害賠償	152, 170	根幹秩序	38
憲法基定的重層論	10	婚　約	231

　　　　　　　　　さ　行

権利拡大説	70	財貨秩序	38
権利間の衡量	31, 292	債権侵害	109
権利濫用	64, 243	最善努力義務	8
権利論的私法秩序観	46	裁判を受ける権利	191
権利論の再生	25, 75	作　為	346
故　意	110, 259, 304	作為義務	341
公　害	234	作為不法行為	342
広義の適合性の原則	168	作成中の権利	96
公共的利益	42	作成途上の権利	391
公共利害関係性	180	差止請求	9
公私協働	41, 248	雑誌「諸君」事件	186
交渉力格差	146, 151	サンケイ新聞事件	180, 185
交渉をするべき合意	121	自衛官合祀事件	33, 198
後続侵害	256, 354, 388, 392, 449	C型肝炎訴訟	375
公的人物	180	自己決定基盤	150
行動の自由	4, 7, 13, 254	自己決定権	29, 116, 139, 144, 149, 206, 301, 336, 438, 439
高度の蓋然性	371		
公表権	218	自己責任	144, 149, 426
衡平責任	404	自己責任説	407, 417
合法則的条件公式	345, 349, 364	自己の危険に基づく行為	435
合理的医師説	443	事実婚	232
合理的患者説	443	事実上の推定	320, 375
功利主義	46	事実的因果関係	339, 351
合理人	282	事実的因果関係説	356
顧客奪取	98	事実の摘示	175
顧客を知る義務	163	死者の名誉	187
個人的正義	23		

自傷他害防止監督義務	421
システム構築義務違反	313
自然科学的証明	371
自然権論	90
自然的因果関係	351
事前の配慮	279, 296, 297
自然力	369
思想・信条の自由	184
失火	258
失火責任法	257, 304, 426
指導助言義務	155, 164, 167, 169
事務管理	446, 447, 448
氏名権	202
氏名表示権	218
社会生活上の義務	73, 160, 314, 410
社会的行為論	340
社会的厚生	45, 289
社会的名誉	174
社会的有用性	289
社会本意の思想	15
重過失	258, 304, 426
自由競争の原理	112
宗教的人格権	209
宗教的輸血拒否	444
宗教的輸血拒否に関するガイドライン	444, 447
自由権的基本権	148
集合的権利	42
集合的損害賠償請求権	43
重大な後遺症	385
集団の因果関係	379
集団の寄与度	373
主観的過失	276
主観的過失論	266, 274, 400
主観的帰責	255
主観的帰属	255
熟度論	118, 120
手段債務	8
受忍限度論	69

準委任	450
準婚理論	232
準事務管理	55
純枠財産損害	139
週刊文春事件	195, 197, 201, 202
条件関係	348
使用者責任	311
肖像権	205
承諾能力	443
譲渡担保	454
少年豊太郎事件	405
少年法	302
消費者契約	152
商品テスト	108
情報格差	146, 151
情報コントロール権	200, 301, 450
情報収集義務	163, 168, 297
情報提供義務	139, 155
消滅時効	136, 160
助言義務	155, 440
女性国際戦犯法廷テレビ報道訴訟	33
「署名狂やら殺人前科」事件	180, 181
所有権	83, 235
自力救済	84, 454
自力執行	455
事理弁識能力	296
侵害者利益	53
侵害利得	55
人格権	172, 194, 235
人格秩序	39, 242
人格的自律権	206
信義則	127
信義則上の義務	131, 157
新規治療法	442
信玄公旗掛松事件	16, 65, 234, 235
親権者	419, 429, 445
真実性の抗弁	179
新自由主義	144, 161
新受忍限度論	71, 274

身上配慮義務	420, 446	騒音	243
人的不法観	256	相関関係説	68, 80
振動	243	総合救済システム	21
信認関係	155, 171	相当因果関係	339, 348, 351
信頼関係	401	相当因果関係説	352
信頼供与責任	171	相当因果関係の危機	352
信頼責任	280	相当因果関係論	388
信頼責任の原理	5	相当性の抗弁	181
信頼の原則	327, 328	相当の設備	271, 329
信頼利益	118, 132, 136	組織過失	136, 313, 431, 440
心理的責任論	266, 275	組織的医療	439
診療ガイドライン	333	組織編成義務違反	313
診療契約	450	損害の公平妥当な分配	14
診療録	300, 450	損失補償制度	18
診療録閲覧・開示請求権	301		
推知報道	195, 301	**た 行**	
生活妨害	234	代位責任	410, 418, 428
生活利益秩序	39, 242	第1次侵害	256, 354, 388, 389
精神障害者	406	大学湯事件	62, 78, 79
精神保健福祉法	420, 421	代償的措置	132, 133
生存可能性	384	代担保提供請求権	87
生存権	238	対物防衛	453
正当業務行為	456	代理監督者	424
正当防衛	451	代理受領	89
制度間競合	159	択一的競合	368, 374
成年後見人	420, 445	「脱ゴーマニズム宣言」事件	185
成年後見問題研究会報告書	446	断定的判断の提供禁止	140
成年被後見人	445	秩序思考	27
責任設定の因果関係	337, 338	知的財産権	90
責任能力	396, 415	千葉川鉄事件	371
絶対権	3, 73, 90,	チーム医療	439
説明義務	139, 336, 439	中間責任	409
先行行為	131	中間的合意論	119
センシティブ情報	200	抽象的過失	280
全体の正義	23	懲戒制度	192
専門家責任	156, 322	調査研究義務	298, 330
占有権	83	重畳的競合	366
占有訴権	83, 454	懲罰的損害賠償	50
素因	354	眺望侵害	245

眺望利益 …………………… 245
著作者人格権 …………… 187, 217
通風妨害 …………………… 244
付け加えの禁止 …………… 349
津市四ツ葉子供会事件 …… 342
鶴岡灯油事件 …………… 106, 107
定型的行為義務違反 ……… 302
抵当権 ……………………… 85
適合性の原則 …………… 139, 161
適法行為による不法行為 … 270
手続的正義 ………………… 24
テレビ朝日所沢ダイオキシン類汚染報
　道事件 …………………… 174
転送義務 …………………… 335
転送指示義務 ……………… 335
添付文書 …………………… 321
顛末報告義務 …………… 301, 450
同一性保持権 ……………… 219
同時審判申出共同訴訟 …… 415
東大ルンバール・ショック事件
　………………………… 371, 383
独占禁止法 ………………… 105
特定投資家 ………………… 166
独立的補助者 …………… 136, 160
「囚われの聴衆」事件 …… 199
取引的不法行為 …………… 404

な 行

内縁 ………………………… 232
内的注意 ………………… 274, 278
長崎教師批判ビラ事件 …… 185
名古屋新幹線訴訟1審判決 … 236
新潟水俣病判決 …………… 375
二重基準説 ………………… 443
二重譲渡 …………………… 111
日照 ………………………… 244
日赤坂出病院事件 ………… 441
日赤高山病院事件 ………… 332
日赤姫路病院事件 ……… 334, 442

乳房温存療法事件 ………… 441
ニュージーランド事故補償法 …… 18
任意後見人 ………………… 421
認識ある過失 ……………… 264
ノンフィクション『逆転』事件
　………………………… 197, 202

は 行

背景的権利 ………………… 10
賠償範囲の因果関係 ……… 338
配信サービスの抗弁 ……… 182
梅毒輸血事件 ……………… 332
配分的正義 ………………… 14
パターナリズム …………… 162
パブリシティの権利 ……… 209
ハンドの公式 ………… 36, 286, 287
被害者の承諾 ……………… 438
飛騨川バス転落事故 ……… 370
必要的競合 ………………… 366
非免責債権 ………………… 265
評価根拠事実 ……………… 316
評価障害事実 ……………… 316
評価的因果関係 …………… 361
表現の自由 ……………… 179, 216
平等原則 ………………… 10, 32
費用便益分析 ……………… 292
比例原則 …………………… 12
不安感説 …………………… 295
フォート ………………… 267, 417
不可欠条件公式 ………… 341, 348
不可抗力 …………………… 418
不可侵性 …………………… 109
富喜丸事件 ………………… 338
福祉国家 …………………… 143
不公正な取引方法 ………… 105
不作為 ………………… 340, 342, 346
不作為不法行為 ………… 340, 342
不真正連帯債務 …………… 429
不正競争行為 ……………… 100

事項索引　　　　　　　　　465

物権的請求権 …………………236
物上代位 …………………………86
不貞行為 ………………………225
不当提訴 ………………………190
船橋市立西図書館事件 ………217
不法行為危機 ……………………19
扶養義務者 ……………………422
プライバシー …………………194
平穏生活権 …………………196, 251
ボイコット ……………………108
包括的監護義務 …………417, 433
報償責任の原理 ……………7, 323
法人の行為 ……………………309
法人の名誉 ……………………173
法的因果関係 ……………348, 351
法の権利 …………………………10
報道の自由 ……………………206
法律上保護される利益 …62, 76, 251
暴力団事務所 …………………251
法令による行為 ………………456
北大電気メス事件 ……………440
保護義務 …………………135, 139
保護者 ……………………420, 421
保護範囲 …………………358, 362
保護範囲論 ……………………386
保護法規 …………………259, 299, 326
保佐人 …………………………420
補充責任 ………………………409
保証責任 ……………………8, 412
保証人的地位 ……………344, 347
補助人 …………………………420
保全処分 ………………………455
北方ジャーナル事件 ……174, 236

ま 行

万世工業事件 ……………… 48, 50
マーク・レスター事件 ………210
未決定の条項を含む合意 ……121
水虫レントゲン事件 …………378

未成年後見人 ……………420, 445
未成年者 …………………405, 445
「光清撃ツゾ」事件 …………405
みなし侵害行為 ………………220
未必の故意 ……………………264
民事ルール ……………………163
無過失責任 ………323, 370, 403
矛盾行為禁止 ……………127, 131
名誉 ……………………………173
名誉感情 ………………………174
名誉毀損 ………………………172
免責立証 ………………………417
目的的意思 ……………………260
目的的行為論 …………………342
目的論的私法秩序観 ……………46
物のパブリシティ権 …………212
問診義務 ………………………297
門前到達説 ……………………375

や 行

約束的禁反言 …………………127
有責性 ……………………255, 266
ＵＦＪ信託銀行経営統合交渉差止仮処分
　申立事件 …………………126
輸血拒否 ………………………210
許された危険 …………………344
予見可能性 ……72, 266, 278, 293, 330
予見義務 …………………296, 330
予防原則 ………………………298
ヨミウリ・オンライン見出し事件 ……94
予約 ……………………………123

ら 行

「落日燃ゆ」事件1審判決 ……190
利益吐き出し型損害賠償 ………53
履行利益 …………118, 134, 138, 170
離婚慰謝料 ……………………225
立証責任の転換 …………319, 374, 409
リベラリズム ……………………27, 29

療養看護義務 …………………………420	ロス疑惑北海道新聞社事件 …178, 181, 182
療養指導義務 …………………………450	ロス疑惑夕刊フジ事件 …………………181
隣人訴訟 ………………………………342	
レイティング …………………………108	**わ 行**
労働者・従業員の引抜き ………………98	枠の権利 …………………………………96
ロス疑惑朝日新聞社事件 ………181, 187	早稲田大学江沢民講演会名簿提出事件
ロス疑惑共同新聞社事件 ……………182	……………………………………201, 202
ロス疑惑スポーツニッポン新聞事件 …179	割合的因果関係論 ……………………381

判例索引

大審院

大判明治 35 年 3 月 5 日民録 8 輯 3 巻 16 頁 ……………………………231, 232
大判明治 35 年 5 月 16 日民録 8 輯 5 巻 69 頁（浅野セメント降灰事件）……………65
大判大正 2 年 2 月 5 日民録 19 輯 57 頁 ………………………………………258
大判大正 3 年 7 月 4 日刑録 20 輯 1360 頁（雲右衛門事件）……………………62
大判大正 3 年 10 月 2 日刑録 20 輯 1764 頁 ……………………………………453
大連判大正 4 年 1 月 26 日民録 21 輯 49 頁 ……………………………………232
大判大正 4 年 5 月 12 日民録 21 輯 692 頁（少年豊太郎事件）………283, 398, 405
大判大正 5 年 12 月 22 日民録 22 輯 2474 頁（大阪アルカリ事件）………269, 329
大判大正 6 年 1 月 22 日民録 23 輯 14 頁 ………………………………………65
大判大正 6 年 4 月 30 日民録 23 輯 715 頁（「光清撃ツゾ」事件）…………398, 405
大判大正 7 年 2 月 25 日民録 24 輯 282 頁 ……………………………………322
大判大正 7 年 9 月 18 日民録 24 輯 1710 頁 ……………………………………62
大判大正 8 年 3 月 3 日民録 25 輯 356 頁（信玄公旗掛松事件）……16, 65, 234, 235
大判大正 8 年 5 月 24 日法律新聞 1590 号 16 頁（広島モーターポンプ事件）……272
大判大正 8 年 12 月 27 日法律新聞 1659 号 539 頁 ……………………………271
大判大正 10 年 2 月 3 日民録 27 輯 193 頁 ……………………………………405
大判大正 13 年 5 月 22 日民集 3 巻 224 頁（小丸船事件）……………………84
大判大正 14 年 11 月 28 日民集 4 巻 670 頁 ……………………………………62
大連判大正 15 年 5 月 22 日民集 5 巻 386 頁（富喜丸事件）……………338, 352
大判大正 15 年 7 月 5 日刑集 5 巻 303 頁 ………………………………………173
大判昭和 3 年 8 月 1 日民集 7 巻 671 頁 ………………………………………87, 88
大判昭和 7 年 5 月 27 日民集 11 巻 1289 頁 ……………………………………87, 88
大判昭和 9 年 6 月 15 日民集 13 巻 1164 頁 ……………………………………85
大判昭和 9 年 10 月 19 日民集 13 巻 1940 頁 ……………………………………84
大判昭和 11 年 4 月 13 日民集 15 巻 630 頁 ……………………………………85
大判昭和 13 年 6 月 28 日法律新聞 4310 号 12 頁 ………………………………66
大連判昭和 18 年 11 月 2 日民集 22 巻 1179 頁 …………………………………191

最高裁判所

最判昭和 30 年 5 月 31 日民集 9 巻 6 号 774 頁 …………………………………111
最判昭和 31 年 2 月 21 日民集 10 巻 2 号 124 頁 ………………………………225
最判昭和 31 年 7 月 20 日民集 10 巻 8 号 1059 頁 ……………………………176
最判昭和 32 年 3 月 5 日民集 11 巻 3 号 395 頁 ………………………………265
最判昭和 32 年 7 月 9 日民集 11 巻 7 号 1203 頁 ………………………259, 305

最判昭和 33 年 4 月 11 日民集 12 巻 5 号 789 頁 …………………………………233
最判昭和 36 年 2 月 16 日民集 15 巻 2 号 244 頁（梅毒輸血事件）……………332
最判昭和 37 年 2 月 27 日民集 16 巻 2 号 407 頁（「鬼ごっこ事件」）…………457
最判昭和 38 年 9 月 5 日民集 17 巻 8 号 942 頁 …………………………231, 233
最判昭和 39 年 1 月 28 日民集 18 巻 1 号 136 頁 …………………………………173
最判昭和 40 年 12 月 7 日民集 19 巻 9 号 2101 頁 …………………………454, 455
最判昭和 41 年 6 月 23 日民集 20 巻 5 号 1118 頁（「署名狂やら殺人前科」事件）…180, 181
最大判昭和 42 年 9 月 27 日民集 21 巻 7 号 1955 頁 ……………………………192
最判昭和 43 年 1 月 18 日判時 510 号 74 頁 ………………………………………180
最判昭和 43 年 2 月 9 日判時 510 号 38 頁 …………………………………417, 458
最判昭和 43 年 7 月 25 日判時 530 号 37 頁 ………………………………………328
最判昭和 43 年 9 月 24 日判時 539 号 40 頁 ………………………………………328
最判昭和 43 年 12 月 24 日民集 22 巻 13 号 3428 頁 ……………………………322
最判昭和 44 年 2 月 6 日民集 23 巻 2 号 195 頁（水虫レントゲン事件）………378
最大判昭和 44 年 6 月 25 日刑集 23 巻 7 号 975 頁（夕刊和歌山時事件）……181
最判昭和 44 年 12 月 18 日判時 584 号 75 頁 ……………………………………328
最大判昭和 44 年 12 月 24 日刑集 23 巻 12 号 1625 頁 …………………………205
最判昭和 45 年 1 月 27 日民集 24 巻 1 号 56 頁 …………………………………328
最判昭和 45 年 10 月 29 日裁判集民事 101 号 225 頁 …………………………328
最判昭和 45 年 12 月 18 日民集 24 巻 13 号 2151 頁 ……………………………174
最判昭和 46 年 7 月 23 日民集 25 巻 5 号 802 頁 …………………………………225
最判昭和 47 年 6 月 22 日判時 673 号 41 頁 ………………………………………50
最判昭和 47 年 6 月 27 日民集 26 巻 5 号 1067 頁 …………………………243, 244
最判昭和 47 年 11 月 16 日民集 26 巻 9 号 1573 頁 ……………………………106
最判昭和 47 年 11 月 16 日民集 26 巻 9 号 1633 頁（嬰児変死事件）……180, 181, 182
最大判昭和 47 年 11 月 22 日刑集 26 巻 9 号 586 頁（小売市場許可制合憲判決）……95
最判昭和 48 年 6 月 21 日裁判集民事 109 号 387 頁 ……………………………328
最判昭和 49 年 3 月 22 日民集 28 巻 2 号 347 頁 …………………………………429
最判昭和 49 年 4 月 25 日民集 28 巻 3 号 447 頁 …………………………………393
最判昭和 50 年 10 月 24 日民集 29 巻 9 号 1417 頁（東大ルンバール・ショック事件）
………………………………………………………………………………371, 383
最判昭和 51 年 9 月 30 日民集 30 巻 8 号 816 頁 …………………………………320
最判昭和 52 年 2 月 18 日交通民集 10 巻 1 号 1 頁 ………………………………328
最判昭和 53 年 2 月 21 日家裁月報 30 巻 9 号 74 頁 ……………………………225
最判昭和 53 年 6 月 23 日判時 897 号 59 頁 ………………………………………455
最判昭和 53 年 7 月 10 日民集 32 巻 5 号 888 頁 …………………………………191
最判昭和 54 年 3 月 30 日民集 33 巻 2 号 303 頁 ……………………226, 227, 229
最判昭和 55 年 10 月 30 日判時 986 号 41 頁（スロットマシン賭博機事件）…182
最判昭和 56 年 1 月 27 日民集 35 巻 1 号 35 頁 …………………………………132

判例索引

最判昭和56年4月14日民集35巻3号620頁（前科照会事件）……………197
最判昭和56年4月16日刑集35巻3号84頁（月刊ペン事件）……………180
最大判昭和56年12月16日民集35巻10号1369頁（大阪空港公害訴訟最高裁判決）
　　　　　　　　　　　　　　　　　　　　　　　　　　　………………36,437
最判昭和57年3月30日判タ468号76頁（日赤高山病院事件）……………332
最判昭和58年2月24日判時1076号58頁………………………………………422
最判昭和58年10月20日判時1112号44頁………………………………………181
最判昭和59年9月18日判時1137号51頁…………………………………………132
最判昭和61年5月30日判時1196号107頁（日赤坂出病院事件）……………441
最大判昭和61年6月11日民集40巻4号872頁（北方ジャーナル事件）………174,236
最判昭和61年11月20日判時1219号63頁…………………………………………90
最判昭和62年1月22日民集41巻1号17頁………………………………………342
最判昭和62年4月24日民集41巻3号490頁（サンケイ新聞事件）……………180,185
最判昭和62年7月17日判タ644号97頁…………………………………………252
最判昭和63年1月19日判時1265号75頁…………………………………………334
最判昭和63年1月26日民集42巻1号1頁…………………………………………192
最判昭和63年2月16日民集42巻2号27頁（在日韓国人の氏名の日本語読み判決）203
最判昭和63年3月31日判タ686号144頁…………………………………………332
最決昭和63年5月11日刑集42巻5号807頁（柔道整復師事件）………………352
最大判昭和63年6月1日民集42巻5号277頁（自衛官合祀事件）………………33,198
最判昭和63年7月1日民集42巻6号451頁…………………………………………7
最判昭和63年12月20日判時1302号94頁（「囚われの聴衆」事件）……………199
最判平成元年6月20日判時1334号201頁…………………………………………33
最判平成元年12月8日民集43巻11号1259頁（鶴岡灯油事件）………………106,107
最判平成元年12月21日民集43巻12号2252頁（長崎教師批判ビラ事件）……185,196,201
最判平成2年4月17日民集44巻3号547頁………………………………………33
最判平成2年11月8日判時1375号65頁…………………………………………436
最決平成2年11月20日刑集44巻8号837頁（大阪南港事件）…………………352
最判平成3年3月8日民集45巻3号164頁………………………………………453
最判平成3年11月19日判時1407号64頁…………………………………………327,328
最判平成4年10月2日労判619号8頁……………………………………………109
最決平成4年12月17日刑集46巻9号683頁（夜間潜水訓練事件）……………352
最判平成5年9月9日判時1477号42頁……………………………………………354,394
最判平成6年1月20日判時1502号98頁（福岡空港公害訴訟最高裁判決）……36
最判平成6年1月20日判時1503号75頁…………………………………………229
最判平成6年2月8日民集48巻2号149頁（ノンフィクション『逆転』事件）…197,202
最判平成6年3月24日判時1501号96頁…………………………………………244
最判平成7年1月24日民集49巻1号25頁………………………………………427
最判平成7年3月10日判時1526号99頁…………………………………………457

最判平成 7 年 4 月 25 日民集 49 巻 4 号 1163 頁 …………………………………………441
最判平成 7 年 5 月 30 日判時 1553 号 78 頁 ……………………………………………450
最判平成 7 年 6 月 9 日民集 49 巻 6 号 1499 頁（日赤姫路病院事件）……283, 334, 336, 442
最判平成 8 年 1 月 23 日民集 50 巻 1 号 1 頁 …………………………………………321, 333
最判平成 8 年 3 月 26 日民集 50 巻 4 号 993 頁 …………………………………………226
最判平成 8 年 5 月 28 日民集 50 巻 6 号 1301 頁 ………………………………………393
最判平成 8 年 6 月 18 日家裁月報 48 巻 12 号 39 頁 ……………………………………226
最判平成 8 年 10 月 28 日金法 1469 号 49 頁 …………………………………………142
最判平成 9 年 2 月 25 日民集 51 巻 2 号 502 頁 …………………………………………335
最判平成 9 年 5 月 27 日民集 51 巻 5 号 2009 頁 ………………………………………176
最判平成 9 年 5 月 27 日民集 51 巻 5 号 2024 頁（ロス疑惑スポーツニッポン新聞事件）
　　………………………………………………………………………………………179
最判平成 9 年 7 月 11 日民集 51 巻 6 号 2573 頁（万世工業事件）………………………48, 51
最判平成 9 年 9 月 9 日民集 51 巻 8 号 3804 頁（ロス疑惑夕刊フジ事件）…………181, 186
最判平成 10 年 1 月 30 日判時 1631 号 68 頁（ロス疑惑朝日新聞社事件）…………181, 187
最判平成 10 年 7 月 17 日判時 1651 号 56 頁（雑誌「諸君」事件）………………………186
最判平成 11 年 2 月 25 日民集 53 巻 2 号 235 頁 ……………………………………341, 371, 383
最判平成 11 年 4 月 22 日判時 1681 号 102 頁 …………………………………………192
最判平成 11 年 7 月 16 日労判 767 号 14 頁 ……………………………………………208
最判平成 11 年 10 月 26 日民集 53 巻 7 号 1313 頁 ……………………………………182
最判平成 12 年 2 月 29 日民集 54 巻 2 号 582 頁 ………………………………………208
最判平成 12 年 3 月 24 日民集 54 巻 3 号 1155 頁 ………………………………………354
最判平成 12 年 9 月 22 日民集 54 巻 7 号 2574 頁 ………………………………………384
最判平成 13 年 6 月 8 日判タ 1073 号 145 頁 …………………………………………335
最判平成 13 年 11 月 27 日民集 55 巻 6 号 1154 頁（乳房温存療法事件）…………441, 442
最判平成 14 年 1 月 29 日民集 56 巻 1 号 185 頁（ロス疑惑共同通信社事件）………182, 183
最判平成 14 年 1 月 29 日判時 1778 号 49 頁（ロス疑惑北海道新聞社事件）……178, 181, 182
最判平成 14 年 3 月 8 日判時 1785 号 38 頁（ロス疑惑福島民友新聞社事件）…………183
最判平成 14 年 9 月 24 日判時 1803 号 28 頁 …………………………………………441, 449
最判平成 14 年 11 月 8 日判タ 1111 号 135 頁 …………………………………………335
最判平成 15 年 3 月 14 日民集 57 巻 3 号 229 頁（週刊文春事件）…………195, 197, 202, 302
最判平成 15 年 9 月 12 日民集 57 巻 8 号 973 頁（早稲田大学江沢民講演会名簿提出事件）
　　………………………………………………………………………………………201
最判平成 15 年 10 月 16 日民集 57 巻 9 号 1076 頁（テレビ朝日所沢ダイオキシン類汚染
　　報道事件）……………………………………………………………………174, 176, 177
最判平成 15 年 11 月 11 日民集 57 巻 10 号 1466 頁 …………………………………335, 336, 385
最判平成 15 年 11 月 14 日判時 1847 号 30 頁 …………………………………………335
最判平成 15 年 12 月 9 日民集 57 巻 11 号 1887 頁 …………………………………141, 154
最判平成 16 年 1 月 15 日判時 1853 号 85 頁 …………………………………………384

判例索引

最判平成 16 年 2 月 13 日民集 58 巻 2 号 311 頁（ギャロップレーサー事件）………94, 104, 212
最判平成 16 年 7 月 15 日民集 58 巻 5 号 1615 頁（「脱ゴーマニズム宣言」事件）…185, 187
最決平成 16 年 8 月 30 日民集 58 巻 6 号 1763 頁（UFJ 信託銀行経営統合交渉差止仮処分申立事件）………………………………………………………………………126
最判平成 16 年 11 月 18 日民集 58 巻 8 号 2225 頁…………………………………141, 155
最判平成 16 年 11 月 18 日判時 1881 号 83 頁………………………………………234
最判平成 17 年 4 月 21 日判時 1898 号 57 頁…………………………………………33
最判平成 17 年 6 月 16 日判時 1904 号 74 頁…………………………………………186
最判平成 17 年 7 月 14 日民集 59 巻 6 号 1323 頁……………………………139, 164
最判平成 17 年 7 月 14 日民集 59 巻 6 号 1569 頁（船橋市立西図書館事件）………218
最判平成 17 年 9 月 16 日判時 1912 号 8 頁…………………………………………141
最判平成 17 年 11 月 10 日民集 59 巻 9 号 2428 頁…………………………205, 206
最判平成 17 年 11 月 15 日刑集 59 巻 9 号 1558 頁…………………………………440
最判平成 17 年 12 月 8 日判時 1923 号 26 頁………………………………………382
最判平成 18 年 2 月 24 日判時 1927 号 63 頁………………………………………433
最判平成 18 年 3 月 13 日判時 1929 号 41 頁………………………………………457
最判平成 18 年 3 月 30 日民集 60 巻 3 号 948 頁（国立マンション景観訴訟）………246
最判平成 18 年 6 月 12 日判時 1941 号 94 頁………………………………………141
最判平成 18 年 9 月 4 日判時 1949 号 30 頁…………………………………………133
最判平成 19 年 2 月 27 日判時 1964 号 45 頁………………………………………133
最判平成 19 年 3 月 20 日判時 1968 号 124 頁……………………………………95, 98
最判平成 19 年 4 月 24 日民集 61 巻 3 号 1102 頁…………………………192, 193
最判平成 19 年 7 月 6 日民集 61 巻 5 号 1769 頁……………………………………303
最判平成 20 年 4 月 24 日民集 62 巻 5 号 1178 頁…………………………314, 440
最判平成 20 年 6 月 12 日民集 62 巻 6 号 1656 頁（女性国際戦犯法廷テレビ報道訴訟）………………………………………………………………………………33
最判平成 21 年 3 月 27 日判時 2039 号 12 頁………………………………………335

控訴院

大阪控判大正 4 年 7 月 29 日法律新聞 1047 号 281 頁………………………………269
大阪控判大正 5 年 10 月 24 日法律新聞 1193 号 24 頁（兵庫県別府村肥料工場事件）……272
大阪控判大正 8 年 12 月 27 日法律新聞 1659 号 539 頁……………………………329

高等裁判所

東京高判昭和 38 年 9 月 11 日判タ 154 号 60 頁（猿ヶ京温泉事件）………………245
名古屋高金沢支判昭和 47 年 8 月 9 日判時 674 号 25 頁（イタイイタイ病 2 審判決）……378
名古屋高判昭和 49 年 11 月 20 日高民集 27 巻 6 号 395 頁…………………………370
高松高判昭和 49 年 11 月 27 日判時 764 号 49 頁……………………………………425

札幌高判昭和51年3月18日判時820号36頁 …………………………………… 440
東京高判昭和54年3月14日判時918号21頁 ……………………………………… 190
東京高判昭和54年11月7日判時951号50頁 …………………………………… 133
福岡高判昭和55年7月3日判時991号88頁 …………………………………… 258
名古屋高判昭和60年4月12日判時1150号30頁 ……………………………… 239
大阪高判昭和61年1月30日判タ589号108頁 ………………………………… 301
仙台高判昭和61年4月25日判タ608号78頁 …………………………………… 133
東京高判昭和61年8月28日判時1208号85頁 …………………………………… 301
東京高判昭和61年10月14日金法767号21頁 …………………………………… 133
東京高判昭和61年11月17日判タ623号70頁 …………………………………… 252
東京高判昭和63年1月27日判タ656号261頁 …………………………………… 252
東京高判昭和63年3月11日判時1271号3頁 …………………………………… 51
大阪高判平成元年4月14日判タ704号224頁 …………………………………… 133
東京高判平成2年7月24日判時1356号90頁（「週刊フライデー」肖像権侵害事件2審
　判決） ………………………………………………………………………… 205
東京高判平成3年9月26日判時1400号3頁（おニャン子クラブ事件） …… 206, 211, 213
東京高判平成3年12月17日判時1418号120頁（木目化粧紙原画事件） …… 103
大阪高判平成5年3月25日判タ827号195頁 …………………………………… 252
大阪高判平成6年9月5日判タ873号194頁 …………………………………… 252
東京高判平成8年7月24日判時1597号129頁 …………………………………… 203
東京高判平成13年12月17日知的裁集23巻3号808頁 ………………………… 93
大阪高判平成14年12月26日判時1812号3頁（信楽高原鉄道事故損害賠償訴訟控訴審
　判決） ………………………………………………………………………… 315
東京高判平成15年10月29日判時1844号66頁 ………………………………… 422
知財高判平成17年10月6日最高裁HP（ヨミウリ・オンライン見出し事件） …… 94
東京高判平成18年4月26日判時1954号47頁（『ブブカ・スペシャル7』事件） …… 211
東京高判平成18年8月31日判時1959号3頁（イトーヨーカ堂ストーブ発火事件）
　…………………………………………………………………………………… 376
知財高判平成19年10月31日判時2028号103頁 ………………………………… 192
大阪高判平成20年6月3日金判1300号45頁 …………………………………… 164
高松高判平成20年9月17日判時2029号42頁 ………………………………… 457

地方裁判所

甲府地判昭和33年12月23日下民集9巻12号2532頁 …………………………… 272
高松地観音寺支判昭和39年5月25日判時381号42頁（観音寺市水道汚染事件） …… 272
東京地判昭和39年9月28日下民集15巻9号2317頁（「宴のあと」事件）
　……………………………………………………………………… 196, 197, 199
名古屋地判昭和42年9月30日判時516号57頁 ………………………………… 235
東京地判昭和43年9月10日判タ227号89頁 …………………………………… 244

判例索引

東京地判昭和 45 年 6 月 29 日判時 615 号 38 頁 ……………………………………373
富山地判昭和 46 年 6 月 30 日下民集 22 巻 5＝6 号 1 頁（イタイイタイ病 1 審判決）……378
新潟地判昭和 46 年 9 月 29 日判時 642 号 96 頁（新潟水俣病判決）……………375, 378
津地四日市支判昭和 47 年 7 月 24 日判時 672 号 30 頁（四日市ぜん息訴訟）………378, 379
高知地判昭和 47 年 10 月 13 日下民集 23 巻 9～12 号 551 頁 ……………………………424
熊本地判昭和 48 年 3 月 20 日判時 696 号 15 頁（熊本水俣病）……………………………330
名古屋地判昭和 48 年 3 月 30 日判時 700 号 3 頁 ……………………………………370
京都地決昭和 48 年 9 月 19 日判時 720 号 81 頁（京都岡崎有楽荘事件）……………245
東京地判昭和 51 年 6 月 29 日判時 817 号 23 頁（マーク・レスター事件）……206, 211, 212
東京地判昭和 52 年 7 月 19 日判時 857 号 65 頁（「落日燃ゆ」事件 1 審判決）………190
福岡地判昭和 52 年 10 月 5 日判時 866 号 21 頁（カネミ油症事件）……………………310
東京地判昭和 53 年 5 月 29 日判時 925 号 81 頁 ……………………………………117
東京地判昭和 53 年 5 月 29 日判タ 374 号 126 頁 ……………………………………133
東京地判昭和 53 年 8 月 3 日判時 899 号 48 頁（スモン東京訴訟）……………………330
東京地決昭和 53 年 10 月 2 日判タ 372 号 97 頁（王選手 800 号記念メダル無断製造販売
　禁止仮処分申請事件）……………………………………………………………………211
横浜地横須賀支判昭和 54 年 2 月 26 日判時 917 号 23 頁（横須賀野比海岸事件）………245
広島地三次支判昭和 55 年 4 月 7 日訟務月報 26 巻 7 号 1105 頁 ……………………………370
名古屋地判昭和 55 年 9 月 11 日判時 976 号 40 頁（名古屋新幹線公害訴訟 1 審判決）
　………………………………………………………………………………………………194, 236
静岡地判昭和 56 年 7 月 17 日判時 1011 号 36 頁 ……………………………………190
東京地判昭和 56 年 9 月 28 日判時 1017 号 34 頁（日本化工クロム労災訴訟）…………380
東京地判昭和 57 年 2 月 1 日判タ 458 号 187 頁（クロロキン網膜症訴訟）……………311
津地判昭和 58 年 2 月 25 日判時 1083 号 125 頁（隣人訴訟）……………………………342
大阪地堺支判昭和 58 年 3 月 23 日判時 1071 号 33 頁 ……………………………………190
津地判昭和 58 年 4 月 21 日判時 1083 号 134 頁（津市四ッ葉子供会事件）……………342
東京地判昭和 58 年 5 月 26 日判時 1094 号 78 頁 ……………………………………189
東京地判昭和 59 年 1 月 26 日判時 1128 号 58 頁 ……………………………………117
大阪地判昭和 59 年 2 月 28 日判タ 522 号 221 頁（多奈川火力発電所訴訟）……………380
大阪地判昭和 59 年 3 月 26 日判時 1128 号 92 頁 ……………………………………133
横浜地判昭和 61 年 1 月 29 日判タ 579 号 85 頁 ……………………………………252
札幌地判昭和 61 年 2 月 18 日判タ 582 号 94 頁 ……………………………………252
京都地判昭和 61 年 2 月 20 日金判 742 号 25 頁 ……………………………………133, 135
東京地判昭和 61 年 4 月 25 日判時 1224 号 34 頁 ……………………………………133
千葉地判昭和 61 年 7 月 25 日判時 1220 号 118 頁 ……………………………………300
東京地決昭和 61 年 10 月 6 日判時 1212 号 142 頁 ……………………………………211
千葉地判昭和 61 年 10 月 14 日判時 1233 号 109 頁 ……………………………………452
富山地判昭和 61 年 10 月 31 日判時 1218 号 128 頁（藤岡弘事件）……………………211
名古屋地判昭和 62 年 8 月 14 日判時 1263 号 35 頁 ……………………………………424

静岡地浜松支決昭和 62 年 10 月 9 日判時 1254 号 45 頁 ………………………… 252
静岡地浜松支決昭和 62 年 11 月 20 日判時 1259 号 107 頁 ………………………… 252
鹿児島地判昭和 63 年 8 月 12 日判時 1301 号 135 頁 ……………………………… 425
千葉地判昭和 63 年 11 月 17 日判タ 689 号 40 頁（千葉川鉄事件） ……………… 371,379
東京地判平成元年 6 月 23 日判時 1319 号 132 頁（「週刊フライデー」肖像権侵害事件 1
　審判決） ………………………………………………………………………… 205
東京地判平成元年 9 月 27 日判時 1326 号 137 頁（光GENJI事件） ……………… 211
大阪地判平成元年 12 月 27 日判時 1341 号 53 頁 …………………………………… 189
東京地判平成 3 年 2 月 25 日労判 588 号 74 頁（ラクソン等事件） ……………… 98
横浜地判平成 3 年 3 月 19 日判タ 761 号 231 頁 …………………………………… 394
秋田地判平成 3 年 4 月 18 日判時 1395 号 130 頁 …………………………………… 252
東京地中間判平成 3 年 5 月 25 日判時 1774 号 132 頁 ……………………………… 93
岡山地判平成 3 年 9 月 20 日交通民集 24 巻 5 号 1080 頁 ………………………… 394
東京地判平成 4 年 1 月 27 日金判 902 号 3 頁 ……………………………………… 133
東京地判平成 4 年 5 月 6 日判タ 798 号 178 頁 …………………………………… 109
神戸地判平成 4 年 6 月 30 日判時 1458 号 127 頁 …………………………………… 300
東京地判平成 5 年 8 月 25 日判時 1497 号 86 頁（中央総合教育研究所事件） ……… 98
東京地判平成 5 年 11 月 19 日判タ 835 号 58 頁 …………………………………… 204
金沢地判平成 6 年 8 月 25 日判タ 1515 号 3 頁 …………………………………… 239
仙台地判平成 6 年 10 月 25 日判タ 881 号 218 頁 ………………………………… 394
東京地判平成 6 年 11 月 25 日判時 1524 号 62 頁 …………………………………… 98
東京地判平成 7 年 2 月 16 日判時 1546 号 48 頁 …………………………………… 108
東京地判平成 7 年 2 月 23 日判時 1550 号 44 頁 …………………………………… 109
大阪地判平成 7 年 7 月 5 日判時 1538 号 17 頁（西淀川第 2 ～第 4 次訴訟 1 審判決）
　………………………………………………………………………………… 373,380
大阪地判平成 7 年 10 月 17 日金法 1465 号 122 頁 ………………………………… 163
大阪地判平成 8 年 2 月 26 日労判 699 号 84 頁（池本自動車商会事件） ………… 98
東京地判平成 8 年 8 月 29 日判時 1608 号 125 頁（十字屋広告社事件） ………… 98
大阪地判平成 8 年 12 月 25 日労判 711 号 30 頁（日本コンベンションサービス事件）…… 98
東京地判平成 9 年 8 月 29 日判タ 985 号 225 頁 …………………………………… 108
東京地判平成 10 年 1 月 21 日判時 1644 号 141 頁 ………………………………… 211
東京地判平成 10 年 1 月 21 日判時 1646 号 102 頁 ………………………………… 197
大阪地判平成 10 年 3 月 25 日労判 739 号 126 頁（厚生会共立クリニック事件） …… 98
和歌山地決平成 10 年 8 月 10 日判タ 1026 号 294 頁 ……………………………… 252
大阪地判平成 10 年 8 月 31 日判タ 1009 号 193 頁 ………………………………… 133
横浜地川崎支判平成 10 年 11 月 30 日判時 1682 号 111 頁 ………………………… 138
東京地判平成 14 年 3 月 28 日判時 1793 号 133 頁 ………………………………… 93
大津地判平成 15 年 9 月 8 日判タ 1187 号 292 頁 ………………………………… 333
名古屋地判平成 15 年 11 月 26 日判時 1883 号 78 頁 ……………………………… 333

東京地判平成 16 年 2 月 2 日判タ 1176 号 243 頁 …………………………………333
東京地判平成 16 年 2 月 23 日判タ 1149 号 95 頁 …………………………………333
大阪地判平成 16 年 4 月 15 日判時 1887 号 79 頁 …………………………………163
大阪家岸和田支審平成 17 年 2 月 15 日家裁月報 59 巻 4 号 135 頁 ………………447
名古屋家審平成 18 年 7 月 25 日家裁月報 59 巻 4 号 127 頁 ………………………447
東京地判平成 19 年 3 月 23 日判時 1975 号 2 頁 ……………………………………375
大阪地判平成 19 年 9 月 19 日判時 2004 号 126 頁 …………………………………333
大阪地判平成 20 年 2 月 21 日（TKC判例データベース）………………………301

公害等調整委員会裁定

公調委裁定平成 14 年 6 月 26 日判時 1789 号 34 頁 ………………………………376

■著者紹介

潮見佳男（しおみ・よしお）

1959年　愛媛県生まれ
1981年　京都大学法学部卒業
現　職　京都大学大学院法学研究科教授

■主要著書

『契約規範の構造と展開』（1991年，有斐閣）
『民事過失の帰責構造』（1995年，信山社）
『不法行為法』（1999年，信山社）
『契約責任の体系』（2000年，有斐閣）
『消費者契約法・金融商品販売法と金融取引』（2001年，経済法令研究会〔編著〕）
『契約各論Ⅰ』（2002年，信山社）
『債権総論〔第2版〕Ⅰ』（2003年，信山社）
『契約法理の現代化』（2004年，有斐閣）
『債権総論〔第3版〕Ⅱ』（2005年，信山社）
『相続法〔第2版〕』（2005年，弘文堂）
『民法総則講義』（2005年，有斐閣）
『プラクティス民法債権総論〔第3版〕』（2007年，信山社）

不法行為法Ⅰ〔第2版〕　　　　　　　　　　　　〈法律学の森〉

1999（平成11）年5月15日　　第1版第1刷発行
2009（平成21）年9月15日　　第2版第1刷発行

著　者　潮　見　佳　男
発行者　今　井　　　貴
　　　　渡　辺　左　近
発行所　信山社出版株式会社
　　　　〒113-0033　東京都文京区本郷6-2-9-102
　　　　　　　　　電　話　03 (3818) 1019
　　　　　　　　　FAX　03 (3818) 0344

Printed in Japan

Ⓒ潮見佳男，2009．印刷・製本／暁印刷・渋谷文泉閣
ISBN978-4-7972-2675-1 C3332

『法律学の森』刊行にあたって

一八八〇年（明治一三年）、西欧列強との不平等条約改正の条件とされた西欧法体制の継受の第一弾として旧刑法・治罪法が制定されて以来、わが国の法律学は一世紀以上の歴史を重ねました。この間、明治期・大正期・第二次大戦後の法体制の変革期を越えたわが国の法律学は、高度経済成長期を迎えて急速にその内容を成熟させるにいたりました。この結果、わが国の法律学は、世界的にみても高度かつ独自の法文化の伝統を形成するにいたり、法律家の国際交流も学術レベル・実務レベルの全般にわたって盛んに行われ、世界各国の法文化の「接触」も深まりつつあります。

さらに近年は、法律学の対象の一層の高度化・複合化・国際化の進展にともない、法律学と法学者に対するニーズが大きく変化して、分極化・専門化と横断化は加速度的に進んでいます。このため、従来の法律学の読み替え、再構成の試みが新しい世代により推し進められているところです。

まもなく二一世紀です。

そこで、私どもは、世界史的な変動のなかで新たな展開を試みつつある法学者の自由な発想と方法論の開発を支援し励まして多くの独創的な法律学の誕生を促し、もって変化の著しい時代への対応を可能ならしめることを希って、本叢書の刊行をいたしました。自由で開放的かつ奥深い「法律学の森」が、研究者の協力と読者の支持によって健やかに成長を遂げて形成されることを念じて、刊行を進めてまいります。

一九九四年三月

『法律学の森』企画委員

信山社